Dieter Kugelmann

Polizei- und Ordnungsrecht

Zweite Auflage

Springer

Professor Dr. Dieter Kugelmann
Deutsche Hochschule der Polizei
Zum Roten Berge 18-24
48165 Münster
Deutschland
dieter.kugelmann@dhpol.de

ISSN 0937-7433
ISBN 978-3-642-23374-6   e-ISBN 978-3-642-23375-3
DOI 10.1007/978-3-642-23375-3
Springer Heidelberg Dordrecht London New York

Die Deutsche Nationalbibliothek verzeichnet diese Publikation in der Deutschen Nationalbibliografie;
detaillierte bibliografische Daten sind im Internet über http://dnb.d-nb.de abrufbar.

Gedruckt auf säurefreiem Papier

Springer ist Teil der Fachverlagsgruppe Springer Science+Business Media (www.springer.com)

Springer-Lehrbuch

Weitere Bände siehe
www.springer.com/series/1183

Vorwort

Das Polizei- und Ordnungsrecht befindet sich in einem dynamischen Prozess der Fortentwicklung und ist dadurch verstärkt in den Blickpunkt des Interesses gerückt. Dieses gesteigerte Interesse spiegelt sich auch in der Ausbildung und nicht zuletzt in den studentischen Prüfungen wider. Die Informations- und Kommunikationstechniken sowie die Internationalisierung beeinflussen Rechtsetzung und Rechtsanwendung. Dies führt zur Modernisierung der Tätigkeiten von Polizei- und Ordnungsbehörden und zu neuen Rechtsfragen.

Das vorliegende Lehrbuch wendet sich vorrangig an Studierende, die sich das Rechtsgebiet des Polizei- und Ordnungsrechts zum ersten Mal erarbeiten wollen, aber ebenso an Studierende, die Rechtsfragen wiederholen möchten. Beispiele im Text und Kontrollfragen am Ende jedes Kapitels sollen die Arbeit mit dem Buch erleichtern. Die Studierenden sollen damit in die Lage versetzt werden, einen schnellen Zugriff auf wichtige Probleme des Polizei- und Ordnungsrechts zu erhalten.

Das Lehrbuch setzt zwei Akzente. Ein Schwerpunkt wird auf das Informationsrecht gelegt. Das Polizei- und Ordnungsrecht steht im engen Zusammenhang mit der Erhebung und Verarbeitung von Informationen und insbesondere personenbezogenen Daten. Die hergebrachten Strukturen und Befugnisse des Polizei- und Ordnungsrechts werden dabei nicht vernachlässigt, sondern in ihren Zusammenhängen mit anderen Rechtsmaterien dargestellt. Das Informationsrecht und damit zusammenhängend das Recht des Datenschutzes spielen aber in den aktuellen Entwicklungen eine zentrale Rolle. Die praxis- und klausurrelevanten Probleme der Online-Durchsuchung oder der Vorratsdatenspeicherung sind dafür Beispiele, die im Text besonders erörtert werden, um den Zugang zu der Problematik zu eröffnen.

Einen zweiten Schwerpunkt bildet die Europäisierung des Rechts der Gewährleistung von Sicherheit. Die Zusammenhänge des Polizei- und Ordnungsrechts mit dem Europarecht und dem Völkerrecht werden eingehend dargestellt. Dabei handelt es sich nicht durchgehend um gängigen Pflichtfachstoff. Die einschlägigen Kapitel tragen eher vertiefenden Charakter. Jedoch erlangen nicht nur unter dem Oberbegriff des Europäischen Strafrechts, sondern im Rahmen der Gewährleistung von Sicherheit generell das Recht der Europäischen Union und die Bezüge zum internationalen Recht eine zunehmende Bedeutung in Wissenschaft, Praxis und Ausbildung.

Das Polizei- und Ordnungsrecht ist überwiegend Landesrecht. Ein übergreifend angelegtes Lehrbuch kann nicht allen landesrechtlichen Besonderheiten gerecht werden. Die Gesetze der Länder wurden aber soweit wie möglich berücksichtigt. Dies betrifft nicht nur die Nachweise der einschlägigen landesrechtlichen Vorschriften in den Fußnoten, sondern auch die Darstellung im Text, die sich an Rechtsnormen der geltenden Landespolizeigesetze orientiert. Ein Nachschlagen der jeweiligen Parallelregelungen des für ihn einschlägigen Landesrechts bleibt für jeden Nutzer des Buches unabdingbar.

Die Neuauflage hat einige Zeit auf sich warten lassen. Dies hat mit meinem Wechsel an die Deutsche Hochschule der Polizei und der Übernahme des dortigen Fachgebietes für Öffentliches Recht, mit Schwerpunkt Polizeirecht einschließlich des internationalen Rechts und des Europarechts zu tun. Die Tätigkeit an der Deutschen Hochschule der Polizei, die mit der Aus- und Fortbildung der Führungskräfte der deutschen Polizeien betraut ist, hat mir eine Reihe von wichtigen Einblicken in die Arbeit der Polizei erlaubt, die sich auch in Passagen des Buches niederschlagen.

Die Gliederung des Buches wurde überarbeitet und verändert. Eine Reihe aktueller Rechtsprobleme hat Aufnahme gefunden. Für tatkräftige Mithilfe danke ich dem Team des Fachgebietes. Wichtige Vorarbeiten haben Robert Dübbers, Thorsten Kornblum, Zangah Shinwari, Friederike Pellengahr und Ulrike Zaremba geleistet. Für ihre Beiträge danke ich den studentischen Mitarbeiterinnen und Mitarbeitern Jakob Dalby, Sebastian Gräler, Inga Maaske, Fee Niemeier, Johanna Ogilvie, Niels Pieper und Sara Weirich. Dank gebührt nicht zuletzt Frau Bärbel Everwin.

Münster, im August 2011   Dieter Kugelmann

Inhaltsverzeichnis

Abkürzungsverzeichnis

a.A.	anderer Ansicht
ABl.	Amtsblatt der EU
AEUV	Vertrag über die Arbeitsweise der Europäischen Union
AöR	Archiv des öffentlichen Rechts
Art.	Artikel
ATDG	Gesetz zur Errichtung einer standardisierten Antiterrordatei von Polizeibehörden und Nachrichtendiensten von Bunde und Ländern
AtG	Gesetz über die friedliche Verwendung der Kernenergie und den Schutz gegen ihre Gefahren, Atomgesetz
Aufl.	Auflage
AVR	Archiv des Völkerrechts
AWG	Außenwirtschaftsgesetz
Bay	Bayern, bayrisch
BayVBl.	Bayerische Verwaltungsblätter
Bbg	Brandenburg, brandenburgisch
BBodSchG	Bundes-Bodenschutzgesetz
Bd.	Band
BDSG	Bundesdatenschutzgesetz
Beschl.	Beschluss
BGBl.	Bundesgesetzblatt
BGH	Bundesgerichtshof
BGHSt	Bundesgerichtshof in Strafsachen; Amtliche Sammlung
BGHZ	Bundesgerichtshof in Zivilsachen; Amtliche Sammlung
BImSchG	Bundes-Immissionsschutzgesetz
BKA	Bundeskriminalamt
BKAG	Gesetz über das Bundeskriminalamt und die Zusammenarbeit des Bundes und der Länder in kriminalpolizeilichen Angelegenheiten
Bln	Berlin, berlinisch
BNatSchG	Gesetz über Naturschutz und Landschaftspflege
BPolG	Gesetz über die Bundespolizei
Brem	Bremen, bremisch
BVerfG	Bundesverfassungsgericht
BVerfGE	Amtliche Sammlung der Entscheidungen des Bundesverfassungsgerichts

BVerfSchG	Gesetz über die Zusammenarbeit des Bundes und der Länder in Angelegenheiten des Verfassungsschutzes und über das Bundesamt für Verfassungsschutz
BVerwG	Bundesverwaltungsgericht
BVerwGE	Amtliche Sammlung der Entscheidungen des Bundesverwaltungsgerichts
BW	Baden-Württemberg
CR	Computer und Recht
DÖV	Die öffentliche Verwaltung
DuD	Datenschutz und Datensicherheit
DVBl.	Deutsches Verwaltungsblatt
DVO	Durchführungsverordnung
EGGVG	Einführungsgesetz zum Gerichtsverfassungsgesetz
EGMR	Europäischer Gerichtshof für Menschenrechte
EGV	Vertrag über die Europäische Gemeinschaft
ELJ	European Law Journal
EMRK	Europäische Menschenrechtskonvention
EU	Europäische Union
EuGH	Gerichtshof der Europäischen Gemeinschaften
EuGRZ	Europäische Grundrechte Zeitschrift
EUV	Vertrag über die Europäische Union
f.	folgende
FEVG	Gesetz über das gerichtliche Verfahren bei Freiheitsentziehungen
ff.	fortfolgende
FG	Festgabe
FGG	Gesetz über die Angelegenheiten der freiwilligen Gerichtsbarkeit
FS	Festschrift
G 10	Gesetz zur Beschränkung des Brief-, Post- und Fernmeldegeheimnisses
GaststättenG	Gaststättengesetz
gem.	gemäß
GenTG	Gentechnikgesetz
GewO	Gewerbeordnung
GO	Geschäftsordnung
GR-Ch	Charta der Grundrechte der Europäischen Union
GüKG	Güterkraftverkehrsgesetz
GVG	Gerichtsverfassungsgesetz
Hbg	Hamburg, hamburgisch
Hess	Hessen, hessisch
Hrsg.	Herausgeber
hrsg.	herausgegeben
i.S.v.	im Sinne von
i.V.m.	in Verbindung mit

InfG	Gesetz zur Verhütung und Bekämpfung von Infektionskrankheiten beim Menschen
LSA	Land Sachsen-Anhalt
LStVG	Gesetz über das Landesstrafrecht und das Verordnungsrecht auf dem Gebiet der öffentlichen Sicherheit und Ordnung (Bayern)
LuftSiG	Luftsicherheitsgesetz
LVwG	Allgemeines Verwaltungsgesetz für das Land Schleswig-Holstein
LVwVfG	Landesverwaltungsverfahrensgesetz
MBl.	Minsterialblatt
MMR	MultiMediaRecht
MV	Mecklenburg-Vorpommern
Nds	Niedersachsen, niedersächsisch
NJW	Neue Juristische Wochenschrift
Nr.	Nummer
NSDAP	Nationalsozialistische Deutsche Arbeiterpartei
NStZ	Neue Zeitschrift für Strafrecht
NW	Nordrhein-Westfalen
NWVBl.	Verwaltungsblätter Nordrhein-Westfalen
OVG	Oberverwaltungsgericht
PassG	Passgesetz
PAusweisG	Gesetz über Personalausweise
PolG	Polizeigesetz
ProVG	Preußisches Oberverwaltungsgericht
PrPVG	Preußisches Polizeiverwaltungsgesetz
Res.	Resolution
RiStBV	Richtlinien für das Strafverfahren und das Bußgeldverfahren
Rn.	Randnummer, Randnummern
RP	Rheinland-Pfalz
S.	Seite; Siehe
s.	siehe
Saarl	Saarland
Sächs	Sächsisch
SH	Schleswig-Holstein
Slg.	Sammlung
SOG	Sicherheits- und Ordnungsgesetz
StGB	Strafgesetzbuch
StPO	Strafprozessordnung
StV	Der Strafverteidiger
TDG	Teledienstegesetz
Thür	Thüringen, thüringisch
TierSG	Tierseuchengesetz
TKG	Telekommunikationsgesetz
TMG	Telemediengesetz
UN	United Nations
UN-Charta	Charta der Vereinten Nationen

Urt.	Urteil
UZwG	Gesetz über den unmittelbaren Zwang bei Ausübung öffentlicher Gewalt durch Vollzugsbeamte des Bundes
UZwGBw	Gesetz über die Anwendung unmittelbaren Zwanges und die Ausübung besonderer Befugnisse durch Soldaten der Bundeswehr und verbündeter Streitkräfte sowie zivile Wachpersonen
v.	vom, von
VBl.BW	Verwaltungsblätter Baden-Württemberg
VereinsG	Gesetz zur Regelung des öffentlichen Vereinsrechts
VersG	Gesetz über Versammlungen und Aufzüge
VGH	Verwaltungsgerichtshof
vgl.	vergleiche
VN	Vereinte Nationen, Zeitschrift Vereinte Nationen
VO	Verordnung
VVDStRL	Veröffentlichungen der Vereinigung der Deutschen Staatsrechtslehrer
VwKostG	Verwaltungskostengesetz des Bundes
VwVfG	Verwaltungsverfahrensgesetz
VwVG	Verwaltungsvollstreckungsgesetz des Bundes
WHG	Gesetz zur Ordnung des Wasserhaushalts
Z.B.	zum Beispiel
ZaöRV	Zeitschrift für ausländisches öffentliches Recht und Völkerrecht (Heidelberg Journal of International Law)
ZG	Zeitschrift für Gesetzgebung
Ziff.	Ziffer
ZUR	Zeitschrift für Umweltrecht

Literaturverzeichnis

Die Zitierweise im Text nutzt den oder die Autorennamen mit einem Kürzel des Titels.

1. Lehrbücher, Kommentare und Handbücher zum Polizei- und Ordnungsrecht

Drews, Bill/Wacke, Gerhard/Vogel, Klaus/Martens, Wolfgang, Gefahrenabwehr, 9. Auflage 1986.

Götz, Volkmar, Allgemeines Polizei- und Ordnungsrecht, 14. Auflage, 2008

Gusy, Christoph, Polizei- und Ordnungsrecht, 7. Auflage 2009.

Knemeyer, Franz-Ludwig, Polizei- und Ordnungsrecht, 11. Auflage 2007.

Lisken, Hans/Denninger, Erhard (Hrsg.), Handbuch des Polizeirechts, 4. Auflage 2007.

Muckel, Stefan, Klausurenkurs zum Besonderen Verwaltungsrecht, 4. Auflage 2009.

Pieroth, Bodo/Schlink, Bernhard/Kniesel, Michael, Polizei- und Ordnungsrecht, 6. Auflage 2010.

Roggan, Fredrik/Kutscha, Martin (Hrsg.), Handbuch zum Recht der Inneren Sicherheit, 2. Auflage 2006.

Schenke, Wolf-Rüdiger, Polizei- und Ordnungsrecht, in: Udo Steiner (Hrsg.), Besonderes Verwaltungsrecht, 8. Auflage 2006.

Schenke, Wolf-Rüdiger, Polizei- und Ordnungsrecht, 6. Auflage 2009.

Schoch, Friedrich, Grundfälle zum Polizei- und Ordnungsrecht, JuS 1994, S. 94, 391, 479, 570, 667, 754, 849, 932, 1026; JuS 1995, S. 30, 215, 307, 504.

Schoch, Friedrich, Polizei- und Ordnungsrecht, in: Eberhard Schmidt-Aßmann/ ders. (Hrsg.), Besonderes Verwaltungsrecht, 14. Auflage 2008.

Seidel, Achim/Reimer, Ekkehart/Möstl, Markus, Besonderes Verwaltungsrecht, 3. Auflage 2009.

Tettinger, Peter/Erbguth, Wilfried/Mann, Thomas, Besonderes Verwaltungsrecht: Kommunalrecht, Polizei- und Ordnungsrecht, Baurecht, 10. Auflage 2009.

Wehr, Matthias, Examens-Repetitorium Polizeirecht, 1. Auflage 2008.

Würtenberger, Thomas, Polizei- und Ordnungsrecht, in: Norbert Achterberg/ Günter Püttner (Hrsg.), Besonderes Verwaltungsrecht II, 2. Auflage 2000, § 21.

2. Lehrbücher und Kommentare zu sonstigen Rechtsgebieten

Calliess, Christian/Ruffert, Matthias (Hrsg.), EGV/EUV, Kommentar, 3. Auflage 2011.

Dietel, Alfred/Gintzel, Kurt/Kniesel, Michael, Demonstrations- und Versammlungsrecht, Kommentar, 16. Auflage 2011.

Dreier, Horst (Hrsg.), Grundgesetz, Band 1, 2. Auflage 2004; Band 2, 2. Auflage 2005; Band 3, 1. Auflage 1999.

Ehlers, Dirk (Hrsg.), Allgemeines Verwaltungsrecht, 14. Auflage 2010.

Ehlers, Dirk (Hrsg.), Europäische Grundrechte und Grundfreiheiten, 3. Auflage 2009.

Epping, Volker, Grundrechte, 4. Auflage 2010.

Grabenwarter, Christoph, Die Europäische Menschenrechtskonvention, 4. Auflage 2009.

Hecker, Bernd, Europäisches Strafrecht, 3. Auflage 2010.

Hellmann, Uwe, Strafprozessrecht, 2. Auflage 2005.

Hufen, Friedhelm, Verwaltungsprozessrecht, 8. Auflage 2011.

Jarass, Hans D., Die EU-Grundrechte, 2. Auflage 2007.

Jarass, Hans D., Charta der Grundrechte der Europäischen Union: GRCh, Kommentar, 1. Auflage 2010.

Jarass, Hans D./Pieroth, Bodo, Grundgesetz, 11. Auflage 2011.

Löwe/Rosenberg, Strafprozessordnung, 26. Auflage 2010.

Mangoldt, Hans von/Klein, Friedrich/Starck, Christian (Hrsg.), Grundgesetz, Band 1 und Band 2, 6. Auflage 2010.

Maurer, Hartmut, Allgemeines Verwaltungsrecht, 18. Auflage 2011.

Meyer, Jürgen (Hrsg.), Kommentar zur Charta der Grundrechte der Europäischen Union, 3. Auflage 2011.

Meyer-Goßner, Lutz, Strafprozessordnung, Kommentar, 54. Auflage 2011.

Münch, Ingo von/Kunig, Philipp (Hrsg.), Grundgesetz, Kommentar, Bd. III, 6. Auflage 2011.

Pieroth, Bodo/Schlink, Bernhard, Grundrechte, Staatsrecht II, 26. Auflage 2010.

Sachs, Michael, Grundgesetz, Kommentar, 5. Auflage 2009.

Satzger, Helmut, Internationales und Europäisches Strafrecht, 4. Auflage 2010.

Schenke, Wolf-Rüdiger, Verwaltungsprozessrecht, 12. Auflage 2009.

Schmidt-Aßmann, Eberhard/Friedrich Schoch (Hrsg.), Besonderes Verwaltungsrecht, 14. Auflage 2008.

Steiner, Udo (Hrsg.), Besonderes Verwaltungsrecht, 8. Auflage 2006.

Streinz, Rudolf (Hrsg.), EUV/AEUV, Kommentar, 2. Auflage 2011.

Streinz, Rudolf, Europarecht, 9. Auflage 2011.

Hans J. Wolff/Otto Bachof/Rolf Stober/Winfried Kluth, Verwaltungsrecht, Band I, 12. Auflage 2010; Band II, 7. Auflage 2010.

3. Fallsammlungen

Gornig, Gilbert/Jahn, Ralf, Sicherheits- und Polizeirecht, Fälle mit Lösungen, 3. Auflage 2006.

Rüfner, Wolfgang/Muckel, Stefan, Klausurenkurs zum Besonderen Verwaltungsrecht, Polizei- und Ordnungsrecht/Kommunalrecht, mit Bezügen zum Verwaltungsprozessrecht, 4. Auflage 2009.

Stein, Volker; Fälle und Erläuterungen zum Polizei- und Ordnungsrecht, 2. Aufl. 2004.

4. Ausgewählte Monographien und Beiträge

Albers, Marion, Die Determination polizeilicher Tätigkeit in den Bereichen der Straftatenverhütung und der Verfolgungsvorsorge, 2001.

Bäcker, Matthias, Terrorismusabwehr durch das Bundeskriminalamt, 2009.

Baldus, Manfred, Transnationales Polizeirecht, 2001.

Kugelmann, Dieter, Polizei und Polizeirecht in der föderalen Ordnung des Grundgesetzes, in: Ines Härtel (Hrsg.) Handbuch des Föderalismus 2011, Band III, § 52.

Kugelmann, Dieter, Einwanderungs- und Asylrecht, in: Schulze/Zuleeg/Kadelbach (Hrsg.), Europarecht, Handbuch der deutschen Rechtpraxis, 2. Auflage 2010, § 41.

Möstl, Markus, Die staatliche Garantie für die öffentliche Sicherheit und Ordnung, 2002.

Preu, Peter, Polizeibegriff und Staatszwecklehre, 1983.

Schöndorf-Haubold, Bettina, Europäisches Sicherheitsverwaltungsrecht, 2010.

Thiel, Markus, Die „Entgrenzung" der Gefahrenabwehr, 2011.

5. Ausgewählte bundes- und landesrechtliche Literatur

Bundeskriminalamt:
Ahlf, Ernst H./Daub, Ingo/Lersch, Roland/Störzer, Hans U., Bundeskriminalamtsgesetz, 2000.

Bundespolizei:
Drewes Michael/Malmberg, Karl M./Walter, Bernd/Blümel Karl H., Bundespolizeigesetz, 4. Auflage 2010.

Baden-Württemberg:
Würtenberger, Thomas/Heckmann, Dirk, Polizeirecht in Baden-Württemberg, 6. Auflage 2005.

Bayern:
Heckmann, Dirk, Polizei- und Sicherheitsrecht, in: Becker/Heckmann/Kempen/ Manssen (Hrsg.), Öffentliches Recht in Bayern, 5. Auflage 2011.
Schmidbauer, Wilhelm/Steiner, Udo, Bayerisches Polizeiaufgabengesetz und Bayerisches Polizeiorganisationsgesetz, 3. Auflage 2011.

Berlin:
Pewestorf, Adrian/Söllner, Sebastian/Tölle, Oliver, Polizei- und Ordnungsrecht, 1. Auflage 2009.

Hamburg:
Eifert, Martin, Polizeirecht, in: Hoffmann-Riem/Koch, (Hrsg.), Hamburgisches Staats- und Verwaltungsrecht, 3. Auflage 2006.

Hessen:
Groß, Thomas, Polizeirecht, in: Hermes/Groß (Hrsg.), Landesrecht Hessen, 6. Auflage 2008.
Meixner, Kurt, Kommentar zum HessSOG, 11. Auflage 2010.

Mecklenburg-Vorpommern:
Heyen, Erk Volkmar, Allgemeines Polizei- und Ordnungsrecht, in: Manssen/ Schütz (Hrsg.), Staats- und Verwaltungsrecht für Mecklenburg-Vorpommern, 1999.

Niedersachsen:
Ipsen, Jörn, Niedersächsisches Gefahrenabwehrrecht, 4. Auflage, 2010.
Waechter, Kay, Polizei- und Ordnungsrecht, 1. Auflage 2000.

Nordrhein-Westfalen:
Dietlein, Polizei- und Ordnungsrecht, in: Dietlein/Burgi/Hellermann (Hrsg.), Öffentliches Recht in NRW, 2. Auflage 2007.
Wagner, Heinz, Kommentar zum Polizeigesetz in Nordrhein-Westfalen, 1987.

Sachsen:
Belz, Reiner, Polizeigesetz des Freistaates Sachsen, Kommentar, 4. Auflage 2009.

Sachsen-Anhalt:
Kluth, Winfried, in: ders. (Hrsg.), Landesrecht Sachsen-Anhalt, 2. Auflage 2010.

Rheinland-Pfalz:
Ruthig, Josef/Fickenscher, Guido, Polizei- und Ordnungsrecht, in: Ley/Hendler/ Hufen/Jutzi (Hrsg.), Landesrecht Rheinland-Pfalz, 5. Auflage 2009.

Thüringen:
Ebert, Frank/Honnacker, Heinz, Thüringer Gesetz über die Aufgaben und Befugnisse der Polizei – PAG, 5. Auflage 2009.

Online-Quellen

Hinzuweisen ist auf die online verfügbaren Ressourcen der Länder über das jeweilige Landesrecht.
Nützliche Informationen im Umfeld des Polizei- und Ordnungsrechts enthalten die Webseiten der Landesdatenschutzbeauftragten, auffindbar unter www. datenschutz.de.

1. Kapitel: Rahmenbedingungen des Polizei- und Ordnungsrechts

Das geltende Polizei- und Ordnungsrecht steht vor dem Hintergrund einer langen   1
Entwicklung und hat sich stets neuen Herausforderungen zu stellen, die diese
Entwicklung faktisch wie rechtlich weiter treiben. Rahmenbedingungen für das
Recht bilden die sozialen und normativen Gegebenheiten, unter denen staatliche
Stellen die Rechtspositionen der Bürger schützen und gewährleisten. Ausgangs-
und Ankerpunkt des Polizei- und Ordnungsrechts ist der individuelle Rechtsgüterschutz. Dieser erfordert nicht nur die Abwehr von Beeinträchtigungen für Rechtsgüter, sondern zu deren Schutz auch staatliches Tun und organisatorische Vorkehrungen wie die Einrichtung von Polizei- und Ordnungsbehörden.

Die vielfältigen Rechtsgrundlagen des Bundes- und des Landesrechts formen   2
Inhalt und Struktur des Polizei- und Ordnungsrechts. Auf diesen Grundlagen lassen sich Grundstrukturen herausarbeiten und begriffliche Abgrenzungen vornehmen, die für das Verständnis der weiteren Erörterungen grundlegend sind. Allerdings stößt das Bemühen um begriffliche Trennschärfe an Grenzen. Diese folgen
aus der Komplexität des dynamischen Rechtsstoffes und aus der notwendigen Flexibilität des Polizei- und Ordnungsrechts, das schnelle Reaktionen auf unvorhergesehene Situationen ermöglichen soll. Das Polizei- und Ordnungsrecht stellt keine Einheit dar, sondern präsentiert sich in normativer Vielfalt und inhaltlicher
Offenheit. Letztlich werden die Grenzen einer Darstellung aus einem Guss durch
den Gegenstand des Rechtsgebietes selbst gezogen.

Gegenstand des Polizei- und Ordnungsrechts ist die *Gefahrenabwehr*.[1] Die   3
Grundzüge des Rechtsgebietes werden von diesem Zweck und von der Abgrenzung zu verwandten Rechtsgebieten bestimmt. Dabei sind viele Einzelheiten umstritten.[2] Differenzierungen ergeben sich auch aus den unterschiedlichen landesrechtlichen Regelungen, die nicht nur bei den Voraussetzungen einzelner
Befugnisnormen, sondern vor allem bei der Organisation und Zuständigkeit von

---

[1]   § 1 Abs. 1 PolG BW; Art. 2 Abs. 1 BayPAG und Art. 6 Bay LStVG; § 1 Abs. 1 ASOG
Bln; § 1 Abs. 1 Satz 1 BbgPolG und § 1 Abs. 1 BbgOBG; § 1 Abs. 1 Satz 1 BremPolG;
§ 3 HbgSOG; § 1 Abs. 1 Satz 1 HessSOG; §§ 1 Abs. 1 und 2 Abs. 1 SOG MV; § 1
Abs. 1 Satz 1 NdsSOG; § 1 Abs. 1 Satz 1 PolG NW und § 1 Abs. 1 OBG NW; § 1 Abs. 1
Satz 1 POG RP; § 1 Abs. 2 SaarlPolG; § 1 Abs. 1 Satz 1 SächsPolG; § 1 Abs. 1 Satz 1
SOG LSA; § 162 Abs. 1 LVwG SH; § 2 Abs. 1 Satz 1 ThürPAG und § 2 Abs. 1 Thür-
OBG.
[2]   Vgl. *Gusy*, POR, Rn. 2.

Behörden und der Vernetzung mit dem sonstigen Landesrecht vielfache Unterschiede aufweisen.

1. Grundzüge, Kategorien und aktuelle Entwicklungen

4   Das Polizei- und Ordnungsrecht wird strukturell gekennzeichnet von dem Umgang mit Informationen und von eingreifenden Maßnahmen der Behörden. Die Eingriffe in die Rechtssphäre der Betroffenen dienen nicht der Sanktion, sondern der Prävention, weil der Eintritt von Gefahren verhindert werden soll. Ziel ist es, die Bürgerinnen und Bürger vor Beeinträchtigungen ihrer Rechtssphäre zu schützen, indem nicht erst Schäden abgewartet, sondern bereits Gefahren bekämpft und dadurch Schäden verhütet werden.[3]

5   Das *allgemeine* Polizei- und Ordnungsrecht beinhaltet die allgemeinen Vorschriften und Grundsätze der Gefahrenabwehr.[4] Regelungen über die Gefahrenabwehr in einem bestimmten Sachbereich sind Gegenstand des *besonderen* Polizei- und Ordnungsrechts. Im Laufe der geschichtlichen Entwicklung fand eine immer stärker werdende Ausdifferenzierung statt, die zur gegenwärtigen Vielfalt an Regelungen zur Gefahrenabwehr geführt hat. Die Abwehr von Gefahren durch Versammlungen regelt das Versammlungsgesetz, umweltrechtliche Gefahren betrifft etwa das Bundes-Immissionsschutzgesetz, baurechtliche Gefahren bekämpfen die Landesbauordnungen.[5] Falls die Spezialregelungen Lücken aufweisen, kann auf die allgemeinen Grundsätze zurück gegriffen werden. So enthält das (Bundes-) Versammlungsgesetz keine Bestimmungen über die Verantwortlichkeit bestimmter Personen, weshalb insoweit die Regelungen des jeweiligen Landespolizeirechts herangezogen werden müssen.[6]

6   Unter *materiellem* Polizei- und Ordnungsrecht werden die Bestimmungen über die Aufgaben und Befugnisse verstanden. Demgegenüber umfasst das *formelle* Polizei- und Ordnungsrecht die Organisation der Behörden und damit ihre Zuständigkeiten sowie die Formen polizeilichen Handelns.[7]

7   *Verwandte Rechtsgebiete* sind auf der einen Seite das Strafrecht und Strafprozessrecht, die das Verhängen von Sanktionen und weitere staatliche Reaktionen nach einer Straftat betreffen.[8] Auf der anderen Seite kann das Polizei- und Ordnungsrecht von verwaltungsrechtlichen Spezialmaterien wie dem Umwelt- oder Versammlungsrecht abgegrenzt werden, deren historischer Vorläufer es ist. Die speziellen verwaltungsrechtlichen Sachgebiete haben sich bei ihrem Entstehen und in ihrer Entwicklung an dem insoweit allgemeineren, weil grundsätzlich jede Ge-

---

[3] Zu den verfassungsrechtlichen Grundlagen 5. Kapitel Rn. 1 ff.

[4] Vgl. BVerfGE 109, 190 (215).

[5] *Knemeyer*, POR, Rn. 476 ff; s. *Drews/Wacke/Vogel/Martens*, Gefahrenabwehr, § 11, Ziff. 2.

[6] *Dietel/Gintzel/Kniesel*, Versammlungsgesetz, § 1 Rn. 249.

[7] *Schenke*, POR, Rn. 22.

[8] Zum Begriff des Strafrechts BVerfGE 109, 190 (212 f.).

fahr betreffenden Polizei- und Ordnungsrecht orientiert. Da sie die Bekämpfung spezieller Gefahren betreffen, z.b. Gefahren für die Umwelt, haben sie die polizeirechtlichen Instrumentarien allerdings sachbezogen weiter entwickelt und zum Teil eigene Instrumente entwickelt.

Die *jüngeren Entwicklungen* des Polizei- und Ordnungsrechts haben die Ab-   **8** grenzung zum Strafrecht und Strafprozessrecht erschwert, weil die *Aufgaben* der Polizeibehörden im Vorfeld des Eintretens einer konkreten Gefahr erweitert wurden.[9] An die Seite der Gefahrenabwehr sind die Aufgaben getreten, die vorbeugende Bekämpfung von Straftaten zu betreiben und Vorsorge für die Verfolgung künftiger Straftaten zu treffen (vgl. z.B. § 1 Abs. 1 Satz 2 PolG NW), wobei die Zuordnung der Gefahrenvorsorge zum Polizeirecht oder zum Recht der Strafverfolgung[10] umstritten ist.[11]

Diese Erweiterungen des Aufgabenkreise stehen in einem engen Zusammen-   **9** hang mit den erweiterten Möglichkeiten, über welche die Polizeibehörden aufgrund der *Digitalisierung* von Informationen und Informationsübermittlung verfügen. Zwar war das Sammeln von Informationen schon immer ein wichtiger Teil der Polizeiarbeit, durch die modernen Kommunikationstechniken ist aber das Erheben und Verarbeiten von personenbezogenen Daten zum zentralen Schwerpunkt der polizeilichen Tätigkeit geworden (vgl. § 1 Abs. 5 Satz 2 PolG NW).[12] Das Polizeirecht der Informationsgesellschaft besteht zu großen Teilen aus Informationsverarbeitung und Informationseingriffen (vgl. §§ 8a ff. MEPolG).[13] Zwingende Folge ist die steigende Bedeutung des Datenschutzes, der in den polizeirechtlichen Gesetzen selbst umfassend geregelt ist (z.B. §§ 29 ff. BPolG; §§ 22 ff. PolG NW; §§ 37 ff. PolG BW; §§ 10a ff. MEPolG).

Dabei stehen innerstaatliche Gesetze zwar im Vordergrund, aber die Einbin-   **10** dung polizeilichen Handelns in *internationale* und insbesondere *europäische Zusammenhänge* verdient besondere Beachtung.[14] Die Europäisierung der gesamten innerstaatlichen Rechtsordnung hat auch das Polizei- und Ordnungsrecht erfasst. Institutionell verkörpert das Europäische Polizeiamt Europol die Verbindung von Informationsverarbeitung und Datenschutz auf europäischer Ebene.[15] Eines der beherrschenden Themen ist national, vor allem aber auch international die Bekämpfung des Terrorismus, die eine Bewährungsprobe für das Verhältnis zwischen Freiheit und Sicherheit auf der Grundlage rechtsstaatlicher Prinzipien bildet.

---

[9] Vgl. *Waechter*, JZ 2002, 854 (855).

[10] S. BVerfGE 113, 348; dazu *Gusy*, NdsVBl. 2006, 65.

[11] Dazu 5. Kapitel Rn. 172 ff. Eingehend *Albers*, Straftatenverhütung, S. 121 ff.; *Aulehner*, Informationsvorsorge, S. 47 ff.; *Möstl*, DÖV 2007, 581 Zur unterschiedlichen Verwendung der Begriffe in den Landesgesetzen *Rachor*, in: Lisken/Denninger, F Rn. 164 ff.

[12] *Kugelmann*, DÖV 2003, 781 (783); *Kutscha*, LKV 2008, 481; *Thiel*, Die „Entgrenzung" der Gefahrenabwehr, 2010, S. 24 ff.

[13] S.u. 7. Kapitel Rn. 1 ff.

[14] S.u. 14. und 15. Kapitel.

[15] Zu Europol s.u. 14. Kapitel Rn. 132 ff.

2. Gefahrenabwehr durch Polizei- und Ordnungsbehörden

11 Das Polizei- und Ordnungsrecht ist im Kern das *Recht der Gefahrenabwehr*. Sein Ziel ist es, Gefahren für Rechtsgüter abzuwehren, also Störungen zu beseitigen und den Eintritt von weiteren oder neuen Schäden zu verhindern. Herkömmlich wird diese Aufgabe auch als Aufrechterhaltung der öffentlichen Sicherheit und Ordnung bezeichnet.[16] Diese Aufgabenbeschreibung liegt allen landesrechtlichen Regelungen zu Grunde.[17]

12 **Beispiel:**
Der A fällt zwei Polizeibeamten auf, weil er mehrere Minuten vor der Schaufensterscheibe eines Uhren- und Schmuckgeschäfts in der Innenstadt steht und dabei einen Schraubenschlüssel in der Hand hat. Die Beamten halten ihn an, um die Personalien festzustellen. Rechtsgrundlage für die Identitätsfeststellung ist das Landespolizeigesetz, das den Polizeibeamten die Befugnis zur Feststellung der Personalien gewährt (z.B. § 12 PolG NW). Zweck ist es, eine Verletzung von Rechtsnormen, die Eigentum schützen zu verhindern und damit die Allgemeinheit zu schützen.

13 Nun können in einer derartigen Situation weitere Verdachtsmomente auftauchen: der A riecht nach Alkohol, er trägt einen Schlagring bei sich oder der Rauschgifthund schlägt an. Darin kann die Verletzung von Rechtsnormen liegen, wodurch eine Störung bereits eingetreten ist, oder die Verletzung von weiteren Rechtsnormen kann drohen. Sowohl der eingetretene Schaden wie die Abwehr des Eintretens von zukünftigen Schäden rechtfertigen weitere Maßnahmen der Polizei. Die Befragung, die Durchsuchung der Person oder die erkennungsdienstliche Behandlung sind eingreifende Maßnahmen, sie greifen in die Rechtssphäre der angehaltenen Person ein. Für jede eingreifende Maßnahme ist aufgrund des verfassungsrechtlichen Gesetzesvorbehalts eine Rechtsgrundlage erforderlich, die rechtmäßig angewendet werden muss.[18] Im Fall des Nichtbestehens einer Rechtsgrundlage oder ihrer fehlerhaften Anwendung ist die jeweilige Maßnahme rechtswidrig. Rechtsschutz gegen die Maßnahme muss gewährleistet sein.

14 Klausurtipp[19]: Das Thema studentischer Klausuren oder Hausarbeiten im Polizei- und Ordnungsrecht ist regelmäßig die rechtliche Prüfung von Maßnahmen der Polizei- und Ordnungsbehörden auf ihre Rechtmäßigkeit.[20]

---

[16] Der Begriff der öffentlichen Ordnung als Rechtsbegriff bedarf allerdings verfassungskonformer Beschränkungen, dazu 5. Kapitel Rn. 76 ff.

[17] S. Fn. 1.

[18] Zum Gesetzesvorbehalt BVerfGE 49, 89 (126 f.); *Gusy*, JA 2002, 610 (612 f.); *Voßkuhle*, JuS 2007, 118.

[19] Zur Methodik der Fallbearbeitung vgl. *Haug*, Staats- und Verwaltungsrecht, Fallbearbeitung, Übersichten, Schemata, 7. Aufl. 2008; *Schwerdtfeger*, Öffentliches Recht in der Fallbearbeitung, 13. Aufl. 2008; *Tettinger/Mann*, Einführung in die juristische Arbeitstechnik, 4. Aufl. 2009.

[20] Näher zur Fallbearbeitung unten 1. Kapitel Rn. 80 ff.

Die Polizei- und Ordnungsbehörden sind Teil der staatlichen Verwaltung und un-   **15** terliegen damit den Anforderungen der von Art. 20 Abs. 2 Satz 2 GG geforderten Gewaltentrennung.[21] Das Verhältnis der vollziehenden Gewalt zur *Rechtspre-chung* ist dadurch gekennzeichnet, dass die Verwaltung die Gesetze ausführt, während die Rechtsprechung das Recht im Streitfall auslegt und die Rechtsanwendung kontrolliert. Beides betrifft grundsätzlich den Einzelfall. Maßnahmen der Polizei unterliegen der Rechtmäßigkeitskontrolle. Die Notwendigkeit effektiven Rechts-schutzes ist in Art. 19 Abs. 4 GG verankert.[22] Daher ist die Ermöglichung gericht-licher Kontrolle verfassungsmäßig zwingend.[23]

Das Verhältnis der Polizei zur *Gesetzgebung* weist strukturell stärkere Span-   **16** nungen auf, weil die Polizei auch Gesetze durchführen muss, die unpopulär oder gar unsinnig sind. Denn unsinnige Gesetze für unanwendbar erklären oder gar verwerfen, kann nur die Rechtsprechung. Allerdings verfügt die Verwaltung über Spielräume bei der Gesetzesanwendung, die einen vernunftgeleiteten Vollzug er-lauben. Diese Spielräume finden ihre Grenze aber am Wortlaut und Sinn der Ge-setze. Die Verwaltung muss Recht vollziehen. Sie darf es nicht kontrollieren und sich auch nicht an die Stelle des demokratisch legitimierten Gesetzgebers setzen.

Gerade für die Polizei- und Ordnungsbehörden kann diese Spannungslage zu   **17** Erschwerungen der praktischen Arbeit führen. Denn sie verfügen über weit rei-chende Zwangsbefugnisse bis hin zum Einsatz von Gewalt. Da sie diese Befug-nisse zur Rechtsdurchsetzung nach Maßgabe des Grundsatzes der Verhältnis-mäßigkeit einsetzen können, treten sie den Bürgern gegenüber als sichtbare Verkörperung staatlicher Hoheitsgewalt auf und ziehen sich gegebenenfalls deren Unmut zu. Fehler der Politik oder anderer Behörden in der Erkennung oder Be-wältigung sozialer Probleme können auf die Polizei zurück fallen.

Die gesellschaftliche Diskussion über Nutzen und Gefahren der Kernenergie   **18** wurde und wird kontrovers geführt. Aufgabe der Polizei ist es aber, das geltende Recht zu verwirklichen. Dies gilt unabhängig davon, ob es auf die Förderung der Kernenergie oder, wie seit der Änderung des Atomgesetzes im Jahr 2002, auf den Ausstieg aus der Kernenergie angelegt ist.[24] Werden Laufzeitverlängerungen für Kernkraftwerke beschlossen (wie im Jahr 2010) und wieder teils zurückgenom-men (wie im Jahr 2011) oder würde die Zwecksetzung des Atomgesetzes erneut vollständig geändert, wäre auch das eine Konsequenz aus der Wahlentscheidung in der Demokratie, die von den Polizei- und Ordnungsbehörden nachvollzogen werden müsste. Der Transport abgebrannter Brennstäbe in Wiederaufarbeitungs-anlagen oder Zwischenlager (wie die sog. Castor-Transporte) muss von der Polizei gesichert werden. Fehlt es an Akzeptanz in Teilen der Bevölkerung, so hat die Po-

---

[21] Vgl. *Pieroth/Schlink/Kniesel*, POR, § 2, Rn. 47 ff.

[22] BVerfGE 35, 263 (274); 41, 23 (26); 60, 253 (269).

[23] BVerfGE 40, 272 (274 f.); s. *Jarass*, in: Jarass/Pieroth, GG, Art. 19, Rn. 22, 35a.

[24] Nach Art. 1 Ziff. 1 des AtG ist Zweck des Gesetzes, die Nutzung der Kernenergie zur gewerblichen Erzeugung von Elektrizität geordnet zu beenden und bis zum Zeitpunkt der Beendigung den geordneten Betrieb sicherzustellen. Vgl. Art. 1 des Gesetzes zur geord-neten Beendigung der Kernenergienutzung zur gewerblichen Erzeugung von Elektrizität vom 22.4.2002, BGBl. I 2002, S. 1351.

lizei dennoch ihre Aufgaben zu erfüllen. Jedoch kann die Rechtsdurchsetzung in Situationen des aktiven Widerstands von Bürgern auch dazu führen, dass in der Polizei selbst Unmut über die Politik entsteht, die ihr eine derartige Rechtsdurchsetzung abverlangt.[25] Der mit den Demonstrationen gegen den Umbau des Stuttgarter Bahnhofs, dem Projekt „Stuttgart 21", verbundene Polizeieinsatz hat für intensive Diskussionen gesorgt. Die Polizeikräfte gerieten insbesondere wegen ihres teils überzogenen Vorgehens zum Schutz der Arbeiten im Stuttgarter Schlosspark in die Kritik von Teilen der Öffentlichkeit.

19   Die Polizei- und Ordnungsbehörden haben nicht nur Gesetzesänderungen nachzuvollziehen, sondern sie müssen auch Änderungen in der Rechtsprechung berücksichtigen.

20   **Beispiel:**
Nach Art. 104 Abs. 2 GG (und Art. 5 EMRK) darf eine Freiheitsentziehung nur aufgrund einer richterlichen Entscheidung vorgenommen werden.[26] Erfolgt die Freiheitsentziehung aufgrund nicht-richterlicher Anordnung, z.B. durch die Polizei, muss eine Entscheidung des Richters unverzüglich herbeigeführt werden. Diese verfassungsrechtliche Regelung der Unverzüglichkeit wurde offenbar in manchen Gerichtsbezirken dadurch teilweise ausgehebelt, dass an Wochenenden oder Feiertagen kein richterlicher Notdienst bestand und daher eine richterliche Entscheidung erst mit zeitlichem Abstand, etwa am nächsten Werktag, eingeholt werden konnte. Das Bundesverfassungsgericht hat mit Urteil vom 20. Februar 2001 entschieden, dass es verfassungsrechtlich geboten ist, organisatorische Voraussetzungen für eine zeit- und sachangemessene Wahrnehmung der richterlichen Zuständigkeit zu schaffen.[27] Die verfassungswidrige Praxis musste dort, wo sie herrschte, geändert werden.

21   *Zuständig* zur Abwehr von Gefahren für von der Rechtsordnung geschützte Rechtsgüter sind sowohl die Polizeibehörden wie die Ordnungsbehörden, die abhängig vom Landesrecht auch als Sicherheitsbehörden (z.B. in Bayern), Gefahrenabwehrbehörden (z.B. in Hessen) oder Verwaltungsbehörden (z.B. in Niedersachsen) bezeichnet werden.[28] Die Polizeibehörden treten dem Bürger gegenüber typischerweise als uniformierte Polizei auf. Sie verkörpern damit auch nach außen, dass ihre Aufgabe in der Gewährleistung von Sicherheit besteht, die optische Präsenz umfasst. Ihr Tun betrifft auch Eilfälle und erfordert, wie das obige Beispiel zeigt, Flexibilität in der Auswahl von Maßnahmen und deren Umsetzung. So kommen die Regelungen des Verwaltungsverfahrens in den Ausprägungen zur Anwendung, die Ausnahmecharakter tragen, wie etwa zum Absehen von der Anhörung (§ 28 Abs. 2 Nr. 1 VwVfG) oder zum Fehlen der schriftlichen Begründung (§ 39 Abs. 2 Nr. 2 VwVfG). Hintergrund ist der Zeitfaktor, da polizeiliches Handeln von großer Schnelligkeit geprägt sein kann.

---

[25] *Gusy*, PolR, Rn. 10.
[26] Einzelheiten im Gesetz über das gerichtliche Verfahren bei Freiheitsentziehungen, FEVG (Sartorius Nr. 617).
[27] BVerfGE 105, 239 (248 f.); s. auch BVerfGE 103, 142 (152 f., 156).
[28] S.u. 4. Kapitel Rn. 48 ff.

Demgegenüber nehmen Ordnungsbehörden ihre Aufgaben des Rechtsgüter-   **22**
schutzes grundsätzlich mit den Mitteln der allgemeinen Verwaltung wahr.
Sie treten dem Bürger in aller Regel schriftlich entgegen, indem sie z.b.
Verwaltungsakte erlassen und den entsprechenden Bescheid dem Betroffenen zustellen. Dies
bedingt die Anwendung der allgemeinen Regeln über das Verwaltungsverfahren,
z.b. über die Beratung (§ 25 VwVfG), die Anhörung Beteiligter (§ 28 VwVfG)
und deren Akteneinsicht (§§ 29, 30 VwVfG) oder die Bekanntgabe des Verwaltungsaktes (§ 41 VwVfG). Ordnungsbehördliches Handeln ist in aller Regel zeitlich gestreckt und trägt den typischen Charakter verwaltungsbehördlicher Abläufe.

> **Beispiel:**   **23**
> Die zuständige städtische Ordnungsbehörde ordnet an, dass der Anlagenbetreiber A,
> der eine Lackiererei betreibt, neue Filter in den Rauchabzug seiner Anlage einbauen
> muss. Rechtsgrundlage ist § 17 BImSchG, der nachträgliche Anordnungen bei bereits
> errichteten Anlagen ermöglicht. Die Behörde hat alle verfahrensrechtlichen Anfor-
> derungen einzuhalten und die Rechte des A zu wahren, um im Ergebnis einen recht-
> mäßigen Bescheid zu erlassen, der dem A ordnungsgemäß zugestellt werden muss.

24
> Klausurtipp: Typische Erscheinungsformen des Handelns der Polizei- und
> Ordnungsbehörden dürfen nicht ohne weiteres verallgemeinert und unge-
> prüft auf jede Fallkonstellation angewandt werden. Gerade in studentischen
> Übungsarbeiten wird oft nach dem untypischen Fall gefragt, um nicht nur
> das Wissen, sondern auch oder gerade die Transferfähigkeit der Bearbeiter
> zu testen.

Das *Verständnis von Gefahrenabwehr* ist Unklarheiten unterworfen, weil sich die   **25**
Auffassungen von den zu schützenden Rechtsgütern wandeln könne. Sowohl die
Frage, ob ein Rechtsgut schützenswert ist, als auch die Frage, welche Wichtigkeit
dieser Schutz hat, werden zu unterschiedlichen Zeitpunkten und in unterschiedlichen Gesellschaften auch unterschiedlich beantwortet.

Der Umweltschutz stellt erst seit dem letzten Drittel des 20. Jahrhunderts auf   **26**
breiter Linie ein rechtlich beachtliches Ziel dar, wie seine Aufnahme in das
Grundgesetz mit Art. 20a im Jahr 1994 beweist.[29] Ob zur Abwehr von Gefahren
durch den Terrorismus Einschränkungen individueller Rechte gerechtfertigt sind
und wie weit diese Einschränkungen gehen sollen, hängt von der Bewertung des
Verhältnisses der betroffenen Rechtsgüter in einer konkreten Situation ab. Unsicherheiten über das zu erreichende Ziel bewirken Unsicherheiten über die anzu-
wendenden Mittel.

Die meisten Landesgesetze verstehen unter Gefahrenabwehr den Schutz der öf-   **27**
fentlichen Sicherheit und Ordnung.[30] Der Zweck der Gefahrenabwehr besteht im

---

[29] Gesetz vom 27.10.1994, BGBl. I S. 3146.
[30] Vorschriften in Fn. 1. In Bremen (§ 1 Abs. 1 BremPolG) und Schleswig-Holstein (§ 162
Abs. 1 LVerwG SH) ist die „öffentliche Ordnung" kein Bestandteil der Aufgabenzuwei-
sungsnorm. In Nordrhein-Westfalen ist der Schutz der „öffentlichen Ordnung" nach einer
Änderung des Polizeigesetzes im Jahr 2010 nicht mehr nur Aufgabe der Ordnungsbehörden, sondern auch der Polizei (§ 1 Abs. 1 Satz 1 PolG, § 1 Abs. 1 OBG NW).

Schutz der öffentlichen Sicherheit, also insbesondere der Unverletzlichkeit der Rechtsordnung.[31] Die vom demokratisch legitimierten Gesetzgeber geschaffene und ausgestaltete Rechtsordnung soll in ihrer Integrität verteidigt werden. In diesem Zusammenhang ist die Bedeutung umstritten, die dem Schutz der öffentlichen Ordnung zukommt.[32]

28   Die Aufgabe der Polizei- und Ordnungsbehörden, Gefahrenabwehr zu betreiben, muss zudem vor dem Hintergrund gesehen werden, dass die Polizei- und Ordnungsbehörden daneben auch andere Aufgaben wahrnehmen. Praktisch bedeutsam und auch klausurtechnisch relevant ist insbesondere die Unterscheidung zwischen der polizeilichen Tätigkeit zur Gefahrenabwehr und der Tätigkeit der Strafverfolgung.

3. Gefahrenabwehr und Strafverfolgung

29   Die Polizei handelt nicht nur aufgrund von Polizeigesetzen, sondern auch aufgrund ihrer Befugnisse zur Strafverfolgung (§ 163 Abs. 1 Satz 1 StPO). Während Maßnahmen der Ordnungsbehörden regelmäßig eindeutig der Verwaltungstätigkeit aufgrund der entsprechenden Rechtsgrundlagen zuzuordnen sind, kann eine Maßnahme der Polizeibehörde aufgrund unterschiedlicher Zwecke ergehen. Wird der Zweck der Gefahrenabwehr verfolgt, trägt die Maßnahme polizeirechtlichen Charakter und ist an den polizeirechtlichen Gesetzesgrundlagen zu messen. Wird dagegen mit der Maßnahme der Zweck der Strafverfolgung verfolgt, ist Rechtsgrundlage die Strafprozessordnung.

3.1. Polizeiliche Befugnisse zur Verfolgung von Straftaten und Ordnungswidrigkeiten

30   Die Strafprozessordnung und die Polizeigesetze enthalten vielfach *parallele Ermächtigungsnormen*. Eine Wohnungsdurchsuchung, eine Identitätsfeststellung oder eine erkennungsdienstliche Behandlung können zur Strafverfolgung ebenso notwendig sein wie zur Gefahrenabwehr. Obwohl sich teils auch die Voraussetzungen für die Maßnahmen ähneln, hat die Unterscheidung doch erhebliche rechtliche Folgen, insbesondere für die Frage, wer die Maßnahme verantwortet und wie der Rechtsschutz ausgestaltet ist.[33]

31   Bei der Strafverfolgung wirkt die Polizei mit der Staatsanwaltschaft zusammen, die das Ermittlungsverfahren lenkt (§ 161 StPO).[34] Für die Verwirklichung besonders einschneidender Maßnahmen bedarf es einer gerichtlichen Anordnung. Verfassungsrechtlich zwingend vorgegeben ist die Notwendigkeit einer richterlichen

---

[31] Dazu 5. Kapitel Rn. 35 ff.
[32] Dazu 5. Kapitel Rn. 76 ff.
[33] Dazu unten 1. Kapitel Rn. 54 ff.
[34] *Hellmann*, Strafprozeßrecht II, § 3, Rn. 1; *Meyer-Goßner*, StPO, § 163, Rn. 3 und 17.

Anordnung für die Durchsuchung von Wohnungen (Art. 13 Abs. 2 GG) und für die Zulässigkeit und Fortdauer von Freiheitsentziehungen (Art. 104 Abs. 2 GG). Notkompetenzen werden der Polizei im Fall der Unerreichbarkeit von Staatsanwaltschaft und Gericht eingeräumt, falls Gefahr in Verzug ist (z.B. § 98 Abs. 1 Satz 1, § 105 Abs. 1 Satz 1, § 111 e Abs. 1 Satz 2 StPO).[35]

Die Befugnisse nach der StPO sind insbesondere hinsichtlich der *Informations-*   **32** *erhebung* auch und gerade in grundrechtlich sensiblen Bereichen erweitert worden.[36] An die Seite der körperlichen Untersuchung des Beschuldigten nach § 81a StPO ist die DNA-Analyse („Genetischer Fingerabdruck") an dem durch die körperliche Untersuchung gewonnen Material getreten (§ 81e StPO). Einen weiteren Eingriff stellt die Entnahme von Körperzellen zu dem Zweck dar, DNA-Identifizierungsmuster festzustellen und sie in künftigen Strafverfahren zu verwenden (§ 81g StPO).[37] Das Bundesverfassungsgericht sieht darin Strafprozessrecht.[38] Die Daten werden zentral in einer Datei beim BKA gespeichert (§ 81g Abs. 5 StPO i.V.m. § 8 Abs. 6 BKAG).

Die Überwachung des Fernmeldeverkehrs (§§ 100a, 100b StPO) beinhaltet die   **33** Befugnis, Auskünfte von Unternehmen der Telekommunikation über Verbindungsdaten zu verlangen (§§ 100g StPO).[39] Gegenstand der Ermittlungen sind dabei insbesondere die mobile und die computergestützte Kommunikation, also Mobiltelefon und Internetverbindungen. In diesem Kontext gehören auch die Befugnisse zum heimlichen Herstellen von Lichtbildern und Bildaufzeichnungen (§ 100h StPO) sowie hinsichtlich des Abhörens und Aufzeichnens des gesprochenen Wortes (§ 100c StPO).[40]Soweit § 100g Abs. 1 S. 1 StPO die Erhebung von gespeicherten Daten nach § 113a TKG zulässt (sog. Vorratsdatenspeicherung), ist die Vorschrift nach der Entscheidung des Bundesverfassungsgerichts vom 2. März 2010 mit Art. 10 Abs. 1 GG unvereinbar und insoweit nichtig (dazu s.u. 7. Kap. Rn. 179 ff.).[41]

Parallele Sonderregeln enthält das *Ordnungswidrigkeitenrecht,*[42] das ansonsten   **34** nach den Regeln der StPO durchzuführen ist (§ 46 Abs. 1 OWiG). Nach § 53 Abs. 1 Satz 1 OWiG gehört es zu den Aufgaben der Polizei, nach pflichtgemäßem Ermessen Ordnungswidrigkeiten zu erforschen und dabei alle unaufschiebbaren Anordnungen zu treffen, um die Verdunkelung der Sache zu verhüten. Während also bei der Strafverfolgung das Legalitätsprinzip gilt und die Polizei tätig werden

---

[35] Str.; so *Schäfer*, in: Löwe-Rosenberg, StPO, § 98, Rn. 31, 43; § 105, Rn. 21 und § 11e Rn. 3; a.A. *Meyer-Goßner*, StPO, § 98, Rn. 6f; § 105, Rn. 2 und § 111e, Rn. 3, der die Zuständigkeit der Polizei neben der Staatsanwaltschaft im Fall der Unerreichbarkeit des Gerichts bejaht.

[36] *Knemeyer*, POR, Rn. 405 f.

[37] S.u. 5. Kapitel Rn. 223, 225.

[38] BVerfG (3. Kammer des 1. Senats), DVBl. 2001, 454.

[39] BVerfGE 125, 260.

[40] Neu gefasst durch das Gesetz vom 24. Juni 2005 zur Umsetzung des Urteils des Bundesverfassungsgerichts vom 3. März 2004, BGBl. I, S. 1841.

[41] BVerfG, NJW 2010, 833 = DVBl. 2010, 503 = JZ 2010, 611.

[42] *Schenke*, POR, Rn. 428 ff.

muss, greift im Ordnungswidrigkeitenrecht das Opportunitätsprinzip, wonach die Polizei eingreifen kann, aber in Ausübung ihres Ermessens nicht eingreifen muss. Soweit das OWiG der Polizei keine speziellen Befugnisse einräumt, hat sie die Befugnisse nach der StPO (§ 53 Abs. 1 Satz 2 und Abs. 2 OWiG).

35   Im Gegensatz zur Strafverfolgung liegt die vorrangige Zuständigkeit zur Verfolgung von Ordnungswidrigkeiten bei der Verwaltungsbehörde (§ 35 OWiG). Die Staatsanwaltschaft übernimmt die Verfolgung nur, wenn sie eine Straftat verfolgt, die mit der Ordnungswidrigkeit zusammenhängt (§ 42 OWiG). Im Bußgeldverfahren verfügt die Verwaltungsbehörde über dieselben Rechte und Pflichten wie die Staatsanwaltschaft bei der Verfolgung von Straftaten (§ 46 Abs. 2). Polizeibeamte, welche die Befugnisse der Verwaltungsbehörde im Außendienst wahrnehmen, können Verwarnungen aussprechen und ein Verwarngeld erheben (§§ 56-58 OWiG).

36   Vorschriften über einzelne Ordnungswidrigkeiten finden sich im OWiG selbst, etwa § 117 OWiG über unzulässigen Lärm, worunter auch Geräusche einer nächtlichen studentischen Party fallen können. Nach § 118 OWiG handelt ordnungswidrig, wer eine grob ungehörige Handlung vornimmt, die geeignet ist, die Allgemeinheit zu belästigen oder zu gefährden und die öffentliche Ordnung zu beeinträchtigen. Dieser weite Tatbestand ist verfassungskonform auszulegen.[43] Er kann ein diskriminierendes Gaststätten-Zutrittsverbot („Kein Zutritt für Neger") ebenso erfassen wie das missbräuchliche Herbeirufen eines Einsatzwagens der Polizei.[44]

37   In Kontakt mit dem Ordnungswidrigkeitenrecht kommen viele Bürger durch die Begehung von Verkehrsordnungswidrigkeiten nach den §§ 23 ff. des StVG. Neben unmittelbaren gesetzlichen Regelungen wie dem § 24a StVG über den zulässigen Alkoholgehalt im Blut sind die auf der Grundlage des Straßenverkehrsgesetzes ergangenen Rechtsverordnungen von quantitativ erheblicher Bedeutung, insbesondere die Straßenverkehrsordnung (StVO).

38   Vorschriften über Ordnungswidrigkeiten enthalten auch eine Vielzahl von Gesetzen als Schlussbestimmungen, um die Sanktionen bei Verstößen gegen die gesetzlichen Regelungen festzulegen. Eine derartige Regelung ist § 5 des Bundespersonalausweisgesetzes, wonach etwa derjenige ordnungswidrig handelt, der es unterlässt, einen Ausweis auf Verlangen einer zuständigen Stelle vorzulegen (§ 5 Abs. 1 Nr. 2 PAuswG). Einen Katalog an Ordnungswidrigkeiten beinhalten z.B. auch § 43 BDSG, § 62 BImSchG oder § 53 WaffG, wobei diese Bestimmungen neben Strafvorschriften stehen, die im Fall erheblicherer Rechtsverletzungen stärkere Sanktionen zulassen.

39   Die Vielfalt an Vorschriften über Ordnungswidrigkeiten stößt an die Grenzen, die durch die Spielräume staatlicher Bußgeldgewalt gezogen sind, denn die Verhängung von Bußgeldern darf nicht zum Selbstzweck werden, sondern muss dazu

---

[43] Da BVerfGE 6, 41 (43) die abgeschaffte Vorgängervorschrift des § 360 Abs. 1 Nr. 11 StGB über „groben Unfug" für verfassungsgemäß angesehen hat, ist auch die konkretere Regelung des § 118 OWiG verfassungsrechtlich haltbar.
[44] BGHSt 13, 241.

beitragen, den Zweck des jeweiligen Gesetzes zu erreichen.[45] Vor diesem Hintergrund ist eine rechtmäßige Ausübung des Ermessens im Ordnungswidrigkeitenrecht zu sehen.

3.2. Präventive und repressive Tätigkeit

Strafverfolgung setzt eine bereits geschehene Straftat voraus. Die polizeiliche **40** Maßnahme ist *repressiv*, weil sie zur Ermittlung und Verfolgung von begangenen Straftaten dient. Nach § 163 Abs. 1 Satz 1 StPO haben die Polizeibeamten Straftaten zu erforschen (Aufklärungsaufgabe) sowie eilbedürftige Anordnungen zu treffen, um die Verdunkelung der Sache zu verhindern (Sicherungsaufgabe). Die Aufklärungsaufgabe betrifft die Straftat, die Sicherungsaufgabe den Strafprozess.[46] In Erfüllung dieser Aufgaben handeln die durch Landesrecht bestimmten Polizeibeamten als Ermittlungsbeamte der Staatsanwaltschaft (§ 152 GVG).[47] Politisch ist die Landesregierung verantwortlich.[48] Die landesrechtlichen Regelungen bestimmen in weit gehender Übereinstimmung nahezu sämtliche Polizeibeamten zu Ermittlungsbeamten der Staatsanwaltschaft.

Demgegenüber ist eine Maßnahme auf dem Gebiet des Polizeirechts *präventiv*, **41** denn sie soll noch nicht eingetretene Gefahren für ein Rechtsgut abwenden, erfolgt also idealtypisch bevor ein Rechtsverstoß vorliegt. Die Polizeibeamten handeln eigenständig auf der Grundlage ihrer Verwaltungshierarchie, wobei die fachliche Verantwortung letztlich der Polizeipräsident und die politische Verantwortung das Innenministerium des Landes trägt (vgl. § 72 SächsPolG).

> **Beispiel:** **42**
> Die Durchsuchung einer Wohnung trägt repressiven Charakter, wenn aufgrund eines Anfangsverdachts in der Wohnung einer Person, die der Begehung eines Raubes verdächtig ist, die Beute vermutet wird. Die Staatsanwaltschaft beantragt gem. §§ 102, 105 Abs. 1 StPO eine richterliche Anordnung („Durchsuchungsbefehl"), welche die konkrete rechtliche Grundlage der Durchsuchung bildet.

> **Beispiel:** **43**
> Die Durchsuchung einer Wohnung trägt präventiven Charakter, wenn aufgrund von Informationen, die den Polizeibehörden vorliegen, in der Wohnung Waffen vermutet werden, die bei einer Demonstration am nächsten Tag zur Ausübung von Gewalt genutzt werden sollen. Rechtsgrundlage ist die einschlägige Vorschrift des Landespolizeigesetzes (z.B. § 31 PolG BW; § 41 PolG NW). Die Entscheidung der Polizei bedarf der Bestätigung durch eine richterliche Anordnung.

Die Unterscheidung zwischen präventiver und repressiver Tätigkeit hat eine *kompetenzrechtliche Grundlage*. Nach Art. 74 Abs. 1 Nr. 1 GG verfügt der Bund über **44**

---

[45] Vgl. kritisch *Gusy*, POR, Rn. 153.
[46] *Gusy*, POR, Rn. 16.
[47] Fundstellen des Landesrechts im Schönfelder zu § 152 GVG.
[48] *Boll*, in: Löwe-Rosenberg, § 152 GVG, Rn. 22 ff., 33 ff.

die Gesetzgebungskompetenz für das Strafrecht und für das Strafprozessrecht als Teil des gerichtlichen Verfahrens.[49] Strafprozessrecht ist daher als Recht der Aufklärung und Aburteilung bereits begangener Straftaten zu verstehen.[50] Für das Polizei- und Ordnungsrecht dagegen steht mangels einer verfassungsrechtlichen Kompetenzzuweisung an den Bund den Ländern die Gesetzgebungskompetenz zu (Art. 70 Abs. 1 GG).

45   Ausgangspunkt für die Unterscheidung ist damit das Kriterium der *Zeit*. Maßnahmen nach der StPO betreffen Taten, die in der Vergangenheit liegen. Der Vergleich zu Art. 103 Abs. 2 GG bestätigt, dass Gegenstand von Strafe lediglich vergangene Taten sein können. Das gerichtliche Verfahren ist Ausdruck der Strafverwirklichung. Die Aufgabenzuweisung des § 163 StPO findet sich denn auch im Teil der StPO über die öffentliche Klage, die erst erhoben werden kann, wenn die Tat begangen und ermittelt wurde.

46   Im Bereich der Strafverfolgung ist ein Anfangsverdacht (§ 152 Abs. 2 StPO) hinsichtlich einer konkreten Straftat nach dem Strafgesetzbuch erforderlich, bevor eingreifende Maßnahmen getroffen werden dürfen. Gegen Unverdächtige dürfen keine Strafverfolgungsmaßnahmen durchgeführt werden, wobei aufgrund der Unschuldsvermutung des Art. 6 Abs. 2 EMRK im Zweifel Personen als unverdächtig zu behandeln sind.[51]

47   Selbst wenn der Adressat der Maßnahme eine Straftat begangen hat, kann das polizeiliche Handeln dennoch präventiven Charakter tragen. Das oben genannte Beispiel der Durchsuchung einer Wohnung verdeutlicht, dass aufgrund des äußeren Erscheinungsbildes einer Maßnahme noch nicht auf ihren repressiven oder präventiven Charakter geschlossen werden kann. Die Durchsuchung als solche erscheint aus Sicht des betroffenen Wohnungsinhabers gleich. Der Räuber, gegen den noch kein Anfangsverdacht besteht, kann als Teilnehmer der Demonstration von einer präventiven Durchsuchung betroffen sein.

48   Der Zeitfaktor ist demnach nicht alleiniges Kriterium, sondern Voraussetzung für die Beurteilung des Ziels der Maßnahme, das dann eine Zuordnung zur präventiven oder repressiven Tätigkeit der Polizei ermöglicht. Es kommt auf den *Zweck* der Maßnahme an.[52] Dient sie der Strafverfolgung, ist sie repressiv, dient sie der Gefahrenabwehr, ist sie präventiv.

49   Die Feststellung des Zwecks kann Schwierigkeiten bereiten. Eine Mitteilung des Zwecks der Maßnahme an den Betroffenen ist vor oder während der Vollziehung nicht immer möglich, bei heimlichen Ermittlungsmaßnahmen scheidet sie ohnehin aus. Selbst die konkret handelnden Polizeibeamten wissen zwar, was sie suchen sollen, aber sie sind sich nicht notwendig des Zwecks in den Kategorien von Prävention und Repression bewusst.[53] Es kommt deshalb vorrangig auf den

---

[49] BVerfGE 109, 190 (211).
[50] *Kunig*, in: v.Münch/Kunig, GG, Art. 74, Rn. 12; *Oeter*, in: v.Mangoldt/Klein/Starck, GG, Art. 74, Rn. 14; jeweils m.w.N. Vgl. BVerfGE 27, 18 (32, 42); 85, 134 (142).
[51] *Hellmann*, Strafprozessrecht, I, § 1, Rn. 8; *Roxin*, Strafverfahrensrecht, § 11, Rn. 3 f.
[52] Zum Ganzen ausführlich *Würtenberger/Heckmann*, Polizeirecht BW, Rn. 178 – 192.
[53] *Gusy*, POR, Rn. 155.

objektiv verfolgten Zweck an,[54] im Beispiel also darauf, ob die Maßnahme als repressiv zur Sicherstellung der Beute eines begangenen Raubes oder als präventiv
zur Sicherstellung von Waffen zwecks Verhinderung von Ausschreitungen bei einer künftigen Versammlung einzuordnen ist. Die Absichten der Polizeibeamten
sind nur ein Element bei der Beurteilung des objektiven Zweckes.[55]

Dem Betroffenen wird zwar vor der Durchführung der Maßnahme deren Zweck   **50**
oft nicht mitgeteilt. Er verfügt aber über einen subjektiv-rechtlichen *Anspruch auf
Mitteilung des Zwecks*, der zumindest im Nachhinein geltend gemacht werden
kann.[56] Der Adressat der Maßnahme benötigt diese Information, um effektiven
Rechtsschutz erlagen zu können, insbesondere zur Wahl des zutreffenden Rechtsweges (ordentliche oder Verwaltungsgerichtsbarkeit, s. unten 1.3.4.).

Das individuelle Recht auf Mitteilung des Zwecks beruht auf dem betroffenen   **51**
Grundrecht, das i.V.m. Art. 19 Abs. 4 GG die Anordnung seiner eigenen Durchsetzung enthält.[57] Hinzu tritt das Rechtsstaatsprinzip, das eine Rechtsschutzfunk-
tion sowie das Prinzip der Gesetzmäßigkeit der Verwaltung beinhaltet, und daher
die Begründung belastender Entscheidungen erfordert, um dem Bürger die Wahrnehmung seiner Rechte zu ermöglichen.[58] Der Begründungsmangel kann aber
durch Nachholung geheilt werden (§ 45 Abs. 1 Nr. 2 VwVfG bzw. die Parallelregelung des jeweiligen Landesrechts).

Einige Länder verfügen über allgemeine Informationsfreiheitsgesetze: z.B. Ber-   **52**
lin,[59] Brandenburg,[60] Nordrhein-Westfalen[61] und Schleswig Holstein.[62] Dort besteht damit ein subjektives Recht auf Informationen über die Tätigkeit der staatlichen Stellen.[63] Auf Bundesebene ist das IFG am 1. Januar 2006 in Kraft getreten.[64]
Zwar können im Zusammenhang des Polizei- und Ordnungsrechts Ausnahmebe-

---

[54] *Knemeyer*, POR, Rn. 122.

[55] Vgl. *Pieroth/Schlink/Kniesel*, POR, § 2, Rn. 14.

[56] *Schenke*, POR, Rn. 420.

[57] Allgemein *Bethge*, NJW 1982, 6; *Lorenz*, AöR 105 (1980), 629; s. auch *Kugelmann*, Die
informatorische Rechtsstellung des Bürgers, 2001, 42 f.

[58] Allgemein *Grzeszick*, in: Maunz/Dürig, Art. 20, Erl. VII, Rn. 22 ff.; *Lücke*, Begrün-
dungszwang und Verfassung, 1987, S. 50; *Kugelmann*, Die informatorische Rechtsstellung des Bürgers, 2001, 36 f.

[59] Gesetz zur Förderung der Informationsfreiheit im Land Berlin vom 15.10.1999, GVBl. I,
S. 46.

[60] Akteneinsichts- und Informationsgesetz vom 10.3.1998, GVBl. I, S. 46.

[61] Gesetz über die Freiheit des Zugangs zu Informationen für das Land Nordrhein-
Westfalen vom 27.11.2001, GVBl. NW, S. 806.

[62] Gesetz über die Freiheit des Zugangs zu Informationen für das Land Schleswig-Holstein
vom 9.2.2000, GVBl., S. 166.

[63] Einen aktuellen Überblick über bestehende Informationsfreiheitsgesetze in Deutschland
und weltweit bietet der Berliner Beauftragte für Datenschutz und Informationsfreiheit auf
der Webseite www.informationsfreiheit.de.

[64] Gesetz zur Regelung des Zugangs zu Informationen des Bundes (Informationsfreiheits-
gesetz - IFG), BGBl. I 2005, S. 2722; dazu *Kloepfer/v.Lewinski*, DVBl. 2005, 1277; *Kugelmann*, NJW 2005, 3609; *Schmitz/Jastrow*, NVwZ 2005, 984; allgemein die Kommen-
tare von *Rossi*, IFG, 1. Aufl. 2006 und *Schoch*, IFG, 1. Aufl. 2009.

stimmungen zur Anwendung kommen, die eine Verweigerung der Informationen etwa im Fall der Vollstreckung erlauben. Die einschlägigen Rechtsnormen sind aber verfassungskonform im Sinne der Vorgaben aus den Grundrechten und dem Rechtsstaatsprinzip auszulegen. Eine nachträgliche Angabe des Zwecks einer polizeilichen Maßnahme wird ohnehin regelmäßig nicht unter die Ausnahmetatbestände fallen, so dass dem Adressaten der Maßnahme schon deshalb ein Informationsrecht aufgrund des spezifischen Landesrechts gegenüber der Polizei- und Ordnungsbehörde zusteht.

53   Eine Klärung des Zwecks allein kann sich aber für die eindeutige Einordnung einer Maßnahme als ungenügend erweisen. Auch die Kombination von Zeit und Zweck lässt nicht immer eine eindeutige Zuordnung einer polizeilichen Maßnahme zu, da in der Praxis Überschneidungen mit der Bekämpfung künftiger Gefahren vorkommen. Eine Abgrenzung nach dem Zweck erlaubt dann keine klare Zuordnung einer polizeilichen Handlung zum repressiven oder präventiven Aufgabenbereich, wenn gerade beide Zwecke verfolgt werden, die Maßnahme also doppelfunktionellen Charakter trägt.

3.3. Doppelfunktionelle Maßnahmen

54   Besondere Schwierigkeiten in der Zuordnung bereiten Maßnahmen der Polizei, die sowohl zum Zweck der Gefahrenabwehr als auch zum Zweck der Strafverfolgung getroffen werden können, sog. doppelfunktionelle Maßnahmen. Dabei geht es um das Aufeinandertreffen der Ausübung von Befugnissen nach den Polizeigesetzen und/oder der StPO. Der Streit, nach welchen Kriterien die Abgrenzung zwischen präventiven und repressiven Maßnahmen im Einzelnen vorzunehmen ist, findet hier sein wichtigstes Anwendungsfeld.

55   Konstellationen, in denen Maßnahmen doppelfunktionell angelegt sind, entstehen regelmäßig im Zusammenhang mit Dauerdelikten wie dem Hausfriedensbruch (§ 123 StGB). Maßnahmen im Zuge der Ermittlungen können hinsichtlich der mutmaßlich begangenen Tat Strafverfolgung sein und zugleich Prävention hinsichtlich der künftigen Fortsetzung der Tat.

56   **Beispiel:**[65]
Der B wird verdächtigt, einen Brand gelegt zu haben. Seine Wohnung wird mittels einer Videokamera überwacht. Zum einen soll damit der überwachte Beschuldigte überführt werden. Zum anderen sollen weitere Brandstiftungen verhindert werden. Die Maßnahme der Videoüberwachung dient beiden Zielen.

57   **Beispiel:**[66]
Die X hat zusammen mit Gleichgesinnten im Rahmen einer Protestaktion gegen die Amtskirche den Liebfrauendom in München „besetzt". Sie hat sich singend auf dem Boden nieder gelassen und weigert sich, trotz der Aufforderung durch die Kirchendiener, den Dom zu verlassen. Die herbei gerufenen Polizeibeamten tragen die X

---

[65] Nach BGH, NJW 1991, 2651 dazu die Fallbearbeitung von *Hantschel*, Jura 2001, 472.
[66] BayVGH, NVwZ 1986, 655.

heraus. Damit ermöglichen sie die Strafverfolgung wegen § 123 StGB und verhindern zugleich die weitere Rechtsverletzung.

Nach überwiegender Auffassung, die auch von der Rechtsprechung vertreten wird, **58** soll die Zuordnung nach dem Schwerpunkt der Maßnahme vorgenommen werden, der anhand deren Gesamteindruckes zu ermitteln ist.[67] Dabei ist eine objektive Bewertung ex ante vorzunehmen.[68] Auf den Willen der handelnden Polizeibeamten soll es nicht ankommen. Die Maßnahme soll schon dann rechtmäßig sein, wenn eine Befugnisnorm sie trägt.[69] Im Ergebnis wird die Maßnahme in ihrer Gesamtheit einem der beiden Aufgabenbereiche zugeordnet, dessen Regeln für sie gelten.

Nach anderer Auffassung kann ein und dieselbe Maßnahme rechtlich aufge- **59** spalten und beiden Aufgabenbereichen zugeordnet werden, sie kann präventiv und repressiv sein. Der Polizei soll ein Wahlrecht hinsichtlich der Rechtsgrundlage zustehen. Dient die Maßnahme aber beiden Zwecken, dann müssen auch die Voraussetzungen beider Befugnisnormen erfüllt sein. Konsequenz ist, dass sich der Rechtsweg zweispurig darstellen kann, der Betroffene also die Maßnahme vor den Verwaltungsgerichten wie vor den ordentlichen Gerichten angreifen kann bzw. muss.

Hintergrund für die Unklarheiten in der rechtlichen Beurteilung sind die Un- **60** klarheiten bei der praktischen Durchführung doppelfunktioneller Maßnahmen durch die Polizei. Angesichts der Vielfalt der Lebenssachverhalte und der daraus resultierenden Gemengelagen ist es nachvollziehbar, dass sich die Rechtsprechung durch die Beurteilung nach dem Schwerpunkt weit gehende Spielräume für die rechtliche Bewertung erhält, um dem Einzelfall gerecht werden zu können. Eine undifferenzierte Gesamtsicht nach Maßgabe von Schwerpunkten verwischt jedoch die rechtlich zwingenden Unterscheidungen. Rechtliche Klarheit ist aber notwendig und durch eine differenzierende Beurteilung auch erreichbar.

Zunächst muss *jede Maßnahme gesondert* untersucht werden, auch wenn in ei- **61** ner konkreten Situation ein Bündel an Maßnahmen vorgelegen hat.[70] So ist eine sog. Razzia nur ein Oberbegriff für eine Vielzahl von polizeilichen Maßnahmen, die auf ihre Zuordnung zur Strafverfolgung oder Gefahrenabwehr ebenso einzeln geprüft werden müssen wie auf das Vorliegen ihre jeweiligen Voraussetzungen. Dies kann zur Folge haben, dass für die eine Maßnahme der Verwaltungsrechtsweg und für die andere der ordentliche Rechtsweg gegeben ist.

---

[67] BVerwGE 47, 255 (262 f.); VGH BW DÖV 1989, 171; BayVGH NVwZ 1986, 655 sowie BayVBl. 1991, 657 f. und BayVBl. 1993, 429 (430); OVG NW NJW 1980, 855; *Knemeyer*, POR, Rn. 122; *Pieroth/Schlink/Kniesel*, POR, § 2, Rn. 15; *Würtenberger*, in: Achterberg/Püttner, § 21, Rn. 101.

[68] *Knemeyer*, POR, Rn. 122.

[69] *Götz*, POR, § 18 Rn. 18.

[70] Insoweit ebenso *Götz*, POR, Rn. § 18 Rn. 19; *Würtenberger*, in: Achterberg/Püttner, § 21, Rn. 102.

62   Auch bei der Vollziehung doppelfunktioneller Maßnahmen muss die Rechtsgrundlage klar sein. Sie ist auf der Grundlage des Zwecks zu ermitteln.[71] An diesem Punkt stimmt die Mehrzahl der vertreten Auffassungen dem Grunde nach
überein.[72] Die Ermittlung des Zwecks kann an die Absicht der Polizeibeamten und
die Sicht des Betroffenen anknüpfen, um dann im Rahmen einer objektiven Bewertung zu einem Ergebnis zu kommen. Dies entspricht dem funktionalen Charakter polizeilichen Vorgehens, das gerade die Abwehr von Gefahren bzw. die
Strafverfolgung bezweckt.

63   Im Fall doppelfunktioneller Maßnahmen geht es letztlich darum, ob ein Zweck
dominieren und damit zu einer einheitlichen Beurteilung der Maßnahme führen
kann.[73] Aufgrund der kompetenzrechtlichen Grundlagen aus Art. 74 Abs. 1 Nr. 1
GG ist aber eine Trennung der Zwecke geboten. In einem einzigen faktischen
Handeln der Polizei können zwei Maßnahmen zusammen fallen, von denen eine
repressiv und eine präventiv ist. Durch die rechtliche Analyse kann ein Maßnah-
menknäuel im Nachhinein entwirrt werden, um eine Beurteilung der Rechtmäßigkeit jeder einzelnen Maßnahme vornehmen zu können.

64   Die Polizei kann sich bei bestimmten Maßnahmen sowohl auf die StPO wie die
Polizeigesetze berufen.[74] Fallen die rechtlich zu trennenden Handlungen in einer
einzigen faktischen Handlung zusammen, liegt eine echte doppelfunktionelle
Maßnahme vor. Dann müssen aber auch die Voraussetzungen beider Rechtsgrundlagen erfüllt sein.[75] Die doppelfunktionelle Maßnahme ist also nicht schon dann
rechtmäßig, wenn die polizeirechtlichen oder die strafprozessualen Voraussetzungen vorliegen.[76]

65   Bestehen Zweifel am Zweck, genießt die Beurteilung als Gefahrenabwehr Vorrang, weil infolge der Vorgaben der Art. 70 und 74 Abs. 1 Nr. 1 GG die Befugnisse zur Verfolgung von Straftaten an formal engere Voraussetzungen gebunden
sind als die Befugnisse zur Gefahrenabwehr, die schnelle Möglichkeiten der Reaktion eröffnen sollen.[77] In studentischen Übungsarbeiten hat die Einordnung als
Gefahrenabwehr zudem den klausurtaktischen Vorteil, dass der Verwaltungsrechtsweg nach § 40 VwGO eröffnet ist und damit eine weitere Prüfung des Sachverhalts möglich wird.

66   **Beispiel:**
Der A hat bei einem Banküberfall zwei Geiseln genommen und versucht, mit diesen
zu fliehen. Zu diesem Zweck stürmt er schießend aus der Bank und bemächtigt sich
eines PKWs. Nach einer halbstündigen Verfolgungsjagd gibt die polizeiliche Einsatz-

---

[71] BVerwGE 47, 255 (264 f.).
[72] Anders *Gusy*, PolR, Rn. 23 und 487.
[73] BVerwGE 47, 255 (264 f.).
[74] *Erichsen*, Jura 1993, 49; *Götz*, NVwZ 1994, 658.
[75] *Schoch*, POR, Rn. 11; *Wolter*, Jura 1992, 526; insoweit auch *Albers*, Straftatenverhütung,
    S. 96; *Schenke*, POR, Rn. 424.
[76] *Rüfner/Muckel*, BesVerwR, Fall 3 a.E.
[77] Nach *Pieroth/Schlink/Kniesel*, POR, § 2, Rn. 15, ist die Gefahrenabwehr wichtiger als die
    Strafverfolgung.

leitung den Einsatzkräften den Befehl, die Geiseln gewaltsam zu befreien. Die Polizei rammt das Fluchtauto und befreit nach einem kurzen Schusswechsel die Geiseln. Der A wird schwer verletzt.

Für den repressiven Charakter der Maßnahmen könnte sprechen dass die Straftaten der §§ 211, 239a, 239b StGB verfolgt wurden. Andererseits zielte das Vorgehen der Polizei gleichzeitig auf die Verhütung weiterer Gefahren für die Geiseln. Es handelte sich um echte doppelfunktionale Maßnahmen. Sowohl die Voraussetzungen des Polizeigesetzes wie diejenigen der StPO müssen vorliegen. Polizeirechtlich handelt es sich um das Ausüben unmittelbaren Zwangs und körperlicher Gewalt (z.b. § 55 HSOG, §§ 56, 60, 61 HSOG).

Hebt man auf den Schwerpunkt ab, war vorrangiger Zweck der Maßnahmen, das Leben der Geiseln zu retten. Demnach sollten künftige Gefahren abgewendet werden. Die Verfolgung der bereits verwirklichten strafrechtlichen Tatbestände war dem untergeordnet. Daher sind die Maßnahmen als überwiegend präventiv zu bewerten.

Wenn die Polizei aus präventiven *und* repressiven Gründen verfolgt, kann es dennoch nur eine Einsatzleitung geben und zwar die des Polizeipräsidenten, der für den gesamten Einsatz zuständig ist. In der Praxis wird die Staatsanwaltschaft hinzugezogen.

3.4. Bedeutung der Unterscheidung

Die Unterscheidung zwischen dem präventiven oder dem repressiven Charakter einer Maßnahme hat in mehrfacher Hinsicht Bedeutung.[78] Trotz der Schwierigkeiten bei der Zuordnung einzelner Maßnahmen ist schon aufgrund ihrer strukturellen Aussagekraft an ihr festzuhalten.[79] Sie folgt aber vor allem aus der Kompetenzordnung des Grundgesetzes (Art. 70 und 74 Abs. 1 Nr. 1 GG).   **67**

Die im Hinblick auf studentische Übungsarbeiten wohl wichtigste Rechtsfolge der Unterscheidung betrifft den *Rechtsweg*.[80] Nur für präventive Maßnahmen ist der Verwaltungsrechtsweg nach § 40 VwGO eröffnet. Repressive Maßnahmen fallen gem. der Sonderzuweisung des § 23 EGGVG in die Zuständigkeit der Strafgerichte und sind in der verwaltungsrechtlichen Fallbearbeitung nicht weiter zu erörtern.[81]   **68**

69

Klausurtipp: In Fallbearbeitungen muss die Abgrenzung zwischen präventiven und repressiven Maßnahmen für jede einzelne Maßnahme schon im Hinblick auf die Eröffnung des Rechtsweges und damit in der Prüfung der Zulässigkeit vorgenommen werden.

In § 23 Abs. 1 Satz 1 EGGVG heißt es: „Über die Rechtmäßigkeit der Anordnungen, Verfügungen oder sonstigen Maßnahmen, die von den Justizbehörden zur Regelung einzelner Angelegenheiten auf den Gebieten des bürgerlichen Rechts   **70**

---

[78] *Gusy*, POR, Rn. 17; *Schenke*, POR, Rn. 412.

[79] *Denninger*, in: Lisken/Denninger, E Rn. 157 und 192; *Trute*, Die Verwaltung 32 (1999), 73 (75); a.A. *Albers*, Straftatenverhütung, S. 93 f.

[80] *Gusy*, POR, Rn. 484 f.; *Schenke*, POR, Rn. 509.

[81] *Drews/Wacke/Vogel/Martens*, Gefahrenabwehr, § 30, Ziff. 1.

einschließlich des Handelsrechts, des Zivilprozesses, der freiwilligen Gerichtsbarkeit und der Strafrechtspflege getroffen werden, entscheiden auf Antrag die ordentlichen Gerichte."

71   Diese Rechtswegeröffnung gegen „Justizverwaltungsakte" betrifft mit der Strafrechtspflege auch die Maßnahmen des Strafprozessrechts. Funktional ist die Polizei dann Justizbehörde, wenn sie Aufgaben der Strafrechtspflege wahrnimmt, also repressiv handelt.[82] Zuständig ist das Oberlandesgericht (§ 25 EGGVG). Können die ordentlichen Gerichte bereits aufgrund anderer Vorschriften angerufen werden, können auch andere Gerichte als das OLG zuständig sein (§ 23 Abs. 3 EGGVG).

72   Eine Sonderzuweisung enthält § 98 Abs. 2 Satz StPO, wonach der von einer Beschlagnahme Betroffene jederzeit eine richterliche Entscheidung beantragen kann. Zuständig ist das Amtsgericht (§ 98 Abs. 2 Satz 3 StPO). Die Vorschrift soll nach der Rechtsprechung der Strafgerichte,[83] die allerdings nicht unbestritten ist,[84] auf die nachträgliche Prüfung anderer bereits erledigter repressiver Maßnahmen entsprechend anwendbar sein.

73   Ordentliche Gerichte können aufgrund ausdrücklicher Anordnung aber auch für den Rechtsschutz gegen präventive Maßnahmen zuständig sein. Auf der Grundlage des Polizeirechts können freiheitsbeschränkende und freiheitsentziehende Maßnahmen getroffen werden (vgl. § 14 MEPolG; § 36 PolG NW; § 19 Nds-SOG). Die Anordnung einer Freiheitsentziehung darf nur das Amtsgericht vornehmen (§ 3 Satz 1 FEVG in Ausführung von Art. 104 Abs. 2 GG, s.o. Rn. 20). Hiergegen ist die sofortige Beschwerde statthaft (§ 7 Abs. 1 FEVG). Über die Beschwerde entscheidet das Landgericht (§§ 58 ff., 415 ff. FamFG).

74   Abhängig von der präventiven oder repressiven Zielrichtung der Maßnahme unterscheiden sich die zu Grunde liegenden Prinzipien. Bei der Strafverfolgung gilt das *Legalitätsprinzip*, die Polizeibeamten „haben" Straftaten zu erforschen (§ 163 Abs. 1 StPO). Demgegenüber gilt im Polizei- und Ordnungsrecht das in den Vorschriften der Polizeigesetze über Ermessen zum Ausdruck kommende *Opportunitätsprinzip*, wonach die Behörden über ein Entschließungsermessen verfügen (z.B. § 16 Abs. 1 BPolG).[85] Sie können einschreiten, müssen es aber nicht.

75   Die Unterscheidung zwischen präventiven und repressiven Maßnahmen hat Auswirkungen auf das *Verhältnis der Polizei zur Staatsanwaltschaft*.[86] Im Rahmen der Strafverfolgung kann die Staatsanwaltschaft Ermittlungen durch die Behörden und Beamten des Polizeidienstes vornehmen lassen, wobei diese verpflichtet sind, dem Ersuchen oder Auftrag der Staatsanwaltschaft zu genügen (§ 161 StPO).

76   Trägt die polizeiliche Maßnahme repressiven Charakter, verfügt die Staatsanwaltschaft über das Recht der Einsatzleitung. Handelt es sich um eine präventive

---

[82] *Schenke*, POR, Rn. 419.

[83] BGHSt 28, 57 (58); 28, 160 (161); 28, 206 (207 f.); 37, 79 (82); dies soll auch für die Art und Weise der Durchführung gelten, so BGHSt 44, 265 (267 f.); 45, 183 (184). Vgl. *Meyer-Goßner*, StPO, § 98, Rn. 23 m.w.N.

[84] Vgl. die Kritik bei *D. Dörr*, NJW 1984, 2258 (2259 f.).

[85] S. unten 10. Kapitel Rn. 8.

[86] Vgl *Firster* in, Lisken/Denninger, G Rn. 11 f.

Maßnahme, obliegt die Einsatzleitung dem Polizeipräsidenten. Bei doppelfunktionellen Maßnahmen ist eine Kooperation beider Stellen erforderlich.[87] Im Fall eilbedürftigen Handelns der Polizei können die Vorschriften der StPO zum Zuge kommen, nach denen die Polizei bei Gefahr im Verzug zum Einschreiten berechtigt ist. Diese Regelungen laufen parallel zu den Bestimmungen in den Landesgesetzen, wonach in Eilfällen die Polizeibehörden auch dann Maßnahmen zur Gefahrenabwehr treffen können, wenn die Zuständigkeit für diese Maßnahmen bei anderen Behörden liegt (z.b. § 2 Abs. 1 PolG BW; § 1 Abs. 1 Satz 3 PolG NW). Eine unverzüglich notwendige Entscheidung über die Anwendung unmittelbaren Zwangs, z.b. die Anordnung des Gebrauchs von Schusswaffen, trifft die Polizei, da es sich um einen Vollstreckungsakt handelt.[88]

Spezifische Bedeutung erlangt die Unterscheidung zwischen repressiven und   **77**
präventiven Maßnahmen für die *Verarbeitung von personenbezogenen Daten.*
Werden Daten von Personen zu repressiven Zwecken erhoben, können sie nicht ohne weiteres zur Verfolgung präventiver Zwecke gespeichert werden, denn eine derartige Zweckänderung muss ausdrücklich gesetzlich erlaubt sein. Die Aufbewahrung erkennungsdienstlicher Unterlagen ist als Speicherung von Daten nur nach den einschlägigen polizeirechtlichen Vorschriften zulässig (§ 10a MEPolG;§ 24 PolG NW).[89] Sie fällt unter die vorbeugende Bekämpfung von Straftaten, die nach überwiegender Auffassung Teil des Polizeirechts ist, soweit sie die Verhütung von Straftaten betrifft.[90]

Beispiel: **78**
Am Rande einer öffentlichen Versammlung auf dem Marktplatz werden Scheiben von angrenzenden Geschäften eingeworfen. Die Versammlungsteilnehmer X und Y werden zur Strafverfolgung hinsichtlich der Sachbeschädigungen gem. § 81b StPO erkennungsdienstlich behandelt. Im anschließenden Strafverfahren wird der X zu einer Geldstrafe verurteilt, der Y wird freigesprochen. Die Polizei behält die Fingerabdrücke des X und des Y nach Abschluss des strafrechtlichen Verfahrens gegen X in ihren Unterlagen.
Hinsichtlich des X begründet sie dies in einem internen Vermerk damit, dass sie damit die Aufklärung künftiger Straftaten erleichtern wolle. Hinsichtlich des Y behält sie die Fingerabdrücke, um künftige gewalttätige Versammlungen erkennen zu können. Wenn X und Y gegen die Aufbewahrung ihrer personenbezogenen Daten vorgehen wollen, stellt sich ihnen zunächst die Fragen, welchen Rechtsweg sie einschlagen müssen.[91] Für ihren Anspruch auf Vernichtung der Unterlagen, also Löschung der Daten, ist der Verwaltungsrechtsweg eröffnet.[92]

79

---

[87] So auch die in der Praxis der Staatsanwaltschaften überaus wichtigen RiStBV (Richtlinien für das Strafverfahren und das Bußgeldverfahren), Anlage A, B III; diese Richtlinien sind ihrem Rechtscharakter nach Verwaltungsvorschriften.
[88] RiStBV, Anlage A, B III; *Schenke*, POR, Rn. 413 a.E. und 417.
[89] 7. Kapitel Rn. 107 ff.
[90] 5. Kapitel Rn. 172 ff.
[91] Zu den materiellen Problemen unten 7. Kapitel Rn. 107 ff.
[92] Vgl. BVerwGE 26, 169 (170); 69, 192 (193 ff.).

Die Unterscheidung zwischen repressiven und präventiven Maßnahmen der Polizeibehörden spielt, wie das Beispiel der erkennungsdienstlichen Behandlung zeigt, im Zusammenhang der vorbeugenden Bekämpfung von Straftaten und der *Gefahrenvorsorge* eine Rolle.[93] Die Inhalte dieser Kategorien und ihre Zuordnung sind heiß umstritten.[94] Im Schwerpunkt geht es um das Sammeln und Vorhalten von Informationen durch die Polizei, um auf künftige Gefahrensituationen vorbereitet zu sein und künftige Straftaten effektiver verfolgen zu können. Beurteilungen dieser komplexen Problematik beruhen auf der Unterscheidung zwischen repressiven und präventiven Aufgaben, wobei hinsichtlich der Verfolgungsvorsorge Überschneidungen bestehen. Eine Abgrenzung ist aber deshalb zwingend, weil die Gesetzgebungskompetenzen zwischen Bund und Ländern aufgeteilt sind (Art. 70, 72 und 74 Abs. 1 Nr. 1 GG).

4. Typische polizei- und ordnungsrechtliche Fallgestaltungen in Klausuren

80 Das Polizei- und Ordnungsrecht ist in Klausuren das Musterbeispiel für Rechtsfragen der Eingriffsverwaltung. Es geht nicht um eine Leistung, die der Bürger von der Behörde verlangt, wie oftmals im Sozialrecht. Eine Behörde trifft vielmehr eine Maßnahme, die einen Bürger belastet. Selbstverständlich ist für eine konkrete Falllösung die Fallfrage entscheidend, an der sich der Aufbau der Klausur ausrichten muss.[95] Die hier gegebenen Hinweise können und wollen nur einige Grundzüge typischer Fallgestaltungen beschreiben.

81   Dabei sind drei Ebenen zu unterscheiden, auf denen die Fälle angesiedelt sein können:

(1) Die erste Ebene der Anordnung von Maßnahmen, auf der die Eröffnung des Aufgabenbereiches und das Vorliegen der Voraussetzungen der Befugnisnorm sowie der allgemeinen Voraussetzungen polizeilichen oder ordnungsbehördlichen Handelns zu erörtern sind (Handlungsebene). Geprüft werden muss die Rechtmäßigkeit der Maßnahme.

(2) Die zweite Ebene der Vollstreckung, auf der es um die Rechtmäßigkeit von Maßnahmen der Vollstreckung geht, mit denen Anordnungen der ersten Ebene durchgesetzt werden (Vollstreckungsebene).

(3) Die dritte Ebene der Kosten, auf der Fragen der Entschädigung und des Kostenersatzes für polizeiliche Maßnahmen in Rede stehen (Kostenebene).

82 Die Prüfung von Konstellationen der ersten und zweiten Ebene in Klausur oder Hausarbeit folgt zumeist dem klassischen Ablauf, indem zunächst die Zulässigkeit eines Rechtsbehelfes erörtert wird, regelmäßig eines Widerspruchs oder einer Klage. Da der Betroffene die Rechtswidrigkeit der Maßnahme behauptet, besteht

---

[93] Dazu im Einzelnen 5. Kapitel Rn. 172 ff.
[94] *DiFabio*, Jura 1996, 566; *Waechter*, JZ 2002, 855.
[95] S. *Peine*, Klausurenkurs im Verwaltungsrecht, 4. Aufl. 2010.

sein Ziel regelmäßig darin, die Maßnahme anzufechten, um dann ihre Aufhebung zu erreichen. Dies setzt die Erhebung eines Widerspruchs voraus, sofern ein Widerspruchsverfahren vorgesehen ist (§§ 68 ff. VwGO). In einigen landesrechtlichen Konstellationen ist die nicht der Fall. Die Fallfrage kann demnach auf die Prüfung der Zulässigkeit und Begründetheit eines Widerspruchs zielen. Ist nach gerichtlichem Rechtsschutz gefragt, kommen die Rechtsschutzformen der VwGO zum Zuge (s. im Einzelnen 3. Kapitel). Die Klagearten in polizei- und ordnungsrechtlichen Fällen sind zumeist die Anfechtungsklage (§ 42 Abs. 1 VwGO) oder die Fortsetzungsfeststellungsklage (§ 113 Abs. 1 Satz 4 VwGO analog). Grund für die Analogie ist, dass die gesetzliche Regelung die Erledigung nach Klageerhebung betrifft, hier aber die Erledigung vor Klageerhebung eingetreten ist.[96]

Im *Ordnungsrecht*, das regelmäßig zeitlich gestrecktere Verfahren betrifft, **83** kann der Kläger den belastenden Verwaltungsakt der Ordnungsbehörde anfechten. Ziel ist, die Belastung zu beseitigen, indem der Verwaltungsakt aufgehoben wird (§ 113 Abs. 1 Satz 1 VwGO). Aufgrund der Bandbreite an speziellen Gesetzen ist besonderes Gewicht auf die Suche nach der treffenden Rechtsgrundlage für die ordnungsbehördliche Maßnahme zu legen.[97] Erst wenn kein spezielles Gesetz das Handeln der Ordnungsbehörde trägt, darf auf die allgemeinen Vorschriften zurückgegriffen werden. Diese haben zudem Lücken füllenden Charakter, sind also anwendbar, wenn das spezielle Gesetz z.B. keine Regelung der Verantwortlichkeit oder der Ermessensausübung trifft.

Die Anfechtungsklage gegen diese Maßnahme erlaubt dem Betroffenen, sein **84** Ziel rechtzeitig zu erreichen (§ 42 Abs. 1 VwGO). Sie ist vor dem Hintergrund der Notwendigkeit effektiven Rechtsschutzes (Art. 19 Abs. 4 GG) die geeignete Rechtsschutzform. Auch einstweiliger Rechtsschutz nach § 80 VwGO kann in Betracht kommen. Ob das Rechtsmittel letztlich Erfolg hat, ist eine Frage der Begründetheit.

> **Beispiel:**   **85**
> Dem A, der einen Schrottplatz betreibt, wird von der Ordnungsbehörde aufgegeben, ein auf dem Schrottplatz befindliches Autowrack ordnungsgemäß zu entsorgen, aus dem Öl auszutreten droht. Nach erfolglosem Widerspruch klagt er gegen diesen belastenden Verwaltungsakt. Taugliche Rechtsschutzform ist die Anfechtungsklage.

Rechtsschutz gegen *Maßnahmen der Polizei* steht in vielen Fällen vor der Schwie- **86** rigkeit, dass diese Maßnahmen sehr schnell ergriffen werden müssen, um eine drohende Gefahr abzuwehren. Sie können nicht mehr verhindert werden, weil sie bereits vollzogen sind. Der Verwaltungsakt ist in solchen Konstellationen erledigt, seine Rechtswirkungen sind bereits eingetreten. Dann kommt eine Fortsetzungsfeststellungsklage in Betracht. Der Kläger verfolgt das Ziel, nach Erledigung des Verwaltungsakts gerichtlich feststellen zu lassen, dass dieser rechtswidrig war.

---

[96] *Schenke*, POR, Rn. 522. Näher *Hufen*, Verwaltungsprozeßrecht, § 14, Rn. 12, § 18, Rn. 53 ff.; *Schenke*, Verwaltungsprozeßrecht, Rn. 306 ff.
[97] *Knemeyer*, POR, Rn. 429

Diese Feststellung kann dazu führen, dass er in einem weiteren Verfahren eine Entschädigung beanspruchen kann.

87   **Beispiel:**
Nach einem Autounfall in der Innenstadt werden die Arbeiten des ärztlichen Notdienstes und der Feuerwehr durch Schaulustige behindert, die den Zugang zum Unfallort versperren. Die Polizei ordnet an, dass die Schaulustigen den Zugangsbereich verlassen, spricht also einen Platzverweis aus (dazu 3. Kapitel Rn. 22 ff.), um den Zugang frei zu halten. Die Schaulustige S fühlt sich in ihrem Recht verletzt, sich aufzuhalten, wo sie will. Ihre Klage gegen die Maßnahme der Polizei kann aber nur erhoben werden, nachdem die Rechtswirkungen des Platzverweises bereits beendet sind. Taugliche Rechtsschutzform ist die Fortsetzungsfeststellungsklage nach § 113 Abs. 1 Satz 4 VwGO analog.

88   Auf der zweiten Ebene polizei- und ordnungsrechtlichen Handelns kann Streit über die Durchsetzung oder *Vollstreckung* der angeordneten Maßnahme bestehen. Gegenstand des Streits kann insbesondere die Maßnahme der Vollstreckung sein, z.B. die Frage der Rechtmäßigkeit eines Zwangsgeldes. Von besonderer Wichtigkeit ist in derartigen Fällen die saubere Trennung der Anordnung einzelner Maßnahmen (Handlungsebene) von ihrer Durchsetzung.

89   Auf der dritten Ebene kann es darum gehen, wer die *Kosten* trägt oder ob der Betroffene eine Entschädigung für das seiner Meinung nach rechtswidrige Handeln der Behörden beanspruchen kann. Da Kosten nur für rechtmäßige Maßnahmen beansprucht werden könne, ist auch die Rechtmäßigkeit der Maßnahme zu erörtern. Diese Konstellation liegt vor, wenn es darum geht, dass die Polizeibehörde Kosten für das Abschleppen eines Kraftfahrzeuges durch einen privaten Abschleppdienst vom Halter oder Fahrer fordert. Geht es um Kosten der Ordnungsbehörde, können auch Vorschriften des Gebührenrechts zur Anwendung kommen.

Wiederholungsfragen

1. Was verstehen Sie unter allgemeinem bzw. besonderem Polizei- und Ordnungsrecht? (Rn. 5)
2. Was ist der Unterschied zwischen präventiven und repressiven Maßnahmen der Polizei? (Rn. 40 ff.) Nach welchen Kriterien kann die Abgrenzung vorgenommen werden? (Rn. 44 ff.)
3. Welches sind die typischen Rechtsschutzformen in Fällen des Polizei- und Ordnungsrechts und warum? (Rn. 82 ff.)

2. Kapitel: Die geschichtliche Entwicklung des Polizei- und Ordnungsrechts

Die Geschichte des Polizei- und Ordnungsrechts ist eng verbunden mit der Ge- **1** schichte der Staatsaufgaben bzw. Staatszwecke.[1] Schon vor der Entstehung des modernen Staates war die Ausübung von Herrschaft notwendig mit der Gewährung von Schutz für die Beherrschten verbunden.[2] Die Legitimation des Staates beruht historisch wie staatstheoretisch wesentlich darauf, dass er die Sicherheit nach außen gegenüber anderen Staaten und die Sicherheit im Innern, also den Rechtsgüterschutz der Bürger gewährleistet.[3] Aktuelle Zweifelsfragen und Diskussionen sind oft nur mit Blick auf die geschichtliche Entwicklung des Polizei- und Ordnungsrechts verständlich.[4]

1. Vorkonstitutionelle Ursprünge

Der Begriff „Polizei", oder älter „Policey", hat seinen Ursprung in dem griechi- **2** schen Wort Politeia, im lat. Politia, das auch den Wortstamm des Begriffs Politik liefert. Er findet in der 2. Hälfte des 15. Jahrhunderts Eingang in die deutsche Kanzleisprache und wird mit den Reichspolizeiordnungen von 1530, 1548 und 1577 geläufig.

Solche Polizeiordnungen regelten weite Bereiche der öffentlichen Sicherheit **3** und Wohlfahrt.[5] Die „Gute Policey" umfasste Regelungen über Monopole, Zölle, Preise, also den Bereich der Wirtschaftsverwaltung ebenso wie Regelungen der Berufsausübung, der Religion und Sittlichkeit. Auch Bestimmungen über heute privatrechtlich geregelte Sachbereiche wie das Vormundschafts-, Liegenschafts- oder Erbrecht konnten enthalten sein. Unter „Policey" fielen alle Gegenstände, die der (absolute) Herrscher regeln wollte und die nicht die Sicherheit nach außen be-

---

[1] Vgl. *Brugger*, VVDStRL 63 (2004), S. 101 (111 ff.); *Preu*, Polizeibegriff, passim.
[2] Zu den Grundlagen *Gusy*, DÖV 1996, S. 573 m.w.N.
[3] *Georg Jellinek*, Allgemeine Staatslehre, 3. Auflage, Neudruck 1960, S. 246 ff.; *Preuß*, Risikovorsorge als Staatsaufgabe, in: Grimm (Hrsg.), Staatsaufgaben, Baden-Baden 1990, S. 523.
[4] Zusammenfassend *Boldt*, in: Lisken/Denninger, A Rn. 1 ff.
[5] Vgl. Repertorium der Policeyordnungen der Frühen Neuzeit, *Härter/Stolleis* (Hg.), 5 Bände, Frankfurt ab 1996.

trafen.[6] Dabei konnte auch die Fürsorge für die Untertanen eine Rolle spielen.[7] Es ging um die Herbeiführung einer bestimmten Sozialordnung, die auf die Verfestigung der feudalen Gesellschaftsstrukturen angelegt war.

4   Dem Fürsten stand die Polizeigewalt und damit die Staatsgewalt zu. Das Verhalten des Bürgers sollte mittels Rechtssatz, nämlich Polizeiordnung gelenkt werden, um Gefahren zu vermeiden und Wohlfahrt zu befördern. Die Rechtsregeln bezogen sich auf den Zustand guter Ordnung des Gemeinwesens und die Herstellung und Erhaltung dieses Zustandes. Polizeirecht war letztlich die Summe aller nach innen wirkenden Rechtsnormen. Für das späte Mittelalter und insbesondere dann den Absolutismus gilt: Der Staat war Polizeistaat.[8]

5   Durch die Verdichtung von Herrschaft stieg der staatliche Finanzbedarf. Je mehr Aufgaben der Staat an sich zog, desto wichtiger wurde die Aufgabe der Wirtschaftsförderung.[9] Die vielfältige Regulierung im absoluten Staat beeinträchtigte aber die Entwicklung individueller Freiheiten der Bürger und hemmte die Ausübung wirtschaftlicher Freiheiten durch das Bürgertum. Schon 1770 forderte der Staatsrechtler *Johann Stephan Pütter*, der Polizei die Aufgabe der Wohlfahrtspflege zu entziehen.[10]

6   Die Änderung kam mit der *Aufklärung*. Nach der liberalen Staatsauffassung sollte der Polizeistaat sich zum Nachtwächterstaat wandeln. Nicht die soziale Gestaltung, sondern die Gewährleistung der Sicherheit nach außen und innen sollten seine Aufgaben sein.[11] Nach und nach wurden im 18. und 19. Jahrhundert Bereiche wie das Finanzwesen und die Justiz aus „der Polizei" ausgegrenzt. Polizeiverwaltung wurde zur inneren Verwaltung.[12]

7   Dieser Prozess verlief nicht ohne Brüche und in den unterschiedlichen Staaten mit unterschiedlicher Geschwindigkeit. Er mündete in die Trennung der Gefahrenabwehr von der Wohlfahrtspflege. Die Polizei wurde in ihren Aufgaben beschränkt auf die Gewährleistung von Sicherheit und Ordnung.

8   Ihre klassische Formulierung findet diese umwälzende Neuerung im Preußischen Allgemeinen Landrecht von 1794, das in § 10 Abs. 2 17 ALR bestimmt: „Die nötigen Anstalten zur Erhaltung der öffentlichen Ruhe, Sicherheit und Ordnung und zur Abwendung der dem publico oder einzelnen Mitgliedern desselben bevorstehenden Gefahren zu treffen, ist das Amt der Polizei."[13]

---

[6] *Knemeyer*, POR, Rn. 2.
[7] *Brugger*, VVDStRL 63 (2004), S. 101 (121).
[8] *Gusy*, PolR, Rn. 5.
[9] *Boldt*, Deutsche Verfassungsgeschichte, Band I, München 1990, S. 254, 271.
[10] *Schenke*, POR, Rn. 3.
[11] *Friauf*, POR, Rn. 3.
[12] *Knemeyer*, POR, Rn. 3.
[13] Diese Vorschrift wird hinsichtlich der Nachwirkungen polizeistaatlicher Vorstellungen und der wirklichen Verankerung der Einschränkung von Polizeibefugnissen unterschiedlich gedeutet, vgl. *Boldt*, in: Lisken/Denninger, A Rn. 20; *Preu*, Polizeibegriff, S. 274 ff.; *Gusy*, POR, Rn. 5, jeweils m.w.N.

2. Vom Kreuzberg-Urteil zum preußischen Polizeiverwaltungsgesetz

Einen Kristallisationspunkt für die Entwicklung des Polizei- und Ordnungsrechts   **9**
bildet das Kreuzberg-Erkenntnis des Preußischen Oberverwaltungsgerichts aus
dem Jahre 1882.[14] Unter Anwendung des § 10 Abs. 2 17 ALR begrenzte das
PrOVG den Gegenstand des Polizei- und Ordnungsrechts insgesamt und trug damit der gesellschaftlichen und rechtlichen Entwicklung Rechnung.

Infolge des Kampfes der preußischen Monarchie gegen die Verfassungsbestre-   **10**
bungen und die Verfechter liberaler Ideen waren trotz des ALR die Befugnisse der
Polizei im 19. Jahrhundert weit verstanden worden.[15] Die politische Restauration
in Preußen hatte gegen eine Beschränkung der Polizeiaufgaben gewirkt, obwohl
die Fortentwicklung einer wirtschaftlich modernen, bürgerlichen Gesellschaft weit
voran geschritten war. Nach der Reichsgründung von 1871 wuchs die Bedeutung
des Reichstages und des preußischen Landtages und damit auch der liberalen Parteien. Die preußische Ministerialverwaltung sollte nach dem ursprünglichen Konzept auch auf Reichsebene tätig sein. Dies führte zu einer Ausdifferenzierung der
Verwaltung.[16] In dieses Bild passte die Einengung der Polizeiaufgaben durch das
Kreuzberg-Urteil, das auf den Prinzipien eines liberalen Rechtsstaates beruht.

Sachlich ging es um ein Problem der Baupolizei. Ein geplanter Bau sollte durch   **11**
eine Polizeiverordnung verboten werden, weil durch eine höhenmäßige Begrenzung der Bauten der Blick auf das Kaiserdenkmal auf dem Berliner Kreuzberg
freigehalten werden sollte. Das PrOVG hielt ein derartiges Verbot für unzulässig:
es sei Wohlfahrtspflege. Die Grenze der Baupolizei sei erreicht, wenn nicht die
Gefahrenabwehr, sondern die Förderung des gemeinen Wohls in Frage stehe.[17]

Damit setzte das PrOVG die Beschränkung der Polizeibefugnisse auf die Ge-   **12**
fahrenabwehr durch und grenzte die Wohlfahrtspflege aus dem polizeilichen Aufgabenbereich aus. Konsequenz war eine Ausdifferenzierung der Rechtsordnung
und der staatlichen Behördenorganisation. Denn die Trennung der Aufgabenbereiche bedingte auch eine Trennung der Verwaltungsbereiche. Die Polizei war nur
noch eine unter mehreren staatlichen Behörden. Damit zog sich der preußische
Staat nicht insgesamt aus der aktiven Sozialgestaltung zurück. Den Polizeibehörden oblag aber nur die Gefahrenabwehr und sie benötigten zur Ausübung von
Zwangsbefugnissen eine ausdrückliche gesetzliche Grundlage.

---

[14] PrOVGE 9, 353. Neu abgedruckt in DVBl. 1985, 219 und VBlBW 1993, 271, dazu *Rott*,
NVwZ 1982, 363; *Walther*, JA 1997, 287.

[15] *Schenke*, POR, Rn. 4.

[16] *Stolleis*, Verwaltungsrechtswissenschaft und Verwaltungslehre 1866 - 1914, in: *Jeserich*
(Hrsg.), Deutsche Verwaltungsgeschichte, Bd. III, Stuttgart 1984, S. 85 ff., 91.

[17] PrOVGE 9, 353 (376 f.). Die Rechtsanwendung durch das Urteil wird in ihrer Richtigkeit
angezweifelt, weil § 10 Abs. 2 17 ALR in dem Abschnitt über die Gerichtsbarkeit stand
und daher den Polizeibegriff vorausgesetzt aber nicht geregelt habe. Die Eliminierung
der Wohlfahrtspflege aus dem Polizeibegriff sei im ALR nicht enthalten gewesen, so
Götz, POR, Rn. 11; *Preu*, Polizeibegriff, S. 303 ff.

13   Den Abschluss der Entwicklung in Preußen bildete § 14 des preußischen Polizeiverwaltungsgesetzes vom 1.7.1931 (prPVG), wonach die Polizeibehörden die Aufgabe haben, Gefahren abzuwehren, durch die die öffentliche Sicherheit und Ordnung bedroht wird. Der norddeutsche Raum war dadurch geprägt, zumal Preußen etwa 60 % des Reichsgebietes einnahm.

14   Im süddeutschen Raum war das Polizeirecht durch enge Beziehung zum Strafrecht geprägt. Aufgabenstellung und Befugnisse der Polizei ergaben sich aus den Polizeistrafgesetzbüchern. Die Gesetzgebung nahm beim Übergang zum rechtsstaatlichen Polizeibegriff eine größere Rolle ein als in Norddeutschland. Teils bestand eine stärkere Spezialisierung durch Einzelermächtigungen. Dies führte zu der dann dauernd streitigen Frage, in welchem Verhältnis die Einzelermächtigungen zu einer allgemeinen Ermächtigung standen. Die Beschränkung der Polizei auf die Gefahrenabwehr lag aber den polizeilichen Befugnissen überall zu Grunde.[18]

3. Missbrauch und Pervertierung des Polizeirechts im Staat des Nationalsozialismus

15   Die Nationalsozialisten betrachteten die Polizei als Zwangsinstrument zur Erlangung, Durchsetzung und Sicherung von Macht.[19] In ihrem Verständnis von Polizei ging es um die Verwirklichung einer „Ordnung der Volksgemeinschaft", die der nationalsozialistischen Ideologie entsprach. Eingriffe in die Rechtssphäre der Bürger ohne gesetzliche Grundlage waren gang und gäbe, das Vertrauen in die Rechtssicherheit wurde zerstört.

16   Die instrumentale und ergebnisorientierte Sicht der Nationalsozialisten auf die Polizei wurde bereits im Prozess der Machterlangung sichtbar. Nachdem die gewählte preußische Regierung durch den sog. „Preußenschlag" vom 20. Juli 1932, die verfassungswidrige Einrichtung eines Reichskommissariats für Preußen, gestürzt wurde,[20] übernahm kurz darauf *Hermann Göring* kommissarisch das preußische Innenministerium und damit die Befehlsgewalt über die Polizei auf fast zwei Dritteln des Gebietes des Deutschen Reiches. Als *Adolf Hitler* 1933 Reichskanzler wurde, stellte die NSDAP nur zwei Minister in der Regierung, da die anderen Parteien glaubten, *Hitler* „einrahmen" und damit lenken zu können. Innenminister wurde *Frick*, dem damit die Polizeigewalt im Reich oblag, und *Göring* wurde Reichsminister ohne Geschäftsbereich, war aber zugleich Präsident des Reichstages und weiter preußischer Innenminister. Die Akkumulation von polizeilicher Befehlsgewalt diente der Erlangung von Macht.

---

[18] *Knemeyer*, POR, Rn. 9; *Schenke*, POR, Rn. 6.
[19] *Götz*, POR, Rn. 16.
[20] Zum „Preußenschlag" *H. A. Winkler*, Weimar 1918 – 1933, 1993, S. 491 ff. Zum nachfolgenden Verfahren vor dem Staatsgerichtshof des Deutschen Reiches *E. R. Huber*, Deutsche Verfassungsgeschichte seit 1789, Bd. VII, S. 1120 ff., 1127.

Nach der schnellen Zerstörung von Demokratie und Rechtsstaat schon im Jahr   **17**
1933 durch die Brandverordnung[21] und das Ermächtigungsgesetz[22] war einem
rechtsstaatlichen Polizeirecht der Boden entzogen. Auch die Regierung konnte
Gesetze schaffen und der individuelle Grundrechtsschutz war beseitigt. In Fällen
ohne politische Implikationen wurde allerdings durchaus gelegentlich am rechtsstaatlichen Polizeirecht der Weimarer Republik festgehalten.[23] Aber die Schutz-
systeme konnten jederzeit über Bord geworfen werden, wenn Interessen der
NSDAP oder ihrer Entscheidungsträger im Spiel waren. Darin glich die Handhabung des Polizeirechts der Aufgabenwahrnehmung durch die Gerichte. Noch bis
in die Zeit des 2. Weltkrieges hinein finden sich Fälle rechtsstaatlichen polizeilichen Handelns und fairer Gerichtsverfahren. Jedoch war das Rechtssystem von
innen ausgehöhlt, weil es jederzeit aus politischen oder machttaktischen Gründen
ausgehebelt werden konnte.

Eines der wichtigsten Instrumente des nationalsozialistischen Regimes zur Si-   **18**
cherung seines Machtanspruches nach innen war die Geheime Staatspolizei (Gestapo). Gegen Maßnahmen der Gestapo gab es keine Rechtsmittel. Sie war Herrin
über Freiheit und Leben. In Rechtsnormen enthaltene Begriffe wurden nach Belieben uminterpretiert, um zu gewünschten Ergebnissen zu gelangen, oder schlicht
missachtet. Eine Eingreifen „der Polizei" verbürgte nicht mehr Sicherheit, sondern
pervertierte aufgrund der Möglichkeit eines Willküraktes zur Drohung von Unsicherheit. Die Gestapo war damit ein wichtiger Bestandteil des nationalsozialistischen Unrechtsstaates.[24]

4. Die Entpolizeilichung nach 1945 und die Unterscheidung zwischen Trennungs- und Einheitssystem

Nach dem Ende des 2. Weltkrieges versuchten die westlichen Besatzungsmächte   **19**
beim Wiederaufbau Deutschlands Vorkehrungen zu treffen, um eine Machtbal-
lung in der Hand eines Diktators oder einer Einheitspartei zu verhindern. Demgegenüber nahm die Entwicklung in der sowjetischen Besatzungszone und ab deren
Gründung 1949 in der DDR eine andere Richtung, die von der Einrichtung und
Stabilisierung des sozialistischen Herrschaftssystems bestimmt war.

Der Wiederaufbau in den westlichen Besatzungszonen Deutschlands vollzog   **20**
sich von unten nach oben, zunächst wurden die Länder errichtet und erst 1949 mit
dem Grundgesetz der Bund. Der Föderalismus war ein Mittel der Machtverteilung

---

[21] Abgedruckt in: *Dürig/Rudolf*, Texte zur Deutschen Verfassungsgeschichte, 3. Auflage,
München 1996, S. 213.
[22] Abgedruckt in: *Dürig/Rudolf*, Texte zur Deutschen Verfassungsgeschichte, 3. Auflage,
München 1996, S. 215.
[23] *Schenke*, POR, Rn. 7.
[24] *Boldt*, in: Lisken/Denninger, A Rn. 63 f.

und damit der Demokratiesicherung.[25] Das Polizei- und Ordnungsrecht wurde als Sache der einzelnen Länder gesehen, wie dies auch der deutschen Tradition entsprach. Im Rahmen des Verwaltungsaufbaus wirkten sich aber auch die Traditionen der jeweils verantwortlichen Besatzungsmacht aus.[26] In der amerikanischen und britischen Besatzungszone wurden ab 1946 aufgrund besatzungsrechtlicher Anordnungen bestimmte Verwaltungsaufgaben von der Zuständigkeit der Polizeibehörde abgetrennt. Faktische Entwicklungen der Differenzierung von Verwaltungspolizei und Vollzugspolizei seit dem Beginn des 20. Jahrhunderts schlugen sich in gesetzlichen Regelungen nieder.[27]

21   Aufgabenfelder wie die Bau-, Gesundheits- oder Gewerbepolizei wurden aus den Zuständigkeiten der Polizeibehörden ausgegliedert. Das Ordnungsrecht spaltete sich unter britischem und amerikanischem Einfluss vielerorts vom Polizeirecht ab. Dies betraf Bayern, Berlin, Hamburg, Hessen, Niedersachsen, Nordrhein-Westfalen und Schleswig-Holstein. Dagegen erhielt sich eine konzeptionell weit gehend einheitliche Polizeiverwaltung in Ländern, die ganz oder teilweise unter französischer Verantwortung entstanden, in Baden-Württemberg, Rheinland-Pfalz und dem Saarland.

22   In dem Vorgang der Entpolizeilichung kommt eine Ausdifferenzierung der Erfüllung von Staatsaufgaben zum Ausdruck. Die Polizei gewährleistet die öffentliche Sicherheit in direktem Kontakt mit dem Bürger, während die Ordnungsbehörden oder Sicherheitsbehörden mit den allgemeinen Mitteln der Verwaltung arbeiten. Trotz vielfacher Überschneidungen wird der Unterschied doch in den Handlungsmitteln besonders deutlich, weil nur die Polizeibehörden zur Anwendung einer Reihe von besonders einschneidenden Zwangsmitteln befugt sind.

23   Konsequenz aus der unterschiedlichen Entwicklung der Landesrechte war eine Zersplitterung der Polizeirechte in den Ländern. Am 25.11.1977 beschloss die ständige Konferenz der Innenminister und Senatoren des Bundes und der Länder einen Musterentwurf zur Vereinheitlichung des materiellen Polizeirechts.[28] Als Reaktion auf die Diskussion um zu weit gehende Befugnisse entstand ein Alternativentwurf des privaten „Arbeitskreises Polizeirecht".[29] Nach und nach reformierten die Länder ihre Polizeigesetze mit der Folge, dass die Regelungen des materiellen Polizeirechts parallele Züge tragen. Demgegenüber blieb die Vielfalt des formellen Polizeirechts erhalten. Im Jahr 1986 entstand als Reaktion auf das Volkszählungsurteil des Bundesverfassungsgerichts[30] und dessen Schöpfung des

---

[25] *Kugelmann*, in: Festschrift für Rudolf, 2001, S. 157 (167); ausführlich *Oeter*, Integration und Subsidiarität im deutschen Bundesstaatsrechts, 1998, S. 131 ff.

[26] *Drews/Wacke/Vogel/Martens*, Gefahrenabwehr, § 1, Ziff. 9.

[27] *Gusy*, POR, Rn. 54 ff.

[28] *Drews/Wacke/Vogel/Martens*, Gefahrenabwehr, § 2, Ziff. 2; *Knemeyer*, POR, Rn. 11 f. m.w.N. Kritisch schon *Staats*, DÖV 1979, 155 (161).

[29] *Denninger* u.a., Alternativentwurf einheitlicher Polizeigesetze des Bundes und der Länder, 1979.

[30] BVerfGE 65, 1.

Rechts auf informationelle Selbstbestimmung ein Ergänzungsentwurf (VEME),[31]
dessen Ziel eine ländereinheitliche Datenerhebung und Datenverarbeitung war.[32]

In der neuen Generation von Polizeigesetzen seit Ende der 70er Jahre des   **24**
20. Jahrhunderts lassen sich zwei strukturelle Systeme unterscheiden, das Ein-
heits- und das Trennungssystem (s.u. 4. Kap. Rn. 49 ff.). Das *Trennungssystem* ist
die folgerichtige Konsequenz aus der Entpolizeilichung und dadurch gekennzeichnet, dass die Polizeibehörden von den Ordnungsbehörden institutionell unterschieden werden, aber auch die Ordnungsbehörden materielle Polizeifunktionen
wahrnehmen. Grundsätzlich ist die Ordnungsbehörde für die Gefahrenabwehr zuständig. Die Polizei beschränkt sich auf die Gefahrenabwehr in Eilfällen, die Mitwirkung bei der Verfolgung von Straftaten und Ordnungswidrigkeiten, die Vollzugshilfe und die sonstigen gesetzlich genannten Aufgaben.[33] Die Fachämter sind
zugleich Ordnungsämter für ihren Sachbereich; das Straßenverkehrsamt oder das
Gesundheitsamt sind zugleich Ordnungsamt.[34] Ihre Aufgaben beschränken sich
aber nicht auf die Gefahrenabwehr. Die allgemeine Verwaltungsfunktion wird mit
der Aufrechterhaltung der öffentlichen Sicherheit oder Ordnung verknüpft.

Dem Trennungssystem folgen unter Verwendung des Begriffs „Ordnungsbe-   **25**
hörden" die Länder Berlin, Brandenburg, Mecklenburg-Vorpommern, Nordrhein-
Westfalen, Rheinland-Pfalz und Schleswig-Holstein. In Hamburg, Niedersachsen
und Sachsen-Anhalt wird die Bezeichnung „Verwaltungsbehörden der Gefahrenabwehr" gebraucht. Bayern benutzt den Begriff „Sicherheitsbehörde" und Hessen
den Begriff „Gefahrenabwehrbehörde". In Bayern, Brandenburg, Nordrhein-
Westfalen und Thüringen gilt das formelle Polizeirecht nur für die Polizei im institutionellen Sinn, also den Vollzugsdienst. Dementsprechend gibt es dort eigene
Gesetze für die Ordnungs- bzw. Sicherheitsbehörden. In den anderen Ländern gilt
für Ordnungsbehörden und Vollzugspolizei das gleiche Gesetz.[35]

Das *Einheitssystem* basiert auf dem alten preußischen System. Das prPVG hatte   **26**
die materiell-polizeiliche Aufgabe der Gefahrenabwehr den Polizeibehörden übertragen. Der formelle und der materielle Polizeibegriff waren weitgehend deckungsgleich. Polizeibehörden sind demnach alle Behörden, die Aufgaben der
Gefahrenabwehr wahrnehmen. Alle institutionellen Polizeibehörden erfüllen Polizeiaufgaben im materiellen Sinne. Dem Grunde nach besteht das Einheitssystem
heute in Baden-Württemberg, Bremen, dem Saarland und Sachsen.[36] Allerdings
kennen auch diese Länder die Trennung von Polizei(verwaltungs)behörden und
dem Polizeivollzugsdienst (im Saarland Vollzugspolizei[37]).

---

[31] Vorentwurf zur Änderung des Musterentwurfs eines Polizeigesetzes (VEME) vom
    12.3.1986.
[32] *Knemeyer*, POR, Rn. 14; *ders.*, NVwZ 1988, 193; und *ders.*, in: Festschrift für Rudolf,
    2001, S. 483 (486).
[33] *Schenke*, POR, Rn. 14.
[34] *Gusy*, POR, Rn. 57.
[35] *Knemeyer*, POR, Rn. 44.
[36] S. jeweils den § 1 des Landespolizeigesetzes.
[37] § 1 Abs. 1 und §§ 82 ff. PolGSaarl.

5. Die Polizeibegriffe

27   Die Zuweisung der Erfüllung staatlicher Aufgaben der Gefahrenabwehr auf bestimmte Behörden hängt mit dem Verständnis davon zusammen, was Polizei bedeutet. In den Ländern und dann seit 1949 in der Bundesrepublik Deutschland kam es zu einer konzeptionellen Differenzierung der Polizeibegriffe. In ihr liegt eine endgültige Abkehr von einem weiten Verständnis „der Polizei". Heute sind drei Polizeibegriffe geläufig, die abhängig von ihrer Kombination zu einer unterschiedlichen Struktur des Polizei- und Ordnungsrechts in den unterschiedlichen Ländern der Bundesrepublik Deutschland führen.[38]

28   *Der materielle Polizeibegriff*

Kriterien für den materiellen Polizeibegriff sind Inhalte und Zweck der Maßnahmen. Maßgebend ist die inhaltliche Qualifikation der staatlichen Tätigkeit, deren Zielsetzung. Damit tritt der Aspekt der Gefahrenabwehr in den Vordergrund. Polizei ist die Staatstätigkeit der Gefahrenabwehr. Dabei spielt es keine Rolle, welche Behörde konkret handelt.

29   *Der formelle Polizeibegriff*

Der formelle Polizeibegriff hebt zur Bestimmung dessen, was Polizei ist, auf die sachliche Zuständigkeit ab. Danach ist das Polizeirecht die Summe aller Rechtsnormen, welche die Polizeibehörden organisieren, berechtigen oder verpflichten. Polizei im formellen Sinne sind alle Aufgaben, für welche die Polizeibehörden über Zuständigkeiten verfügen. Polizeirecht ist dann die Summe aller Rechtsnormen, welche die Polizeibehörden berechtigen und verpflichten. Dazu zählt etwa auch die Strafverfolgung.

30   *Der institutionelle Polizeibegriff*

Der institutionelle Polizeibegriff ist an der Behördenorganisation ausgerichtet. Es handelt sich um eine organisatorische Begriffsbestimmung. Entscheidend ist, ob die handelnde Behörde den Polizeibehörden zuzuordnen ist. Im Einheitssystem gehören alle zu den Polizeibehörden zählenden Stellen dazu. Im Trennsystem sind Polizei im institutionellen Sinne die im Vollzugsdienst tätigen Dienstkräfte der Polizei.

31   Angesichts der Vielgestaltigkeit des Landesrechts können die Polizeibegriffe als Hilfe zur Beschreibung dienen, ohne dass ihnen prägende Kraft zukäme.[39] Der materielle und der formelle Polizeibegriff stehen ohnehin im Verhältnis zweier, sich schneidender Kreise.[40] Ein Teil der materiellen Polizeiaufgaben wird von den Polizeibehörden wahrgenommen, dann decken sich die Polizeibegriffe. Jedoch

---

[38] *Hilse*, in: Lisken/Denninger (Hrsg.), B Rn. 3 ff.; *Knemeyer*, POR, Rn. 21 ff.; *Schoch*, POR, Rn. 7.

[39] Kritisch zum materiellen Polizeibegriff *Götz*, POR, Rn. 20 ff.; dagegen *Pieroth/Schlink/Kniesel*, POR, § 1, Rn. 27 f; *Schoch*, POR, Rn. 7.

[40] *Friauf*, POR, Rn. 12.

nimmt die (formelle) Polizei auch Aufgaben außerhalb der Gefahrenabwehr wahr, während andere Behörden wiederum auch Gefahrenabwehr und damit materielle Polizei betreiben.

6. Risikosteuerung und Risikovorsorge in der Informationsgesellschaft

In einer modernen Informationsgesellschaft mit höherer Geschwindigkeit vieler   **32** Vorgänge reicht die Gefahrenabwehr nicht mehr aus, soweit sie bloße Reaktion auf die Gefahr beinhaltet. Fundamentale Krisensituationen einer komplexen Wirtschafts- und Gesellschaftsordnung müssen im Vorhinein bekämpft werden, Risiken müssen minimiert werden.[41] Dies führt zur Notwendigkeit von Gefahrenvorsorge. Sie ist Gegenstand spezialgesetzlicher Regelungen. Zentrale Bedeutung hat diese Entwicklung im Umweltrecht.[42] Risiken entstehen aber auch durch die Fortschritte in der Informations- und Kommunikationstechnik oder in der Biotechnologie.[43]

Risikovorsorge kann durch grundrechtliche Schutzpflichten geboten sein, falls   **33** das Rechtsgut im Zeitpunkt der Erkenntnis der konkreten Gefahr bereits irreversibel geschädigt sein könnte. Vorsorge bedeutet allerdings Entindividualisierung, kollektive Zurechnung und Verantwortlichkeit. Der Einzelne kann weiter in Anspruch genommen werden, als nach dem Recht der Gefahrenabwehr zulässig. Die daraus folgenden Gefährdungen für die Rechtssphäre des Einzelnen müssen berücksichtigt werden. Notwendig ist ein Ausgleich zwischen Risiko- bzw. Gefahrenvorsorge und Individualrechtschutz.

Soweit spezialgesetzlich Risikovorsorge getroffen wird, reicht die Problematik   **34** weit über das Polizei- und Ordnungsrecht hinaus. In einem engeren Sinn wird der Begriff der Gefahrenvorsorge im Rahmen der vorbeugenden Bekämpfung von Straftaten verstanden und von den Polizeigesetzes auch gebraucht (z.B. § 1 Abs. 3 ASOG Bln; § 1 Abs. 1 Satz 2 PolG NW; § 2 Abs. 1 Satz 2 ThürPAG). Die Aufgaben der Polizei sind auf das Vorfeld konkreter Gefahren ausgeweitet worden.[44] Als Reaktion auf organisierte Kriminalität oder Terrorismus soll die Polizei insbesondere Informationen erheben und verarbeiten, also Dateien anlegen.[45] Rechtsgrund-

---

[41] Begriffsprägend aus soziologischer Sicht *U. Beck*, Risikogesellschaft, 1986. Aus rechtlicher Sicht *diFabio*, Risikoentscheidungen im Rechtsstaat, 1994; *Jäckel*, Gefahrenabwehrrecht und Risikodogmatik, 2010; *Murswiek*, Die staatliche Verantwortung für die Risiken der Technik, 1985; *Steinberg*, Der ökologische Verfassungsstaat, 1998, S. 23 ff.; zusammenfassend *Kahl*, DVBl. 2003, 1105 (1107); *Scherzberg*, VVDStRL 63 (2004), S. 214; kritisch *Lepsius*, VVDStRL 63 (2004), S. 264.

[42] *Breuer*, in: Schmidt-Aßmann (Hrsg.), BesVerwR, 5. Kap, Rn. 2 ff.

[43] Z. B. die Entnahme einer DNA- Probe nach § 81g Abs. 1 StPO.

[44] *Albers*, Straftatenverhütung, S. 97 ff.

[45] Im Einzelnen 7. Kapitel.

lage sind die Polizeigesetze der Länder.[46] Auch das Bundespolizeigesetz regelt die Speicherung von personenbezogenen Daten in Dateien. Es geht um Vorsorge im Vorfeld einer konkreten Gefahr, während die Risikovorsorge mit einem generelleren Ansatz die Verminderung von Gefährdungen bezeichnet, die aus technischen und gesellschaftlichen Entwicklungen resultieren. Ihre Rechtsgrundlagen enthalten die Regelungen des jeweiligen Sachgebietes.

35   Da die Pflicht des Staates zur Risikovorsorge erhebliche Bedeutung auf dem Gebiet des technischen Sicherheitsrechts hat, enthalten etwa das Atomgesetz oder das Bundes-Immissionsschutzgesetz eine Reihe von Bestimmungen zum Zweck der Gefahrenabwehr und Gefahrenvorsorge. Im Gentechnikgesetz tritt an die Stelle bloßer Gefahrenabwehr ein Risikomanagement als Form der Rechtsgewinnung durch Verfahren.[47]

36   Die Gefahrenabwehr hat nicht mehr ihre früher prägende Wirkung bei der Erfüllung von Staatsaufgaben. An die Seite der eingreifenden Instrumentarien des Polizei- und Ordnungsrechts sind Instrumente der Planung und Vorsorge, der Information und Selbstregulierung getreten. Allerdings betrifft die Risikovorsorge oftmals den Makrobereich und lässt den staatlichen Stellen Spielräume. Gefahren im Einzelfall sind dagegen im Mikrobereich nur durch Gefahrenabwehr zu bekämpfen. Gerade die Erscheinungsformen der Technik und Zivilisation haben viele neuartige Gefahrenquellen mit sich gebracht. Diese Gefahrenquellen sind nicht vollständig beherrschbar. Daher ist die moderne Gesellschaft gezwungen, beschränkt voraussehbare (Neben-) Folgen technischer Neuerungen als Risiken bewußt in Kauf zu nehmen – das Restrisiko ist Zivilisationslast.[48]

37   In Bereichen, die früher spezielles Polizeirecht waren, gehen die gesetzlichen Normierungen inzwischen weit über die Gefahrenabwehr hinaus. Sie sind zum Zweck der Risikovorsorge und Risikosteuerung mit einer Vielzahl unterschiedlicher Instrumente und Elemente angereichert. Damit tragen sie der steigenden Vernetzung und zunehmenden gegenseitigen Abhängigkeit von Sachbereichen Rechnung. Die Komplexität wird noch dadurch gesteigert, dass die internationale und europäische Dimension hinzu tritt, weil insbesondere Richtlinien und Verordnungen der Europäischen Union auf das innerstaatliche Recht einwirken. Zu den Ebenen der Länder und des Bundes im Bundesstaat kommt die europäische Ebene auf der ebenfalls verbindliche Rechtsnormen gesetzt werden.[49] Das Ergebnis ist ein komplexes und vielschichtiges Mehrebenensystem auch auf dem Gebiet der Sicherheitsverwaltung.[50]

---

[46] Z.B. § 24 Abs. 1 PolG NW, § 20 Abs. 1 HessSOG, Art. 37 Abs. 1 BayPAG.

[47] *Köck*, AöR 121 (1996), 1; s. auch Enquête-Kommission, Chancen und Risiken der Gentechnik, BT-Drs. 10/6775.

[48] *Scherzberg*, VerwArch 84 (1993), 484.

[49] Z. B. Verordnung des Europäischen Parlaments und des Rates zur Erhöhung der Gefahrenabwehr auf Schiffen und in Hafenanlagen vom 31. März 2004, ABl. L 129, 6.

[50] Überblick bei *Schöndorf-Haubold*, Europäisches Sicherheitsverwaltungsrecht, 2010.

Wiederholungsfragen

1. Welche Bedeutung hatte das Kreuzberg-Urteil des preußischen OVG? (Rn. 9 ff.)
2. Erläutern Sie die Entpolizeilichung nach dem 2. Weltkrieg. (Rn. 19 ff.)
3. Wodurch unterscheiden sich der materielle und der formelle Polizeibegriff? (Rn. 28 f.)

3. Kapitel: Rechtsquellen

Zur Erfüllung des Zwecks der Gefahrenabwehr dient eine angemessene Verteilung **1**
von Zuständigkeiten auf die Polizei- und Ordnungsbehörden, die sich in unterschiedlichen Rechtsquellen nieder schlägt, welche dem Rechtsgebiet seine Struktur geben. Regelungen zum Polizei- und Ordnungsrecht finden sich nicht nur in
den Landespolizeigesetzen, sondern in vielen Gesetzen auf Bundes- und Landesebene, die im Hinblick auf ihren Gegenstand auch die Wahrnehmung von Aufgaben der Gefahrenabwehr und Gefahrenvorsorge enthalten.

1. Grundgesetz

Aufgrund des Art. 30 GG sind die Länder für die Polizei zuständig, soweit es kei- **2**
ne ausdrückliche Bundeskompetenz gibt. Hinsichtlich der Gesetzgebung wiederholt diese Regel Art. 70 Abs. 1 GG und hinsichtlich des Verwaltungsvollzuges
greift Art. 83 GG. Zuständigkeiten des Bundesgesetzgebers für das Polizei- und
Ordnungsrecht bestehen demnach, soweit ihm insbesondere nach Art. 73, 74 GG
oder Art. 87 Abs. 1 Satz 2 GG Sachbereiche zur Regelung zugewiesen sind.

1.1. Ausdrückliche Kompetenzen

Wenn und soweit dem Bund die Gesetzgebungskompetenz über einen Sachbereich **3**
zusteht, kann er demnach auch Regelungen zur Wahrung der öffentlichen Sicherheit oder Ordnung treffen.[1] Dieser Grundsatz gilt für jede Art von Gesetzgebungskompetenz, zumal wenn der Sachbereich einen hohen Bedarf an polizei- und ordnungsrechtlichen Regelungen erkennen lässt.

Ausschließliche Gesetzgebungskompetenzen des Bundes folgen in diesem Zu- **4**
sammenhang insbesondere aus[2]

- Art. 73 Nr. 5 GG für den Zollschutz (Zollgesetz), den Grenzschutz (BPolG)
  sowie die Außenwirtschaft;

---

[1] BVerfGE 8, 143 (149 f.); 78, 374 (386 f.).
[2] Die vollen Titel der Gesetze finden sich, soweit nicht angegeben, im Abkürzungsver-
zeichnis.

- Art. 73 Nr. 6 GG für den Luftverkehr (Luftverkehrsgesetz mit Verordnungen; Luftsicherheitsgesetz[3]);
- Art. 73 Nr. 6a GG für die Eisenbahnen des Bundes und das Betreiben von Schienenwegen, worin die Bahnpolizei durch die Bundespolizei eingeschlossen ist (BPolG);
- Art. 73 Abs.1 Nr. 9a GG GG für die Abwehr von Gefahren des internationalen Terrorismus durch das Bundeskriminalpolizeiamt in Fällen, in denen eine länderübergreifende Gefahr vorliegt, die Zuständigkeit einer Landespolizeibehörde nicht erkennbar ist oder die oberste Landesbehörde um eine Übernahme ersucht (BKA-Gesetz);
- Art. 73 Nr. 10 GG für die Zusammenarbeit des Bundes und der Länder in der Kriminalpolizei und beim Verfassungsschutz sowie die Einrichtung eines Bundeskriminalpolizeiamtes und die internationale Verbrechensbekämpfung (BKAG, BVerfSchG).

5   *Konkurrierende* Gesetzgebungskompetenzen des Bundes folgen in diesem Zusammenhang insbesondere[4] aus

- Art. 74 Nr. 3 GG für das Vereinsrecht (VereinsG) und das Versammlungsrecht (VersG);
- Art. 74 Nr. 4 GG für das Ausländerrecht;
- Art. 74 Nr. 11 GG: GewO.

6   Der Bund kann darüber hinaus die Wahrnehmung repressiver Aufgaben durch die Polizei regeln.[5] Nach Art. 74 Nr. 1 GG hat er die Kompetenz auf dem Gebiet des Strafrechts und des gerichtlichen Verfahrens, auf der insbesondere die StPO und das OWiG beruhen.

7   Der Verwaltungsvollzug ist gem. Art. 83 ff. GG Ländersache. Dies betrifft die Ländergesetze,[6] grundsätzlich aber auch die Ausführung der Bundesgesetze. Dementsprechend führen Behörden der Länder etwa das Ausländer- oder Melderecht durch.

8   Eine praktisch bedeutsame Ausnahme von der Zuständigkeit der Länder für die Verwaltung bilden die *Verwaltungskompetenzen des Bundes*, die der Gesetzgebungskompetenz des Art. 87 Abs. 1 S. 2 GG folgen. Durch Bundesgesetz können Bundesgrenzschutzbehörden, Zentralstellen für das polizeiliche Auskunfts- und Nachrichtenwesen, für die Kriminalpolizei und zur Sammlung von Unterlagen für Zwecke des Verfassungsschutzes und des Schutzes gegen Bestrebungen im Bundesgebiet, die durch die Anwendung von Gewalt oder darauf gerichtete Vorbereitungshandlungen auswärtige Belange der Bundesrepublik Deutschland gefährden, eingerichtet werden.[7] Die Vollzugskompetenzen der danach eingerichteten Bun-

---

[3] Luftsicherheitsgesetz vom 11.1.2005, BGBl. I, S. 78.
[4] Weitere Angaben bei *Schenke*, POR, Rn. 27.
[5] Vgl. die Abgrenzung repressiver von präventiven Aufgaben 1. Kapitel Rn. 40 ff.
[6] BVerfGE 97, 198 (218).
[7] Zu den Bundesbehörden im Einzelnen s. 4. Kapitel Rn. 3 ff.

desbehörden, wie des Bundeskriminalamtes oder des Bundesamtes für Verfassungsschutz, dürfen in ihrer Tragweite aber nicht über die Gesetzgebungskompetenz des Bundes hinaus reichen.[8]

1.2. Grenzen der Annexkompetenzen

Nach ständiger Rechtsprechung des Bundesverfassungsgerichts verfügt der Bund   9
über eine Annexkompetenz zur Regelung polizei- und ordnungsrechtlicher Aspekte eines Sachbereichs, für den ihm eine allgemeine Gesetzgebungskompetenz zukommt.[9] Im Zusammenhang der Abgrenzung des allgemeinen Polizei- und Ordnungsrechts von der Strafrechtspflege, für die aus Art. 74 Abs. Nr. 1 GG eine Bundeskompetenz besteht, hat das *Bundesverfassungsgericht* die Grundzüge der Kompetenzverteilung insoweit wie folgt dargelegt:

„Die Gesamtheit der Normen, die der Aufrechterhaltung der öffentlichen Si-   10
cherheit und Ordnung dienen, bildet keinen selbständigen Sachbereich im Sinne der grundgesetzlichen Verteilung der Gesetzgebungszuständigkeit zwischen Bund und Ländern (vgl. BVerfGE 8, 143 [149 f.]). Normen, die der Aufrechterhaltung der öffentlichen Sicherheit und Ordnung dienen, sind für die Abgrenzung der Gesetzgebungskompetenzen vielmehr dem Sachbereich zuzurechnen, zu dem sie in einem notwendigen Zusammenhang stehen. (...) Nur solche Regelungen, bei denen die Aufrechterhaltung der öffentlichen Sicherheit und Ordnung nicht als Teil einer bundesgesetzlich geregelten Sachmaterie gesetzlich bestimmt ist, können einem selbständigen Sachbereich zugerechnet werden, der als allgemeines Polizeirecht bezeichnet wird und in die Zuständigkeit der Landesgesetzgebung fällt."[10]

Da der Begriff der öffentlichen Sicherheit und Ordnung einen sehr weiten An-   11
wendungsbereich hat, müssen die entsprechenden Annexkompetenzen allerdings eng gefasst werden. Ansonsten würde die grundsätzliche Kompetenzverteilung ausgehebelt, die zu Gunsten der Länder besteht. Ein bloßes Berufen auf die Funktionsfähigkeit einer Behörde oder Einrichtung des Bundes genügt noch nicht, um eine Kompetenz des Bundes und gegebenenfalls eine Befugnis der Bundesbehörde zu begründen.[11] Die Verwaltungskompetenz des Bundes, die auch zu eingreifenden Maßnahmen berechtigen kann, muss sich im Rahmen der Gesetzgebungskompetenz halten.

> **Beispiel:**   12
> Die Bundeswehr veranstaltet einen großen Zapfenstreich auf dem Marktplatz der Stadt S. Durch das Abhalten der Veranstaltung im Zentrum der Stadt soll die Verbundenheit der Stadt mit der Bundeswehr nach außen dargestellt werden. Der Marktplatz wird vor der Veranstaltung zum „militärischen Sicherheitsbereich" erklärt.

---

[8] BVerfGE 12, 205 (229); 15, 1 (16 f.); *Schoch*, POR, Rn. 41.
[9] BVerfGE 3, 407 (421); 8, 143 (150); 41, 344 (355); 78, 374 (386 f.).
[10] BVerfGE 109, 190 (215). S. auch BVerfGE 100, 313 (369).
[11] *Gusy*, POR, Rn. 41.

Darauf hin verweisen Feldjäger der Bundeswehr Bürgerinnen und Bürger des Platzes.[12]

13   Ein Platzverweis ist eine Maßnahme des Polizei- und Ordnungsrechts, die in allen Landespolizeigesetzen enthalten ist (z.b. Art. 16 BayPAG; § 34 PolG NW; § 201 LVwG SH). Die Bundeswehr kann zwar zum Zweck der Eigensicherung nach § 2 Abs. 2 UZwGBw militärische Sicherheitsbereiche einrichten. Fraglich ist aber, ob ihr aufgrund des § 2 Abs. 3 UZwGBw, der allgemeine Anordnungen erlaubt, auch die Befugnis zusteht, Personen mittels eines Platzverweises aus einem solchen militärischen Sicherheitsbereich zu entfernen. Eine Sperrung darf gem. § 2 Abs. 2 Satz 2 UZwGBw nur vorgenommen werden, wenn sie zur Erfüllung dienstlicher Aufgaben der Bundeswehr unerlässlich ist und die nächst erreichbare Polizeidienststelle ist hiervon unverzüglich zu unterrichten.

14   Das OVG hat im oben dargestellten Beispielsfall diese Befugnis bejaht, da die Bundeswehr Öffentlichkeitsarbeit betreiben und der Gefahr von Ausschreitungen bei einem öffentlichkeitswirksamen Großen Zapfenstreich vorbeugen könne.[13] Zur Gewährleistung der militärischen Sicherheit sei die Einrichtung eines militärischen Sicherheitsbereiches unerlässlich gewesen.

15   Die Vorschrift des § 2 UZwGBw berechtigt die Bundeswehr aber nicht zur allgemeinen Wahrung der öffentlichen Sicherheit i.S.d. Polizeirechts, sondern zur spezifischen Wahrung der Sicherheit und Ordnung in militärischen Sicherheitsbereichen. Das BVerwG hat daher zwar bestätigt, dass aufgrund der Annexkompetenz zu Art. 87a Abs. 1 GG die Bundeswehr zur Abwehr von Gefahren im Selbstschutz berechtigt sei. Sie könne Maßnahmen treffen, um einen reibungslosen Ablaufes des Großen Zapfenstreiches sicher zu stellen. Jedoch seien die Befugnisse der Bundeswehr eng auszulegen. Die konkreten Platzverweise seien rechtswidrig gewesen.[14]

2. Bundesgesetze

16   Auf der Grundlage der im Grundgesetz vorgeschriebenen Kompetenzverteilung bestehen zum einen bundesgesetzliche Bestimmungen, die Polizeibehörden des Bundes mit Aufgaben polizei- und ordnungsrechtlichen Charakters betrauen. So wird die Bundespolizei in bundeseigener Verwaltung geführt und im Geschäftsbereich des Bundesministeriums des Innern geführt (§ 1 BPolG).

17   Zum anderen enthält eine Vielzahl von Regelungen in Bundesgesetzen materielles Polizei- und Ordnungsrecht, das die Landesbehörden durchführen.[15] Dem tragen die Landesgesetze Rechnung, indem sie klarstellen, dass die Polizei- oder

---

[12] Nach VG Schleswig, NJW 1987, 87; BVerwGE 84, 247.

[13] OVG Lüneburg, NJW 1988, 3280.

[14] BVerwGE 84, 247 (255 ff.).

[15] Überblicke bei *Lisken*, in: Lisken /Denninger, C Rn. 1 ff. und *Denninger*, in: Lisken/ Denninger, E Rn. 6 ff.

Ordnungsbehörden diejenigen Aufgaben wahrnehmen, die ihnen durch andere Gesetze übertragen sind (§ 1 Abs. 2 HSOG; § 1 Abs. 3 OBG NW; § 1 Abs. 4 PolG NW).

Entsprechende Bundesgesetze sind, soweit sie polizei- und ordnungsrechtliche   **18** Regelungen enthalten, Spezialgesetze und gehen dem Landesrecht vor. Deshalb kommt ein Rückgriff auf die allgemeine Generalklausel des Polizei- und Ordnungsrechts nicht mehr in Betracht, wenn das Sachgebiet eine spezifische Regelung gefunden hat.[16] Soweit dagegen das Bundesrecht Lücken enthält, kann abhängig vom Einzelfall auf das allgemeinere Landesrecht zurück gegriffen werden (so § 3 Abs. 1 Satz 3 HSOG). Dies betrifft oftmals die Regelungen über die Verantwortlichkeit für eine Störung und die allgemeinen Handlungsgrundsätze wie den Grundsatz der Verhältnismäßigkeit.

Befugnisnormen, die der Gefahrenabwehr dienen, finden sich etwa im Wirt-   **19** schaftsrecht. Nach § 35 Abs. 1 Satz 1 GewO ist die Ausübung eines Gewerbes zu untersagen, wenn Tatsachen vorliegen, welche die Unzuverlässigkeit des Gewerbetreibenden begründen. Die Erlaubnis zum Betrieb eines Gaststättengewerbes ist gem. § 4 GaststättenG z.B. zu versagen, wenn dem Antragsteller die Zuverlässigkeit fehlt oder schädliche Umwelteinwirkungen des Betriebes zu befürchten sind.[17]

Nach § 17 Abs. 1 Satz 1 BImSchG können zur Erfüllung der gesetzlichen   **20** Pflichten nach Erteilung der Genehmigung nachträgliche Anordnungen getroffen werden. Ein solcher Verwaltungsakt trägt im Ansatz ordnungsrechtlichen Charakter, da Gefahren für die Umwelt abgewehrt werden sollen. Allerdings sind die Instrumente gerade im Umweltrecht vielfältig und beschränken sich keineswegs auf Gebote und Verbote. Hinzu treten Vorsorge, Planung und Verteilung, Information oder abgabenrechtliche Anreize.[18] Zweckorientierte Rechtsvorschriften des gegenwärtigen Rechts der Informationsgesellschaft sind nicht allein mit ordnungsrechtlichen Kategorien zu fassen. Andererseits stellt ein Verstoß gegen das Umweltschutzrecht eine Verletzung der öffentlichen Sicherheit dar und kann ein Vorgehen auf der Grundlage des allgemeinen Polizei- und Ordnungsrechts rechtfertigen, wenn keine speziellen Befugnisse vorhanden sind.

Allerdings ist der Rückgriff auf die allgemeinen Regeln dann nur in engen   **21** Grenzen möglich, wenn Grundrechte spezifisch betroffen sind. Das Versammlungsgesetz konkretisiert Art. 8 Abs. 2 GG.[19] Es enthält Befugnisse zum Verbot von Versammlungen in geschlossenen Räumen (§ 5 VersG) und im Freien (§ 15 Abs. 1 VersG), zur Auflösung einer Versammlung (§ 13 und § 15 Abs. 2 VersG) oder zum Ausschluss von Teilnehmern einer Versammlung (§ 18 Abs. 3, § 19 Abs. 4 VersG). Zuständigkeiten richten sich nach dem Landesrecht.[20] Da das Verbot einer Versammlung nach § 13 oder § 15 VersG unmittelbar grundrechtsrelevant ist, ist diese Regelung ebenso abschließend wie die sonstigen Eingriffsbefug-

---

[16] Zur Generalklausel 6. Kapitel Rn. 8 ff.

[17] *Maurer*, Allgemeines Verwaltungsrecht, § 7, Rn. 2.

[18] Vgl. *Hoffmann-Riem*, in: ders./Schmidt-Aßmann/Voßkuhle (Hg.), Grundlagen des Verwaltungsrechts, Band II, 2008, § 33 Rn. 9 ff.

[19] Allgemein BVerfGE 69, 315.

[20] *Knemeyer*, POR, Rn. 543.

nisse des VersG.[21] Eine entsprechende Sichtweise veranlasst Art. 9 Abs. 2 GG für § 3 VereinsG, der eine abschließende Regelung für Vereinsverbote enthält.[22]

3. Landesrecht

22   Das Polizei- und Ordnungsrecht gehört zu den ureigensten Materien der Länder. Ihnen steht nach Art. 70 GG die Gesetzgebungskompetenz zu und sie üben diese Kompetenz in unterschiedlicher Weise aus. Aufgrund der Musterentwürfe für ein einheitliches Polizeirecht ähneln sich oftmals die materiellen Regeln. Im Hinblick auf die Organisation und die Zuständigkeiten der Behörden herrscht aber eine große Vielfalt an Modellen. Manche Länder bevorzugen eine einheitliche Regelung, andere haben mehrere Gesetze über Polizeiaufgaben und Polizeiorganisation (z.B. Bayern) oder über Polizei- und Ordnungsbehörden (z.B. NW) bzw. Sicherheitsbehörden erlassen.

23   Aufgabe der Polizei- oder Ordnungsbehörden ist selbstverständlich auch die Durchführung und Durchsetzung des sonstigen Landesrechts. Das Bauordnungsrecht regelt materielle Anforderungen an bauliche Anlagen, wobei die Gefahrenabwehr neben der Festlegung von Mindeststandards den wesentlichen Zweck der Landesbauordnungen darstellt.[23] Schon das oben dargestellte Kreuzberg-Urteil des PrOVG handelte von der „Baupolizei". Im Rahmen des Bauordnungsrechts haben die Regelungen des Polizei- und Ordnungsrechts eine lückenfüllende Funktion.[24] Daneben kann eine drohende oder eingetretene Verletzung landesrechtlicher Vorschriften Maßnahmen der Polizei- oder Ordnungsbehörden rechtfertigen, weil damit die öffentliche Sicherheit berührt und damit der Aufgabenbereich des Polizei- und Ordnungsrechts eröffnet ist.

4. Verwaltungsvorschriften

24   Eine enorme Bedeutung für die Praxis haben Verwaltungsvorschriften. Verwaltungsvorschriften können unterschiedliche Bezeichnungen tragen, z.B. „Richtlinien", „allgemeine Anweisungen" oder „Dienstvorschriften". Sie brechen abstrakt-generelle Gesetze auf die Anwendungsebene herunter und machen sie durch ihre Konkretheit und ihre Anweisungen im Detail für die Behörden handhabbar. Für die Vollzugspraxis sind die Verwaltungsvorschriften oft zunächst wichtiger als das Gesetz.

---

[21] VGH BW, NVwZ 1998, 761 (762 f.); *Dietel/Gintzel/Kniesel*, Versammlungsrecht, § 15, Rn. 4.

[22] *Löwer*, in: v.Münch/Kunig, Art. 9, Rn. 53 f.

[23] Vgl. z.B. Art. 3 BayBauO.

[24] BVerwGE 11, 95 (96).

Nach überwiegender Auffassung ist der Erlass von Verwaltungsvorschriften   **25**
ohne gesetzliche Ermächtigung zulässig, da sie grundsätzlich keine unmittelbare
Außenwirkung gegenüber dem Bürger entfalten.[25] Die Zuständigkeit zu ihrem Erlass folgt nicht der Gesetzgebungs-, sondern der Vollzugskompetenz (vgl. Art. 84
Abs. 2, Art. 85 Abs. 2 Satz 1, Art. 86 Satz 1 GG).

Verwaltungsvorschriften sind innengerichtete Rechtsnormen, die von der Ver-   **26**
waltung selbst aufgrund der ihr eigenen Regelungsgewalt geschaffen werden. Eine
Veröffentlichung soll daher nicht zwingend sein.[26] Sie haben Konkretisierungs-
funktion, weil die Anwendung von Befugnisnormen vereinfacht werden soll. Sie
haben Gleichheitsfunktion, weil das Polizei- und Ordnungsrecht dem Grunde nach
gleich vollzogen werden soll (Art. 3 Abs. 1 GG). Sie haben Koordinationsfunktion
zwischen unterschiedlichen Ländern, weil im Fall der Zusammenarbeit ein Bedürfnis nach vergleichbaren rechtlichen Grundlagen besteht.[27]

Verwaltungsvorschriften können nach ihrem Zweck in Typen unterteilt wer-   **27**
den.[28] Eindeutig nach innen gerichtet sind Verwaltungsvorschriften, welche Aufbau und Organisation der Behörden betreffen. Soweit sie in den Gesetzen vorhandene Lücken schließen und der Vorbehalt des Gesetzes nicht greift, bilden sie
administratives Ergänzungsrecht, z.B. die Richtlinien für das Strafverfahren und
das Bußgeldverfahren (RiStBV).[29] Verwaltungsvorschriften, die zur erleichterten
Anwendbarkeit von gesetzlichen Vorschriften dienen, tragen verhaltenslenkenden
Charakter. Sie nehmen insbesondere die Interpretation der Norm vor oder bieten
Vorgaben für die Ausübung des Ermessens.

Ein äußerst umstrittenes Thema des Allgemeinen Verwaltungsrechts bildet die   **28**
Außenwirkung von Verwaltungsvorschriften.[30] Die Rechtsprechung verneint sie
und nimmt lediglich eine Bindung der Behörden und Beamten an, welche die
Verwaltungsvorschrift gerichtet ist.[31] Allerdings kommt eine Selbstbindung der
Verwaltung in Betracht. Im Fall der Abweichung von der üblichen Rechtsanwendung kann sich der Bürger dann auf die Verwaltungsvorschrift berufen, auf der die
übliche Verwaltungspraxis beruht.[32] Verwaltungsvorschriften können weiterhin
einen Amtshaftungsanspruch aus Art. 34 GG i.V.m. § 839 BGB auslösen.[33] Wird
rechtswidriges staatliches Tun oder Unterlassen durch Verwaltungsvorschriften
verursacht, tritt die Staatshaftung ein.

---

[25] *Maurer*, Allgemeines Verwaltungsrecht, § 24, Rn. 20 ff. m.w.N.
[26] BVerwGE 61, 15 (40); a.A. *Gusy*, DVBl. 1979, 720.
[27] *Gusy*, POR, Rn. 32 ff.
[28] Ossenbühl, Verwaltungsvorschriften und Grundgesetz, 1968, insbesondere S. 362 ff.,
438 ff., 449 ff.
[29] Abgedruckt bei *Meyer-Goßner*, StPO, A 15.
[30] BVerwGE 15, 19, 34; BVerwGE 122, 264 – 271; DÖV 2005, 602 – 604; *Maurer*, Allgemeines Verwaltungsrecht, § 9, Rn. 26 ff.
[31] BVerwGE 61, 15 (40).
[32] BVerwGE 52, 193 (200).
[33] BGHZ 10, 389 f.; 27, 278 (282).

Kontrollfragen

1. Welche Bestimmungen des Grundgesetzes sind besonders wichtig für die Begründung und Begrenzung von Kompetenzen des Bundes auf dem Gebiet des Polizeirechts? (Rn. 2)
2. Erläutern Sie den Anwendungsbereich der Kompetenzen der Länder für die Polizei. (Rn. 22 f.)

4. Kapitel: Die Organisation der Polizei- und Ordnungsbehörden

Die Aufgaben des Polizei- und Ordnungsrechts werden nach Maßgabe der föderalen Ordnung des Grundgesetzes erfüllt.[1] Damit unterliegen sie den allgemeinen Grundsätzen der Kompetenzaufteilung zwischen dem Bund und den Ländern nach den Art. 30, 70 ff., 83 ff. GG. Das Bundesverfassungsgericht stellt für die Zuordnung zur Landes- oder Bundeskompetenz wesentlich auf den Zweck der Regelung und den Sachzusammenhang mit der grundgesetzlichen Kompetenzvorschrift ab.[2] **1**

Zusätzlich zu diesen Sachkompetenzen verfügt der Bund über Kompetenzen **2** zur Einrichtung von Behörden, die polizeiliche Aufgaben wahrnehmen. Die Tendenz geht zu einer Zentralisierung einer Reihe von Aufgaben und damit hin zu einer Stärkung der Bundespolizeien. Gründe sind zum einen die Zusammenarbeit mit Polizeibehörden anderer Staaten im Zuge der Internationalisierung von Polizeiarbeit, die über eine zentrale Stelle abgewickelt wird, zum anderen die Spezialisierung insbesondere im Bereich der Datenverarbeitung, die technische und fachliche Kapazitäten erfordert, deren Bereitstellung auf wenige Stellen begrenzt werden kann.

1. Polizei- und Sicherheitsbehörden des Bundes

Bundesbehörden arbeiten auf der Grundlage von Bundesgesetzen (vgl. Art. 86 ff. **3** GG). Polizeibehörden des Bundes sind mit der Gefahrenabwehr für bestimmte Sachbereiche betraut, die sich aus dem Grundgesetz ergeben. Sie sind zudem in beschränktem Umfang auch mit Aufgaben der Strafverfolgung betraut. Daneben stehen Bundesbehörden, die Aufgaben im Umfeld der Gewährleistung von Sicherheit wahrnehmen und daher als Sicherheitsdienste bezeichnet werden können.[3] Die kompetenzrechtlichen Grundlagen umschreiben die Aufgabenzuweisung und zugleich die Grenzen der Tätigkeiten, die den Bundesbehörden zugestanden werden können. Besondere Bedeutung kommt Art. 87 Abs. 1 Satz 2 GG zu, der dem Bund die Zuständigkeit zur Errichtung von bestimmten Behörden und Zen-

---

[1] *Kugelmann*, in: Handbuch des Föderalismus 2011, § 52.

[2] BVerfGE 109, 190 (215); 98, 265 (300).

[3] Überblick bei *Kretschmer*, Jura 2007, 336; s. auch *Gröpl*, Die Nachrichtendienste im Regelwerk der deutschen Sicherheitsverwaltung, 1993; *Zöller*, Informationssysteme und Vorfeldmaßnahmen von Polizei, Staatsanwaltschaften und Nachrichtendiensten, 2002.

tralstellen einräumt.[4] Auf dieser Grundlage wurden das Bundeskriminalamt, das Bundesamt für Verfassungsschutz und die Bundespolizei eingerichtet, denen weitere Aufgaben nach anderen Kompetenzvorschriften auferlegt wurden (z.B. Art. 73 Nr. 6a und Nr. 10 GG). Wenn die Voraussetzungen erfüllt sind, verfügt der Bund über ein Wahlrecht zwischen der Errichtung einer Zentralstelle oder der Errichtung einer selbständigen Bundesoberbehörde nach Art. 87 Abs. 3 Satz 1 GG. Dies hat das Bundesverfassungsgericht für das Zollkriminalamt im Hinblick auf das Außenwirtschaftsgesetz entschieden.[5]

1.1. Die Bundespolizei

4   Der im Jahr 1951 geschaffene Bundesgrenzschutz[6] wurde mit Gesetz vom 21. Juni 2005 unter Beibehaltung seiner im Lauf der Jahre erheblich erweiterten Aufgaben in Bundespolizei umbenannt.[7] Bereits der Umstand, dass das Änderungsgesetz 49 Gesetze und zahlreiche Verordnungen betrifft, zeugt von der Vielfalt der Aufgaben, die der Bundespolizei obliegen.[8] Das Gesetz über den Bundesgrenzschutz war 1994 inhaltlich novelliert worden, insbesondere um datenschutzrechtlichen Erfordernissen Rechnung zu tragen.[9]

5   An die Seite der originären Aufgabe des Grenzschutzes nach Art. 73 Nr. 5 GG sind eine Reihe weiterer polizeilicher Tätigkeitsfelder getreten, insbesondere die Sicherung der Eisenbahnen des Bundes (Art. 73 Nr. 6a GG) und die Übertragung von Luftsicherheitsaufgaben (Art. 73 Nr. 6 GG). Das Bundesverfassungsgericht hat klargestellt, dass die Bundespolizei zur Sicherung des Grenzschutzes und auch auf dem Gebiet der Bahnanlagen präventiv-polizeiliche Befugnisse wahrnehmen darf, andererseits aber nicht zu einer mit den Landespolizeien konkurrierenden, umfassende Aufgaben wahrnehmenden Bundespolizei ausgebaut werden darf.[10] Die Bundespolizei wird in bundeseigener Verwaltung geführt (Art. 87 GG) und ist eine Polizeibehörde des Bundes im Geschäftsbereich des Bundesministeriums des Innern (§ 1 Abs. 1 BPolG).

6   Die *Aufgaben* der Bundespolizei sind in den §§ 2 ff. BPolG im Einzelnen festgelegt. Ihr obliegt der grenzpolizeiliche Schutz des Bundesgebietes (§ 2 BPolG). Der grenzpolizeiliche Einzeldienst kann von Ländern übernommen werden. Dies ist im Verhältnis zu Bremen, Hamburg und Bayern durch Verwaltungsabkommen geschehen.[11] Im Hinblick auf die Landgrenzen haben sich die Aufgaben durch den

---

[4] BVerfGE 97, 198 (214 f.).

[5] BVerfGE 110, 33, LS 1.

[6] Zum Bundesgrenzschutz vgl. *Drews/Wacke/Vogel/Martens,* Gefahrenabwehr, § 5 Ziff. 1b.

[7] Gesetz zur Umbenennung des Bundesgrenzschutzes in Bundespolizei, BGBl. I, S. 1818.

[8] *Winkeler*, Von der Grenzpolizei zur multifunktionalen Polizei des Bundes?, 2005.

[9] Neufassung des – damals noch – Bundesgrenzschutzgesetzes vom 19.10.1994, BGBl I, S. 2978; dazu *Schreiber,* NVwZ 1995, 521 und *Gröpl,* DVBl 1995, 329.

[10] BVerfGE 97, 198 (218 ff.); dazu *Hecker*, NVwZ 1998, 707.

[11] *Knemeyer*, POR, Rn. 29 m.w.N.

Wegfall der Binnengrenzen in der Europäischen Union und die damit verbundene Reisefreiheit verändert. Eine Konsequenz ist die Kooperation der Mitgliedstaaten in der Europäischen Agentur für die operative Zusammenarbeit an den Außengrenzen FRONTEX (s.u. 14. Kap. Rn. 155 ff.). Im Zusammenhang des Entfallens von Grenzkontrollen steht die Befugnis, Identitätsfeststellungen im Grenzgebiet bis zu einer Tiefe von 30 km ohne Anlass vorzunehmen („Schleierfahndung"). Nach § 3 BPolG nimmt die Bundespolizei die Gefahrenabwehr auf dem Gebiet der Bahnanlagen der Eisenbahnen des Bundes wahr. Parallele Aufgaben stehen ihr zur Gewährleistung der Luftsicherheit zu (§ 4 BPolG i.V.m. § 5 LuftSiG). Dies geht einher mit der Wahrnehmung grenzpolizeilicher Aufgaben bei der Einreise von Personen auf dem Luftwege. Ein ähnlicher Zusammenhang besteht zwischen der Sicherung der Seegrenzen und weiteren Aufgaben auf See nach § 6 BPolG.

Beispiele: 7
Die Bundespolizei hält kurz hinter der deutsch-polnischen Grenze einen von Polen kommenden Kleintransporter an, weil sie darin illegal einreisende Personen vermutet (§ 44 BPolG). Beamte der Bundespolizei verweisen einen Fluggast aus einem Sicherheitsbereich auf dem Flughafen (§ 5 Abs. 2 LuftSiG, § 4 BPolG). Die Bundespolizei kann zur Gefahrenabwehr Bahnschranken betätigen oder andere Maßnahmen auf Gleisanlagen treffen (§ 14 BPolG).

Die Bundespolizei ist weiter mit dem Schutz von Bundesorganen (§ 5 BPolG),   8
Aufgaben auf See (§ 6 BPolG) sowie Aufgaben im Notstands- und Verteidigungsfall (§ 7 BPolG) betraut. Sie unterstützt die Behörden eines Landes in Fällen besonderer Bedeutung wie etwa Geiselnahmen, bei denen Spezialeinheiten der Bundespolizei hinzugezogen werden, im Fall von Naturkatastrophen oder besonders schweren Unglücksfällen und zur Abwehr einer drohenden Gefahr für die freiheitliche demokratische Grundordnung (§ 11 BPolG). Diese Unterstützungstätigkeiten beruhen auf der Amtshilfe nach Art. 35 GG.

Verwendungen der Bundespolizei im Ausland sind im Rahmen internationaler   9
Maßnahmen, insbesondere der Vereinten Nationen, zugelassen (§ 8 BPolG). Im Gegensatz zu Bundeswehreinsätzen liegt damit für die nichtmilitärischen Aktionen der Bundespolizei eine ausdrückliche gesetzliche Regelung vor. Die Einführung dieser Regelung mit der Novellierung aus dem Jahre 1994 war politisch umstritten, da zu diesem Zeitpunkt auch der Einsatz der Bundeswehr im Ausland noch Gegenstand der politischen Auseinandersetzung war. Das Bundesverfassungsgericht hat im gleichen Jahr 1994 entschieden, dass der Einsatz der Bundeswehr im Rahmen von Aktionen der NATO oder UNO verfassungsgemäß ist, falls der Bundestag dem Einsatz zustimmt.[12] Dieser Parlamentsvorbehalt besteht im Hinblick auf den Einsatz der Bundespolizei im Ausland nicht. Eine parlamentarische Beteiligung erfolgt aber insoweit, als zwar die Bundesregierung entscheidet, aber der Bundestag zu unterrichten ist und durch Beschluss verlangen kann, dass die Verwendung beendet wird (§ 8 Abs. 1 Sätze 3 bis 5 BPolG).

---

[12] BVerfGE 90, 286 (383), Urteil vom 12. Juli 1994. Zu Auslandseinsätzen der Bundeswehr *Brenner/Hahn,* JuS 2001, 729; *Hölscheidt/Limpert,* JA 2009, 86.

10   An der Verfassungsmäßigkeit des Rückholrechts des Deutschen Bundestages nach § 8 Abs. 1 Satz 4 BPolG wurden Zweifel geäußert, da es einen Eingriff der Legislative in den alleinigen Handlungsspielraum der Exekutive beinhalte, und eine ermächtigende Verfassungsnorm nicht existiere.[13] Die Regelung verfolgt aber mangels insoweit bestehenden Gesetz- oder Parlamentsvorbehalts lediglich einen deklaratorischen Zweck.[14] Sie ist unter dieser Maßgabe verfassungsgemäß.

11   Die Aktivitäten der Bundespolizei im Ausland umfassen auch Zusammenarbeit mit dortigen öffentlichen Stellen, Ausbildung und Beratung. Einzelne Tätigkeiten spielen sich in einer rechtlichen Grauzone ab, weil die Öffnungsklausel des § 65 Abs. 2 BPolG unklar ist. Sie ermöglicht das Tätigwerden von Angehörigen der Bundespolizei, solange es keine Ausübung exekutiver Befugnisse mit sich bringt.[15] Voraussetzung ist eine Übereinkunft oder die Zustimmung des Bundesinnenministeriums. Eine parlamentarische Kontrolle erweist sich als schwierig. Deshalb werden Forderungen nach einen Entsendegesetz geäußert, das für jedes Tätigwerden der Bundespolizei (und auch von Landespolizeien oder von diesen zur Bundespolizei abgeordneten Beamtinnen und Beamten) im Ausland einen zustimmenden Beschluss des Bundestages anordnet.

12   Neben der Mitwirkung an polizeilichen Aufgaben im Rahmen von Missionen insbesondere der UNO oder der EU kann die Bundespolizei im Einzelfall auch zu Rettungsaktionen eingesetzt werden (§ 8 Abs. 2 BPolG). Die Vorschrift betrifft Situationen wie den Einsatz mit Hubschraubern während einer bürgerkriegsähnlichen Situation in Albanien, als die Bundeswehr am 14.3.1997 unter Beschuss Personen aus der deutschen Botschaft in Tirana ausflog.[16]

13   Die *Befugnisse* der Bundespolizei gleichen denen der Landespolizeibehörden. Eine Generalklausel enthält § 14 BPolG. Zur Erfüllung ihre Aufgaben kann sie personenbezogene Daten erheben (§ 21 BPolG), Bildaufnahmen vornehmen (§§ 26, 27 BPolG), Personen in Gewahrsam nehmen (§ 39 BPolG) oder durchsuchen (§ 43 BPolG) und eine Reihe weiterer Maßnahmen vornehmen, die sich auch in den Landespolizeigesetzen finden. Polizeiliche Aufgaben auf dem Gebiet der Strafverfolgung nimmt die Bundespolizei nach Maßgabe des § 12 BPolG wahr, etwa die Verfolgung von Straftaten auf Bahnanlagen. Die Vollstreckung der Anordnungen der Bundespolizei erfolgt nach dem Verwaltungsvollstreckungsgesetz des Bundes (VwVG), die Anwendung von Zwangsmaßnahmen auf der Grundlage des Bundesgesetzes über unmittelbaren Zwang (UZwG).

14   Seit der Entstehung als Bundesgrenzschutz sind die Aufgaben stetig gewachsen, wodurch der Charakter der Behörde verändert wurde. Nunmehr stellt sich die Bundespolizei als Polizei mit begrenzten Aufgaben dar, die allerdings über weit

---

[13] *Drewes/Malmberg/Walter*, BPolG, § 8 Rn. 6; *Wiefelspütz*, Die Polizei, S. 189 (195).

[14] BR-Drucks. 418/94, S. 42.

[15] *Drewes/Malmberg/Walter*, BPolG, § 65, Rn. 5.

[16] *Fischer*, in: Ipsen, Völkerrecht, 5. Aufl. 2004, § 59, Rn. 33, aus völkerrechtlicher Sicht handelt es sich um eine grundsätzlich zulässige Intervention zum Schutz eigener Staatsangehöriger unter Einschluss der Anwendung gewaltsamer Mittel.

reichende Befugnisse verfügt.[17] Infolge ihrer Kompetenzgrundlagen im Grundgesetz darf die Bundespolizei jedoch nicht mit zu weit reichenden Aufgaben befasst werden, da sie ansonsten zur Konkurrenz für die Landespolizeien im Sinne eines deutschen FBI würde.[18] Dies könnte verfassungswidrig sein.[19] Allerdings nimmt die Bedeutung der Bundespolizei in der Praxis immer mehr zu.[20] Herausforderungen wie die Bekämpfung der organisierten Kriminalität oder des Terrorismus sowie die Europäisierung der Gewährleistung von Sicherheit führen zu einer Tendenz der Zentralisierung, die das Bundeskriminalamt und die Bundespolizei stärkt.[21] Im Ergebnis wird von den Landespolizeibehörden mehr Kooperation gefordert und ihre Tätigkeitsfelder verringern sich.[22] Ein jüngeres Beispiel für den Aufgabenzuwachs ist die Aufgabe, die Gefahrenabwehr an Bord deutscher Luftfahrzeuge wahrzunehmen (§ 4a BPolG), welche der Bundespolizei durch das Terrorismusbekämpfungsgesetz vom 9. Januar 2002 übertragen wurde.[23]

Regelungen über Zuständigkeitskonflikte treffen die §§ 64 ff. BPolG. In der **15** Abgrenzung zu den Zuständigkeiten der Polizeien der Länder können sich schwierige Fragen stellen. Nach § 65 BPolG dürfen Polizeivollzugsbeamte der Bundespolizei im Zuständigkeitsbereich eines Landes tätig werden, wenn das Landesrecht dies vorsieht (so z.B. § 78 Abs. 3 Satz 1 PolG BW; § 86 Abs. 3 POG RP). Die Bundespolizei ist örtlich zuständig für die Gefahrenabwehr und die Strafverfolgung auf Bahnanlagen. Bahnanlagen sind alle zum Betrieb der Eisenbahnen gehörenden Anlagen der Bahnhöfe, der freien Strecken und der sonstigen Anlagen (§ 4 Eisenbahn-Betriebsordnung). Wenn ein Störer oder Verdächtiger verfolgt werden soll, der die Bahnanlage verlässt, kann jenseits der Nacheile, also der Verfolgung nach Ertappen auf frischer Tat, ein Ersuchen auf Amtshilfe erforderlich sein. Die Zuständigkeit der Bahnpolizei besteht auch gegenüber Personen, die keine Bahnbenutzer sind, z.B. dem Kunden einer Bahnhofsgaststätte oder einer Bahnhofsbuchhandlung.

Beispiele: **16**
An der Schnittstelle zwischen Bundespolizeirecht, Landesordnungsrecht und öffentlichem Sachenrecht liegen Probleme der Aufrechterhaltung der Verkehrsordnung auf dem Bahnhofsvorplatz. Darf ein Bundespolizeibeamter auf dem Parkplatz vor dem Bahnhof die Parkuhren kontrollieren? Wenn eine straßenrechtliche Widmung vorliegt, ist regelmäßig die städtische Ordnungsbehörde zuständig. Derartige Überschneidungen können auch bei anderen über den örtlichen Zuständigkeitsbereich hinausreichenden Maßnahmen vorkommen.

---

[17] BVerfGE 97, 198 (215): „multifunktional einsetzbare Polizei des Bundes", im Anschluss an *Bull*, in: Alternativkommentar zum GG, 2. Aufl. 1989, Art. 87, Rn. 79.
[18] *Schenke*, POR, Rn. 442.
[19] Vgl. BVerfGE 97, 198 (218); *Trute*, Die Verwaltung 32 (1999), 74 f.
[20] S. *Lisken*, in: Lisken/Denninger, C Rn. 146.
[21] *Mehde*, JZ 2005, 815 (817).
[22] *Schoch*, POR, Rn. 42.
[23] BGBl. 2002 I, S. 361. Näher *Denninger*, StV 2002, 96; *Nolte*, DVBl. 2002, 573; zu den Wirkungen auf die ausländische Wohnbevölkerung *Kugelmann*, ZAR 2003, 96.

17 Die Bundespolizei ist hierarchisch organisiert. Die alte Struktur der Bundespolizei, bestehend aus den Bundespolizeipräsidien, der Bundespolizeidirektion,
der Bundespolizeiakademie und den Bundespolizeiämtern wurde durch das am
1. März 2008 in Kraft getretene *Gesetz zur Neuorganisation der Bundespolizei*
aufgehoben.[24] Seither unterstehen einem einzigen in Potsdam ansässigen Bundespolizeipräsidium neben der Bundespolizeiakademie in Lübeck, der GSG 9 und der
Bundespolizeifliegergruppe in Sankt Augustin unmittelbar neun auf Regionen bezogene Bundespolizeidirektionen, denen Bundespolizeiinspektionen nachgeordnet
sind. Eine weitere Bundespolizeidirektion, die eine Sonderstellung unter den übri-
gen Bundespolizeidirektionen einnimmt, ist die Direktion der Bundesbereit-
schaftspolizei in Fuldatal. Dieser sind verteilt über das gesamte Bundesgebiet zehn
Bundespolizeiabteilungen nachgeordnet, die für bereitschaftspolizeiliche Aufgaben zuständig sind. Das Bundespolizeipräsidium ist dabei als Oberbehörde für die
Dienst- und Fachaufsicht sowie die polizeilich-strategische Steuerung der Bundespolizei zuständig. Die Rechtsverhältnisse der Polizeivollzugsbeamten in der
Bundespolizei regelt das Bundespolizeibeamtengesetz (BPolBG).[25]

18   Die *Fortentwicklung* der Bundespolizei und anderer Polizeibehörden auf Bundesebene ist Gegenstand des Berichts „Signale für eine neue Sicherheitsarchitektur", der am 9. Dezember 2010 von der durch den Bundesinnenminister eingesetzten Kommission „Evaluierung Sicherheitsbehörden" (sog. *Werthebach-
Kommission*) vorgelegt wurde.[26] Sie sollte Schwächen der bestehenden Sicherheitsarchitektur untersuchen und Mängel bei der Zusammenarbeit von Bundeskriminalamt, Bundespolizei und Zoll ergründen. Im Ergebnis empfiehlt der Bericht vor allem die schrittweise Zusammenführung von BKA und BPol zu einer
Bundespolizei (neu). Vorteile seien bei Beschaffung, Personalgewinnung und
Aus- und Fortbildung zu erwarten. Rechtlich besonders bedeutsam ist der Vor-
schlag eines Evokationsrechts für das BKA bzw. die BPol (neu), wonach sie im
Fall besonderer Umstände das Recht erhalten, ein im Zuständigkeitsbereich des
Bundes eingeleitetes Ermittlungsverfahren an sich zu ziehen.

19   Diese Vorstellungen stoßen auf Widerstand in Teilen der Bundespolitik und einer Reihe von Ländern. Ihre Realisierungschancen scheinen gering. Die Länder
befürchten, dass durch eine Zusammenlegung von BKA und Bundespolizei eine
zu starke Polizei des Bundes entstünde und dadurch die Polizeihoheit der Länder
in verfassungsrechtlich zweifelhafter Weise ausgehöhlt würde. Der Ansatz der
Bedenken ist deshalb tragfähig, weil Reformen der Bundespolizeibehörden vor
dem Hintergrund zu sehen sind, dass auch einzelne Maßnahmen zu Verschiebun-
gen im Gesamtsystem der Polizeitätigkeit auf Bundesebene führen können, die
von der geltenden Rechts- und eventuell auch Verfassungslage im Hinblick auf
die Kompetenzverteilung zwischen Bund und Ländern nicht abgedeckt sind.

---

[24] BGBl. I. S. 215.

[25] Sartorius I, Nr. 200.

[26] Erscheint in der Schriftenreihe Sicherheit, Baden-Baden; abrufbar unter: http://www.
bmi.bund.de/cln_156/SharedDocs/Downloads/DE/Themen/Sicherheit/Bundespolizei/
werthebach_1.html?nn=109628 (Referenz 2.5.2011).

1.2. Das Bundeskriminalamt

Der Bund hat gemäß Art. 87 Abs. 1 Satz 2 GG die Kompetenz zur Errichtung ei- **20**
ner Zentralstelle für das polizeiliche Auskunfts- und Nachrichtenwesen und für die
Kriminalpolizei sowie nach Art. 73 Nr. 10 GG die Kompetenz zur Regelung der
Zusammenarbeit von Bund und Ländern in der Kriminalpolizei. Von diesen Kompetenzen hat er mit dem Gesetz über die Errichtung eines Bundeskriminalpolizeiamtes (Bundeskriminalamtes) (BKAG) vom 08.03.1951 erstmals Gebrauch gemacht, das 1969 ergänzt und 1973 und 1997 neu gefasst wurde, um die gesetzlich
normierten Aufgaben zu erweitern und zugleich den Anforderungen des Datenschutzes Rechnung zu tragen.[27] Einige Aufgaben gründen auf anderen Bundes-
kompetenzen.[28] Das Bundeskriminalamt hat seinen Sitz in Wiesbaden.

Die Tendenz der Zentralisierung von Aufgaben der Wahrung von Sicherheit hat **21**
ebenso wie im Falle der Bundespolizei auch das Bundeskriminalamt gestärkt.[29]
Der Grund liegt insbesondere in der Funktion des Bundeskriminalamts, Informationen zentral zu sammeln und auszuwerten sowie in seiner Rolle als Ansprechpartner und Schaltstelle für die internationale Zusammenarbeit (§ 3 BKAG). Die
Aufgabenzuweisungen an das Bundeskriminalamt verdeutlichen, dass auf einigen
Feldern die Trennung zwischen repressiven und präventiven Tätigkeiten von Sicherheitsbehörden verschwimmt.[30]

Nach § 1 BKAG dient das Bundeskriminalamt als Zentralstelle zur Zusammen- **22**
arbeit mit den Ländern. Der Zentralstellenstatus steht in einem Spannungsverhältnis zu der Kompetenz der Länder auf dem Gebiet der Polizei. Daher stellt § 1
Abs. 3 BKAG klar, dass die Gefahrenabwehr Ländersache bleibt. Die Ziele der
Zentralstellenfunktion umschreibt § 2 BKAG vorrangig als Sammeln und Ver-
werten von Informationen.[31] Des Weiteren übernimmt das Bundeskriminalamt
Koordinierungs- und Unterstützungsaufgaben, unterhält erkennungsdienstliche
Einrichtungen, betreibt die wissenschaftliche Erfassung von Straftaten und erstellt
kriminaltechnische Gutachten. Als Zentralstelle für den elektronischen Datenver-
bund zwischen Bund und Ländern erstellt und verwaltet das Bundeskriminalamt
Dateien, die überaus sensible personenbezogene Daten umfassen (§ 8 BKAG).[32]
Das Bundeskriminalamt kann darüber hinaus im Auftrag der Länder Dateien anle-
gen und unterhalten.

---

[27] Gesetz vom 7.7.1997, BGBl. I 1650; Auszüge in Sartorius I, Nr. 450; dazu *Schreiber*,
NJW 1997, 2137; *Riegel*, NJW 1997, 1408; zuvor schon kritisch *Denninger*, CR 1988,
51.

[28] *Gusy*, POR, Rn. 51, 52.

[29] *Mehde*, JZ 2005, 815 (817).

[30] S. *Bull*, in: Festschrift für Götz, 2005, S. 341 und *Martinez Soria*, ebd., S. 359.

[31] S. auch §§ 11, 12 BKAG.

[32] *Denninger*, CR 1988, 51.

23   **Beispiel:**
Das Bundeskriminalamt führt Dateien, in denen DNA-Identifizierungsmuster gespeichert sind (so genannte Gendateien). Nach § 81g StPO[33] dürfen Beschuldigten, die der Begehung einer Straftat von erheblicher Bedeutung oder einer Straftat gegen die sexuelle Selbstbestimmung verdächtig sind, zur Identitätsfeststellung Körperzellen entnommen und zur Feststellung des DNA-Identifizierungsmusters molekulargenetisch untersucht werden. Die erhobenen Daten dürfen beim Bundeskriminalamt gespeichert und nach Maßgabe des BKAG verwendet werden (§ 81g Abs. 5 StPO). Die Daten können für Zwecke eines Strafverfahrens, aber auch der Gefahrenabwehr und der internationalen Rechtshilfe genutzt werden (§ 81g Abs. 5 Satz 2 StPO).[34]
Die hochsensiblen Daten werden vom Bundeskriminalamt verwaltet und vorgehalten, um einen schnellen Zugriff in künftigen Fällen zu ermöglichen, wobei präventive wie repressive Zwecke verfolgt werden dürfen. Solche Eingriffe in das Recht auf informationelle Selbstbestimmung und das Recht auf körperliche Unversehrtheit sind insbesondere auf ihre Verhältnismäßigkeit zu untersuchen (s.u. 10. Kap., Rn. 32 ff.).

24   Im Zuge der Gesetzesänderung des Jahres 1997 waren dem Bundeskriminalamt keine Zuständigkeiten für die vorbeugende Bekämpfung von Straftaten zugewiesen worden, weil die Länder Befugnissen des Bundeskriminalamts zur Informationsgewinnung im Vorfeld konkreter Straftaten skeptisch gegenüber standen.[35] Im Vordergrund steht die Nutzung des Bundeskriminalamts als Informationspool. Der Grund für die Gesetzesänderungen von 1997 lag insbesondere darin, dass die Sammlung und Verarbeitung personenbezogener Daten die Tätigkeiten des Bundeskriminalamts wesentlich prägt. Daher wurden die bereichsspezifischen Sonderregelungen der §§ 7 bis 10 BKAG und weitere spezifische Bestimmungen eingefügt. Damit wurde eine Harmonisierung mit den Polizeigesetzen der Länder und mit dem BPolG herbeigeführt. Seitdem ist das von Bund und Ländern gemeinsam betriebene polizeiliche Informationssystem INPOL gesetzlich geregelt, das vom Bundeskriminalamt unterhalten wird (§ 2 Abs. 3 BKAG). Es dient dem bundesweiten polizeilichen Datenabgleich und umfasst u.a. Fahndungsdaten, die Haftdatei, Spurendokumentationssysteme und zentrale Tatmittelnachweise.[36]

25   Das Bundeskriminalamt ist Zentralstelle für die internationale Zusammenarbeit auf den Gebieten des Gefahrenabwehrrechts und der Strafverfolgung (§ 3 BKAG). Trotz der Zuständigkeit der Länder für die Gefahrenabwehr soll eine Zersplitterung der Aufgaben dadurch vermieden werden, dass dem Bundeskriminalamt die Abwicklung des Dienstverkehrs der Polizeien des Bundes und der Länder mit den zuständigen Stellen anderer Staaten obliegt (§ 3 Abs. 2 Satz 1 BKAG). Unmittelbare Kontakte der Landespolizeibehörden mit den Polizeien der Nachbarstaaten können auf regionaler Ebene, insbesondere im Grenzbereich, unterhalten werden (§ 3 Abs. 3 BKAG). Das Bundeskriminalamt ist Nationales Zentralbüro der Bundesrepublik für die Internationale Kriminalpolizeiliche Organisation (IKPO = In-

---

[33] Geändert durch das Gesetz vom 12. August 2005 zur Novellierung der forensischen DNA-Analyse, BGBl. I, S. 2360; dazu *Senge*, NJW 2005, 3028.

[34] *Rackow*, Das DNA-Identitätsfeststellungsgesetz und seine Probleme, 2001, S. 173 ff.

[35] *Schreiber*, NJW 1997, 2127 (2142).

[36] *Schenke*, POR, Rn. 211.

terpol; vgl. § 14 Abs. 5 BKAG) und zuständige Stelle für den Informationsaustausch im Rahmen der polizeilichen Zusammenarbeit nach Art. 46 des Schengen-
Durchführungsübereinkommen (zum SDÜ s.u. 14. Kap. Rn. 101 ff.).[37]

Das Bundeskriminalamt nimmt mit wachsender Tendenz eigene operative Auf-   **26**
gaben auf dem Gebiet der Strafverfolgung wahr (§ 4 BKAG). Gegenstand der
Strafverfolgung im Sinne der §§ 161, 163 StPO sind unter anderem international
organisierte Delikte des Waffen- und Rauschgifthandels, der Herstellung und Verbreitung von Falschgeld, aber auch Anschläge gegen Verfassungsorgane. Über eine originäre Ermittlungskompetenz verfügt das Bundeskriminalamt zudem für bestimmte Bereiche des international organisierten Terrorismus nach § 129a StGB.
Dem Bundeskriminalamt obliegt in einigen Fallgruppen des § 4 BKAG der Zeu-
genschutz (§§ 6, 26 BKAG). Als Konsequenz der Annexkompetenzen zur Eigensicherung von Bundesbehörden[38] betreibt das Bundeskriminalamt den Objekt- und
Personenschutz für Verfassungsorgane (§§ 5, 21 ff. BKAG).

Aufgaben der Gefahrenabwehr hatte das BKA lange Zeit ausdrücklich gar nicht   **27**
und nach den §§ 5, 6 BKAG nur in sehr beschränktem Umfang. Aufgrund der Einführung des Art. 73 Abs. 1 Nr. 9a und Abs. 2 GG im Zuge der Föderalismusreform II wurden dem BKA beschränkt auf die Abwehr von Gefahren des internationalen Terrorismus insoweit umfassende präventiv-polizeiliche Befugnisse
eingeräumt.[39]

Gestützt auf Art. 73 Abs. 1 Nr. 9a, Abs. 2 GG hat der Bund das Gesetz zur   **28**
Abwehr von Gefahren des internationalen Terrorismus durch das Bundeskriminalamt vom 25. Dezember 2008 erlassen.[40] Zur Erfüllung seiner neuen Aufgabe aus
§ 4a BKAG, die den Anforderungen des Art. 73 Abs. 1 Nr. 9a GG entsprechend
darin besteht, Gefahren des internationalen Terrorismus abzuwehren, wurde dem
BKA mit den §§ 20a bis 20x BKAG ein umfassender Katalog all derjenigen präventiv-polizeilichen Befugnisnormen an die Hand gegeben, die ansonsten den Polizeibehörden der Länder zur Verfügung stehen.

Dies betrifft insbesondere die informationellen Befugnisse, die mit § 20k   **29**
BKAG auch eine Befugnis zum verdeckten Eingriff in informationstechnische
Systeme (sog. Online-Durchsuchung) vorsehen (zu den Befugnissen s.u. 7. Kap.)
Eben diese Befugnisse sind Gegenstand von Verfassungsbeschwerden, über die
das Bundesverfassungsgericht noch im Jahr 2011 entscheiden will.

Das Konzept, tief greifende Befugnisse für einen eng umgrenzten Anwen-   **30**
dungsbereich zu gewähren, ist in der Praxis auf seine Tragfähigkeit zu prüfen. Jedenfalls kann es nicht ohne weiteres auf andere Sachgebiete als die Bekämpfung
des Terrorismus übertragen werden.

---

[37] So Art. 6 Ziff. 1 des Vertragsgesetzes, BGBl. 1993 II, S. 1011.
[38] *Gusy*, POR, Rn. 52.
[39] Dazu *Bäcker*, Terrorismusabwehr, S. 65 ff. m.w.N.
[40] BGBl. I 3083.

1.3. Bundesamt für Verfassungsschutz, Militärischer Abschirmdienst und Bundesnachrichtendienst

1.3.1. Einrichtung und Aufgaben

31 Das *Bundesamt für Verfassungsschutz* (BfV) ist eine Bundesoberbehörde, die dem Bundesminister des Innern untersteht (§ 2 Abs. 1 BVerfSchG).[41] Auch die Länder verfügen über eigene Verfassungsschutzbehörden. Bund und Länder sind verpflichtet, zum Schutz der freiheitlichen demokratischen Grundordnung, des Bestandes und der Sicherheit des Bundes und der Länder zusammenzuarbeiten (§ 1 BVerfSchG).

32 Das Bundesamt für Verfassungsschutz verfügt wie die Landesämter für Verfassungsschutz (LfV) nicht über polizeiliche Befugnisse im Sinne der aktionellen, auf physischen Kontakt zu Personen ausgerichteten Standardmaßnahmen (§ 8 Abs. 3 BVerfSchG). Nach überwiegender Auffassung ist das BfV keine Polizeibehörde.[42] Seine Aufgabe ist die Sammlung und Auswertung von Informationen (§ 3 BVerfSchG). Es geht um Informationen über verfassungsfeindliche Bestrebungen, geheimdienstliche Tätigkeiten, Bestrebungen gegen die gewaltsame Gefährdung auswärtiger Belange der Bundesrepublik oder über Bestrebungen gegen den Gedanken der Völkerverständigung oder das friedliche Zusammenleben der Völker (§ 3 Abs. 1 BVerfSchG). Letzteres meint insbesondere terroristische Aktivitäten. Da Bestrebungen aufgeklärt werden sollen, die Rechtsgüter gefährden, tragen die Aufgaben präventiven Charakter.[43] Des Weiteren wirkt das Bundesamt für Verfassungsschutz bei der Sicherheitsüberprüfung von Personen mit, die Zugang zu geheimhaltungsbedürftigen Tatsachen haben oder an sicherheitsempfindlichen Stellen lebenswichtiger Einrichtungen beschäftigt sind (§ 3 Abs. 3 BVerfSchG).

33 Das Bundesamt für Verfassungsschutz verfügt über Befugnisse zu informatorischen Eingriffen, insbesondere in das Recht auf informationelle Selbstbestimmung (Art. 2 Abs. 1 i.V.m. Art. 1 Abs. 1 GG) und das Post- und Fernmeldegeheimnis des Art. 10 GG. Auch Eingriffe in das Grundrecht auf Unverletzlichkeit der Wohnung aus Art. 13 Abs. 1 GG sind zum Zwecke der Informationsgewinnung in engen Grenzen zulässig. Die Befugnisse des BfV beruhen auf §§ 8, 8a, 9 BVerfSchG und dem Artikel 10-Gesetz. Bei der Ausübung ihrer Tätigkeiten können die Verfassungsschutzbehörden von Bund und Ländern auch weitere Rechte berühren. Die Beobachtung (rechts- und links-)extremistischer Parteien kann an der Parteienfreiheit des Art. 21 GG zu messen sein,[44] wird aber von der Rechtsprechung

---

[41] Gesetz vom 20. Dezember 1990 über die Zusammenarbeit des Bundes und der Länder in Angelegenheiten des Verfassungsschutzes und über das Bundesamt für Verfassungsschutz, BGBl. I, S. 2954.

[42] *Götz*, POR, § 16 Rn. 32; *Gusy*, POR, Rn. 37; *Knemeyer*, POR, Rn. 40; a.A. unter Bezugnahme auf die Informationseingriffe *Schenke*, POR, Rn. 444.

[43] *Schoch*, POR, Rn. 43; vgl. SächsVGH NVwZ 2005, 1310 (1312).

[44] Vgl. *Hesse*, Grundzüge des Verfassungsrechts der Bundesrepublik Deutschland, 20. Aufl. 1995, Rn. 174.

überwiegend für zulässig erachtet.[45] Dagegen kann die Aufnahme einer Zeitschrift in den Verfassungsschutzbericht als mittelbare Einwirkung gegen die Pressefreiheit des Art. 5 Abs. 1 Satz 2 GG verstoßen.[46]

Der *Militärische Abschirmdienst (MAD)* ist der Sicherheitsdienst der Bundes- **34** wehr.[47] Das MAD-Gesetz[48] verweist hinsichtlich von Aufgaben und Befugnissen weitgehend auf das BVerfSchG. Die Aufgabe der Sammlung und Verwertung von Informationen betrifft nicht nur Bestrebungen gegen die Sicherheit des Bundes oder eines Landes, sondern auch Bestrebungen, die gegen Personen oder Einrichtungen im Geschäftsbereich des Bundesministeriums der Verteidigung gerichtet sind (§ 1 MADG). Zudem obliegt dem Militärischen Abschirmdienst die wenig konkrete Aufgabe, die Sicherheitslage zu beurteilen (§ 1 Abs. 2 MADG), wodurch ihm erhebliche Handlungsspielräume eröffnet werden. Änderungen des MAD-Gesetzes betrafen den Abruf personenbezogener Daten[49] und die Tätigkeit des Militärischen Abschirmdienstes im Fall besonderer Auslandsverwendungen.[50] Die zunehmende Zahl von Einsätzen der Bundeswehr im Ausland machte eine Rechtsgrundlage für die Tätigkeit des Militärischen Abschirmdienstes in diesen Zusammenhängen erforderlich. Er soll die Truppe auch im Ausland schützen und kann dazu im Inland wie im Ausland Informationen sammeln (§ 14 MADG).

Der *Bundesnachrichtendienst* untersteht dem Chef des Bundeskanzleramtes im **35** Rang eines Staatssekretärs oder Bundesministers. Sein Sitz ist derzeit noch in Pullach bei München. Ein Umzug der Zentrale nach Berlin ist derzeit für das Jahr 2013 geplant, wobei Teile des Dienstes an Standorten in Bayern verbleiben sollen. Aufgabe des Bundesnachrichtendienstes ist es, Informationen im Ausland von außen- und sicherheitspolitischer Bedeutung zu sammeln (§ 1 Abs. 2 BNDG).[51] Im Unterschied zu den Verfassungsschutzbehörden, deren Tätigkeitsgebiet das Inland ist, entfaltet der Bundesnachrichtendienst seine Tätigkeiten im Grundsatz mit Bezug zum Ausland, da er Erkenntnisse über das Ausland sammelt (§ 1 Abs. 2 BNDG).[52] Nach §§ 5 ff. Artikel 10-Gesetz steht dem Bundesnachrichtendienst die Befugnis zur strategischen Fernmeldeüberwachung zu. Das Bundesverfassungsgericht hat diesen Befugnissen verfassungsrechtliche Grenzen gezogen,[53] denen im aktuellen Gesetz Rechnung getragen wird.

---

[45] BVerwGE 110, 126; BVerwG, Urt.v.21.07.2010, DVBl. 2010, 1370.

[46] BVerfGE 113, 63; näher *Murswiek*, NVwZ 2006, 121; OVG Berlin-Brandenburg, NVwZ 2006, 838.

[47] Näher *Dau*, DÖV 1991, 661; s. auch *Brissa*, DÖV 2011, 391.

[48] MAD-Gesetz vom 20. Dezember 1990, BGBl. I, S. 2954 (2977).

[49] §§ 4, 5 MADG i.V.m. §§ 89 BVerfSchG.

[50] Erstes Gesetz vom 8. März 2004 zur Änderung des MAD-Gesetzes (1. MADÄndG), BGBl. I, S. 334.

[51] BND-Gesetz vom 20. Dezember 1990, BGBl. I, S. 2954 (2979).

[52] S. auch *Soiné*, DÖV 2006, 204.

[53] BVerfGE 100, 313.

1.3.2. Beschränkung und Erweiterung von Befugnissen der Dienste

36 Das Bundesamt für Verfassungsschutz, der Militärische Abschirmdienst und der Bundsnachrichtendienst wurden durch Gesetze vom 20. Dezember 1990 auf tragfähige rechtliche Grundlagen gestellt.[54] Die Kompetenz des Bundes folgt aus Art. 73 Nr. 10 und Art. 87 Abs. 1 Satz 2 GG. Vorschriften über Tätigkeit und Kontrolle der Dienste finden sich darüber hinaus im Artikel 10-Gesetz, das insbesondere Ermächtigungsgrundlagen für Eingriffe in die Telekommunikation enthält. Auf der Grundlage des Art. 10 Abs. 2 Satz 2 GG normiert das Artikel 10-Gesetz die Voraussetzungen, unter denen Eingriffe in das Fernmeldegeheimnis zulässig sind.

37   Einen Einschnitt für die Tätigkeiten aller drei Dienste brachte die *Neufassung des Artikel 10-Gesetzes* vom 26. Juni 2001.[55] Diese Neuregelung war aufgrund einer Entscheidung des Bundesverfassungsgerichts notwendig geworden, das die teilweise Verfassungswidrigkeit der vorherigen Fassung festgestellt hatte.[56] Das Bundesverfassungsgericht hat den Anwendungsbereich des Art. 10 GG auf die strategische Fernmeldeüberwachung erstreckt, dieser aber verfassungsrechtliche Grenzen gesetzt, die sich in Anforderungen an Organisation und Verfahren niederschlagen.

38   Die *strategische Fernmeldeüberwachung* nicht leitungsgebundener internationaler Kommunikation durch den Bundesnachrichtendienst betrifft die flächendeckende Überwachung der Telekommunikationsbeziehungen zwischen Teilnehmern in der Bundesrepublik Deutschland und Teilnehmern in Staaten, die vom Bundesaußenministerium nach Zustimmung des Parlamentarischen Kontrollgremiums bestimmt werden (§ 5 Abs. 1 Artikel 10-Gesetz).[57] Sie dient dazu, rechtzeitig Gefahren für besonders hochwertige Rechtsgüter zu erkennen, wie etwa die Gefahr der Begehung internationaler terroristischer Anschläge oder der internationalen Verbreitung von Kriegswaffen. Gefahren der Verbringung von Betäubungsmitteln oder der Geldwäsche, die oftmals einen starken Inlandsbezug haben,[58] erlauben dem Bundesnachrichtendienst ebenfalls ein Tätigwerden. Ohne konkreten Verdacht können Telekommunikationsverbindungen überwacht wer-

---

[54] *Bäumler*, NVwZ 1991, 634; s. *Kornblum*, Rechtsschutz gegen geheimdienstliche Aktivitäten, 2011.

[55] Gesetz zur Beschränkung des Brief-, Post- und Fernmeldegeheimnisses (Artikel 10-Gesetz – G 10), BGBl. I 2001, 1254; dazu *B. Huber*, NJW 2001, 3296.

[56] BVerfGE 100, 313; dazu *B. Huber,* NVwZ 2000, 393. So auch schon *Riegel*, ZRP 1995, 176. Vgl. BVerfGE 93, 181 mit der Feststellung teilweiser Verfassungswidrigkeit des Artikel 10-Gesetzes in der damaligen Fassung, worauf der Gesetzgeber mit dem 2. Gesetz zur Änderung des Artikel 10-Gesetzes, BGBl. 1997 I, S. 966, reagierte. Siehe auch EGMR, Urt.v.6.9.1978 (Klass), EuGRZ 1979, 278 = NJW 1979, 1755: Nach einer erfolglosen Verfassungsbeschwerde deutscher Juristen gegen das Artikel 10-Gesetz (BVerfGE 30, 1) bejahte der EGMR einen Eingriff in Art. 8 EMRK durch das Artikel 10-Gesetz, den er aber aufgrund des weiten Ermessensspielraums des nationalen Gesetzgebers für gerechtfertigt hielt.

[57] Im einzelnen *Schafranek*, DÖV 2002, 846.

[58] Kritisch zum eher vagen Auslandsbezug *B. Huber*, NVwZ 2000, 393 (394).

den, um Aufgaben der Gefahrenabwehr und der Strafverfolgung wahrzunehmen.[59] Die Mehrzahl der Zugriffe erfolgt nach dem Zufallsprinzip.[60] Ein Computerprogramm erkennt darüber hinaus bestimmte Suchbegriffe, die zuvor eingegeben werden, und zeichnet dann das Telefongespräch auf. Die Suchbegriffe dürfen grundsätzlich keine Identifizierungsmerkmale enthalten, ausnahmsweise können aber Telekommunikationsanschlüsse im Ausland, deren Inhaber keine deutschen Staatsangehörigen sind, gezielt erfasst werden (§ 5 Abs. 2 Satz 3 Artikel 10-Gesetz).[61]

Die Sicherheitsdienste sind seit den Anschlägen des 11. September 2001 verstärkt mit Aufgaben im Kontext der *Bekämpfung des Terrorismus* betraut worden. Das Terrorismusbekämpfungsgesetz vom 9. Januar 2002 hat ihnen Ausweitungen ihrer Befugnisse gebracht.[62] Der Bundesnachrichtendienst verfügt nunmehr ebenso wie das Bundesamt für Verfassungsschutz (§ 8 Abs. 5 BVerfSchG) über die Befugnisse, bei Banken und Finanzunternehmen Informationen über Konten und Kontoinhaber einzuholen sowie über Auskunftsbefugnisse gegenüber Luftverkehrsunternehmen und Unternehmen, die Dienstleistungen auf den Gebieten Post, Telekommunikation oder Teledienste erbringen (§ 2 Abs. 1a und § 8 Abs. 3a BNDG). **39**

Gegenüber Telekommunikationsdienstleistern wurden dem Militärischen Abschirmdienst Befugnisse zugesprochen, um die Datenerhebung durch den verdeckten Einsatz technischer Mittel zu ermöglichen. Dafür müssen die Voraussetzungen des § 3 Abs. 1 Artikel 10-Gesetz erfüllt sein, also tatsächliche Anhaltspunkte für den Verdacht bestehen, dass schwerwiegende Straftaten geplant werden oder begangen wurden.[63] Im Vordergrund bei der Terrorismusbekämpfung stehen die Straftaten der Gründung oder Unterstützung einer terroristischen Vereinigung und allgemein Straftaten, die sich gegen die freiheitlich demokratische Grundordnung richten (§§ 3 Abs. 1 Nr. 6 Artikel 10-Gesetz). Eine effektive Bekämpfung des Terrorismus stellt hohe Anforderungen an die Kooperation der Sicherheitsbehörden untereinander, wobei der Datenschutz eine große Rolle spielt.[64] **40**

Die Sicherheitsdienste sind keine Polizeibehörden und dürfen mit diesen auch nicht zusammengelegt werden.[65] Ihnen stehen keine vollzugspolizeilichen Befug- **41**

---

[59] *B. Huber*, NVwZ 2000, 393 (394).

[60] Nach den im Verfahren vor dem BVerfG gemachten Angaben gelangten 1998 weniger als 0,1 Promille der Fernemeldeverbindungen in den automatischen Selektionsprozess und weniger als 0,01 Promille zur Kenntnis von Bearbeitern des Bundesnachrichtendienstes; immerhin handelte es sich um 15.000 Verbindungen am Tag, von denen 14.000 nicht dem Artikel 10-Gesetz unterfallen, BVerfGE 100, 313 (337 f., 380).

[61] S. auch § 8 Artikel 10-Gesetz mit der Befugnis zum Tätigwerden im Einzelfall bei Gefahr für Leib und Leben einer Person im Ausland, wobei insbesondere an Entführungen gedacht ist.

[62] BGBl. 2002 I, S. 361. Näher *Denninger*, StV 2002, 96; *Nolte*, DVBl. 2002, 573; zu den Wirkungen auf Ausländer *Kugelmann*, ZAR 2003, 96.

[63] Unkritisch *Schafranek*, DÖV 2002, 846.

[64] *Mehde*, JZ 2005, 815 (819 f.).

[65] BVerfGE 97, 198 (217).

nisse zur Verfügung.[66] Dieses *Trennungsgebot* beruht auf dem Rechtsstaats- und dem Bundesstaatsprinzip sowie den Grundrechten und genießt damit Verfassungsrang.[67] Trotz funktionaler Verflechtungen ist an diesem Grundsatz festzuhalten.[68] In § 1 Abs. 4 MADG und § 1 Abs. 1 Satz 2 BNDG ist er ausdrücklich normiert. Die Verfassungsschutzbehörden Westdeutschlands sind auf Anweisung der westlichen Alliierten nach dem 2. Weltkrieg entstanden, sollten aber keine polizeilichen Befugnisse ausüben.[69] Ihre Trennung von den Polizeibehörden war eine Konsequenz aus der Willkür der Gestapo und des Reichssicherheitshauptamtes in der nationalsozialistischen Diktatur.[70] Nach der Vereinigung Deutschlands kommt dem Trennungsgebot darüber hinaus auch die Funktion zu, historischen Erfahrungen mit dem Ministerium für Staatssicherheit der DDR durch eine strenge Trennung von den in den neuen Bundesländern einzurichtenden LfV und den jeweiligen Landespolizeien Rechnung zu tragen.[71] In der Praxis wird das Trennungsgebot allerdings durchbrochen, insbesondere im Hinblick auf den Datenaustausch. Denn nach überwiegender Auffassung enthält es kein Gebot der vollständigen informatorischen Trennung, das einer Informationskooperation entgegen stünde.[72]

42   Die Dienste unterliegen einer spezifischen Kontrolle durch das gem. Art. 45d GG eingerichtete *Parlamentarische Kontrollgremium*.[73] Dieses ist etwa vom Bundesamt für Verfassungsschutz über das Abhören und Aufzeichnen des gesprochenen Wortes in Wohnungen zu unterrichten (§ 9 Abs. 3 BVerfSchG).[74] Das Parlamentarische Kontrollgremium muss über die Durchführung des Artikel 10-Gesetzes vom zuständigen Bundesministerium in Abständen von sechs Monaten informiert werden (§ 14 Artikel 10-Gesetz). Es muss bereits der Bestimmung der in die strategischen Fernemeldeüberwachung einzubeziehenden Staaten durch das Bundesministerium zustimmen (§ 5 Abs. 1 Satz 2 Artikel 10-Gesetz). Als weitere Kontrollinstanz für Maßnahmen nach dem Artikel 10-Gesetz ist die *G 10-Kommission* eingerichtet worden (§ 15 Artikel 10-Gesetz). Sie ist mit Fachleuten

---

[66] *Knemeyer*, POR, Rn. 44.

[67] BVerfGE 97, 198 (217); *Bull*, in: Festschrift für Götz, 2005, S. 341; *Schoch*, POR, Rn. 43; *Stubenrauch*, Gemeinsame Verbunddateien von Polizei und Nachrichtendiensten, 2009, S. 37; a.A. *Klee*, Neue Instrumente der Zusammenarbeit von Polizei und Nachrichtendiensten, 2010, S. 64.

[68] *Trute*, Die Verwaltung 32 (1999), 75; skeptisch angesichts der Entwicklungen in der EU *Martinez Soria*, in: Festschrift für Götz, 2005, S. 359 (375 f.).

[69] Zum „Polizeibrief" der westlichen Militärgouverneure vom 14. April 1949 BVerfGE 97, 198 (215); abgedruckt in *Nehm* NJW 2004, 3289; s. auch *Kornblum*, Rechtsschutz gegen geheimdienstliche Aktivitäten, 2011.

[70] *Mehde*, JZ 2005, 815 (818).

[71] SächsVerfGH NJW 2005, 1310, 1311.

[72] *Lisken*, in: Lisken/Denninger, C Rn. 10 ff.; Einzelheiten bei *Klee*, Neue Instrumente der Zusammenarbeit von Polizei und Nachrichtendiensten, 2010, S. 111; *Stubenrauch*, Gemeinsame Verbunddateien von Polizei und Nachrichtendiensten, 2009, S. 214 zur Anti-Terrordatei.

[73] Gesetz vom 29. Juli 2009 über die parlamentarische Kontrolle nachrichtendienstlicher Tätigkeiten des Bundes (Kontrollgremiumgesetz – PKGrG), BGBl. I, S. 2346.

[74] *Schenke*, POR, Rn. 445a; s. auch *Bull*, DÖV 2008, 751.

besetzt und entscheidet über die Zulässigkeit und Notwendigkeit von Beschränkungsmaßnahmen (§ 15 Abs. 5 Artikel 10-Gesetz).

Der Rechtsweg zu den Gerichten gegenüber Maßnahmen der Dienste ist nur **43** beschränkt eröffnet. Wenn Beschränkungen des Brief-, Post- und Fernmeldegeheimnisses dem Schutz der freiheitlichen demokratischen Grundordnung dienen, kann gesetzlich bestimmt sein, dass sie dem Betroffenen nicht mitgeteilt werden. Der Rechtsweg wird dann durch eine Kontrolle mittels besonderer Organe ersetzt (Art. 10 Abs. 2 Satz 2 GG). Das Artikel 10-Gesetz regelt diese komplexen Sachfragen, bei denen es um tiefe Eingriffe in Grundrechte geht. Zwar hat das Bundesverfassungsgericht entschieden, dass das Gesetz mit Art. 79 Abs. 3 GG vereinbar ist.[75] In weiteren Entscheidungen hat es aber einzelne Bestimmungen des Artikel 10-Gesetzes für verfassungswidrig erklärt und eine verhältnismäßige Handhabung angemahnt.[76] Die Parlamentarische Kontrollkommission und die G 10-Kommission füllen das rechtsstaatliche Vakuum aus, das durch die Beschränkung des Rechtsweges geschaffen wird.

1.4. Sonstige Bundesbehörden

Eine Reihe weiterer Bundesbehörden ist mit Aufgaben der Gefahrenabwehr be- **44** fasst. Nach der Kompetenzordnung des Grundgesetzes handelt es sich um begrenzte Ausnahmen von der prinzipiellen Zuständigkeit der Länder für die Gefahrenabwehr, die sich jeweils aus den Besonderheiten eines Sachgebietes rechtfertigen.

Eine besondere Polizeibehörde des Bundes ist die *Polizei beim Deutschen Bun-* **45** *destag.*[77] Gem. Art. 40 Abs. 2 Satz 1 GG steht dem Präsidenten des Deutschen Bundestages das öffentlich-rechtliche Hausrecht im Bundestag zu. Zur Wahrnehmung dieser Aufgabe kann er Amtshilfeersuchen gegenüber der lokalen Polizei stellen, die ihre Rechtsgrundlage in Art. 40 Abs. 2 Satz 1 GG finden. Die Reichweite der eigenen Polizeigewalt des Präsidenten des Bundestages ist nicht endgültig geklärt. Er darf alle präventiven Maßnahmen ergreifen, die zur Erhaltung der Arbeitsfähigkeit des Bundestages dienen. Die Polizei beim Deutschen Bundestag verfügt über einen eigenen Ermittlungsdienst, der gem. § 163 StPO Straftaten und Ordnungswidrigkeiten erforscht. Sie ist aber nur dann befugt, strafprozessuale Maßnahmen zu ergreifen, wenn sie das Recht des ersten Zugriffs ausübt.[78] Denn sie untersteht nicht der Verfahrensherrschaft der Staatsanwaltschaft, weil die parlamentarische Polizeigewalt von Weisungen anderer Behörden frei sein muss.

---

[75] BVerfGE 30, 1 (26 ff.).

[76] BVerfGE 67, 157; 100, 313; näher *Gusy*, in: v.Mangoldt/Klein/Starck, GG, Art. 10, Rn. 97 ff. und *Kornblum*, Rechtsschutz gegen geheimdienstliche Aktivitäten, 2011.

[77] *Ramm*, NVwZ 2010, 1461.

[78] Im Einzelnen streitig, weiter *Köhler*, DVBl. 1992, 1584; ablehnend *Ramm*, NVwZ 2010, 1464.

46   Die Strom- und Schifffahrtspolizei ist Teil der Verwaltung der Bundeswasserstraßen (Art. 87 Abs. 1 Satz 1, 89 Abs. 2 Satz 1 GG).[79] Dem Bund obliegt die Aufrechterhaltung der öffentlichen Sicherheit in der Binnenschifffahrt wie in der Seeschifffahrt (vgl. die Gesetzgebungskompetenzen des Art. 74 Abs. 1 Nr. 21 GG). Im Zusammenhang der Überwachung des Güterfernverkehrs nimmt das Bundesamt für den Güterfernverkehr auch polizei- und ordnungsrechtliche Aufgaben wahr (§ 11 GüKG).[80]

47   Dem Bund steht die Kompetenz zu, polizeiliche Aufgaben auf dem Gebiet des Außenwirtschaftsrechts zu regeln. Wenn und soweit er über die Gesetzgebungskompetenz verfügt, kann er auch selbständige Bundesoberbehörden schaffen (Art. 87 Abs. 3 Satz 1 GG). Für das Außenwirtschaftsrecht ist dies wegen Art. 73 Nr. 5 GG der Fall. Daher hatte der Bund die Wahl, eine Zentralstelle nach Art. 87 Abs. 1 Satz 2 GG oder eine selbständige Bundesoberbehörde zu errichten.[81] Die Gewährleistung der Sicherheit der Bundesrepublik Deutschland im Außenwirtschaftsverkehr umfasst auch präventiv-polizeiliche Aufgaben. Das Zollkriminalamt, das nach einer Neuregelung nunmehr eine Mittelbehörde ist,[82] hat weit reichende Eingriffsbefugnisse. Sie richten sich auf die Verhinderung des illegalen Technologie- oder Waffentransfers.[83] Das Bundesverfassungsgericht hat einige Bestimmungen, die Beschränkungen des Art. 10 GG durch die Überwachung der Telekommunikation betrafen, für verfassungswidrig erklärt.[84]

2. Polizei- und Ordnungsbehörden der Länder

48   Die Organisation der Polizei- und Ordnungsbehörden obliegt dem jeweiligen Land unter dem Vorzeichen der Effektivität. Während im materiellen Polizeirecht eine weit gehende Angleichung erfolgt ist, gibt es im Organisationsrecht erhebliche Unterschiede.[85] Denn eine effektive Ausgestaltung der Befugnisnormen zur Identitätsfeststellung oder Platzverweisung gehorcht überall den gleichen Gesetzmäßigkeiten. Dagegen können sich die Notwendigkeiten zur Einrichtung, Organisation oder Zusammenarbeit von Behörden nach Maßgabe der Tradition und Größe der Länder erheblich unterscheiden. Das Organisationsrecht ist eines der zentralen Felder, in dem die Vielfalt der Länder im Bundesstaat deutlich zum Ausdruck kommt. Unterschiede manifestieren sich insbesondere im Verhältnis der Polizeibehörden zu den Ordnungsbehörden.

---

[79] Restriktiv gehandhabt von BVerwGE 87, 181 (185 f.).

[80] *Knemeyer*, POR, Rn. 37, 39.

[81] BVerfGE 110, 33, LS 1.

[82] § 1 Nr. 3 des Finanzverwaltungsgesetzes, geändert durch das Zollfahndungsneuregelungsgesetz vom 16. August 2002, BGBl. I, S. 3202, das als Art. 1 das Gesetz über das Zollkriminalamt und die Zollfahndungsämter enthält.

[83] *Knemeyer*, POR, Rn. 32.

[84] BVerfGE 110, 33 (52 ff.).

[85] *Friauf*, POR, Rn. 151.

2.1. Einheitssystem und Trennungssystem

Als Modelle für eine Verteilung der Aufgaben kommen idealtypisch das Einheits-   **49**
und das Trennungssystem in Betracht (zur historischen Entwicklung s.o. 2. Kap.
Rn. 19 ff.). Allerdings ist die organisatorische Realität dann sehr komplex und in
jedem Land anders.[86] Die Aussagekraft der Unterscheidung ist letztlich im Hinblick auf eine konkrete landesrechtliche Organisationsstruktur gering. Sie kann
aber Hilfestellung beim Zugang zum Organisationsrecht leisten.

Im *Einheitssystem* ist die Aufgabe der Gefahrenabwehr einer einheitlichen Be-   **50**
hörde zugeordnet. Formeller und materieller Polizeibegriff vereinen sich in „der
Polizei" (s.o. 2. Kap. Rn. 27 ff.).[87] Alle institutionellen Polizeibehörden erfüllen
Polizeiaufgaben im materiellen Sinne. Das Einheitssystem liegt der Organisation
in Baden-Württemberg, Bremen, dem Saarland und Sachsen zu Grunde.[88] Die Polizei ist in die Polizeibehörden und den Polizeivollzugsdienst gegliedert. Im Saarland wird in Anlehnung an den preußischen Sprachgebrauch das Begriffspaar Po-
lizeiverwaltungsbehörden und Vollzugspolizei verwendet (§ 1 Abs. 1 SaarlPolG).
Das jeweilige Landesrecht nimmt weitere Untergliederungen vor, etwa indem der
Polizeivollzugsdienst in Schutzpolizei, Kriminalpolizei, Bereitschaftspolizei und
Wasserschutzpolizei unterteilt wird.[89]

Die Polizeibehörden wiederum werden in allgemeine und besondere Polizeibe-   **51**
hörden unterteilt.[90] Sie sind für die Wahrnehmung der polizeilichen Aufgaben zuständig (s. § 64 BremPolG). Der Polizeivollzugsdienst nimmt ihm ausdrücklich
zugewiesene Aufgaben wahr und ist in Eilfällen zuständig. Er leistet Vollzugshilfe
durch Vollzugshandlungen wie die Ingewahrsamnahme, Durchsuchung, Beschlagnahme oder die Anwendung unmittelbaren Zwangs.[91]

Im *Trennungssystem* werden die Polizeibehörden von den Ordnungsbehörden   **52**
institutionell unterschieden. Darin findet die Entpolizeilichung Ausdruck (s.o.
2. Kap. Rn. 24). Die grundsätzliche Zuständigkeit für die Gefahrenabwehr trifft
die Ordnungsbehörde. Die Polizei beschränkt sich auf die Gefahrenabwehr in Eilfällen, die Mitwirkung bei der Verfolgung von Straftaten und Ordnungswidrigkeiten, die Vollzugshilfe und die sonstigen gesetzlich genannten Aufgaben. Allerdings nehmen auch die Ordnungsbehörden materielle Polizeifunktionen wahr. Die
Fachämter sind zugleich Ordnungsämter für ihren Sachbereich; das Straßenverkehrsamt oder das Gesundheitsamt sind zugleich Ordnungsamt.[92] Ihre Aufgaben
beschränken sich aber nicht auf die Gefahrenabwehr. Die allgemeine Verwal-

---

[86] Vgl. schon *Drews/Wacke/Vogel/Martens*, Gefahrenabwehr, §§ 5 und 6.

[87] *Schoch*, POR, Rn. 49.

[88] Dazu der jeweilige § 1 oder die Parallelvorschrift des Landespolizeigesetzes sowie § 59
PolG BW; § 59 SächsPolG.

[89] §§ 70 ff. PolG BW; §§ 65 Abs. 1, 70 Abs. 1 BremPolG; § 82 SaarlPolG i.V.m. einer
Verwaltungsvorschrift; § 73 SächsPolG i.V.m. einer Rechtsverordnung.

[90] §§ 61 ff. PolG BW; §§ 65 f. BremPolG; §§ 75 ff. SaarlPolG; § 64 SächsPolG.

[91] Vgl. *Schenke*, POR, Rn. 448; *Schoch*, POR, Rn. 49.

[92] *Gusy*, POR, Rn. 57.

tungsfunktion wird mit der Aufrechterhaltung der öffentlichen Sicherheit oder Ordnung verknüpft

53   Dem Trennungssystem folgen unter Verwendung des Begriffs „Ordnungsbehörden" die Länder Berlin, Brandenburg, Mecklenburg-Vorpommern, Nordrhein-Westfalen, Rheinland-Pfalz und Schleswig-Holstein. In Hamburg, Niedersachsen und Sachsen-Anhalt wird die Bezeichnung „Verwaltungsbehörden der Gefahrenabwehr" gebraucht. Bayern benutzt den Begriff „Sicherheitsbehörde" und Hessen den Begriff „Gefahrenabwehrbehörde". In Bayern, Brandenburg, Nordrhein-Westfalen und Thüringen gilt das formelle Polizeirecht nur für die Polizei im institutionellen Sinn, also den Vollzugsdienst. Dementsprechend gibt es dort eigene Gesetze für die Ordnungs- bzw. Sicherheitsbehörden. In den anderen Ländern gilt für Ordnungsbehörden und Vollzugspolizei das gleiche Gesetz.[93]

54   **Beispiel: Hessen**
Das hessische Recht verfährt grundsätzlich nach dem Trennungsprinzip. Es trennt zwischen Gefahrenabwehrbehörden und Polizeibehörden (§ 1 Abs. 1 HessSOG). Diese haben unterschiedliche Befugnisse. So ermächtigen die §§ 14, 14a, 15, 15a, 15b, 16, 17 HessSOG oder auch die §§ 54 ff. HessSOG, die zur Ausübung unmittelbaren Zwangs berechtigen, nur die Polizeibehörden. Die Gefahrenabwehr, die eine Aufgabe des Landes ist (§ 81 HessSOG), wird als Aufgabe zur Erfüllung nach Weisung den Landkreisen und Gemeinden zugewiesen (§ 82 Abs. 1 HessSOG).

55   Aufgaben und Zuständigkeiten der Polizei(verwaltungs)behörden im Einheitssystem gleichen denen der Ordnungsbehörden im Trennungssystem, soweit sie Aufgaben der Gefahrenabwehr wahrnehmen. Sie betreiben Gefahrenabwehr „vom Schreibtisch aus" durch schriftliche Verfügungen. Parallel dazu entspricht der Polizeivollzugdienst des Einheitssystems der Polizei des Trennungssystems. Ihre Arbeitsweise zeichnet sich durch flexible und formlose Gefahrenbekämpfung im Außendienst aus.[94] In der typischen polizeirechtlichen Klausur geht es häufig um die Anwendung von Maßnahmen der Polizeigesetze vor Ort und damit um ein Tätigwerden des Polizeivollzugsdienstes bzw. der Polizei.

56
Klausurtipp: Erarbeiten Sie sich für Ihr Landesrecht die wesentlichen Zuständigkeitsvorschriften derjenigen Behörden, die Aufgaben des Polizei- und Ordnungsrechts wahrnehmen, insbesondere der Polizeibehörden bzw. des Polizeivollzugsdienstes.

57   In der studentischen Übungsarbeit und der Praxis kommt es auf eine genaue Untersuchung des geltenden Rechts und eine möglichst konkrete Angabe der Vorschriften an, auf denen die Zuständigkeit einer Behörde im konkreten Fall beruht. Unterschiedliche Behörden haben unterschiedliche Befugnisse. Das Handeln einer unzuständigen Behörde führt zur formellen Rechtswidrigkeit der Maßnahme. Die

---

[93] *Knemeyer*, POR, Rn. 47; *Schenke*, POR, Rn. 449, 450.
[94] Vgl. *Gusy*, POR, Rn. 56; *Schoch*, POR, Rn. 51.

Unterscheidung zwischen Trennungs- und Einheitssystem nutzt in diesem Zusammenhang allenfalls für die Begründung des Ergebnisses.

2.2. Die Organisation von Polizei- und Ordnungsbehörden

Aussagen mit übergreifendem Charakter über die Organisation der Polizei- und **58**
Ordnungsbehörden können ebenso wie im Fall ihrer Zuständigkeiten nur hinsichtlich weniger Grundzüge gemacht werden. Darüber hinaus ist auf die Besonderheiten des jeweiligen Landesrechts zu verweisen.

Die *Organisation der Polizeibehörden bzw. des Polizeivollzugsdienstes* dient **59**
der effektiven Aufgabenerfüllung. Von Land zu Land kann allerdings sehr unterschiedlich bewertet werden, welche Organisationsstruktur der Effektivität am besten gerecht wird. Eine Rolle spielen auch die Personalpolitik und die Standortpoli-
tik hinsichtlich größerer Einrichtungen. In den großen Flächenländern Bayern[95]
und Nordrhein-Westfalen[96] regelt ein besonderes Gesetz die Organisation und die
Zuständigkeit der Polizeien. Aber auch etwa Mecklenburg-Vorpommern[97] und
Thüringen[98] haben ein spezielles Polizeiorganisationsgesetz. Die Mehrzahl der
Länder hat Bestimmungen über die Organisation ihrer Landespolizei im Rahmen
des allgemeinen Polizeigesetzes getroffen.

> **Beispiele: Hessen und Rheinland-Pfalz[99]**   **60**
> Die Polizeibehörden sind in Hessen für die polizeilichen Aufgaben zuständig und bilden
> zusammen mit der Polizeieinrichtung die Polizeidienststellen des Landes (§ 91 Abs. 1
> und 2 HessSOG). Sie sind nach § 91 Abs. 3 HessSOG vertikal gegliedert in die Polizei-
> präsidien, das Landeskriminalamt, das Bereitschaftspolizeipräsidium und das Präsidium
> für Technik, Logistik und Verwaltung. Die vorherige Vierteilung in Schutzpolizei, Be-
> reitschaftspolizei, Wasserschutzpolizei und Kriminalpolizei ist abgeschafft. Nach § 1
> Abs. 1 PolOrgVO Hessen gibt es nur noch die Dienstzweige der (uniformierten)
> Schutzpolizei und der Kriminalpolizei.

---

[95] Gesetz über die Organisation der Bayerischen Staatlichen Polizei, BayRS (Bayerische
Rechtssammlung) 2012-2-1-I, geändert durch Gesetze vom 24. August 1990 GVBl.
S. 329, vom 23. Dezember 1994 GVBl. S. 1050, vom 26. Juli 1997 GVBl. S. 342, vom
27. Dezember 1999 GVBl. S. 541, vom 25. Oktober 2004 GVBl. S. 400.

[96] Gesetz über die Organisation und die Zuständigkeit der Polizei im Lande Nordrhein-
Westfalen i.d.F. der Bek v.5. Juli 2002, GV NW, S. 308, ber. S. 629. Neuregelung durch
Gesetz vom 29.3.2007, GV.NRW, 2007 S. 140 dazu *Wesseler/Kamp*, NWVBl. 2009,
374.

[97] Gesetz zur Organisation der Landespolizei in Mecklenburg-Vorpommern vom 10. Juli
2001, GVOBl. S. 254 i.d.F. des Gesetzes zur Neuorganisation der Landespolizei in
Mecklenburg-Vorpommern vom 24. Juni 2010, GVOBl. S. 318, in Kraft getreten am
1. März 2011.

[98] Gesetz über die Organisation der Polizei des Landes Thüringen, in der Fassung der Be-
kanntmachung vom 6. Januar 1998, GVBl. S. 1, letzte Änderung, geändert durch Gesetz
vom 29. Januar 2002, GVBl. S. 148.

[99] Zu Rheinland-Pfalz *Stein*, Fälle und Erläuterungen zum POR Rheinland-Pfalz, S. 277 ff.

Dagegen sind die Polizeibehörden in Rheinland-Pfalz die Polizeipräsidien, das Landeskriminalamt und das Wasserschutzpolizeiamt; Polizeieinrichtungen sind die Bereitschaftspolizei, der Fachbereich Polizei der Fachhochschule für öffentliche Verwaltung, die Landespolizeischule und die Zentralstelle für Polizeitechnik.

Das Hessische Landeskriminalamt ist nach § 92 HessSOG die zentrale Dienststelle der Kriminalpolizei des Landes. Es übt nach § 96 Abs. 2 HessSOG die Fachaufsicht über die dem Landespolizeipräsidium nachgeordneten Polizeidienststellen aus, soweit diese Aufgaben der Kriminalitätsbekämpfung zu erfüllen haben. Das Hessische Bereitschaftspolizeipräsidium ist nach § 93 Abs. 1 HessSOG für die Unterstützung der Polizeidienststellen und als Wasserschutzpolizei zuständig. Das Präsidium für Technik, Logistik und Verwaltung ist gem. § 95 Abs. 1 HessSOG die zentrale Dienststelle für die polizeiliche Informations- und Kommunikationstechnik sowie die sonstige Einsatztechnik und für die Ausstattung, Beschaffung und Verwaltung. Die einzige Polizeieinrichtung ist gemäß § 91 Abs. 3, § 95 Abs. 2 HessSOG die Hessische Polizeischule.

Parallele Regelungen treffen dem Grunde nach die §§ 79 bis 83 POG RP, die sich allerdings in vielen Kleinigkeiten von den hessischen Regelungen unterscheiden, z.B. besteht in Rheinland-Pfalz gem. § 80 POG RP ein eigenständiges Wasserschutzpolizeiamt.

61 Die *Organisation der Ordnungsbehörden* (= Sicherheitsbehörden = Gefahrenabwehrbehörden)[100] ist gleichfalls Gegenstand der allgemeinen Ordnungsbehördengesetze, also in der Mehrzahl der Länder desselben Gesetzes, das auch die Organisation der Polizeibehörden regelt. Allgemeine Ordnungsbehörden sind Stellen, die ausschließlich Ordnungsaufgaben wahrnehmen. Dies trifft auf die Bauordnungsbehörde, die Ausländerbehörde, die Meldebehörde oder die Ausweis- und Passbehörde zu. Ihnen obliegt der Vollzug des maßgeblichen Sonderrechts. Sie bedienen sich der allgemeinen verwaltungsrechtlichen Instrumente, also des verwaltungsrechtlichen Vertrages (§§ 54 ff. VwVfG) und insbesondere des Verwaltungsaktes in seinen unterschiedlichen Ausgestaltungen (§ 35 VwVfG), z.B. als Erlaubnis oder Untersagung. Zur Durchsetzung ihrer Entscheidungen sind sie zumeist auf die Vollzugshilfe der Polizei angewiesen.[101]

62 Die Aufgabe der allgemeinen ordnungsbehördlichen Gefahrenabwehr ist regelmäßig den kommunalen Gebietskörperschaften zugewiesen.[102] Es handelt sich dann um Aufgaben im übertragenen Wirkungskreis (als Auftragsangelegenheiten oder Pflichtaufgaben zur Erfüllung nach Weisung). Gemeinden fungieren dann etwa als örtliche Ordnungsbehörden, Kreise und kreisfreie Städte als Kreisordnungsbehörden (§ 3 OBG NW). An dieser Schnittstelle des Ordnungsrechts zum Kommunalrecht lassen sich interessante Fallkonstellationen ansiedeln, die in studentischen Übungsarbeiten ein Abprüfen von Grundkenntnissen auch des Kommunalrechts erlauben.

63 Sonderordnungsbehörden (§ 11 BbgOBG; § 12 OBG NW; § 88 Abs. 2 POG RP) oder besondere Verwaltungsbehörden (§ 85 SOG LSA) nehmen im Schwer-

---

[100] Die Bezeichnungen in den Ländern sind unterschiedlich: z.B. Bayern – Sicherheitsbehörden (Art. 1 BayPAG; Art. 6 BayLStVG); Niedersachsen – Verwaltungsbehörden (§ 1 Abs. 1 Satz 1 NdsSOG); Nordrhein-Westfalen – Ordnungsbehörden (§ 1 OBG NW); Thüringen – Ordnungsbehörden (§ 1 Abs. 1 Satz 1 ThürOBG).

[101] S. § 60 Abs. 4 PolG BW; § 82a SOG MV; § 2 OBG NW i.V.m. § 47 PolG NW.

[102] Z.B. § 97 Abs. 1 NdsSOG; § 84 SOG LSA; § 75 Abs. 2 POG RP.

punkt andere Aufgaben wahr und in diesem Zusammenhang auch Ordnungsaufgaben.[103] Grund ist ihre besondere Sachkunde. Vorrangig anwendbar ist das Fachrecht und nur subsidiär das allgemeine Ordnungsrecht. Beispiele sind die Gewerbeaufsichtsämter, die Gesundheitsämter, die Bergämter, die Forstämter oder die Eichämter (vgl. § 49 OBG NW).

Beispiel: Hessen   **64**
Die allgemeinen Ordnungsbehörden legt § 85 Abs. 1 HessSOG fest, der eine vierstufige Gliederung vornimmt. Diese gewinnt insbesondere Bedeutung für die Aufsicht. Ordnungsbehörden sind 1. die fachlich zuständigen Ministerien als Landesordnungsbehörden, 2. die Regierungspräsidien als Bezirksordnungsbehörden, 3. die Landräte als Behörden der Landesverwaltung und die Oberbürgermeister in kreisfreien Städten als Kreisordnungsbehörden und 4. die Bürgermeister (Oberbürgermeister) als örtliche Ordnungsbehörden. Sonderordnungsbehörden im Sinne des § 90 HessSOG arbeiten auf der Grundlage eines speziellen Gesetzes.

Die Organisation der Behörden ist eine ausschlaggebende Vorgabe für die Organi- **65** sation der *Aufsicht*.[104] Die untergeordnete wird von einer übergeordneten Behörde beaufsichtigt. Einige Gesetze sprechen nur von Aufsicht (§§ 63, 64 PolG BW; § 7 BbgOBG, § 7 OBG NW), andere differenzieren zwischen Fachaufsicht und Dienstaufsicht (§ 94 NdsSOG; § 92 Abs. 2 POG RP; § 65 SächsPolG). Während die Fachaufsicht die Überprüfung der Rechtmäßigkeit und Zweckmäßigkeit betrifft, zielt die Dienstaufsicht auf die innere Ordnung der Behörde, auf die allgemeine Geschäftsführung und die Personalangelegenheiten. Da die ordnungsbehördlichen Aufgaben vorrangig von den Gemeinden oder Landkreisen und kreisfreien Städten wahrgenommen werden, können die kommunalrechtlichen Aufsichtsmittel ergänzend zu den Regelungen der Ordnungsbehördengesetze hinzutreten (§ 10 BbgOBG; § 11 OBG NW).[105]

Mittel der Aufsichtsbehörden im Kontext des Ordnungsrechts sind insbesonde- **66** re das Unterrichtungsrecht und das Weisungsrecht (§ 65 Abs. 1 PolG BW; §§ 8, 9 BbgOBG; §§ 8, 9 OBG NW), wobei nach einigen Gesetzen den untergeordneten Behörden eine Unterrichtungspflicht obliegt (§ 65 Abs. 3 PolG BW; § 67 Abs. 3 SächsPolG). Weisungen können auch in Ermessensentscheidungen ergehen, um im Einzelfall ein bestimmtes Ergebnis herbeizuführen (vgl. § 9 Abs. 2 lit. b BbgOBG; § 97 Abs. 1 HessSOG; § 9 Abs. 2 lit. b OBG NW). Als äußerstes Mittel der Aufsichtsbehörde kommt der Selbsteintritt in Betracht. Die Aufsichtsbehörde übt dann selbst die Befugnisse der unterstehenden Ordnungsbehörde aus oder überträgt sie auf einen Dritten (§ 88 Abs. 1 Satz 1 HessSOG; § 10 OBG NW; § 93 Abs. 2 POG RP).

---

[103] *Gusy*, POR, Rn. 69.
[104] Eingehend *Kahl*, Staatsaufsicht, 2000.
[105] Zur Aufsicht *Huber*, in: Hoffmann-Riem/Schmidt-Aßmann/Voßkuhle (Hg.), Grundlagen des Verwaltungsrechts, Band III, 2009, § 45 Rn. 11 ff.

2.3. Zuständigkeiten von Polizei- und Ordnungsbehörden

67 Eine klare Zuständigkeitsverteilung liegt im Interesse des Bürgers und ist daher rechtstaatlich geboten. Er will wissen, wer sein Ansprechpartner in einer konkreten Angelegenheit ist. Das unkoordinierte Tätigwerden mehrerer staatlicher Stellen in gleicher Sache soll verhindert werden. Die richtige Zuständigkeit stellt sich zudem als wichtiger Punkt innerhalb der Gewährung effektiven Rechtsschutzes dar. In Fallbearbeitungen ist die Zuständigkeit neben der Einhaltung von Verfahrensregeln und eventuellen Formerfordernissen eine Voraussetzung der formellen Rechtmäßigkeit einer Maßnahme.[106] Nur die zuständige Behörde darf handeln, ansonsten ist die Maßnahme rechtswidrig oder sogar nichtig. Deshalb bedarf die Zuständigkeit für jede einzelne Maßnahme der Erwähnung, auch wenn sie unproblematisch zu bejahen ist. Die Suche nach den einschlägigen Vorschriften und deren Nennung beweist die Fähigkeit des Bearbeiters, mit den teils komplexen Normzusammenhängen umzugehen.

68

Klausurtipp: Zuständigkeit immer erwähnen.

69 Die *Zuständigkeit der Polizei- bzw. Ordnungsbehörden* kann nach unterschiedlichen Gesichtspunkten abgegrenzt werden. Unterschieden werden die instanzielle, die örtliche und die sachliche Zuständigkeit.[107]

70 Die *instanzielle Zuständigkeit* betrifft im mehrstufigen Behördenaufbau die Frage, welche der sachlich zuständigen Behörden zuständig ist und insbesondere, ob die übergeordnete Behörde zur Entscheidung befugt ist. Eine Vermutung spricht für die Zuständigkeit der untersten und damit regelmäßig sachnächsten Behörde. Die untere Ordnungsbehörde ist zumeist die Kommune,[108] die untere Polizei(vollzugs)behörde ist diejenige Polizeidienststelle, die im hierarchischen Strang untergeordnet und quantitativ am meisten verbreitet ist.[109]

71 Die *örtliche Zuständigkeit* bezeichnet den räumlichen Tätigkeitsbereich, in dem eine Behörde zum Handeln befugt ist. Die Zuständigkeiten der Ordnungsbehörden ist auf ihren Amtsbereich oder Dienstbezirk beschränkt (§ 100 Abs. 1 HessSOG; § 91 Abs. 1 POG RP). Darin liegt eine Konsequenz der Art und Weise, in der Ordnungsbehörden typischer Weise ihre Verwaltungstätigkeit ausüben. Das Erstellen von schriftlichen Bescheiden in zeitlicher Distanz lässt sich in aller Regel auf einen bestimmten örtlichen Bereich beziehen. Dagegen widerspricht die typische Tätigkeit der Polizeibehörden des Vollzugsdienstes, die auf Schnelligkeit und Effektivität angelegt ist, einer zu starken räumlichen Begrenzung. Folglich besteht zwar eine grundsätzlich örtliche Zuständigkeit, die aber in Eilfällen oder bei Gefahr im Verzug ausgeweitet werden kann (§ 7 POG NW). Nach § 101

---

[106] Zu Fallkonstellationen s.o. 1. Kapitel Rn. 80 ff.

[107] *Schenke*, POR, Rn. 452 ff.

[108] Vgl. z.B. Art. 6 BayLStV; § 97 Abs. 1 NdsSOG; § 84 SOG LSA; § 75 Abs. 2 POG RP.

[109] In Nordrhein-Westfalen die Polizeipräsidien oder die Landrätinnen oder Landräte als Kreispolizeibehörde, § 2 POG NW.

Abs. 1 HessSOG sind die Polizeidienststellen von vornherein im gesamten Landesgebiet zuständig. Ausnahmsweise können auch die Ordnungsbehörden Maßnahmen in anderen örtlichen Zuständigkeitsbereichen vornehmen, falls Gefahr im Verzug ist (§ 100 Abs. 2 HessSOG; § 91 Abs. 2 POG RP).

Die Zuständigkeiten im Verhältnis zu Behörden anderer Länder der Bundesrepublik Deutschland und zu Polizeibehörden des Bundes sind im Landesrecht ausdrücklich geregelt (§§ 7, 8 BerlASOG; §§ 102, 103 HessSOG; §§ 8, 9 POG NW). Bei Bundesländern mit Grenzen zu anderen Staaten kann eine Erweiterung der Handlungsmöglichkeiten über die Grenzen des Bundesgebietes hinaus in Betracht kommen. Der andere Staat muss dem zustimmen, da es um die Ausübung hoheitlicher Befugnisse auf seinem Staatsgebiet geht. Einschlägige Verwaltungsabkommen, die auf der Basis der Gegenseitigkeit abgeschlossen werden, eröffnen auch den Behörden des anderen Staates Handlungsmöglichkeiten im Bundesgebiet (§ 76 Abs. 1 Satz 2 und § 77 Abs. 3 Satz 2 BbgPOG; § 87 Abs. 1 Satz 2 und 86 Abs. 3 POG RP). Der typische Fall ist die Nacheile, bei der es um die Verfolgung eines auf frischer Tat angetroffenen, flüchtigen Verdächtigen geht, über die Grenze eines Bundeslandes hinweg. Mit Überschreiten der Landesgrenze ist das Recht des Einsatzlandes anwendbar. **72**

Die *sachliche Zuständigkeit* hebt darauf ab, welcher Behörde die zu erfüllende Sachaufgabe übertragen ist. Die Übertragung erfolgt durch Gesetz oder Rechtsverordnung. Eine allgemeine Auffangzuständigkeit innerhalb der Ordnungsbehörden kommt den örtlichen Ordnungsbehörden zu (§ 89 Abs. 2 HessSOG). Eine allgemeine Auffangzuständigkeit innerhalb der Polizeibehörden nimmt die untere Polizeibehörden wahr (§ 66 Abs. 2 PolG BW; § 78 Abs. 1 BBgPOG; § 10 POG NW). **73**

Regelungen über die Zuständigkeit werden durch *Zuständigkeiten bei Gefahr im Verzug* durchbrochen. Eine andere Polizeibehörde kann die Aufgaben der zuständigen Polizeibehörde übernehmen (§ 81 BbgPOG; § 14 POG NW; § 70 Abs. 3 SächsPolG; § 88 Abs. 4 SOG LSA). Auch die Ordnungsbehörden verfügen bei Gefahr im Verzug über außerordentliche Zuständigkeiten (§ 100 Abs. 2 HessSOG; § 6 OBG NW; § 88 Abs. 2 SOG LSA; § 90 Abs. 2 POG RP), die ein Tätigwerden im Zuständigkeitsbereich einer anderen Ordnungsbehörde erlauben. **74**

In der Praxis und in studentischen Übungsarbeiten von besonderer Bedeutung ist die Eilfallzuständigkeit der Polizei(vollzugs)behörden im Verhältnis zu den Ordnungsbehörden. Der Polizeibeamte vor Ort, der nachts oder am Wochenende mit einer Gefahr konfrontiert wird, muss über Befugnisse zum Handeln verfügen, die eine unverzügliche Bekämpfung der Gefahr gestatten. Die Polizeibehörde hat die Option des ersten Zugriffs. Gefahrenabwehr duldet oft keinen Aufschub. Dann soll jede Kompetenzlücke ausgeschlossen sein. Wenn aber die Ordnungsbehörde zu einem wirksamen Tätigwerden in der Lage ist, endet die Eilfallzuständigkeit der Polizeibehörde. Die Landespolizeigesetze regeln dies bei den Aufgabenzuweisungen (§ 2 Abs. 1 PolG BW; § 4 Abs. 1 BerlASOG; § 1 Abs. 1 Satz 3 PolG NW; § 2 Abs. 1 SächsPolG). **75**

76

Beispiel:

Am Pfingstsonntag treffen sich Mitglieder der verbotenen PKK auf dem Gelände der Universität, um eine Ersatzorganisation zu gründen. Durch den Hinweis eines Kurden erfährt die Polizei am Samstag abend davon. Zuständige Behörde für das Verbot eines Vereins ist nach § 3 Abs. 2 VereinsG die oberste Landesbehörde, also in aller Regel das Innenministerium. Nun dürfte es kaum möglich sein, die eigentlich zuständige Behörde zum Verbot der Ersatzorganisation zu erreichen.

Gegen Ersatzorganisationen kann die Polizeibehörde aber nach § 8 Abs. 2 Satz 3 VereinsG bei Gefahr im Verzug vorläufige Maßnahmen treffen. Die zuständige Polizei(vollzugs)behörde ist zuständig für Eilmaßnahmen gegen das Treffen und die Ersatzorganisation, auch im Fall eines Ausländervereins gem. § 14 VereinsG. Sie kann infolge der landesrechtlichen Eilkompetenz auf dem Gelände der Universität, das sie ansonsten nur mit Zustimmung der Universitätsleitung betreten darf, tätig werden, wenn die Universitätswaltung nicht erreichbar ist.

Kontrollfragen

1. Nennen Sie einige Aufgaben der Bundespolizei! (Rn. 6 ff.)
2. Verfügt das Bundeskriminalamt über operative Befugnisse? (Rn. 26).
3. Wie unterscheiden sich die Aufgaben des Bundesamtes für Verfassungsschutz von denen des Bundesnachrichtendienstes? (Rn. 32 f., 35)
4. Wie unterscheiden sich die Arbeitsweisen von Polizei(vollzugs)behörden und Ordnungsbehörden? (Rn. 73 ff.)
5. Begründen sie die Notwendigkeit der gesetzlich vorgesehenen Zuständigkeiten der Polizei bei Gefahr im Verzuge, die in Zuständigkeiten der Ordnungsbehörde eingreifen. (Rn. 75 f.)

5. Kapitel: Die Aufgaben der Polizei- und Ordnungsbehörden

Aufgaben sind von Befugnissen zu unterscheiden.[1] Diese Unterscheidung ist ein elementarer Grundzug des Polizei- und Ordnungsrechts mit weit reichenden Folgen für dessen Struktur und damit auch für den Fallaufbau. Sie liegt sämtlichen Landespolizeigesetzen zu Grunde, die regelmäßig in ihrem § 1 oder der einschlägigen Parallelvorschrift eine allgemeine Aufgabenzuweisung und sodann eine Vielzahl konkreter Befugnisnormen enthalten.   **1**

Das Handeln der Polizei- und Ordnungsbehörden zählt zur Eingriffsverwaltung. Eine Maßnahme, die in Rechte des Bürgers eingreift, können die Polizei- und Ordnungsbehörden nur aufgrund einer konkreten gesetzlichen Befugnis ergreifen. Eine bloße Aufgabenzuweisung reicht nicht. Dies gilt für die Polizei- und Ordnungsbehörden auf Bundes- wie auf Landesebene. Es gilt zudem nicht nur für konkret-individuelle Einzelmaßnahmen, also insbesondere Verwaltungsakte, sondern auch dann, wenn die Behörden abstrakt-generelle Maßnahmen für eine unbestimmte Vielzahl von Fällen ergreifen, also insbesondere Polizeiverordnungen erlassen.   **2**

Merkformel: Kein Eingriff ohne Gesetz!   **3**

Falls die Maßnahme der Polizeibehörde keinen Eingriffscharakter trägt, genügt es, wenn die Tätigkeit in den Aufgabenbereich nach dem § 1 des jeweiligen Landespolizeigesetzes fällt. Die Aufgabennormen geben der Polizei das Recht, im Bereich ihrer Zuständigkeiten alle Handlungen vorzunehmen, für die sie keiner gesetzlichen Ermächtigungsgrundlage bedarf. Wenn auch die Aufgabennorm nicht einschlägig ist, darf die Polizei überhaupt nicht tätig werden. Allerdings sind die gesetzlichen Umschreibungen der Aufgaben weit genug, um den Polizei- und Ordnungsbehörden ein umfassendes Tätigwerden zu ermöglichen.   **4**

Der Schluss von einer Aufgabe auf eine nicht ausdrücklich eingeräumte Befugnis ist unzulässig,[2] denn der Vorbehalt des Gesetzes verlangt, dass Eingriffsbefug-   **5**

---

[1] *Drews/Wacke/Vogel/Martens*, Gefahrenabwehr, § 8; *Gusy*, POR, Rn. 11 ff.; *Schoch*, POR, Rn. 32; Tettinger/Erbguth/*Mann*, Besonderes Verwaltungsrecht, Rn. 422.

[2] *Knemeyer*, POR, Rn. 78; *Pieroth/Schlink/Kniesel*, POR, § 1, Rn. 12 und § 2, Rn. 2.

nisse auf einer klaren gesetzlichen Grundlage beruhen müssen.[3] Im Hinblick auf Warnungen der staatlichen Behörden vor Gefahren (durch glykolverseuchte Weine bzw. durch eine Jugendsekte) hat das Bundesverfassungsgericht allerdings eine Befugnis der Behörden aus der Aufgabe der Staatsleitung zumindest nicht ausgeschlossen, wobei es jedoch nicht restlos klar die Frage beantwortet, ob und worin ein Eingriff in Grundrechte durch die Warnungen vorliegt.[4] Die Unklarheit betrifft die Anforderungen an die Rechtfertigung von faktischen Grundrechtseingriffen.[5] Für den Regelfall des staatlichen Eingriffs in Grundrechte bleibt es auch im Hinblick auf Eingriffe durch Information bei der Notwendigkeit einer gesetzlichen Ermächtigung.[6] Für das Polizeirecht finden sich diese in den einzelnen Befugnisnormen der Spezialgesetze für einen bestimmten Sachbereich oder in den Landespolizeigesetzen.

6

> **Beispiele:**
> Die Polizei betreibt einen Notruf und hält öffentlich zugängliche Adressen von KfZ-Werkstätten oder Abschleppunternehmen vor, um Rat suchenden Autofahrern unmittelbar helfen zu können. Dies liegt im Rahmen ihrer Aufgaben nach § 1 des jeweiligen Landespolizeigesetzes. Dagegen bedarf die Polizei einer ausdrücklichen Befugnisnorm, um selbst das Abschleppen eines PKW anordnen zu dürfen.
> Die Aufgabennorm reicht aus, um öffentliches Gelände nach vermissten Kindern zu durchsuchen. Eine Befugnisnorm ist erforderlich, wenn gegen den Willen eines Grundstückseigentümers dessen Grundstück betreten werden soll.

1. Verfassungsrechtliche Grundlagen

7   Obwohl das Polizei- und Ordnungsrecht zu den ältesten und wichtigsten Bereichen des Verwaltungsrechts zählt, ist seine Einbettung in die Verfassung teilweise umstritten. Dies liegt an seiner vorkonstitutionellen Herkunft, da bereits vor Erlass des Grundgesetzes in den Ländern Polizei- und Ordnungsrecht bestand, das teilweise in der Weimarer Republik seinen Ursprung hatte. Die Materie hat sich zwar nicht in verfassungslosen Zeiten, aber unter anderen verfassungsrechtlichen Rahmenbedingungen entwickelt. Deshalb wird gerade über die Grundlagen gestritten, insbesondere über das Verhältnis der Aufgaben der Polizei- und Ordnungsbehörden zu den allgemeinen Staatsaufgaben.[7] Weniger komplex, aber nicht minder wichtig sind die verfassungsrechtliche Zuordnung der Kompetenzen für das Polizei- und Ordnungsrecht sowie die Vereinbarkeit von polizeilichen oder ordnungs-

---

[3] Zum Vorbehalt des Gesetzes *Gusy*, JA 2002, 610; vertiefend *Lerche*, in: Merten/Papier (Hg.), Handbuch der Grundrechte III/II, 2009, § 62.

[4] BVerfGE 105, 252; 105, 279.

[5] *Bethge*, Jura 2003, 327 (332 f.); *v.Coelln*, JA 2003, 118; *H.-J. Cremer*, JuS 2003, 747; *P.M. Huber*, JZ 2003, 290; *Murswiek*, NVwZ 2003, 1 (2). Zum Grundrechtseingriff allgemein *Bethge* und *Weber-Dürler*, VVDStRL 57 (1998), S. 7 und 57.

[6] *Schenke*, POR, Rn. 41.

[7] *Schewe*, Das Sicherheitsgefühl und die Polizei, 2009 m.w.N.

behördlichen Maßnahmen mit den Grundrechten. Zu den Regelungsebenen des Grundgesetzes und der Landesverfassungen ist das Europarecht hinzugetreten.

1.1. Überblick und Grundzüge

Verfassungsrechtliche Grundlagen des Polizei- und Ordnungsrechts bilden zunächst die Regelungen über die diesbezügliche Verteilung der Kompetenzen zwischen Bund und Ländern. Polizeirecht ist regelmäßig Landesrecht.[8] Das Grundgesetz enthält aber einige besondere Kompetenztitel für die Einrichtung von Bundesbehörden mit eigenen Befugnissen wie dem Bundeskriminalamt (Art. 73 Nr. 10 GG – s.o. 4. Kap. Rn. 20) oder für die Schaffung von spezifischen ordnungsrechtlichen Regelungen in bestimmten Sachgebieten wie dem Vereins- und Versammlungsrecht (Art. 74 Nr. 3 GG).   **8**

Aus der Sicht des Einzelnen stehen die grundrechtlichen Grenzen polizeilichen Handelns im Vordergrund. Die Grundrechte schützen die individuelle Freiheit und die Rechtssphäre des Einzelnen gegen Eingriffe staatlicher Stellen. Maßnahmen der Polizei- und Ordnungsbehörden stellen zumeist derartige Eingriffe dar und geraten daher in Kollision mit den Grundrechten der von den Maßnahmen Betroffenen. Die Auflösung dieser Kollisionen hängt davon ab, welche Eingriffsbefugnis mit welchen Grundrechten kollidiert. Die Befugnis zur akustischen Überwachung von Wohnungen („Lauschangriff") kollidiert mit dem Grundrecht auf Unverletzlichkeit der Wohnung (Art. 13 GG),[9] die Befugnisse zum Festhalten und zur Durchsuchung einer Person kollidieren mit den Grundrechten auf allgemeine Handlungsfreiheit (Art. 2 Abs. 1 GG) und Freiheit der Person (Art. 2 Abs. 2 Satz 2 GG). Auf diese und weitere Spannungslagen wird im Zusammenhang der einzelnen Befugnisnormen eingegangen (unten 6. und 7. Kapitel).   **9**

1.2. Der Staat als Garant von Sicherheit

So eindeutig das Bestehen grundrechtlicher Grenzen für das Handeln der Polizei- und Ordnungsbehörden ist, so wenig eindeutig sind Bestehen und Tragweite von verfassungsrechtlich fundierten Aufgaben der Polizei- und Ordnungsbehörden. Lässt sich also verfassungsrechtlich durch Auslegung und Abwägung bestimmen, was diese staatlichen Stellen nicht dürfen, ist verfassungsrechtlich sehr viel schwieriger bestimmbar, was sie tun sollen oder gar müssen. In Frage stehen Grundlagen, Existenz und Reichweite einer staatlichen Aufgabe der Gewährleistung von Sicherheit der Staatsbürger.[10]   **10**

---

[8] BVerfGE 100, 313 (369); vgl. BVerfGE 109, 190 (215).
[9] BVerfGE 109, 279.
[10] Umfassend *Gusy*, VVDStRL 63 (2004), S. 151 (174 ff.) m.w.N.

11   Im Hinblick auf Existenz und Reichweite einer Staatsaufgabe Sicherheit[11] ist
die verfassungsrechtliche von der staatstheoretischen Ebene zu trennen. Nach der
Allgemeinen Staatslehre besteht kein Zweifel, dass der Staat die Aufgabe hat, die
Sicherheit seiner Bürgerinnen und Bürger zu gewährleisten.[12] Die staatstheoreti-
sche Sicht führt zu dem eindeutigen Ergebnis, dass die Aufgabe der Gewährleistung von Sicherheit zu den wichtigsten Staatsaufgaben zählt. Aufgrund des staatlichen Gewaltmonopols, das zu den Wesensmerkmalen des modernen Staates
gehört, kann der Staat nicht auf die Gewährleistung von Sicherheit verzichten. Da
den Bürgern die Ausübung von Gewalt grundsätzlich verboten ist, muss der Staat
dafür sorgen, dass einerseits das Gewaltmonopol nicht durchbrochen wird und andererseits staatliche Organe zur Verfügung stehen, die Gewalt ausüben, wenn dies
notwendig ist. Der Staat muss Polizei- und Ordnungsbehörden mit entsprechenden
Befugnissen vorhalten. Dies bestätigen Landespolizeigesetze, wenn sie die Polizei
als Angelegenheit des Landes bezeichnen.[13]

12   Zweifel bestehen darüber, ob und inwieweit die Staatsaufgabe Sicherheit nach
dem *Grundgesetz* normativ begründet ist, da eine ausdrückliche Festlegung fehlt.
Aus den Staatsstrukturprinzipien des Art. 20 Abs. 1 GG folgt die Notwendigkeit
der Wahrnehmung bestimmter Kompetenzen, um Grundsätze der Rechtsstaatlichkeit oder Sozialstaatlichkeit zu verwirklichen.[14] Der Staat hat insbesondere mit der
Zulassung einer Gefahrquelle durch Genehmigung oder eine sonstige Entscheidung die Pflicht, die Übereinstimmung dieser Gefahrenquelle mit der Rechtsordnung zu gewährleisten. Der genehmigungspflichtige Betrieb einer Anlage muss
dann ebenso überwacht werden (§ 52 BImSchG), wie die Freisetzung gentech-
nisch veränderter Organismen (§ 25 GenTG). Aus diesen objektiv-rechtlichen Gegebenheiten ist aber keine flächendeckende Staatsaufgabe Sicherheit zu begründen,[15] die gar zu subjektivierbaren Rechtsfolgen führen würde.

13   Dieses weiter gehende Ergebnis kann nur durch Rückgriff auf die Grundrechte
und ihre *Schutzpflichtendimension* gewonnen werden.[16] Die Befürworter dieser
Auffassung argumentieren, die Grundrechte schützten auch gegen eine Rechtsordnung, die dem Einzelnen zumute, Eingriffe von Dritten hinzunehmen. Solche
Duldungspflichten gegenüber Eingriffen Dritter seien nur innerhalb der Grundrechtsschranken zulässig, auch gegen zukünftige Gefahren. Die grundrechtlichen
Schutzpflichten führten zu einer Garantie des Staates für die Sicherung von Frei-

---

[11] Allgemein *Gramm*, Privatisierung und notwendige Staatsaufgaben, 2001, S. 40 ff.; *Möstl*,
Garantie, S. 37 ff.; *Stoll*, Sicherheit als Aufgabe von Staat und Gesellschaft, 2003,
S. 190 ff.

[12] BVerfGE 49, 24 (56 f.).

[13] § 87 Abs. 1 NdsSOG; § 1 PolG NW; § 76 Abs. 1 SOG LSA.

[14] Zu den Grundlagen *Volkmann*, JZ 2004, 696.

[15] Andere Tendenz bei *Robbers*, Sicherheit als Menschenrecht, 1987; eine Ableitung aus
dem Gewaltmonopol vermischt soziologische mit rechtlicher Begrifflichkeit, s. aber *Tettinger*, in: Festschrift für Kirchhof, 2002, S. 281 (285 ff.) m.N.

[16] *Isensee,* Grundrecht auf Sicherheit, 1982; *Möstl*, Garantie, 84 ff.

heit und damit die Gewährleistung von Sicherheit als Voraussetzung der Freiheitsausübung.[17]
 Die Kritik an der Begründung einer Staatsaufgabe Sicherheit geht von einer dif-   **14**
ferenzierten Verantwortungsordnung im Grundgesetz aus.[18] Wenn Freiheit prä-
gend sei, dann gehöre das Risiko eigener und fremder Freiheitsbetätigung dazu.
Die Verstaatlichung der Verantwortung für die Sicherheit sei keine Freiheitsförde-
rung, sondern ein Freiheitseingriff. Staatliche Verantwortung sei die Schranke
grundrechtlicher Freiheit, nicht ihre Folge.[19] Ein Grundrecht auf Sicherheit existiere nicht.[20] Die staatliche Sicherheitsfunktion werde auf der Ebene des einfachen
Rechts erfüllt oder zumindest verbindlich konkretisiert.[21]
 Das Bestehen staatlicher Schutzpflichten aufgrund der Grundrechte ist weithin   **15**
anerkannt.[22] Aus unterschiedlichen Grundrechten folgen aber Schutzpflichten mit
unterschiedlicher Reichweite.[23] Sie lassen sich nicht zu einem einheitlichen
Grundrecht auf Sicherheit zusammenfassen und damit einebnen. Dennoch ist die
Gewährleistung von Sicherheit eine wichtige Aufgabe des Staates, die als objekti-
ves Prinzip aus Art. 20 Abs. 1 GG und der Existenz grundrechtlicher Schutzpflichten abgeleitet werden kann. Danach verfügen aber Legislative und Exekutive über
weitgehende Spielräume bei der Verwirklichung der Aufgabe. Eine Einbeziehung
Privater in die Aufgabenerfüllung ist nicht ausgeschlossen.[24] Aus der Notwendigkeit, Sicherheit als Voraussetzung individueller Freiheitsausübung zu gewährleisten, folgt im Normalfall verfassungsrechtlich weder eine Bindung behördlichen
Ermessens, noch ein subjektiver Anspruch des Einzelnen auf Maßnahmen des
Staates. Diese subjektiven Rechte können nur auf das einfache Recht gestützt
werden.[25]

1.3. Die Notwendigkeit staatlichen Handelns aufgrund der Verfassung

Eine Aufgabenzuweisung kann zur interpretatorischen Konkretisierung vorhande-   **16**
ner, aber unbestimmter Handlungsmöglichkeiten aufgrund von Befugnisnormen
dienen. Für die Polizei- und Ordnungsbehörden als Teil der Exekutive kann dies

---

[17] *Schoch*, POR, Rn. 21; *Würtenberger/Heckmann*, PolR BW, Rn. 23.
[18] *Gusy*, DÖV 1996, 573 (578).
[19] Allgemein zu den Rechtsfolgen der Schutzpflichten *Wahl/Masing*, JZ 1990, 553.
[20] *Gusy*, VVDStRL 63 (2004), S. 151 (170).
[21] *Gusy*, POR, Rn. 76.
[22] *Calliess*, in: Merten/Papier (Hg.), Handbuch der Grundrechte II, 2009, § 44, Rn. 4.
[23] Überblick bei *Szczekalla*, Die sogenannten grundrechtlichen Schutzpflichten im deutschen und europäischen Recht, 2002.
[24] Vgl. BVerfGE 49, 89 (143) zur Atomkraft sowie BVerwGE, DVBl. 1989, 517 zu den Ei-
gensicherungspflichten der Betreiber von Atomkraftwerken oder Flughäfen; s. auch
Pitschas, DÖV 2004, 231 mit der Forderung nach Verwaltungspartnerschaften mit Privaten.
[25] Ähnlich *Pieroth/Schlink/Kniesel*, POR, § 10, Rn. 13.

im Fall der Reduzierung ihres Ermessens an Bedeutung gewinnen (s.u. 10. Kap. Rn. 22). In einem zweipoligen Rechtsverhältnis beansprucht dann ein Bürger von der Polizei, eine bestimmte Maßnahme vorzunehmen. Der Grund liegt in der ohne die Maßnahme zu erwartenden Verletzung von Grundrechten.

17   Für den Gesetz- und Verordnungsgeber kann eine Notwendigkeit zum Handeln dann gegeben sein, wenn Schutzpflichten nur in einer bestimmten Weise, nämlich durch Normsetzung, erfüllt werden können.[26] Handelt der Gesetzgeber in einem solchen Fall nicht, verstößt er gegen das Untermaßverbot.[27]

18   Eine solche Handlungspflicht kommt aber nur im absoluten Ausnahmefall in Betracht, weil der Gesetz- und Verordnungsgeber über weite Handlungsspielräume verfügt. Der Gesetzgeber ist durch Wahlen dazu legitimiert, Entscheidungen zu treffen. Die Inhalte dieser Entscheidungen sind Ergebnisse des politischen Willensbildungsprozesses und daher nicht von vornherein festgelegt. Wenn der Gesetzgeber überhaupt tätig wird, ist er in seinem Handeln grundsätzlich nicht auf bestimmte Maßnahmen beschränkt. Die Grundrechte setzen zwar Grenzen, führen aber nur im absoluten Ausnahmefall zu einem Anspruch auf ein bestimmtes Tun des Gesetzgebers.

19   In der Rechtsprechung, auch des Bundesverfassungsgerichts, werden Ansprüche von Bürgern auf eine bestimmte Rechtsnorm zumeist in Fällen geltend gemacht, in denen eine Verletzung des Grundrechts auf Leben und körperliche Unversehrtheit (Art. 2 Abs. 2 GG) behauptet wird. Es geht um die Schaffung von Rechtsnormen zum Umweltschutz und damit zum Gesundheitsschutz, der nach Ansicht des Bürgers nur durch bestimmte Grenzwerte für die Luftverschmutzung, bestimmte Schallschutzmaßnahmen oder bestimmte Regelungen für den Straßenverkehr gewahrt werden kann. Die Rechtsprechung hat diese Ansprüche im Ergebnis weitgehend abgelehnt.

20   **Beispiel:[28]**
Der B legt Verfassungsbeschwerde ein mit der Behauptung, die Nichteinführung von stärkeren Geschwindigkeitsbeschränkungen auf Straßen verletze ihn in seinem Grundrecht aus Art. 2 Abs. 2 GG. Das Bundesverfassungsgericht weist die Verfassungsbeschwerde ab, weil eine Pflicht des Gesetzgebers zur Nachbesserung nur in Fällen einer evidenten Verletzung von Grundrechten bestehe. Der Gesetzgeber habe aber Maßnahmen zur Erhöhung der Verkehrssicherheit getroffen und sei nicht untätig geblieben. Das Untermaßverbot sei nicht verletzt.

21   Einen anderen Akzent setzt das Bundesverfassungsgericht bei der *Strafverfolgung*.[29] Wenn Straftaten begangen wurden, ist die Verfolgung eine Aufgabe des Staates, deren Erfüllung nicht in seinem Belieben steht. Der Staat hat die Pflicht, eingeleitete Strafverfahren durchzuführen und die Vollstreckung von Strafen sicherzustellen. Das Bundesverfassungsgericht begründet dies mit dem Interesse der

---

[26] Zu den Schutzpflichten *Hermes*, Das Grundrecht auf Schutz von Leben und Gesundheit, 1987; *Dietlein*, Die grundrechtlichen Schutzpflichten, 1992.
[27] *Hain*, DVBl. 1993, 982.
[28] BVerfG, NJW 1996, 651.
[29] BVerfGE 46, 214 (222 f.).

Allgemeinheit an einer funktionierenden Strafrechtspflege, die letztlich ein Gebot der Rechtsstaatlichkeit sei. Der Staat müsse die Sicherheit seiner Bürger und deren Vertrauen in die Funktionsfähigkeit der staatlichen Institutionen schützen. Im Zusammenhang der repressiven Tätigkeit der Polizei gilt daher das Legalitätsprinzip, wonach jede begangene Straftat auch zu verfolgen ist. Auf den Bereich präventiver Tätigkeit der Polizei- und Ordnungsbehörden, in dem das Opportunitätsprinzip mit einer Einräumung von Ermessen greift, ist diese Rechtsprechung nicht übertragbar.

1.4. Freiheit und Sicherheit in Zeiten terroristischer Bedrohungen

Das Polizei- und Ordnungsrecht steht im Spannungsfeld zwischen Freiheit und Si-   **22**
cherheit. Im Zuge der Bekämpfung des Terrorismus ist der Ausgleich dieses Spannungsverhältnisses einmal mehr in den Mittelpunkt des Interesses gerückt.[30] Freiheit ist hier als Oberbegriff für die in den Freiheitsrechten des Grundgesetzes gewährleisteten Räume freier Entscheidung des Einzelnen zu verstehen. Sicherheit ist nicht zu verwechseln mit dem Rechtsbegriff der öffentlichen Sicherheit im Sinne des Rechtsgüterschutzes. Sicherheit meint insoweit die Gewährleistung der Rahmenbedingungen für die Ausübung von Freiheit, also die tatsächliche oder vermeintliche Abwesenheit von Gefahren oder Risiken, die niemals vollständig erreicht werden kann. Gerade die mangelnde Trennschärfe des Begriffes der Sicherheit oder noch schillernder, der inneren Sicherheit,[31] kann zu Ungleichgewichten in der Abgrenzung führen.[32]

1.4.1. Entwicklungen der Gesetzeslage

In der Folge der terroristischen Anschläge auf New York und Washington am   **23**
11. September 2001 haben die Befugnisse der Polizeibehörden und der Nachrichtendienste Ausweitungen erfahren mit dem legitimen Ziel, effektiv gegen terroristische Gruppen und Einzeltäter vorgehen zu können. Die einschlägigen Gesetzesänderungen richten sich insbesondere auf die Ausweitung der Befugnisse zur Erhebung und Verarbeitung von Informationen durch die Behörden. So enthält das Terrorismusbekämpfungsgesetz vom 22. Dezember 2001[33] Regelungen, die dem

---

[30] Vgl. die Beiträge in *Riescher* (Hg.), Sicherheit und Freiheit statt Terror und Angst, 2010; zu dieser Spannungslage nach dem 11. September 2001 *Hoffmann-Riem*, ZRP 2002, 497; zu dieser Spannungslage im Kontext der Bedrohungen durch die „Rote Armee Fraktion" in den siebziger Jahren des 20. Jahrhunderts *Hoffmann-Riem*, JZ 1978, 335. Zu den Grundlagen *Volkmann*, JZ 2004, 696.

[31] Zum Begriff *Götz*, Innere Sicherheit, in: Isensee/Kirchhof (Hg.), Handbuch des Staatsrechts, Band III, 2. Aufl. 1996, § 79; *Hassemer*, StV 1993, 664; s. auch *Albers*, Straftatenverhütung, S. 99.

[32] Zum Ganzen *Calliess*, DVBl. 2003, 1096; *Gusy*, VVDStRL 63 (2004), S. 151 (155 ff.) m.w.N.

[33] Gesetz zur Bekämpfung des Internationalen Terrorismus vom 22.12.2001, BGBl. 2002 I, S. 361.

Bundesamt für Verfassungsschutz die Erlangung von Informationen über Geldwäsche und Kommunikationsvorgänge ermöglichen und dem Bundeskriminalamt Befugnisse zur Verfolgung von Datennetzkriminalität einräumen.[34] Die Attentate von Madrid am 11. März 2004 und in London am 7. Juli 2005 haben die Verletzlichkeit komplexer und mobiler Gesellschaften erneut deutlich gemacht und zu Initiativen und Maßnahmen der Europäischen Union geführt, die auf das innerstaatliche Recht einwirken.[35] Vereitelte Anschlagsversuche in der Bundesrepublik Deutschland verdeutlichen die Notwendigkeit von angemessenen Reaktionen. Die Vereitelung als solche zeigt allerdings, dass die vorhandenen Instrumente durchaus effektiv sind.

24   Die Geltungsdauer einiger befristeter Befugnisse des Gesetzespaketes von 2001 wurde zunächst bis Ende 2011 und dann erneut verlängert. Sie sind umfassend dahin zu evaluieren, ob sie ihren Zweck unter Wahrung der Verhältnismäßigkeit erfüllt und zugleich die Grundrechte und die allgemeinen Maßstäbe des Rechtsschutzes nicht unverhältnismäßige Einbußen erfahren haben. Die Evaluierung von Sicherheitsgesetzen vor dem Hintergrund ihrer punktuellen befristeten Geltung gewinnt angesichts der komplexen rechtlichen Instrumente erheblich an Bedeutung.

1.4.2. Entwicklungen der Sicherheitsarchitektur

25   Den geänderten Bedrohungslagen und den neuartigen Instrumenten tragen Bemühungen Rechnung, Organisation, Aufgaben und Befugnisse der Polizeibehörden in Bund und Ländern neu zu ordnen und auszurichten. Sie werden in der neueren wissenschaftlichen Diskussion unter dem Oberbegriff des Schaffens einer neuen *Sicherheitsarchitektur* zusammengefasst.[36] Der Begriff ist dynamisch und interdisziplinär angelegt und in seinen Ausprägungen nicht restlos geklärt. Er erlaubt es damit, sozialwissenschaftliche, ökonomische oder technische Erkenntnisse mit rechtlichen Erkenntnissen zusammenzuführen. Aspekte des Controlling, der Evaluierung, Zertifizierung oder Standardisierung, die im Allgemeinen Verwaltungsrecht entwickelt werden, können einbezogen werden.[37] Allerdings bedürfen die Leitfragen der genauen Bestimmung, um nicht sinnvolle Grenzen zwischen Disziplinen oder rechtliche Kategorien wie den Sicherheitsbegriff aufzuweichen.[38] Eine neue Sicherheitsarchitektur umfasst Debatten um die Ausweitung der Aufgaben des BKA oder der Bundespolizei ebenso wie die Einführung neuer Befugnisse der Datenerhebung (z.B. Online-Durchsuchung) oder die Erweiterung der Rolle der EU. Bei all diesen notwendigen Überlegungen bedarf aber der Berücksichtigung, dass die Wahrung der Sicherheit im Kern Rechtsgüterschutz ist.

---

[34] *Denninger*, StV 2002, 96; Nolte, DVBl. 2002, 573.

[35] *Weber*, Europäische Terrorismusbekämpfung, 2008.

[36] *Würtenberger*, Sicherheitsarchitektur als interdisziplinäres Forschungsfeld, in: Riescher (Hg.), Sicherheit und Freiheit statt Terror und Angst, 2010, S. 97.

[37] Vgl. *Kahl,* § 47, Rn. 18 ff. und *S. Schiedermair*, § 47, Rn. 78 ff., in: Hoffmann-Riem/Schmidt-Aßmann/Vosskuhle (Hg.), Grundlagen des Verwaltungsrechts III, 2009.

[38] Eher skeptisch *Gusy*, VerwArch 101 (2010), 309.

In der Medien- und Informationsgesellschaft wirken die Bilder von Attentaten   **26**
stark auf das Sicherheits*gefühl* der Bürger ein.[39] Die Politik reagiert nicht nur auf
die terroristischen Anschläge, sondern auch auf die Berichterstattung in den Medien und das geäußerte oder vermutete Sicherheitsgefühl der Bürger, die ja auch
Wähler sind. Daraus folgt die Gefahr, dass zumindest teilweise symbolische Politik betrieben wird. Gesetze oder Maßnahmen dienen der Bekämpfung des Terrorismus, oftmals aber auch der Beruhigung der Bürger. Derartige Erwägungen
schwingen in der Gesetzgebung mit und sie sind in der auf Wahl beruhenden Demokratie insoweit gerechtfertigt, als die Politik die Ängste der Bürger „ernst"
nehmen muss, um ihrer Verantwortung gerecht zu werden.

Andererseits gilt es, Gesetze zu schaffen, die geeignet sind, den Zweck der Be-   **27**
kämpfung des Terrorismus zu erfüllen und zugleich den Schutz der individuellen
Rechtspositionen aller Bürger zu wahren. Der Sinn des Polizeirechts ist es nicht,
der Polizei ihre Arbeit so einfach wie möglich zu machen, sondern effektive Gefahrenabwehr unter Wahrung der Rechte von Betroffenen und Dritten zu gewährleisten.

Der Rechtsstaat würde sich auf eine Stufe mit seinen Gegnern begeben, wenn   **28**
er seine Prinzipien preisgäbe, um die Verfolgung von Straftätern zu erleichtern.[40]
Allerdings muss sich der Rechtsstaat mit Mitteln ausstatten, um Terrorismus effektiv zu bekämpfen.[41] Der Gesetzgeber hat weitgehende Befugnisse geschaffen
und nicht nur die Handlungsspielräume der Polizei, sondern auch die Handlungsspielräume der Nachrichtendienste erweitert. Die einschlägigen Gesetze führen zu
einem Verschwimmen der Abgrenzung zwischen präventiv-polizeilichen Aufgaben und repressiver Verfolgung von Straftaten und einem verstärkten Tätigwerden
der Nachrichtendienste in Sachgebieten, die zuvor der Polizei vorbehalten waren.
Die Bekämpfung des Terrorismus befördert den schon seit den 80er Jahren des 20.
Jahrhunderts in Gang befindlichen Prozess der Konvergenz von Aufgaben. Polizeiliche Aufgaben werden auch von anderen Einrichtungen wahrgenommen und
die Polizei selbst übernimmt auch Aufgaben der vorbeugenden Bekämpfung von
Straftaten und der Gefahrenvorsorge (s.u. 5. Kap. Rn. 161 ff.).

Die eingesetzten Mittel sind multifunktional. Eine Rasterfahndung oder die   **29**
Überwachung von Telekommunikationseinrichtungen kann vielen Zwecken dienen. Unter dem Vorzeichen des Terrorismus lässt der Gesetzgeber die Verfolgung
weiterer Zwecke zu, indem er die Befugnisnormen selbst oder den Kreis der zum
Rückgriff auf die Befugnisnormen berechtigten Stellen ausweitet. Dabei sind die
rechtsstaatlich erforderlichen Begrenzungen zu beachten. Falls gängige Mechanismen wie die Notwendigkeit einer konkreten Gefahr oder die Anwendung des
Grundsatzes der Verhältnismäßigkeit nicht wirksam sind, bedarf es einer rechtsstaatlichen und grundrechtssichernden Kompensation.

Als Mittel der Kompensation kommen neben der Formulierung präziser Tatbe-   **30**
standsmerkmale in der Befugnisnorm eine verfahrensrechtliche Absicherung und

---

[39] *Gusy*, VVDStRL 63 (2004), S. 159; näher *Schewe*, Das Sicherheitsgefühl und die Polizei,
2009.
[40] Vgl. zu den Grundlagen *Roellecke*, JZ 2006, 265.
[41] *Schoch*, Der Staat 43 (2004), 347 (363 ff.)

die Gewährleistung von Anschlussrechten in Betracht.[42] Da die Anwendung der modernen polizeilichen Mittel zumeist einen Informationseingriff darstellt, erweisen sich die datenschutzrechtlichen Anschlussrechte als effektiv, insbesondere das Auskunftsrecht Betroffener. Erhebliche Bedeutung hat der Grundsatz der Zweckbindung, wonach personenbezogene Daten nur für einen gesetzlich bestimmten Zweck erhoben werden und grundsätzlich nicht für einen anderen Zweck herangezogen werden dürfen. Die Frage ist, ob und inwieweit Informationen wie das Tonband des abgehörten Telefongesprächs oder der vorhandene Fingerabdruck der Zweckbindung unterliegen (s.u. 7. Kap., Rn. 36 ff.).

31   Die Bekämpfung des Terrorismus verstärkt Entwicklungen, die das Polizeirecht schon länger prägen. Aufgrund ihrer Wirkmächtigkeit führen terroristische Attentate zu gesellschaftlichen Diskussionen, die sich in Änderungen der Rechtsordnung und der Rechtsanwendung niederschlagen. Schon die Furcht vor solchen Attentaten ist ein politischer Argumentationsstrang für das Tätigwerden von Legislative und Exekutive. Es gilt die Herausforderung anzunehmen, die in der Bekämpfung des Terrorismus liegt. Im Kern geht es aber auch hier um den Schutz der Rechtsgüter des Einzelnen. Eine freiheitliche Gesellschaft kann ihre Grundlagen nur verteidigen, wenn sie zugleich die ihr eigene Freiheitlichkeit und Offenheit verteidigt.

2. Gefahrenabwehr

32   Aufgabe der Polizei- und Ordnungsbehörden ist im Kern die Abwehr von Gefahren für die öffentliche Sicherheit.[43] Die abzuwehrende Gefahr muss für bestimmte Rechtsgüter drohen, die unter dem Begriff der öffentlichen Sicherheit zusammengefasst werden.[44] Nur dann dürfen die Polizei- und Ordnungsbehörden tätig werden. Die meisten Polizeigesetze nennen als zweiten Gefahrentatbestand, der ein Einschreiten der Polizeibehörden erlaubt, die Gefahr für die öffentliche Ordnung. Öffentliche Sicherheit und öffentliche Ordnung sind voneinander zu unterscheiden, wobei die Abwehr von Gefahren für die öffentliche Sicherheit quantitativ und qualitativ wichtiger ist.

33

> **Merkformel:** Zweck der Gefahrenabwehr ist der Schutz von Rechtsgütern.

34   Die Bestimmung der geschützten Rechtsgüter führt zur Abgrenzung des Zuständigkeitsbereiches der Polizeibehörden gegenüber anderen staatlichen Stellen. Sie

---

[42] *Kugelmann*, DÖV 2003, 781 (787 f.); *Schoch*, Der Staat 43 (2004), 347.

[43] § 1 Abs. 1 PolG BW; Art. 2 Abs. 1 BayPAG und Art. 6 Bay LStVG; § 1 Abs. 1 ASOG Bln; § 1 Abs. 1 Satz 1 BbgPolG und § 1 Abs. 1 BbgOBG; § 1 Abs. 1 BremPolG; § 3 HbgSOG; § 1 Abs. 1 Satz 1 HessSOG; § 1 Abs. 1 und 2 Abs. 1 SOG MV; § 1 Abs. 1 Satz 1 NdsSOG; § 1 Abs. 1 Satz 1 PolG NW und § 1 Abs. 1 OBG NW; § 1 Abs. 1 Satz 1 POG RP; § 1 Abs. SaarlPolG; § 1 Abs. 1 SächsPolG; § 1 Abs. 1 Satz 1 SOG LSA; § 162 Abs. 1 LVwG SH; § 2 Abs. 1 Satz 1 ThürPAG und § 2 Abs. 1 ThürOBG.

[44] Erwähnt in BVerfGE 69, 315 (352).

führt aber vor allem zur Begründung und Begrenzung des Zuständigkeitsbereiches der Polizei gegenüber dem Bürger. Denn die öffentliche Sicherheit (und nach h.M. auch die öffentlichen Ordnung) bezeichnet den Kreis der Rechtsgüter, deren Schutz unter Zwangsanwendung durchgesetzt werden kann.

2.1. Das Schutzgut: Die öffentliche Sicherheit

Die Polizei- und Ordnungsbehörden haben die Aufgabe, die öffentliche Sicherheit **35** zu wahren. Öffentliche Sicherheit ist die Unverletzlichkeit der Rechtsordnung.[45] Den Polizei- und Ordnungsbehörden obliegt ein umfassender Auftrag, das Recht zu schützen.[46] Dies betrifft grundsätzlich auch privatrechtliche Rechtsgüter. Dementsprechend weit ist dann der Begriff der öffentlichen Sicherheit zu verstehen.[47] Dieses Konzept verfolgen auch die Gesetzgeber in Bund und Ländern.

Einige Landespolizeigesetze nehmen eine Definition der öffentlichen Sicherheit **36** in diesem Sinne vor (§ 2 Nr. 2 BremPolG; § 54 Nr. 1 ThürOBG). So lautet § 3 Nr. 1 SOG LSA: „Öffentliche Sicherheit: die Unverletzlichkeit der Rechtsordnung, der subjektiven Rechte und Rechtsgüter des Einzelnen sowie des Bestandes, der Einrichtungen und Veranstaltungen des Staates oder sonstiger Träger von Hoheitsgewalt." Gegenstand des Schutzes sind demnach die durch die gesamte geschrieben Rechtsordnung geschützten

- Rechtsgüter der Allgemeinheit,
- Individuellen Rechtsgüter des Einzelnen, wenn sie vom öffentlichen Recht anerkannt sind,
- Privaten Rechte des Einzelnen (aber nur subsidiärer Schutz, wenn und soweit Möglichkeit der privaten Rechtsverfolgung besteht).

Das Öffentliche an der öffentlichen Sicherheit ist ihre Konstituierung durch Ge- **37** setz in der Demokratie. Ein eigenes Tatbestandsmerkmal, das gesondert zu prüfen wäre, bildet es nicht.[48] Umstrittene Einzelfragen stellen sich in diesem Zusammenhang hinsichtlich des Schutzes von privatrechtlich gewährleisteten Rechtsgütern durch die Polizei. Diese sind aber anhand der gesetzlichen Vorschriften in den Polizeigesetzen zu beantworten, nicht durch allgemeine Erwägungen zum öffentlichen Interesse.

Im Zuge der Bekämpfung des Terrorismus wird oft der rechtspolitisch geprägte **38** Begriff der *„inneren Sicherheit"* verwendet.[49] „Innere Sicherheit" ist aber nicht

---

[45] Zur öffentlichen Sicherheit *Erbel*, DVBl. 2001, 1714 (1719 ff.) mit Kritik an der textlichen Fassung der gängigen Definition; *Waechter*, NVwZ 1997, 729 (733 ff.).

[46] *Götz*, POR, § 4 Rn. 5.

[47] Enger *Gusy*, POR, Rn. 80 ff., der nur durch das öffentliche Recht geschaffene Rechtsgüter zur öffentlichen Sicherheit zählt und den Schutz von Privatrechtsgütern in die Hände der Bürger legt.

[48] *Drews/Wacke/Vogel/Martens*, Gefahrenabwehr, § 14; *Götz*, POR, § 4 Rn. 19.

[49] Vgl. *Götz*, Innere Sicherheit, in: Handbuch des Staatsrechts III, 2. Aufl. 1996, § 79.

deckungsgleich mit öffentlicher Sicherheit. Sicherheit selbst ist kein Rechtsgut, die „innere Sicherheit" als solche ist nicht ein Gut, das Eingriffe erlaubt. Sicherheit ist vorrangig die Abwesenheit von Gefahr.[50] Im Unterschied zur äußeren Sicherheit, die sich auf die Wahrung des Friedens gegenüber Bedrohungen durch andere Staaten bezieht, bezeichnet die innere Sicherheit eine Aufgabe des Staates gegenüber seinen Bürgern, der dafür zu sorgen hat, dass die Menschen in Frieden miteinander leben können.[51] Sie gehört in den Zusammenhang der Diskussion um eine Staatsaufgabe Sicherheit, die in die politischen Entscheidungen mündet, welche Gesetze zur Gewährleistung des inneren Friedens im Staat notwendig sind.[52] Für das konkrete Handeln eines Polizeibeamten kommt es dann darauf an, ob eine durch den Gesetzgeber geschaffene Ermächtigungsrundlage für eine Maßnahme zur Verfügung steht.

2.1.1. Schutz von Rechtsgütern der Allgemeinheit

39   Die öffentliche Sicherheit umfasst den Schutz von solchen Rechtsgütern, die in Normen des materiellen Rechts niedergelegt sind. Dies schließt Rechtsgüter ein, die durch das Unionsrecht geschützt werden.[53] Jede Verletzung einer Rechtsnorm ist eine Verletzung der öffentlichen Sicherheit.[54] Hier liegt der Schwerpunkt in der Gefahrenabwehr. Die einschlägigen Spezialgesetze können auch ordnungsrechtliche Bestimmungen enthalten, die dem allgemeinen Polizei- und Ordnungsrecht vorgehen. Dies betrifft sowohl die Zuständigkeit von Behörden wie die anwendbaren Rechtsnormen. Der Rechtsgüterschutz betrifft die Aufgaben der Polizei- und Ordnungsbehörden, reicht aber allein nicht aus, um ein konkretes Eingreifen zu rechtfertigen. Weil Aufgabe und Befugnis zu trennen sind (s.o. 5. Kap. Rn. 1), benötigt die zuständige Behörde eine Befugnisnorm, auf die sie die konkrete Maßnahme stützen kann.

40

> Klausurtipp: In studentischen Fallbearbeitungen ist ebenso wie in der behördlichen Praxis die konkrete Vorschrift zu benennen, die das gefährdete Rechtsgut beinhaltet und konkretisiert. Für die von der Behörde vorgenommene Maßnahme bedarf es zudem einer weiteren Norm, die ihr die Befugnis zu dieser bestimmten Maßnahme zuschreibt. Prüfen Sie immer erst, ob spezielle Gesetze einschlägig sind, bevor Sie auf das allgemeine Polizeirecht zurückgreifen.

41   Die Polizei- und Ordnungsbehörden können mit Verwaltungsakten und deren Vollstreckung gegen bevorstehende Rechtsverletzungen einschreiten sowie an-

---

[50] *Gusy*, POR, Rn. 80.
[51] *Gusy*, VVDStRL 63 (2004), S. 186.
[52] *Schoch*, POR, Rn. 20.
[53] *Lindner*, JuS 2005, 302 (305).
[54] *Drews/Wacke/Vogel/Martens*, Gefahrenabwehr, § 15, Ziff. 2c.

dauernde Verletzungen unterbinden. Falls ein Gesetz keine Befugnisnormen zur Vornahme von Maßnahmen der Durchsetzung enthält, kommen die allgemeinen Vorschriften des Polizei- und Ordnungsrechts zur Anwendung. Bedeutung hat dies zuvörderst für die Ordnungsbehörden, weil manche spezielle Gesetze keine Ermächtigungsgrundlage für einen Verwaltungsakt enthalten, der dort enthaltene gesetzliche Ge- oder Verbote im Einzelfall konkretisiert. Ein Bedarf für solche Verwaltungsakte besteht auch deshalb, weil sie die Grundlage für die Vollstreckung bis hin zur Anwendung unmittelbaren Zwanges sind (dazu unten 11. Kap.).[55] Vielfältiges Anschauungsmaterial liefert insoweit das Umweltrecht, etwa das Bundes-Immissionsschutzgesetz.

> **Beispiel:**   42
> Ein in Österreich zugelassener LKW überschreitet die deutsch-österreichische Grenze und kippt Müll auf der deutschen Seite am Straßenrand ab. Die Bundespolizei greift zum Schutz von § 11 Abs. 1 KrW-/AbfG ein und zwar auf der Grundlage des § 14 Abs. 1, 2 BPolG.

Die öffentliche Sicherheit umfasst die Unverletzlichkeit aller Rechtsnormen. Dies   **43**
schließt die Strafgesetze und das Ordnungswidrigkeitenrecht ein. Die Verhütung der Begehung von Straftaten und Ordnungswidrigkeiten ist ein Instrument des Individualschutzes im Rahmen der öffentlichen Sicherheit. Die drohende Verwirklichung des objektiven Tatbestandes reicht aus. Weder ist das Vorliegen des subjektiven Tatbestandes, noch die Schuld des Störers erforderlich, ebenso wenig ein Strafantrag bei Antragsdelikten. Präventives Vorgehen der Polizei zur Verhinderung von Straftaten beruht auf dem Polizeirecht, die repressive Tätigkeit der Strafverfolgung auf der StPO (s.o. 1. Kap. Rn. 21 ff., 40 ff.).

Ältere Diskussionen um die Schutzfähigkeit von so genannten *kollektiven*   **44**
Rechtsgütern wie der öffentlichen Wasserversorgung oder der Volksgesundheit sind angesichts der Dichte des Umweltrechts und des Risikoverwaltungsrechts allgemein überholt.[56] Es ist kaum eine Gefährdung der Umweltmedien Luft, Boden und Wasser oder der menschlichen Gesundheit denkbar, die nicht durch eine gesetzliche Regelung verhütet werden soll. Dies gilt zumal vor dem Hintergrund neuerer integrierender Konzepte, die einen übergreifenden Schutz der Umweltmedien beinhalten. Die drohende oder eingetretene Verletzung der konkreten Norm begründet dann die Gefahr, welche die Polizei- oder Ordnungsbehörden zum Eingreifen aufgrund einer gesetzlichen Befugnisnorm ermächtigt.

> **Beispiele:**   45
> Besteht die Gefahr, dass durch die ungenehmigte Freisetzung gentechnisch veränderter Organismen die Gesundheit von Menschen bedroht wird, kann die zuständige Landesbehörde nach § 25 GenTG (Befugnisnorm) z.B. Betriebs- und Geschäftsräume betreten, um gegen die drohende oder bereits erfolgte Verletzung von § 14 GenTG (Rechtsgüterschutz) vorzugehen.
> Besteht die Gefahr, dass eine genehmigungsbedürftige Anlage, z.B. ein Kraftwerk, eine Anlage zur Herstellung von Grundarzneimitteln oder eine Anlage zur Erzeugung von

---

[55] *Schenke*, POR, Rn. 59; *Schoch*, POR, Rn. 69.
[56] Vgl. *Schoch,* JuS 1994, 574.

Speisefetten entgegen § 5 BImSchG schädliche Umwelteinwirkungen nimmt (Rechts-güterschutz), kann die zuständige Umweltbehörde eingreifen und etwa nachträgliche Anordnungen gemäß § 17 BImSchG (Befugnisnorm) verhängen.
Drohen Gefahren für die menschliche Gesundheit durch seuchenkranke Tiere, sind die Vorschriften des Tierseuchengesetzes (TierSG) anwendbar. Im Fall von Gefahren durch übertragbare Krankheiten greift das Infektionsschutzgesetz (InfG).

46   Zurückhaltung ist gegenüber der Formulierung angebracht, wonach der *Schutz des Staates und seiner Einrichtungen* Teil der öffentlichen Sicherheit ist.[57] Die Gefahr liegt darin, dass eine Einbruchstelle für obrigkeitsstaatliches Denken eröffnet wer-den könnte, indem der abstrakte Schutz des Staates um seiner selbst willen zu konkreten Eingriffen in Rechte der Bürger führen könnte. Dieser Gefahr ist dadurch zu begegnen, dass der Schutz des Staates und seiner Einrichtungen nicht über das gesetzlich geregelte Maß hinaus reicht. Angesichts der Breite an ein-schlägigen Vorschriften ist dieser Schutz vollkommen ausreichend.[58] Dies gilt auch für den Schutz der verfassungsmäßigen Ordnung, den einige Polizeigesetze gesondert aufführen (§ 1 Abs. 1 Satz 2 PolG BW; § 11 Abs. 2 BayPAG[59]; § 12 Abs. 1 2. Halbsatz ThürPAG).[60]

47   Gesetzliche Vorschriften zum Schutz der Verfassung und des von ihr konsti-tuierten Staatswesens sind insbesondere die Regelungen des politischen Straf-rechts (§§ 80 ff., 105 ff., 109 ff., 111 ff. StGB). Das Funktionieren staatlicher Ein-richtungen gewährleisten etwa Art. 40 Abs. 2 GG für den Bundestag oder die §§ 172 ff. GVG über die Sitzungspolizei der Gerichte. Vorschriften des Vereins-gesetzes und des Versammlungsgesetzes ermöglichen die Verteidigung der frei-heitlich demokratischen Grundordnung durch Maßnahmen bis hin zu dem Verbot von Vereinen oder Versammlungen.

48   Gerade diese Gesetze, welche die Grundrechte der Art. 8 und 9 GG ausformen, verdeutlichen die Notwendigkeit, den Schutz des Staates eng zu fassen, da Kritik am Staat und seinen Einrichtungen nicht nur zulässig ist, sondern die Möglichkeit solcher Kritik seine Freiheitlichkeit ausmacht. Grenzen für die Kritik ziehen die Bestimmungen der Gesetze, die wiederum als Grundrechtsschranken verfassungs-konform ausgelegt werden müssen.[61]

49   Die *Funktionsfähigkeit staatlicher Einrichtungen* wird entsprechend den vor-handenen landesgesetzlichen Definitionen überwiegend zur öffentlichen Sicher-heit gezählt.[62] Störungen der Funktionsfähigkeit staatlicher Einrichtungen können in Blockaden oder Besetzungen sowie Gewalt gegen Personen oder Sachen zu se-hen sein. Solche Störungen können sich gegen Behörden, Regierungsgebäude oder Gerichte ebenso wie gegen Theater, Wasserwerke oder Universitäten richten. Ge-

---

[57] Kritisch *Pieroth/Schlink/Kniesel*, POR, § 8, Rn. 34 ff.
[58] *Waechter*, NVwZ 1997, 729 (733, 736).
[59] S. *Knemeyer*, POR, Rn. 151 f.
[60] *Götz*, POR, § 4 Rn. 38.
[61] *Hermes*, in: Merten/Papier (Hg.), Handbuch der Grundrechte III, 2009, § 63, Rn. 4 ff.
[62] Einengend *Pieroth/Schlink/Kniesel*, POR, § 8, Rn. 41; *Waechter*, NVwZ 1997, 729 (736).

genstand von Störungen können auch staatlich organisierte oder verantwortete Veranstaltungen sein, zum Beispiel ein Staatsbesuch oder ein Großer Zapfenstreich.

Wenn in solchen Fällen keine Verletzung einer bestimmten Rechtsnorm in Betracht käme, stellt sich die Frage, ob die Polizei- oder Ordnungsbehörden Maßnahmen ergreifen dürfen, um das Funktionieren staatlicher Einrichtungen zu gewährleisten. Die überwiegende Auffassung in Rechtsprechung und Literatur will dies zulassen.[63] Eine Erstreckung der öffentlichen Sicherheit über den vom Gesetzgeber geschaffenen Normenbestand hinaus ist jedoch abzulehnen, weil die Definitionsmacht über die schützenswerten Rechtsgüter beim Parlament liegen muss. Die Funktionsfähigkeit staatlicher Einrichtungen darf nicht absolut gesetzt werden. Sie darf nur insoweit von den Polizei- und Ordnungsbehörden verteidigt werden, wie dies normativ vorgegeben ist.[64] Beeinträchtigungen staatlicher Funktionen können durchaus auf der Freiheitsausübung des Einzelnen beruhen, die genauso viel Schutz verdient. Mit dieser Konstruktion können alle Fälle zufriedenstellend erfasst werden, in denen die Erfüllung gesetzlich verankerter Aufgaben durch staatliche Einrichtungen gesichert werden muss.

50

> **Beispiel:**[65]
> Gegen Personen, die eigenmächtig eine gemeindliche Unterkunft für Obdachlose bezogen haben, will die Polizei eingreifen und die Unterkunft räumen. Nach der Auffassung, die den Schutz des Staats und seiner Einrichtungen weit fasst, können mittels der Generalklausel (§ 3 PolG BW) auch Störungen beseitigt werden, die keinen Straftatbestand erfüllen. Die Polizei kann aufgrund einer Verletzung der öffentlichen Sicherheit eingreifen, weil eine Beeinträchtigung der Funktionsfähigkeit einer gemeindlichen Obdachlosenunterkunft durch die unbefugte Nutzung vorliegt, indem dadurch die Einweisung anspruchsberechtigter Obdachloser verhindert wird.[66]
> Die engere Auffassung hebt, falls der Tatbestand des Hausfriedensbruchs nach § 123 StGB nicht erfüllt ist, auf die Verletzung des privaten Hausrechts ab und stellt die Gemeinde insoweit einem Privaten gleich. Die Polizei kann demnach nur unter den Voraussetzungen eingreifen, die für den Schutz privater Rechte gelten.

51

Ein in der Konstruktion schwieriger, im Ergebnis aber eindeutiger Fall der Verletzung der öffentlichen Sicherheit ist die Verletzung des *öffentlichen Hausrechts*. Es dient der Funktionsfähigkeit der öffentlichen Einrichtung. Grundlage des Hausrechts ist nur in seltenen Fällen ein Gesetz, sondern zumeist das Gewohnheitsrecht. Sein Inhalt liegt in der Entscheidung über Zutritt und Aufenthalt, um den geordneten Ablauf der Verwaltungstätigkeit zu gewährleisten.

52

---

[63] *Schenke*, POR, Rn. 61.
[64] *Gusy*, POR, Rn. 82.
[65] VGH BW, DÖV 1992, 78 = VBlBW 1992, 25.
[66] *Schenke*, POR, Rn. 61; *Schoch*, POR, Rn. 76.

53   **Beispiele:**
Vor der Vorlesung an der staatlichen Universität, die eine öffentlich-rechtliche Körperschaft ist, verbietet der Dozent einer Studierenden den Zutritt zum Saal, weil sie in den
vorherigen Stunden gestört hatte und sie eine Trillerpfeife in der Hand hält.
Der Behördenleiter in der Stadtverwaltung verhängt ein Hausverbot gegenüber einem
im Flur wartenden Antragsteller, der trotz einer Aufforderung, die Zigarette auszudrü-
cken, gegen das für das Gebäude geltende Rauchverbot verstößt.

54   Neben dem öffentlich-rechtlichen Hausrecht gibt es ein privates Hausrecht, das
auf den privatrechtlichen Besitz- und Eigentumsrechten basiert (§§ 859 f., 903,
1004 BGB).[67] Die Rechtsprechung macht die Qualifikation von der Natur der Angelegenheit abhängig.

55   **Beispiel:**[68]
Nachdem das Bundesverteidigungsministerium Verhandlungen über privatrechtliche
Verträge mit dem K abgelehnt hatte, log dieser über Beamte des Ministeriums. Darauf
wurde ihm gegenüber ein Hausverbot für das Ministeriumsgebäude verhängt. Aufgrund
der vorherigen privatrechtlichen geprägten Rechtsbeziehungen sah das BVerwG darin
ein privatrechtliches Hausverbot.[69] Demgegenüber ist der Auffassung zuzustimmen,
wonach das Hausverbot eine störungsfreie Benutzung der öffentlichen Einrichtung be-
zweckte und daher öffentlich-rechtlichen Charakter trug.[70]

56   Auch die *Behinderung polizeilicher Tätigkeit* zählt nur insoweit zur öffentlichen
Sicherheit, als dies gesetzlich geregelt ist. Einen speziellen Fall regeln die Vorschriften über den Platzverweis (§ 34 Satz 2 PolG NW; § 31 Abs. 1 HessSOG;
s.u. 6. Kap. Rn. 26), wonach die Polizei gegen Personen vorgehen kann, die den
Einsatz der Feuerwehr oder von Hilfs- und Rettungsdiensten behindern. Eine ähnliche Regelung trifft § 164 StPO, der eine Befugnis zur Festnahme von Personen
enthält, die amtliche Handlungen nach der StPO stören. Es gibt aber keine Norm
des öffentlichen Rechts, die Warnungen vor Zivilstreifen oder Radarfallen untersagt.

57   **Beispiel:**[71]
Der X parkt sein Fahrzeug 200 m vor einer Radarfalle mit einem Schild im Fenster:
„Vorsicht Radarfalle". Das OVG NW hat hier eine Gefahr für die öffentliche Sicherheit
angenommen mit der Konsequenz, dass die Polizei gegen X einschreiten kann. Es sei
der Betrieb staatlicher Einrichtungen gefährdet, womit wohl die Funktionsfähigkeit der
Polizei als staatlicher Behörde gemeint ist. Die überwiegende Auffassung stimmt dem
zu.[72]

---

[67] *Maurer*, Allgemeines Verwaltungsrecht, § 3, Rn. 24.
[68] BVerwGE 35, 103 (106).
[69] Ähnlich *Papier*, in: Ehlers (Hg.), Allgemeines Verwaltungsrecht, § 41, Rn. 51.
[70] *Knemeyer*, DÖV 1970, 596; *Maurer*, Allgemeines Verwaltungsrecht, § 3, Rn. 24.
[71] OVG NW, NJW 1997, 1596.
[72] *Bertrams*, NWVBl. 2003, 289; *Drews/Wacke/Vogel/Martens*, Gefahrenabwehr, § 15,
Ziff. 2a.

Jedoch ist es nicht die Aufgabe der Polizei, möglichst viele Überschreitungen der zulässigen Höchstgeschwindigkeit zu verfolgen, sondern die Verkehrssicherheit zu fördern. Solange nicht gegen eine Norm verstoßen wird (etwa § 16 Abs. 1 StVO über den Gebrauch der Hupe oder Licht-Hupe), handelt es nicht um ein verbotenes Verhalten. Ansonsten könnte gegen die Hörfunksender vorgegangen werden, die den Einsatz von Radarfallen melden. Es liegt also kein Verstoß gegen die öffentliche Sicherheit vor, die Polizei kann nicht eingreifen.[73]

2.1.2. Schutz von Individualrechtsgütern

Der Schutz von individuell zuzuordnenden Rechtsgütern obliegt den Polizei- und **58** Ordnungsbehörden, soweit sie zur öffentlichen Sicherheit gehören. Wenn das öffentliche Recht Individualrechtsgüter sichert, dann erfordert die Verteidigung der Rechtsordnung auch ein Tätigwerden zu Gunsten dieser Rechtsgüter.[74] Deshalb hat die Polizei auch die Aufgaben, Gefahren von dem Einzelnen abzuwehren (so § 1 PolG BW). Dies ist von dem Schutz privater Rechte zu unterscheiden, die aufgrund ihrer privatrechtlichen Herkunft vorrangig mit den Mitteln des Privatrechts zu schützen sind. Der Bürger kann sich grundsätzlich vor den Zivilgerichten gegen Übergriffe anderer Bürger wehren.

Die Reichweite des Individualschutzes wird maßgeblich von den Grundrechten **59** bestimmt. Da alle staatlichen Stellen an sie gebunden sind (Art. 1 Abs. 3 GG), müssen nicht nur ungerechtfertigte Eingriffe unterbleiben. Aus den staatlichen Schutzpflichten folgen zudem Verpflichtungen, die effektive Ausübung der Grundrechte zu gewährleisten. Dies kann zu einem Vorgehen der Polizei- und Ordnungsbehörden in Fällen führen, in denen die Individualrechte von Bürgern kollidieren. Mit der Generalklausel (s.u. 6. Kap. Rn. 8 ff.) ist im Polizei- und Ordnungsrecht eine Befugnisnorm vorhanden, die derartiges Vorgehen erlaubt.[75] Das öffentliche Recht gewährleistet Rechtsgüter wie das Eigentum, das allgemeine Persönlichkeitsrecht, die Gesundheit oder die Ausübung der Versammlungsfreiheit, deren Schutz eine Beschränkung der Freiheit Dritter zur Folge haben kann. Eine Kollision von Freiheiten bedarf der Auflösung im Wege praktischer Konkordanz.[76] Oftmals geben Regelungen des einfachen Gesetzes den Rahmen für die Konfliktlösung vor, indem sie die Gewichtungen des Gesetzgebers normieren, der vorrangig zur Abwägung von Rechten und Interessen berufen ist.

Der Schutz der Individualrechtsgüter Leben und Gesundheit ist eine zentrale **60** Aufgabe des Staates. Sie kann aber in Widerspruch zur Entscheidungsfreiheit des Einzelnen geraten, wenn dieser Handlungen vornimmt, die seine eigene Gesundheit oder sein eigenes Leben gefährden. Es stellt sich die Frage, ob und inwieweit ein Mensch durch staatliche Stellen vor sich selbst geschützt werden kann oder gar muss. Dabei ist vom grundsätzlichen Vorrang der grundrechtlich gewährleisteten Freiheit des Einzelnen auszugehen.

---

[73] *Gusy*, POR, Rn. 84; *Pieroth/Schlink/Kniesel*, POR, § 8 Rn. 42; *Schenke*, POR, Rn. 60.
[74] *Götz*, POR, § 4 Rn. 18; *Gusy*, POR, Rn. 84.
[75] *Schoch*, POR, Rn. 70.
[76] Zur praktischen Konkordanz *Hesse*, Grundzüge des Verfassungsrechts der Bundesrepublik Deutschland, 20. Aufl. 1995, Rn. 317 f.

61   Die Befugnis staatlicher Stellen, gegen den Willen des Betroffenen zu handeln, geht seinem Willen nur dann grundsätzlich vor, wenn die Person in staatlicher Obhut ist, sich also in einer Straf-, Heil-, Pflege- oder Erziehungsanstalt befindet. Aufgrund der besonderen Fürsorgepflicht des Staates sind Eingriffe in die freie Willensentschließung möglich. Auch diese Eingriffe müssen aber verhältnismäßig sein und die individuelle Entscheidungsfreiheit so weit als möglich zur Geltung kommen lassen. Dies gilt insbesondere auch im Hinblick auf Kinder, deren Freiheiten zu achten sind und nicht durch überbetonte Fürsorge beschnitten werden dürfen.

62   Aufgrund der Autonomie der Person sind *Selbstgefährdungen* grundsätzlich zulässig. Eine nach Art. 2 Abs. 1 GG geschützte Freiheitsausübung stellt keine Gefahr für die öffentliche Sicherheit dar.[77] Voraussetzung ist, dass Dritte nicht gefährdet werden und tatsächlich eine freie Willensentschließung vorliegt. Gefährdungen der Gesundheit durch Alkoholgenuss, Risikosportarten oder durch akrobatische Kunststücke müssen respektiert werden. Nur ausnahmsweise gibt es gesetzliche Verbote von Selbstgefährdungen, etwa in § 109 StGB oder im Betäubungsmittelgesetz. Die freiwillige Herbeiführung von Obdachlosigkeit ist dagegen keine Beeinträchtigung der öffentlichen Sicherheit.[78]

63   **Beispiele:**
Ein Artist darf auf einem Freiseil zwischen zwei Hochhäusern balancieren, ohne dass eine Verletzung der öffentlichen Sicherheit angenommen werden kann, wenn der Bereich ausreichend gesichert ist, um Dritte zu schützen. Bungee-Jumping ist erlaubte Selbstgefährdung.
Die Schutzhelmtragepflicht für Kraftradfahrer (§ 49 Abs. 1 Nr. 20a StVO) wird mit Folgen von Unfällen für die Allgemeinheit gerechtfertigt.[79]
Die Verwendung und der Missbrauch von Betäubungsmitteln unterliegt wegen des Charakters der Sucht besonderen Gesetzmäßigkeiten, weshalb der Schutz der Jugend vor Gesundheitsgefahren und Drogenabhängigkeit dem Grunde nach als Rechtfertigung des Verbotes von Cannabis dienen kann.[80]
Ein Verbot des Sporttauchens an einer besonders gefährlichen Stelle des Bodensees („Teufelstisch") ist dann rechtmäßig, wenn mit hinreichender Wahrscheinlichkeit Rettungsaktionen zu erwarten sind, bei denen das Leben Dritter gefährdet wird.[81]

64   Im Gegensatz zur Selbstgefährdung kann ein drohender *Suizid* die öffentliche Sicherheit beeinträchtigen. Das Rechtsgut Leben ist in Art. 2 Abs. 2 GG geschützt und eine Hilfeleistungspflicht folgt aus § 323 StGB. Nach überwiegender Auffassung kommt dem Staat ein Recht zum Eingreifen zu, weil der Einzelne kein Verfügungsrecht über sein eigenes Leben hat.[82] Unter verfassungsrechtlichen Ge-

---

[77] *Schoch*, POR, Rn. 74.
[78] VGH BW, NVwZ-RR 1995, 328; *Würtenberger/Heckmann*, PolR BW, Rn. 477.
[79] BVerfGE 59, 275.
[80] BVerfGE 90, 145 (184).
[81] VGH BW, NJW 1998, 2235 (2236) = VBlBW 1998, 25.
[82] *Knemeyer*, VVDStRL 35, 221 (253 ff.). Vgl. *Fink*, Selbstbestimmung und Selbsttötung, 1992; *ders.* Recht auf Leben und körperliche Unversehrtheit, in: Merten/Papier (Hg.),

sichtspunkten werden Einwände aufgrund der grundrechtlich gewährleisteten Selbstbestimmung der Person vorgebracht (Art. 2 Abs. 1 GG).[83]

Aus polizeirechtlicher Sicht liegt der entscheidende Punkt in der Notwendigkeit 65 einer freien Willensentscheidung des Einzelnen. Die autonome Entscheidung zur Selbsttötung ist Ausübung von Freiheit. In einer konkreten Situation ist für die handelnden Polizeibeamten aber kaum zu beurteilen, ob ein Mensch, der sich selbst verbrennt oder ein Kranker, der die Giftpille in der Hand hält, sich zuvor frei und bewusst entschieden hat.[84] Wenn sich der Betreffende aber in einem psychischen Ausnahmezustand oder in einer Situation tief greifender Verzweiflung befindet, fehlt es an der Autonomie der Entscheidung.[85] Dann greift die Schutzpflicht aus Art. 2 Abs. 2 GG, so dass die Polizei den Suizid verhindern kann.[86] Dementsprechend lassen die Polizeigesetze zu, eine Person zum Schutz von Leib und Leben in Gewahrsam zu nehmen.[87] Wenn sich der Betroffene bereits in staatlichem Gewahrsam befindet, kann er gefesselt werden, wenn Tatsachen die Annahme rechtfertigen, dass er sich töten oder verletzen wird (§ 62 Satz 1 Nr. 3 PolG NW).

Beispiel:[88] 66
Frau A verlässt ihren Freund und stellt Strafanzeige gegen ihn wegen Tätlichkeiten ihr gegenüber. Drei Polizeibeamte begleiten sie in die Wohnung, damit sie ihre Sachen abholen kann. Der Angeschuldigte äußert Suizidabsichten und rennt mit einem Stück Wäscheleine davon in den Wald. Die Polizeibeamten eilen ihm hinterher, nehmen ihn fest und legen ihm Handschellen an.
Das zuständige BayOLG in Strafsachen nimmt unzutreffend an, die Erhaltung des menschlichen Lebens sei eine Aufgabe des Staates, die dem Schutz der öffentlichen Ordnung zuzuordnen sei. Vielmehr liegt eine Verletzung des § 113 StGB (Widerstand gegen Vollstreckungsbeamte) vor, also ist die öffentliche Sicherheit verletzt. Ein Einschreiten zu Gunsten des Lebens war auch deshalb zulässig, weil angesichts der psychischen Situation des Angeschuldigten keine freie Willensbetätigung vorlag. Zur Verhinderung des drohenden Selbstmordes konnte die Polizei ihn in Gewahrsam nehmen. Die Maßnahmen der Polizei aufgrund des Art. 17 Abs. 1 Nr. 1 BayPAG waren rechtmäßig.[89]

Handbuch der Grundrechte IV/1, 2011, § 88; *Hillgruber*, Der Schutz des Menschen vor sich selbst, 1992.

[83] Vgl. *Pieroth/Schlink/Kniesel*, POR, § 8, Rn. 31.

[84] *Denninger*, in: Lisken/Denninger, E, Rn. 22.

[85] S. auch BayVerfGH, NJW 1989, 1790.

[86] *Götz*, POR, § 4 Rn. 32.

[87] § 28 Abs. 1 Nr. 2 PolG BW; Art. 17 Abs. 1 Nr. 1 BayPAG; § 30 Abs. 1 Nr. 1 ASOG Bln; § 17 Abs. 1 Nr. 1 BbgPolG; § 15 Abs. 1 Nr. 1 BremPolG; § 13 Abs. 1 Nr. 1 HbgSOG; § 32 Abs. 1 Nr. 1 HessSOG; § 55 Abs. 1 Nr. 1 SOG MV; § 18 Abs. 1 Nr. 1 NdsSOG; § 35 Abs. 1 Nr. 1 PolG NW; § 14 Abs. 1 Nr. 1 POG RP; § 13 Abs. 1 Nr. 1 SaarlPolG; § 22 Abs. 1 Nr. 2 SächsPolG; § 37 Abs. 1 Nr. 1 SOG LSA; § 204 Abs. 1 Nr. 1 LVwG SH; § 19 Abs. 1 Nr. 1 Thür PAG.

[88] BayOLGSt, NJW 1989, 1815.

[89] S. auch den Fall bei *Knemeyer*, POR, Rn. 231.

2.1.3. Schutz privater Rechte

67 Die öffentliche Sicherheit umschließt den Individualrechtschutz, weil die Unversehrtheit der gesamten Rechtsordnung sichergestellt werden muss. Jedoch gehört der Schutz privater Rechte nur unter einschränkenden Voraussetzungen zu den Aufgaben der Polizei- und Ordnungsbehörden. Zuständig zur Durchsetzung sind vorrangig die Zivilgerichte. Die *Subsidiarität polizeilichen oder ordnungsbehördlichen Handelns* führt zu einer Sperre für deren Tätigwerden.[90] Private Rechte werden durch das bürgerliche Recht begründet und unterliegen auch dessen Durchsetzungsmechanismen. Dies gilt unabhängig davon, ob der Inhaber des subjektiven privaten Rechts eine natürliche Person oder eine juristische Person ist.[91] Auch Bund, Land oder Kommune müssen eine Forderung aus einem Kaufvertrag nach § 433 BGB im Wege des Privatrechts durchsetzen.

68 Die Polizeigesetze stellen zumindest zwei einschränkende Voraussetzungen auf.[92] Der Schutz privater Rechte obliegt der Polizei nur dann, wenn gerichtlicher Schutz nicht rechtzeitig zu erlangen ist und die Verwirklichung des Rechts ansonsten vereitelt oder wesentlich erschwert würde (§ 1 Abs. 4 BPolG). Einige Landesgesetze verlangen zudem einen Antrag des Berechtigten (§ 2 Abs. 2 PolG BW; § 2 Abs. 2 SächsPolG).[93] Die Polizei darf selbst dann nur tätig werden, um die Vereitelung der Rechtsdurchsetzung zu verhindern. Sie ist berechtigt, vorläufige Maßnahmen zu treffen, nicht aber den zivilrechtlichen Anspruch endgültig zu verwirklichen. Der Antragsteller muss das Vorliegen der Voraussetzungen glaubhaft machen. Die endgültige Entscheidung obliegt dem Zivilgericht.

69 **Beispiel:**
Nach einem Streit mit dem Vermieter um Schönheitsreparaturen will der Mieter samt seinen Möbeln die Wohnung verlassen. Der Vermieter versucht erfolglos, dies aufgrund des § 561 Abs. 1 BGB zu verhindern. Die Polizei ordnet zur Sicherung des Vermieterpfandrechts die einstweilige Sicherstellung der Möbel bis zum nächsten Tag an. Aufgrund der Subsidiarität des polizeilichen Schutzes privater Rechte muss der Vermieter unverzüglich einstweiligen Rechtsschutz beim zuständigen Amtsgericht gegen seinen Mieter beantragen.

70 Die Subsidiarität betrifft den Schutz *ausschließlich privater Rechte*. Rechte des bürgerlichen Rechts sollen mit Mitteln des bürgerlichen Rechts durchgesetzt werden. Dies ist der Regelfall, denn angesichts der Instrumente einstweiligen Rechtschutzes ist die Anrufung der Zivilgerichte kurzfristig und effektiv möglich. Sofern das Landesrecht anordnet, dass ein öffentliches Interesse an dem polizeilichen Einschreiten besteht (§ 1 Abs. 1 Satz 1 PolG BW; § 1 Abs. 1 Satz 1 SächsPolG),

---

[90] *Götz*, POR, § 4 Rn. 20.

[91] *Gusy*, POR, Rn. 90.

[92] § 2 Abs. 2 PolG BW; Art. 2 Abs. 2 BayPAG; § 1 Abs. 4 ASOG Bln; § 1 Abs. 2 BbgPolG; § 1 Abs. 2 BremPolG; in Hamburg besteht keine derartige Regelung; § 1 Abs. 3 HessSOG; § 1 Abs. 2 SOG MV; § 1 Abs. 3 NdsSOG; § 1 Abs. 2 PolG NW; § 1 Abs. 3 POG RP; § 1 Abs. 3 SaarlPolG; § 2 Abs. 2 SächsPolG; § 1 Abs. 2 SOG LSA; § 162 Abs. 2 LVwG SH; § 2 Abs. 2 Thür PAG und § 2 Abs. 2 ThürOBG.

[93] Dieses Erfordernis verallgemeinern *Pieroth/Schlink/Kniesel*, POR, § 5, Rn. 47.

sollen damit Fälle missbräuchlicher Inanspruchnahme der Polizei ausgeschlossen werden.[94] Falls ein Bürger sein Vermögen durch Verschwendung oder seine Gesundheit durch Alkoholmissbrauch gefährdet, kann kein Vorgehen der Polizei erzwungen werden.[95] Insbesondere ist eine Ermessensreduktion auf Null, die einen Anspruch auf polizeiliches Einschreiten begründen würde, ausgeschlossen (s.u. 10. Kap. Rn. 22).

Wenn ein privates Recht *auch öffentlich-rechtlich* begründet ist, kommt das Schutzgut der öffentlichen Sicherheit zum Tragen, die einschränkenden Voraussetzungen gelten nicht.[96] Die Rechtsordnung kann Verletzungen privater Rechtsgüter unter Strafe stellen, weil daran ein öffentliches Interesse besteht. Droht in einem Ehestreit ein Diebstahl, weil ein Ehegatte mit der Wegnahme der gemeinsamen Möbel droht, kommt eine Erfüllung des Straftatbestandes des § 242 StGB in Betracht, wodurch ein Eingreifen der Polizei legitimiert wird.[97] Auch in Fällen der Nötigung (§ 240 StGB) oder des Hausfriedensbruchs (§ 123 StGB) geht es oftmals um die Beeinträchtigung privater Rechte. Der Individualrechtsschutz weist Schnittmengen mit dem Schutz von öffentlichen Rechtsgütern auf. Dies zeigt sich im Zusammenhang der Strafverfolgung daran, dass bestimmte Delikte nur auf Antrag verfolgt werden (z.B. § 123 Abs. 2, § 194 StGB) und dass in einigen Fällen auf den Weg der Privatklage verwiesen werden kann (§ 374 StPO).

71

Für die polizeirechtliche Beurteilung der Subsidiarität haben diese strafrechtlichen Kategorien allerdings keine Bedeutung.[98] Hierfür kommt es allein darauf an, ob auch die Verletzung einer öffentlich-rechtlichen Norm droht oder eingetreten ist. Eine gestufte und differenzierte Abfolge des Rechtsgüterschutzes bilden die Fälle der Wohnungsverweisung, wenn zunächst nach den Vorschriften des Polizeigesetzes der Gewalt ausübende Störer der Wohnung verwiesen wird, dann aber der Rechtweg vor den Familiengerichten genutzt werden muss, um einen entsprechenden Titel zu erwirken, der wiederum notfalls mit Hilfe der Polizei durchgesetzt werden kann.

72

Beispiel:
Die F ist von dem M geschieden. Der M hat den gerichtlich festgesetzten Unterhalt für das gemeinsame Kind drei Monate nicht gezahlt und ist unauffindbar. Bei einem Einkaufsbummel sieht F den M zufällig in der Innenstadt. Sie holt einen Polizeibeamten, um die Anschrift des M feststellen zu lassen.
Hier sind nicht nur private Rechte der F verletzt, sondern es kommt auch ein Verstoß gegen § 170 StGB (Verletzung der Unterhaltspflicht) in Betracht. Die Unverletzlichkeit der Rechtsordnung und damit die öffentliche Sicherheit sind berührt. Der Polizeibeamte darf die Personalien des M feststellen.[99]

73

---

[94] *Schenke*, POR, Rn. 56; gegen eine eigenständige Prüfung des öffentlichen Interesses und für eine entsprechende Auslegung des Schutzgutes der öffentlichen Sicherheit *Schoch*, POR, Rn. 73.

[95] Tettinger/Erbguth/*Mann*, Besonderes Verwaltungsrecht, Rn. 448.

[96] *Frotscher*, DVBl. 1976, 695 (699); *Götz*, POR, § 4 Rn. 21.

[97] PrOVGE 77, 333.

[98] *Schenke*, POR, Rn. 55.

[99] Vgl. *Götz*, POR, § 4 Rn. 24.

74 Aufgrund der vielfältigen Überschneidungen des Individualrechtsschutzes mit dem öffentlichen Rechtsgüterschutz ist eine differenzierende Beurteilung der Fallgestaltungen notwendig. Ist das Bestehen der Unterhaltspflicht nicht gerichtlich festgestellt, scheidet § 170 StGB aus und damit auch eine Verletzung der öffentlichen Sicherheit.[100] Im öffentlichen Straßenverkehr kann die Polizei die Fortdauer der Verletzung straßenverkehrsrechtlicher Verbote verhindern (§ 12 StVO). Spielen sich verkehrsbezogene Vorgänge auf einem Privatgrundstück ab, kommen das Eigentum am Grundstück und der Besitz am PKW ins Spiel. Dies wird in Fällen des „Zuparkens" von Kraftfahrzeugen bedeutsam, in denen die Polizei das Abschleppen veranlassen soll.[101] Zusätzlich zum Straßenverkehrsrecht kann eine Nötigung nach § 240 StGB vorliegen, wodurch die Beurteilung des Falls wiederum beeinflusst wird.

75 **Beispiel:**[102]
Der K ist Eigentümer einer Eigentumswohnung mit zugehörigem Stellplatz. Dieser wird von Samstag auf Sonntag von Frau L benutzt, obwohl ein Schild sagt, dass es sich um ein Privatgrundstück handele. Dies bemerkt K und stellt sein Auto vor das von Frau L, er „parkt sie zu". Als sie um 4 Uhr morgens wegfahren will, holt sie die Polizei. Diese ruft nach Halteranfrage den K an. Nach einigem Widerstand erklärt sich dieser bereit, der polizeilichen Anordnung zu folgen und sein Auto wegzufahren.
Die polizeiliche Anordnung ist rechtmäßig, wenn die Voraussetzungen der Generalklausel erfüllt sind, also eine Gefahr für die öffentliche Sicherheit bestand. Es könnte der Schutz privater Rechte in Betracht kommen. Frau L wurde in ihrer Bewegungsfreiheit behindert und in der ungestörten Nutzung des Pkw eingeschränkt (§ 903 BGB). Eine Rechtsgutsverletzung liegt darin trotz ihres eigenen rechtswidrigen Verhaltens. Sie hat zwar das Recht des K auf Nutzung seines Stellplatzes verletzt, der K war aber nicht zu eigenmächtigen Sanktionen berechtigt. Das Selbsthilferecht nach § 859 BGB erlaubt nur das Beenden der Besitzstörung und auch die Selbsthilfe gemäß § 229 BGB beinhaltet keine Gegenmaßnahmen gegen den Störer. Zudem war obrigkeitliche Hilfe zu erlangen, da K die Behörden um die Entfernung des Fahrzeugs der L hätte bitten können. Eine Nötigung nach § 240 StGB lag in der Behinderung des K durch die L nicht, da es am Merkmal der Gewalt fehlt.[103] Folglich waren die Verletzungen der Rechte der L nicht gerechtfertigt. Die Voraussetzungen für das Einschreiten der Polizei zum Schutz privater Rechte liegen vor, weil gerichtlicher Schutz nicht rechtzeitig zu erlangen war und ihre Rechte ansonsten in dieser Situation vereitelt worden wären (§ 1 Abs. 2 PolG NW; § 1 Abs. 3 POG RP). Die polizeiliche Anordnung gegen den K als Zustandsverantwortlichen war verhältnismäßig und damit letztlich rechtmäßig.

---

[100] *Gusy*, POR, Rn. 92; a.A. OLG Düsseldorf, NJW 1990, 998.

[101] Dazu *Schoch*, Jura 2003, 177 (179).

[102] OVG RP, NJW 1988, 926; als Fallbearbeitung bei *Weides/Bertrams*, JuS 1989, 479.

[103] So aber das OVG Saarland, NJW 1994, 878 - als Fallbearbeitung bei *Gornig*, JuS 1995, 208.

2.2. Die öffentliche Ordnung

Die Polizei- und Ordnungsbehörden haben nach dem Wortlaut der meisten Lan- **76** despolizeigesetze nicht nur die Aufgabe der Abwehr von Gefahren für die öffentliche Sicherheit, sondern auch der Abwehr von Gefahren für die öffentliche Ordnung.[104] In den Ländern Bremen (§ 1 Abs. 1 BremPolG) und Schleswig-Holstein (§ 162 Abs. 1, § 168 Abs. 1 LVwG SH) fehlt die öffentliche Ordnung in der Aufgabenzuweisung. In Nordrhein-Westfalen galt sie nur für die Ordnungsbehörden, ist nun aber im Jahr 2010 auch wieder für die (Vollzugs-) Polizei eingeführt worden (§ 1 PolG NW, § 1 Abs. 1 Satz 1 OBG NW).[105] Darüber hinaus kommt sie in Spezialgesetzen vor, z.b. in § 15 Abs. 1 des Bundesversammlungsgesetzes über das Verbot von Versammlungen. Nach der Rechtsprechung und der überwiegenden Auffassung in der Literatur ist die öffentliche Ordnung ein eigenständiges Schutzgut.[106]

Den Inhalt des Schutzgutes bestimmt für Sachsen-Anhalt der § 3 Nr. 2 SOG **77** LSA (s. auch § 54 Nr. 2 ThürOBG): „Öffentliche Ordnung: die Gesamtheit der im Rahmen der verfassungsmäßigen Ordnung liegenden ungeschriebenen Regeln für das Verhalten des Einzelnen in der Öffentlichkeit, deren Beachtung nach den jeweils herrschenden Anschauungen als unerlässliche Voraussetzung eines geordneten staatsbürgerlichen Zusammenlebens betrachtet wird".

Im Gegensatz zur öffentlichen Sicherheit, die sich auf die Normen des Ge- **78** schriebenen Rechts bezieht, geht es bei der öffentlichen Ordnung um die *ungeschriebenen sozialethischen Normen in der Gesellschaft*.[107] Dabei muss die Sozialnorm empirisch feststellbar sein und allgemein anerkannt werden.[108] Unter Berufen auf die Abwehr von Gefahren für die öffentliche Ordnung sollen die Polizei- oder Ordnungsbehörden gegen für die Allgemeinheit unzumutbare Belästigungen vorgehen können.

Beispiel: **79**
Die Rechtsprechung hat früher Obdachlosigkeit als Verstoß gegen die öffentliche Ordnung angesehen.[109] Daher konnte die Polizei gegen Obdachlose Maßnahmen ergreifen, auch wenn diese Personen keine geschriebene Rechtsnorm verletzten. Nach heutiger Auffassung ist allerdings anerkannt, dass unfreiwillige Obdachlosigkeit unter die öffentliche Sicherheit fällt, weil Leben und Gesundheit der Betroffenen zu schützen sind,

---

[104] Dazu *Erbel*, DVBl. 2001, 1714 (1717 ff.); *Fechner*, JuS 2003, 734.

[105] *Sachs/Krings*, NWVBl. 2010, 165 (170).

[106] *Drews/Wacke/Vogel/Martens*, Gefahrenabwehr, § 61, Ziff. 1.

[107] Vgl. zum Verbot von rechtsextremistischen Versammlungen nach § 15 VersG aufgrund von Gefahren für die öffentliche Sicherheit oder Ordnung BVerfGE 111, 145 (157); BVerfG (1. Kammer des 1. Senats), DVBl. 2001, 897 = NJW 2001, 2069; DVBl. 2001, 1054 = NJW 2001, 2072 sowie DVBl. 2001, 1056 = NJW 2001, 2075. Zu dieser Rechtsprechung *Gusy*, JZ 2002, 105; *Hoffmann-Riem*, NVwZ 2002, 257; *Pieroth/Schlink/Kniesel*, POR, § 21, Rn. 21 ff.; s. auch BVerfG (1. Kammer des 1. Senats), JZ 2001, 651 m. Anm. *Enders*. Zur Änderung des VersG *Poscher*, NJW 2005, 1316.

[108] *Kahl*, VerwArch 99 (2008), 451.

[109] BVerwGE 17, 83 (86).

während freiwillige Obdachlosigkeit den herrschenden sozialen und ethischen Anschauungen nicht mehr widerspricht.[110] Nur wenn das Schutzgut der öffentlichen Sicherheit betroffen ist, können die Polizei- und Ordnungsbehörden auf ihre Befugnisse
zurückgreifen.

80   Der polizeirechtliche Begriff der öffentlichen Ordnung ist nicht deckungsgleich
mit der öffentlichen Ordnung in anderen rechtlichen Zusammenhängen.[111] Die verfassungsrechtliche Bedeutung in Art. 13 Abs. 7 und Art. 35 Abs. 2 GG ist auf spezifische Zusammenhänge beschränkt. Der Begriff der öffentlichen Ordnung in den
Rechtfertigungsgründen für Eingriffe in Menschenrechte der Europäischen Menschenrechtskonvention (EMRK)[112] beschreibt Anforderungen an das innerstaatliches Recht, der Eingriff muss aber gesetzlich vorgesehen sein, setzt also gerade
geschriebenes Recht voraus.

81   Im AEU-Vertrag wird der Begriff der öffentlichen Ordnung im Hinblick auf die
Rechtfertigung von Beschränkungen der Grundfreiheiten gebraucht.[113] Auch hier
müssen aber innerstaatliche Rechtsnormen die Beschränkung bewirken, also geschriebene Regeln, die legitime Rechtsgüter schützen. In Art. 36 AEUV wird neben der öffentlichen Ordnung auch die öffentliche Sittlichkeit genannt, zwischen
beiden Schutzgütern bestehen also Unterschiede. Dementsprechend versteht der
EuGH unter der öffentlichen Ordnung, die er als Ausnahmeregel restriktiv auslegt,[114] hoheitlich festgelegte Grundregeln, die wesentliche Interessen des Staates
berühren (s.u. 14. Kap., Rn. 57 ff.).[115] Die öffentliche Ordnung im AEU-Vertrag
ist auf die innerstaatliche Rechtsordnung zurückzuführen und hat ihren Ursprung
stärker in ordre public-Vorbehalten des internationalen Privatrechts oder des Völkerrechts als in polizeirechtlichen Vorstellungen. Nach dem Verständnis des deutschen Polizeirechts entspricht sie eher der öffentlichen Sicherheit.

82   Die öffentliche Ordnung im polizeirechtlichen Sinne entspricht auch nicht den
Rechtsgütern des Strafgesetzbuches, deren Beeinträchtigung durch die Straftaten
gegen die öffentliche Ordnung strafbewehrt ist. Denn da es sich um geschriebene
Normen handelt, fällt eine drohende oder eingetretene Verletzung unter die öffentliche Sicherheit. Dies gilt auch für die Straftaten gegen den öffentlichen Frieden,
insbesondere die Volksverhetzung des § 130 StGB. Das Äußern rechtsextremisti-
scher oder nationalsozialistischer Parolen kann nach dieser Vorschrift strafbar
sein.[116] Ein Vorgehen der Polizei gegen Personen, um die Äußerungen zu verhin-

---

[110] VGH BW, VBlBW 1984, 507 (509); *Schenke*, POR, Rn. 66 m.w.N.

[111] Etwas pauschal *Schoch*, POR, Rn. 81, s. aber ebd. Rn. 83 zur restriktiven Auslegung im
Gefahrenabwehrrecht.

[112] Jeweiliger Absatz 2 der Art. 8 – 11 EMRK.

[113] Art. 36, 45 Abs. 3, Art. 52 Abs. 1 AEUV.

[114] EuGH, Rs. 113/80 (Kommission/Irland), Slg. 1981, 1625, Rn. 7 f.

[115] EuGH, Rs. 7/78 (Thompson), Slg. 1978, 2247, Rn. 32/34.

[116] Vgl. OVG NW, DÖV 1994, 966 zum Hissen der Reichskriegsflagge – als Fallbearbeitung bei *Enders*, JuS 1997, 539 mit vom Urteil abweichender und überzeugender Lösung: Ein Einschreiten der Polizei kommt nur in Betracht, wenn man die Volksverhetzung bejaht, weil ansonsten die Meinungsfreiheit vorgeht.

dern, dient der öffentlichen Sicherheit, ist allerdings an der Meinungsfreiheit des Art. 5 GG zu messen.[117]

Schon von der Definition her unterliegt die öffentliche Ordnung als Summe von Moralvorstellungen starken Veränderungen.[118] An der Entwicklung des Begriffs der öffentlichen Ordnung in der Rechtsprechung lassen sich Veränderungen der moralischen Vorstellungen ablesen. Die Entscheidungen sind aus der jeweiligen Zeit ihres Erlasses heraus zu verstehen und sollten nicht aus der heutigen Sicht beurteilt werden. Sie zeigen aber die Funktionsweise und damit die Gefahren der Anwendung des Begriffs der öffentlichen Ordnung.   **83**

Das OVG Oldenburg entschied mit Urteil vom 21.3.1912, dass das Aushängen der roten Fahne als sozialdemokratisches Sinnbild ein Verstoß gegen die öffentliche Ordnung sei. Das OLG Oldenburg hielt in einem Urteil vom 20.4.1931 das Verbot der Teilnahme von Personen unter 18 Jahren an Tanzlustbarkeiten aufgrund einer Verordnung für gerechtfertigt, da es um den Schutz der Jugend vor sittlichen Gefahren gehe.[119] Nach einem Urteil des OVG Münster vom 18.5.1954 verstößt der Betrieb eines Bordells gegen die öffentliche Ordnung, da eine polizeiwidrige Gefahr vorliege.[120] Der BGH hielt in einem Urteil vom 7.3.1959 ein Verbot von Kondomautomaten an öffentlichen Straßen und Plätzen aufgrund von Sitte und Anstand für zulässig.[121] Das OVG Koblenz verwarf es nicht, dass der Film „Das Schweigen" von Ingmar Bergmann wegen seiner Darstellung sexueller Handlungen verboten wurde.[122] Auf die öffentliche Ordnung stützte das Bundesverwaltungsgericht ein Verbot von Tanzlustbarkeiten währen der Staatstrauer nach dem Tod des früheren Bundespräsidenten Heuß.[123]   **84**

Dagegen entschied das VG Karlsruhe, dass die Erlaubnis zur Veranstaltung von „Damen-Boxkämpfen oben-ohne" nicht aufgrund des (inzwischen weggefallenen) § 60a Abs. 1 GewO versagt werden dürfe, weil diese keine Störung der öffentlichen Sicherheit oder Ordnung darstellten.[124] Es liege kein Angriff auf die Menschenwürde vor. Man dürfe nicht unter Berufung auf Art. 1 Abs. 1 GG den Menschen zu einem möglichst menschenwürdigen Verhalten zwingen. Das VG Gelsenkirchen ergänzte in einem Parallelfall, dass eine unzumutbare Belästigung der Allgemeinheit nur bestünde, wenn man gezwungen wäre hinzusehen, was aber nicht der Fall sei.[125] Ebenfalls zum Damen-Schlamm-Catchen urteilte der BayVGH, dass der (inzwischen weggefallene) § 60a Abs. 1 Satz 3 GewO Verbote erlaube, wenn die Allgemeinheit unzumutbar belästigt werde, weil dann eine Ver-   **85**

---

[117] Dazu *Brugger*, VVDStRL 63 (2004), S. 133 ff. m.w.N.

[118] *Erbel*, DVBl. 2001, 1715; *Fechner*, JuS 2003, 734.

[119] Den Hinweis auf diese Urteile verdanke ich Prof. Dr. *Hans-Werner Laubinger* (M.C.L.), Mainz.

[120] OVGE 8, 320.

[121] BGHSt 13, 16.

[122] OVG RP, DVBl. 1966, 576.

[123] BVerwG, DVBl. 1970, 504.

[124] VG Karlsruhe, GewArch 1978, 163.

[125] Ebd.

letzung der öffentlichen Ordnung vorliege. In der konkreten Situation würden die Frauen selbst aber nicht erniedrigt.[126]

86   Zu der Frage, ob die gewerberechtliche Erlaubnis zum Betrieb einer *Peep-Show* versagt werden kann, hatte das Bundesverwaltungsgericht mehrfach Stellung zu nehmen. Da § 33a Abs. 2 Nr. 2 GewO die Möglichkeit der Versagung einer Erlaubnis bei einem Verstoß gegen die guten Sitten einräumt, untersuchte das BVerwG die sozialethischen Wertvorstellungen und insbesondere die Menschenwürde. Eine Peep-Show verletze die Würde der zur Schau gestellten Frauen. Eine Herabwürdigung zum Objekt bestehe nicht allein durch die Zurschaustellung, sondern auch durch die Begleitumstände.[127] Da die Menschenwürde ein objektiv unverfügbarer Wert sei, sei die Einwilligung der Frauen unbeachtlich.[128]

87   Diese Rechtsprechung stieß auf erhebliche Kritik, wurde aber vom BVerwG fortgeführt. In einem weiteren Urteil stellte es klar, dass die Erlaubnis einer Peep-Show auch dann gegen die guten Sitten verstoße und nichtig sei, wenn die Peep-Show im Vergnügungsviertel (Reeperbahn) gelegen sei.[129] Maßgebend sei die vorherrschende sozialethische Überzeugung, die nicht von allen Mitgliedern der Wertegemeinschaft getragen werden müsse. Ohne Bedeutung sei, dass die Frauen freiwillig tätig seien, dass im Vergleich zur Prostitution die Persönlichkeit in geringerem Maße betroffen sei und dass Teile der Bevölkerung sich Peep-Shows ansähen. Die Behördenpraxis, die Rechtsprechung und die Reaktionen der Öffentlichkeit zeigten, dass Peep-Shows sozialethisch nicht gebilligt würden.

88   Der Anwendungsbereich der öffentlichen Ordnung im Polizei- und Ordnungsrecht ist klein.[130] Die jüngere Rechtsprechung betrifft oftmals Fälle, in denen es um gewerbliche Veranstaltungen oder Vorgänge wirtschaftlicher Art geht. Dies belegen nicht nur die bereits genannten Fälle, sondern auch die umstrittene Fallgestaltung der Laserdrome-Spiele (s.u. 14. Kap. Rn. 65). Die Rechtsgrundlagen für das behördliche Vorgehen stammen dann aus dem Wirtschaftsrecht, weil die Veranstaltungen oder Vorgänge genehmigungspflichtig sind (§ 33a GewO; § 4 Nr. 1 GaststättenG). Das Erfordernis einer Genehmigung weist den staatlichen Stellen eine Verantwortung für das Geschehen zu und bietet zugleich eine Möglichkeit der Integration von Interessen.[131] Damit handelt es sich um eine etwas andere Ausgangslage als im Fall des Eingreifens der Polizei in die Freiheitssphäre des Bürgers zum Schutz der öffentlichen Ordnung. Dennoch sollte auch in diesen Fällen nur ein Schutz gesetzlich festgelegter Rechtsgüter erfolgen.

89   Im Blickpunkt der öffentlichen Betrachtung stehen in jüngerer Zeit Veranstaltungen von *„Ultimate Fighting Championship" (UFC)* und deren Ausstrahlung im Fernsehen. Dem UFC liegt die Idee zugrunde, Sportler in einer Kombination verschiedener Kampfkünste im direkten Vergleich gegeneinander antreten zu lassen,

---

[126] BayVGH, GewArch 1984, 61 = NVwZ 1984, 254.
[127] Zu § 33a GewO s. auch VG Neustadt/W., NVwZ 1993, 98 zum sog. „Zwergenweitwurf" – als Fallbearbeitung bei *Stock*, NWVBl. 1994, 195.
[128] BVerwGE 64, 274.
[129] BVerwGE 84, 314, bestätigt in BVerwG, NJW 1996, 1423.
[130] *Gusy*, POR, Rn. 97; Fallgruppen bei *Fechner*, JuS 2003, 735 ff..
[131] Vgl. allgemein zur Genehmigung *Kugelmann*, DVBl. 2002, 1238 (1241 f.).

um so zulässige Angriffs- und Verteidigungsmittel gegenüber der jeweiligen Einzelsportart zu erweitern.[132] Ein generelles Verbot solcher Veranstaltungen lässt sich weder mit dem Schutzgut der öffentlichen Sicherheit noch dem der öffentlichen Ordnung begründen. Aus Gründen des Jugendschutzes könnte die Zulässigkeit einer Ausstrahlung im Fernsehen differenzierter zu beurteilen sein. Abzuwägen ist zwischen der Rundfunkfreiheit des Veranstalters solcher Mixed Martial Arts (MMA) Sportveranstaltungen einerseits und der Menschenwürde sowie des Jugendschutzes andererseits.

Beispiel: 90
Nach den Landesmediengesetzen bedarf die Veranstaltung von privatem Rundfunk der Genehmigung, deren Erteilung an das Vorliegen der entsprechenden Voraussetzungen gebunden ist. Die Bayerische Landeszentrale für neue Medien (BLM) hat die erteilte Genehmigung für die Ausstrahlung der UFC im Programm des Deutschen Sport Fernsehens (DSF) mit der Begründung aufgehoben, dass die darin stattfindenden Gewaltanwendungen, wie das Einschlagen auf einen am Boden liegenden Gegner, dem Leitbild eines öffentlich-rechtlich getragenen Rundfunks nach Art. 111a der Bayerischen Verfassung widerspräche. Art 111 a Abs.1 Satz 5 sehe die gegenseitige Achtung und Art. 111a Abs. 1 Satz 6 das Verbot der Verherrlichung von Gewalt vor. Dem bayerischen Recht liegt eine Sondersituation zu Grunde, weil danach der Rundfunk insgesamt öffentlich-rechtlich getragen ist.
Die Veranstalter der UFC erhoben daraufhin Verfassungsbeschwerde zum BVerfG und beantragten eine einstweilige Anordnung mit dem Ziel, das Ausstrahlungsverbot bis zum Urteil des BVerfG außer Kraft zu setzen. Den Antrag auf Erlass der einstweiligen Anordnung hat das BVerfG mit Beschluss vom 8.12.2010 abgelehnt.[133] Die im Rahmen der einstweiligen Anordnung angezeigte Folgenabwägung hat es dahin vorgenommen, dass dem Beschwerdeführer durch das Verbot kein so schwerer Nachteil entstehe, dass der Erlass einer einstweiligen Anordnung dringend geboten wäre, auch wenn sich die Verfassungsbeschwerde als begründet herausstellen würde. Würde sich aber demgegenüber die Verfassungsbeschwerde als unbegründet erweisen, und die einstweilige Anordnung ergehen, so „würden möglicherweise über längere Zeit hinweg Sendungen ausgestrahlt, die, wie das BLM annimmt, wegen des hohen Gewaltpotenzials der Sportart MMA und ihrer Gewalt befürwortenden medialen Aufbereitung, Gewalttabus brächen, aggressives Verhalten verharmlosend darstellen und dadurch jugendgefährdend wirken".

Für unvorhergesehen Fälle steht das Ordnungswidrigkeitenrecht zur Verfügung.   91
Nach § 118 Abs. 1 OWiG handelt ordnungswidrig, „wer eine grob ungehörige Handlung vornimmt, die geeignet ist, die Allgemeinheit zu belästigen und die öffentliche Ordnung zu beeinträchtigen." Diese sehr unbestimmte Vorschrift bedarf der verfassungskonformen und damit einengenden Auslegung. Vor diesem Hintergrund allerdings genügt sie, um Maßnahmen gegen Belästigungen zu legitimieren.[134] Dabei ist zu beachten, dass Maßnahmen aufgrund des OWiG regelmäßig

---

[132] *Hoven*, K&R 2010, 786 (787).
[133] BVerfG, Beschl.v.8.12.2010 -1 BvR 2743/10-.
[134] *Pieroth/Schlink/Kniesel*, POR, §§ 8, Rn. 51 sprechen von einer funktionellen Ersetzung der öffentlichen Ordnung des Polizei- und Ordnungsrecht durch § 118 OWiG.

eine geringere Tragweite und Intensität haben als sie Maßnahmen aufgrund des allgemeinen Polizei- und Ordnungsrechts aufweisen können. Die schwächeren in Betracht kommenden Rechtsfolgen legitimieren die Weite des Tatbestandes.[135]

92   **Beispiel:[136]**
Der N zeigt sich in der Öffentlichkeit ausschließlich unbekleidet, auch beim Einkaufen oder bei Behördengängen. Aufgrund vieler Beschwerden von Personen, die sich durch den Anblick des N belästigt fühlen, greifen die zuständigen Behörden ein. Der N wird mehrmals ermahnt, ändert sein Verhalten aber nicht. Die Ordnungsbehörde erlässt unter Berufung auf eine Verletzung der öffentlichen Ordnung eine Verfügung aufgrund der Generalklausel (§ 14 Abs. 1 OBG NW), die ihm das nackte Auftreten in der Öffentlichkeit verbietet. Seine Anfechtungsklage (§ 42 Abs. 1 VwGO) begründet der N damit, dass der Verwaltungsakt seine Grundrecht aus Art. 5 Abs. 3 Satz 1 GG verletze. Er sei Interaktionskünstler und verstehe nacktes Auftreten in der Öffentlichkeit nach eigenen Angaben als Kunst.
Nach Ansicht des OVG NW fällt das Verhalten des N nicht in den Schutzbereich des Art. 5 Abs. 3 Satz 1 GG.[137] Es handele sich nicht um schöpferische Gestaltung, sondern um die banale Zurschaustellung des eigenen Körpers. Eine für Kunst typische vielstufige Informationsvermittlung sei nicht erkennbar. Damit sei der Verwaltungsakt rechtmäßig.
Lehnt man dagegen zutreffender Weise die öffentliche Ordnung als Schutzgut ab, kommt ein Rückgriff auf § 118 OWiG in Betracht, weil eine Belästigung der Allgemeinheit vorlag. Allerdings steht als Instrument nur die Verhängung von Bußgeldern zur Verfügung, der Erlass einer Ordnungsverfügung gegenüber dem N scheidet aus.

93   Die überwiegende Auffassung begründet das Festhalten an der öffentlichen Ordnung als eigenständigem Schutzgut mit dessen Unentbehrlichkeit, um auf nicht vorhersehbare Gefahrenlagen angemessen reagieren zu können. Soweit ein eigenständiges Schutzgut der öffentlichen Ordnung Anerkennung findet, wird doch sein Anwendungsbereich reduziert.[138] Angesichts des Pluralismus in dem vom Grundgesetz konstituierten Staat und des weit verzweigten Regelungsgeflechts komme die Verletzung ungeschriebener Regeln über Sitte und Moral nur ausnahmsweise in Betracht.[139] Die öffentliche Ordnung habe Reservefunktion.[140]

94   Überzeugender ist die Auffassung, dass ein eigenständiges Schutzgut der öffentlichen Ordnung im Polizeirecht abzulehnen ist.[141] Seine Aufnahme in § 14 des

---

[135] Dies berücksichtigt nicht hinreichend *Schenke*, POR, Rn. 65.

[136] OVG NW, DÖV 1996, 1052 = NJW 1997, 1180.

[137] Zur Kollision von Kunstfreiheit und Polizeirecht auch OVG Koblenz, NJW 1997, 1174: Das Verbot der Aufführung des Rock-Comicals „Das Maria-Syndrom" aufgrund der Generalklausel des § 9 POG RP wurde als rechtmäßig erachtet, weil die Voraussetzungen des § 166 StGB (Beschimpfung religiöser Bekenntnisse) erfüllt seien und daher das Schutzgut der öffentlichen Sicherheit beeinträchtigt sei.

[138] *Erbel*, DVBl. 2001, 1714 (1718); *Fechner*, JuS 2003, 734; *Hill*, DVBl. 1985, 88 (96); *J. Ipsen*, NdsVBl. 2003, 281 (282 f.); *Schoch*, Jura 2003, 177 (180).

[139] *Schenke*, POR, Rn. 64; *Schoch*, POR, Rn. 82; Tettinger/Erbguth/*Mann*, Besonderes Verwaltungsrecht, Rn. 457 ff.

[140] *Trute*, Die Verwaltung 32 (1999), S. 73 (78); *Wehr*, ExRep PolR, Rn. 57 ff.

[141] *Götz*, POR, § 5 Rn. 5; *Pieroth/Schlink/Kniesel*, POR, § 8, Rn. 48 ff.

PrPVG vom 1.7.1931 geht zurück auf die Formulierung des preußischen Allgemeinen Landrechts von 1794. In diesen historischen Situationen bestand eine
weit geringere Regelungsdichte als in der Risiko- und Informationsgesellschaft
des 21. Jahrhunderts.[142] Dies hat Einfluss auf das Begriffsverständnis. Aufgrund
der Regelungsdichte der heutigen Rechtsordnung unterfallen diejenigen Situationen, die ein Eingreifen der Polizeibehörden erforderlich machen, der öffentlichen
Sicherheit.[143] Die Wertvorstellungen in einer Gesellschaft finden Ausdruck in den
geschriebenen Normen. Konkretisierung und Schutz dieser Werte obliegen dem
Gesetzgeber und nicht den Polizei- und Ordnungsbehörden.[144] In einem pluralisti-
schen Staat kann nicht die Auffassung der Mehrheit zu Lasten der Minderheit
durchgesetzt werden. Der freiheitliche Verfassungsstaat erlaubt Beschränkungen
der Freiheit nicht unter Rückgriff auf außerrechtliche Anschauungen.[145] Wenn das
Schutzgut der öffentlichen Sicherheit nicht trägt, verfügen die Polizei- und Ordnungsbehörden nicht über eine Eingriffsermächtigung.

2.3. Der Gefahrenbegriff[146]

2.3.1. Begriff und Grundlinien

Die Aufgabe der Gefahrenabwehr knüpft an das Vorliegen einer Gefahr für die öf-   **95**
fentliche Sicherheit (oder Ordnung) an (z.B. § 1 Abs. 1 OBG NW; § 1 Abs. 1
Satz 1 PolG NW). Zweck der Voraussetzung „Gefahr" ist es, den Polizei- und
Ordnungsbehörden einen Zuständigkeitsraum zu eröffnen, da sie erst dann eingreifen dürfen, wenn eine Gefahr besteht, ihre Zuständigkeit aber erlischt, sobald die
Gefahr nicht mehr vorhanden ist.[147] Liegt eine Gefahrenlage vor, können staatliche
Stellen in die Rechtssphäre des Bürgers eingreifen. Innerhalb der Zuständigkeits-
ordnung ist die Polizeibehörde oder die zuständige Ordnungsbehörde (Gefahren-
abwehrbehörde) zum Handeln ermächtigt.

<table>
<tr><td>Merkformel: Gefahr ist die hinreichende Wahrscheinlichkeit des Scha-
denseintritts für ein polizeiliches Schutzgut.[148]</td></tr>
</table>

96

---

[142] *Waechter*, NVwZ 1997, 729 (731 m. Fn. 23, 736).

[143] *Waechter*, NVwZ 1997, 729 (733, 736).

[144] Vgl. für das Versammlungsrecht BVerfGE 111, 145 (157); BVerfG (1. Kammer des 1.
Senats), DVBl. 2001, 897 = NJW 2001, 2069; DVBl. 2001, 1054 = NJW 2001, 2072;
DVBl. 2001, 1056 = NJW 2001, 2075. Zu dieser Rechtsprechung *Gusy*, JZ 2002, 105;
Hoffmann-Riem, NVwZ 2002, 257; *Pieroth/Schlink/Kniesel*, POR, § 21, Rn. 21 ff.; s.
auch BVerfG (1. Kammer des 1. Senats), JZ 2001, 651 m. Anm. *Enders*.

[145] *Pieroth/Schlink/Kniesel*, POR, § 8 Rn. 50.

[146] *Brandt/Smeddinck*, Jura 1994, 225; *Poscher*, Gefahrenabwehr, 1999; *Voßkuhle*, JuS
2007, 908.

[147] *Gusy*, POR, Rn. 100. Näher *Denninger*, in: Lisken/Denninger, E Rn. 29 ff.

[148] Siehe BVerwGE 45, 51 (57).

97 Der Begriff der Gefahr bestimmt, wann die Polizei zum Rechtsgüterschutz eingreifen kann. Er hat eine rechtstaatliche Funktion, indem die Möglichkeiten polizeilichen Handelns auf Gefahrenlagen begrenzt werden.[149] Die eingriffsbegrenzende Funktion des Gefahrenbegriffs ist gerade gegenüber den Polizeibehörden von besonderer Bedeutung, da die Polizei oftmals in Eilfällen Maßnahmen mit hoher Eingriffsintensität ergreifen muss. Ohne breite verfahrensmäßige Absicherung kann die Polizei gezwungen sein, einen Bürger in Gewahrsam zu nehmen oder Gegenstände zu beschlagnahmen.

98 In der Literatur wird teils eine *Subjektivierung des Gefahrenbegriffs* festgestellt.[150] Darunter wird eine gewisse Abkehr von den traditionellen liberal-rechtsstaatlichen Kategorien gefasst, die auf eine Herabsetzung der Maßstäbe an die Gefahrenprognose hinausläuft. Hintergrund sei eine Tendenz der Rechtsprechung zur Flexibilität im Einzelfall.[151] Die These von der Subjektivierung führt zu Vorschlägen für Modifikationen der Gefahrenprognose,[152] worin die vorrangige Bedeutung der Subjektivierungsthese liegt.[153]

99 Die treffende Kritik an der Aufweichung hergebrachter Kategorien zu Gunsten einer flexiblen Reaktion von Gesetzgebung und Rechtsprechung auf komplexe Bedrohungslagen stellt aber zu Unrecht den Gehalt des Gefahrenbegriffes selbst in Frage. Dieser ist im Polizei- und Ordnungsrecht grundsätzlich einheitlich zu verstehen.[154] In der Konsequenz verzichtet eine Reihe neuerer Befugnisnormen ganz auf den Gefahrenbegriff und lässt den Verdacht einer Gefahr genügen („Tatsachen, die die Annahme rechtfertigen").[155] Die Herausforderung liegt darin, für derartige Vorfeldmaßnahmen rechtsstaatliche Sicherungen zu entwickeln. Der Gefahrenbegriff als solcher behält seine Funktion.

100 Wenn Befugnisnormen auf den Gefahrenbegriff verzichten,[156] bedarf es kompensatorischer Vorkehrungen, um eine rechtsstaatlich einwandfreie Nutzung der Befugnisnorm sicher zu stellen.[157] Solche Vorkehrungen können in der Ausgestaltung des Verfahrens zur Entscheidung bestehen, z.B. durch Vorsehen eines Richtervorbehalts, oder in der Einräumung von Anschlussrechten, etwa auf nachträgliche Auskunft über das behördliche Vorgehen.[158]

---

[149] *Schenke*, POR, Rn. 70; näher *Möstl*, Garantie, S. 193 ff.

[150] *Poscher*, Gefahrenabwehr, S. 49 ff., 83 ff., 110 ff.; *Schewe*, Das Sicherheitsgefühl und die Polizei, 2009, S. 80 ff.

[151] *Pieroth/Schlink/Kniesel*, POR, § 4 Rn. 46.

[152] *Poscher*, NVwZ 2001, 144; in diese Richtung wohl auch BVerfG, Urt. v. 2.3.2010, NJW 2010, 833 = DVBl. 2010, 503 = JZ 2010, 611 – Abs. Nr. 213 im Anschluss an BVerfGE 120, 274.

[153] Ähnlich *Gusy*, POR, Rn. 114 ff.

[154] *Schoch*, POR, Rn. 91.

[155] *Pieroth/Schlink/Kniesel*, POR, § 4 Rn. 52 fassen den Gefahrenverdacht unter den von ihnen vertretenen subjektiven Gefahrenbegriff; wie hier etwa *Gusy*, POR, Rn. 113, 193 ff.; *Schoch*, POR, Rn. 97.

[156] Dazu kritisch *O. Müller*, StV 1995, 602.

[157] *Kugelmann*, DÖV 2003, 781 (787 f.); *Pils*, DÖV 2008, 941.

[158] *Schoch*, Der Staat 2004, 347 (367 f.).

Präventives Handeln der Polizei- und Ordnungsbehörden will Beeinträchtigun-   **101**
gen von Rechtsgütern verhindern. Dazu dienen allgemeine Regelungen, die etwa
in Form von Polizeiverordnungen *abstrakte* Gefahren bekämpfen, also den Eintritt
möglicher Sachlagen verhindern sollen, die erfahrungsgemäß zu Rechtsgutsverletzungen führen (s.u. 9. Kap. Rn. 18). Eine einzelne Maßnahme der Polizei- oder
Ordnungsbehörde bezweckt dagegen die Abwehr einer *konkreten* Gefahr in einer
bestimmten Gefahrensituation. Polizeigesetze mit Begriffsbestimmungen definieren die konkrete Gefahr als „eine Sachlage, bei der im einzelnen Falle die hinreichende Wahrscheinlichkeit besteht, dass in absehbarer Zeit ein Schaden für die öffentliche Sicherheit oder Ordnung eintreten wird."[159]

Beispiel:[160]   **102**
Ein Polizist sieht einen offensichtlich betrunkenen Mann, der mit dem Autoschlüssel in
der Hand auf ein Auto zugeht. Es droht die Verletzung der Rechtsordnung und damit
der öffentlichen Sicherheit, wenn der Betrunkene Auto fährt (§ 316 StGB). Darin liegt
die Gefahr. Wenn er diese Gefahr sieht und solange sie besteht, kann der Polizeibeamte
handeln, etwa indem er den Autoschlüssel sicherstellt.

2.3.2. Störungsbeseitigung und Schadensverhütung

Schadensverhütung betrifft das präventive Handeln der Polizei- und Ordnungsbe-   **103**
hörden, welches das Eintreten einer Rechtsgutverletzung vermeiden soll. Sie ist
Gefahrenabwehr im engeren Sinn. Der Zweck, den Schutz für die öffentliche Sicherheit oder Ordnung zu gewährleisten, wird am besten erfüllt, wenn die Ursache, die zum Schadenseintritt führen könnte, bereits vorher beseitigt wurde.

Ein *Schaden* im Sinne des Gefahrenabwehrrechts liegt in jeder objektiven Min-   **104**
derung des vorhandenen Bestandes an geschützten Rechtsgütern.[161] Schäden sind
von Nachteilen zu unterscheiden. Bloße Nachteile, Belästigungen oder Unbe-
quemlichkeiten führen nicht zu Schäden und können keine polizeirechtlich relevante Gefahr begründen. Jedes Rechtsgut ist Einwirkungen von außen ausgesetzt.
Nicht alle diese Beeinträchtigungen lösen aber eine Befugnis der Polizei zum Einschreiten aus.

Beispiele: **105**
Lärmbelästigung durch Kuhglocken ist hinzunehmen, solange sie außerhalb der Nachtzeit die Schwelle der Gesundheitsbeeinträchtigung nicht erreicht.[162] Ein Anlieger an einer stark befahrenen Straße muss den Verkehrslärm grundsätzlich hinnehmen.

Differenzierende Vorschriften finden sich in Gesetzen, die spezifische Gefähr-   **106**
dungslagen betreffen. Besondere Bedeutung kommt der Abgrenzung von Schaden

---

[159] So § 2 Nr. 1a NdsSOG; § 3 Nr. 3a SOG LSA; s. auch § 2 Nr. 3a BremPolG; § 54 Nr. 3a
ThürPolG.
[160] Vgl. *Knemeyer*, POR, Rn. 87.
[161] *Denninger*, in: Lisken/Denninger, E Rn. 30; *Götz*, POR, Rn. 141.
[162] VGH BW, NVwZ-RR 1996, 577.

und Belästigung im Umweltrecht zu. Gemäß § 5 Abs. 1 BImSchG wird der Schutz vor schädlichen Umwelteinwirkungen auf „sonstige Gefahren, erhebliche Nachteile und erhebliche Belästigungen" erstreckt.[163] Genehmigungsbedürftige Anlagen sind demnach so zu errichten, dass erhebliche Belästigungen nicht hervorgerufen werden können. Allerdings müssen dann erhebliche von unerheblichen Belästigungen unterschieden werden. Diese Beurteilungen liegen der immissionsschutzrechtlichen Genehmigung nach § 4 BImSchG zu Grunde. Behördliche Genehmigungen äußern Legalisierungswirkung. Handlungen, die sich im Rahmen der Genehmigung halten, sind erlaubt und können keine polizeirechtliche Gefahr begründen.[164]

107   Ein Eingreifen der Polizei- oder Ordnungsbehörde kommt als Unterfall der Gefahrenabwehr auch in Betracht, wenn ein Schaden bereits eingetreten ist und daher eine Störung vorliegt (ausdrücklich z.B. § 1 Abs. 1 Satz 1 PolG BW; § 3 Abs. 1 HessSOG; § 16 Abs. 1 Nr. 1 SOG MV).[165] Störung ist die bereits realisierte Gefahr der Verletzung eines polizeilichen Schutzgutes.[166] Da es für die Abwehr der Gefahr zu spät ist, kann nur noch die vorhandene Störung beseitigt werden. Handelt es sich wie regelmäßig um eine Störung der öffentlichen Sicherheit, genügt die Bejahung der Rechtsverletzung, ohne dass eine weitere Prognose des Schadenseintritts erforderlich ist.[167] Störungsbeseitigung betrifft auch die Beseitigung noch andauernder Störungen, also der Folgen von bereits in der Vergangenheit begonnenen Schädigungen. Im Zusammenhang der Beseitigung von eingetretenen oder noch andauernden Störungen kommt das Ergreifen doppelfunktioneller Maßnahmen durch die Polizeibehörden in Betracht (s.o. 1. Kap. Rn. 54 ff.), weil die Störung und damit die Gefahr beendet werden soll (präventiv), zugleich aber eine Verfolgung begangener Straftaten nach der StPO beabsichtigt sein kann (repressiv). Wenn weitere Rechtsgutsverletzungen nicht verhindert werden können, scheiden präventive Maßnahmen aus und es kommt ausschließlich ein repressives Vorgehen in Betracht.[168]

2.3.3. Prognose der Gefahr

108   Eine konkrete Gefahr liegt vor, wenn aus der Sicht des handelnden Amtswalters die hinreichende Wahrscheinlichkeit eines Schadens besteht. Das Urteil über die Wahrscheinlichkeit ist mit Unsicherheiten behaftet, weil der Schaden gerade noch nicht eingetreten ist, sondern erst droht. Ob eine polizeiliche Gefahr besteht und damit der Handlungsraum der Polizei- oder Ordnungsbehörde eröffnet ist, unter-

---

[163] Vgl. § 5 Abs. 1 Nr. 3 GaststättenG; § 1 Abs. 2 StVO; § 2 Nr. 5, 6 und 13 BNatSchG.

[164] Vgl. *Gusy*, POR, Rn. 104, der nur sozial inadäquate Beeinträchtigungen als Schaden im Sinne des Polizeirechts werten will.

[165] *Gusy*, POR, Rn. 102 ff.; *Schwabe*, JuS 1996, 988; s. auch *Drews/Wacke/Vogel/Martens*, Gefahrenabwehr, § 13, Ziff. 2a.

[166] *Schoch*, POR, Rn. 85.

[167] *Schwabe*, DVBl. 2001, 968; a.A. *Möstl*, Garantie, S. 179 f.

[168] *Schoch*, POR, Rn. 85.

liegt einer Prognoseentscheidung.[169] Präventives polizeiliches Handeln ist prognostisches Handeln. Die Abwehr in der Zukunft drohender Gefahren macht eine Vorhersage des zu erwartenden, hypothetischen Geschehensablaufes erforderlich. Die Gefahrenprognose besteht aus der Wahrnehmung der Tatsachen und darauf **109** aufbauend der prognostischen Aussage über die Folgen der Tatsachen, also einem Element des Erfahrungswissens im Hinblick auf zukünftige Entwicklungen.[170] Für die Richtigkeit der Prognose spielt es nur eine untergeordnete Rolle, ob die prognostizierten Folgen auch wirklich eintreten.[171] Der handelnde Beamte muss auf der Grundlage der erreichbaren Tatsachen die Gefahrenindizien mit den Gegenindizien abwägen. Ausgangspunkt der Beurteilung ist der Erkenntnishorizont im Moment der Entscheidung, aus dem die Konsequenzen für das Wahrscheinlichkeitsurteil zu ziehen sind.[172] Gefordert ist eine verständige Würdigung der Sach- und Rechtslage im Hinblick auf die hinreichende Wahrscheinlichkeit des Schadenseintritts.[173]

> **Beispiele:**   **110**
> Zwei Polizeibeamte sehen während einer Streifenfahrt ein umgestürztes Fass mit der Beschriftung „Öl" im Stadtpark liegen, aus dem eine Flüssigkeit in das Erdreich läuft. Sie bejahen die hinreichende Wahrscheinlichkeit des Schadenseintritts und damit die Gefahr.
> Während der nächsten Streifenfahrt beobachten sie in einem Straßencafé einen lautstark ausgetragenen Streit zwischen einem Mann und einer Frau. Die Beamten müssen beurteilen, ob sie eingreifen. Es kann sich um eine Partnerschaftskrise handeln oder um eine Streit zwischen Geschäftsleuten. Ein Eingreifen ist nicht deshalb notwendig rechtswidrig, weil sich der Streit später als harmlos herausstellt, denn es kommt darauf an, ob die Prognose im Zeitpunkt des Eingreifens nachvollziehbar ist.
> Es ist immer auf die konkreten Umstände zu achten. Bei einem Streit zwischen Personen können weitere Anhaltspunkte hinzutreten, welche in die Beurteilung einfließen: Mimik, Gestik, drohende Haltung, Zücken eines Messers.

Die Beurteilung der hinreichenden Wahrscheinlichkeit des Schadenseintritts muss **111** *aus der Sicht ex ante* erfolgen. Maßgeblich sind die Anhaltspunkte und der Kenntnisstand im Zeitpunkt der Entscheidung über das Eingreifen. Das Recht der Gefahrenabwehr dient der Prävention, sein Zweck ist auf die Verhütung von Gefahren gerichtet. Der Schadenseintritt als solcher ist kein Element des Gefahrenbegriffs. Auch wenn der Schaden nicht eingetreten ist, kann die Gefahr vorgelegen haben.[174]
Die Gerichte dürfen daher bei der Kontrolle polizeilichen Handelns nicht auf **112** eine ex post Prognose zurückgreifen, die im Nachhinein den tatsächlichen Geschehensablauf zu Grunde legt. Vielmehr ist Gegenstand der Kontrolle die Ent-

---

[169] BVerwGE 116, 347 (352).
[170] *Würtenberger*, in: Achterberg/Püttner, § 21, Rn. 190.
[171] *Gusy*, POR, Rn. 110 f.
[172] *Poscher*, Gefahrenabwehr, S. 112 f.
[173] *Knemeyer*, POR, Rn. 87; *Schenke*, POR, Rn. 77.
[174] *Schwabe*, JuS 1996, 988 (990); *Würtenberger*, in: Achterberg/Püttner, § 21, Rn. 198.

scheidung der handelnden Angehörigen der Polizei- oder Ordnungsbehörde in der konkreten Situation. Die gerichtliche Beurteilung betrifft die zulässige Auslegung der gesetzlichen Begriffe (Gefahr für die öffentliche Sicherheit oder Ordnung), die zutreffende Sachverhaltsfeststellung und die zulässige Abwägung.[175] Da Klausuren in der juristischen Ausbildung zumeist vom Standpunkt der Gerichte aus zu verfassen sind, gilt für sie das Gleiche. Wenn die Fallfrage in der Klausur dagegen anders gestellt ist, indem etwa nach der Sicht des handelnden Polizeibeamten gefragt ist, kann auch die ex ante Perspektive gefragt sein.

113

> Klausurtipp: Gegenstand der juristischen Beurteilung ist die Entscheidung über die polizeiliche oder ordnungsrechtliche Maßnahme, wie sie in der konkreten Situation nach dem vorhandenen Erkenntnisstand der handelnden Personen getroffen wurde (ex ante Sicht).

114   Maßstab für die Bewertung der hinreichenden Wahrscheinlichkeit ist die Sichtweise eines *objektiven Beobachters*.[176] Die subjektive Wahrnehmung der handelnden Beamten ist Teil der Gesamtbeurteilung, weil ihr Erkenntnishorizont und ihr Wissensstand Ausgangspunkte der Bewertung sind.[177] Dies führt allerdings nicht zu einer Aufteilung in einen objektiven und einen subjektiven Gefahrenbegriff (s.o. Rn. 99).[178] Denn zu diesem subjektiven Ausgangspunkt treten objektive Maßstäbe hinzu, um die Abwägung der für und gegen eine Gefahr sprechenden Indizien vorzunehmen. Es kommt nicht allein darauf an, wie der Beamte die Wahrscheinlichkeit beurteilt hat, sondern darauf, wie er sie aufgrund nachvollziehbarer Gesichtspunkte und Erfahrungswerte hätte beurteilen dürfen. Die unterschiedlichen Ansätze bei den Rahmenbedingungen der Gefahrenprognose spielen insbesondere bei der Anscheinsgefahr eine Rolle.

115   Die Abwägung der Gesichtspunkte, die für oder gegen die hinreichende Wahrscheinlichkeit eines Schadenseintritts sprechen, findet unter Rückgriff auf das Verhältnismäßigkeitprinzip statt. Der handelnde Beamte muss beurteilen, ob ein Eingreifen geeignet, erforderlich und angemessen ist sowie welche Maßnahme diesen Anforderungen entspricht. Das Prinzip der Verhältnismäßigkeit hat im Kontext der Gefahrenprognose eine spezifisch polizeirechtliche Ausprägung erfahren durch die Entwicklung des *Grundsatzes der umgekehrten Proportionalität von Schadenshöhe und Wahrscheinlichkeit des Schadenseintritts*.[179] Droht ein sehr hoher Schaden, genügt eine geringere Wahrscheinlichkeit, um eine Gefahr zu bejahen. Liegen Anhaltspunkte dafür vor, dass ein Atomkraftwerk explodieren wird,

---

[175] Vgl. *Gusy*, POR, Rn. 121.

[176] *Classen*, JA 1995, 608 (609); *Schoch*, POR, Rn. 88; vgl. *Schlink*, Jura 1999, 169.

[177] *Denninger*, in: Lisken/Denninger, E Rn. 36; *Gusy*, POR, Rn. 111.

[178] So aber *Poscher*, Gefahrenabwehr, S. 49 ff., 83 ff., 110 ff.; *ders.*, NVwZ 2001, 141; ähnlich *Schlink*, Jura 1999, 169.

[179] BVerwGE 45, 51 (61); OVG NW, NWVBl. 1990, 159 (160); OVG RP, DVBl. 1991, 1376; VGH BW, NVwZ 1991, 493 (494); BayVGH, BayVBl. 1997, 280 (281); Sächs-OVG, SächsVBl. 2000, 170 (171); kritisch *A. Leisner*, DÖV 2002, 326 (328 f.).

können die Behörden auch bei nur minimaler Wahrscheinlichkeit eingreifen.[180] Wenn dagegen nur ein unbedeutender Vermögenswert bedroht ist, bedarf es einer großen Wahrscheinlichkeit des Schadenseintritts, um zu einer Gefahr zu gelangen.[181] Da es sich um eine rechtliche Bewertung handelt, geben nicht statistische, sondern normative Gesichtspunkte den Ausschlag. Der Gesetzgeber hat durch die Zuordnung von Rechtsgütern Vorentscheidungen für die Abwägung getroffen.

Beispiel: **116**
Nach § 34 Abs. 2 WHG dürfen Stoffe nur so gelagert werden, dass eine schädliche Verunreinigung des Grundwassers oder eine sonstige nachteilige Veränderung seiner Eigenschaften nicht zu besorgen ist. Der A ist Eigentümer eines Grundstücks direkt neben einem Wasserwerk. Er beabsichtigt, eine Tätigkeit als Heizölspediteur aufzunehmen und zu diesem Zweck mehrere große Heizöltanks auf seinem Grundstück aufzustellen. Die Möglichkeit der Verunreinigung des Grundwassers bei einem Unfall liegt zwar nicht nahe. Der Gesetzgeber hat aber klargemacht, dass er das Grundwasser für besonders schützenswert hält, weil ein möglicher Schaden besonders schwer wiegen würde. Daher liegt eine Gefahr vor und die zuständige Behörde kann Maßnahmen ergreifen, indem sie etwa Auflagen erteilt (s. z.B. § 4 BImSchG i.V.m. 4. BImSchV, Anhang, Ziff. 9.2).

Vorgaben des Gesetzgebers betreffen auch die Hinnahme von Risiken. Ein „Rest-   **117** risiko" besteht in vielen Bereichen, z.B. schon bei der Teilnahme am Straßenverkehr. Das Recht des Einzelnen auf Selbstbestimmung aus Art. 2 Abs. 1 GG umfasst aber auch das Eingehen von Risiken. Das Polizei- und Ordnungsrecht als Recht der Gefahrenabwehr setzt eine Gefahr voraus, ein allgemeines Risiko reicht für ein Vorgehen nicht aus. Gefahrenabwehr beginnt, wenn ein spezifisches Risiko eintritt, welches das normale Maß überschreitet und dadurch eine nicht gerechtfertigte Rechtsgutsverletzung droht. Dagegen treffen speziellere Gesetze auch Vorsorge, um bereits die Möglichkeit des Eintritts von Schädigungen so weit als möglich zu verringern. Derartige Gefahrenvorsorge beinhaltet etwa § 5 Abs. 1 Nr. 2 BImSchG, um genehmigungsbedürftige Anlagen entsprechend hohen Anforderungen zu unterwerfen.

Die Prognose einer konkreten Gefahr im Polizei- und Ordnungsrecht betrifft   **118** dagegen gerade nicht generelle, typische Gefährdungssituationen, sondern die Wahrscheinlichkeit, dass von der konkreten, auch atypischen Situation eine Gefahr ausgeht. Was 99-mal richtig war, kann das hundertste Mal falsch sein. Oftmals stehen die vor Ort handelnden Polizeibeamten unter Problem- und Zeitdruck und sind gezwungen, an unvollständiges Wissen anzuknüpfen.[182]

Das *Zeitmoment* spielt in der Gefahrenprognose deshalb eine Rolle, weil die   **119** zeitliche Nähe des Schadenseintritts Einfluss auf das Wahrscheinlichkeitsurteil nimmt. Stehen die Schäden unmittelbar bevor, kann der Grad der Wahrscheinlichkeit des Schadenseintritts gesteigert sein.[183] Der in weiterer Zukunft nur entfernt

---

[180] Vgl. BVerfGE 49, 89 (135 ff.).
[181] *Schenke*, POR, Rn. 77.
[182] *Gusy*, POR, Rn. 120.
[183] *Möstl*, Garantie, S. 189; *Schenke*, POR, Rn. 77.

mögliche Schadenseintritt spricht eher gegen die Annahme einer Gefahr. Eine hinreichende Wahrscheinlichkeit kann aber auch dann bejaht werden, wenn weder die Gewissheit noch das unmittelbare Bevorstehen des Schadenseintritts vorliegen.[184] Gefahr bedeutet, dass in überschaubarer Zukunft mit dem Schadenseintritt gerechnet werden muss. Da das Polizei- und Ordnungsrecht immer mit dem atypischen Fall rechnen muss, bildet das Zeitmoment ein wichtiges Element der Abwägung, ohne dass aus ihm zwingende abstrakte Aussagen über die Gefahrenprognose abgeleitet werden können. Der Aspekt der Zeit erlangt Bedeutung bei der Unterscheidung von Anscheinsgefahr und Gefahrenverdacht, zumal bei fern liegenden Gefahren zunächst Gefahrerforschungseingriffe in Betracht kommen, um Art und Ausmaß der Gefahr näher zu untersuchen (s. sogleich).

2.3.4. Arten und Stufen der Gefahr

120 Der Gefahrenbegriff nimmt im Recht der Gefahrenabwehr eine zentrale Rolle ein. Folgerichtig haben nicht nur Literatur und Rechtsprechung vielfältige Anstrengungen zu seiner Präzisierung unternommen, auch die Gesetzgeber in Bund und Ländern unterscheiden eine Reihe von Arten und Stufen der Gefahr. Die Begriffe sind nicht alle klar abgegrenzt und überzeugend. Da sie aber in der Rechtsprechung gebraucht werden, ist ihre Kenntnis auch in Ausbildung und Praxis notwendig.

121 Die Landesgesetze von Bremen, Mecklenburg-Vorpommern, Niedersachsen und Sachsen-Anhalt enthalten Legaldefinitionen der unterschiedlichen Arten und Stufen der Gefahr. Diese Vorschriften enthalten die gängigen Begriffsbestimmungen und geben eine Hilfestellung für das jeweilige Landesrecht. Damit wird das allgemeine Verständnis der Gefahr als Eröffnung und Begrenzung des polizeilichen Handlungsraumes übernommen.[185] Die allgemeinen Grundsätze zum Gefahrenbegriff, die in Literatur und Rechtsprechung entwickelt wurden, finden Anwendung. Aufgrund der Legaldefinition kann keine von diesen Grundsätzen abweichende Handhabung der Gefahrenarten begründet werden.

Anscheinsgefahr und Gefahrenverdacht[186]

122 Eine *Anscheinsgefahr* ist eine Gefahr im Sinne des Polizeirechts.[187] Es handelt sich um eine Situation, welche bei objektiver Betrachtung ex ante als Gefahr erscheinen musste, ohne aus der Sicht ex post wirklich gefährlich gewesen zu sein.[188] Es bestand zu keinem Zeitpunkt eine reale Gefahr für ein polizeilich ge-

---

[184] *Götz*, POR, § 6 Rn. 3.

[185] BVerwGE 116, 347 (350 f.).

[186] *Erichsen/Wernsmann*, Jura 1995, 219.

[187] BVerwGE 45, 51 (58); 49, 36 (42 f.); *Drews/Wacke/Vogel/Martens*, Gefahrenabwehr, § 13, Ziff. 2c; *Würtenberger*, in: Achterberg/Püttner, § 21, Rn. 197 m.w.N.; a.A. *Schwabe*, in: Gedächtnisschrift für Martens, 1987, S. 419 (426 ff.); von einem eigenen Ausgangspunkt aus auch *Poscher*, Gefahrenabwehr, S. 121, 127.

[188] S. *Hoffmann-Riem*, Festschrift für Wacke, 1972, S. 327; *Martensen*, DVBl. 1996, 286.

schütztes Rechtsgut, die handelnden Beamten durften aber im Zeitpunkt des Handelns aufgrund der vorliegenden Anhaltspunkte von einer Gefahrlage ausgehen. Für sie ergab sich der begründete Anschein einer polizeirechtlichen Gefahr. Wenn eine Anscheinsgefahr zu bejahen ist, liegt die Voraussetzung einer Gefahr vor. Sind alle weiteren Voraussetzungen erfüllt, ist die Maßnahme der Polizei- oder Ordnungsbehörde rechtmäßig.

Beispiele: 123
Laute und verzweifelte Hilferufe aus einer Wohnung stammen aus dem Fernseher. Kinder spielen mit einem Gewehr, das sich als Spielzeuggewehr erweist. Ein Wohnungseigentümer hat seinen Türschlüssel vergessen und steigt durch das Fenster in die eigene Wohnung ein. Ein Filmteam dreht einen Banküberfall, ohne dass dies nach außen erkennbar wäre.
Jeweils können zusätzliche konkrete Umstände dazu führen, dass eine Anscheinsgefahr zu verneinen ist. Dies ist der Fall, wenn die Polizeibeamten wissen, dass die durch das Fenster kletternde Person der Wohnungseigentümer ist oder dass die Bankfiliale seit Wochen geschlossen ist.

Die Beurteilung der Gefahrenlage durch die handelnden Personen und die im   124
Nachhinein zum Vorschein kommenden realen Gegebenheiten fallen oftmals nicht deshalb auseinander, weil die Gefahrenprognose unzutreffend war, sondern weil die im Zeitpunkt der Entscheidungen vorhandenen Informationen unvollständig oder falsch waren.[189] Die Gefahrenprognose bleibt aber auch dann richtig, wenn der prognostizierte Schaden nicht eintritt.[190] Besondere Bedeutung gewinnt die Anscheinsgefahr, wenn über die Kostentragung für einen Polizeieinsatz gestritten wird oder über den Ersatz von Schäden, die bei einem Polizeieinsatz entstanden sind. Wenn die Einschätzung der Polizei- oder Ordnungsbehörden rechtswidrig war, besteht ein Anspruch des Geschädigten. Im Fall einer rechtmäßig angenommenen Anscheinsgefahr ist die Frage umstritten, ob eine Haftung des Rechtsträgers der Polizei eintritt, also regelmäßig des Landes, wenn sich sowohl der betroffene Bürger wie die Polizeibeamten rechtmäßig verhalten haben. Im Ergebnis ist zwischen der Handlungsebene und der Entschädigungsebene zu trennen und für den Schadensausgleich auf einen differenzierenden Sorgfaltsmaßstab abzustellen (s.u. 11. Kap. Rn. 17).

Eine Abstufung zur Anscheinsgefahr stellt der *Gefahrenverdacht* dar. Der Be-   125
griff wird in den Landespolizeigesetzen nicht gebraucht, ist aber in Rechtsprechung und Literatur umstritten. Ein Gefahrenverdacht liegt vor, wenn zwar Anhaltspunkte für eine Gefahr ersichtlich sind, der Behörde aber bewusst ist, dass die erkennbare Sachlage mit Unsicherheiten behaftet ist und eine sichere Prognose des Schadenseintritts nicht zulässt.[191] Die Tatsachen begründen also noch keine Gefahr, es besteht aber der starke Verdacht, dass sich die Sachlage zu einer Gefahr

---

[189] *Schoch*, POR, Rn. 92.
[190] *Gusy*, POR, Rn. 122.
[191] *Schoch*, POR, Rn. 95 f.; *Drews/Wacke/Vogel/Martens*, Gefahrenabwehr, § 13, Ziff. 2c.

verdichten könnte.[192] Eine Reihe von Eingriffsbefugnissen nimmt auf diese Situation Bezug und erlaubt das Tätigwerden der Polizei.

126   Ein weiter gehender Ansatz will den Gefahrenverdacht als Kategorie mit unterschiedlichen Ausprägungen etablieren.[193] Dergestalt werden insbesondere informationelle Vorfeldbefugnisse legitimiert und eigene Regeln der Verantwortlichkeit entwickelt. Die bedenkenswerten Überlegungen, die neuere Erscheinungsformen polizeilichen Tätigwerdens konzeptionell zusammenführen, rücken allerdings von hergebrachten Kategorien ab, die in der Rechtsprechung anerkannt sind. Sie verbinden existierende Versatzstücke neu und lockern die rechtsstaatlichen Anforderungen etwa an die Bestimmtheit der rechtlichen Regelungen. Damit besteht im Ergebnis das Risiko, dass bestehende rechtsstaatliche Sicherungen in ihrer Wirkung minimiert werden, ohne dass gleich effektive Sicherungen an ihre Stelle treten.

127   Wenn sich die Verdichtung der Sachlage einstellte, handelte es sich um eine Gefahr, unklar ist aber, ob sich diese Verdichtung einstellen wird. Die Feststellung der gegenwärtigen Tatsachengrundlage ist nicht hinreichend gesichert, um von einer Gefahr sprechen zu können.[194] Für die Polizei- und Ordnungsbehörden geht es darum, ob sie eingreifen dürfen und welche Maßnahmen sie ergreifen können. In Abgrenzung zur Anscheinsgefahr stellen sich die Fragen der Rechtmäßigkeit der Maßnahmen und der Eingriffsintensität.[195]

128   **Beispiele:**
Ist die anonyme Bombendrohung ernst zu nehmen? Stürzt das abbruchgefährdete Haus ein? Sind auf dem früher industriell genutzten Grundstück wassergefährdende Stoffe abgelagert?

129   Der Gefahrenverdacht ist Vorstufe einer Gefahr und damit Teil der Aufgabe der Gefahrenabwehr.[196] Falls eine Vorschrift die *Alternative des Gefahrenverdachts* ausdrücklich aufweist, indem z.B. bei Vorliegen von Tatsachen, die die Annahme der Begehung einer Straftat rechtfertigen, gehandelt werden darf, dann ist die rechtliche Grundlage und die Reichweite des Eingriffs klar.

130   Besteht *keine ausdrückliche gesetzliche Rechtsgrundlage* des Gefahrenverdachts, darf die Polizei- oder Ordnungsbehörde grundsätzlich im Rahmen ihrer Aufgabenzuweisung handeln. Die geringere Wahrscheinlichkeit des Schadenseintritts führt aber zu einer geringeren zulässigen Eingriffstiefe. Das Handeln der Polizei- oder Ordnungsbehörden wird vom Prinzip der Verhältnismäßigkeit geprägt, das bei einem Gefahrenverdacht zum *Vorrang von Aufklärungs- gegenüber Präventionsmaßnahmen* führt. Wenn die Polizei- oder Ordnungsbehörden eine Gefahr nur für möglich halten, haben sie zunächst ihrer Verpflichtung nach § 24 VwVfG

---

[192] *Poscher*, NVwZ 2001, 142.

[193] *Möstl*, DVBl. 2007, 581 (585).

[194] *Friauf*, PolR, Rn. 53.

[195] Eine verfahrensrechtliche Lösung mittels einer Beweislastreduktion vertritt *Poscher*, NVwZ 2001, 141 (144 ff.); dagegen *Schenke*, POR, Rn. 81.

[196] Weiter gehend bezeichnet *Knemeyer*, POR, Rn. 96 den Gefahrenverdacht als Gefahr mit geringerer Wahrscheinlichkeit.

zu genügen, den Sachverhalt weiter aufzuklären. Maßnahmen zur Aufklärung oder vorläufigen Sicherung einer Gefahrenlage sind stets aufzuheben, sobald feststeht, dass im Einzelfall keine Gefahr besteht.

In Fällen des Gefahrenverdachts kann die Behörde *Gefahrerforschungseingriffe* **131**
gegenüber dem Verursacher des Gefahrenverdachts vornehmen.[197] Gefahrerforschungseingriffe sind vorläufige Maßnahmen zur weiteren Erforschung des Sachverhalts und zur Vorbereitung der endgültigen Gefahrenabwehr.[198] Als vorläufige Maßnahmen kommen etwa Befragungen von Personen, Probebohrungen oder Messungen in Betracht, um zusätzliche Informationen zu sammeln. Umstritten ist, ob im Weg des Gefahrerforschungseingriffs lediglich die Duldung behördlicher Maßnahmen angeordnet werden kann oder ob darüber hinaus der Betroffene als Verantwortlicher in Anspruch genommen werden kann. Solange die Gefahrerforschung nicht über die Auferlegung einer Duldungspflicht hinaus in subjektive Rechte eingreift, stützt sie sich auf den Untersuchungsgrundsatz nach § 24 Abs. 1 VwVfG oder auf spezielle Befugnisnormen.[199] Entgegen der überwiegenden Auffassung kann die Generalklausel nicht herangezogen werden, weil sie gerade eine konkrete Gefahr erfordert.

Beispiel: **132**
Der Schacht eines stillgelegten Bergwerks könnte einbrechen und dadurch ein Nachbrechen des Erdreiches bis hin zur Erdoberfläche verursachen.[200] Eine Gefahr ist nach Ansicht der zuständigen Behörde möglich, aber noch nicht hinreichend wahrscheinlich, da ein Schadenseintritt nicht sicher prognostiziert werden kann. Dieser Gefahrenverdacht erlaubt Untersuchungen, ob und inwieweit eine Gefahr entsteht oder besteht. Der Gefahrerforschungseingriff dient der Aufklärung der Tatsachen. Der Eigentümer des Bergwerkes muss ihn dulden.

Streit herrscht darüber, ob bei einem Gefahrenverdacht auch der potenzielle Verantwortliche in Anspruch genommen werden kann. Der Inhalt des Gefahrerforschungseingriffs geht über eine Duldung behördlicher Maßnahmen hinaus und belastet den betroffenen Bürger, indem ihm etwa die aktive Vornahme von Ermittlungsmaßnahmen aufgegeben wird. Ein besonderes Bedürfnis für derartige weiter gehende Maßnahmen besteht im Umweltrecht. Einschlägige Fälle betreffen oftmals Altlasten, also insbesondere stillgelegte Anlagen und Grundstücke, auf denen mit umweltgefährdenden Stoffen umgegangen worden ist (vgl. § 2 Abs. 5 BBodSchG). Dem hat der Gesetzgeber durch den Erlass der Spezialvorschrift des § 9 Abs. 2 BBodSchG für das Bodenschutzrecht Rechnung getragen. Falls aufgrund „konkreter Anhaltspunkte der hinreichende Verdacht einer schädlichen Bodenveränderung oder einer Altlast" besteht, kann gemäß dieser Vorschrift die Be-   **133**

---

[197] *Martensen*, DVBl. 1996, 286 (290); *Würtenberger*, in: Achterberg/Püttner, § 21, Rn. 194 ff. m.w.N.

[198] *Schenke*, POR, Rn. 86, der Gefahrerforschungseingriffe nur bei Vorliegen einer konkreten Gefahr zulassen will.

[199] *Breuer*, NVwZ 1987, 751 (755) m.w.N.

[200] OVG NW, NWVBl. 1990, 159.

hörde anordnen, dass der Verantwortliche die „notwendigen Untersuchungen zur Gefährdungsabschätzung" durchführt.

134

Beispiel:
Die F will ein Haus bauen. Als die Bagger mit dem Erdaushub beginnen, entdecken die Bauarbeiter mehrere große, seltsam gefärbte Metallteile. Das Erdreich als solches erscheint nicht von ungewöhnlicher Beschaffenheit. Die zuständige Behörde erlangt Kenntnis von dem Fund und ordnet nach § 9 Abs. 2 BBodSchG an, dass die F weitere Untersuchungen des Erdreiches auf ihrem Baugrundstück zunächst auf eigene Kosten vornehmen lassen muss.

135 Im Hintergrund der Diskussionen um den Gefahrverdacht und den Gefahrerforschungseingriff steht die Kostenfrage.[201] Denn die Maßnahmen der Aufklärung und Informationsgewinnung können hohe Kosten verursachen. Gerade dann, wenn sich herausstellt, dass keine Gefahr vorlag, stellt sich die Frage, ob der betroffene Bürger oder die anordnende Behörde und damit das Land die Kosten trägt.

136

Beispiel:[202]
Der K betreibt einen holzverarbeitenden Betrieb. Aus dem Bereich seines Betriebsgeländes gelangen Holzschutzmittel in den nahe vorbeifließenden Bach. Die untere Wasserbehörde ordnet an, dass K technische Anlagen zu errichten hat (Rückhaltebecken, Absorber), welche die Wasserqualität mittels chemischer Analyse fortwährend kontrollieren. Die Anordnung aufgrund des Landes-Wassergesetzes dient nicht der Beseitigung eines Gefahrzustandes, sondern der Ermittlung des Gefahrumfangs und der Vorbereitung der endgültigen Gefahrbeseitigung. Es handelt sich um einen Gefahrerforschungseingriff. Im Fall war streitig, ob K die Kosten für die Anlagen tragen muss. Wenn keine spezialgesetzliche Grundlage besteht, ist dies abzulehnen.

137 Im allgemeinen Recht der Gefahrenabwehr hält die überwiegende Auffassung bei einem bloßen Gefahrenverdacht eine Inanspruchnahme des potenziell Verantwortlichen für zulässig.[203] Als Rechtsgrundlage wird die Generalklausel herangezogen, die eine Befugnis auch zur Gefahrerforschung beinhalte.[204]

138   Diese Auffassung vernachlässigt, dass zahlreiche Befugnisnormen einschließlich der Generalklausel eine konkrete Gefahr voraussetzen. Diese liegt beim Gefahrenverdacht gerade nicht vor. Dann beschränkt sich die Befugnis der Polizei- oder Ordnungsbehörde darauf, die Duldung behördlicher Maßnahmen zu verlangen.[205] Die von der überwiegenden Auffassung angeführte ältere Rechtsprechung betrifft teils Altlasten und Bodenuntersuchungen[206] und damit Sachverhalte, die durch § 9 Abs. 2 BBodSchG spezialgesetzlich geregelt sind. Sofern andere speziellere Befugnisnormen in Betracht kommen, die nicht die Notwendigkeit einer konkreten Gefahr enthalten, kommt es auf die Auslegung der einzelnen Norm an.

---

[201] Tettinger/Erbguth/*Mann*, Besonderes Verwaltungsrecht, Rn. 480.

[202] OVG Koblenz, NVwZ 1987, 240 (241).

[203] VGH BW, VBlBW 1995, 64 (66); OVG NW, DVBl. 1996, 1444 (1445).

[204] *Götz*, POR, Rn. 155 f.; *Schoch*, POR, Rn. 98.

[205] HessVGH NVwZ 1993, 1009 (1010).

[206] So *Schoch*, POR, Rn. 98.

Standardbefugnisse, die das Vorliegen von Tatsachen genügen lassen, welche die Annahme der Gefährdung von Rechtsgütern rechtfertigen, erlauben das Tätigwerden der Behörden im Falle einer Situation des Gefahrenverdachts. Allerdings ist dieses Tätigwerden auf die in der Befugnisnorm genannten Rechtsfolgen begrenzt. Auf die Generalklausel kann bei dem Vorliegen eines Gefahrenverdachts nicht zurückgegriffen werden, um einen potenziell Betroffenen in Anspruch zu nehmen.[207]

Die Annahme einer Parallelität von Gefahrverdacht und Befugnis zu Gefahrerforschungseingriffen führt von vornherein zu einer Begrenzung der behördlichen Handlungsspielräume, wenn die Gefahr nicht hinreichend wahrscheinlich, aber auch nicht ausgeschlossen ist.[208]   **139**

Beispiel: **140**
Aufgrund des Imports von Rindern aus Großbritannien, die aus mit dem so genannten „Rinderwahnsinn" verseuchten Beständen stammen, besteht die Befürchtung, dass auch Herden in der Bundesrepublik Deutschland von BSE befallen sind. In der Herde des Bauern B befinden sich solche importierten Rinder. Damit liegt eine hinreichende Wahrscheinlichkeit des Ausbruchs einer Seuche und damit eine konkrete Gefahr vor. In der Herde des benachbarten Bauern C befinden sich keine importierten Rinder. Infolge der Nachbarschaft zu den Weiden des B deuten aber Anhaltspunkte auf eine mögliche Gefahr hin, es besteht ein Gefahrenverdacht.[209] Rechtsgrundlage für Schutzmaßnahmen sind die §§ 18 ff. TierSG, die ein gestuftes System an Maßnahmen enthalten, um dem Prinzip der Verhältnismäßigkeit Rechnung zu tragen. Nach § 24 Abs. 2 TierSG ist die Tötung von Tieren, die für die Tierseuche empfänglich sind, zulässig. Sie kann als Aufklärungsmaßnahme dienen, um die Tiere auf den Befall mit der Seuche zu untersuchen, aber auch als Präventionsmaßnahme.

„Putativgefahr oder Scheingefahr" – keine Gefahr

Die so genannte Putativgefahr oder Scheingefahr ist keine Gefahr. Aus Gründen   **141**
begrifflicher Klarheit sollten diese Wendungen zwar vermieden werden, sie tauchen allerdings in der Rechtsprechung gelegentlich auf, weshalb ihre Kenntnis erforderlich ist. Lagen keinerlei tatsächliche Anhaltspunkte dafür vor, dass eine Gefahr bestehen könnte, und nahm der Polizeibeamte diese nur irrig an, so liegt ein Fall der Scheingefahr oder Putativgefahr vor. Es geht um die Beschreibung einer Sachlage, die wie bei der Anscheinsgefahr ungeeignet zur Herbeiführung eines Schadens ist. Die Einschätzung der Lage und der künftigen Entwicklung beruht jedoch - anders als bei der Anscheinsgefahr - auf einer aus der Sicht eines objektiven Betrachters schon ex ante unzutreffenden Sachverhaltbeurteilung. Die Grenze des Prognoserisikos wird überschritten. Es liegt keine polizeirechtliche Gefahr vor, die Maßnahme ist rechtswidrig. Gegen die rechtswidrige Maßnahme der Polizei- oder Ordnungsbehörde kommen Schadensersatzansprüche des Bürgers in Betracht.

---

[207] *Schenke*, POR, Rn. 88; *ders.*, in: Festschrift für Friauf, 1996, S. 496 ff.
[208] Vgl. *Pieroth/Schlink/Kniesel*, POR, § 4, Rn. 59 ff.
[209] Vgl. BVerwGE 39, 190 (193 f.) auf der damaligen Rechtsgrundlage des Bundesseuchengesetzes.

142 | **Beispiel:**
Ein Filmteam dreht einen Banküberfall. Eine Genehmigung zur Absperrung des Sets wurde eingeholt, überall stehen Gerätschaften und Kameras. Ein Eingreifen der Polizeibehörden ist rechtswidrig, weil keine Anhaltspunkte für das tatsächliche Vorliegen einer Gefahr bestehen (Variation des Beispiels von oben zur Anscheinsgefahr).

Abstrakte Gefahr

143 Eine abstrakte Gefahr bezeichnet einen Sachverhalt, der typischerweise mit hinreichender Wahrscheinlichkeit zum Eintritt eines Schadens führt.[210] Sie betrifft nicht die Verletzung eines Rechtsgutes im Einzelfall, sondern zielt auf die Verhinderung wahrscheinlicher Störungen in einer Vielzahl von Fällen.[211] Mittel zur Verhinderung einer abstrakten Gefahr sind abstrakt-generelle Maßnahmen, also der Erlass von Rechtsverordnungen (s.u. 9. Kap. Rn. 18).[212] Urheber solcher Verordnungen sind regelmäßig die Ordnungsbehörden, die vorrangig mit der Abwehr abstrakter Gefahren betraut sind. Zwar ist im Fall einer abstrakten Gefahr der Nachweis verzichtbar, dass im Einzelfall eine Gefahr droht (so bei der konkreten Gefahr). Auch die abstrakte Gefahr bedarf aber einer in tatsächlicher Hinsicht genügend abgesicherten Prognose. Ein bloßes Gefühl der Unsicherheit genügt nicht.[213] Grundlage der Prognoseentscheidung ist das Vorliegen hinreichender Anhaltspunkte, welche den Schluss rechtfertigen, dass der Eintritt von Schäden droht.[214]

144 | **Beispiel:**
Mehrere frei zugängliche Burgruinen in einem Landkreis in der Pfalz können nicht umfassend gesichert werden, weil der Aufwand zu groß wäre. Die zuständige Ordnungsbehörde erlässt eine Verordnung, wonach das Balancieren auf den Außenmauern und das Mitnehmen von Steinen aus dem Gemäuer in solchen Ruinen verboten sind. Entsprechende Hinweisschilder werden aufgestellt.

Konkrete Gefahr

145 Die konkrete Gefahr besteht im Einzelfall, wenn die hinreichende Wahrscheinlichkeit eines Schadenseintritts vorliegt.[215] Sofern die gesetzlichen Befugnisnormen von Gefahr ohne weitere qualifizierende Merkmale sprechen, meinen sie eine konkrete Gefahr.[216] Dies ist regelmäßig bei den Standardmaßnahmen der Fall. Die

---

[210] Legaldefinition in § 2 Nr. 2 NdsSOG; § 3 Nr. 3 lit. f SOG LSA; § 54 Nr. 3 lit. E ThürOBG.

[211] *Götz*, POR, Rn. 140 ff.; *Knemeyer*, POR, Rn. 91.

[212] BVerwG, DÖV 1970, 713 (715).

[213] NdsOVG, NdsVBl. 2005, 130, LS 1.

[214] BVerwGE 116, 347 (352).

[215] BVerwGE 116, 347 (351); Legaldefinitionen in § 2 Nr. 3 lit. a BremPolG; § 3 Abs. 3 Nr. 1 SOG MV; § 2 Nr. 1 lit. a NdsSOG; § 3 Nr. 3 lit. a SOG LSA; § 54 Nr. 3 lit. a ThürOBG.

[216] *Knemeyer*, POR, Rn. 89.

konkrete Gefahr ist der Grundfall des Gefahrenbegriffs, auf den die weiteren Be-griffsbildungen aufbauen. Aufgrund ihrer quantitativen und begriffsleitenden Be-deutung, wird die rechtstaatliche und freiheitssichernde Funktion des Gefahrenbe-griffs bei der konkreten Gefahr besonders deutlich.[217] Gefahrenabwehr im Rechtsstaat kann nur unter Wahrung der Rechte des Einzelnen erfolgen. Dieser rechtsstaatlichen und grundrechtssichernden Funktion des Individualschutzes ist der Gefahrenbegriff verpflichtet.[218]

Notwendig ist eine Gefahrenprognose. Die vollständige Vorhersehbarkeit fol-gender Vollzugsakte kann der Begriff der konkreten Gefahr nicht gewährleisten,[219] da gerade die Reaktion auf unvorhergesehene Situationen ermöglicht werden soll.[220] Unsicherheiten im Hinblick auf den Grad der Wahrscheinlichkeit des Schadenseintritts sind unvermeidbar, denn die Entscheidung über das Vorliegen einer konkreten Gefahr ist letztlich Produkt einer Abwägung im Einzelfall unter Anwendung des Übermaßverbotes.[221]   **146**

Beispiel: **147**
In der Stadt K herrscht eine Rattenplage. Es ist nachgewiesen, dass durch Ratten in der letzten Zeit ansteckende Krankheiten übertragen wurden. Während eines Streifenganges sieht der Polizist B, dass der Punker P mit einer Ratte auf der Schulter in eine Kneipe gehen will. B verbietet dem P das Betreten der Gaststätte mit der Ratte. Die Beteuerun-gen des P, die Ratte sei zahm und diene seit Jahren als goldiges Haustier, helfen nicht. B stellt klar, dass angesichts der Rattenplage eine besondere Situation gegeben sei, welche die Maßnahme erforderlich mache. Es besteht die konkrete Gefahr, weil es hinreichend wahrscheinlich ist, dass die Ratte in der Gaststätte Schäden für die Gesundheit auslöst. Das Schutzgut der Gesundheit wird durch das IfSG konkretisiert, das für die zuständi-gen Ordnungsbehörden in § 16 IfSG eine allgemeine Eingriffsermächtigung enthält.

Unter Gefahr ist auch dann eine konkrete Gefahr zu verstehen, wenn der Begriff in speziellen Gesetzen, die auf die Abwehr von Gefahren abzielen, verwendet wird. Für jede Ermächtigungsgrundlage ist allerdings der systematische und teleologi-sche Zusammenhang zu beachten, der ein bestimmtes Verständnis der Gefahr be-inhalten kann. Bei der Subsumtion muss auf die spezifischen Tatbestandsmerkma-le der Vorschrift abgestellt werden.   **148**

Beispiel: **149**
In § 16 Abs. 1 IfSG ist festgehalten, dass Tatsachen, die zum Auftreten einer übertrag-baren Krankheit führen können, anzunehmen sein müssen. Folglich ist auf die Begriffs-bestimmung der übertragbaren Krankheit nach § 2 Nr. 3 IfSG hinzuweisen. Ein beson-deres Recht, Grundstücke oder Räume zu betreten, enthält § 16 Abs. 2 IfSG. Die zuständige Behörde wird nach § 54 IfSG vom Landesrecht benannt. Bei Gefahr im Ver-zug kann das Gesundheitsamt selbst die erforderlichen Maßnahmen anordnen (§ 16 Abs. 7 Satz 1 IfSG).

---

[217] Vgl. *Butzer*, VerwArch 93 (2002), S. 506; *Kugelmann*, DÖV 2003, 781 (783); überaus kritisch *O. Müller*, StV 1995, 602.
[218] BVerwG, DÖV 2003, S. 81 (82).
[219] VerfG LSA, NVwZ 2002, 1370 (1372).
[220] Zu einem Aufenthaltsverbot aufgrund der Generalklausel VGH BW, VBlBW 2003, 31.
[221] *Friauf*, PolR, Rn. 51.

Gegenwärtige, erhebliche, dringende und gemeine Gefahr[222]

150   Vom begrifflichen Ausgangspunkt der konkreten Gefahr aus sind mehrere Steigerungsformen möglich. Dabei wird nach Intensitätsstufen gesteigert. Kriterien sind die Nähe des Schadenseintritts und die Qualität des gefährdeten Rechtsguts. Gerade in speziellen Gesetzen kann der Gesetzgeber für spezielle Situationen spezielle Stufen der Gefahr vorsehen, um das Eingreifen der Polizei- oder Ordnungsbehörden unterschiedlich hohen Anforderungen zu unterwerfen. Das Erfordernis einer stärkeren Gefahrenstufe kann dazu dienen, stärkere Eingriffe in Rechtsgüter der Bürger zu rechtfertigen.

151   Die *gegenwärtige Gefahr* beschreibt einen Zustand, bei der die Einwirkung des schädigenden Ereignisses begonnen hat oder unmittelbar bevorsteht.[223] Da der Schaden zu einem nahen Zeitpunkt droht, kann der Schadenseintritt nicht ohne Hilfe Dritter abgewendet werden.[224] Daher ist die Gegenwärtigkeit in vielen Landespolizeigesetzen Voraussetzung für die Inanspruchnahme von unbeteiligten Dritten (sog. „Nichtstörern", s.u. 8. Kap. Rn. 81 ff.). In ähnlicher Weise ist der Begriff der *unmittelbaren Gefährdung*, den etwa § 15 Abs. 1 VersG im Zusammenhang von Maßnahmen gegen Versammlungen gebraucht, dahin zu verstehen, dass die Sachlage bei ungehindertem Geschehensablauf mit hoher Wahrscheinlichkeit zu einem Schaden für ein Schutzgut führt.[225] Maßgebliches Kriterium ist die zeitliche Nähe des Schadenseintritts.[226]

152   Eine *erhebliche Gefahr* ist eine Gefahr für ein bedeutsames Rechtsgut.[227] Diese Steigerungsform der konkreten Gefahr knüpft an die Bewertung des zu schützenden Rechtsgutes durch die Rechtsordnung an. Die Legaldefinitionen nennen als besonders wichtige Rechtsgüter insbesondere den Bestand des Staates, Leben, Gesundheit und Freiheit sowie wesentliche Vermögenswerte.

153   Eine *dringende Gefahr* ist eine Gefahr für ein bedeutsames Rechtsgut, die aber nicht unbedingt unmittelbar bevorsteht.[228] Im Vordergrund steht die Bedeutung des Rechtsgutes für die Allgemeinheit, nicht allein die zeitliche Nähe.[229] Dieses Erfordernis stellt Art. 13 Abs. 4 und 7 GG auf, um Maßnahmen aufgrund eines Gesetzes zu erlauben.

154   Auch den Begriff der *gemeinen Gefahr* verwendet Art. 13 Abs. 4 und 7 GG, wobei es um die Rechtfertigung von Maßnahmen ohne gesetzliche Konkretisierung geht, die unmittelbar aufgrund der Verfassung vorgenommen werden kön-

---

[222] *Denninger*, in: Lisken/Denninger, E 42 ff.

[223] Legaldefinitionen in § 3 Nr. 2 lit. b BremPolG § 3 Abs. 3 Nr. 2 SOG MV; § 2 Nr. 1 lit. b NdsSOG; § 3 Nr. 3 lit. b SOG LSA; § 54 Nr. 3 lit. b ThürOBG.

[224] *Gusy*, POR, Rn. 130.

[225] BVerfGE 69, 315 (353 f.).

[226] *Schenke*, POR, Rn. 78.

[227] Legaldefinitionen in § 3 Nr. 2 lit. c BremPolG; § 3 Abs. 3 Nr. 3 SOG MV; § 2 Nr. 1 lit. c NdsSOG; § 3 Nr. 3 lit. c SOG LSA; § 54 Nr. 3 lit. c ThürOBG.

[228] *Knemeyer*, POR, Rn. 94.

[229] BVerwGE 47, 31 (40); BbgVerfGH, LKV 1999, 450 (463); LVerfG MV, LKV 2000, 345 (350) = DÖV 2000, 71 = DVBl. 2000, 262; a.A. *Schenke*, POR, Rn. 78.

nen. Die Vorschrift stellt die gemeine Gefahr in einen Zusammenhang mit der Lebensgefahr und unterstreicht damit, dass es sich um eine weitgehende Steigerung der Gefahr handelt, die ein Vorgehen der Behörden nur unter höchsten Anforderungen zulassen soll. Im Fall einer gemeinen Gefahr droht ein Schaden für eine unbestimmte Vielzahl von Personen oder erhebliche Sachwerte und es ist ein unüberschaubares Gefahrenpotenzial vorhanden.[230]

Gefahr im Verzug und Gefahr für Leib und Leben

Die *Gefahr im Verzug* knüpft an die zeitliche Unmittelbarkeit des drohenden Schadenseintrittes und die Effektivität der Gefahrenabwehr an.[231] Ohne ein sofortiges Eingreifen der Polizei würde der Schaden eintreten. Die grundsätzlich vorgeschriebene Einschaltung einer Behörde oder eines Richters ist nicht mehr rechtzeitig vor dem zu erwartenden Schadenseintritt möglich.[232] Im Fall der Gefahr im Verzug verfügen im Zusammenhang der Strafverfolgung die Staatsanwaltschaft und sogar die Polizei über Eilzuständigkeiten, die dazu führen, dass die an sich notwendige Anordnung der Maßnahme durch den Richter nachträglich eingeholt werden kann.[233] Im Verhältnis zu anderen Behörden der Gefahrenabwehr begründet eine Gefahr im Verzug die Eilzuständigkeit der Polizei(vollzugs)behörden (vgl. § 1 Abs. 1 Satz 3 PolG NW; s.o. 4. Kap., Rn. 74 ff.). Die Tatbestandsvoraussetzung führt zur Verschiebung von Zuständigkeiten zu Gunsten der Polizei.[234]   **155**

Eine *Gefahr für Leib und Leben* liegt vor, wenn nicht nur eine leichte Schädigung oder Körperverletzung, sondern eine schwere Körperverletzung oder der Tod drohen.[235] Das Begriffsverständnis liegt auch Vorschriften wie den §§ 34, 35 StGB zu Grunde. Die Wahrscheinlichkeit des Schadenseintritts besteht nur hinsichtlich der Rechtsgüter von Leben und körperlicher Unversehrtheit (Art. 2 Abs. 2 Satz 1 GG).   **156**

„Latente Gefahr" – keine Gefahr

Der Begriff der latenten Gefahr sollte nicht verwendet werden, da er die Beurteilung nach Polizei- und Ordnungsrecht eher erschwert als erleichtert. In der Vergangenheit wurde unter einer latenten Gefahr eine Sachlage verstanden, die erst durch das Hinzutreten weiterer Umstände zu einer Gefahr mutiert, ohne dass sich die Sachlage als solche geändert hätte. Erst durch eine Veränderung der Umwelt kommt es zu der konkreten Gefahr, ohne dass sich der nunmehr störende Gegen-   **157**

---

[230] S. zu Art. 13 GG LVerfG MV, LKV 2000, 345 (350) = DÖV 2000, 71 = DVBl. 2000, 262.

[231] Legaldefinition in § 3 Nr. 6 SOG LSA; § 2 Nr. 4 NdsSOG; § 54 Nr. 5 ThürOBG.

[232] *Knemeyer*, POR, Rn. 94.

[233] *Hellmann*, Strafprozessrecht, II, § 3, Rn. 64.

[234] *Gusy*, POR, Rn. 128.

[235] Legaldefinitionen in § 3 Nr. 2 lit. d BremPolG; § 2 Nr. 1 lit. d NdsSOG; § 3 Nr. 3 lit. d SOG LSA; § 54 Nr. 3 lit. d ThürOBG.

stand substantiell verändert hätte.[236] Solange die Veränderungen nicht geschehen, liegt in einer solchen Situation, in der die Sachlage eben noch nicht die Wahrscheinlichkeit eines Schadenseintritts in sich birgt, nach einhelliger Auffassung keine Gefahr vor.[237] Daher darf die Polizei- oder Ordnungsbehörde nicht einschreiten. Es kann nur geprüft werden, ob im Zeitpunkt der Verfügung eine Gefahr besteht.

158

> **Beispiel** (Standardfall: Schweinemästerei):[238]
> Der Kläger ist Eigentümer eines seit Jahrzehnten bestehenden landwirtschaftlichen Betriebes, der im Wesentlichen eine Schweinemästerei enthält. Im Laufe der Jahre rückt die Bebauung immer näher an seinen Betrieb heran. Auf Beschwerden der Nachbarn verbietet die Behörde dem Kläger das Weiterbetreiben der Schweinemästerei, weil sie gesundheitliche Gefahren aufgrund der Gerüche, Fliegen und Ratten mit sich bringe. Die Klage blieb ohne Erfolg.
> Die Begründung des Gerichts sollte nur als abschreckendes Beispiel für die Vermischung polizeirechtlicher Kategorien gelesen werden: Die Beibehaltung eines derartigen Betriebes störe das gedeihliche menschliche Zusammenleben. Die Schweinemästerei berge latent vorhandene Gefahren, die mit zunehmender Bebauung verwirklicht würden und damit einen polizeiwidrigen Zustand herbeiführten, selbst wenn der Betrieb bei seiner Errichtung ordnungsgemäß gewesen sei.
> Dem Gericht ist zugute zu halten, dass zum Zeitpunkt der Entscheidung das Immissionsschutzrecht lange nicht die heutige Dichte erreicht hatte.

159 Trotz seiner Überflüssigkeit kommt der Begriff in der polizeirechtlichen Rechtsprechung noch gelegentlich vor.[239] In den Konstellationen, in denen derartige Risikoerhöhungen eintreten, kommen nach heutiger Rechtslage regelmäßig Spezialgesetze zur Anwendung. Die Fragen, um die es geht, sind Gegenstand des Umweltrechts oder des Rechts der Bauleitplanung. Wird ein Grundstück in einer bestimmten Weise genutzt, die Risiken zur Folge hat, deren Hinnehmbarkeit durch das Hinzutreten weiterer Umstände in Frage gestellt wird, nehmen spezialgesetzliche Regelungen die Risikobewertung und den Interessenausgleich vor. Sie gewähren zugleich Bestandsschutz und eventuell Entschädigungsansprüche. Eines Rückgriffs auf das allgemeine Polizei- und Ordnungsrecht bedarf es in aller Regel nicht.

160

> **Beispiel:**
> Eine Schweinemästerei ist nach geltendem Recht eine genehmigungsbedürftige Anlage (§ 4 BImSchG i.V.m. der 4. BImSchV, Anhang Ziff. 7.1.). Nach § 17 BImSchG kann die zuständige Behörde nachträgliche Anordnungen treffen, um die Erfüllung der umweltrechtlichen Pflichten sicherzustellen. Im Rahmen der Verhältnismäßigkeitsprüfung sind dabei eine Reihe von besonderen Aspekten wie der Aufwand zur Befolgung der Anordnung oder die Art, Menge und Gefährlichkeit der von der Anlage ausgehenden Emissionen zu beachten. Wenn die Behörde die rechtmäßige Genehmigung zum Betrieb

---

[236] *Knemeyer*, POR, Rn. 99.

[237] *Schenke*, POR, Rn. 79.

[238] OVGE 11, 250.

[239] Vgl. OVG RP, DÖV 1998, 162 = DVBl. 1998, 103.

der Anlage gem. § 21 Abs. 1 BImSchG widerrufen würde, stünde dem Betroffenen ein Anspruch auf Entschädigung nach § 21 Abs. 4 BImSchG zu. Darin liegt eine Inhalts- und Schrankenbestimmung nach Art. 14 Abs. 1 Satz 2 GG.[240]

3. Die vorbeugende Bekämpfung von Straftaten – Maßnahmen im Vorfeld

3.1. Gesetzliche Aufgabennormen und ihre Gestaltung

Die Aufgaben der Polizeibehörden im Vorfeld des Eintretens einer konkreten Gefahr sind erweitert worden.[241] An die Seite der Gefahrenabwehr sind die Aufgaben getreten, die vorbeugende Bekämpfung von Straftaten zu betreiben und damit nach einigen Landesgesetzen auch Vorsorge für die Verfolgung künftiger Straftaten zu treffen (in der jüngsten Gesetzesnovelle bewusst beibehalten in § 1 Abs. 2 SOG MV). Den Begriff der Gefahrenvorsorge, der wenig präzise als Oberbegriff für die Vorfeldaktivitäten der Polizeibehörden verstanden werden kann, gebrauchen die Gesetze nicht.[242] Die Zuordnung insbesondere der Verfolgungsvorsorge zum Polizeirecht oder zum Recht der Strafverfolgung ist umstritten.[243] Von dieser Zuordnung hängt die Gesetzgebungskompetenz ab. Der Landesgesetzgeber ist nur zuständig, soweit nicht dem Bundesgesetzgeber die Kompetenz zusteht und er gegebenenfalls von seinen konkurrierenden Kompetenzen Gebrauch gemacht hat (Art. 70 Abs. 1, Art. 72 Abs. 1 GG). Es geht darum, ob die Aufgaben und Befugnisse in den Landespolizeigesetzen oder der (Bundes-) Strafprozessordnung angesiedelt werden müssen.   **161**

Die Aufgabenumschreibungen einer Reihe von Landespolizeigesetzen enthalten Regelungen zu Vorfeldtätigkeiten der Polizeibehörden,[244] die sich wiederum in der Formulierung voneinander unterscheiden.[245] Dagegen haben Länder wie Baden-Württemberg, Bayern, Hamburg, das Saarland und Schleswig-Holstein die vorbeugende Bekämpfung von Straftaten nicht ausdrücklich in den Bestimmungen über die Polizeiaufgaben aufgeführt, sondern die Aufgabenvorschriften ihrer Gesetze bei der klassischen Formulierung der Gefahrenabwehr belassen. In Schles-   **162**

---

[240] *Kühling*, in: Kotulla, Bundes-Immissionsschutzgesetz, Stand: März 2005, Kennz. 100.21, Rn. 20.

[241] Vgl. *Möstl*, DVBl. 2007, 581; *Waechter*, JZ 2002, 854 (855).

[242] Kritisch zu den Begriffen in den Gesetzen *Schenke*, POR, Rn. 12. Bemühungen um Begriffspräzisierungen bei *Knemeyer*, in: Festschrift für Rudolf, 2001, S. 483 (488).

[243] Eingehend *Albers*, Straftatenverhütung, S. 121 ff.; *Aulehner*, Informationsvorsorge, S. 47 ff.; zu Gefahr und Risiko *diFabio*, Jura 1996, 566.

[244] § 1 Abs. 3 BerlASOG; § 1 Abs. 1 Satz 2 BbgPolG; § 1 Abs. 4 HessSOG; § 7 Abs. 1 Nr. 4 SOG MV; § 1 Abs. 1 Satz 2 PolG NW; § 1 Abs. 1 Satz 3 NdsSOG; § 1 Abs. 1 Satz 3 POG RP; § 1 Abs. 1 Satz 2 Nr. 2 SächsPolG; § 2 Abs. 1 Satz 2 ThürPAG.

[245] Zur Verwendung der Begriffe in den Landesgesetzen *Rachor*, in: Lisken/Denninger, F Rn. 164 ff.; *Schoch*, POR, Rn. 12.

wig-Holstein findet sich die Formulierung, dass die Polizei aus gegebenem Anlass zum Zweck der Gefahrenabwehr ermitteln darf (§ 168 Abs. 1 Nr. 1 LVwG).

163   Die erweiterten Gesetze spezifizieren die allgemeine Aufgabe der Gefahrenabwehr, indem der Polizei im Rahmen dieser Aufgabe die vorbeugende Bekämpfung von Straftaten übertragen wird. Die vorbeugende Bekämpfung von Straftaten umfasst nach dem gesetzgeberischen Sprachgebrauch in einigen Landesgesetzen die Verhütung von Straftaten und die Vorsorge für die Verfolgung von Straftaten.[246] Allerdings ist die Verfolgungsvorsorge auf dem Rückzug. Sie kommt etwa in der Neufassung des § 1 Abs. 1 PolG NW nicht mehr vor, weil der Landesgesetzgeber die Verfolgung künftiger Straftaten zur bundesrechtlichen Strafverfolgung rechnet und gestrichen hat.[247]. Die Verhütung von Straftaten, nicht aber die Verfolgungsvorsorge zählt zu den Aufgaben der Bundespolizei (§ 1 Abs. 5 BPolG). Über eine parallele Regelung verfügt Bremen (§ 1 Abs. 1 Satz 3 BremPolG). In Bayern gilt eine vor die Klammer gezogenen Regelung, wonach die Polizei Maßnahmen zur Verhütung von Straftaten treffen darf, die zur Gefahrenabwehr notwendig sind (Art. 11 Abs. 2 Satz 1 Nr. 1 BayPAG). In allen Landespolizeigesetzen finden sich Bestimmungen über Befugnisse der Polizei(vollzugs)behörden im Vorfeld einer konkreten Gefahr, die etwa den Einsatz von V-Leuten, die Videoüberwachung und insbesondere die polizeiliche Informationsvorsorge betreffen.[248]

164   Diese Regelungen zur Präzisierung oder Erweiterung von Aufgaben und Befugnissen sind zumeist geschaffen geworden, nachdem das Bundesverfassungsgericht im Volkszählungs-Urteil das Recht auf informationelle Selbstbestimmung (Art. 2 Abs. 1 i.V.m. Art. 1 Abs. 1 GG) entwickelt hat.[249] Als Eingriff in ein Grundrecht bedürfen die allermeisten polizeilichen Informationstätigkeiten einer gesetzlichen Grundlage. Das Sammeln von Informationen erfolgt oft im Vorfeld konkreter Gefahren.[250] Dies führte zur Normierung der Informationseingriffe und der polizeilichen Vorfeldtätigkeiten.[251]

165   Soweit die gesetzliche Aufgabenzuweisung nicht erweitert wurde, ist für die Eröffnung des Aufgabenfeldes auf die allgemeine Abwehr von Gefahren für die öffentliche Sicherheit zurückzugreifen. Nach jedem Polizeigesetz muss ein Informationseingriff auf eine bestimmte Befugnisnorm gestützt werden. Landespolizeigesetze, die keine Erweiterung der allgemeinen Aufgabenzuweisung kennen, stellen die vorbeugende Bekämpfung von Straftaten als Voraussetzung bestimmter Befugnisnormen auf. In Baden-Württemberg,[252] dem Saarland[253] und Schleswig-

---

[246] Vgl. § 1 Abs. 4 HessSOG; § 1 Abs. 1 Satz 3 POG RP; § 2 Abs. 1 Satz 2 ThürPAG.

[247] *Sachs/Krings*, NWVBl. 2010, 165 (170).

[248] Vgl. *Gusy*, POR, Rn. 198; *Schoch*, POR, Rn. 13.

[249] BVerfGE 65, 1.

[250] Aus strafprozessualer Sicht *Weßlau*, Vorfeldermittlungen, 1989, S. 110 ff., mit der These, die Polizei habe ein drittes, selbständiges Aufgabengebiet erlangt.

[251] *Knemeyer*, in: Festschrift für Rudolf, 2001, S. 483 (486 f.).

[252] § 20 Abs. 3, § 22 Abs. 2, § 26 Abs. 1 Nr. 2-6, § 38 Abs. 1 PolG BW.

[253] § 9a (bezogen auf die grenzüberschreitende Kriminalität), § 10 Abs. 1 Nr. 2, §§ 28, 30 Abs. 2 SaarlPolG.

Holstein[254] geschieht dies bereichsbezogen. In Hamburg ist die vorbeugende Bekämpfung von Straftaten von vornherein auf die Erhebung und Verarbeitung von
Daten beschränkt.[255]

Die Rechtmäßigkeit der polizeilichen Maßnahme entscheidet sich an der **166**
Rechtmäßigkeit und rechtmäßigen Anwendung der Befugnisnorm. Allerdings
kann diese formell rechtswidrig sein, wenn der Landesgesetzgeber schon nicht
über die Kompetenz für den Erlass einer solchen Regelung verfügte.

3.2. Vorbereitung auf die Gefahrenabwehr

Die Mehrzahl der Landesgesetze weist der Polizei ausdrücklich die Aufgabe zu, **167**
im Rahmen der Gefahrenabwehr Vorbereitungen für das Handeln in Gefahrenfällen zu treffen.[256] Darin liegt eine Präzisierung, aber keine Erweiterung der
polizeilichen Aufgaben.[257] Das Fehlen einer ausdrücklichen generellen Vorschrift
in Baden-Württemberg, Bayern, Hamburg, dem Saarland, Schleswig-Holstein o-
der im BPolG bedeutet daher nicht, dass die Polizei nicht vorbereitend tätig werden darf, sondern zählt die Vorbereitung zur generellen Aufgabe Gefahrenabwehr.
Die Vorbereitungshandlungen fallen unter den weiteren Begriff der Gefahrenvorsorge. Immerhin kann bei der Auslegung der einzelnen Befugnisnormen im Hinblick auf deren Nutzung für Vorfeldtätigkeiten dann ein restriktiveres Verständnis
angezeigt sein, wenn die Aufgabenzuweisung nicht entsprechend präzisiert ist.

Es ist eine Selbstverständlichkeit, dass die Polizei- und Ordnungsbehörden **168**
nicht unvorbereitet auf den Gefahrenfall warten müssen, sondern sich in die Lage
versetzen dürfen und sollen, schnell zu reagieren.[258] Aktivitäten zur Vorbereitung,
um Gefahren effektiv bekämpfen zu können, gehören dem Grunde nach auch zum
Tätigkeitsfeld der Ordnungsbehörden im Rahmen ihrer Aufgaben. Solange kein
Eingriff in Rechte der Bürger vorgenommen wird, reicht die Aufgabenzuweisung
als Rechtsgrundlage für das behördliche Tätigwerden aus.

> **Beispiele:** **169**
> Im Rahmen eines Kriminalitäts-Vorbeugungsprogramms suchen Beamte der Kriminal-
> polizei die Filialstellenleiter der örtlichen Banken auf, um sie über die neuesten Ent-
> wicklungen auf dem Gebiet der technischen Überwachung von Schalterhallen zu unter-
> richten. Um für den Fall eines Banküberfalls gerüstet zu sein, legt die zuständige
> Polizeibehörde fest, wo Kontrollstellen eingerichtet werden müssten.

---

[254] § 183 Abs. 1 Satz 3, § 189 Abs. 1 LVwG SH.

[255] § 1 Abs. 1 Satz 2 Nr. 1 HbgDatPolG.

[256] § 1 Abs. 1 Satz 2 BerlASOG; § 1 Abs. 1 Satz 2 BremPolG; § 1 Abs. 1 Satz 2 HessSOG;
§ 7 Abs. 1 Nr. 4 SOG MV; § 1 Abs. 1 Satz NdsSOG; § 1 Abs. 1 Satz 2 PolG NW;
§ 1 Abs. 1 Satz 2 POG RP; § 1 Abs. 1 Satz 1 Nr. 3 SächsPolG; § 2 Abs. 1 Satz 2 Thür-
PAG.

[257] Mit anderem Begriffsverständnis kritisch gegen eine Befugniserweiterung *Denninger*,
in: Lisken/Denninger, E Rn. 187.

[258] *Götz*, POR, § 17 Rn. 21.

> Eine spezialgesetzliche Regelung für Vorbereitungsmaßnahmen enthält das Recht des Katastrophenschutzes, wonach das Aufstellen von Alarm- und Einsatzplänen Aufgabe der zuständigen Ordnungsbehörden ist (§§ 4, 5 Brand- und KatastrophenschutzG RP).

170   Die Vorbereitung zur Gefahrenabwehr betrifft vorrangig das Sammeln und Vorhalten von Informationen. Dann können Eingriffe in das Recht auf informationelle Selbstbestimmung vorliegen. Spezielle Eingriffsbefugnisse enthalten die Regelungen des Polizei- und Ordnungsrechts über die Erhebung und Verwaltung von personenbezogenen Daten. So räumt § 11 PolG NW[259] der Polizei die Befugnis ein, personenbezogene Daten zur Vorbereitung für die Hilfeleistung und das Handeln in Gefahrenfällen zu erheben. Aufgrund des § 24 Nr. 3 OBG NW ist auch die Ordnungsbehörde dazu befugt. Sofern im jeweiligen Landesrecht keine spezifische Ermächtigung besteht, können einschlägige Maßnahmen auf die allgemeinen Befugnisse zur Erhebung und Verwaltung von Daten gestützt werden, deren Reichweite im einzelnen Fall zu klären ist.

171
> **Beispiel:**
> Führt die Polizei eine Liste mit Namen und Adressen des Hausmeisters und Betriebsingenieurs des örtlichen Wasserwerks, um diese im Störfall benachrichtigen zu können, reicht die Aufgabenzuweisung als Rechtsgrundlage nicht. Ebenso wenn die Polizei eine Liste der diensthabenden Ärzte führt, auch wenn sie diese der Tageszeitung entnimmt, aber die Liste in einer Computerdatei archiviert.

3.3. Verhütung von Straftaten und Verfolgungsvorsorge

172   Die Verhütung von Straftaten ist eine Aufgabe der Polizei. Solange die Straftaten noch nicht begangen worden sind, handelt es sich dem Grunde nach um Prävention.[260] Allerdings kann die repressive Tätigkeit der Strafverfolgung Vorwirkungen auf die Tätigkeiten der zuständigen Behörden entfalten. An dieser Nahtstelle zwischen präventiven und repressiven Aufgaben steht die vorbeugende Bekämpfung von Straftaten. Sie betrifft die Methoden der Aufklärung und Verhütung zukünftiger Delikte. Im Mittelpunkt der vorbeugenden Tätigkeiten stehen Erhebung und Verarbeitung von Informationen durch die Polizei.[261] Dabei bewegen sich die Behörden regelmäßig im Anwendungsbereich des Rechts auf informationelle Selbstbestimmung, das spezifische gesetzliche Regelungen des Datenschutzes erfordert.

173   Die Gefahrenabwehr setzt ebenso Informationen über die Sachlage voraus wie die Strafverfolgung. Erst wenn genügend Informationen vorhanden sind, kann beurteilt werden, ob eine konkrete Gefahr vorliegt, die zur Wahrnehmung weiterer Befugnisse durch die Polizei- und Ordnungsbehörden berechtigt. Im Rahmen der Strafverfolgung werden Informationen benötigt, um den Täter ermitteln zu können. Diese werden nicht sämtlich für jedes Ermittlungsverfahren neu gesammelt,

---

[259] Ebenso z.B. Art. 31 Abs. 2 BayPAG; § 31 Abs. 3 NdsSOG; § 179 Abs. 4 LVwG SH.
[260] *Waechter*, JZ 2002, 854 (856).
[261] *Möstl*, DVBl. 2007, 581 (584); *Knemeyer*, in: Festschrift für Rudolf, 2001, S. 483 (493).

sondern teilweise vorgehalten. Lichtbilder oder Fingerabdrücke von Personen, die der Polizei zur Verfügung stehen, sollen eine zügige und effektive Strafverfolgung ermöglichen. Allerdings zeigt die einschlägige Rechtsgrundlage des § 81b StPO, dass Überschneidungen von präventiven und repressiven Zielsetzungen unausweichlich eintreten und zu Zweifeln an der Vereinbarkeit mit dem Verfassungsrecht führen.[262]

Der Ansatzpunkt für die Beurteilung der Verfassungsmäßigkeit ist die *Kompetenzabgrenzung* zwischen dem für das Strafrecht und die Strafverfolgung zuständigen Bund und den für das Polizei- und Ordnungsrecht zuständigen Ländern. Im Zusammenhang des Polizeirechts ist zwischen der Verhütung von Straftaten und der Vorsorge für die Verfolgung künftiger Straftaten zu trennen. Der Sprachgebrauch ist allerdings nicht ganz einheitlich.   **174**

Die *Verhütung von Straftaten* bezeichnet die Aufgabe der Polizei, die Verletzung strafrechtlicher Vorschriften zu verhindern. Diese Aufgabe trägt präventiven Charakter, gehört damit zum Polizei- und Ordnungsrecht und liegt in der gesetzgeberischen Zuständigkeit der Länder. Darüber besteht weitgehende Einigkeit.[263] Die Befugnisse zur Erfüllung dieser Aufgabe sind gesondert in den Polizeigesetzen festgelegt und stellen unterschiedliche Anforderungen auf. Wenn und soweit die Voraussetzungen der Befugnisnormen erfüllt sind, können die Polizeibehörden Maßnahmen zur Verhütung von Straftaten treffen. Maßnahmen, die keiner konkreten Gefahr bedürfen, wie die Schleierfahndung oder die Videoüberwachung, müssen besonders streng auf ihre Rechtmäßigkeit und ihre Vereinbarkeit mit dem Prinzip der Verhältnismäßigkeit geprüft werden.[264]   **175**

Umstritten ist dagegen die Zuordnung der *Vorsorge für die Verfolgung künftiger Straftaten.* Teil der übergeordneten Gefahrenvorsorge können Tätigkeiten zur Verfolgung von Straftaten sein, wenn diese sich konkret abzeichnen. Handlungen der Polizeibehörden können aber auch das Vorhalten von Dateien oder andere Maßnahmen umfassen, die auf die Vorsorge für die Verfolgung in ungewisser Zukunft bevorstehender Straftaten abzielen. Die inhaltlich identische Maßnahme kann einmal die Bekämpfung einer konkreten Gefahr bezwecken und damit unproblematisch als polizeirechtlich qualifiziert werden und in einer anderen Konstellation der Strafverfolgung dienen.   **176**

Beispiele: **177**
Der Einsatz von V-Leuten und agents provocateurs; die Aufbewahrung erkennungsdienstlicher Unterlagen; die Observation von Personen; die Errichtung von Kontrollstellen; das Betreten von Wohnungen; Lauschangriffe.

Nach gelegentlich vertretener Auffassung ist der polizeiliche Handlungsraum in gegenständlicher Hinsicht durch die Gefahrenvorsorge und die vorbeugende Be-   **178**

---

[262] BVerfGE 47, 239 (252).

[263] BVerfGE 113, 348 (368 ff.); BVerwG, NJW 1990, 2765 (2766) und NJW 1990, 2768 (2769); *Denninger*, in: Lisken/Denninger, E Rn. 164, 187; *Würtenberger*, in: Achterberg/Püttner, § 21, Rn. 30.

[264] *Schenke*, POR, Rn. 10.

kämpfung von Straftaten derart erheblich erweitert worden, dass die Polizei ein *drittes selbständiges Aufgabengebiet* erlangt hat.[265] Sie zieht die Konsequenz aus den Zuordnungsschwierigkeiten, die im Hinblick auf Vorfeldtätigkeiten der Polizei. Die treffende Beschreibung darf aber nicht zur Aufgabe von Kategorien führen, an die rechtsstaatliche Sicherungen anknüpfen.[266] Unter rechtsdogmatischen Gesichtspunkten ist daher an der grundsätzlichen Zweiteilung in Gefahrenabwehr und Strafverfolgung festzuhalten.

179   Die Handlungen zur Verhütung von Straftaten oder zu Verfolgungsvorsorge zielen zumeist auf die Schöpfung oder Konkretisierung von Verdachtsmomenten.[267] Der Zusammenhang zu den insoweit oftmals beschränkten Befugnissen darf nicht übersehen werden. Angesichts der zentralen Rolle der Datenerhebung und Datenverarbeitung und der zunehmenden technischen Möglichkeiten können die Maßnahmen, z.B. Eingriffe in die Telekommunikation, durchaus eine *erhebliche Eingriffstiefe* erreichen. Maßnahmen zur vorbeugenden Bekämpfung von Straftaten können die Grundrechte der Bürger genau so intensiv berühren wie Maßnahmen zur Abwehr einer konkreten Gefahr.

180   Die Vorsorge für die Verfolgung künftiger Straftaten wird vom *Bundesverwaltungsgericht* und Teilen der Literatur zur Gefahrenabwehr gezählt.[268] Das Bundesverwaltungsgericht fasst die vorbeugende Verbrechensbekämpfung unter die allgemeine Aufgabe der Gefahrenabwehr, wobei es mehr behauptet als begründet, wenn es ausführt, Hinweise zur Gefahrenabwehr, zur Personenidentifizierung oder zur Eigensicherung der Polizei dienten nicht der Erforschung konkreter Straftaten, sondern der Gefahrenabwehr.[269] Für das Polizeirecht als Rechtsgrundlage spricht nach dieser Ansicht, dass im Fall der Vorsorge kein Anfangsverdacht im Sinne des § 152 Abs. 2 StPO vorliegt.[270]

181   Nach Auffassung des *Bundesverfassungsgerichts* und anderer Teile der Literatur ist die Vorsorge für die Verfolgung künftiger Straftaten aufgrund ihrer Zielrichtung zur Strafverfolgung zu rechnen.[271] Ziel ist die Einleitung eines Ermittlungsverfahrens.[272] Das Bundesverfassungsgericht hat eine niedersächsische

---

[265] *Gusy*, POR, Rn. 197; *Knemeyer*, POR, Rn. 15; *ders.*, in: Festschrift für Rudolf 2001, S. 483 (490); s. auch *Albers*, Straftatenverhütung, S. 252 ff.; dagegen *Möstl*, DVBl. 2007, 581 (584).

[266] *Götz*, POR, Rn. 88; *Schoch*, POR, Rn. 18.

[267] *Denninger*, in: Lisken/Denninger, E Rn. 194.

[268] *Götz*, POR, Rn. 86; *Pieroth*, VerwArch 88 (1997), S. 568 (574); *Pieroth/Schlink/ Kniesel*, POR, § 5, Rn. 5 f.; *Würtenberger*, in: Achterberg/Püttner, § 21, Rn. 99.

[269] BVerwG, NJW 1990, 2765 (2766 f.) und NJW 1990, 2768 (2769).

[270] Für die Notwendigkeit eines Anfangsverdachts als Voraussetzung für die Zuordnung zum gerichtlichen Verfahren *Gärditz*, Strafprozess und Prävention, 2003, S. 328, 331, 359, 429.

[271] BVerfGE 113, 348 (369 f.); dazu *Gusy*, NdsVBl. 2006, 65; kritisch *Schoch*, POR, Rn. 15; s. auch *Rachor*, in: Lisken/Denninger, F Rn. 165, 169 f.; *Sachs/Krings*, NWVBl. 2010, 165 (170); *Zöller*, Informationssysteme und Vorfeldmaßnahmen von Polizei, Staatsanwaltschaften und Nachrichtendiensten, 2002, S. 90 ff.

[272] *Rachor*, in: Lisken/Denninger, F Rn. 93 m.w.N.

Regelung zur vorbeugenden TK-Überwachung aufgehoben, weil es sich um bundesrechtlich zu regelnde Verfolgungsvorsorge handele. Die Vorschriften der StPO sind anwendbar, wenn der Zweck polizeilichen Tätigwerdens auf die Aufklärung oder Verfolgung begangener oder zukünftiger Straftaten gerichtet ist. Für die Verfolgungsvorsorge betreffend zukünftiger Straftaten sind die Polizeibehörden in ihrer Rolle als Strafverfolgungsorgan zuständig.

Die Vorsorge für die Verfolgung von Straftaten ordnet das Bundesverfassungs-   **182** gericht den Kompetenzen des Bundes für das Strafrecht und Strafverfahren nach Art. 74 Abs. 1 Nr. 1 GG zu.[273] Das Bundesverfassungsgericht stellt in seiner Rechtsprechung für die Zuordnung zur Landes- oder Bundeskompetenz wesentlich auf den Zweck der Regelung und den Sachzusammenhang mit der grundgesetzlichen Kompetenzvorschrift ab.[274]

Stellt man entgegen dem Bundesverfassungsgericht einem engen Verständnis   **183** des gerichtlichen Verfahrens nach Art. 74 Abs. 1 Nr. 1 GG die vorbeugende Bekämpfung von Straftaten insgesamt gegenüber, verfügen die Länder über die Kompetenz zur Regelung auch der Verfolgungsvorsorge.[275] Die Wahrung der Länderkompetenz für das Polizeirecht stellt die Verfolgungsvorsorge in den Rahmen der Gefahrenabwehr.[276] Dieser Ansatz berücksichtigt aber nicht hinreichend den Unterschied zwischen der landesrechtlichen Verhütung von Straftaten und der bundesrechtlich orientierten Vorsorge für die Straftatenverfolgung. Daher ist dem Bundesverfassungsgericht in seinem Ansatz zu folgen.

Es ist innerhalb der vorbeugenden Bekämpfung von Straftaten zwischen den   **184** Aufgabenentfaltungen zu differenzieren. Diese Differenzierungen spielen eine Rolle bei der Folgefrage, welche Maßnahmen auf die unterschiedlichen Entfaltungen gegründet werden können. Da es regelmäßig um Informationseingriffe und damit die Datenverarbeitung geht, können unterschiedliche Maßstäbe anzulegen sein. Die Schlüssigkeit der gesetzgeberischen Konzeptionen für die informationellen Befugnisse und die Regelungen der Zweckbindung und Zweckänderung beurteilt sich nach den Aufgaben. Der Unterschied zwischen Verhütung von Straftaten und Verfolgungsvorsorge kann zusätzliche Voraussetzungen für die Verarbeitung von Daten errichten und damit konkrete Konsequenzen für den Datenschutz haben.

In der *studentischen Fallbearbeitung* ist zunächst die Ermächtigungsgrundlage   **185** für ein Vorgehen der Polizei- oder Ordnungsbehörde zu suchen. Wenn im Sachverhalt Anhaltspunkte für eine verfassungsrechtliche Problematik zu finden sind, muss die Ermächtigungsgrundlage auf ihre Verfassungsmäßigkeit geprüft werden. Innerhalb der formellen Verfassungsmäßigkeit ist die Gesetzgebungskompetenz zu untersuchen und in diesem Zusammenhang die Zuordnung der Maßnahme zur Verhütung von Straftaten oder der Verfolgungsvorsorge. Unter verfassungsrechtlichen Vorzeichen kann dann zudem ein Verstoß gegen Grundrechte in Betracht kommen, insbesondere gegen Art. 10 GG oder das Recht auf informationelle

---

[273] BVerfGE 113, 348 (370); dazu *Gusy*, NdsVBl. 2006, 65.
[274] BVerfGE 109, 190 (215); 98, 265 (300).
[275] So *Schoch*, POR, Rn. 17 m.w.N.
[276] *Pieroth/Schlink/Kniesel*, POR, § 5 Rn. 6 ff.

Selbstbestimmung. Eine solche Übungsarbeit trüge stark verfassungsrechtlichen Charakter.

4. Der Anspruch auf polizeiliches Einschreiten

186   Alle Befugnisnormen der Polizei und Ordnungsbehördengesetze sind Kann-Vorschriften. Sie räumen den Behörden ein Ermessen ein. Die Gesetze in Bund und Ländern enthalten daher eine ausdrückliche Vorschrift, wonach die Polizei ihre Entscheidungen nach pflichtgemäßem Ermessen trifft und die auch die Auswahl zwischen mehreren in Betracht kommenden Mitteln regelt.[277] Das Opportunitätsprinzip erfasst sowohl das in dieser Regelung zum Ausdruck kommende Auswahlermessen wie das Entschließungsermessen.[278]

187   Das Entschließungsermessen betrifft das „Ob" des Handelns. Die Polizei- oder Ordnungsbehörde kann auch untätig bleiben, wenn sie der Auffassung ist, dass dies für die Aufgabenerfüllung sinnvoll ist. Sie muss aber prüfen, ob sie einschreiten soll.

188

Beispiel:
Zwei rivalisierende Straßenbanden stehen sich in einer Einkaufspassage drohend gegenüber. Einige der Bandenmitglieder haben Stöcke und Steine in der Hand. Die Anführer der beiden Banden feinden sich verbal an. Zwar drohen Sachbeschädigungen und Körperverletzungen. Dennoch können die beobachtenden Polizeibeamten zunächst abwarten, weil das Wortgefecht der Bandenführer auch in einem gewaltlosen Verlassen der Einkaufspassage enden und ein polizeiliches Einschreiten zu einer Eskalation führen könnte.

189   Das Auswahlermessen betrifft das „Wie" des Handelns. Die Behörde kann zwischen mehreren Mitteln wählen, falls diese gleich effektiv sind. Dem Betroffenen steht nach den Vorschriften der Polizei- und Ordnungsgesetzen das Recht zu, ein anderes als das von der Behörde angeordnete Mittel anzuwenden, wenn es ebenso wirksam ist. Teil der Ermessensausübung ist die Auswahl des Verantwortlichen, an den die Verfügung gerichtet wird.

190

Klausurtipp: Prüfen Sie die Auswahl zwischen mehreren Verantwortlichen auf der Stufe der Verantwortlichkeit. Zwar ist eine Prüfung beim Auswahlermessen nicht falsch, beeinträchtigt aber zumeist die Klarheit der Prüfungsabfolge.

---

[277] § 16 BPolG; § 3 PolG BW; Art. 5 BayPAG und Art. 7 BayLStVG; § 12 ASOG Bln; § 4 BbgPolG und § 15 BbgOBG; § 4 BremPolG; § 3 HbgSOG; § 5 HessSOG; § 14 SOG MV; § 5 NdsSOG; § 5 PolG NW und § 16 OBG NW; § 3 POG RP; § 3 SaarlPolG; § 3 SächsPolG; § 6 SOG LSA; § 174 LVwG SH; § 5 ThürPAG und § 7 ThürOBG.

[278] Kritik an dieser Konzeption bei *Knemeyer*, POR, Rn. 129 f.

Die Spielräume, die das Ermessen den Behörden bei der Entscheidung einräumt,   **191**
sind bei der Kontrolle der Entscheidungen zu beachten. Ein Gericht darf sich nicht
an die Stelle der Polizeibehörde setzen und allgemeine Erwägungen zur Sinnhaf-
tigkeit bestimmter Maßnahmen machen. Die gerichtliche Kontrolle betrifft nicht
die Zweckmäßigkeit, sondern nur die Rechtmäßigkeit.[279] Die Prüfung der Rechtmäßigkeit umfasst jedoch die Beurteilung, ob ein milderes Mittel in Betracht gekommen wäre. Die Ausübung des Ermessens ist nach den allgemeinen Grundsätzen justiziabel, kann also auf Fehler untersucht werden (§ 114 VwGO).

Maßstab für die pflichtgemäße Ermessensausübung ist § 40 VwVfG. Ermes-   **192**
sensfehler sind die Ermessensüberschreitung, der Ermessensnichtgebrauch und der
Ermessensfehlgebrauch.[280] Die Entscheidungen auf dem Gebiet des Polizei- und
Ordnungsrechts sind – auch in studentischen Übungsarbeiten – ein wichtiges Anwendungsfeld für die Ermessensfehlerlehre des Allgemeinen Verwaltungsrechts.[281]

Dies gilt insbesondere auch für die *Ermessensreduzierung auf Null*. Sie ist eine   **193**
Ausnahme vom Opportunitätsprinzip.[282] Wenn das Ermessen der Behörde auf Null
reduziert ist, muss sie einschreiten. Ob dies der Fall ist, ergibt eine Abwägung der
Interessen im Einzelfall unter Beachtung des Verhältnismäßigkeitsprinzips. Ausgangspunkt ist der Zweck der Regelung, die Ermessen einräumt. Im Polizei- und
Ordnungsrecht dienen die behördlichen Tätigkeiten dem Ziel der Gefahrenabwehr
und damit dem Rechtsgüterschutz. Grundrechtliche Anforderungen an Verwaltungshandeln, insbesondere aus Art. 3 Abs. 1 GG, entfalten Wirkung.[283] In der
Abwägung spielen die Wertigkeit der gefährdeten Rechtsgüter und die Intensität
der Gefahr ebenso eine Rolle wie die Risiken und Konsequenzen eines Vorgehens.[284] Nach der Rechtsprechung ist das Ermessen dann auf Null reduziert, wenn
wesentlichen Rechtsgütern erhebliche Gefahren drohen und andere polizeiliche
Aufgaben nicht vorrangig sind.[285]

> **Beispiel:**   **194**
> Bei einem Streifengang im Stadtpark beobachten zwei Polizeibeamte, wie eine Frau
> von einem mit einer Pistole bewaffneten Mann eindeutig bedroht und angegriffen
> wird. Zum Schutz der Rechtsgüter Leben und körperliche Unversehrtheit müssen die
> Beamten eingreifen.

Die Wertigkeit der Schutzgüter allein gibt nicht den Ausschlag für die Schrump-   **195**
fung des Ermessens. Sie ist Teil des Abwägungsprozesses. Eine Rechtspflicht
kann auch zum Schutz geringwertiger Rechtsgüter bestehen.[286] Dies entspricht

---

[279] *Schenke*, POR, Rn. 94; *Schoch*, POR, Rn. 103.
[280] *Pieroth/Schlink/Kniesel*, POR, § 10, Rn. 36 ff.; *Schenke*, POR, Rn. 95 ff.
[281] *Maurer*, Allgemeines Verwaltungsrecht, § 7, Rn. 19 ff. m.w.N.
[282] *Götz*, POR, § 11 Rn. 6.
[283] *Schoch*, POR, Rn. 112.
[284] *Schenke*, POR, Rn. 100.
[285] BVerwGE 11, 95 (97).
[286] *Rachor*, in: Lisken/Denninger, F, Rn. 131 f.

dem Charakter des Ermessens. Allerdings darf dieser Umstand nicht dazu führen, dass die Verpflichtungen zum Einschreiten erheblich erweitert werden und im Ergebnis in der Mehrzahl der Fälle eine Ermessenreduktion angenommen wird.[287] In der Abwägung sind auch die Interessen Dritter zu berücksichtigen, die von polizeilichen oder ordnungsbehördlichen Maßnahmen betroffen sind. Die gesetzliche Vorgabe der Kann-Regelung darf nicht mittels Auslegung in eine Soll-Regelung umgedeutet werden.[288]

196   Die Polizei- und Ordnungsbehörden können ihre Aufgaben gewichten und diese Gewichtung in die Interessenabwägung einstellen. Demzufolge finden auch der Verwaltungsaufwand und die anderweitig zu erfüllenden Aufgaben Berücksichtigung. Wenn die Maßnahme erhebliche Kräfte bindet, die an anderer Stelle fehlen, kann dies gegen eine Ermessensreduktion sprechen.

197   Die Rechtspflicht zum Einschreiten beinhaltet nicht notwendig eine Pflicht zur Durchführung einer bestimmten Maßnahme. Sie kann die Reduktion des Entschließungsermessens oder des Auswahlermessen oder beider betreffen. In den meisten Fällen geht es um das Entschließungsermessen. Falls dieses auf Null reduziert ist, steht der Polizei- oder Ordnungsbehörde noch die Auswahl zwischen unterschiedlichen Mitteln offen.[289] Sind unterschiedliche Maßnahmen möglich, verfügt der Betroffene über einen Anspruch auf fehlerfreie Ermessensausübung.

198   **Beispiel:**
Eine Gruppe Obdachloser besetzt ein Haus des Eigentümers E. Zum Schutz seiner Vermögensrechte stehen dem Hauseigentümer die Mittel des Zivilrechts zur Verfügung. Falls diese ausgeschöpft oder aussichtslos sind, kann eine Rechtspflicht der Polizeibehörde zur Räumung des besetzten Hauses in Frage kommen. Selbst wenn man die Reduzierung des Entschließungsermessens bejaht, kann die Behörde noch frei über Zeitpunkt und Umstände der Räumung entscheiden.[290]

199   Eine Rechtspflicht innerstaatlicher Behörden zum Einschreiten kann aus dem Unionsrecht folgen.[291] Zu Gunsten von Rechtsgütern des Unionsrechts kann das Ermessen auf Null reduziert sein.[292] Die Durchführung des Unionsrechts obliegt nach dem EU-Vertrag den Mitgliedstaaten (vgl. Art. 4 Abs. 3 EUV). Die Behörden der Mitgliedstaaten haben die Pflicht, unionsrechtliche Rechtsgüter angemessen zu schützen,[293] denn nur die Mitgliedstaaten verfügen über allgemeine Polizei- und Ordnungsbehörden, die dazu in der Lage sind.

---

[287] So die Tendenz bei *Götz*, POR, § 11 Rn. 4.
[288] *Schenke*, POR, Rn. 101.
[289] *Pieroth/Schlink/Kniesel*, POR, § 10, Rn. 42.
[290] *Schlink*, NVwZ 1982, 529 (532); anders *Martens*, DÖV 1982, 89 (97).
[291] *Schenke*, POR, Rn. 101.
[292] *Lindner*, JuS 2005, 302 (305).
[293] *Schoch*, POR, Rn. 113.

> **Beispiel:**   **200**
> Zur Sicherung des freien Warenverkehrs nach Art. 34, 36 AEUV können die inner-
> staatlichen Behörden verpflichtet sein, gegen Straßenblockaden vorzugehen, wenn
> diese grenzüberschreitende Transporte verhindern.[294]

Wenn sowohl das Entschließungsermessen wie das Auswahlermessen auf Null re-   **201**
duziert sind, kann die Konsequenz ein *Anspruch des Betroffenen auf polizeiliches
Einschreiten* sein.[295] Die subjektiv-rechtliche Wendung der objektiv-rechtlichen
Rechtspflicht der Behörde führt zur individuellen Durchsetzbarkeit, denn dem Betroffenen steht dann ein einklagbares subjektives Recht zu. Nach der Verfassungsordnung des Grundgesetzes ist der Bürger nicht nur Adressat staatlichen Handelns, sondern er verfügt als Rechtsträger über subjektive Rechte gegen den Staat.
    Der Anspruch auf Einschreiten besteht dann, wenn eine Schutznorm verletzt   **202**
ist. Nach der Schutznormtheorie muss die Vorschrift zumindest auch bezwecken,
dem Einzelnen Rechte zu verleihen. Grundlage für das subjektive Recht auf ein
Vorgehen der Behörde im Polizei- und Ordnungsrecht sind die konkreten Aufga-
ben- und Befugnisnormen in Verbindung mit den Regelungen, die das Rechtsgut
dem Einzelnen zuschreiben. Zu Gunsten des Einzelnen folgt daraus der drittschützende Charakter.[296]

> **Beispiel:**   **203**
> Der Eigentümer E des besetzten Hauses hat einen Anspruch auf Räumung, falls das
> Entschließungs- und Auswahlermessen der Behörde auf Null reduziert ist, keine an-
> derweitige (zivilrechtliche) Schutzmöglichkeit besteht und er über ein subjektiv-
> öffentliches Recht verfügt. Dieses subjektive Recht folgt aus polizeilichen Aufgaben-
> norm und der Generalklausel bzw. den einschlägigen Befugnisnormen (Identitätsfest-
> stellung, Platzverweis) in Verbindung mit den Vorschriften über das Eigentum, letzt-
> lich also Art. 14 Abs. 1 und 2 GG. Weigert sich die zuständige Behörde tätig zu
> werden, kann E gerichtlich erzwingen, dass die Polizei das Haus räumt.

5. Private Sicherheitsdienste

Die Polizei wehrt Gefahren für die öffentliche Sicherheit ab. Private Rechtsgüter,   **204**
insbesondere das Eigentum, schützt sie, soweit diese Teil der öffentlichen Sicherheit sind. Bedürfnisse nach weiter gehendem Schutz privater Rechtsgüter erfüllen
private Sicherheitsdienste.[297] Diese schützen also umgekehrt in erster Linie die
privaten Interessen ihrer Auftraggeber, während sie für öffentliche Interessen nur
eintreten, soweit diese in den privaten mit enthalten sind. Von diesem anderen
Ausgangspunkt aus ergänzen die privaten Sicherheitsdienste den Rechtsgüterschutz.

---

[294] EuGH, Rs. C-265/95 (Kommission/Frankreich), Slg. 1997, I-6959.

[295] *Gusy*, POR, Rn. 391.

[296] *Gusy*, POR, Rn. 392.

[297] *Jean d'Heur*, AöR 119 (1994), 107; *Stober*, NJW 1997, 889.

205   Jedoch unterliegen sie völlig anderen Regeln und Bindungen als die Polizei- und Ordnungsbehörden, da ihre Angehörigen Privatpersonen bleiben. Ein Mitglied des Werksschutzes in einem Großunternehmen hat die Aufgabe, die Interessen des Unternehmens zu wahren, aber er ist kein Polizist. Private schützen insbesondere dann, wenn die Polizei gerade nicht schützt bzw. ihre Gewährung von Schutz als unzureichend empfunden wird. Der Schutz von Rechtsgütern der Allgemeinheit obliegt den staatlichen Stellen und er kann auch nicht auf private Sicherheitsdienste übertragen werden.[298] Die Aufgaben der privaten Sicherheitsdienste unterscheiden sich von denjenigen der staatlichen Sicherheitsbehörden.[299]

206   Die Erscheinungsformen privater Wahrnehmung von Sicherheit sind vielfältig und im Zunehmen begriffen. Dies gilt auch für den internationalen Sicherheitssektor. Der Einsatz von privaten Sicherheitsunternehmen für den Schutz von Anlagen in einem anderen Staat oder im Zusammenhang mit Missionen zur Wahrung des Friedens in einem Staat, etwa nach einem Krieg oder Bürgerkrieg, wirft spezifische Probleme auf.[300]

207   Der Staat kann im innerstaatlichen Bereich Private verpflichten, bestimmte Aufgaben zur der Wahrung öffentlichen Sicherheit auf ihre Kosten selbst wahrzunehmen. Dazu bedarf es eines speziellen Gesetzes.[301] Solche Pflichten treffen Betreiber von Kernkraftwerken (§ 7 Abs. 2 Nr. 5 AtG), die den Schutz gegen Störmaßnahmen gewährleisten müssen oder Betreiber von Flughäfen, die ebenso Sicherungsmaßnahmen zu ergreifen haben wie die Luftfahrtunternehmen (§§ 8 und 9 LuftSiG). Jedoch kann der Staat die Aufgabe als solche nicht abtreten, da die Gewährleistung der öffentlichen Sicherheit eine Kernaufgabe ist, die Staatlichkeit gerade mit ausmacht.

208   Im Mittelpunkt steht das *Gewaltmonopol des Staates* als Errungenschaft moderner Staatlichkeit, die es zu sichern gilt.[302] Der Staat hat das alleinige Recht, Gewalt anzuwenden, um die Sicherheit der Bürger zu gewährleisten. Ihn trifft allerdings auch eine Pflicht, die Aufgabe der Rechtswahrung und Rechtsdurchsetzung zu erfüllen. Die europäische und deutsche Tradition unterscheidet sich insoweit von den Rahmenbedingungen in Australien oder den USA, als ein stärkeres Vertrauen in die staatlichen Sicherheitsbehörden besteht, weil der Staat die Fähigkeit zur Gewährleistung von Sicherheit bewiesen hat. Dementsprechend ist ein weitgehendes Recht wie in den USA, Waffen zu tragen,[303] weder erforderlich noch akzeptiert. Den Wünschen und Bedürfnissen Privater nach ergänzender Herstellung von Sicherheit kann ohne Einbeziehung gewaltsamer Mittel Rechnung getragen werden. Angehörige privater Wachdienste können ihre Aufgaben mit zivilen Mitteln ohne weiteres erfüllen und bei Bedarf Hilfe durch die Polizei anfordern.

---

[298] *Gusy*, VerwArch 92 (2001), 344 (355 ff.).

[299] *Gusy*, POR, Rn. 161; *Schoch*, POR, Rn. 30.

[300] *Odendahl*, AVR 48 (2010), 226.

[301] BVerwGE 81, 185.

[302] Vgl. die Beiträge in: Gutmann/Pieroth (Hg.), Die Zukunft des staatlichen Gewaltmonopols, 2011.

[303] Vgl. *Nitz*, VerwArch 89 (1998), S. 306.

Private Sicherheitsdienste sind *erwerbswirtschaftlich orientierte Privatunter-* **209**
nehmen, die an ihre Auftraggeber Dienstleistungen erbringen.[304] Größere privat-
wirtschaftliche Unternehmen können eigenes Sicherheitspersonal beschäftigen. Es
handelt sich um Wach- und Schließgesellschaften, um den Werksschutz bei größeren Betrieben, um Ladendetektive, Ordnungsdienste bei Veranstaltungen oder um
persönliche Leibwächter. Ihre Aufgabe besteht regelmäßig im Personen- und Ob-
jektschutz. Die privaten Wachdienste müssen im Wettbewerb bestehen. Sie verfügen zumeist über eine gute Ausrüstung und oftmals über qualifiziertes Personal,
das auch aus ehemaligen Polizisten besteht.

Um die Qualität privater Wachdienste sicherzustellen, greift der Staat auf die **210**
Bestimmungen des Wirtschaftsverwaltungsrechts zurück. Die privaten Wachdienste unterstehen der Gewerbeaufsicht.[305] Nach § 34a GewO bedarf derjenige,
der gewerbsmäßig das Leben oder das Eigentum fremder Personen bewachen will
(Bewachungsgewerbe), einer Erlaubnis. Werksschutz und private Detekteien werden nicht erfasst.[306] Der Antragsteller muss im gewerberechtlichen Sinne zuverläs-
sig sein. Näheres regelt die Bewachungsverordnung.[307] Angehörige von Wach-
diensten sind oftmals im Besitz eines Waffenscheines, da gem. § 28 WaffG bei
einem Bewachungsunternehmer im Sinne des § 34a GewO das Bedürfnis zum
Erwerb, Besitz und Führen von Schusswaffen in vielen Fällen nachgewiesen werden kann.

Die Zulässigkeit und Reichweite einer *Beleihung* von Bewachungsunternehmen **211**
ist umstritten.[308] Grenzen ziehen das Gewaltmonopol des Staates und insbesondere
der Funktionsvorbehalt des Art. 33 Abs. 4 GG, wonach hoheitsrechtliche Befugnisse in der Regel Beamten zu übertragen sind.[309] Immerhin ist im Fall der Beleihung die Tätigkeit weiter dem Staat zuzurechnen und Art. 33 Abs. 4 GG stellt eine
Regel auf, die Ausnahmen zulässt. Voraussetzungen für eine dem Grunde nach
zulässige Beleihung sind eine gesetzliche Grundlage, ein besonderer Bestellungs-
akt und eine staatliche Aufsicht. Diese Konstellation liegt bei der Bewachung von
Einrichtungen der Bundeswehr durch private Wachdienste gem. § 1 Abs. 3
UZwGBw vor. Nur im Fall der Beleihung haben private Sicherheitsdienste eine
der Polizei vergleichbare Rechtsstellung.

In Betracht kommt auch eine Zusammenarbeit der Polizeibehörden mit privaten **212**
Sicherheitsdiensten, die unter dem Stichwort der Sicherheitspartnerschaft diskutiert wird und sich etwa in gemeinsamen Streifengängen äußert.[310] Bei großen

---

[304] *Schoch*, POR, Rn. 24 spricht von einer Wachstumsbranche mit ca. 140.000 Beschäftig-
ten.

[305] *Schenke*, POR, Rn. 473.

[306] *Schoch*, POR, Rn. 23.

[307] I.d.F. der Bek. vom 10. Juli 2003, BGBl. I, S. 1378.

[308] Allgemein *Maurer*, Allgemeines Verwaltungsrecht, § 23, Rn. 56 ff.

[309] *Gramm*, VerwArch 90 (1999), S. 329.

[310] *Peilert*, DVBl. 1999, 282; *Pitschas*, DVBl. 2000, 1805 und *ders.*, DÖV 2004, 231 (234)
vertritt ein weitgehendes Konzept der Sicherheitspartnerschaft als Teil der Tätigkeiten
des kooperativen Staates und fasst etwa auch grenzüberschreitende Kooperationen von
Polizeibehörden darunter.

Sportveranstaltungen oder Freiluftkonzerten ist die Kooperation zwischen privaten Sicherheitsdiensten und der Polizei ebenso notwendig wie gängig. Dagegen ist die Einschaltung Privater in die Verkehrsüberwachung ohne spezielle Rechtsgrundlage rechtswidrig, weil es sich um hoheitliche Aufgaben handelt.[311]

213   Einige Länder verfolgen Projekte, die eine Mitwirkung von Bürgern an der Wahrung der öffentlichen Sicherheit zum Inhalt haben. Unter Bezeichnungen wie „Freiwilliger Polizeidienst" (Hessen)[312] oder „Sicherheitswacht" (Bayern)[313] sollen Bürger ergänzende Aufgaben im Zusammenhang der Gefahrenabwehr wahrnehmen. Teils stehen sie in einem besonderen öffentlich-rechtlichen Dienstverhältnis und sind mit besonderen Befugnissen ausgestattet, die etwa die Befragung, Identitätsfeststellung oder den Platzverweis umfassen.[314]

214   Angehörige privater Wachdienste verfügen nicht über öffentlich-rechtliche Befugnisse, insbesondere dürfen sie grundsätzlich nicht in Grundrechte eingreifen. Vielmehr unterliegen die Wachdienste in vollem Umfang dem Recht, das für alle Privatpersonen gilt.[315] Ihnen stehen die Notwehr- und Nothilfemöglichkeiten nach §§ 859, 229 BGB und §§ 32 ff. StGB sowie die Zugriffs- und Verfolgungsmöglichkeit nach § 127 StPO zu. Bei Überschreitung ihrer Befugnisse handelt es sich aus der Warte des Strafrechts um eine Nötigung gem. § 240 StGB und aus zivilrechtlicher Sicht um eine unerlaubte Handlung gem. § 823 BGB. Angehörige privater Sicherheitsdienste sind nicht befugt, Personen zum Verlassen eines Ortes aufzufordern, außer soweit es sich um die Wahrnehmung des privatrechtlichen Hausrechts handelt. Ihre Befugnisse betreffen etwa nicht den Bürgersteig von ihnen bewachter Grundstücke. Sie dürfen Personen nicht aus Ladenpassagen „herausgeleiten", Ausweiskontrollen vornehmen oder Personen in U-Bahn-Stationen festnehmen.[316]

215   **Beispiel:**
In der Bahnhofshalle der Stadt M belästigt der volltrunkene X die Y und verfolgt sie, als sie weggeht. Die Angehörigen der Bahnsicherheitsgesellschaft BGS können wie jeder andere Bürger Nothilfe leisten, darüber hinaus üben sie das privatrechtliche Hausrecht aus und können den X vom Bahnhofsgelände verweisen. Die Identität des X dagegen kann nur die für die Gefahrenabwehr zuständige Bundespolizei gem. § 23 BPolG feststellen.

---

[311] KG, NJW 1997, 2894 (Parkraumüberwachung); BayObLG, DÖV 1997, 601 (Geschwindigkeitsmessungen).

[312] Gesetz vom 13. Juni 2000 für die aktive Bürgerbeteiligung zur Stärkung der Inneren Sicherheit (Hessisches Freiwilligen-Polizeidienst-Gesetz), in: Fuhr/Pfeil 34/1.

[313] Gesetz vom 27. Dezember 1996 zur Änderung des Sicherheitswachterprobungsgesetzes, GVBl. S. 539.

[314] *Fickenscher*, Polizeilicher Streifendienst mit Hoheitsbefugnissen, 2006; *Knemeyer*, POR, Rn. 47 m.w.N.

[315] *Gusy*, POR, Rn. 162; *Schenke*, POR, Rn. 473.

[316] *Gusy*, POR, Rn. 162.

Kontrollfragen

1. Welche verfassungsrechtlichen Aspekte stehen hinter dem Spannungsfeld von Freiheit und Sicherheit? (Rn. 9 f.)
2. Was versteht man unter öffentlicher Sicherheit? (Rn. 35 ff.)
3. Unter welchen Voraussetzungen ist die Polizei zum Schutz privater Rechte zuständig? (Rn. 58 ff.)
4. Erläutern Sie Inhalte und Problematik des Rechtsgutes der öffentlichen Ordnung. Nennen Sie ein Beispiel für einen Anwendungsfall. (Rn. 78 ff.)
5. Wie unterscheiden sich Anscheinsgefahr und Gefahrenverdacht? (Rn. 122 ff.)
6. Wie unterscheiden sich abstrakte und konkrete Gefahr? Welche Maßnahmen werden (idealtypisch) auf diese unterschiedlichen Arten einer Gefahr gestützt? (Rn. 142 ff.)
7. Was ist Verfolgungsvorsorge? Steht die Kompetenz zu Regelungen auf diesem Gebiet dem Bund oder den Ländern zu? (Rn. 172 ff.)
8. In welchen Situationen erweist sich der Einsatz privater Sicherheitsdienste als sinnvoll? (Rn. 212 f.)

Kontrollfragen

6. Kapitel: Die physisch geprägten Befugnisse der Polizei

Die Polizei wird im Verhältnis zu konkreten Personen tätig. Hergebrachte Befug- 1
nisse ermächtigen sie zu physisch geprägten Maßnahmen.[1] Die Polizeibeamten
halten eine Person an, durchsuchen sie oder verweisen sie des Platzes. Derartige
Befugnisse sind in ihrer Ausgestaltung von der regelmäßig vorhandenen Notwendigkeit unmittelbarer Kontaktaufnahme geprägt, die auch dem Betroffenen einen
unmittelbaren Einblick gibt.

Demgegenüber erfolgen informationelle Maßnahmen wie Videoüberwachun- 2
gen oder Telekommunikationsüberwachungen mittels technischer Instrumente.
Ihnen ist nicht notwendig das Element der unmittelbaren, physisch geprägten
Kontaktaufnahme zu eigen. Sie können auch ohne Wissen erfolgen und der Betroffene erfährt dann erst im Nachhinein von der Maßnahme. Die Benachrichtigung ist dem Grunde nach zwingend erforderlich, nur in seltenen gesetzlich vorgesehenen Ausnahmefällen kann sie aufgeschoben oder nicht vorgenommen
werden. Informationelle Befugnisse sind von Distanz und Heimlichkeit charakte-
risiert. Diesen Eigenheiten tragen die Befugnisnormen in ihrer Ausgestaltung und
die rechtstaatlichen Sicherungsmechanismen Rechnung. Die Anwendung hergebrachter polizeilicher Befugnisse berührt andere Grundrechte als die informationellen Befugnisse. Für beide Arten von Befugnissen gilt der Gesetzesvorbehalt.

Polizeiliche Tätigkeit unterliegt regelmäßig als Eingriffsverwaltung dem Vor- 3
behalt des Gesetzes, der seine Grundlagen in den Grundrechten und im Rechtsstaatsprinzip hat.[2] Die Wesentlichkeitstheorie des Bundesverfassungsgerichts be-
stärkt diese Aussage, denn Eingriffe sind immer wesentlich, da sie Grundrechte in
deren Schutzbereich betreffen.[3] Falls die Polizei- oder Ordnungsbehörden Maßnahmen ohne eingreifenden Charakter vornehmen, etwa eine Streifenfahrt, genügt
dagegen die Eröffnung des polizeilichen Handlungsraums durch eine Aufgaben-
zuweisungsnorm.

---

[1] *Pieroth/Schlink/Kniesel*, POR, § 12 Rn. 6 sprechen von aktionellen Befugnissen; *Gusy*,
    POR, Rn. 179 unterscheidet Standardmaßnahmen der Gefahrbeseitigung von den Stan-
    dardmaßnahmen der Gefahraufklärung (die den hier so genannten informationellen Stan-
    dardmaßnahmen entsprechen; *Schoch*, POR Rn. 194, hält eine Systematisierung nicht
    mehr für möglich.

[2] Zum Gesetzesvorbehalt BVerfGE 49, 89 (126 f.); *Gusy*, JA 2002, 610 (612 f.); *Sommer-
    mann*, in: v. Mangoldt/Klein/Starck (Hg.), Art. 20, Rn. 263 ff. m.w.N.

[3] BVerfGE 47, 46 (79). Zur Wesentlichkeitstheorie auch BVerfGE 40, 237 (249); 57, 295
    (320 f., 324).

4   Die Schaffung spezieller gesetzlicher Grundlagen nahm ihren Ausgang vom süddeutschen Konstitutionalismus des 19. Jahrhunderts. Dieser begründete ein Nebeneinander von speziellen Polizeirechtsnormen und Generalklauseln, das heute insbesondere noch im bayrischen Landesrecht nachwirkt.[4] Nach dem preußischen Einheitssystem reichte dagegen die Generalklausel als Ermächtigungsgrundlage für Eingriffe aus, weil der Polizei in einem weiten Sinne umfassende Zuständigkeiten zur Gefahrenabwehr zustanden.

5   Befugnisnormen begründen und begrenzen die Berechtigung der Behörde, Maßnahmen zu treffen. Rechtmäßiges Vorgehen setzt die Erfüllung der tatbestandlichen Voraussetzungen voraus. Dies ist kein Formalismus, sondern ein zentrales Element des Schutzes von Freiheit im Rechtsstaat. Dementsprechend stellt § 1 Abs. 5 Satz 1 PolG NW klar: „Maßnahmen, die in Rechte einer Person eingreifen, darf die Polizei nur treffen, wenn dies auf Grund dieses Gesetzes oder anderer Rechtsvorschriften zulässig ist."

6   Die geltenden Polizei- und Ordnungsgesetze normieren Formen polizeilichen Handelns, die typischer Weise zur Erfüllung der Polizeiaufgaben geeignet sind. Gängige Handlungsmittel werden unter den Begriff der *Standardmaßnahmen* gefasst. Standardmaßnahmen sind immer wiederkehrende typische Vorgehensweisen der Polizei- und Ordnungsbehörden. Es handelt sich um häufig vorkommende Eingriffe in die individuelle Rechtsstellung des Bürgers.[5] Die Befugnisnormen für Standardmaßnahmen sind die Ermächtigungsgrundlagen, deren Voraussetzungen erfüllt sein müssen, um die Eingriffe zu rechtfertigen.

7   In aller Regel sind Standardmaßnahmen Verwaltungsakte.[6] Denn die Anordnung derartiger Maßnahmen gegenüber dem Betroffenen stellt eine Regelung i.S.d. § 35 Satz 1 VwVfG dar, sie verpflichtet ihn zu einem Handeln oder Unterlassen. Davon ist die tatsächliche Durchführung der Maßnahme zu unterschieden, die sich als Realakt darstellt. Die Durchsuchung wird erst angeordnet (Verwaltungsakt), dann tatsächlich durch die Suche nach Gegenständen in die Tat umgesetzt. Folge dieser Einordnung ist, dass die Regeln des VwVfG über den Erlass von Verwaltungsakten anwendbar sind, soweit die Polizeigesetze nichts anderes bestimmen.

1. Die Generalklausel

8   Die allgemeinste und weiteste Befugnisnorm des Polizei- und Ordnungsrechts ist die Generalklausel.[7] Nach dem Prototyp des § 14 Abs.1 PrPVG fand sie Aufnah-

---

[4] *Gusy*, POR, Rn. 11; *Knemeyer*, POR, Rn. 76.
[5] *Drews/Wacke/Vogel/Martens*, Gefahrenabwehr, § 12, Ziff. 1.
[6] *Götz*, POR, Rn. 278; *Schenke*, POR, Rn. 115; a.A. *Drews/Wacke/Vogel/Martens*, Gefahrenabwehr, § 12, Ziff. 12c; *Schoch*, POR, Rn. 193.
[7] *Schucht*, Generalklausel und Standardmaßnahme, 2010.

me in § 8 ME PolG und in alle Landesgesetze.[8] In der Fassung des § 8 Abs. 1 PolG NW lautet sie: „Die Polizei kann die notwendigen Maßnahmen treffen, um eine im einzelnen Falle bestehende, konkrete Gefahr für die öffentliche Sicherheit oder Ordnung (Gefahr) abzuwehren, soweit nicht die §§ 9 bis 46 die Befugnisse der Polizei besonders regeln."

Die Generalklausel ermächtigt zu allen notwendigen Maßnahmen, ohne die Art   **9** und Weise oder den Inhalt der Maßnahme einzugrenzen und eröffnet den Polizei- und Ordnungsbehörden damit umfassende Handlungsspielräume. Voraussetzung ist allein, dass eine Gefahr für die öffentliche Sicherheit oder Ordnung vorliegt, so dass die Bestimmung des Schutzgutes sich als entscheidend für die Rechtmäßigkeit des polizeilichen Handelns erweist. Einer qualifizierten Gefahr bedarf es nicht, es genügt das Vorliegen einer konkreten Gefahr (§ 14 Abs. 2 Satz 1 BPolG). Wenn Verhaltensnormen aufgestellt werden, die Straf- oder Ordnungswidrigkeitentatbestände enthalten, kann die Generalklausel genutzt werden, um ein konkretes Verhaltensgebot durchzusetzen.[9]

Die Generalklausel ist trotz ihrer Unbestimmtheit deshalb verfassungsgemäß,   **10** weil die Tatbestandsmerkmale der Gefahr für die öffentliche Sicherheit oder Ordnung durch die Rechtsprechung hinreichend konkretisiert worden sind.[10] Als Begrenzungen der polizeilichen Handlungsspielräume wirken die allgemeinen Maßstäbe der Ermessensbindung und der Verhältnismäßigkeit. Eine große Rolle spielen die Grundrechte, die den Eingriffsbefugnissen staatlicher Stellen Grenzen setzen und damit auch die Anwendung der Generalklausel leiten.

11

Beispiel:
Beschränkungen der körperlichen Bewegungsfreiheit aufgrund der Generalklausel sind nicht zulässig, weil die Bestimmungen des Art. 104 GG über Verfahren und Richtervorbehalt eingehalten werden müssen. Die spezifischen Voraussetzungen des polizeilichen Gewahrsam dürfen nicht umgangen werden.

Zweck der Generalklausel ist es, nicht vorhersehbare Fallgestaltungen zu erfassen   **12** und den Polizei- und Ordnungsbehörden in untypischen Gefahrenlagen ein effektives Eingreifen zu ermöglichen. Dies erklärt die inhaltliche Unbestimmtheit. Die Generalklausel ist notwendig, sie ist aber in mehrfacher Hinsicht subsidiär.

---

[8] § 3 i.V.m. § 1 Abs. 1 Satz 1 PolG BW; Art. 11 Abs. 1 BayPAG, Art. 7 Abs. 2 BayLStVG; § 17 ASOG Bln; § 10 Abs. 1 BbgPolG; § 13 Abs. 1 BbgOBG; § 10 Abs. 1 BremPolG; § 3 HbgSOG; § 11 HessSOG; § 13 SOG MV; § 11 i.V.m. § 2 Nr. 1 lit. a NdsSOG; § 8 Abs. 1 PolG NW; § 14 Abs. 1 OBG NW; § 9 Abs. 1 POG RP; § 8 Abs. 1 SaarlPOG; § 3 Abs. 1 SächsPolG; § 13 i.V.m. § 3 Nr. 3 lit. a SOG LSA; § 174 LVwG SH; § 5 Abs. 1 ThürOBG; § 12 Abs. 1 ThürPAG.
[9] *Schoch*, POR, Rn. 68.
[10] *Drews/Wacke/Vogel/Martens,* Gefahrenabwehr, § 3, Ziff. 2a.

13   Tipp: In studentischen Übungsarbeiten ist die Generalklausel gerade wegen ihrer Anwendbarkeit in atypischen Fällen wichtig. Prüfen sie aber auf jeden Fall zunächst, ob spezielle Ermächtigungsgrundlagen in Betracht kommen!

14   Nicht alle denkbaren Gefahren für die öffentliche Sicherheit sind voraussehbar. Soweit aber der Gesetzgeber eine spezielle Regelung getroffen hat, geht diese vor. Die Generalklausel ist im Verhältnis zu spezifischen Ermächtigungsgrundlagen subsidiär. Da es ein enges Geflecht von speziellen Gesetzen des Ordnungsrechts gibt, ist die Anwendung der Generalklausel selten geworden. Die meisten der früher typischen Schulfälle werden heute von anderen Normen erfasst. Ein Rückgriff auf die Generalklausel kommt dann in Betracht, wenn das spezielle Gesetz nicht abschließend ist. Die Generalklausel dient der Lückenfüllung.

15   **Beispiel** (s.u. 14. Kap., Rn. 65):
Die Behörde ist der Auffassung, das gegenseitige Jagen von Mitspielern mit Lasergewehren in einem Erlebnisparcours und das Schießen auf Lichtpunkte an der Kleidung anderer Mitspieler in einem Laserdrome widersprächen der öffentlichen Ordnung. Die ordnungsrechtliche Zulässigkeit nicht speziell geregelt. Die Behörde verbietet den Betrieb des Laserdrome unter Rückgriff auf die Generalklausel.
Die Gerichte haben je nach Auslegung des Begriffs der öffentlichen Ordnung das Verbot als rechtswidrig oder rechtmäßig erachtet.[11] Lehnt man – wie hier vertreten – die öffentliche Ordnung als Schutzgut ab, ist das Verbot rechtswidrig.

16   Im Rahmen des Polizei- und Ordnungsrechts sind vorrangig die Ordnungsbehörden zum Einschreiten berufen. Als Konsequenz der Entpolizeilichung und der Zuständigkeitsverteilung kommen die Ordnungsbehörden zunächst zum Zuge, um die Gefahr abzuwehren. Dies betrifft etwa staatliche Überwachungsaufgaben im Bereich der Wirtschaft. Sie nutzen dazu die ihnen eingeräumten Befugnisse einschließlich der ordnungsbehördlichen Generalklausel. Demgegenüber ist die Anwendung der polizeilichen Generalklausel subsidiär.

17   Die Generalklausel ist zudem subsidiär im Verhältnis zu den Standardmaßnahmen des Polizeirechts. Deren Voraussetzungen müssen vorliegen, um in die Rechtssphäre des Bürgers eingreifen zu können. Vorrangig anwendbar ist auch die allgemeine informationsrechtliche Befugnis der Polizeigesetze über die Erhebung von Daten. Die Erhebung personenbezogener Daten erfordert eine bereichsspezifische Rechtsgrundlage und kann nicht auf die Generalklausel gestützt werden.[12] Eine Flucht in die Generalklausel ist nicht zulässig.[13] Die Gesetzgeber reagieren auf Zweifel an der Anwendbarkeit der Generalklausel, indem sie neue spezielle Befugnisse schaffen.

---

[11] BVerwGE 115, 189 m.w.N.
[12] *Schenke*, POR, Rn. 49.
[13] *Butzer*, Verw Arch 93 (2002), 506.

Beispiel: **18**
Aufenthaltsverbote wurden auf die Generalklausel gestützt. Da Streit über die Rechtmäßigkeit herrscht, haben die Landesgesetzgeber die Regelung über den Gewahrsam durch
eine Alternative zu Aufenthaltsverboten ergänzt (s.u. 6. Kap. Rn. 35).

2. Vorladung und Vorführung

Die Regelungen der Polizei- und Ordnungsgesetze über Vorladungen stehen zu-   **19**
meist in Zusammenhang mit der Befragung von Personen.[14] Eine *Vorladung* ist
die Aufforderung an eine Person, bei der Behörde oder an einem anderen Ort zu
erscheinen, um sachliche Angaben zu machen oder Tatsachen zu erörtern.[15] Da eine pauschale Ausforschung unzulässig ist, soll der Grund für die Vorladung angegeben werden.[16] Zeugen oder Sachverständige haben einen Entschädigungsanspruch.[17]

Die Vorladung ist ein Verwaltungsakt. Der Betroffene muss ihr Folge leisten,   **20**
ansonsten kann er vorgeführt werden. Vorführung ist also die Durchsetzung der
Vorladung.[18] Die Pflicht zum Erscheinen bedingt aber keine Pflicht zur Aussage.[19] Eine *Aussagepflicht* trifft den Betroffenen nur dann, wenn sie gesetzlich vorgesehen ist (s.u. zur Identitätsfeststellung, 7. Kap. Rn. 63 ff.). In Ausnahmefällen
kann die Generalklausel als Grundlage für eine Aussagepflicht herangezogen werden.[20] Dies dürfte insbesondere dann in Betracht kommen, wenn hochwertige
Rechtsgüter gefährdet sind und auch die Voraussetzungen einer Vorführung vorliegen könnten.

Falls der Betroffene nicht erscheint, kann ein Zwangsgeld verhängt werden.   **21**
Die zwangsweise Durchsetzung der Vorladung ist unter den gesetzlich geregelten
Voraussetzungen als *Vorführung* zulässig, insbesondere wenn eine qualifizierte
Gefahr besteht oder erkennungsdienstliche Maßnahmen durchgeführt werden sollen. Die Vorführung ist eine Freiheitsbeschränkung und keine Freiheitsentziehung,
weshalb sie den Anforderungen des Art. 104 Abs. 1 GG unterliegt und nicht denen
des Art. 104 Abs. 2 GG.[21] Allerdings sehen eine Reihe von Landesgesetzen – nicht

---

[14] § 25 BPolG; § 27 PolG BW; Art. 15 BayPAG; § 20 ASOG Bln; § 15 BbgPolG; § 12
BremPolG; § 11 HbgSOG; § 30 HessSOG; § 50 SOG MV; § 16 NdsSOG; § 10 PolG
NW und § 24 OBG NW; § 12 POG RP; § 11 Abs. 2-4 SaarlPolG; § 18 SächsPolG; § 35
SOG LSA; § 199 LVwG SH; § 17 ThürPAG.

[15] *Gusy*, POR, Rn. 225.

[16] *Drews/Wacke/Vogel/Martens*, Gefahrenabwehr, § 12, Ziff. 4a.

[17] *Schenke*, POR, Rn. 131.

[18] *Gusy*, POR, Rn. 226.

[19] *Schenke*, POR, Rn. 131.

[20] *Drews/Wacke/Vogel/Martens*, Gefahrenabwehr, § 12, Ziff. 4b; *Götz*, POR, § 6, Rn. 28.

[21] *Drews/Wacke/Vogel/Martens*, Gefahrenabwehr, § 12, Ziff. 4a; *Schenke*, POR, Rn. 131
mit Fn. 270; s. auch *Gusy*, POR, Rn. 226.

aber § 25 BPolG – vor, dass für die Vorführung eine richterliche Anordnung notwendig ist.[22]

3. Platzverweisung

22 Die Polizei- und Ordnungsbehörden können eine Person vorübergehend von einem Ort verweisen oder ihr vorübergehend das Betreten eines Ortes verbieten.[23] Diese Platzverweisung gehört zum klassischen Arsenal polizeirechtlicher Standardmaßnahmen. Inzwischen ist sie in allen Bundesländern ausdrücklich geregelt,[24] sodass ein Rückgriff auf die Generalklausel überall ausgeschlossen ist. Die Platzverweisung wird dadurch gekennzeichnet, dass sie nur kurzfristig wirkt. Voraussetzung ist eine konkrete Gefahr. Ihr Charakter wird durch die in Satz 2 der Befugnisnorm angeführte Konstellation verdeutlicht. Danach kann die Platzverweisung gegenüber einer Person ausgesprochen werden, die den Einsatz der Feuerwehr oder andere Hilfs- oder Rettungsmaßnahmen behindert. Ziel ist die Abwehr einer Gefahr, die durch die Anwesenheit der störenden Person verursacht oder gefördert wird. Die Maßnahme kann eine Person oder eine Vielzahl von Personen betreffen.

23 **Beispiele:**
Zur Sicherung von Baumfällarbeiten im Stadtpark wird der Bereich um die zu fällenden Bäume abgesperrt und die Personen, die dort auf den Parkbänken sitzen, werden angewiesen, diesen Bereich zu verlassen. Nach einem Autounfall weist die Polizei Gaffer an, nicht anzuhalten und den Verkehr zu behindern, sondern weiterzufahren.

24 Eine Platzverweisung ist nicht auf Dauer angelegt. Ihre *Kurzfristigkeit* ist das entscheidende Argument dafür, in der Platzverweisung keine Beschränkung der Freizügigkeit nach Art. 11 GG zu sehen, sondern einen Eingriff in die allgemeine Handlungsfreiheit des Art. 2 Abs. 1 GG.[25] Dies überzeugt, weil die vorübergehende Beschränkung der freien Wahl des Aufenthalts bei der Platzverweisung nicht die Intensität erreicht, die für einen Eingriff in die Freizügigkeit erforderlich ist. Durch die längere Dauer des Aufenthalts wird nach überwiegender Auffassung Art. 11 GG von dem Schutz der persönlichen Bewegungsfreiheit gemäß Art. 2 Abs. 2 GG abgegrenzt.[26] Die körperliche Bewegungsfreiheit als solche bleibt im Fall einer Platzverweisung erhalten, weshalb keine Verletzung des Art. 2 Abs. 2

---

[22] Z.B. § 10 Abs. 3 Satz 2 PolG NW; § 35 Abs. 4 SOG LSA.

[23] § 38 BPolG; § 27a Abs. 1 PolG BW; Art. 16 BayPAG; § 29 Abs. 1 ASOG Bln; § 16 Abs. 1 BbgPolG; § 14Abs. 1 BremPolG; § 12a HbgSOG; § 31 Abs. 1 HessSOG; § 52 Abs. 1 SOG MV; § 17 Abs. 1 NdsSOG; § 34 Abs. 1 PolG NW; § 13 Abs. 1 POG RP; § 12 Abs. 1 SaarlPolG; § 21 Abs. 1 SächsPolG; § 36 Abs. 1 SOG LSA; § 201 Abs. 1 LVwG SH; § 18 Abs. 1 ThürPAG.

[24] Seit 2008 auch in Baden-Württemberg in § 27a Abs. 1 PolG BW.

[25] *Schenke*, POR, Rn. 132; *Schoch*, POR, Rn. 211.

[26] *Pieroth/Schlink*, Staatsrecht II, Rn. 791 m.w.N.

GG vorliegt. Infolge der nur kurzfristigen Beschränkung, sich an einem bestimmten Ort aufzuhalten, ist der Platzverweis ein Eingriff in die allgemeine Handlungsfreiheit. Daher greifen nicht die qualifizierten Schranken des Art. 11 Abs. 2 GG, sondern nur der Vorbehalt der verfassungsmäßigen Ordnung des Art. 2 Abs. 1 GG.

Diese verfassungsrechtliche Zuordnung wirkt sich auf die Auslegung der Vorschriften über die Platzverweisung aus. Umstritten ist, welcher Zeitraum noch als vorübergehend angesehen werden kann. Die vertretenen Auffassungen reichen von wenigen Stunden bis zu mehreren Wochen.[27] Aufgrund des Verfassungsrechts ist aber eine enge Begrenzung der Reichweite von Platzverweisungen erforderlich. Ansonsten käme Art. 11 GG zum Tragen und die Vorschriften über die Platzverweisung wären verfassungswidrig, da sie nicht den Vorgaben der Schrankenregelung entsprechen. Verfassungskonform ist ein Zeitraum von nicht länger als 24 Stunden als vorübergehend zu erachten.[28] Dies entspricht der Systematik der Rechtsgrundlage, da auch die ausdrücklich erwähnten Rettungseinsätze in aller Regel höchstens einige Stunden dauern.   **25**

Der zeitlichen Beschränkung entspricht keine ähnlich enge räumliche Beschränkung.[29] Eine Platzverweisung kann nach der Rechtsprechung auch für ein ganzes Stadtgebiet angeordnet werden.[30] Allerdings ist auf die Erforderlichkeit einer derart weitreichenden Maßnahme besonderer Wert zu legen. Sie dürfte dann nicht zum Zuge kommen, wenn ein Aufenthaltsverbot in Frage kommt, das für seinen Anwendungsbereich als speziellere Regelung vorgeht. Eine Person kann auch zunächst des Platzes verwiesen und dann für einen größeren räumlichen Bereich mit einem Aufenthaltsverbot belegt werden. Die Bestimmung des oder der Adressaten erfolgt nach den allgemeine Grundsätzen über die polizeiliche Verantwortlichkeit.[31]   **26**

Die Platzverweisung ist ein Verwaltungsakt. Ihre Durchführung hängt von den Umständen und dem oder den Adressaten ab. Personen können einzeln angesprochen werden. Wenn eine Mehrzahl von Personen eines Ortes verwiesen werden soll, kann die Bekantgabe der Verwaltungsakte im Wege von Sammelverfügungen durch Megafon oder Lautsprecher ergehen.[32] Die Durchsetzung der Platzverweisung erfolgt durch Zwangsmaßnahmen bis hin zum Gewahrsam.[33] Nach den Vorschriften über den polizeilichen Gewahrsam kann eine Person u.a. dann in Gewahrsam genommen werden, wenn dies zur Durchsetzung eines Platzverweises unerlässlich ist.   **27**

Das Bundesrecht enthält spezialgesetzliche Ermächtigungsgrundlagen für Platzverweisungen insbesondere im Versammlungsrecht. Der Ausschluss von Stö-   **28**

---

[27] Vgl. *Schenke*, POR, Rn. 132 m.w.N.

[28] *Schenke*, POR, Rn. 132.

[29] S. aber *Schenke*, POR, Rn. 132: „eng begrenzte, überschaubare Örtlichkeit".

[30] VGH BW, DVBl. 1998, 97; OVG Nds, NVwZ 2000, 454; BayVGH, BayVBl 2001, 529.

[31] *Götz*, POR, § 8 Rn. 22; *Schenke*, POR, Rn. 132a; *Schoch*, POR, Rn. 213; a.A. *Pieroth/Schlink/Kniesel*, POR, § 16 Rn. 16.

[32] *Gusy*, POR, Rn. 276.

[33] BayObLG, NVwZ 2000, 467.

rern aus einer Versammlung nach § 11 VersG oder die Auflösung einer Versammlung nach §§ 13, 18 BVersG gehen dem allgemeinen Polizeirecht vor.[34] Dies gilt
auch für entsprechende Vorschriften der Landesversammlungsgesetze. Während
einer Versammlung sind Maßnahmen gegen deren Teilnehmer nur nach Versammlungsrecht zulässig.[35] Die Abwehr versammlungsfremder Gefahren dagegen
vollzieht sich nach allgemeinem Polizeirecht.[36]

29   **Beispiele:**
Drei Stunden vor einem Fußballspiel auf dem Betzenberg in Kaiserslautern erhält die
Polizei eine ernstzunehmende Bombendrohung. Durch den Stadionlautsprecher und
Ordner werden sämtliche bereits im Stadion anwesende Personen zum Verlassen des
Stadiongeländes aufgefordert. Es handelt sich um ein Zusammentreffen von Personen,
die im Rahmen einer kommerziellen Veranstaltung passiv als Konsumenten in Erscheinung treten und damit nach überwiegender Auffassung nicht um eine Versammlung
i.S.d. Art. 8 GG.[37] Damit kann auf die polizeirechtliche Regelung über die Platzverweisung zurückgegriffen werden (§ 13 Abs. 1 Satz 1 POG RP).
An einem genehmigten Informationsstand der NPD auf dem Karlsplatz in München fällt
der Polizei der A auf. Sie fordert ihn auf, den Platz zu verlassen. Die Anordnung ist
rechtswidrig, weil sich A auf die Versammlungsfreiheit berufen kann, und deshalb
Maßnahmen ihm gegenüber auf der Grundlage des allgemeinen Polizeirechts ausscheiden.[38]

4. Wohnungsverweisung

30   Außer in Bayern enthalten heute alle Landesgesetze, zumeist im Zusammenhang
mit Platzverweisung und Aufenthaltsverbot, eine Regelung der Wohnungsverweisung.[39] Durch eine Wohnungsverweisung wird der betroffenen Person geboten,
eine Wohnung, vollständig oder auf bestimmte Räume beschränkt, zu verlassen
und nicht mehr zurückzukehren.[40] Das Gebot, zu gehen, wird mit dem Verbot verbunden, zurückzukommen.

31   Die Wohnungsverweisung und das Rückkehrverbot bezwecken den Schutz vor
häuslicher Gewalt.[41] Nach dem Gewaltschutzgesetz des Bundes kann ein Gericht
anordnen, dass der Täter, der vorsätzlich den Körper, die Gesundheit oder die

---

[34] *Knemeyer*, POR, Rn. 216.

[35] VGH BW, NVwZ 1998, 761.

[36] *Gusy*, POR, Rn. 277.

[37] BVerfGE 104, 92 (104) zur Love Parade; vgl. *Pieroth/Schlink*, Rn. 693 f. m.w.N.

[38] BVerfG (1. Kammer des Ersten Senats), NVwZ 2005, 80 (81).

[39] § 27a Abs. 3 PolG BW; § 29a ASOG Bln; § 16a BbgPolG; § 14a BremPolG; § 12b
HbgSOG; § 31 Abs. 2 HessSOG; § 52 Abs. 2 SOG MV; § 17 Abs. 2 Satz 2 NdSOG;
§ 34a PolG NW; § 13 Abs. 2 POG RP; § 12 Abs. 2 SaarlPolG; § 21 Abs. 3 SächsPolG;
§ 36 Abs. 3 SOG LSA; § 201a LVwG SH; § 18 Abs. 2 ThürPAG.

[40] *Guckelberger*, JA 2011, 1.

[41] *Hesse/Queck/Lagodny*, JZ 2000, 68; *Kay*, NVwZ 2003, 521; *Ruder*, VBlBW 2002, 11.

Freiheit einer anderen Person widerrechtlich verletzt hat, es unterlässt, die Wohnung zu betreten.[42] Das Bedürfnis für eine Wohnungsverweisung aufgrund des Polizeirechts besteht zuvörderst für den Zeitraum, bis eine solche gerichtliche Anordnung vorliegt.[43]

In Bayern kommt für Maßnahmen gegen den Verantwortlichen der Rückgriff   **32** auf Platzverweisung und Ingewahrsamnahme in Betracht. Beide Maßnahmen sind aber nur kurzfristig oder zeitlich begrenzt zulässig. Die *Generalklausel* scheidet als Rechtsgrundlage aus.[44] Denn es handelt sich nicht mehr um eine atypisch Maßnahme, sondern ein polizeiliches Instrument, das im Zusammenhang mit den zivilrechtlichen Instrumentarien des Bundesrechts zu sehen ist.[45]

Das Opfer der Gewalt sollte schnellstmöglich eine zivilgerichtliche Ent-   **33** scheidung und damit einen durchsetzbaren Titel herbeiführen. Die Anwendung des Polizei- und Ordnungsrechts zielt auch im Verhältnis Privater zueinander nur auf Gefahrenabwehr und nicht auf Sozialgestaltung. Die Ausformung der Rechtsbeziehungen zwischen den Einzelnen ist Sache des Privatrechts.

Über die Wohnungsverweisung hinaus geht ein *Kontaktverbot*. Dem Adressa-   **34** ten, der regelmäßig mit der bedrohten Person in einer engen sozialen Beziehung lebt, wird jeder Kontakt mit ihr untersagt. Die Maßnahme ist nur vereinzelt gesetzlich geregelt (§ 13 Abs. 4 POG RP). Da der enge Bezug zum Gewaltschutzgesetz nicht gegeben ist, kann die Maßnahme im Gegensatz zur Wohnungsverweisung auf die Generalklausel gestützt werden.[46]

5. Aufenthaltsverbot

Das Aufenthaltsverbot reicht in seiner Tragweite über einen Platzverweis hinaus.[47]   **35** Der Unterschied liegt insbesondere in der Dauer der Maßnahme. Aufenthaltsverbote können für mehrere Monate verhängt werden. Das Aufenthaltsverbot unterscheidet sich vom Platzverweis in zeitlicher Dimension durch seinen in aller Regel langfristigen Charakter. In Nordrhein-Westfalen ist die Maßnahme auf eine Dauer von maximal drei Monaten beschränkt, § 34 Abs. 2 S. 4 PolG NRW.

Auch bezogen auf den räumlichen Geltungsbereich der Verfügung unterschei-   **36** det sich das Aufenthaltsverbot von der Platzverweisung. Es ist nicht auf eine einzige Örtlichkeit beschränkt, sondern kann sich auf mehrere bestimmte Gebiete er-

---

[42] Gesetz zum zivilrechtlichen Schutz vor Gewalttaten und Nachstellungen vom 11.12.2001, BGBl. I, S. 3513.

[43] S. *Lang*, VerwArch 96 (2005), 283.

[44] *Schenke*, POR, Rn. 135a; a.A. *Pieroth/Schlink/Kniesel*, § 16, Rn. 28.

[45] Zu den verfassungsrechtlichen Anforderungen *Schucht*, Generalklausel und Standardmaßnahme, 2010, S. 272 ff.

[46] *Pieroth/Schlink/Kniesel*, POR, § 16, Rn. 30a.

[47] *W. Cremer*, NVwZ 2001, 1218; eingehend *Schucht*, Generalklausel und Standardmaßnahme, 2010, S. 170 ff.

strecken, z.B. auf ein bestimmtes Stadtviertel oder gar ein ganzes Gemeindegebiet.[48]

37   Eingesetzt wird dieses Mittel beispielsweise zur Bekämpfung von Drogenszenen, die aus bestimmten Ortsteilen einer Stadt oder Gemeinde verdrängt werden sollen. Mit dem Mittel des Aufenthaltsverbots können auch Treffen gewalttätiger Gruppen verhindert werden.

38   **Beispiel:**
Das Verbot der Teilnahme an sogenannten „Chaostagen" ist keine Platzverweisung,[49] sondern ein Aufenthaltsverbot.

39   Alle Länder bis auf Bayern haben inzwischen eine spezielle Rechtsgrundlage geschaffen, zumeist indem sie die Vorschrift über die Platzverweisung durch eine Regelung über Aufenthaltsverbote ergänzt haben.[50] Die Länder können eine Regelung treffen, weil die Bundeskompetenz zur Regelung der Freizügigkeit nach Art. 73 Nr. 3 GG die zwischenstaatliche Freizügigkeit betrifft.[51] Da die Generalklausel, auf die vor der Schaffung der ausdrücklichen Rechtsgrundlage zurückgegriffen wurde, ein Aufenthaltsverbot nicht mehr trägt, ist es nur aufgrund der speziellen Regelung zulässig (also nicht in Bayern).[52]

40   Verfassungsrechtlich liegt in einem Aufenthaltsverbot ein Eingriff in das *Grundrecht auf Freizügigkeit* nach Art. 11 GG.[53] Freizügigkeit beschreibt die Möglichkeit und das Recht, an jedem Ort innerhalb des Bundesgebietes Wohnsitz und Aufenthalt zu nehmen.[54] Die Rechtmäßigkeit des Aufenthaltsverbots ist daher an der Schranke des Art. 11 Abs. 2 GG zu messen, der einen qualifizierten Gesetzesvorbehalt enthält. In Konstellationen der Verhütung von Straftaten kommt vor allem die letzte der in Art. 11 Abs. 2 GG genannten Varianten, nämlich eine Einschränkung des Grundrechts zur Vorbeugung strafbarer Handlungen in Betracht. Man spricht insoweit vom Kriminalvorbehalt der Einschränkung.[55] Die Gefahr ei-

---

[48] *Rachor*, in: Lisken/Denninger, F Rn. 496; *Schenke*, POR, Rn. 133.

[49] So BayObLG, NVwZ 2000, 467 nach bayerischem Landesrecht, das zum Zeitpunkt der Entscheidung keine Regelung über ein Aufenthaltsverbot enthält.

[50] § 29 Abs. 2 ASOG Bln; § 16 Abs. 2 BbgPolG; § 14 Abs. 2 BremPolG; § 31 Abs. 3 HessSOG ; § 52 Abs. 3 SOG MV; § 17 Abs. 4 NdsSOG; § 34 Abs. 2 PolG NW; § 13 Abs. 3 POG RP; § 21 Abs. 2 SächsPolG; § 36 Abs. 2 SOG LSA; § 18 Abs. 2 ThürPAG und § 18 Abs. 2 ThürOBG.

[51] OVG Bremen, NVwZ 1999, 314 (316); *W. Cremer*, NVwZ 2001, 1218 (1223); *Schoch*, POR, Rn. 214.

[52] *Butzer*, VerwArch 93 (2002), 506 (537); *Hecker*, NJW 2003, 1334 (1335); *Volkmann*, NVwZ 2000, 361 (365.

[53] Differenzierend *Schucht*, Generalklausel und Standardmaßnahme, 2010, S. 196 ff. m.w.N.

[54] BVerfGE 2, 266 (273); im Einzelnen Merten, in: Merten/Papier (Hg.), Handbuch der Grundrechte IV/1, 2011, § 94.

[55] *Jarass*, in: Jarass/Pieroth, GG, Art. 11 Rn. 16.

ner Straftatenbegehung muss jedenfalls mit hinreichender Wahrscheinlichkeit zu erwarten sein,[56] mitunter wird gar eine große Wahrscheinlichkeit verlangt.[57]

Das Verhängen eines Aufenthaltsverbotes unterliegt demgemäß höheren An- **41** forderungen als eine Platzverweisung. Das Vorliegen einer Gefahr für die öffentliche Sicherheit oder Ordnung im Allgemeinen genügt nicht, da die Vorgaben des Art. 11 Abs. 2 GG berücksichtigt werden müssen. Ein Aufenthaltsverbot ist aufgrund der landesrechtlichen Regelungen zulässig, um Straftaten zu verhüten. Dies umfasst die Bekämpfung des Drogenhandels an bestimmten Orten. Als Adressaten kommen jedoch nur Personen in Betracht, die in besonderer Weise an der Bildung und Aufrechterhaltung einer offenen Drogenszene beteiligt sind.[58]

Aus dem Grundsatz der Verhältnismäßigkeit folgt die Notwendigkeit, *zeitliche* **42** *und räumliche Begrenzungen* des Aufenthaltsverbotes in Betracht zu ziehen. Das Aufenthaltsverbot ist räumlich so weit als möglich zu begrenzen. Seine Ausweitung auf das gesamte Gebiet einer Gemeinde ist nur im Ausnahmefall verhältnismäßig. Dem Betroffenen müssen aber z.B. Arztbesuche oder Behördengänge ermöglicht werden und sein Zugang zur eigenen Wohnung muss erhalten bleiben.[59] Das Aufenthaltsverbot ist zeitlich zu befristen.

Der hinreichenden *Bestimmtheit* der Verfügung ist besondere Beachtung zu **43** schenken, da Unklarheiten etwa in der Bezeichnung des Verbotsbereiches zu Lasten der anordnenden Behörde gehen.[60]

6. Gewahrsam und Festnahme

Die Polizei kann eine Person in Gewahrsam nehmen, also einer Person gegen **44** ihren Willen die Freiheit entziehen.[61] Eine Ingewahrsamnahme zu präventiven Zwecken verletzt die Freiheit der Person nach Art. 2 Abs. 2 Satz 2 GG. Sie stellt nicht nur eine Freiheitsbeschränkung, sondern eine Freiheitsentziehung dar, für die Art. 104 Abs. 2 GG und Art. 5 EMRK gelten.[62] Daraus folgen besondere Anforderungen an Verfahren und Rechtsschutz, denen die landesgesetzlichen Bestimmungen Rechnung tragen.

Die Abgrenzung zwischen Freiheitsbeschränkung und Freiheitsentziehung er- **45** folgt unter wertenden Gesichtspunkten[63] oder unter Abstellen auf den Erfolg der

---

[56] *Jarass*, in: Jarass/Pieroth, GG, Art. 11 Rn. 16; *Pagenkopf*, in: Sachs, GG, Art. 11 Rn. 29.
[57] *Rachor*, in: Lisken/Denninger, F Rn. 510.
[58] *Schenke*, POR, Rn. 135.
[59] *Schenke*, POR, Rn. 135; *Schoch*, POR, Rn. 216.
[60] Vgl. BVerwGE 104, 301 (317).
[61] § 39 BPolG; § 28 PolG BW; Art. 17 BayPAG; § 30 ASOG Bln; § 17 BbgPolG; § 15 BremPolG; § 13 HbgSOG; § 32 HessSOG; § 55 SOG MV; § 18 NdsSOG; § 35 PolG NW; § 14 POG RP; § 13 SaarlPolG; § 22 SächsPolG; § 37 SOG LSA; § 204 LVwG SH; § 19 Thür PAG.
[62] BVerfG, Beschl.v.8.3.2011, 1 BvR 47/05 und 1 BvR 142/05, Rn. 26 (juris, 6.4.2011) für das Verbringen in eine Gewahrsamszelle und das dortige Einsperren.
[63] BVerwGE 62, 317 (318); 62, 325 (327); s. auch BVerfGE 10, 302 (322f.).

freiheitsbeschränkenden Maßnahme und die involvierten Rechte.[64] Eine Freiheits-
entziehung liegt jedenfalls dann vor, wenn die körperliche Bewegungsfreiheit über
eine gewisse Mindestdauer hinaus auf einen engen Raum beschränkt wird.[65] Der
Zweck der Maßnahme ist unerheblich. Eine engere Grenzziehung entspricht dem
Schutzzweck des Grundrechts. Denn die Einordnung als Freiheitsentziehung löst
verfahrensrechtliche Folgen aus und effektiviert insoweit den Grundrechtsschutz.
Die Notwendigkeit einer richterlichen Entscheidung besteht zumal dann, wenn die
Gefahr einer missbräuchlichen Beschränkung der körperlichen Bewegungsfreiheit
vorliegt.

46   Die klassischen Erscheinungsformen des Gewahrsams sind der Schutzgewahrsam und der Präventivgewahrsam. Darüber hinaus kennen einige Landesgesetze
und § 39 BPolG weitere Erscheinungsformen. Die Gesetze unterscheiden sich
auch in den Details der Voraussetzungen für die Rechtmäßigkeit der einzelnen
Fallgruppen.

47
> Tipp: Vergleichen Sie die Norm Ihres Landesrechts mit § 39 BPolG, um
> Unterschiede und Gemeinsamkeiten herauszuarbeiten.

48   Der *Schutzgewahrsam* dient dem Schutz der in Gewahrsam genommenen Person
selbst.[66] Personen, die sich in einem die freie Willensbestimmung ausschließenden
Zustand oder sonst in einer hilflosen Lage befinden, sollen vor Gefahren geschützt
werden. Dies betrifft z.B. Betrunkene oder Suizidgefährdete.

49   Der Präventivgewahrsam oder *Unterbindungsgewahrsam* bezweckt die Verhütung von Straftaten oder Ordnungswidrigkeiten mit erheblicher Bedeutung. Eine
solche präventive Entziehung der körperlichen Freiheit ist verfassungsrechtlich
nicht ausgeschlossen, unterlieg aber hohen Anforderungen an ihre Verhältnismäßigkeit. Soweit das Landesrecht die Abwehr unmittelbar bevorstehender erheblicher Störungen der öffentlichen Sicherheit oder Ordnung genügen lässt,[67] muss die
Vorschrift verfassungskonform reduziert werden, indem jedenfalls die Ingewahrsamnahme einer Person zum Schutz der öffentlichen Ordnung ausgeschlossen
wird.[68]

50   **Beispiel (Standardfall):**[69]
Der K ist Teilnehmer an Studentenprotesten 1968 gegen den Vietnam-Krieg. Gegen ihn
läuft ein Ermittlungsverfahren u.a. wegen Landfriedensbruchs in Berlin, wo er wohnt.
Als er von Berlin kommend auf dem Frankfurter Flughafen landet, um an einer Versammlung in Frankfurt teilzunehmen, wird er von der Polizei festgenommen.

---

[64] *Gusy*, NJW 1992, 457 m.N.
[65] BVerfGE 94, 166 (198); 105, 239 (244); *Jarass/Pieroth*, Art. 104 GG, Rn. 6.
[66] *Schoch*, POR, Rn. 219.
[67] § 28 Abs. 1 Nr. 1 PolG BW.
[68] *Drews/Wacke/Vogel/Martens*, Gefahrenabwehr, §§ 12, Ziff. 6a; *Würtenberger/Heck-
mann*, PolR BW, Rn. 358.
[69] BVerwGE 45, 51.

Die Ingewahrsamnahme des K kann als Präventivgewahrsam rechtmäßig sein, wenn sie unerlässlich zur Verhinderung einer unmittelbar bevorstehenden Straftat ist (§ 32 Abs. 1 Nr. 2 HessSOG). Das Bundesverwaltungsgericht hat eine Anscheinsgefahr bejaht und die Verhältnismäßigkeit der Maßnahme angenommen. An die Wahrscheinlichkeit des Schadenseintritts seien umso geringere Anforderungen zu stellen, je größer und folgenschwerer der möglicherweise eintretende Schaden sei.

Jedoch ist die Teilnahme an einer Versammlung von Art. 8 GG geschützt. Die Reise dorthin begründet nicht schon deshalb die Wahrscheinlichkeit eines Schadenseintritts, weil gegen eine Person ein Ermittlungsverfahren läuft. Zudem steht die Gefahr nicht unmittelbar bevor. Die Ingewahrsamnahme des K war rechtswidrig.

Voraussetzung für die Verhängung des Gewahrsams ist, dass die Beeinträchtigung **51** des Rechtsgutes auf andere Weise nicht verhindert werden kann. Da der Gewahrsam tief in die Freiheitssphäre des Einzelnen einschneidet, ist er subsidiär gegenüber anderen Mitteln. Dies stellen auch die weiteren Fallgruppen klar, die in einer Reihe von Polizeigesetzen geregelt sind und zumeist die Unerlässlichkeit der Maßnahme verlangen. Der Gewahrsam muss danach unerlässlich zur Durchsetzung einer Platzverweisung oder unerlässlich zum Schutz privater Rechte sein.[70]

Einige Landesgesetze sehen vor, dass eine Person in Gewahrsam genommen **52** werden darf, wenn ihre Identität auf andere Weise nicht festgestellt werden kann.[71] Diese Regelung ist von dem Anhalten und Festhalten einer Person zu unterscheiden, die (in allen Ländern) nach den Vorschriften über die Identitätsfeststellung zulässig sind. Der Mehrwert einer eigenständigen Ermächtigungsgrundlage im Zusammenhang des Gewahrsams ist gering, da das Prinzip der Verhältnismäßigkeit die Anwendung des milderen Mittels gebietet und das Festhalten zu dem Zweck der Identitätsfeststellung regelmäßig ausreicht.

Eine Ingewahrsamnahme kommt nach allen Polizeigesetzen zur Rückführung **53** Minderjähriger in Betracht, die sich der Obhut ihrer Eltern entzogen haben und zur Rückführung von Personen, die aus dem Vollzug von Untersuchungshaft, Freiheitsstrafe oder freiheitsentziehenden Maßregeln der Besserung und Sicherung entwichen sind. Allerdings sind insoweit die §§ 457 Abs. 2 S. 2 StPO, 87 StVollzG spezieller.[72] Aufgrund der Föderalismusreform ist die Gesetzgebungskompetenz für den Strafvollzug den Ländern übertragen worden, die erste Landes-Strafvollzugsgesetze erlassen haben.[73]

Die Anforderungen des Art. 2 Abs. 2 GG an Grundrechtseingriffe schlagen sich **54** beim Gewahrsam insbesondere in der Auswahl der Verantwortlichen und in der Dauer der Freiheitsentziehung nieder. Nur Personen, die selbst das Rechtsgut gefährden, können in Gewahrsam genommen werden.[74] Dies folgt aus Art. 5 Abs. 1 Satz 2 lit. c EMRK, wonach durch die Freiheitsentziehung der Betreffende an der Begehung weiterer Straftaten gehindert werden muss. Soweit nach Art. 17 Abs. 1

---

[70] Z.B. § 32 Abs. 1 Nr. 3 und 4 HessSOG; § 35 Abs. 1 Nr. 3 und 5 PolG NW; § 124 Abs. 1 Nr. 3 und 4 POG RP.

[71] § 28 Abs. 1 Nr. 3 PolG BW; § 14 Abs. 1 Satz 1 SaarlPolG; § 22 Abs. 1 Nr. 3 SächsPolG.

[72] *Gusy*, POR, Rn. 299.

[73] Bisher in Bayern, Hamburg, Hessen, Niedersachsen.

[74] *Schoch*, POR, Rn. 223.

Nr. 2b BayPAG die Kenntnis über das Mitführen von Gegenständen durch Begleitpersonen ausreichen soll, kann dies in verfassungskonformer Auslegung lediglich bei Hinzutreten weiterer Umstände zur Anordnung einer Freiheitsentziehung ausreichen.

55   Die *Dauer* der Freiheitsentziehung stößt an die Grenzen des Art. 104 GG und des Art. 5 EMRK. Sie ist in den Polizeigesetzen festgelegt, wobei teilweise zwischen den Schutzgütern unterschieden wird. Die Zeiträume reichen bis zu höchstens 14 Tagen.[75] Eine solch lange Dauer ist allenfalls dann mit der Verfassung in Einklang zu bringen, wenn sie den Präventivgewahrsam zum Schutz hochwertiger Rechtgüter vor einer qualifizierten Gefahr betrifft.[76] Der Sächsische Verfassungsgerichtshof hat die damaligen Regelungen des Sächsischen Polizeigesetzes für verfassungswidrig erklärt, soweit der Gewahrsam bis zur Höchstdauer von zwei Wochen auch zum Schutz einer Person, zur Feststellung der Identität und zur Durchsetzung eines Platzverweises zulässig sein sollte.[77]

56   Im Zusammenhang mit der Dauer des Gewahrsams ist zu beachten, dass es zur Bestätigung und Verlängerung des Gewahrsams immer einer richterlichen Entscheidung bedarf (Art. 104 Abs. 2 GG). Der Gewahrsam muss beendet werden, wenn der Grund für die Maßnahme weggefallen ist.[78] Nach Ende der zulässigen Dauer des Gewahrsams verfügt der Betroffene über einen Anspruch auf Entlassung.[79]

57   Die Rechtsstellung des Betroffenen im Gewahrsam ist gesetzlich ausgestaltet, um den einschneidenden Eingriff in die Freiheit abzufedern.[80] Der Grund für die Ingewahrsamnahme ist der Person unverzüglich bekannt zu geben. Die Bekanntgabe kann unterbleiben oder zumindest aufgeschoben werden, wenn sie sich nachteilig auf die Person auswirken würde, etwa bei verwirrten Personen.[81] Ihr ist Gelegenheit zur Benachrichtigung eines Angehörigen oder einer Vertrauensperson zu geben, soweit dadurch nicht der Zweck der Maßnahme gefährdet wird. Während der Freiheitsentziehung sind weitere polizeiliche Maßnahmen gegenüber der Person möglich, wenn und soweit sie gesetzlich zulässig sind.[82] Dies betrifft insbesondere die Befragung, Durchsuchung und Sicherstellung.

58   Der sogenannte *Verbringungsgewahrsam* zur Durchsetzung von Verwaltungsakten ist kein Gewahrsam[83] im polizeirechtlichen Sinne und daher mangels einer

---

[75] § 28 Abs. 3 S. 5 PolG BW, Art. 20 S. 2 BayPAG.

[76] Ähnlich *Schenke*, POR, Rn. 146; einen länger als 4 Tage dauernden Gewahrsam halten für verfassungswidrig *Blankenagel*, DÖV 1989, 689; *Pieroth/Schlink/Kniesel*, POR, § 17 Rn. 28.

[77] SächsVerfGH, SächsVBl. 1996, 160 = JbSächsOVG 4 (1996), S. 50 = LKV 1996, 273 = JZ 1996, 957 m.Anm. *Götz* = DVBl. 1996, 1423 m. Besprechungsaufsatz *Schenke*, DVBl. 1996, 1393, LS 2.

[78] *Gusy*, POR, Rn. 306.

[79] Z.B. § 42 BPolG, § 38 PolG NW.

[80] Z.B. § 41 BPolG; § 37 PolG NW.

[81] § 5 Abs. 1 SOG MV; § 205 Abs. 1 LVwG SH.

[82] *Gusy*, POR, Rn. 305.

[83] A.A. *Pieroth/Schlink/Kniesel*, POR, § 17 Rn. 4.

Rechtsgrundlage unzulässig.[84] Wenn die Polizei eine Person von einem Ort, an dem eine Gefahr besteht, zu einem weiter entfernten Ort verbringt und dort aussetzt, soll damit räumliche Distanz geschaffen werden, um die baldige Rückkehr der Person zu verhindern. Die Folgewirkungen wie der Zeitbedarf für eine Rückkehr sind Teil des Zwecks der Maßnahme. Der Gewahrsam zielt aber darauf, die Person an ihrer Fortbewegung zu hindern und sie unter der Kontrolle der Polizei zu halten, wobei Obhutspflichten entstehen.

Beispiele: **59**
Demonstranten werden mit einem Polizeifahrzeug vom Ort ihrer Versammlung in der Innenstadt an den Stadtrand gefahren.
Obdachlose werden in der Innenstadt aufgegriffen und in weit entfernte Stadtteile verbracht.
Hooligans werden von einem Fußballstadion weggebracht und in einer Entfernung von 20 km ausgesetzt.
Diese Maßnahmen sind rechtswidrig.

Die Rechtmäßigkeit der Verbringung kann nicht unter Hinweis auf die Kurzfris-   **60**
tigkeit der Freiheitsentziehung gerechtfertigt werden.[85] Auch eine kurzfristige Freiheitsentziehung durch die Polizeibehörden ist eine Ingewahrsamnahme.[86] Es bedarf nur deshalb keiner richterlichen Entscheidung, weil deren Herbeiführung länger dauern würde als die Durchführung der Maßnahme.[87] Dennoch müssen die Voraussetzungen für einen Gewahrsam vorliegen. Auch kurzfristig darf einer Person nur zur Gefahrenabwehr oder Straftatenverhütung ihre Freiheit entzogen werden.

Nach anderer Auffassung ergehe die Anordnung der Umsetzung einer Person   **61**
aufgrund der Generalklausel und die Verbringung sei dann als Maßnahme der Vollstreckung im Wege unmittelbaren Zwangs gerechtfertigt.[88] Auf die Generalklausel kann jedoch eine Freiheitsbeschränkung oder Freiheitsentziehung nicht gestützt werden. Der Grundverwaltungsakt, der vollstreckt werden soll, darf nicht auf die Entziehung der Freiheit gerichtet sein, weil sonst die spezifischen verfahrensrechtlichen Schutzvorschriften der insoweit abschließenden Regelungen über den Gewahrsam umgangen werden könnten.

Wenn ein Verwaltungsakt oder eine unmittelbare gesetzliche Pflicht nur durch-   **62**
gesetzt werden können, indem dem Betroffenen die Freiheit entzogen wird, kommen als Rechtsgrundlage die Vorschriften über die Vollstreckung unter Einschluss der Anwendung unmittelbaren Zwangs in Betracht (allgemein s.u. 9. Kapitel).

---

[84] *Gusy*, POR, Rn. 297; *Schoch*, POR, Rn. 222; mit ähnlicher Tendenz *Butzer*, VerwArch 93 (2002), 509 und 537 m.w.N.
[85] So aber *Schenke*, POR, Rn. 139 f. und 142.
[86] *Götz*, NVwZ 1998, S. 679 (683).
[87] Diese Regelung zum Schutz des Betroffenen enthalten alle Polizeigesetze, z.B. § 40 Abs. 1 BPolG; § 36 Abs. 1 S. 2 PolG NW.
[88] *Götz*, NVwZ 1998, 683.

63   **Beispiele:**
Im Fall der Abschiebung eines ausreisepflichtigen Ausländers nach § 58 AufenthG geht es um die Vollstreckung einer gesetzlichen Handlungspflicht, die durch Verwaltungsakt konkretisiert wird.[89] Die zwangsweise Verbringung eines Ausländers in einem Auto zum Flughafen ist zur Durchführung der vollziehbaren Abschiebungsanordnung erforderlich.[90] Es handelt sich um eine besondere Form des unmittelbaren Zwangs.[91] Für die Abschiebungshaft als weiter gehende Freiheitsentziehung trifft § 62 AufenthG eine Sonderregelung.

64   Als Freiheitsentziehung ist der Gewahrsam nach Art. 104 Abs. 2 GG nur aufgrund einer *richterlichen Entscheidung* zulässig. Wenn die Polizeibehörden eine Person in Gewahrsam nimmt hat sie unverzüglich eine richterliche Entscheidung herbeizuführen (Art. 104 Abs. 2 Satz 2 GG). Unverzüglich bedeutet, dass Verzögerungen, die sich nicht aus sachlichen Gründen rechtfertigen lassen, vermieden werden müssen.[92] Die Gerichte sind in einer Weise zu organisieren, die eine zeit- und sachangemessene Wahrnehmung der richterlichen Zuständigkeit gewährleistet.[93]

65   Da der Richtervorbehalt nicht zu Lasten des Festgehaltenen gehen soll, ist das Warten auf die richterliche Entscheidung nicht notwendig, wenn ihre Herbeiführung länger dauern würde als die Maßnahme selbst. Der Betroffene soll nicht bis zum Vorliegen einer richterlichen Entscheidung in Gewahrsam gehalten werden müssen, wenn ihn die Polizei bereits wieder aus dem Gewahrsam entlassen will, weil der Grund für die Maßnahme entfallen ist.[94] Dennoch bleibt die nachträgliche Herbeiführung einer Entscheidung über den Grund der Maßnahem notwendig.[95] Der Richtervorbehalt dient der Sicherstellung rechtlichen Gehörs und der Verstärkung des Grundrechtsschutzes. Auch wenn der Freiheitsentzug beendet ist, muss nachträglich die richterliche Entscheidung eingeholt werden.[96]

66   Das gerichtliche Verfahren bei der Freiheitsentziehung regeln die Landespolizeigesetze.[97] Sie verweisen zumeist auf das Freiheitsentziehungsgesetz des Bundes (FEVG),[98] vereinzelt auch auf das Gesetz über Verfahren in Familiensachen und in Angelegenheiten der freiwilligen Gerichtsbarkeit (FamFG).[99] Zuständig ist das Amtsgericht, in dessen Bezirk die Person festgehalten wird.

---

[89] Renner/*Dienelt*, Ausländerrecht, 9. Aufl. 2011, § 58, Rn.12.

[90] Vgl. BVerwGE 62, 325 (327); zur Freiheitsentziehung vor der Abschiebung BVerfGE 105, 239.

[91] *Huber*, AufenthG, 2010, § 58, Rn. 2; Renner/*Dienelt*, Ausländerrecht, 9. Aufl. 2011, § 58, Rn. 29.

[92] BVerwGE 45, 51 (63); BVerfGE 105, 239 (247 f.); „unverzüglich" wird insoweit anders verstanden als in § 121 Abs. 1 BGB („ohne schuldhaftes Zögern").

[93] BVerfGE 105, 239 (248).

[94] *Gusy*, POR, Rn. 304.

[95] *Schoch*, POR, Rn. 224; anders *Schenke*, POR, Rn. 144.

[96] BVerfGE 105, 239.

[97] Z.B. § 36 Abs. 2 PolG NW; § 15 Abs. 2 POG RP; § 38 Abs. 2 SOG LSA.

[98] Gesetz über das gerichtliche Verfahren bei Freiheitsentziehungen vom 29.6.1956, BGBl. I, S. 599.

[99] FamFG vom 17.12.2008 (BGBl. I S. 2586).

Der *Rechtsweg für den nachträglichen Rechtsschutz* gegen die Ingewahrsam-   **67**
nahme wirft Streitfragen auf. Wenn eine ausdrückliche Zuweisung an das Amtsgericht vorliegt, ist der Weg zu den ordentlichen Gerichten eröffnet (Art. 18 Abs. 2
Satz 1 BayPAG; § 31 Abs. 2 ASOG Bln). Es kommt der Verwaltungsrechtsweg in
Betracht, der mit dem Ziel beschritten werden kann, die Rechtswidrigkeit des polizeilichen Handelns analog § 113 Abs. 1 Satz 4 VwGO feststellen zu lassen.[100]
Gegen die Fortsetzungsfeststellungsklage spricht aber, dass der einheitliche Le-
benssachverhalt auch bei nachträglicher Beurteilung der ordentlichen Gerichtsbarkeit zugewiesen werden sollte, die für die Entscheidung über die Rechtmäßigkeit
des Gewahrsam von vornherein zuständig ist. Da eine Entscheidung auch dann
nachträglich eingeholt werden muss, wenn der Betroffene schon aus dem Gewahrsam entlassen ist,[101] wäre ansonsten nicht ausgeschlossen, dass sich Amtsgericht
und Verwaltungsgericht parallel mit dem Fall befassen müssten.

7. Durchsuchung und Untersuchung

Die Durchsuchung bezweckt das zielgerichtete Auffinden von Gegenständen oder   **68**
Personen, die bei bloßer äußerlicher Betrachtung nicht ersichtlich sind bzw. verborgen gehalten werden.[102] Durchsucht werden können Personen, Sachen oder
Wohnungen. Diese drei Konstellationen sind in den Polizeigesetzen in aufeinander
folgenden Vorschriften geregelt.[103] Das Bundesverfassungsgericht hat klargestellt,
dass auch gegen erledigte Durchsuchungsanordnungen Rechtsschutz möglich sein
muss.[104] Denn effektiver Rechtsschutz im Sinne des Art. 19 Abs. 4 GG ist auch im
Fall prozessualer Überholung zu gewährleisten.[105] Als taugliche Rechtsschutzform
kommt insbesondere die Fortsetzungsfeststellungsklage in Betracht.

Die gesetzlichen Tatbestände der Durchsuchung und Untersuchung verweisen   **69**
teilweise auf andere polizeiliche Maßnahmen, da in vielen Fällen die Maßnahmen
einander voraussetzen oder als Bündel angewendet werden.[106] Durchsuchungen
kommen etwa zum Zweck der Identitätsfeststellung von Personen oder zur Sicherstellung von Sachen in Betracht. Sofern andere Rechtsvorschriften in Bezug genommen werden, kommen nur solche in Betracht, die eine repressive Zielrichtung

---

[100] *Schenke*, POR, Rn. 145 m.w.N.
[101] BVerfGE 105, 239 (248).
[102] BVerfGE 16, 239 (240); 32, 54 (76); BVerwGE 28, 285; 47, 31.
[103] §§ 43 ff. BPolG; §§ 29 ff. PolG BW; Art. 21 ff. BayPAG; §§ 34 ff. ASOG Bln; §§ 21 ff.
BbgPolG; §§ 19 ff. BremPolG; §§ 15 ff. HbgSOG; §§ 36 ff. HessSOG; §§ 53 ff. SOG
MV; §§ 22 ff. NdsSOG; §§ 39 ff. PolG NW; §§ 18 ff. POG RP; §§ 17 ff. SaarlPolG;
§§ 23 ff. SächsPolG; §§ 41 ff. SOG LSA; §§ 202 ff. LVwG SH (mit etwas anderer Rei-
henfolge); §§ 23 ff. ThürPAG, §§ 18 ff. ThürOBG; § 21 BKAG.
[104] Vgl. BVerfG, NJW 1998, 669; s. auch BVerfGE 105, 239.
[105] BVerfGE 96, 27.
[106] *Schoch*, POR, Rn. 227.

aufweisen. Durchsuchungen im Rahmen der Strafverfolgung beruhen auf der StPO.

7.1. Durchsuchung und Untersuchung von Personen

70   Die Durchsuchung von Personen zielt auf das Auffinden von Gegenständen, welche die Person in ihrer Kleidung, an ihrem Körper oder in Körperöffnungen mit sich führt.[107]

71   Zulässig ist die Durchsuchung einer Personen, die aufgrund anderer Rechtsvorschriften rechtmäßig festgehalten werden kann. Nach dem Wortlaut der Gesetze muss die Person nicht tatsächlich festgehalten werden, das Vorliegen der Voraussetzungen dafür genügt. Eine Durchsuchung der Person ist nur möglich, wenn sie tatsächlich festgehalten und insoweit in ihrer Freiheit eingeschränkt wird. Dafür müssen die Voraussetzungen einer einschlägigen Ermächtigungsgrundlage, insbesondere des Gewahrsams, vorliegen.[108]

72   Die Durchsuchung von Personen kann zum Zwecke der Identitätsfeststellung erfolgen, um Waffen oder andere gefährliche Werkzeuge aufzufinden, wenn dies nach den Umständen zum Schutz von Polizeibeamten oder Dritten gegen eine Gefahr für Leib oder Leben erforderlich ist.[109] Der Zweck der Durchsuchung ist begrenzt. Teils lassen landesrechtliche Vorschriften eine weitergehende Durchsuchung zu.[110] Das bloße Auffinden von Identitätspapieren kann nicht Zweck der Untersuchung sein, weil insoweit die Vorschrift über die Identitätsfeststellung greift.[111]

73   Wenn Tatsachen die Annahme rechtfertigen, dass die Person Sachen mit sich führt, die sichergestellt werden dürfen, kann sie durchsucht werden. Die Durchsuchung von hilflosen Personen dient ihrem Schutz, insbesondere um gefährliche Gegenstände zu finden oder Angehörige verständigen zu können.

74   **Beispiel:**
Die X ist der Polizei wegen Gewalttaten bei Demonstrationen bekannt. Als sie auf dem Weg zu einer Demonstration mit ausgebeulten Hosentaschen gesehen wird, halten Polizeibeamte sie an, weil sie vermuten, dass X Waffen oder gefährliche Gegenstände mit sich führt. Eine Polizeibeamtin durchsucht die Kleidung der X, findet aber nur Lebensmittel. Die Durchsuchung war rechtmäßig.

75   Die meisten Landesgesetze und § 43 BPolG lassen Durchsuchungen von Personen an gefährlichen Orten und bei gefährdeten Objekten zu.[112] Für die Bestimmung dieser Begriffe verweisen die Normen auf die Bestimmungen über die Identitätsfeststellung. Das Aufhalten an gefährlichen Orten soll nach dem Wortlaut der Durchsuchungsvorschrift bereits genügen, um die Polizeipflicht auszulösen. Al-

---

[107] *Gusy*, POR, Rn. 251.
[108] Restriktiver *Gusy*, POR, Rn. 254.
[109] Z.B. § 29 Abs. 2 PolG BW; § 39 Abs. 2 PolG NW; § 41 Abs. 3 SOG LSA.
[110] § 202 Abs. 1 Nr. LVwG SH.
[111] *Schenke*, POR, Rn. 148; vgl. *Würtenberger/Heckmann*, PolR BW, Rn. 332.
[112] Z.B. § 29 Abs. 1 Nr. 4 und 5 PolG BW; § 39 Abs. 1 Nr. 4 und 5 PolG BW.

lerdings bezieht der Verweis auf die Regelung der Identitätsfeststellung die dortige Qualifikation ein, wonach ein Ort nur dann gefährlich ist, wenn sich Tatsachen für die Annahme eine Gefährdung ergeben. Daher muss die Person, die durchsucht werden soll, Urheber einer solchen Gefährdung sein können.[113] Im Hinblick auf Personen, die sich in der Nähe gefährdeter Objekte aufhalten, gilt Gleiches.[114]

Die im einzelnen unterschiedlichen Landesrechte gestatten teilweise die Durch-   **76**
suchung einer Person, die sich im räumlichen Umfeld einer gefährdeten Person aufhält.[115] Auch die Durchsuchung an einer Kontrollstelle ist mancherorts zulässig.[116] Die Modalitäten der Durchsuchung sind in den meisten Polizeigesetzen dahingehend geregelt, dass Personen nur von Personen gleichen Geschlechts oder Ärzten durchsucht werden dürfen.[117]

Die Durchsuchung einer Person ist von ihrer *Untersuchung* zu unterscheiden.[118]   **77**
Während die Durchsuchung sich auf die Kleidung, die Körperoberfläche und leicht zugängliche Körperhöhlen wie Mund oder Ohren richtet, betrifft die Untersuchung den körperlichen Zustand einer Person und das Körperinnere einschließlich des Genitalbereiches. Die Untersuchung ist nur in § 36 Abs. 5 HSOG und § 41 Abs. 5 SOG LSA geregelt. Zu präventiven Zwecken ist sie in den anderen Ländern unzulässig. Ein Rückgriff auf die Generalklausel kommt angesichts der Intensität des Eingriffs in die persönliche Rechtssphäre nicht in Betracht.[119] Eine Untersuchung kann zur Strafverfolgung auf § 81 a StPO gestützt werden.

7.2. Durchsuchung von Sachen

Sachen werden durchsucht, um gesuchte Personen oder Gegenstände zu finden,   **78**
die der Betroffene nicht am Leib trägt. Oft trägt die Standardmaßnahme vorbereitenden oder begleitenden Charakter und ist mit anderen polizeilichen Maßnahmen eng vernetzt.[120] Die Rechtmäßigkeit der Durchsuchung von Sachen ist an die Rechtmäßigkeit der Maßnahme gekoppelt, auf die verwiesen wird.

Beispiele: **79**
Die Polizei hält den Verkehrsteilnehmer V an, um seine Identität festzustellen. Auf dem Rücksitz befindet sich ein Gegenstand unter einer Decke, der aussieht wie eine Waffe. Die Polizei durchsucht das Kraftfahrzeug. Tatsächlich handelt es sich bei dem Gegenstand unter der Decke um ein Gewehr. Die Polizeibeamten stellen es sicher. Die Rechtmäßigkeit der drei Maßnahmen (Identitätsfeststellung, Durchsuchung einer Sache, Sicherstellung) ist einzeln auf der Grundlage der jeweiligen Befugnisnorm zu prüfen.

---

[113] Ähnlich *Gusy*, POR, Rn. 254.
[114] So ausdrücklich § 41 Abs. 2 Nr. 3 SOG LSA.
[115] § 36 Abs. 2 Nr. 4 HessSOG, § 41 Abs. 2 Nr. 4 SOG LSA.
[116] § 34 Abs. 2 Nr. 4 ASOG Bln.
[117] Z.B. § 39 Abs. 3 PolG NW.
[118] *Drews/Wacke/Vogel/Martens*, Gefahrenabwehr, § 12, Ziff. 7.
[119] *Rachor*, in: Lisken/Denninger, F Rn. 657 ff.; *Schenke*, POR, Rn. 150; a.A. *Pieroth/Schlink/Kniesel*, POR, § 18 Rn. 3.
[120] *Gusy*, POR, Rn. 256.

80   Die Durchsuchung einer Sache ist zulässig, wenn diese von einer Person mitgeführt wird, die durchsucht werden kann. Sie kann weiter durchgeführt werden, wenn sich die Sache an einem gefährlichen Ort oder in einem gefährdeten Objekt befindet. Handelt es sich bei der Sache um ein Land-, Wasser- oder Luftfahrzeug ist die Durchsuchung zulässig, falls sich in dem Fahrzeug eine Person befindet, deren Identität festgestellt werden kann. Der Inhaber der tatsächlichen Gewalt über die Sache hat das Recht, bei der Durchsuchung anwesend zu sein.

7.3. Betreten und Durchsuchung von Wohnungen

81   Einen Sonderfall stellt die Durchsuchung von Wohnungen dar, weil das Grundrecht auf Unverletzlichkeit der Wohnung aus Art. 13 GG besonders hohe Anforderungen an die Rechtmäßigkeit von Eingriffen stellt. Dem tragen die landesrechtlichen Vorschriften Rechnung, indem sie der Befugnisnorm eine Vorschrift über das Verfahren der Durchsuchung beigeben.[121] Für die akustische Wohnraumüberwachung, den sogenannten „Großen Lauschangriff", gelten besondere Regeln (s.u. 7. Kap., Rn. 157 ff.). Die Standardmaßnahme der Durchsuchung von Wohnungen erfolgt durch handelnde Polizeibeamte, die offen vorgehen und die Wohnung persönlich betreten. Dementsprechend hat der Wohnungsinhaber nach der Verfahrensvorschrift der Polizeigesetze das Recht, bei der Durchsuchung anwesend zu sein.[122]

82   Die Unverletzlichkeit der Wohnung nach Art. 13 GG schützt die räumliche Privatsphäre.[123] Wohnungen sind zum dauerhaften Aufenthalt geeignete, räumlich umgrenzte Bereiche, auch Wohnmobile, Zelte, Hausboote oder Campingwagen. Nach ständiger Rechtsprechung des Bundesverfassungsgerichts umfasst der Wohnungsbegriff auch Arbeits-, Betriebs- und Geschäftsräume.[124] Begriffsbestimmungen des Landesrechts[125] haben nur deklaratorischen Charakter, weil Art. 13 Abs. 1 GG vorgeht.

83   Durchsuchung ist das Betreten der Wohnung dann, wenn sie das Auffinden oder Ergreifen einer Person, das Auffinden, Sicherstellen oder die Beschlagnahme einer Sache oder die Verfolgung von Spuren bezweckt.[126] Die Durchsuchung schließt das Betreten der Wohnung ein und damit auch das Öffnen der Wohnung.

---

[121] §§ 45, 46 BPolG; § 31 PolG BW (Verfahren integriert); Art. 23, 24 BayPAG; §§ 36, 37 ASOG Bln; §§ 23, 24 BbgPolG; §§ 21, 22 BremPolG; §§ 16, 16a HbgSOG; §§ 38, 39 HessSOG; §§ 59, 60 SOG MV; §§ 24, 25 NdsSOG; §§ 41, 42 PolG NW; §§ 20, 21 POG RP; §§ 19, 20 SaarPolG; § 25 SächsPolG; §§ 43, 44 SOG LSA; §§ 208, 209 LVwG SH; §§ 25, 26 ThürPAG.

[122] Z.B. § 46 Abs. 2 BPolG; § 42 Abs. 2 PolG NW.

[123] BVerfGE 109, 279 (309); *Papier*, in: Merten/Papier (Hg.), Handbuch der Grundrechte IV/1, 2011, § 91.

[124] BVerfG 32, 54 (68 ff.); 76, 83 (88); 97, 228 (265); näher auch zur Gegenauffassung *Hermes*, in: Dreier, Art. 13 GG, Rn. 23 ff.

[125] Z.B. § 38 Abs. 1 HessSOG; § 41 Abs. 1 PolG NW; § 43 Abs. 1 SOG LSA.

[126] BVerwGE 47, 31 (36); *Götz*, POR, § 8 Rn. 50.

In der Wohnung können Schränke oder Schubladen durchsucht werden. Wenn die Wohnung oder ein Behältnis verschlossen ist, kann es nur dann mit Gewalt geöffnet werden, wenn die Voraussetzungen für die Anwendung unmittelbaren Zwangs vorliegen.[127]

> **Beispiel:**[128]   **84**
> Am Rande einer Truppenparade in Berlin kommt es zu Störungen. Polizisten, die gegen die Störer vorgehen, werden von den Fenstern und vom Dach eines Wohnheims der TU mit Steinen und Flaschen beworfen. Die Polizei besetzt das Wohnheim, betritt einzelne Zimmer, räumt Teile des Wohnheims, nimmt die meisten Personen, darunter den K, vorläufig fest und bringt sie zur Dienststelle, um sie erkennungsdienstlich zu behandeln. In der mündlichen Verhandlung geben die Vertreter des Landes zu, dass die vorläufige Festnahme und die erkennungsdienstliche Behandlung des K rechtswidrig waren. Insoweit wird die Klage zurückgenommen.
> Das Bundesverwaltungsgericht erachtet im Hinblick auf die Rechtmäßigkeit der Durchsuchung nicht jedes Eindringen in eine Wohnung als Durchsuchung. Durchsuchung sei das Betreten der Wohnung dann, wenn es das Auffinden und Ergreifen einer Person, das Auffinden, Sicherstellen oder die Beschlagnahme einer Sache oder die Verfolgung von Spuren bezwecke. Keine Durchsuchung sei z.B. das Betreten einer Wohnung zu dem Zweck nachzuprüfen, ob der Wohnungsinhaber seinen Beruf ordentlich ausübe.
> Die strittigen Maßnahmen waren hier keine Durchsuchungen. Die Polizei betrat das Haus und gebot den Personen, dieses zu verlassen, weil von dort Steine geworfen worden waren. Das Wohnheim war keine friedliche Wohnung. Dort wurden also nicht Nachforschungen angestellt, sondern Personen draußen wurden geschützt. Zweck war nicht eine Durchsuchung.
> Diese Begründung vernachlässigt den sehr wohl polizeilichen Zweck der Durchsuchung der Wohnungen, der im Auffinden von Sachen bestand, die zur weiteren Störung der Veranstaltung genutzt werden konnten. Die Maßnahme konnte unter den Voraussetzungen der Inanspruchnahme von Nichtverantwortlichen auf eine Vielzahl von Wohnungen erstreckt werden.[129]

> **Beispiel:**[130]   **85**
> Der K betreibt in Bremen eine als Vereinslokal dienende öffentliche Teestube, die während ihrer Öffnungszeiten allgemein zugänglich ist und überwiegend von Kurden besucht wird. Bei polizeilichen Überprüfungen in der Vergangenheit wurde festgestellt, dass einige anwesende Personen gegen das Ausländerrecht verstoßen hatten. Zwei Polizeibeamte führen eine erneute Kontrolle durch, indem sie die Teestube betreten und dort die Personalien der vier anwendenden Personen feststellen. Der K bestreitet die Rechtmäßigkeit dieser Maßnahme.
> Das Bundesverwaltungsgericht sieht in dem Betreten der Teestube einen Eingriff in den Schutzbereich des Art. 13 Abs. 1 GG, da auch Arbeits-, Betriebs- und Geschäftsräume geschützt seien. Es folgt insoweit dem Bundesverfassungsgericht.[131] Allerdings

---

[127] *Gusy*, POR, Rn. 257.
[128] BVerwGE 47, 31.
[129] *Götz*, POR, § 8 Rn. 50.
[130] BVerwG, JZ 2005, 458 m. Anm. *Hermes*.
[131] BVerfGE 32, 54 (68 ff.); 109, 279 (320 ff.) zu abgestuften Schutzniveaus. Für die a.A. *Hermes*, in: Dreier, GG, Bd. 1, 2. Aufl. 2004, Art. 13, Rn. 23 ff. m.w.N.

liege keine Durchsuchung nach Art. 13 Abs. 2 GG vor, weil das Betreten der Teestube nicht dem Eindringen in die Privatsphäre des Bestimmungsberechtigten diente, insbesondere nicht der Erhebung von Informationen. Das Betreten der öffentlich zugänglichen Räume konnte daher auf die Generalklausel des Polizeirechts gestützt werden, hier § 21 Abs. 4 BremPolG. Nach Auffassung des Bundesverwaltungsgerichts bedurfte es nicht des Vorliegens einer konkreten Gefahr, der „vergleichsweise geringfügige Grundrechtseingriff" sei bereits als Maßnahme der Gefahrenvorsorge gerechtfertigt. Folglich sei das Betreten der Teestube ebenso rechtmäßig gewesen wie die folgende Identitätsfeststellung nach § 11 Abs. 1 Nr. 1 BremPolG.

Die Entscheidung lässt hinsichtlich der Voraussetzungen für einen derartigen Eingriff genügen, dass eine Abwägung zwischen der abzuwehrenden Gefahr, die es hier in der illegalen Zuwanderung sah, und den Rechten der Betroffenen zu Gunsten der Verhinderung von Zuwanderung ausgeht. Der Begriff der Gefahr wird weiter aufgeweicht.[132] Öffentlich zugängliche Arbeits-, Betriebs- und Geschäftsräume können im Ergebnis von den Polizeibehörden aufgrund der Generalklausel ohne das Vorliegen erschwerender Anforderungen betreten werden.

86   Die Durchsuchung von Wohnungen ist zulässig, wenn sich in der Wohnung eine Person befindet, die in Gewahrsam genommen oder eine Sache, die sichergestellt werden kann. Diese Durchsuchungen finden am Tage statt. Im Fall erheblicher Immissionen oder zur Abwehr einer gegenwärtigen Gefahr für Leib, Leben oder Freiheit einer Person oder für Sachen von bedeutendem Wert ist zudem eine Durchsuchung auch während der Nachtzeit erlaubt. Einige Landesgesetze enthalten die Alternative der Durchsuchung der Wohnung, weil dort eine entführte Person vermutet wird.[133]

87   **Beispiel:**
Eine Mann wird aufgrund eines Stromschlags ins Krankenhaus eingeliefert. Dort äußert er die Vermutung, dass eine kaputte Lampe die Ursache war. Die Polizei betritt die Wohnung und durchsucht sie, um die defekte Lampe sicherzustellen.

88   Zur Abwehr einzeln aufgeführter dringender Gefahren können Wohnungen betreten werden, aber nicht durchsucht. Das Erfordernis der Dringlichkeit knüpft an Art. 13 Abs. 7 GG an. Die Eingriffsschwelle ist landesrechtlich unterschiedlich hoch.[134] Während teils die dringende Gefahr genügt,[135] wird in anderen Gesetzen verlangt, dass die Wohnung ein gefährlicher Ort ist oder der Prostitution dient.[136] Sonderregeln gelten für Räumlichkeiten, die der Öffentlichkeit zugänglich sind.[137] Die Polizei- und Ordnungsbehörden sollen z.B. während der Geschäftszeit gewerblich genutzte Räumlichkeiten betreten dürfen, um dort die Einhaltung gewerberechtlicher Bestimmungen zu prüfen („Nachschau").[138]

---

[132] Vgl. *Kugelmann*, DÖV 2003, 781.
[133] Z.B. § 38 Abs. 4 HessSOG.
[134] *Schoch*, POR, Rn. 234.
[135] § 31 Abs. 1 PolG BW.
[136] § 38 Abs. 6 HessSOG; § 41 Abs. 3 PolG NW; § 43 Abs. 6 SOG LSA.
[137] Z.B. § 41 Abs. 4 PolG NW.
[138] BVerwGE 78, 251; *Götz*, POR, § 8 Rn. 50.

Aufgrund des Art. 13 Abs. 2 GG gilt für die Durchsuchung von Wohnungen **89** der Richtervorbehalt.[139] Zuständig ist das Amtsgericht, in dessen Bezirk die Wohnung liegt. Bei Gefahr im Verzug kann die Anordnung auch von anderen gesetzlich vorgesehenen Organen, also etwa der Staatsanwaltschaft, vorgenommen werden. Der Wohnungsinhaber hat ein Anwesenheitsrecht. Der Grund der Durchsuchung ist ihm unverzüglich bekannt zu geben. Über die Durchsuchung ist eine Niederschrift zu fertigen.[140]

8. Sicherstellung und Beschlagnahme

Zur Gefahrenabwehr kann es erforderlich sein, das die Polizei- oder Ordnungsbehörden **90** Sachen der Verfügungsgewalt des Besitzers entziehen. Die Polizeigesetze unterscheiden teilweise zwischen Sicherstellung und Beschlagnahme.[141] Zumeist ist nur die Sicherstellung in einem weiten Sinne geregelt und schließt dann die Fälle der Beschlagnahme mit ein.[142] Soweit eine Unterscheidung getroffen wird, dient die Sicherstellung dem Schutz des Eigentümer oder rechtmäßigen Inhabers der tatsächlichen Gewalt, während die Beschlagnahme dem Schutz Dritter dient. Unter Sicherstellung im weiten Sinne wird die hoheitliche Begründung der tatsächlichen Herrschaft über eine Sache unter Verminderung der Einwirkung durch die Allgemeinheit oder eine Person verstanden.[143] Von diesem Begriff der Sicherstellung wird im Folgenden ausgegangen.

Die Sicherstellung kann insbesondere zur Abwehr einer gegenwärtigen Gefahr **91** oder zum Schutz des Eigentümers oder Verfügungsberechtigten vor Verlust oder Beschädigung der Sache vorgenommen werden. Sie stellt dann eine eigenständige Maßnahme der Gefahrenabwehr dar. Daneben kommt sie als Begleitmaßnahme zum Festhalten von Personen in Betracht, um auszuschließen, dass eine festgehaltene Person eine Sache missbräuchlich verwendet. Einige Gesetze lassen als eigene Fallgruppe die Sicherstellung von Sachen zu, die zur Begehung von Straftaten oder Ordnungswidrigkeiten gebraucht werden könnten.[144]

> **Beispiele:** **92**
> Der auf der Straße unbeaufsichtigt laufende, tollwütige Hund wird eingefangen. Der X, der in Gewahrsam genommen wird, trägt ein Messer bei sich, das ihm eine Polizeibeamtin abnimmt. Eine Herde Rinder wird in ihrem Stall ohne Ortsveränderung sichergestellt.

---

[139] Näher *Ennuschat*, AöR 2002, 126.
[140] Z.B. § 46 BPolG.
[141] §§ 32, 33 PolG BW; §§ 26, 27 SächsPolG.
[142] § 47 BPolG; Art. 25 BayPAG; § 38 ASOG Bln; § 25 BbgPolG; § 23 BremPolG; § 14 HbgSOG; § 40 HessSOG; § 61 SOG MV; § 26 NdsSOG; § 43 PolG NW; § 22 POG RP; § 21 SaarlPolG; § 45 SOG LSA; § 210 LVwG SH; § 27 Thür PAG.
[143] *Drews/Wacke/Vogel/Martens*, Gefahrenabwehr, § 12, Ziff. 11a; *Pieroth/Schlink/Kniesel*, POR, § 19 Rn. 2a.
[144] Z.B. § 40 Nr. 4 HessSOG.

93 Die Durchführung der Sicherstellung erfolgt nach überwiegender Auffassung durch einen Verwaltungsakt, der sie anordnet (Herausgabeverfügung), und durch die tatsächliche Inbesitznahme der Sache.[145] Es entsteht ein öffentlich-rechtliches Verwahrungsverhältnis, dem Rechte und Pflichten entspringen (vgl. unten Rn. 100).

94   Die Sicherstellung spielt eine große Rolle im Hinblick auf die Abwehr von Gefahren im Zusammenhang des Straßenverkehrs. Das Abschleppen von Kraftfahrzeuge kann eine Sicherstellung sein (s.u. 11. Kap. Rn. 54). Dies ist der Fall, wenn das KfZ im Auftrag der Polizei- oder Ordnungsbehörde auf einen amtlichen Verwahrplatz verbracht wird.[146] Aber auch der Schlüssel oder die Fahrzeugpapiere kommen als Gegenstände einer Sicherstellung in Betracht.

95   **Beispiel:[147]**
Ein Kraftfahrzeug wird angehalten. Es stellt sich heraus, dass der Fahrer nicht über eine Fahrerlaubnis verfügt. Er erklärt, dass er dringend zu einem Termin müsse. Die Polizei schließt daraus, dass er weiterfahren würde und stellt das KfZ sicher.
Es liegt eine gegenwärtige Gefahr vor. Die Sicherstellung des Führerscheins oder des Fahrzeugschlüssels ist nicht gleich geeignet, da der Fahrer den Eindruck vermittelt, auf jeden Fall zu seinem Termin zu wollen. Die Sicherstellung des KfZ ist rechtmäßig.

96   Besondere Regeln gelten für Presseerzeugnisse. Sie dürfen nicht nach Polizeirecht sichergestellt werden, weil die Pressefreiheit des Art. 5 Abs. 1 Satz 2 GG durchschlägt. Beschränkende Eingriffe der Polizei- oder Ordnungsbehörden sind insgesamt unzulässig, wenn sie sich auf den Inhalt der Publikation beziehen.[148] Es kommt die „Polizeifestigkeit" der Presse zum Tragen.[149] Die Beschlagnahme von Presseerzeugnissen ist in den §§ 13, 14 LPresseG geregelt. Im Rahmen der Strafverfolgung können §§ 111 m, 111 n StPO als Rechtsgrundlage für eine Beschlagnahme herangezogen werden. Nach überwiegender Auffassung treten presserechtliche Schutzmechanismen insoweit zurück.[150]

97   Einfluss auf die Rechtmäßigkeit einer Sicherstellung kann Art. 8 GG haben, wenn sie im Umfeld einer Versammlung stattfindet. Die Maßnahmen aufgrund des VersG sind zwar nicht abschließend. Allerdings ist bei der Anwendung der Polizeigesetze darauf zu achten, dass die Grundrechtsausübung nicht unverhältnismäßig beeinträchtigt wird.

---

[145] *Götz*, POR, Rn. 309.

[146] *Götz*, POR, Rn. 313; *Pieroth/Schlink/Kniesel*, POR, § 19 Rn. 4; *Schoch*, POR, Rn. 240; *Würtenberger*, in: Achterberg/Püttner, § 21, Rn. 177; a.A. *Schieferdecker*, Die Entfernung von Kraftfahrzeugen als Mittel staatlicher Gefahrenabwehr, 1998, S. 96; ihm folgend *Schenke*, POR, Rn. 164.

[147] Vgl. *Götz*, POR, Rn. 312.

[148] *Löffler/Ricker*, Handbuch des Presserechts, 4. Auflage 2000, Ziff. 10/4.

[149] *Drews/Wacke/Vogel/Martens*, Gefahrenabwehr, § 18, Ziff. 2c; *Pieroth*, in: Kugelmann (Hg.), Polizei unter dem Grundgesetz, 2010, S. 55 (57 ff.).

[150] *Achenbach*, in: Löffler/Wenzel/Sedelmeier (Hg.), Presserecht, 5. Auflage 2006, Vorbem. §§ 13 ff., Rn. 24 ff. m.w.N.; ebd. Rn. 39 zur Polizeifestigkeit.

Beispiel: **98**
An einer Kontrollstelle vor einer Großdemonstration wird ein Autobus angehalten. Die Personalien der Insassen werden festgestellt, über sie liegen keine weiteren Informationen vor. Die Polizei stellt das Warndreieck und den Wagenheber sowie mehrere Zeltstangen sicher, die nach ihrer Ansicht als Schutzwaffen während der Versammlung geeignet seien.
Es könnte eine Anscheinsgefahr vorliegen. Allerdings ist die Tatsachengrundlage nicht aussagekräftig genug, um die Wahrscheinlichkeit eines Schadenseintritts anzunehmen. Die Maßnahme ist zudem unverhältnismäßig.[151] Eine Vielzahl von Gegenständen kann zu einer Waffe umfunktioniert werden. Dies darf nicht dazu führen, dass jede nur denkbare Sache sichergestellt werden darf. Erst recht gilt das für Gegenstände, deren Nichtmitführen eine Ordnungswidrigkeit ist. Die Sicherstellung war rechtswidrig.[152]

9. Verwahrung, Verwertung, Vernichtung

Wenn die Polizei- oder Ordnungsbehörden Gegenstände in Besitz nehmen, regeln **99**
weitere Vorschriften, wie sie mit den Gegenständen verfahren können.[153] Die Landesgesetze weisen in den Einzelheiten kleinere Unterschiede auf. Das Polizei- und Ordnungsrecht berührt hinsichtlich des Umgangs mit der Sache das öffentliche Sachenrecht und das Recht der öffentlich-rechtlichen Schadensersatzleistungen.

Folge der Sicherstellung ist zunächst die Verwahrung, die gesetzlich geregelt **100**
ist.[154] Das öffentlich-rechtliche Verwahrungsverhältnis führt zu Pflichten der verwahrenden Stelle, die Wertminderungen der Sache vorzubeugen hat. Verletzt die verwahrende Stelle ihre Sorgfaltspflichten bei der Verwahrung, können Ansprüche des Betroffenen entstehen. Anspruchsgrundlagen können ein Amtshaftungsanspruch oder das öffentlich-rechtliche Schuldverhältnis sein, auf das grundsätzlich die Vorschriften des BGB über Leistungsstörungen analog anzuwenden sind.[155] Nach Entfallen der Voraussetzungen für die Sicherstellung, ist die Sache dem Betroffenen als Konsequenz des Folgenbeseitigungsanspruchs herauszugeben.[156] Der Herausgabeanspruch ist in den Polizeigesetzen zumeist detailliert normiert.[157] Er kann durch allgemeine Leistungsklage durchgesetzt werden.[158]

[151] S. BayVGH BayVBl. 1983, 434.
[152] OVG NW, DVBl. 1982, 653 mit kritischer Anm. *Schwabe*.
[153] § 20 Abs. 1 PolG BW; Art. 12 BayPAG; § 18 Abs. 3 ASOG Bln; § 11 BbgPolG und § 23 Nr. 1 lit. a BbgOBG; § 13 BremPolG; § 3 HbgGDAtPol; § 12 HessSOG; § 28 SOG MV; § 12 NdsSOG; § 9 PolG NW und § 24 Nr. 1 OBG NW; § 9a POG RP; § 11 SaarlPolG; § 18 SächsPolG; § 14 SOG LSA; § 180 LVwG SH; § 13 ThürPAG und § 16 ThürOBG.
[154] Z.B. § 44 PolG NW.
[155] *Maurer*, Allgemeines Verwaltungsrecht, § 29, Rn. 4 ff.
[156] *Schenke*, POR, Rn. 159.
[157] Z.B. § 46 PolG NW.
[158] *Knemeyer*, POR, Rn. 264.

101 | Klausurtipp: Wiederholen Sie am Beispiel der Verwahrung einer polizeilich sichergestellten Sache den Amtshaftungsanspruch und weitere Ansprüche Betroffener auf Schadensersatz gegen staatliche Stellen. |

102   Eine sichergestellte Sache darf verwertet werden, wenn ihr Verderb droht, ihre Verwahrung mit unverhältnismäßig hohen Kosten verbunden ist, sie infolge ihrer Beschaffenheit nicht so verwahrt werden kann, dass weitere Gefahren für die öffentliche Sicherheit ausgeschlossen sind, sie nach einer Frist von einem Jahr nicht an einen Berechtigten herausgegeben werden kann, ohne dass die Voraussetzungen der Sicherstellung eintreten würden und wenn der Berechtigte sie trotz Mitteilung nicht innerhalb einer ausreichend bemessenen Frist abholt. Die Verwertung wird regelmäßig durch eine öffentliche Versteigerung oder ersatzweise durch freihändigen Verkauf vollzogen.

103   Sichergestellte Sachen können als ultima ratio unbrauchbar gemacht, vernichtet oder eingezogen werden.[159] Die Einziehung, also der Eigentumsübergang auf den Staat, ist nicht in allen Polizeigesetzen vorgesehen. Die Sache wird dann vernichtet, wenn im Fall einer Verwertung die Gründe für die Sicherstellung erneut entstehen würden oder die Verwertung aus anderen Gründen nicht möglich ist. Das Unbrauchbarmachen, die Vernichtung und auch die Einziehung sind keine Enteignung, sondern Ausprägungen der Sozialbindung des Eigentums (Art. 14 Abs. 2 GG).[160]

10. Gefährderansprachen

104   Eine Gefährderansprache ist die in einem konkreten Fall an einen potentiellen Gefahrverursacher gerichtete Ermahnung, Störungen der öffentlichen Sicherheit und Ordnung zu unterlassen. In der Regel wird die Ermahnung durch die Feststellung untermauert, der Betroffene sei bereits polizeilich in Erscheinung getreten, sowie durch den Hinweis ergänzt, dass andernfalls gegen ihn polizeilich eingeschritten werde. Die Polizei erhofft sich von der Gefährderansprache eine Abschreckung des Betroffenen von der Teilnahme an Gewalttätigkeiten, sei es durch Einschüchterung oder Einsicht.[161]

105   Gefährderansprachen gehören zu den polizeilichen Maßnahmen, die gezielt auf das Verhalten von Personen einwirken sollen, von denen aufgrund konkreter Anhaltspunkte vermutet wird, dass sie Rechtsgüter beeinträchtigen könnten. Ihre Wirkungstiefe hängt von den zur Verfügung stehenden Anhaltspunkten und den beabsichtigten gefahrenabwehrenden Auswirkungen ab.

---

[159] *Drews/Wacke/Vogel/Martens*, Gefahrenabwehr, § 12, Ziff. 11d.
[160] BVerfGE 20, 351.
[161] *Rachor,* in: Lisken/Denninger, F Rn. 820; *Schenke,* POR, Rn. 652; *Arzt,* Die Polizei 2006, 156; *Breucker,* NJW 2006, 1233 (1236); *Deusch,* Die Polizei 2006, 145 f.; *Franz/Günther,* NWVBl. 2006, 201 (206).

Die Gefährderansprache ist mangels Regelung Realakt.[162] Fraglich ist die Er-   **106**
mächtigungsgrundlage. Die polizeiliche Aufgabenzuweisung kann nur ausreichen,
wenn das Anschreiben nicht in die Grundrechte des Betroffenen eingreift. Einschlägig können Art. 2 I i.V.m. Art. 1 I GG, daneben auch Art. 2 I GG oder im
Vorfeld von Versammlungen Art. 5 oder. 8 GG sein.[163] Kriterien zur Beurteilung
der Eingriffsqualität sind das Auftreten der handelnden Polizeibeamten, die verfolgten Zwecke, die Intensität und Finalität des Appells sowie seine Begründung.[164] Ein Eingriff wird in der Regel nur bei bloßem Hinweis auf die Rechtslage
abzulehnen sein.[165]

> **Beispiel:**   **107**
> A erhält folgendes Schreiben der Polizeibehörde:
> „Der Polizei Göttingen ist bekannt, dass Sie im Zusammenhang mit demonstrativen Ak-
> tionen polizeilich in Erscheinung getreten sind. Daher ist es nicht auszuschließen, dass
> Sie auch in Zukunft an demonstrativen Ereignissen teilnehmen werden. Für den 13.-15.
> 12. 2001 sind demonstrative Aktionen gegen den EU-Gipfel in Brüssel geplant. Bei
> gleich gelagerten Aktionen (z.b. Göteborg, Genua pp.) kam es in der Vergangenheit zu
> erheblichen gewaltsamen Ausschreitungen seitens einiger Demonstrationsteilnehmer.
> Auch während dieses EU-Gipfels ist damit zu rechnen. Um zu vermeiden, dass Sie sich
> der Gefahr präventiver polizeilicher Maßnahmen im Rahmen der Gefahrenabwehr (bis
> hin zur Zurückweisung an der deutsch-belgischen Grenze) oder strafprozessualer Maß-
> nahmen aus Anlass der Begehung von Straftaten im Rahmen der demonstrativen Aktio-
> nen aussetzen, legen wir Ihnen hiermit nahe, sich nicht an den oben genannten Aktionen
> zu beteiligen."[166]

Die Gefährderansprache durch Anschreiben soll den Adressaten von der Teilnah-   **108**
me an einer Versammlung abhalten. Dies ergibt sich aus der Ankündigung polizeilicher Maßnahmen gegenüber dem Betroffenen. Damit liegt ein Eingriff in Art. 5
und 8 GG vor. Dementsprechend ist eine Ermächtigungsgrundlage zu fordern.[167]
Mangels spezialgesetzlicher Regelung kommt nur die Generalklausel in Betracht.[168] Erforderlich ist mithin eine durch den Adressaten verursachte konkrete
Gefahr.
Das NdsOVG hat im Beispiel das Vorliegen einer konkreten Gefahr bejaht,   **109**
sieht aber den D zu Recht nicht als Verhaltensstörer, weil keine hinreichende
Wahrscheinlichkeit bestand, dass der D Straftaten begehen werde. Die Vorwürfe

---

[162] OVG Nds, NJW 2006, 391; *Rachor,* in: Lisken/Denninger, F Rn. 821; *Schenke,* POR,
Rn. 50, 484, 652; *Deusch,* Die Polizei 2006, 145 (146).
[163] *Rachor,* in: Lisken/Denninger, F 823, 824.
[164] *Rachor,* in: Lisken/Denninger F 823; *Arzt,* Die Polizei 2006, 156 (157 f.); *Deusch,* Die
Polizei 2006, 145 (146).
[165] OVG Nds, NJW 2006, 391 (392); *Breucker,* NJW 2006, 1233 (1236); *Franz/Günther,*
NWVBl. 2006, 201 (206).
[166] OVG Nds, NJW 2006, 391.
[167] So auch das OVG Nds, NJW 2006, 391.
[168] *Rachor,* in: Lisken/Denninger F Rn. 825; *Breucker,* NJW 2006, 1233 (1236); *Schenke,*
Polizei- und Ordnungsrecht, 6. Auflage 2009, Rn. 50; *Deusch,* Die Polizei 2006, 145
(146); eine spezialgesetzliche Regelung fordert: *Arzt,* Die Polizei 2006, 156 (158).

gegen D lagen teils zeitlich weit zurück und betrafen ansonsten keine versammlungsspezifischen Vorfälle. Das Anschreiben war rechtswidrig.

11. Meldeauflagen, insbesondere im Zusammenhang mit Fußballspielen

110   Eine polizeiliche Meldeauflage ist das Gebot, sich zu einem bestimmten Zeitpunkt unter Vorlage eines Personaldokuments auf einer Polizeidienststelle oder Behörde einzufinden.[169] Die Meldeauflage ergeht in der Regel schriftlich, wird typischerweise mit einer Zwangsgeldandrohung verbunden und für sofort vollziehbar erklärt.[170] Ziel ist es, den Betroffenen von Stadien oder Innenstädten fernzuhalten und somit die Teilnahme an Ausschreitungen zu verhindern.[171]

111   Die Eindämmung und Bekämpfung von Gewalt im Umfeld von Fußballspielen ist ein wichtiges Anwendungsfeld, an dem sich diese Maßnahme vorwiegend entwickelt hat. Zielgruppe sind gewaltbereite Anhänger von Fußballvereinen, insbesondere sog. gewaltbereite Ultras. Die Maßnahme kommt aber auch bei anderen Großereignissen und in Zusammenhang mit Versammlungen gegenüber gewaltbereiten (potenziellen) Versammlungsteilnehmern zur Anwendung. Es geht um die Sicherstellung eines reibungslosen und insbesondere gewaltarmen oder gewaltfreien Ablaufes der Veranstaltung, indem in zeitlichem Abstand vor der Veranstaltung gewaltgeneigte potenzielle Teilnehmer von der Teilnahme abgehalten oder zu rechtstreuem Verhalten angehalten werden.

112   **Beispiel:**
A erhält folgendes Schreiben der Polizeibehörde:
„Sie werden hiermit verpflichtet, in der Zeit vom 12. Juni bis zum 4. Juli 2004 (Zeitraum der Fußball-Europameisterschaft in Portugal) an den Spieltagen der deutschen Fußballnationalmannschaft jeweils um 18.00 Uhr bei der Wache des für Ihren Wohnsitzes zuständigen Polizeireviers persönlich zu erscheinen und dort unter Hinweis auf diese Verfügung Ihren Personalausweis vorzulegen. Für den Fall, dass Sie sich zu den o.g. Zeiten nicht an Ihrem Wohnsitz aufhalten, können Sie mit dem o.g. Polizeirevier mindestens 24 Stunden zuvor schriftlich vereinbaren, dass Sie sich an einem anderen, von Ihnen zu benennenden Polizeirevier im Gebiet der Bundesrepublik Deutschland melden. Für den Fall, dass Sie sich nicht melden sollten, drohen wir für jeden Tag der Nichtmeldung die Festsetzung eines Zwangsgeldes in Höhe von 250 Euro an."[172]

---

[169] *Arzt*, Die Polizei 2006, 156 (158); *Rachor*, in: Lisken/Denninger, F 826; *Schucht*, Generalklausel und Standardmaßnahmen, 2010, S. 307 ff..

[170] *Rachor*, in: Lisken/Denninger, F 826; *Breucker*, NJW 2006, 1233 (1236).

[171] *Breucker*, NJW 2004, 1631 (1632); *Breucker*, NJW 2006, 1233 (1236); *Deusch*, Die Polizei 2006, 145 (146); *Franz/Günther*, NWVBl. 2006, 201 (206).

[172] OVG Bremen, Urt. v. 02.09.2008 – 1 A 161/06, BeckRS 2008, 39991.

Die Meldeauflage greift in Art. 2 I GG ein. Umstritten ist, ob auch ein Eingriff in **113** das Grundrecht auf Freizügigkeit des Art. 11 GG vorliegt. Das Bundesverwaltungsgericht nimmt bei einer mehrmaligen Meldeverpflichtung eine Beschränkung der Freizügigkeit an.[173] In der Literatur wird hingegen mehrheitlich davon ausgegangen, dass jedenfalls dann kein Eingriff in Art. 11 GG vorliege, wenn sich der Betroffene bei jeder Polizeistelle im Bundesgebiet melden kann.[174]

Eine ausdrückliche Regelung der Meldeauflage enthält § 12a POG RP. Wenn **114** eine spezialgesetzliche Regelung fehlt, kommt *als Ermächtigungsgrundlage die Generalklausel* in Betracht. Allerdings ist die Zulässigkeit des Rückgriffs umstritten.[175]

Dem Rückgriff auf die Generalklausel könnte entgegenstehen, dass mit der **115** Vorladung eine einschlägige Standardmaßnahme vorliegt, die in ihrem Anwendungsbereich sperrt.[176] Allerdings verfolgt die Vorladung einen anderen Zweck als die Meldeauflage. Ebenso wie die Meldeauflage konstituiert die Vorladung zwar eine Erscheinungspflicht des Adressaten. Die Subsidiarität bestimmt sich aber nach der gesetzgeberischen Zielrichtung und nicht nach der Identität der Maßnahme.[177] Meldeauflagen können nicht unter den eine Vorladung rechtfertigenden Zweck der Auskunftserteilung subsumiert werden. Sie zielen vielmehr auf die Abwesenheit des Betroffenen vom Veranstaltungsort.[178] Daher sperrt die Möglichkeit der Vorladung nicht die Verhängung einer Meldeauflage.

Gegen die Anwendung der Generalklausel könnte jedoch sprechen, dass die **116** Meldeauflage mittlerweile eine *typische Maßnahme* darstellt, für die eine spezielle Regelung erforderlich ist.[179] Demgegenüber hielt das Bundesverwaltungsgericht im Jahr 2007 eine spezielle Ermächtigungsgrundlage nicht für erforderlich.[180] Die polizeiliche Generalklausel diene auch der Bewältigung immer wieder vorkommender Gefahrensituationen und sei nicht auf „untypisches" Eingriffshandeln beschränkt. Ein besonderes gesetzgeberisches Regelungsbedürfnis sei nicht anzuerkennen, auch gehe der Grundrechtseingriff nicht über das hinaus, was von der Generalermächtigung gedeckt sei.

Angesichts der Quantität der Meldeauflagen erscheint diese Auffassung des **117** Bundesverwaltungsgerichts noch haltbar, wenn und solange von dem Instrument selten Gebrauch gemacht wird. Jedoch ist die Tiefe des Grundrechtseingriffs erheblich. Gerade im Zusammenhang mit Fußballspielen handelt es sich um eine in

---

[173] BVerwGE 129, 142 (149) - NVwZ 2007, 1439 (1441).

[174] *Arzt*, Die Polizei 2006, 156 (159); *Breucker*, NJW 2004, 1631 (1632 f.); *Hecker,* in: Roggan/Kutscha, S. 371; so auch der VGH BW, NJW 2000, 3658 (3660).

[175] *Schucht*, Generalklausel und Standardmaßnahmen, 2010, S. 324 ff., 472 m.w.N.

[176] *Rachor*, in: Lisken/Denninger F 838; *Arzt*, Die Polizei 2006, 156 (159); *Hecker*, in: Handbuch zum Recht der Inneren Sicherheit, 2. Auflage 2006, S. 370 f.

[177] *Franz/Günther*, NWVBl. 2006, 201 (206).

[178] *Franz/Günther*, NWVBl. 2006, 201 (206); *Krahm*, Polizeiliche Maßnahmen zur Eindämmung von Hooligangewalt, 2007, S. 337 f.; *Breucker*, NJW 2004, 1631 (1632);

[179] *Pieroth/Schlink/Kniesel*, POR, § 7 Rn. 20, 21, § 16 Rn. 11; *Hecker*, in: Roggan/Kutscha, S. 370 f.; *Krahm*, S. 342 f.

[180] BVerwGE 129, 142 (149) - NVwZ 2007, 1439 (1441).

vielen Ländern gängige und damit typische Maßnahme. Es bedarf kurzfristig einer speziellen Rechtsgrundlage.

118   Die Meldeauflage erfordert auf der Grundlage der Generalklausel eine konkrete Gefahr. Die Prognose des künftigen hypothetischen Geschehensablaufs muss sich auf konkrete Tatsachen stützen, welche den Schluss zulassen, dass von dem Adressaten der Meldeauflage zum Zeitpunkt der Erscheinungspflicht eine Gefahr für die öffentliche Sicherheit oder Ordnung am Veranstaltungsort ausgeht.[181] Zentraler Anhaltspunkt für das Vorliegen einer konkreten Gefahr ist das frühere Verhalten des Adressaten.[182] Bei der Prognose sind auch Faktoren zu berücksichtigen, die es wahrscheinlich erscheinen lassen, dass der Betroffene sich nicht an gewalttätigen Auseinandersetzungen beteiligen wird, etwa eine Distanzierung von der einschlägigen gewaltbereiten Szene.[183]

Kontrollfragen

1. Welche Voraussetzungen hat die Generalklausel und warum ist sie subsidiär? (Rn. 9 ff., 114)
2. Schildern Sie das Zusammenspiel von Polizeirecht und Zivilrecht in Fällen der Wohnungsverweisung. (Rn. 30 ff.)
3. Warum gilt für die Ingewahrsamnahme einer Person der Richtervorbehalt? (Rn. 56 f.).
4. Definieren Sie die Durchsuchung im Sinne des Polizeirechts. (Rn. 70 f., 77)
5. Nennen Sie ein Beispiel für die Sicherstellung einer Sache. (Rn. 92)
6. Erläutern Sie die Voraussetzungen einer Meldeauflage. (Rn. 118)

---

[181] OVG Nds, NVwZ-RR 2006, 613; VGH BW, NJW 2000, 3658 (3660); *Arzt*, Die Polizei 2006, 156 (159 f.); *Breucker*, NJW 2006, 1233 (1236); *Franz/Günther*, NWVBl. 2006, 201 (206);
[182] *Breucker*, NJW 2006, 1233 (1236).
[183] *Franz/Günther*, NWVBl. 2006, 201 (206).

7. Kapitel: Die informationellen Befugnisse der Polizei

1. Rechtsgrundlagen für Informationseingriffe

An die Seite der auf physischen Kontakt angelegten Standardmaßnahmen wie z.B. **1**
der Sicherstellung, der Ingewahrsamnahme, des Platzverweises oder der Durchsuchung sind als Folge der technischen Entwicklungen und des Rechts auf informationelle Selbstbestimmung die *Informationseingriffe* getreten. In der gesellschaftlichen und politischen Diskussion über die Rolle der Polizei stehen oftmals Fragen
der Videoüberwachung von öffentlichen Plätzen, der Telefonüberwachung, der
Vorratsdatenspeicherung, der Online-Durchsuchung oder der akustischen Wohnraumüberwachung („Lauschangriff") im Vordergrund.[1]

Konzeptionell ist der Umgang mit Informationen von jeher zentral für die poli- **2**
zeiliche Aufgabenerfüllung. Auch die Befragung einer Person ist die Erhebung
von Informationen. Durch die Erweiterung der technischen Möglichkeiten rückte
aber die Erhebung und Verarbeitung von Informationen spätestens seit dem Ende
der 70er Jahre des 20. Jahrhunderts in den rechtlichen Blickpunkt. Durch die Informationstechnologie und die Verwendung der Computertechnologie änderten
sich die Arbeitsweise und die Möglichkeiten der Polizei. Quantität und Qualität
der einschlägigen Maßnahmen machten eine neue rechtliche Zuordnung erforderlich.

Die Informationstätigkeiten der Polizei erfolgten bis in die 80er Jahre des **3**
20. Jahrhunderts überwiegend auf der Grundlage der allgemeinen Aufgabenzuweisungen. Einen entscheidenden Einschnitt brachte das Volkszählungs-Urteil des
Bundesverfassungsgerichts durch das Herausarbeiten des Rechts auf informationelle Selbstbestimmung (Art. 2 Abs. 1 i.V.m. Art. 1 Abs. 1 GG).[2] Als Eingriff in
ein Grundrecht bedurften nunmehr die polizeilichen Informationstätigkeiten, die
personenbezogene Daten betrafen, einer gesetzlichen Grundlage. Folge war ein
gewaltiger gesetzgeberischer Schub, der zur Novellierung aller Polizeigesetze in
Bund und Ländern führte.[3] Die Aufgabenbeschreibungen wurden erweitert, die Informationseingriffe wurden normiert und datenschutzrechtliche Vorschriften fan-

---

[1] S. den Tätigkeitsbericht 2009 und 2010 des Bundesbeauftragten für den Datenschutz und
die Informationsfreiheit – 23. Tätigkeitsbericht – BT/Drs. 17/5200, insbesondere Ziff. 6
und 7; *Glaser*, Jura 2009, 742.

[2] BVerfGE 65, 1.

[3] *Götz*, POR, § 3 Rn. 4; § 17 Rn. 62.

den Aufnahme.[4] Diesen Vorschriften wird zwar teils nicht zu Unrecht ihre Un-
übersichtlichkeit vorgeworfen, sie sind aber vielfach nachgebessert worden und
dem Grunde nach unverzichtbar.

2. Polizeiliche Informationsgewinnung und Informationsverarbeitung

4   Polizeiliches Handeln besteht im Schwerpunkt aus dem Sammeln und dem Umgang mit Informationen.[5] Dies galt schon immer, ist aber durch moderne technische Mittel der Gewinnung von Informationen in den Mittelpunkt des Interesses
von Politik und Rechtswissenschaft gerückt. Die neuen oder modifizierten Instrumentarien können neue Eingriffe in Grundrechte mit sich bringen, wodurch eine
Modifikation oder Neukonturierung der gesetzlichen Grundlagen für den Eingriff
erforderlich werden kann. Wenn die polizeilichen Instrumentarien der Videoüberwachung öffentlicher Plätze oder die Rasterfahndung eingesetzt werden, müssen sie auf rechtsstaatlich einwandfreien Grundlagen beruhen.[6]

5   Diese Entwicklungen sind Teil der dynamischen Entwicklung des *Rechts der
Informationsgesellschaft*. Die Bedeutung von Informationen für den einzelnen
Bürger nimmt in allen Lebensbereichen zu.[7] Das Internet ist nur der sichtbarste
Ausdruck der zentralen Rolle von Informationen und Daten für den Einzelnen. Im
Mittelpunkt des gesellschaftlichen und wirtschaftlichen Lebens stehen nicht vor-
rangig Waren, sondern zunehmend Informationen. Hierin spiegelt sich der vollzo-
gene Übergang von der Industriegesellschaft zur vielfältigeren Dienstleistungsge-
sellschaft wider.[8] In der sozialwissenschaftlichen Diskussion wird teils bereits die
Bezeichnung der Wissensgesellschaft diskutiert.[9]

6   Aus rechtlicher Sicht haben die gesellschaftlichen und technischen Entwicklungen der Nutzung von Informationen Folgen für Rechtsgebiete wie das Medienrecht, das Urheberrecht, aber eben auch das Datenschutzrecht und das Polizei-

---

[4] *Knemeyer*, in: Festschrift für Rudolf, 2001, S. 483 (486 f.).
[5] *Gusy*, POR, Rn. 185.
[6] *Weber*, Die Sicherung rechtsstaatlicher Standards im modernen Polizeirecht, 2011.
[7] S. die Beiträge von *Vesting, Ladeur, Albers, Gusy, Holznagel, v.Bogdandy* und *Britz* in:
     Hoffmann-Riem/Schmidt-Aßmann (Hg.), Grundlagen des Verwaltungsrechts, Band II,
     2008. Zu den Grundlagen *Kloepfer*, Informationsrecht, 2002, § 1; *Schoch*, VVDStRL 57
     (1997), S. 158 (188 ff.); *Trute*, VVDStRL 57 (1997), S. 216 (249 ff.); *Vesting*, in: Dreier/
     Badura (Hg.), Festschrift 50 Jahre Bundesverfassungsgericht, 2002, S. 219; *Würtenber-
     ger*, in: Leipold (Hg.), Rechtsfragen des Internet und der Informationsgesellschaft, 2002,
     S. 3.
[8] Kritisch zum Begriff der Informationsgesellschaft *Vesting*, in: Hoffmann-Riem/Schmidt-
     Aßmann (Hg.), Verwaltungsrecht in der Informationsgesellschaft, 2000, S. 101 (108).
[9] Vgl. die Beiträge in: Röhl (Hg.), Wissen – zur kognitiven Dimension des Rechts, 2009.

recht.[10] Information ist für den Einzelnen notwendig, um die Möglichkeiten von Freiheitsverwirklichung zu nutzen. Der Schutz vor Eingriffen in die private Sphäre des Umgangs mit Informationen ist Voraussetzung für die Freiheitsausübung. Transparenz in der Informationsgesellschaft geht mit einem gewandelten Staatsverständnis einher, in dem staatliche Stellen mit dem Bürger kooperieren und dieser Informationsrechte gegenüber staatlichen Stellen hat.[11] Der Einzelne ist selbst leichter in der Lage Informationen zu schaffen und zu verbreiten. Diese Informationen können für die Gefahrenabwehr von Bedeutung sei, so dass sie für die Polizei- und Ordnungsbehörden von Interesse sein können.

Die zunehmende Verwendung von Einrichtungen der Telekommunikation zum   7
Herbeiführen von Gefahren oder zur Begehung von Straftaten erfordert Gegenmaßnahmen der Polizei- und Ordnungsbehörden. Unter der Bezeichnung Cyber Crime werden einschlägige Straftaten zusammengefasst, die sich durch die Nutzung des Internet auszeichnen. Zur Verhinderung oder Aufklärung derartiger Straftaten nutzen auch die Polizeibehörden moderne Techniken.

Folglich stellen sich Fragen wie die nach den Voraussetzungen für die Zuläs-   8
sigkeit eines Eingriffs in die Freiheit der Telekommunikation oder danach, ob und wie lange ein Betreiber von Telekommunikationseinrichtungen wie Telefon oder Internet verpflichtet sein soll, die Daten von Verbindungen zu speichern. Den Anforderungen von Rechtstaatlichkeit und Freiheitssicherung muss eine Überwachung der Telekommunikation oder eine Vorratsdatenspeicherung ebenso genügen, wie die persönliche Befragung eines Bürgers durch einen Polizeibeamten. Die spezifischen technischen Bedingungen eröffnen dabei den Problemkreis, welche spezifischen rechtlichen Maßstäbe anzulegen sind.

2.1. Information und Grundrechtsschutz

Information ist zunächst nur eine Aussage über einen Sachverhalt. Sie stellt sozia-   9
le Zusammenhänge her und ist Voraussetzung und Faktor der Realisierung von Interaktion und Kommunikation. Jede Information enthält ein wertendes Element, da sie erst vom Informationsempfänger konstituiert wird.[12] Träger von Informationen sind Computerdateien, aber auch Akten und Karteien. Probleme wirft die Informationsverwaltung im Zusammenhang mit den modernen Techniken auf, die sich ständig weiterentwickeln.[13] Die Automatisierung und die Ausbreitung der Informations- und Kommunikationstechnik bringen Vorteile hinsichtlich der Verfügbarkeit und Aktualität von Informationen mit sich. Sie bergen aber auch Gefah-

---

[10] Überblick bei *Kugelmann*, in: Perspektiven des öffentlichen Rechts, 2011; vertiefend *Spiecker gen. Döhmann*, Rechtswissenschaft 2010, 247; s. auch *Vesting*, in: Hoffmann-Riem/Schmidt-Aßmann (Hg.), Grundlagen des Verwaltungsrechts, Band II, 2008, § 20, Rn. 55.

[11] *Kugelmann*, DÖV 2005, 851 (860).

[12] Zum Informationsbegriff *Albers*, Rechtstheorie 2002, 61 (67 ff.).

[13] Vgl. *Guckelberger*, VerwArch 97 (2006), S. 62.

ren in sich, weil der erleichterte Umgang mit Informationen Fehlinformationen und Missbräuche erleichtert.

10   Ziele der Informationsverwaltung sind Vollständigkeit, umfassende Verfügbarkeit und Aktualität der polizeilichen Informationen.[14] Es geht um die Qualität der Informationen zur Aufgabenerfüllung, nicht um eine große Quantität an Informationen. Daher sollen nicht Datenberge angehäuft (kein „data mining"), sondern brauchbare Daten erreichbar verwaltet werden. Datenverbünde schaffen Zugriffsmöglichkeiten, welche die Geschwindigkeit des Zugriffs erhöhen. Mittels ausgefeilter Software kann die Effektivität der Verwaltung von Informationen gesteigert werden, sie erleichtert aber auch die Verwaltung von immer mehr Informationen und erhöht die Neigung zum Sammeln von Informationen. Datennetze erleichtern die Verhütung und Verfolgung von Straftaten. Gleichzeitig wird aber auch die Zweckentfremdung von Daten leichter möglich.

11   Die rechtlichen Maßstäbe folgen aus den Grundrechten, insbesondere aus dem *Recht auf informationelle Selbstbestimmung* (Art. 2 Abs. 1 i.V.m. Art. 1 Abs. 1 GG).[15] Das Bundesverfassungsgericht hat durch das Volkszählungs-Urteil die Notwendigkeit gesetzlicher Regelungen herbei geführt, die allgemein in den Datenschutzgesetzen des Bundes und der Länder sowie entsprechend der Forderung des Bundesverfassungsgerichts auch bereichsspezifisch getroffen wurden.[16] Das Polizei- und Ordnungsrecht sowie das Recht der Nachrichtendienste bzw. Sicherheitsdienste sind Bereiche, in denen das Erfordernis gesetzlicher Regelungen des Umgangs mit personenbezogenen Daten am unmittelbarsten einleuchtet. Diese Gegebenheiten betreffen auch die europäische Ebene.

12   Das Recht auf informationelle Selbstbestimmung schützt die Freiheit des Bürgers, selbst darüber zu entscheiden, ob und inwieweit Informationen über seine persönlichen Lebenssachverhalte erhoben und weitergegeben werden.[17] Es ist ein Auffangrecht, das die Verwaltung von Informationen durch staatliche Stellen unter Rechtfertigungszwang stellt.[18] Übergeordnetes Schutzgut ist die Privatsphäre.[19] Trägerschaft und Wirkungen des Rechts auf informationelle Selbstbestimmung sind nicht abschließend geklärt.[20] Gegenstand der Diskussion sind insbesondere die Rechtsträgerschaft juristischer Personen und der Datenschutz gegenüber Privaten. Das Bundesverfassungsgericht hat im Grundsatz anerkannt, dass dem Recht

---

[14] *Gusy*, POR, Rn. 185; s. auch *ders.*, in: Hoffmann-Riem/Schmidt-Aßmann (Hg.), Grundlagen des Verwaltungsrechts, Band II, 2008, § 23.

[15] BVerfGE 65, 1 (42); 92, 191 (197); BVerwG, DVBl. 2005, 1324; *Albers*, Informationelle Selbstbestimmung, 2005; *Bäumler*, in: Lisken/Denninger, J Rn. 1 ff.; einführend *Durner*, JuS 2006, 213.

[16] BVerfGE 65, 1 (46).

[17] BVerfGE 65, 1 (42); 80, 367 (373); vertiefend *Albers,* in: Hoffmann-Riem/Schmidt-Aßmann (Hg.), Grundlagen des Verwaltungsrechts, Band II, 2008, § 22, Rn. 56 ff.; *Rudolf*, in: Merten/Papier (Hg.), Handbuch der Grundrechte, Band IV, 2011, § 90.

[18] *Epping*, Grundrechte, Rn. 535; *Pieroth/Schlink*, Staatsrecht II, Rn. 377.

[19] *Rudolf*, in: Festschrift für Stern, 1997, S. 1347; vgl. zum Schutz der Privatheit *Hohmann-Dennhart*, NJW 2006, 545.

[20] Vgl. eingehend *Albers*, Informationelle Selbstbestimmung, 2005.

auf informationelle Selbstbestimmung Drittwirkung zukommen kann.[21] Dem Grunde nach steht auch juristischen Personen des Privatrechts der Grundrechtsschutz zu (s. Art. 19 Abs. 3 GG).[22] Im Zusammenhang des Polizei- und Ordnungsrechts geht es regelmäßig um das Verhältnis zwischen Bürger und staatlichen Stellen und damit um die Abwehrfunktion des Grundrechts.

Das Recht auf informationelle Selbstbestimmung hat zu Regelungen über den   **13** Datenschutz geführt, die teilweise über die grundrechtlich notwendigen Gehalte hinausgehen, um kohärente gesetzliche Konzeptionen zu schaffen.[23] Konsequenz ist ein bereichsspezifischer Datenschutz, der den spezifischen Gegebenheiten des Sachbereichs Rechnung trägt. Das Bundesverfassungsgericht hat seine Rechtsprechung weiter entwickelt und neben den materiellen Anforderungen die formellen Anforderungen an Eingriffe ausgebaut und ausdifferenziert.[24] Der Grundrechtsschutz durch Organisation und Verfahren spielt im Kontext von Informationseingriffen eine große Rolle.[25]

Das Recht auf informationelle Selbstbestimmung leitet sowohl die Erhebung   **14** wie die Verarbeitung von Daten. Die tragenden *Eckpfeiler des grundrechtlich verbürgten Datenschutzes* sind insbesondere

1. das Erfordernis einer hinreichend bestimmten gesetzlichen Grundlage,
2. die Zweckbindung,
3. die Verhältnismäßigkeit
4. die Möglichkeit der unabhängigen Rechtmäßigkeitskontrolle.

Diese grundlegenden Anforderungen gelten auch dann, wenn ein spezielleres   **15** Grundrecht zur Anwendung kommt, das dem allgemeinen Recht auf informationelle Selbstbestimmung vorgeht. Informationseingriffe in Art. 10 oder 13 GG unterliegen weitgehend parallelen Anforderungen.[26] Auf der Schrankenebene sind (insbesondere auch in studentischen Übungsarbeiten) die vorhandenen Unterschiede zu beachten. Das Grundrecht auf Gewährleistung der Vertraulichkeit und Integrität informationstechnischer Systeme ist vom Bundesverfassungsgericht im Zusammenhang der Online-Durchsuchung als Entfaltung des allgemeinen Persönlichkeitsrechts entwickelt worden (s.u. 7. Kap. Rn. 191).[27]

Das Prinzip der Verhältnismäßigkeit führt im Hinblick auf Informationseingrif-   **16** fe dazu, dass die Erhebung, Verarbeitung und Nutzung von personenbezogenen Informationen für den gesetzlich vorgegebenen Zweck geeignet, erforderlich und angemessen sein muss, wodurch eine Sammlung nicht anonymisierter Daten auf Vorrat zu unbestimmten Zwecken ausgeschlossen ist.[28]

---

[21] BVerfG, NJW 1991, 2411; s. auch 1. Kammer des 1. Senats, NJW 1999, 1777.
[22] A.A. *Schmitt Glaeser*, in: Isensee /Kirchhof (Hg.), Handbuch des Staatsrechts VI, 1989, § 129, Rn. 88.
[23] Zum BDSG *Kühling/Seidel/Sivridis*, Datenschutzrecht, 2008, S. 97 ff.
[24] *Gusy*, JuS 2004, 457 (460 f.); kritisch *Bull*, Informationelle Selbstbestimmung – Vision oder Illusion?, 2009.
[25] BVerfGE 65, 1 (43); 109, 279 (357 f., 374 f.).
[26] BVerfGE 100, 313 (359) zu Art. 10 GG; BVerfGE 109, 279 (315 f.) zu Art. 13 GG.
[27] BVerfGE 120, 374.
[28] BVerfGE 100, 313 (360).

17   Im Rahmen der Beurteilung, ob eine Regelung, die in das Grundrecht auf informationelle Selbstbestimmung eingreift, hinreichend bestimmt und verhältnismäßig ist, spielen als Faktoren insbesondere eine Rolle:[29]

1. Sensibilität der Daten, Persönlichkeitsrelevanz.
2. Hat der Betroffene einen Anlass für die Erhebung geschaffen, etwa indem er eine Gefahr verursacht hat?
3. Heimlichkeit des Eingriffs.
4. Drohende oder zu befürchtende Nachteile über die Informationserhebung hinaus.

2.2. Gewinnung und Verarbeitung von Informationen

18   Das Recht auf informationelle Selbstbestimmung betrifft *personenbezogene* Daten. Dies sind Einzelangaben über persönliche oder sachliche Verhältnisse einer bestimmbaren oder bestimmten natürlichen Person (vgl. § 3 Abs. 1 BDSG). Die Aufgaben der Polizei- und Ordnungsbehörden umfassen darüber hinaus den Umgang mit jedweden Informationen, auch wenn diese keinen Personenbezug aufweisen. Auch die Gewinnung und Verarbeitung von Informationen über juristische Personen oder von Informationen ohne persönlichen Bezug können der Gefahrenabwehr dienen. Polizeirecht ist spezifisches Informationsrecht.[30]

19   **Beispiele**:
Personenbezogene Daten sind z.B. Name, Geburtsdatum, Wohnanschrift, Personalnummer, Krankenversicherungsnummer oder Video-Aufnahmen, auf denen Einzelpersonen erkennbar sind. Da die Bestimmbarkeit der Person ausreicht, zählt auch das Kfz-Kennzeichen zu den personenbezogenen Daten.
Eine Information ohne persönlichen Bezug ist der Anruf, dass ein streunender Hund gesehen worden ist. Die Verarbeitung dieser Informationen kann z.B. in einer handschriftlichen Notiz bestehen oder in dem Einfügen in eine Computerdatei.
Der personenbezogene Charakter von Daten über juristische Personen ist umstritten. Auch Informationen wie die Eintragung einer GmbH in das Handelsregister oder das Laufen eines Insolvenzverfahrens gegen eine juristische Person des Privatrechts sind nach zutreffender Auffassung von Grundrechtsschutz umfasst.

20   Die Gesetze des Polizei- und Ordnungsrechts gebrauchen zumeist die Begriffe der Datenerhebung, Datenverarbeitung und Datennutzung. Sowohl im Sprachgebrauch wie in den regulatorischen Einzelheiten weisen die Landesgesetze Unterschiede auf. Jedes Landespolizeigesetz enthält einschlägige Vorschriften.[31] Ergänzend gilt allgemeines Datenschutzrecht (so ausdrücklich § 13a SOG LSA). Die Regelungen über die Gewinnung und Verarbeitung von Informationen durch die

---

[29] *Albers*, in: Hoffmann-Riem/Schmidt-Aßmann (Hg.), Grundlagen des Verwaltungsrechts, Band II, 2008, § 22, Rn. 101 ff., 146 ff.

[30] *Schoch*, POR, Rn. 244.

[31] In Hamburg gibt es ein besonderes Gesetz über die Datenverarbeitung der Polizei (PolDVG) vom 2. Mai 1991, HbgGVBl., S. 187.

Polizei- und Ordnungsbehörden sind äußerst umfangreich und ausdifferenziert.[32] Viele dieser Regelungskomplexe erweisen sich als unübersichtlich und zeichnen sich durch Wiederholungen und Überschneidungen aus. Gemeinsam sind ihnen eine Reihe von Grundzügen, die sich aus den verfassungsrechtlichen Vorgaben und den Sachgesetzlichkeiten ergeben.

Nach § 3 Abs. 4 SOG MV ist Datenerhebung das Beschaffen von Daten; Datenverarbeitung ist das Speichern, Verändern, Übermitteln, Sperren, Löschen, Anonymisieren, Pseudonymisieren und Verschlüsseln von Daten; Datennutzung ist die inhaltliche Auswertung und Verwendung von Daten. In diesem Sinne werden die Begriffe von allen Landesgesetzen verwendet. Das Polizei- und Ordnungsrecht lehnt sich an das allgemeine Datenschutzrecht an. Die Begriffe werden in den Datenschutzgesetzen von Bund (§ 3 BDSG) und Ländern allgemein definiert. Sofern das Polizei- und Ordnungsrecht keine eigenen Begriffsbestimmungen enthält, kann auf die allgemeinen Begriffe des Datenschutzrechts zurückgegriffen werden.[33]   **21**

Die Datenerhebung betrifft das Beschaffen der Information, das durch unterschiedliche Mittel erfolgen kann. Diese Information wird verarbeitet, um sie für die Zwecke der Gefahrenabwehr nutzbar zu machen. Die Datenverarbeitung kann in dem Schreiben einer Karteikarte bestehen oder im Anlegen oder Ergänzen einer Computerdatei. Sammlungen von Augenscheinsobjekten wie Tatwerkzeugen oder Spurenträgern sind weiterhin erforderlich, aber deren Sichtung und der Zugriff erfolgen zunehmend in elektronischer Form. Fingerabdrücke sind dann einfacher und schneller aufzufinden und zu vergleichen, wenn sie digitalisiert aufbewahrt werden. Dies erlaubt die Entwicklung und Nutzung von Software, die zum Suchen von Informationen oder zum Datenabgleich eingesetzt wird.   **22**

Maßnahmen der Gewinnung und Verarbeitung von Informationen sind grundsätzlich Verwaltungsakte, weil in dem Eingriff in grundrechtlich geschützte Rechte eine Regelung i.S.d § 35 (Landes-) VwVfG liegt.[34] Dies ist ausnahmsweise nicht der Fall, wenn der Informationseingriff ohne Kenntnis des Betroffenen erfolgt, weil es dann an der Bekanntgabe nach § 41 Abs. 1 Satz 1 VwVfG mangelt, die Voraussetzung für die Wirksamkeit eines Verwaltungsaktes ist (§ 43 Abs. 1 Satz 1 VwVfG).[35]   **23**

Beispiel: **24**
Bei einer gewalttätigen Versammlung wird A von dem Polizeibeamten X fotografiert. Die Information, dass A an der Versammlung teilgenommen hat, wird durch die Information der Polizeibeamtin Y ergänzt, dass A einen Stein in ein Fenster geworfen hat. Diese Informationen werden durch Abgleich mit vorhanden Informationen genutzt. A ist mit Namen in der Datei gewaltbereiter Versammlungsteilnehmer verzeichnet. Diese Informationen werden gespeichert, um in Zukunft den A sofort bei einer Versammlung identifizieren zu können, um die Gefahr eines gewalsamen Verlaufs abwenden zu können.

---

[32] Eine Regelungsflut beklagen *Würtenberger/Heckmann*, PolR BW, Rn. 354.
[33] Vgl. z.B. § 3 LDSG BW; § 3 LDSG NW.
[34] Enger *Schenke*, POR, Rn. 178.
[35] Zum Rechtsschutz s.u. 13. Kapitel.

2.3. Anforderungen an die Gewinnung von Informationen

25 Das Erheben von personenbezogenen Daten ist eine Teilmenge des Gewinnens von Informationen durch die Polizei- und Ordnungsbehörden. Als Konsequenz ihres Charakters als Grundrechtseingriff unterliegt die Datenerhebung Regeln, die in den Polizeigesetzen von Bund und Ländern normiert sind.[36] Die allgemeine Informationsgewinnung ist teils mitgeregelt, da sich in der Praxis personenbezogene Daten und nicht personenbezogene Daten kaum voneinander trennen lassen. Folglich sind etwa nach § 9 Abs. 4 PolG NW Befragung und Datenerhebung offen durchzuführen.

26 In der Rechtsprechung des Bundesverfassungsgericht bilden Entscheidungen zu informationellen Eingriffen in Grundrechte einen wichtigen Schwerpunkt der letzten Jahre und dies wird sich in den nächsten Jahren fortsetzen. Die einzelnen Urteile, etwa zur akustischen Wohnraumüberwachung, zur Vorratsdatenspeicherung oder zur Online-Durchsuchung sind Gegenstand intensiver Diskussion und werden im Folgenden bei den einzelnen Sachfragen erörtert. Auch die Verfassungsgerichte einiger Länder hatten und haben sich mit landesrechtlichen Regelungen über die Gewinnung von Informationen und Daten auseinanderzusetzen.

27

> Merke: Die Verfassungsmäßigkeit von neueren Vorschriften des Polizei- und Sicherheitsrechts ist äußerst klausurrelevant, gerade auch in Übungsarbeiten des Verfassungsrechts.

28 Der *Bayrische Verfassungsgerichtshof* hat die Vorschriften des BayPAG zu Informationseingriffen am Recht auf informationelle Selbstbestimmung gemessen und insgesamt gebilligt.[37] Sie regelten den Ausgleich zwischen Privatsphäre und Gemeinschaftsgebundenheit des Individuums.[38] Die Sicherheit des Staates und der Bevölkerung seien Verfassungswerte. Den Staat treffe insoweit eine Schutzpflicht, mit der das Informationsbedürfnis der Sicherheitsbehörden korrespondiere. Es handele sich um allgemeine Gefahren, die den Anforderungen des allgemeinen Gefahrenbegriffs unterlägen. Die späteren Regelungen zur verdachtsunabhängigen Identitätsfeststellung (Schleierfahndung) hat der Verfassungsgerichtshof dann der Gefahrenvorsorge zugeordnet, aber ebenfalls für rechtmäßig gehalten.[39] Er wendet unzutreffend den Gefahrenbegriff auf die Gefahrenvorsorge an[40] und verkennt die grundrechtlichen Grenzen für Informationseingriffe, die sich auch in Regelungen über Organisation und Verfahren niederschlagen.

---

[36] §§ 21 ff. BPolG; §§ 19 ff. PolG BW; Art. 30 ff. BayPAG; §§ 18 ff. ASOG Bln; §§ 29 ff. BbgPolG; §§ 27 ff. BremPolG; § 2 ff. HbgPolDVG; §§ 11 ff. HessSOG; §§ 26 ff. SOG MV; §§ 30 ff. NdsSOG; §§ 9 ff. PolG NW; §§ 26 ff. POG RP; §§ 26 ff. SaarlPolG; §§ 37 ff. SächsPolG; §§ 14 ff. SOG LSA; §§ 178 ff. LVwG SH; §§ 31 ff. ThürPAG.

[37] BayVerfGH, VerfGH 47, 241 = DVBl. 1995, 347, dazu *Schrader/Werner*, JZ 1995, 299.

[38] Allgemein *Hohmann-Dennhart*, NJW 2006, 545.

[39] BayVerfGH, DVBl. 2003, 261; BayVBl. 2006, 339; BayVBl 2011, 206.

[40] Vgl. *Trute*, Die Verwaltung 32 (1999), 73 (81).

Solche Grenzen zog der *Sächsische Verfassungsgerichtshof* für den Einsatz be-   **29**
sonderer Mittel der heimlichen Gewinnung von Informationen.[41] Im Kontext von
Vorfeldermittlungen verdienten Kontakt- und Begleitpersonen besonderen Schutz
und Maßnahmen seien nur bei schweren drohenden Rechtsgutsverletzungen zulässig.[42] Auf organisatorische und verfahrensrechtliche Vorkehrungen wie Richter-
vorbehalte als verfassungsrechtlich gebotene Kompensationen für materielle
Rechtseinbußen wird besonderer Wert gelegt.[43] Allerdings kommt es für die Effektivität der rechtsstaatlichen Sicherung auf die praktische Handhabung durch die
Richter an.[44]

Im Zusammenhang der akustischen Wohnraumüberwachung hat das *Branden-*   **30**
burgische Verfassungsgericht verfassungsrechtliche Anforderungen an den Gesetzgeber aufgezeigt.[45] Das *Landesverfassungsgericht Mecklenburg-Vorpommern*
ging soweit, die verdachtsunabhängige Identitätsfeststellung (Schleierfahndung) in
der damaligen Form für verfassungswidrig und nichtig zu erklären und weitere
Maßnahmen wie die akustische Wohnraumüberwachung nur in engen Grenzen
zuzulassen.[46]

Die einzelnen Konsequenzen dieser Rechtsprechung werden bei der Darstel-   **31**
lung der einzelnen Maßnahmen erörtert. Ihre Existenz verdeutlicht, dass wichtige
Problemfelder des Polizeirechts, in denen Grundrechte berührt werden, die Erhebung und Verarbeitung von Daten betreffen.

Jede Erhebung personenbezogener Daten unterliegt allgemeinen Anforderun-   **32**
gen, die aufgrund des Gesetzesvorbehalts in den Bestimmungen der Polizeigesetze
ausgeformt sind. Personenbezogene Daten sind grundsätzlich offen und beim Betroffenen zu erheben (§ 21 Abs. 3 Satz 1 BPolG). Dies gebietet der Grundsatz der
Unmittelbarkeit.[47]

Die Datenerhebung beim Betroffenen hat Vorrang vor der Datenerhebung bei   **33**
Dritten (§ 9 Abs. 3 PolG NW). Wenn keine gesetzliche Auskunftspflicht besteht,
ist die Preisgabe der Daten durch den Betroffenen freiwillig. Informationen von
Stellen des öffentlichen Bereiches oder von Dritten können eingeholt werden,
wenn die effektive Gefahrenabwehr ansonsten vereitelt würde.

Die offene Datenerhebung hat Vorrang vor der verdeckten, also durch Heim-   **34**
lichkeit geprägten Datenerhebung (§ 9 Abs. 4 PolG NW). Dies äußert sich auch in
den Befugnissen zur verdeckten Erhebung von Daten. Diese setzen voraus, dass
die verdeckt erfolgende Maßnahme erforderlich sein muss (z.B. § 16 Abs. 1 Nr. 1
PolG NW) oder stellen klar, dass die Gefahrenabwehr auf andere Weise aussichts-

---

[41] SächsVerfGH, SächsVBl. 1996, 160 = JbSächsOVG 4 (1996), S. 50 = LKV 1996, 273 =
JZ 1996, 957 m.Anm. *Götz* = DVBl. 1996, 1423 m. Besprechungsaufsatz *Schenke*,
DVBl. 1996, 1393.
[42] S. *Trute*, Die Verwaltung 32 (1999), 73 (92).
[43] Zurückhaltender *Götz*, NVwZ 1998, 679 (686).
[44] Skeptisch *Gusy*, ZRP 2003, 275.
[45] BbgVerfG, LKV 1999, 450.
[46] LVerfG MV, DÖV 2000, 71 = DVBl. 2000, 262 = LKV 2000, 345.
[47] *Schenke*, POR, Rn. 180; *Schoch*, POR, Rn. 246; allgemein auch *Waichinger*, Grenzen au-
tomatisierter Datenerfassung zu präventiven Zwecken, 2011.

los sein muss oder wesentlich erschwert würde (z.B. § 28 Abs. 1 Satz 1 BPolG). Verdeckt sind nicht nur geheime Maßnahmen in dem Sinne, dass die Polizei dem Betroffenen nicht gegenübertritt, sondern auch Maßnahmen, deren polizeilichen Charakter der Betroffene deshalb nicht erkennen kann.[48]

> **Beispiele:**
> Ein Polizeibeamter verschafft sich unter der „Legende", er sei Handwerker, Zutritt zu einer Wohnung.
> Ein Polizeibeamter tritt unter einem Tarnnamen in einem sozialen Netzwerk auf, um im Internet Informationen zu sammeln.

35 Offenheit soll auch bei der Gewinnung der Informationen selbst bestehen. Der Betroffene oder Dritte ist daher über die Rechtsgrundlage für die Datenerhebung aufzuklären und auf eine Auskunftspflicht oder die Freiwilligkeit der Auskunft hinzuweisen (§ 9 Abs. 6 PolG NW). Diese allgemeinen Anforderungen gehen vom Typus der polizeilichen Befragung aus, treffen aber weitgehend auf alle anderen Formen der offen erfolgenden Informationserhebung, wie z.B. offene Bild- und Tonaufzeichnungen zu. Sie werden in den einzelnen Befugnisnormen vielfach durch besondere Voraussetzungen überlagert. Dies gilt der Natur der Sache nach insbesondere für besondere Mittel der Informationserhebung, deren Besonderheit in ihrer Heimlichkeit bzw. Verdecktheit liegt.

2.4. Anforderungen an die Verarbeitung von Informationen

36 Die gesammelten Informationen dienen der Aufgabenerfüllung erst dann effektiv, wenn sie zielführend verarbeitet werden. Vorgänge der Verarbeitung wie Speicherung oder Übermittlung können stärker in die geschützte Rechtssphäre des Einzelnen eingreifen als das Erheben der Information. Moderne Techniken vereinfachen und beschleunigen die Datenverarbeitung (s.u. 7. Kap. Rn. 217). Daraus erwachsen Schutzbedürfnisse des Bürgers gegenüber der Verarbeitung von Informationen durch die Polizei- und Ordnungsbehörden. Umfangreiche gesetzliche Vorschriften tragen diesen verfassungsrechtlich fundierten Schutzbedürfnissen Rechnung. Im Vordergrund stehen die Prinzipien der Zweckbindung und der Verhältnismäßigkeit.

37 Voraussetzung einer rechtmäßigen Verarbeitung von Informationen ist, dass sie rechtmäßig gewonnen wurden. Darin liegt eine Parallele zum Strafprozessrecht, in dem Beweisverwertungsverbote bestehen können, auch wenn die „Frucht des verbotenen Baumes" nach deutschem Recht eher genutzt werden kann als nach dem insoweit sehr strikten Recht der USA.[49]

38 Die *Zweckbindung* bedeutet, dass der Zweck des Eingriffs in das Grundrecht gesetzlich bestimmt sein muss (Zweckfestlegung) und die Daten nur zu dem

---

[48] *Pieroth/Schlink/Kniesel*, POR, § 13 Rn. 21, 22; § 14 Rn. 108 - 110.
[49] *Hellmann*, Strafprozessrecht, § 3, Rn. 81 ff.

Zweck verarbeitet und genutzt werden dürfen, zu dem sie erhoben worden sind.[50] Die Zweckbindung betrifft also bereits die Erhebung, vor allem aber die Übermittlung oder Verwendung der Informationen.

Beispiele: **39**
Nach § 23 Abs. 1 PolG NW darf die Speicherung, Veränderung und Nutzung von Daten nur zu dem Zweck erfolgen, zu dem die Daten erlangt worden sind. Gemäß § 22 Satz 1 PolG NW ist die Dauer der Speicherung auf das notwendige Maß zu beschränken.
Nach § 3 des Artikel 10-Gesetzes dürfen Beschränkungen der Telekommunikation nur vorgenommen werden, wenn tatsächliche Anhaltspunkte für den Verdacht bestehen, dass jemand eine der dort abschließend aufgeführten Straftaten plant, begeht oder begangen hat. Die Anordnung ist nur zulässig, wenn die Erforschung des Sachverhalts auf andere Weise aussichtslos oder wesentlich erschwert wäre.

Der Grundsatz der Zweckbindung schließt *Zweckänderungen* nicht aus.[51] Die   **40** Übermittlung von Informationen, die etwa durch die Überwachung der Telekommunikation gewonnen worden sind, und ihre Verwendung in einem neuen Zusammenhang stellen aber erneute Grundrechtseingriffe dar. Nach den vom Bundesverfassungsgericht entwickelten Maßstäben bedarf die Zweckänderung daher einer gesetzlichen Grundlage.[52] Sie muss durch Interessen des Gemeinwohls gerechtfertigt sein, wobei eine Abwägung mit den grundrechtlich geschützten Interessen erfolgen muss.

Die übermittelten Informationen sind nach der neueren Rechtsprechung des   **41** Bundesverfassungsgerichts so zu kennzeichnen, dass erkennbar bleibt, durch welchen Grundrechtseingriff sie d.h. durch welche polizeiliche Maßnahme sie erhoben worden sind.[53] Denn auch jede erneute Weiterübermittlung hat die Herkunft der Daten aus einem Grundrechtseingriff zu beachten und ist nur auf einer gesetzlichen Grundlage zulässig.

Eine Zweckänderung liegt dann vor, wenn Daten, die aufgrund von Vorschriften   **42** der StPO zum Zweck der Strafverfolgung erhoben werden, für die Zwecke der Gefahrenabwehr genutzt werden sollen. Eine Öffnungsklausel, die nach Maßgabe der Polizeigesetze die Verwendung personenbezogene Daten zulässt, enthält § 481 StPO.[54] Regelungen, die eine solche Zweckänderung erlauben, enthalten viele Polizeigesetze im Zusammenhang mit den Bestimmungen zur Änderung von Daten.[55] Diese Regelungen müssen einen Ausgleich zwischen dem Anlass der Speicherung und den Zwecken der weiteren Nutzung schaffen.[56] Die suchfähige

---

[50] M.w.N. *Albers*, in: Hoffmann-Riem/Schmidt-Aßmann (Hg.), Grundlagen des Verwaltungsrechts, Band II, § 22, Rn. 124, die zwischen dem Zweck und der Aufgabe unterscheiden will.
[51] BVerfGE 65, 1 (51, 62).
[52] BVerfGE 100, 313 (360).
[53] BVerfGE 100, 313 (361).
[54] VGH BW, NVwZ-RR 2004, 572 (574).
[55] Z.B. § 29 Abs. 2 Satz 1 BPolG; § 38 Abs. 1 Satz 1 PolG BW; § 37 Abs. 1 SOG MV; § 24 Abs. 2 Satz 1 PolG NW; § 23 SOG LSA.
[56] *Würtenberger*, in: Festschrift für Hilger, 2003, S. 263 (268).

Speicherung derartiger Daten hat für die vorbeugende Bekämpfung von Straftaten erhebliche Bedeutung.

43   **Beispiel:**
Gegen den A, der einschlägig vorbestraft ist, liegt der Anfangsverdacht vor, er könnte einen Raub begangen haben. Im Rahmen des Ermittlungsverfahrens werden nach StPO Name, Adresse und ein Lichtbild des A in einer Datei gespeichert. Der Verdacht bestätigt sich nicht, das Ermittlungsverfahren wird eingestellt. Der A wird aber mehrmals in der Nähe einer Bank gesehen. Die Polizei will nunmehr die gespeicherten Daten zum Zweck der Gefahrenabwehr nutzen, weil sie eine Gefahr für die öffentliche Sicherheit bejaht, da der A einen Raub begehen könnte. Sie darf die Daten nutzen und muss sie nicht löschen, wenn und soweit eine ausdrückliche gesetzliche Vorschrift dies erlaubt.

44   In der StPO ist die Zweckänderung präventivpolizeilich gewonnener Daten weiter in § 483 Abs. 3, §§ 484 bis 488 StPO geregelt. In diesen Vorschriften geht es vorrangig um die Verarbeitung von präventiv- und repressiv- polizeilich erhobenen Daten in gemeinsamen Dateien – und zwar hauptsächlich für Zwecke künftiger Strafverfahren (vgl. §§ 484, 486 Abs. 1 StPO) und für Zwecke der Vorgangsverwaltung (vgl. §§ 485, 486 Abs. 1 StPO).

45   Ob umgekehrt im Rahmen der Gefahrenabwehr gewonnene Informationen für die Zwecke der Strafverfolgung verwendet werden dürfen, entscheidet der zuständige Bundesgesetzgeber.[57] Die Landesgesetze können nicht die Rechtsgrundlage für diese Zweckänderung enthalten, weil der Bundesgesetzgeber zuständig ist. Das Polizei- und Ordnungsrecht der Länder enthält lediglich Bestimmungen darüber, dass Informationen, die zu präventiven Zwecken gewonnen wurden, zum Zweck der Strafverfolgung verwendet werden können, falls eine anderweitige Rechtsgrundlage dies erlaubt (z.B. § 21 Abs. 4 PolG BW).

46   Im polizeirechtlichen Kontext kommt es oftmals zu so genannten *Zufallsfunden*. Die Behörden stoßen dabei zufällig auf Informationen, die mit dem konkreten Zweck der Maßnahme zur Informationsgewinnung nicht zu tun haben. Die Verwendung eines Zufallsfundes ist dann zulässig, wenn der hypothetische Ersatzeingriff rechtmäßig wäre.[58] Dies ist regelmäßig ausdrücklich geregelt.[59] Da nicht nur die Erhebung, sondern auch die Verarbeitung der Daten ein Grundrechtseingriff ist, müssen die gesetzlich vorgesehenen organisations- und verfahrensrechtlichen Vorkehrungen auch insoweit greifen. Innerhalb der StPO findet sich eine entsprechende Regelung in § 477 Abs. 2 Satz 2 StPO.

47   Besonders hohe Anforderungen an die Erhebung von Daten folgen aus Art. 13 GG. Im Fall der akustischen Wohnraumüberwachung, des sog. „großen Lauschangriffs", können Daten nur zur Abwehr von qualifizierten Gefahren für hochwertige Rechtsgüter gesammelt werden. Folglich ist auch eine Verarbeitung dieser Daten und eine Änderung des Zwecks nur zulässig, wenn eine entsprechend qualifizierte Gefahr für solche Rechtsgüter besteht. Zu beachten ist, dass die Informa-

---

[57] *Schenke*, POR, Rn. 208.
[58] *Schenke*, POR, Rn. 207.
[59] Z.B. § 37 Abs. 2 Satz 2 PolG BW; § 23 Abs. 1 Satz 2 PolG NW; § 22 Abs. 2 Satz 2 SOG LSA.

tionen, die aus der Wohnraumüberwachung gewonnen wurden, einer Kennzeichnungspflicht unterliegen.[60]

Erhöhte Anforderungen für eine Weiterverarbeitung und Zweckänderung liegen   **48**
infolge des Art. 10 GG auch dann vor, wenn die Informationen durch eine Maßnahme der Telekommunikationsüberwachung erhoben worden sind. Die Verwendung der Daten stellt einen erneuten Eingriff in Art. 10 GG dar und ist nur unter einschränkenden Voraussetzungen zulässig. Diese Voraussetzungen hängen von den unterschiedlichen landesgesetzlichen Grundlagen ab.[61] Bedeutsam ist insbesondere die Verwendung von Informationen, die in strafrechtlichen Ermittlungsverfahren gewonnen wurden, für die vorbeugende Bekämpfung von Straftaten und für die Gefahrenabwehr.

Beispiel: **49**
Die Telekommunikation des B wird nach § 100a StPO überwacht, weil ein Anfangsverdacht dafür vorliegt, dass er Geldwäsche betreibt. In mehreren Telefongesprächen mit der C bereitet er dann aber einen Raub vor. Die Informationen dürfen zur Verhinderung des Raubes verwendet werden, wenn und soweit die Überwachung der Telekommunikation auch insoweit zulässig ist (hypothetischer Ersatzeingriff) und eine gesetzliche Grundlage im Landespolizeigesetz für die Verwendung besteht.

2.5. Datenschutzrechtliche Sicherungsinstrumente

Im Polizei- und Ordnungsrecht kommen die allgemeinen Instrumente des Daten-   **50**
schutzrechts subsidiär zur Anwendung, soweit es um die Erhebung und Verarbeitung von personenbezogenen Daten geht. Sämtliche Polizeigesetze enthalten spezielle Regelungen, die denen der allgemeinen Datenschutzgesetze vorgehen, Letztere kommen lediglich lückenfüllend zur Anwendung (vgl. § 37 BPolG).

Der Betroffene hat einen Anspruch gegenüber den Polizei- und Ordnungsbe-   **51**
hörden auf *Auskunft* über die zu seiner Person gespeicherten Daten. Dieses verfassungsrechtlich abgesicherte Recht folgt aus dem Bundes- oder Landesdatenschutzgesetz,[62] wenn es nicht speziell für die Polizei- und Ordnungsbehörden geregelt ist.[63] Die Polizeigesetze gewährleisten die Ansprüche auf Berichtigung, Löschung und Sperrung von Daten.[64] Informationen, die für die Gefahrenabwehr oder die Strafverfolgung irrelevant oder rechtswidrig erlangt worden sind, müssen gelöscht und dürfen nicht verarbeitet werden, da die Maßnahme dann ihren Zweck nicht erreicht hat. Schon deshalb dürfen Daten von staatlichen Stellen nicht auf Vorrat gesammelt werden. Bei der Speicherung von Daten bestehen Prüffristen, um ein Aufbewahren von überflüssigen oder überholten Informationen zu vermeiden.

---

[60] BVerfGE 109, 279 (374 ff.).
[61] *Schenke*, JZ 2001, 997.
[62] § 19 BDSG; § 18 LDSG NW.
[63] Z.B. § 29 HessSOG; § 48 SOG MV; § 40 POG RP.
[64] Z.B. § 35 BPolG; § 27 HessSOG; § 32 PolG NW; auch § 12 BVerfSchG.

52   Für jede automatisierte Datei hat die Polizei- oder Ordnungsbehörde eine *Errichtungsanordnung* zu erlassen. In ihr sind der Zweck der Datei, der betroffene Personenkreis, die Arten der Daten und weitere Einzelheiten festzulegen (§ 36 BPolG). Bei einer Errichtungsanordnung handelt es sich um eine Verwaltungsvorschrift.

3. Mittel der Informationsgewinnung und Datenerhebung

53   Die informatorischen Maßnahmen, zu denen die Polizei befugt ist, sind Mittel der Gewinnung von Informationen und damit Instrumente insbesondere zur Erhebung personenbezogener Daten. Diesem Instrumentarium können die traditionellen Standardmaßnahmen ebenso zugeordnet werden wie besondere Informationseingriffe. Die allgemeinen Anforderungen an die Erhebung von Daten gelten auch für Standardmaßnahmen der Befragung und der Identitätsfeststellung. Besondere Informationseingriffe wie die Telekommunikationsüberwachung oder die Wohnraumüberwachung unterliegen darüber hinaus gehenden besonderen Anforderungen.

3.1. Befragung

54   Die klassische Form der Informationssammlung durch die Polizei- oder Ordnungsbehörden ist das Befragen von Personen.[65] Ziel ist es, sachdienliche Angaben zu erlangen, um die Erfüllung polizeilicher Aufgaben zu erleichtern oder zu ermöglichen. Zulässig ist die Befragung, wenn Tatsachen die Annahme rechtfertigen, dass die Person solche Angaben machen kann. Bei der Befragung handelt es sich grundsätzlich um einen Fall der offenen Datenerhebung. Sie kann schriftlich oder mündlich erfolgen.

55   Befragt werden soll in erster Linie der Betroffene, insbesondere der für die polizeiliche Gefahr Verantwortliche.[66] Wenn dies nicht möglich oder nicht zielführend ist, können die Daten ohne Kenntnis des Betroffenen durch die Befragung Dritter oder auf andere Weise erhoben werden. Die zu befragende Person kann für die Dauer der Befragung angehalten werden (§ 20 Abs. 1 Satz 3 PolG BW; § 9 Abs. 1 Satz 2 PolG BW). Darin liegt eine Beschneidung der körperlichen Bewegungsfreiheit. Zum Teil wird daher gesetzlich klargestellt, dass das Anhalten des Betroffenen der Gefahrenabwehr dienen muss (§ 12 Abs. 1 Satz 2 HSOG). Zum Zweck der Befragung kann die Person vorgeladen werden (s.o. 6. Kap., Rn. 19 ff.).

---

[65] § 22 BPolG; § 20 Abs. 1 PolG BW; Art. 12 BayPAG; § 18 Abs. 3 ASOG Bln; § 11 BbgPolG und § 23 Nr. 1 lit. a BbgOBG; § 13 BremPolG; § 3 HbgPolDVG; § 12 Hess-SOG; § 28 SOG MV; § 12 NdsSOG; § 9 PolG NW und § 24 Nr. 1 OBG NW; § 9a POG RP; § 11 SaarlPolG; § 18 SächsPolG; § 14 SOG LSA; § 180 LVwG SH; § 13 ThürPAG und § 16 ThürOBG.

[66] *Drews/Wacke/Vogel/Martens*, Gefahrenabwehr, § 12, Ziff. 4b.

Das Recht der Polizei- und Ordnungsbehörden, eine Person zu befragen, führt   **56**
nicht notwendig zu einer Pflicht der Person, Auskunft zu geben. Umfang und
Grenzen der *Auskunftspflicht* folgen aus den gesetzlichen Vorschriften über die
Befragung. Sie stellen die gesetzliche Grundlage für den Eingriff in das Recht auf
informationelle Selbstbestimmung dar. Der Befragte muss danach den Namen und
Vornamen, den Tag und Ort der Geburt, die Wohnanschrift und die Staatsangehörigkeit angeben.

Angaben zur Sache muss die Person nach Maßgabe des jeweiligen Landes-   **57**
rechts regelmäßig nur bei Vorliegen weiterer Voraussetzungen machen. Eine Reihe von Polizeigesetzen beschränkt sich darauf, als Voraussetzung zu fordern, dass
die Auskunft für die Gefahrenabwehr erforderlich ist.[67] Dann sind an die Auskunftspflicht Nichtverantwortlicher hohe Anforderungen zu stellen, etwa das Vorliegen einer qualifizierten Gefahr (§ 22 Abs. 2 Satz 2 BPolG). Eine Auskunftspflicht des Betroffenen kann aus anderen Regelungen des Polizeigesetzes folgen.
So kann im Fall einer gesteigerten Stufe der Gefahr oder einer Gefahr für hochwertige Rechtsgüter eine Auskunftspflicht bestehen.[68] In Ausnahmefällen kann die
Generalklausel als Grundlage für eine Aussagepflicht herangezogen werden.[69] Einige Landesgesetze verweisen für eine Pflicht zur Angabe der Personalien auf anderweitige gesetzliche Handlungspflichten.[70]

Beispiele: **58**
Wenn das Wasser- und Schifffahrtsamt als zuständige Ordnungs- oder Gefahrenabwehrbehörde im Rahmen seiner Überwachungsaufgabe prüft, ob die Bedingungen und
Auflagen der Genehmigung erfüllt werden, trifft den Inhaber der wasser- und schiff-
fahrtspolizeilichen Genehmigung eine Auskunftspflicht nach § 33 Abs. 1 WaStrG.
Bei der Überwachung des Verkehrs mit Tabakerzeugnissen verfügen die zuständigen
Behörden und bei Gefahr im Verzug die Beamten der Polizei über die Befugnis, von natürlichen und juristischen Personen sowie nichtrechtsfähigen Personenvereinigungen alle erforderlichen Auskünfte zu verlangen (§ 41 Abs. 3 Nr. 4 VTabakG).

Der Betroffene verfügt über das *Recht auf Verweigerung der Auskunft*, wenn er   **59**
sich oder einen Angehörigen belasten würde oder ihm ein Zeugnisverweigerungs-
recht zusteht. Die Landesgesetze ordnen überwiegend die entsprechende Anwendung der §§ 52 Abs. 1, 53, 53a und 55 StPO an. Sofern ein Landesgesetz keine
ausdrückliche Regelung zur Auskunftsverweigerung enthält, liegt darin kein kon-
kludenter Ausschluss eines solchen Rechts.[71] Vielmehr sind die Regelungen des
Landesverwaltungsverfahrensgesetzes analog anzuwenden.[72] Dies gilt insbesondere in Nordrhein-Westfalen mit § 26 Abs. 2 Satz 4 LVwVfG. Der Grund liegt im

---

[67] Z.B. § 9a Abs. 2 Satz 2 POG RP; § 11 Abs. 1 Satz 2 SaarlPolG; § 14 Abs. 2 SOG LSA.
[68] Z.B. § 27 Abs. 4 i.V.m. Abs. 3 Nr. 1 PolG BW; § 18 Abs. 6 i.V.m. Abs. 5 Nr. 1 Sächs-
PolG.
[69] *Drews/Wacke/Vogel/Martens*, Gefahrenabwehr, § 12, Ziff. 4b; *Götz*, POR, § 6 Rn. 28.
[70] Z.B. Art. 12 Abs. 2 BayPAG; § 9 Abs. 2 Satz 2 PolG NW.
[71] *Schenke*, POR, Rn. 183.
[72] Dazu *Gusy*, NVwZ 1991, 614 (618).

Recht auf informationelle Selbstbestimmung, dessen Sicherung starke verfahrensrechtliche Garantien erfordert.

60   Das Recht auf die Verweigerung der Auskunft kann nach einigen Landesgesetzen und nach § 22 Abs. 3 Satz 2 BPolG eingeschränkt sein.[73] Wenn die Auskunft zur Abwehr einer Gefahr für Leib, Leben oder Freiheit einer Person erforderlich ist, darf sie nicht verweigert werden. Allerdings kommt dann ein strafrechtliches Verwertungsverbot analog §§ 52 ff. StPO in Betracht.[74]

61   Die durch die Befragung gewonnenen Informationen dürfen für die polizeiliche Aufgabenerfüllung verwendet werden. Dies umfasst auch deren die Verwendung zur vorbeugenden Bekämpfung von Straftaten. Eine verstärkte Zweckbindung besteht dann, wenn der Betroffene trotz eines Aussageverweigerungsrechts zur Auskunft verpflichtet war, weil die Informationen dann auch nur zur Abwehr der qualifizierten Gefahr genutzt werden dürfen (§ 22 Abs. 3 Satz 4 BPolG). Sofern dies nicht ausdrücklich geregelt ist, gilt diese Begrenzung der Verwertung aufgrund der allgemeinen Prinzipien der Zweckbindung.

62   Der Betroffene ist über die Grundlage seiner Auskunftspflicht und das Recht zur Verweigerung der Aussage zu belehren. Verbotene Vernehmungsmethoden dürfen selbstverständlich nicht angewendet werden, die Polizeigesetze verweisen regelmäßig auf § 136a StPO in entsprechender Anwendung.[75] Darin liegt eine Rechtsfolgenverweisung, also die Anordnung eines Verwertungsverbotes. Dieses betrifft auch die Verwendung im Rahmen der vorbeugenden Bekämpfung von Straftaten.

3.2. Identitätsfeststellung und Schleierfahndung

63   Die Feststellung der Identität einer Person geschieht bei dem Betroffenen selbst im Wege der offenen Erhebung von Personalien.[76] Während die Befragung allgemein auf die Gewinnung von Informationen zielt, und die Personalien des Betroffenen festgehalten werden, um die Validität der Information zu bewerten und Nachfragen zu erlauben, ist hier die Feststellung der Identität der Zweck der Maßnahme. In vielen Fällen bezweckt sie die Feststellung, ob es sich bei der angetroffenen Person um den Verantwortlichen handelt.[77] Sie ist oftmals die allererste Maßnahme der Polizei und damit Grundlage des weiteren Vorgehens.

---

[73] § 12 Abs. 2 Satz 3 HessSOG; § 28 Abs. 2 Satz 4 SOG MV; § 12 Abs. 5 Satz 2 NdsSOG; § 18 Abs. 6 Satz 3 SächsPolG; § 180 Abs. 2 Satz 4 LVwG SH.

[74] *Schenke*, POR, Rn. 183.

[75] § 22 Abs. 4 Satz 1 BPolG; § 12 Abs. 4 HessSOG; § 11 Abs. 1 Satz 3 SaarlPolG; § 9a Abs. 5 POG RP.

[76] § 23 BPolG; § 26 PolG BW; Art. 13 BayPAG; § 21 ASOG Bln; § 12 BbgPolG; § 11 BremPolG; § 12 HbgSOG; § 18 HessSOG; § 29 SOG MV; § 13 NdsSOG; § 12 PolG NW; § 10 POG RP; § 9 SaarlPolG; § 19 SächsPolG; § 20 SOG LSA; § 181 LVwG SH; § 14 ThürPAG und § 15 ThürOBG.

[77] *Gusy*, POR, Rn. 228.

Beispiele: **64**
Wenn Polizeibeamte ein verdächtiges Kraftfahrzeug anhalten oder eine Schlägerei verhindern, stellen sie zunächst die Personalien der beteiligten Personen fest. Die Identität
des oder der Betroffenen gibt Aufschluss über das weitere Vorgehen. Sie erlaubt etwa
die Prüfung, ob die Person einen festen Wohnort hat oder mit einer gesuchten Person
identisch ist. Daran anschließende Maßnahmen wie ein Platzverweis, die erkennungsdienstliche Behandlung oder eine Vorladung hängen auch hinsichtlich ihrer Verhältnismäßigkeit u.a. von der Identität des Betroffenen ab.

Die Identitätsfeststellung kann zunächst in der Aufforderung an den Adressaten   **65**
bestehen, seine Personalien anzugeben. Eine solche Aufforderung kann mit der
Belehrung versehen werden, dass eine Verweigerung der oder eine falsche Angabe der Personalien nach § 111 Abs. 1 und 2 OWiG eine mit bis zu 1.000,- € Buß-
geld bewehrte Ordnungswidrigkeit ist. Das mildeste Mittel zur Feststellung der
Personalien ist sodann die Kontrolle von *Ausweispapieren*,[78] die sich immer dann
anbietet, wenn im Rahmen der Personalienangabe Zweifel an deren Glaubwürdig-
keit aufkommen oder diese gänzlich verweigert wird.

Eine Pflicht zum Mitführen von Ausweispapieren kennt das geltende Recht   **66**
nicht. Es besteht aber die Pflicht, ein Ausweispapier (Personalausweis oder Reisepass) zu besitzen und auf Verlangen einer zur Prüfung der Personalien ermächtigten Stelle vorzulegen. Ein Verstoß gegen diese Vorlagepflicht ist eine Ordnungswidrigkeit (§ 5 Abs. 1 Nr. 2 i.V.m. § 1 Abs. 1 Satz 1 PAuswisG).

Die Wichtigkeit, die der Gesetzgeber der Identitätsfeststellung beimisst, wird in   **67**
der Aufnahme von biometrischen Merkmalen in Ausweispapiere deutlich. Sie soll
die Feststellung der Identität erleichtern. Nach § 1 Abs. 4 PAuswisG darf der
Personalausweis neben dem Lichtbild und der Unterschrift auch weitere biometrische Merkmale enthalten. Die Arten der biometrischen Merkmale und weitere
Einzelheiten werden durch ein besonderes Bundesgesetz geregelt. Im Hinblick auf
den Reisepass, für den § 4 Abs. 3 und 4 PassG ein parallele Bestimmung trifft, ist
die Einführung biometrischer Merkmale beschlossen.

Die Feststellung der Identität beinhaltet die Befugnis den Betroffenen anzuhal-   **68**
ten. Die Polizeibeamten können den Betroffenen festhalten und mit zur Dienststelle nehmen oder durchsuchen, wenn die Identität anders nicht oder nur unter erheblichen Schwierigkeiten festgestellt werden kann.[79] Die Mitnahme des Betroffenen
zur Dienststelle wird als *Sistierung* bezeichnet.[80] In der Praxis kommt es vor, dass
ein Ausweis nicht mitgeführt wird, die Echtheit der Ausweispapiere angezweifelt
wird, der Betroffene die deutsche Sprache nicht beherrscht oder betrunken ist.
Solche Maßnahmen des Festhaltens oder der Durchsuchung sind von den allgemeinen Maßnahmen der Ingewahrsamnahme oder Durchsuchung von Personen zu
unterscheiden, da sie auf der Rechtsgrundlage der Identitätsfeststellung fußen und
lediglich diesem Zweck dienen dürfen. Als letztes Mittel kommt die erkennungsdienstliche Behandlung des Betroffenen in Betracht, die dann aber auf der speziel-

---

[78] *Gusy*, POR, Rn. 232.
[79] S. z.B. § 21 Abs. 3 Satz 3 und 4 ASOG Bln; § 12 Abs. 2 PolG NW.
[80] *Drews/Wacke/Vogel/Martens*, Gefahrenabwehr, § 12, Ziff. 2b.

len Rechtsgrundlage beruht, die als eine Fallgruppe den Verweis auf die Identitäts-
festsstellung enthält (§ 23 Abs. 1 Nr. 1 ASOG Bln; § 14 Abs. 1 Nr. 1 PolG NW).

69   Die Identitätsfeststellung ist regelmäßig gemeinsam mit der *Prüfung von Be-
rechtigungsscheinen* geregelt. Ausweispapiere, d.h. Personalausweis oder Reisepass, die Aussagen über die Identität enthalten, sind keine Berechtigungsscheine.[81]
Jedoch kann auch ein Berechtigungsschein u.U. zum Nachweis der Identität einer
Person dienen. Ein Berechtigungsschein muss dann vorgezeigt werden können,
wenn der Betroffene zur Mitführung des Berechtigungsscheins verpflichtet ist.[82]
Rechtsgrundlage für das Aushändigen des Berechtigungsscheins ist die Vorschrift
des Polizeigesetzes,[83] Rechtsgrundlage für die Mitführungspflicht ist das Spezial-
gesetz, z.B. § 15 Abs. 1 Satz 1 BJagdG hinsichtlich des Jagdscheins.

70   Im Hinblick auf den gängigsten Fall der Kontrolle von Führerschein und Fahr-
zeugpapieren enthält § 36 Abs. 5 StVO eine spezialgesetzliche Ermächtigungsgrundlage, die den allgemeine Vorschriften der Polizeigesetzen vorgeht und den
Polizeibeamten auch die Befugnis zum Anhalten von Verkehrsteilnehmern einräumt. Verkehrsteilnehmer, die ein Kfz führen, trifft die Pflicht zur Mitführung
von Führerschein und Fahrzeugschein aus § 4 Abs. 2 bzw. § 24 Satz 2 StVZO.

71   Die Feststellung der Identität einer Person ist nach Maßgabe der im einzelnen
sich unterscheidenden Voraussetzungen der Landesgesetze zulässig. Diese stimmen in einer ersten Fallgruppe darin überein, das die Identitätsfeststellung dann
vorgenommen werden kann, wenn sie zur *Abwehr einer konkreten Gefahr* erforderlich ist (so auch § 23 Abs. 1 Nr. 1 BPolG). Die hergebrachten Anforderungen
des Polizeirechts an polizeiliches Eingreifen sind umfassend zu prüfen. Betroffene
können nach den allgemeinen Regeln polizeilich Verantwortliche und nur ausnahmsweise Nichtstörer sein.

72   Die Identitätsfeststellung zur Bekämpfung einer konkreten Gefahr kann auch
den Schutz privater Rechte betreffen, soweit dieser nach den allgemeinen Aufgabenzuweisungen zu den Aufgaben der Polizei zählt. Die Feststellung der Identität
ist die häufigste polizeiliche Maßnahme zum Schutz privater Rechte, weil dem
Geschädigten mit der Ermittlung einer ladungsfähigen Anschrift des Schädigers
und ggf. des Schuldners die Rechtsverfolgung auf dem Privatrechtsweg ermöglicht wird.

73   **Beispiel:**
Ein Passant schlägt eine Schaufensterscheibe ein. Der Ladenbesitzer bittet einen herbei
eilenden Polizisten, die Personalien des Passanten festzustellen, um seinen zivilrechtlichen Anspruch auf Schadensersatz geltend machen zu können.

74   Diese erste Fallgruppe unterliegt den allgemeine Gesetzmäßigkeiten des Rechts
der Gefahrenabwehr, es muss eine konkrete Gefahr für die öffentliche Sicherheit
bestehen, die einem Verantwortlichen zugerechnet wird, dessen Identität festgestellt werden soll. Dagegen betreffen die drei weiteren Fallgruppen der Identitäts-

---

[81] *Knemeyer*, POR, Rn. 170.
[82] *Schoch*, POR, Rn. 198.
[83] Deutlich § 22 ASOG Bln; § 10 Abs. 3 POG RP; § 19 Abs. 3 SächsPolG.

feststellung Konstellationen, die der Verhütung von Straftaten dienen (s.o. 5. Kap. Rn. 172). Die Feststellung der Identität von Personen, die an einem Ort, in der Nähe eines gefährdeten Objekts oder an einer Kontrolle angetroffen werden, dient der Verbreiterung der Informationsbasis im Vorfeld von Maßnahmen der Gefahrenabwehr, um der Polizei ein effektives und verhältnismäßiges weiteres Vorgehen zu erleichtern. Sie kann Störer wie Nichtstörer betreffen, da eben noch keine konkrete und zurechenbare Gefahr besteht.[84]

Im Fall der Identitätsfeststellung an einem *gefährlichen Ort* indiziert der Ort die **75** Gefahr. Es genügt die abstrakte Gefahr des Eintritts einer Störung, einer konkreten Gefahr bedarf es nicht.[85] Ziel ist die Aufklärung, ob die angetroffene Person als Störer in Betracht kommt.[86] Ein Ort kann als gefährlich eingeschätzt werden, wenn sich dort typischerweise gesuchte Straftäter verbergen oder Straftaten verabredet werden (vgl. § 12 Abs. 1 Nr. 2 PolG NW; § 10 Abs. 1 Satz 2 Nr. 1 POG RP). Diese Einschätzung ist gerichtlich nachprüfbar. Die bekannte Gangsterkneipe, das Bordell, der „Szenetreff" von Drogenabhängigen oder politischen Extremisten sind Beispiele, wobei das Vorliegen der tatsächlichen Anhaltspunkte für die Gefährlichkeit des Ortes im Einzelfall geprüft werden muss.

Die Identitätsfeststellung aufgrund der Gefährlichkeit des Ortes ist eine Teil- **76** maßnahme bei einer *Razzia*. Eine Razzia ist eine organisierte, überraschende Identitätsprüfung eines größeren Personenkreises, der sich an einem von der Polizei abgesperrten Ort befindet. Auf die Differenzierung von Störern und Nichtstörern wird keine Rücksicht genommen. Eine Razzia ins Blaue ist aber unzulässig. Es müssen vor einer solchen Großaktion begründete Anhaltspunkte für drohende Rechtsverletzungen vorliegen.[87] Bei der Razzia wird besonders deutlich, dass die Feststellung der Identität den Ausgangspunkt für weitere polizeiliche Maßnahmen bildet. Regelmäßig werden Durchsuchungen von Personen oder eine Reihe von Datenabgleichen vorgenommen.[88]

Beispiel:[89]   **77**
X und Y sind Besucher eines Gerichtsverfahrens gegen Angehörige der RAF, zu dem mit Flugblättern bundesweit eingeladen wurde. Nach Ende des Gerichtsverfahrens haben X und Y an einer Demonstration teilgenommen. Nach dem Eintreffen des Demonstrationszuges im Café N. wurden alle Eingänge geschlossen. Das Café N. ist ein Szenelokal. Polizeibeamte betreten gegen den Willen der Betroffenen das Café N. und wenden dabei unmittelbaren Zwang an. Sie stellen gegen deren Willen die Personalien von X und Y fest.
Wenn eine hinreichende Wahrscheinlichkeit von Verletzungen des StGB vorliegt, bestand bereits eine konkrete Gefahr für die öffentliche Sicherheit oder Ordnung, weshalb

---

[84] Nds OVG, NdsVBl. 2010, 299; *Drews/Wacke/Vogel/Martens*, Gefahrenabwehr, § 12, Ziff. 4a.

[85] *Pieroth/Schlink/Kniesel*, POR, § 14 Rn. 33 ff.; *Würtenberger*, in: Achterberg/Püttner, § 21, Rn. 158.

[86] *Gusy*, POR, Rn. 229.

[87] *Knemeyer*, POR, Rn. 169.

[88] *Schoch*, POR, Rn. 200.

[89] BayVGH, BayVBl. 1993, 429.

für eine Identitätsfeststellung schon die erste Fallgruppe greift. X und Y gehören einem Personenkreis an, von dem die Polizei die Begehung von Straftaten erwartet. Zumindest lag hier eine Anscheinsgefahr vor. Die Maßnahmen waren dann geeignet und erforderlich. Da es sich um ein Szenelokal handelt, könnte auch die Identitätsfeststellung an gefährlichen Orten in Betracht kommen. Allerdings reicht der Umstand, dass politisch Gleichgesinnte sich in dem Lokal treffen nicht aus. Es muss hinzukommen, dass dort erfahrungsgemäß Straftaten verabredet, vorbereitet oder verübt werden.

78

Klausurtipp: Unterscheiden Sie scharf die einzelnen durchgeführten Maßnahmen. Suchen Sie die jeweilige Befugnisnorm. Jede Maßnahme ist einzeln auf ihre Rechtmäßigkeit zu untersuchen. Lediglich parallele Maßnahmen können zusammengefasst und gemeinsam geprüft werden, z.B. mehrere Identitätsfeststellungen, die auf dem Antreffen der Personen an einem gefährlichen Ort beruhen.

79   Die Identität von Personen, die sich in einem *gefährdeten Objekt* oder in dessen Nähe aufhalten, kann festgestellt werden, um Gefahren abzuwehren, die sich für das Objekt selbst und Personen, die sich dort aufhalten ergeben. Die Polizeigesetze nennen als mögliche gefährdete Objekte Verkehrs- oder Versorgungsanlagen, Amtsgebäude oder andere besonders gefährdete Objekte. Die besondere Gefährdung bedarf der Begründung, weil eine allgemeine Gefährdung für jedes Objekt besteht, die Vorschrift aber keine pauschale raumbezogene Personenfeststellung erlauben soll.[90] Wird eine Person am Außenzaun des Geländes eines Kernkraftwerkes angetroffen oder an dem Weichenstellwerk einer Straßenbahn, ist eine Identitätsfeststellung zulässig, falls tatsächliche Anhaltspunkte für eine Gefährdung vorliegen. Für Objekte des Bundes wie Bundesministerien oder Verkehrsflughäfen ist ggf. in Kooperation mit der Landespolizei die Bundespolizei zuständig (§ 23 Abs. 1 Nr. 4 BPolG).

80   Einige Landesgesetze führen den Fall der räumlichen Nähe zu einer in besonderem Maß *gefährdeten Person* auf.[91] Tatsächliche Anhaltspunkte, die Maßnahmen des Personenschutzes rechtfertigen, liegen etwa im Fall von Ernst zu nehmenden Morddrohungen oder in Situationen des Zeugenschutzes vor. Personen des öffentlichen Lebens können durch das Hinzutreten von Umständen als besonders gefährdet angesehen werden, etwa wenn sich ein Künstler satirisch über eine bestimmte Gruppe geäußert hat und diese ihn bedroht. Dann können Personen, die sich in der Nähe der gefährdeten Person aufhalten, einer Identitätsfeststellung unterzogen werden.

81   Die Feststellung der Identität von Personen, die an einer von der Polizei eingerichteten *Kontrollstelle* angetroffen werden, dient der Verhütung von Straftaten. Kontrollstellen sind Sperren zur serienmäßigen Überprüfung von Personen oder Sachen, insbesondere der Identitätsfeststellung und der Durchsuchung.[92] Sie sind

---

[90] *Gusy*, POR, Rn. 223.
[91] Z.B. § 18 Abs. 2 Nr. 4 HessSOG; § 20 Abs. 2 Nr. 4 SOG LSA.
[92] *Gusy*, POR, Rn. 231.

von allgemeinen Verkehrskontrollen zu unterscheiden, die auf der Grundlage des
§ 36 Abs. 5 StVO durchgeführt werden.

Kontrollstellen dürfen auf der Grundlage des Polizeirechts nur zu präventiven   **82**
Zwecken eingerichtet werden. Ziel ist es, Straftaten von erheblicher Bedeutung zu
verhüten.[93] Soweit ein Landesgesetz zur Bestimmung der Straftaten von erheblicher Bedeutung auf den Katalog den Katalog des § 100a StPO verweist,[94] handelt
es sich um eine dynamische Verweisung. Die Erweiterung des Kreises der dortigen Delikte bedeutet auch eine Erweiterung der präventiven Befugnis für die Polizei, Kontrollstellen einzurichten. Andere Gesetze verweisen auf Vorschriften des
StGB,[95] des einschlägigen Versammlungsgesetzes[96] oder des Vereinsgesetzes.[97]

Die Vorschrift des § 26 Abs. 1 Nr. 4 und 5 PolG BW ist verfassungswidrig,   **83**
soweit eine präventive Identitätsfeststellung an Kontrollstellen zugelassen wird,
die zu dem repressiven Zweck der Fahndung nach Straftätern eingerichtet worden
sind.[98] Dem Landesgesetzgeber fehlt es insoweit an der Kompetenz. Andere Länder haben ähnliche Vorschriften geändert und auf die Verhütung von Straftaten
ausgerichtet. Eine verfassungskonforme Reduktion des Anwendungsbereichs der
Vorschrift führt zu einer Beschränkung auf Fälle, die ohnehin von der Fallgruppe
des Vorliegens einer konkreten Gefahr erfasst werden (§ 26 Abs. 1 Nr. 1 PolG
BW).

Beispiele: **84**
Wenn nach Hinweisen von Informanten ein Bombenanschlag auf ein Einkaufszentrum
durch einen Selbstmordattentäter befürchtet wird, können Kontrollstellen an den Straßen von und zu dem Einkaufszentrum eingerichtet werden. Kontrollstellen können auch
zur Kontrolle von Versammlungsteilnehmern eingerichtet werden, um Straftaten nach
§ 27 VersG zu verhindern.
Wenn dagegen nach einem Banküberfall an den Ausfallstraßen Kontrollstellen eingerichtet werden, ist dies eine repressive Tätigkeit, die sich nach § 111 StPO richtet.

Eine Reihe von Polizeigesetzen sehen einen weiteren Fall der Identitätsfeststel-   **85**
lung vor, der aus dem Rahmen der hergebrachten Konzeptionen des Polizeirechts

---

[93] S. § 13 Abs. 1 Nr. 4 i.V.m. § 14 NdsSOG; § 12 Abs. 1 Nr. 4 PolG NW; § 20 Abs. 2 Nr. 5
i.V.m. § 3 Nr. 4 SOG LSA.

[94] So z.B. § 26 Abs. 1 Nr. 2 PolG BW; § 18 Abs. 2 Nr. 5 HessSOG; § 10 Abs. 1 Satz 2 Nr.
3 POG RP; § 10 Abs. 1 Satz 1 Nr. 6 SächsPolG; s. auch § 21 Abs. 2 Nr 4 ASOG Bln mit
dem Verweis u.a. auf § 129a StGB.

[95] So z.B. § 12 Abs. 1 Nr. 4 BbgPolG; § 11a Abs. 1 Nr. 2 BremPolG; § 29 Abs. 1 Nr. 4 a
bis c SOG MV; § 14 Abs. 1 Nr. 2 NdsSOG; § 10 Abs. 1 Nr. 3 POG RP, auch § 21 Abs. 2
Nr 4 ASOG Bln mit dem Verweis u.a. auf § 129a StGB.

[96] So z.B. § 13 Abs. 1 Nr. 4 BayPAG; § 12 Abs. 1 Nr. 4 BbgPolG; § 11a Abs. 1 Nr. 3
BremPolG; § 29 Abs. 1 Nr. 4 d SOG MV; § 14 Abs. 1 Nr. 4 NdsSOG; § 10 Abs. 1 Nr. 3
POG RP; § 20 Abs. 2 Nr. 5 SOG LSA; § 14 Abs. 1 Nr. 4 ThürPAG.

[97] So z.B. § 14 Abs. 1 Nr. 3 NdsSOG.

[98] *Schenke*, POR, Rn. 119.

fällt, die so genannte *Schleierfahndung*.[99] Dabei handelt es sich um anlassunabhängige und verdachtslose Personenkontrollen. Die Rechtmäßigkeit der Befugnisnormen ist umstritten. Als Grund für die Einführung dieser Befugnis wurde die Notwendigkeit angeführt, nach dem Wegfall der Personenkontrollen an den Binnengrenzen der EU über ausgleichende Kontrollmöglichkeiten zu verfügen. Allerdings haben nicht nur Länder mit Grenzen zu anderen Mitgliedstaaten der EU Bestimmungen zur Schleierfahndung geschaffen, sondern auch Länder wie Hessen oder Thüringen.[100] Verdachtslose Personenkontrollen können zum Teil im Grenzgebiet bis zu einer Tiefe von 30 km (so auch § 23 Abs. 1 Nr. 3 BPolG) oder in Einrichtungen des internationalen Verkehrs, auf Straßen oder Wasserstraßen durchgeführt werden.

86   Es bedarf bei einer Schleierfahndung nach der Mehrzahl der gesetzlichen Bestimmungen keiner konkreten Gefahr. Nicht einmal tatsächliche Anhaltspunkte für den Verdacht des möglichen Eintretens einer Rechtsgutsgefährdung sind notwendig.[101] Die Maßnahme hat immerhin eine bestimmte Zweckrichtung, da sie überwiegend auf die Verhütung von Straftaten gerichtet ist, die in Zusammenhang mit dem Grenzübertritt stehen.[102] Dieser Zweck ist aber sehr unbestimmt. Da die Landesregelungen auch auf die Bekämpfung grenzüberschreitender Kriminalität zielen, ist eine Begrenzung der Maßnahmen kaum zu erreichen.

87   **Beispiel:**
In einer Entfernung von 20 km von der Grenze zu Tschechien hält die bayerische Polizei einen Fahrradfahrer auf einem Feldweg an. Im Winter hält sie an derselben Stelle einen Ski-Langläufer an. Auf der Bundesautobahn 8 bei Augsburg hält sie einen LkW an. Jeweils stellt sie die Identität fest. Die Maßnahmen entsprechen den Voraussetzungen der Rechtsgrundlage.
Nach Art. 13 Abs. 1 Nr. 5 BayPAG kann die Polizei die Identität von Personen feststellen „im Grenzgebiet bis zu einer Tiefe von 30 km sowie auf Durchgangsstraßen (Bundesautobahnen, Europastraßen und andere Straßen von erheblicher Bedeutung für den grenzüberschreitenden Verkehr) und in öffentlichen Einrichtungen des internationalen Verkehrs zur Verhütung oder Unterbindung der unerlaubten Überschreitung der Landesgrenze oder des unerlaubten Aufenthalts und zur Bekämpfung der grenzüberschreitenden Kriminalität."

88   Die Landesgesetze regeln die Schleierfahndung zum Teil ausdrücklich als Mittel zur vorbeugenden Bekämpfung der grenzüberschreitenden Kriminalität.[103] Dies

---

[99] *Graf*, Verdachts- und ereignisunabhängige Personenkontrolle – polizeirechtliche und verfassungsrechtliche Aspekte der Schleierfahndung, 2006; *Weber*, Die Sicherung rechtsstaatlicher Standards im modernen Polizeirecht, 2011, S. 169 ff.

[100] § 18 Abs. 7 ASOG Bln, der eine ähnliche Regelung enthielt, ist weggefallen.

[101] § 26 Abs. 1 Nr. 6 PolG BW; Art. 13 Abs. 1 Nr. 5 BayPAG; § 14 Abs. 1 Nr. 5 ThürPAG; vgl. *Kugelmann*, DÖV 2003, 781 (786).

[102] Vgl. den Verweis in § 23 Abs. 1 Nr. 3 BPolG auf die Straftaten i.S.v. § 12 Abs. 1 Nr. 1 bis 4 BPolG.

[103] § 12 Abs. 1 Nr. 6 BbgPolG; § 18 Abs. 2 Nr. 6 HessSOG; § 14 Abs. 3 SOG LSA; § 9a SaarlPolG§ 19 Abs. 1 Satz 1 Nr. 5 SächsPolG.

verdeutlicht, wie stark die Eingriffsschwelle für eingreifende Maßnahmen der Polizei gesenkt wird. Im entfernten Vorfeld nicht zu konkretisierender Gefahrenlagen wird die Polizei ohne eingrenzende Voraussetzungen tätig. Einige gesetzliche Regelungen erfordern immerhin bestimmte Erkenntnisse über die Entwicklung oder das Drohen einer Gefahrenlage.

Beispiel: **89**
Nach § 9a SaarlPolG kann die Polizei lagebildabhängige Kontrollen durchführen. Sie kann „auf Grund polizeilicher Lagebilder zum Zwecke der vorbeugenden Bekämpfung der grenzüberschreitenden Kriminalität bis zu einer Tiefe von 30 km von den Außengrenzen zu Frankreich und Luxemburg Personen kurzfristig anhalten, befragen und verlangen, dass mitgeführte Ausweispapiere zur Prüfung ausgehändigt werden. Sie kann mitgeführte Sachen in Augenschein nehmen. Ergeben sich keine Anhaltspunkte für das Vorliegen einer Gefahr oder die Begehung von Straftaten, werden die durch diese Maßnahmen erhobenen personenbezogenen Daten nicht gespeichert (...).“

Die Kommission der EU hat Bedenken gegenüber den Befugnissen zur Schleier-   **90**
fahndung geäußert, weil sie nicht gerechtfertigte Beschränkungen von Grundfreiheiten des Unionsrechts ermöglichten.[104] Diese Bedenken greifen durch. In der EU sind die Binnengrenzen und die Grenzkontrollen entfallen. Die Unionsbürger genießen grundsätzlich Freizügigkeit unter Berücksichtigung von bestimmten Beschränkungen (Art. 21 EUV). Maßnahmen der Polizei- und Ordnungsbehörden können solche zulässigen Beschränkungen sein. Sie können auch gerechtfertigte Beschränkungen des freien Warenverkehrs nach Art. 36 AEUV und des freien Dienstleistungsverkehrs nach Art. 56 AEUV darstellen.

Die Schleierfahndung ohne Begrenzung der Handlungsinstrumente ist unver-   **91**
hältnismäßig. Kontrollen ohne Anhaltspunkt, die spezifisch das Grenzgebiet betreffen, stellen den Grenzübertritt unter Generalverdacht. Der ungehinderte Austausch von Waren und Dienstleistungen wird behindert. Ohne konkreten Verdacht führt dies zu einem nicht erforderlichen Eingriff in die Freiheiten des Binnenmarktes. Dies betrifft zumindest die Regelungen, bei denen weder Lagebilder noch Vorkenntnisse über die Situation erforderlich sind. Die Befugnisse zur Schleierfahndung widersprechen dem Unionsrecht und sind daher unanwendbar.

Sie können darüber hinaus Grundrechte verletzen. Die Auffassung des Verfas-   **92**
sungsgerichtes Sachsen-Anhalt, das Bestehen der Vorschriften zur Schleierfahndung sei noch nicht hinreichend konkret und stelle daher keinen Eingriff dar,[105] verkennt die Signal- und Warnfunktion der Regelungen. Ihre bloße Existenz ist geeignet, das Verhalten der Grundrechtsträger zu beeinflussen. Diese Art von eingreifendem Charakter ist aus dem Datenschutzrecht bekannt.

Die Schleierfahndung greift in die allgemeine Handlungsfreiheit des Art. 2   **93**
Abs. 1 GG ein und falls der Grenzübertritt aus wirtschaftlichen Gründen erfolgt auch in Art. 12 GG. Damit müssen die Befugnisse hinreichend bestimmt sein. Zumindest muss eine Informationserhebung aufgrund von Lageerkenntnissen und polizeilicher Erfahrung vorgesehen sein. Für den Grundrechtsträger ist ansonsten

---

[104] Vgl. *Lindner*, JuS 2005, 302 (304).
[105] LVerfG LSA, NVwZ 2002, 1281.

nicht absehbar, unter welchen Umständen und Gegebenheiten er kontrolliert werde.[106] Teile der Literatur halten die Schleierfahndung für verfassungswidrig. Verdachts- und ereignisunabhängige Kontrollen führen zur Rechtsunsicherheit. Die Schleierfahndung wird für unverhältnismäßig erachtet.[107]

94   Die Gegenauffassung hält den Grundrechtseingriff für gerechtfertigt.[108] Für die Schleierfahndung sprächen polizeitaktische Gründe. Im Kern gehe es um einen geringfügigen Eingriff, weil die Identitätsfeststellung nicht sehr intensiv in die Grundrechtspositionen eingreife. Daher sei die Schleierfahndung auch in der Fassung, die keine vorher gehenden polizeilichen Erkenntnisse erfordert, mit dem Prinzip der Verhältnismäßigkeit vereinbar.[109]

95   Der Bayerische Verfassungsgerichthof hat seine Rechtsprechung zur grundsätzlichen Verfassungsmäßigkeit der Schleierfahndung modifiziert. Zwar sei die Feststellung der Identität zulässig, nicht aber jedwede Durchsuchung.[110] Die Durchsuchung von Gegenständen sei ein schwererer Eingriff und bedürfe daher des Vorliegens einer „erhöhten abstrakten Gefahr", eine bloße diffuse Tatsachenbasis genüge nicht.

96   Eine grundrechtskonforme Ausgestaltung der Befugnisse zur Schleierfahndung ist möglich, wenn die Regelungen Ansatzpunkte für Eingrenzungen enthalten. Nach der Entscheidung des Landesverfassungsgerichts zur Verfassungswidrigkeit der Schleierfahndung in der damaligen Form[111] hat der Landesgesetzgeber in Mecklenburg-Vorpommern eine Neuregelung vorgelegt, der durch Begrenzungen der Eingriffstiefe, die Notwendigkeit eines Lagebildes sowie zeitliche und örtliche Beschränkungen eine grundrechtskonforme Fassung gelingt (§ 27a SOG MV).[112] In Betracht kommt zudem eine Begrenzung der Maßnahmen, die im Rahmen der verdachts- und anlasslosen Kontrolle zulässig sind. Eine Beschränkung auf das Instrument der Feststellung der Identität würde bedeuten, dass weitergehende Eingriffe nur bei Vorliegen einer polizeilichen Gefahr rechtmäßig sind.

97   Falls derartige Begrenzungen nicht bestehen, widersprechen die Vorschriften dem Unionsrecht und den Grundrechten.[113] Der Grundrechtseingriff setzt sich fort, wenn die erhobenen Informationen weiterverarbeitet werden. Eine Speicherung der durch die Schleierfahndung erhobenen Daten und ihre Weiterverwertung zum Datenabgleich widerspricht dem Recht auf informationelle Selbstbestimmung. Angesichts der vielfältigen Zweifelsfragen sollte die rechtspolitische Notwendigkeit der Schleierfahndung gründlich überdacht werden.

---

[106] LVerfG MV, DÖV 2000, 71 = DVBl. 2000, 262 = LKV 2000, 345.

[107] *Lisken*, NVwZ 1998; *Stephan*, DVBl. 1998, 81; *Waechter*, DÖV 1999, 138.

[108] BayVerfGH, DVBl. 2003, 261; eingehend *Heckmann*, in: Festschrift für Steinberger 2002, S. 467.

[109] *Götz*, NVwZ 1998, 683 f.; *Horn*, BayVBl. 2003, 545; *Kastner*, VerwArch 92 (2001), 240; *Pieroth/Schlink/Kniesel*, POR, § 14 Rn. 42; *Schenke*, POR, Rn. 121, 122.

[110] BayVerfGH, BayVBl. 2006, 339; BayVBl. 2011, 206.

[111] LVerfG MV, DÖV 2000, 71 = DVBl. 2000, 262 = LKV 2000, 345.

[112] Die Vereinbarkeit mit dem Unionsrecht dürfte damit ebenfalls gegeben sein.

[113] Vgl. *Waechter*, DÖV 1999, 145, der den Zweck der indirekten Verhaltenssteuerung hervorhebt, welcher in unverhältnismäßiger Weise verfolgt werde.

3.3. Erkennungsdienstliche Maßnahmen

Verantwortliche im Sinne des Polizeirechts können auf der Grundlage der Polizei-   **98**
gesetze erkennungsdienstlich behandelt werden.[114] Erkennungsdienstliche Maßnahmen sind insbesondere die Abnahme von Finger- und Handflächenabdrücken,
die Aufnahme von Abbildungen, die Feststellung äußerer körperlicher Merkmale
sowie Messungen. Das Festhalten äußerlicher körperlicher Merkmale soll es erleichtern, die Person wiederzuerkennen.[115] Da der „genetische Fingerabdruck", also die Feststellung der DNA einer Person, kein äußeres Merkmal darstellt, fällt er
nicht unter die erkennungsdienstliche Behandlung.[116] Die DNA-Analyse dient regelmäßig der Strafverfolgung und erfolgt aufgrund einer besonderen gesetzlichen
Grundlage.

Einige neuere Polizeigesetze enthalten Befugnisse zur körperlichen Untersu-   **99**
chung, in deren Zuge *Körperzellen zur DNA-Feststellung* entnommen werden dürfen.[117] Ziel ist die Feststellung der Identität von Toten oder Personen, die sich in
einem die freie Willensbildung ausschließenden Zustand befinden. Ermöglicht
werden soll auch die Sicherstellung von Proben zur Feststellung der DNA-Muster
vermisster Personen. Die gesetzliche Befugnis, Strafunmündigen Körperzellen zu
entnehmen, umfasst den Zweck der vorbeugenden Bekämpfung von Straftaten
(§ 19 Abs. 3 HSOG). Hintergrund ist, dass Strafunmündige nicht Beschuldigte
i.S.d. StPO sein können, weshalb die Rechtsgrundlagen der StPO ausscheiden.[118]
Die Einzelheiten der Befugnisse bedürfen angesichts der Intensität des Grundrechtseingriffe der Prüfung im Einzelnen.

Ziel der erkennungsdienstlichen Behandlung ist regelmäßig die Feststellung der   **100**
Identität einer Person. Die Maßnahme ist dann erforderlich, weil die Identität anders nicht oder nur unter erheblichen Schwierigkeiten festgestellt werden kann.[119]
Die Vorschriften der Polizeigesetze über die erkennungsdienstliche Behandlung
verweisen auf die Vorschriften über die Identitätsfeststellung. Deren Voraussetzungen müssen daher vorliegen. Nur eine rechtmäßige Identitätsfeststellung kann
Ausgangspunkt für eine rechtmäßige erkennungsdienstliche Behandlung sein.

Erkennungsdienstliche Maßnahmen können auch zur *vorbeugenden Bekämp-*   **101**
fung von Straftaten vorgenommen werden.[120] Voraussetzungen sind das Bestehen

---

[114] § 24 BPolG; § 36 PolG BW; Art. 14 BayPAG; § 23 ASOG Bln; § 13 BbgPolG; § 11a
        BremPolG; § 7 HbgDVPolG; § 19 HessSOG; § 31 SOG MV; § 15 NdsSOG; § 14 PolG
        NW; § 11 POG RP; § 10 SaarlPolG; § 20 SächsPolG; § 21 SOG LSA; § 183 LVwG SH;
        § 16 ThürPAG.
[115] *Schoch*, POR, Rn. 202.
[116] *Knemeyer*, POR, Rn. 178; *Schenke*, POR, Rn. 125; *Schoch*, POR, Rn. 202; *Würtenber-
        ger*, in: Achterberg/Püttner, § 21, Rn. 160; a.A. *Härtel*, ZG 2005, 300 (313); differenzie-
        rend *Pieroth/Schlink/Kniesel*, POR, § 14 Rn. 57.
[117] § 21a ASOG Berlin, § 15a NdsSOG, § 14a PolG NW, § 12a POG RP, § 10a Sächs-
        PoLG, § 183a LVwG SH.
[118] *Schenke*, POR, Rn. 125.
[119] Z.B. § 14 Abs. 1 Nr. 1 PolG NW; § 11 Abs. 1 Nr. 1 POG RP.
[120] Z.B. § 14 Abs. 1 Nr. 2 PolG NW; § 11 Abs. 1 Nr. 2 POG RP.

eines konkreten Verdachts und von Wiederholungsgefahr. Die Regelung an der Schnittstelle zwischen Prävention und Strafverfolgung verdeutlicht die Schwierigkeit der Zuordnung von Maßnahmen im Einzelfall. Auf der Grundlage der Polizeigesetze können präventive Maßnahmen gegen Nichtbeschuldigte getroffen werden. In Frage kommen insbesondere Strafunmündige, rechtskräftig Verurteilte oder Verdächtige, gegen die das Strafverfahren eingestellt wurde.[121] Wenn dagegen der Anfangsverdacht einer Straftat besteht, kommt gegenüber dem dann im strafprozessualen Sinne Beschuldigten der § 81b StPO zur Anwendung.[122]

102   **Beispiel:**
Der A ist wegen Raubes verurteilt und hat seine Haftstrafe verbüßt. Mehrere Jahre später wird ein Raub genau nach den von A genutzten Methoden verübt. Seine Daten wurden durch einen Computerfehler gelöscht. Da der A sich aber mit seinen alten Komplizen trifft, sieht die Polizei die Gefahr, dass er wieder einen Raub begehen könnte. A wird erkennungsdienstlich behandelt. Sein Name, Adresse, seine Fingerabdrücke, Angaben über besondere persönliche Merkmale und ein Lichtbild des A werden in einer Datei gespeichert. Rechtsgrundlage ist die polizeirechtlich Regelung über erkennungsdienstliche Maßnahmen zur Verhütung von Straftaten (§ 14 Abs. 1 Nr. 2 PolG BW; § 11 Abs. 1 Nr. 2 POG RP).

103   Die Regelungen der Landespolizeigesetze über erkennungsdienstliche Maßnahmen betreffen in verfassungskonformer Auslegung nur die Verhütung von Straftaten.[123] Soweit die Maßnahmen auf die Vorsorge für die Verfolgung von Straftaten abzielen, liegt die Gesetzgebungskompetenz beim Bund, der mit § 81b StPO eine allerdings unklare und unvollkommene Regelung getroffen hat.[124] Deren Vorrang erkennen einige Landespolizeigesetze ausdrücklich an, wenn und soweit § 81b StPO Maßnahmen des Erkennungsdienstes gegen Beschuldigte zulässt.[125] Falls landesrechtliche Vorschriften auf die Vorsorge für die Verfolgung von Straftaten verweisen (z.B. § 15 Abs. 2 NdsSOG) sind sie unanwendbar, da der Landesgesetzgeber nach der zutreffenden Rechtsprechung des Bundesverfassungsgerichts insoweit keine Kompetenz hat.[126]

104   Eine erkennungsdienstliche Behandlung, also insbesondere das Erstellen von Lichtbildern und Fingerabdrücken, kann präventiv nach Polizeirecht (§ 14 PolG NW) oder nach § 81b StPO vorgenommen werden. Soweit die Vorschrift des § 81b StPO nicht die Durchführung des Strafverfahrens, sondern Zwecke des Erkennungsdienstes betrifft, enthält sie nach der Rechtsprechung materiell Polizeirecht und ermächtigt zu präventiven Maßnahmen.[127] Ihr Ziel ist insoweit die vor-

---

[121] *Knemeyer*, POR, Rn. 179; *Schoch*, POR, Rn. 203.

[122] VGH BW, NVwZ-RR 2004, 572; OVG RP, NVwZ-RR 2001, 238; SächsOVG, NVwZ-RR 2001, 238; OVG NW, NJW 1999, 2689 = DÖV 1999, 522.

[123] *Schenke*, POR, Rn. 126.

[124] HessVGH, NVwZ-RR 1994, 652 (653).

[125] § 111 NdsSOG; § 108 SOG LSA.

[126] BVerfGE 113, 348.

[127] BVerwGE 11, 181 (182 f.); *Dreier*, JZ 1987, 1009 (1013); *Hellmann*, Strafprozessrecht, II, § 4, Rn. 99; *Meyer-Goßner*, § 81b, Rn. 3 m.w.N. auch zur Gegenauffassung.

sorgliche Bereitstellung von sächlichen Hilfsmitteln für die Erforschung und Aufklärung von Straftaten. Eine Anordnung von Maßnahmen für erkennungsdienstliche Zwecke und damit zur Verfolgung künftiger Straftaten kann daher nur im Verwaltungsrechtsweg angefochten werden.[128] Entscheidendes Korrektiv für die Reichweite des § 81b StPO ist die Notwendigkeit erkennungsdienstlicher Behandlung, die eine strenge Verhältnismäßigkeitsprüfung erfordert.

Beispiel:[129]   105
Die A ist Inhaberin mehrerer Firmen. Gegen sie wurden bereits mehrere Ermittlungs- und Strafverfahren wegen Vermögensdelikten geführt. Ein Ermittlungsverfahren wegen Vortäuschens einer Straftat ist anhängig, in dem ihr u.a. vorgeworfen wird, einen anonymen Drohbrief geschrieben zu haben.
Die Polizei konnte zulässiger Weise eine erkennungsdienstliche Behandlung der A als Beschuldigter aufgrund des § 81b StPO durchführen, in der Fingerabdrücke genommen und Lichtbilder erstellt wurden. Der VGH hält auch die Erhebung von Daten über ohne weiteres erkennbare persönliche Merkmale (Körpergröße, Haarfarbe) für rechtmäßig. Dagegen war das Absuchen ihrer Körperoberfläche und die Aufnahme und Vermessung unfallbedingter Narben unverhältnismäßig, weil keinerlei Zusammenhang mit einem der Delikte bestand, die der A jemals zur Last gelegt worden waren.

Nach Ansicht des Bundesverfassungsgerichts ist diese Vermischung polizeirecht-   106
licher mit strafrechtlichen Elementen unbedenklich.[130] Die Kritik an der Verfassungsmäßigkeit der Bestimmung knüpft dagegen an dieser Vermischung und damit an den Kompetenzen an und erachtet die Vorschrift des § 81b StPO für verfassungswidrig.[131] Angesichts der Rechtsprechung des Bundesverfassungsgerichts über die Bundeskompetenz für die Vorsorge für die Strafverfolgung ist jedoch eine verfassungskonforme Auslegung des § 81b StPO möglich und angezeigt, um Lücken zu vermeiden.

Einer Befugnisnorm bedarf es nicht nur für das Erheben der personenbezoge-   107
nen Daten, sondern auch für deren Verarbeitung, insbesondere für das *Aufbewahren* in Dateien. Das Recht auf Vernichtung der Unterlagen hat seine verfassungsrechtliche Grundlage im Persönlichkeitsrecht, im Recht auf informationelle Selbstbestimmung und dem Gedanken der Folgenbeseitigung. Eingriffe in die Rechtssphäre des Einzelnen dürfen nur aufrecht erhalten werden, wenn sie verhältnismäßig sind.[132]

Die Aufbewahrung der erkennungsdienstlichen Unterlagen zu präventiven   108
Zwecken ist nur in den Grenzen zulässig, die sich aus der Regelung in den Polizeigesetzen ergeben, nach denen der Betroffene einen Anspruch auf Vernichtung der Unterlagen hat.[133] Dieser Anspruch besteht, wenn die Identität festgestellt ist,

---

[128] BGHSt 28, 206 (209); 66, 192; 66, 202; *Meyer-Goßner*, § 81b, Rn. 22.
[129] VGH BW, NVwZ-RR 2004, 572.
[130] BVerfGE 47, 239 (252).
[131] *Pieroth*, VerwArch 88 (1997), 568 (575 mit Fn. 37); *Schoch*, POR, Rn. 16.
[132] *Schenke*, POR, Rn. 128; *Würtenberger*, in: Achterberg/Püttner, § 21, Rn. 163.
[133] Z.B. § 14 Abs. 2 PolG NW; § 11 Abs. 2 POG RP; § 24 Abs. 2 BPolG.

es sei denn die Aufbewahrung ist zur Verhütung von Straftaten notwendig oder nach anderen Rechtsvorschriften zulässig.

109   Nach § 81b StPO gewonnene erkennungsdienstliche Unterlagen werden regelmäßig über den Abschluss des Strafverfahrens hinaus aufbewahrt.[134] Der Abschluss des Strafverfahrens soll nach Ansicht des Bundesverwaltungsgerichts die Aufbewahrung der Unterlagen nicht rechtswidrig machen.[135] Trotz des entgegenstehenden Wortlauts soll die Regelung des §81b StPO auch die weitere Aufbewahrung der Unterlagen rechtfertigen.[136] Ihre Gehalte ergäben sich insoweit aus der Rechtsprechung, so dass den Anforderungen an Bestimmtheit Genüge getan sei.

110   Die Rechtsgrundlage des § 81b StPO trägt die Aufbewahrung zu Zwecken der Strafverfolgung entgegen dieser Auffassung nicht.[137] Der Wortlauf betrifft eindeutig nur die Gewinnung der Daten, nicht ihre Speicherung. Die Notwendigkeit für die Zwecke des Erkennungsdienstes bezieht sich auf die Maßnahme der erkennungsdienstlichen Behandlung selbst. Da die Aufbewahrung die Fortsetzung eines Grundrechtseingriffs ist, bedarf sie aber einer selbständigen hinreichend bestimmten gesetzlichen Grundlage. Darauf nehmen die Landespolizeigesetze Bezug, wenn sie den Anspruch auf Vernichtung der Unterlagen dann verwehren, wenn die weitere Aufbewahrung nach anderen Rechtsvorschriften zulässig ist.

111   Die wichtigste andere Vorschrift im Sinne der Landespolizeigesetze, die eine Aufbewahrung der Unterlagen erlaubt, ist die allgemeine Regelung der Polizeigesetze über die Speicherung von Daten zur Erfüllung polizeilicher Aufgaben.[138] Sie bildet eine Grundlage auch für die Aufbewahrung von Daten, die nach § 81b StPO erhoben wurden.[139] Dabei ist der Bezug zu den präventivpolizeilichen Aufgaben zu beachten, die Vorsorge für die Strafverfolgung scheidet aus. Die erhöhten Anforderungen der Bestimmungen über die Speicherung führen auch zu verfahrensrechtlichen Sicherungen.

112   Gegen die Aufbewahrung erkennungsdienstlicher Unterlagen steht der Verwaltungsrechtsweg nach § 40 VwGO offen.[140] Dies gilt auch, wenn die erkennungsdienstliche Maßnahme nach § 81b StPO vorgenommen wurde.[141] Denn die Aufbewahrung als Speicherung von personenbezogenen Daten erfolgt nach Polizei- und Ordnungsrecht.[142]

---

[134] S. BVerwG, NJW 1983, 772; *Hellmann*, Strafprozessrecht, II, § 4, Rn. 102.

[135] BVerwG, NJW 1983, 772 und 1338; ebenso VGH BW, VBlBW 1987, 425.

[136] BVerwGE 11, 181 (182); 26, 169 (170); HessVGH, NVwZ-RR 1994, 652 (654).

[137] *Gusy*, POR, Rn. 247 f.

[138] Z.B. § 20 HessSOG; § 24 PolG NW.

[139] VGH BW, NVwZ-RR 2004, 572 (574); die Urteile des BVerwG, NJW 1990, 2765 und 2768, die auf die allgemeine polizeiliche Aufgabennorm zurückgreifen, sind durch die heutige Regelung über die Datenerhebung überholt.

[140] *Knemeyer*, POR, Rn. 182; *Schenke*, POR, Rn. 129, 663 ff.

[141] BVerwGE 11, 181 (182); 26, 169 (170), 69, 192 (193 f.).

[142] So für Daten aus polizeilichen Sammlungen, die nicht nach § 81b StPO erhoben wurden, BVerwG, NJW 1990, 2768 (2769).

Das Bundesverwaltungsgericht hält eine Verpflichtungsklage gem. § 42 Abs. 1   **113**
VwGO für zulässig. Demgegenüber wird vertreten, taugliche Rechtsschutzform
sei die allgemeine Leistungsklage, weil die Vernichtung der erkennungsdienstlichen Unterlagen einen Realakt darstelle. Zunächst bedarf es aber einer behördlichen Entscheidung über das Vorliegen der Voraussetzungen für die weitere
Aufbewahrung. Diese Entscheidung ist ebenso ein Verwaltungsakt wie die Entscheidung, dass die Voraussetzung nicht mehr vorliegen. Folglich ist die Verpflichtungsklage geeignete Klageart.

Beispiel: **114**
Am Rande einer öffentlichen Versammlung auf dem Marktplatz werden Scheiben von
angrenzenden Geschäften eingeworfen. Die Versammlungsteilnehmer X und Y werden
zur Strafverfolgung hinsichtlich der Sachbeschädigungen gem. § 81b StPO erkennungsdienstlich behandelt. Im anschließenden Strafverfahren wird der X zu einer Geldstrafe
verurteilt, der Y wird freigesprochen. Die Polizei behält die Fingerabdrücke des X und
des Y nach Abschluss des strafrechtlichen Verfahrens gegen X in ihren Unterlagen.
Hinsichtlich des X begründet sie dies in einem internen Vermerk damit, dass sie die
Aufklärung künftiger Straftaten erleichtern wolle. Hinsichtlich des Y behält sie die Fingerabdrücke, um künftige gewalttätige Versammlungen erkennen zu können. X und Y
wollen gegen die Aufbewahrung ihrer personenbezogenen Daten vorgehen, weil sie be-
streiten, dass die Voraussetzungen des Landespolizeigesetzes für die Speicherung von
Daten vorliegen. Für ihren Anspruch auf Vernichtung der Unterlagen, also Löschung
der Daten, ist der Verwaltungsrechtsweg eröffnet.

4. Besondere Mittel der Datenerhebung

4.1. Begriff und Rahmenbedingungen

4.1.1. Begriff

Die Polizeigesetze unterscheiden regelmäßig zwischen der Datenerhebung im All-   **115**
gemeinen und den besonderen Mitteln der Datenerhebung. Deren Besonderheit
liegt darin, dass sie stark in die Grundrechtssphäre des Einzelnen eingreifen, um
im Vorfeld einer Gefahr Informationen zu sammeln. Der Grundrechtseingriff erfolgt dabei typischerweise heimlich oder verdeckt.[143] Für die besonderen Mittel
gelten regelmäßig die allgemeinen Anforderungen an Datenerhebungen nach
Maßgabe der einzelnen speziellen Vorschriften.[144]
    Als besondere Mittel der Datenerhebung kommen verdeckte Maßnahmen wie   **116**
Observationen, der Einsatz technischer Mittel zur Anfertigung von Bildaufzeichnungen oder zum Abhören und Aufzeichnen des gesprochenen Wortes sowie der

---

[143] Eingehend *Son*, Heimliche polizeiliche Eingriffe in das informationelle Selbstbestim-
    mungsrecht, 2006.
[144] Z.B. § 22 ff PolG BW; Art. 33 ff BayPAG: §§ 32 ff BbgPolG; §§ 33a ff NdsSOG;
    §§ 28 ff SaarPolG.

Einsatz verdeckter Ermittler in Betracht. Auch die Ausschreibung einer Person und des von ihr benutzten Kraftfahrzeugs zur polizeilichen Beobachtung oder die Feststellung ihres Standortes kann ein besonderes Mittel der Datenerhebung sein. Einige Landesgesetze enthalten eine Aufzählung dieser Mittel.[145]

117   Die Landesgesetze weisen im einzelnen Unterschiede auf, die sowohl die Voraussetzungen der Rechtmäßigkeit wie die geschützten Rechtsgüter betreffen.[146] Die Maßnahme ist dann nur bei Vorliegen einer qualifizierten Gefahr zulässig. Voraussetzung ist oftmals, dass die Maßnahme zur Abwehr einer gegenwärtigen Gefahr für Leib, Leben oder Freiheit einer Person erforderlich ist oder dass Tatsachen die Annahme der Begehung einer Straftat von erheblicher Bedeutung rechtfertigen.[147]

4.1.2. Rechtliche Anforderungen, insbesondere der Kernbereichsschutz

118   Die besonderen Mittel der Datenerhebung weisen rechtliche Besonderheiten auf. Infolge der Eingriffstiefe, die Grundrechtspositionen der Bürger intensiv berührt, bedarf es rechtlicher Sicherungsinstrumente, die sich in detaillierten und teils komplizierten Regelungen der Polizeigesetze niederschlagen.[148] Dabei spielen der Schutz des Kernbereichs privater Lebensentfaltung und der Schutz besonderer Vertrauensverhältnisse eine wesentliche Rolle. Da ein materieller Grundrechtsschutz durch die Abwehr der Maßnahme allein nicht effektiv genug ist, greifen die Gesetze auf Instrumente des Grundrechtsschutzes durch Organisation und Verfahren zurück, indem etwa das Ergreifen der Maßnahme unter Richtervorbehalt gestellt wird oder die gesammelten Daten Kennzeichnungspflichten unterliegen. Der Grundsatz der Verhältnismäßigkeit hat vielfältige differenzierende Voraussetzungen der einzelnen Befugnisnormen zur Folge.[149] Das Bundesverfassungsgericht hat in seiner Rechtsprechung einige Maßgaben entwickelt, die das Gewicht des Grundrechtseingriffs mit den zu errichtenden Grundrechtssicherungen in ein Verhältnis bringen.[150]

119   Die einschlägigen Regelungen sind teils in der jeweiligen Eingriffsbefugnis enthalten, wodurch diese Vorschriften einen beträchtlichen Umfang entwickeln. Die Polizeigesetze wählen zunehmend die Regelungstechnik, für die Datenerhebung mit besonderen Mitteln einen vor die Klammer gezogenen verfahrens- und organisationsrechtlichen Katalog vorzusehen. Darin sind im Vergleich zu den Vorschriften über die Datenerhebung im Allgemeinen erhöhte Anforderungen

---

[145] Z.B. § 28 Abs. 2 BPolG; § 22 Abs. 1 PolG BW; Art. 33 Abs.1 BayPAG; § 33 Abs. 1 SOG MV; § 30 Abs. 2 Nds. SOG; § 28 Abs. 2 POG RP; § 28 Abs. 2 SaarlPolG; § 36 Abs. 2 SächsPolG; § 34 Abs. 1 ThürPAG.

[146] *Schoch*, POR, Rn. 221 f.

[147] Z.B. §§ 16, 17, 18 19, 20 PolG NW.

[148] *Gusy*, POR, Rn. 209 ff.; *Schoch*, POR, Rn. 245; *Trurnit*, VBlBW 2010, 413.

[149] Zur Generalklausel der Datenerhebung *Pieroth/Schlink/Kniesel*, POR, § 13 Rn. 18 ff.

[150] BVerfGE 120, 274 (323 ff.).

vorgesehen.[151] Teils sind auch Begriffsbestimmungen enthalten, die etwa für das jeweilige Gesetz den Begriff der Kontakt- und Begleitperson oder den Kernbereichsschutz präzisieren. Auch der Begriff der Straftaten von erheblicher Bedeutung wird in manchen Gesetzen allgemein festgelegt.

Den *Schutz des Kernbereichs der privaten Lebensentfaltung* hat das Bundesverfassungsgericht ursprünglich zu Art. 13 GG entwickelt.[152] Der Anwendungsbereich des Kernbereichsschutzes ist von der geschützten Privatsphäre her zu bestimmen und umfasst damit jeden Eingriff in die private Lebensgestaltung unabhängig vom betroffenen Grundrecht.[153] So ist der Kernbereichsschutz auch ein tragender Gesichtspunkt bei der Ausgestaltung und Bewertung der Online-Durchsuchung, wobei das Bundesverfassungsgericht insoweit einen absoluten Schutz anmahnt (s.u. 7. Kap. Rn. 194).[154] Dies gilt auch für die Kommunikation unter Nutzung des Internet.[155]   **120**

Das Bundesverfassungsgericht verfolgt ein zweistufiges Konzept des Kernbereichsschutzes, mit dem es den Kernbereich absolut garantieren will. Daten mit Kernbereichsbezug sollen gar nicht erst erhoben werden.[156] Ist das aber unvermeidbar, ist der Kernbereich auf der zweiten Ebene der Auswertung zu sichern. Für die Durchsicht der Daten ist ein entsprechendes Verfahren zu gewährleisten, das die Löschung kernbereichsrelevanter Daten sichert und ihre Verwertung ausschließt.[157]   **121**

Der Schutz des Kernbereiches privater Lebensgestaltung ist nicht nur bei der Entscheidung zu wahren, ob eine verdeckte Ermittlungsmaßnahme ergriffen wird, sondern auch für die Dauer der Maßnahme. Während z.b. eine Telekommunikationsüberwachung andauert, ist demnach ständig zu prüfen, ob der Kernbereich des Betroffenen berührt wird. Ist dies der Fall, muss die Maßnahme unterbrochen oder abgebrochen werden. Das schwer auflösbare Dilemma des Kernbereichsschutzes ist die Entscheidung, wann abgeschaltet werden muss und wann wieder angeschaltet werden kann. Nach einigen gesetzlichen Vorschriften tritt eine automatische Aufzeichnung an die Stelle der unmittelbaren Kenntnisnahme. Diese ist dann von einem Gericht zu prüfen. Dem zweistufigen Konzept des Bundesverfassungsgerichts folgt die Zuständigkeit des Gerichts, über die Verwertbarkeit oder Löschung zu entscheiden.[158]   **122**

---

[151] Z.B. § 30 BremPolG; § 34 SOG MV; § 16 PolG NW; §§ 17, 18 SOG LSA; § 34 Thür-PAG.

[152] BVerfGE 109, 279 (313); vgl. *Huber*, ThürVBl. 2005, 1 (2); *Lepsius*, Jura 2005, 433 und 586.

[153] Ähnlich *Gusy*, POR, Rn. 211.

[154] BVerfGE 120, 274 (336); vgl zur Absolutheit einerseits *Baldus*, JZ 2008, 218 und andererseits *Poscher*, JZ 2009, 269; s. auch *Desoi/Knierim*, DÖV 2011, 398.

[155] BVerfGE 113, 348 (390).

[156] BVerfGE 109, 279 (318, 324).

[157] BVerfGE 120, 274 (338 f.).

[158] *Perne*, DVBl. 2006, 1486.

123   Besondere Mittel der Datenerhebung bedürfen besonders intensiver grundrechtssichernder Verfahrensregeln.[159] *Verfahrensmäßige Sicherungen* bestehen insbesondere in der Anordnungskompetenz des Behördenleiters oder Richters.[160]. Eine besondere Rechtfertigung der einschlägigen Maßnahmen ist notwendig. Die Maßnahmen sind oft nur befristet zulässig.[161] Im Hinblick auf den Schutz der Wohnung folgen hohe Anforderungen aus Art. 13 GG. Dem Landesparlament gegenüber können Berichtspflichten der Exekutive festgelegt werden.[162] Im Rahmen seiner allgemeinen Kontrollaufgabe wird das Landesparlament damit in die Lage versetzt, besonders einschneidende Eingriffe in die Rechtssphäre des Bürgers zu beurteilen.

124   Angesichts des verdeckten Charakters und der Streubreite der Maßnahmen kann eine unbestimmte Vielzahl von Personen betroffen sein. Da damit die polizeiliche Maßnahme gegenüber Nichtverantwortlichen Wirkung entfalten kann, enthalten die gesetzlichen Bestimmungen spezifische Regelungen, um diesen Eingriff zu rechtfertigen.[163] Nichtverantwortliche bzw. Kontakt- oder Begleitpersonen werden von einer Videoüberwachung oder Telekommunikationsüberwachung unvermeidbar erfasst, die Daten dürfen aufgrund der einschlägigen Regelungen erhoben werden.[164] Ob und inwieweit die Daten verarbeitet und insbesondere gespeichert werden dürfen, ist gesondert auf der Grundlage der diesbezüglichen Vorschriften zu prüfen.

125   **Beispiel:**[165]
Ein Pastor, ein Polizeibeamter und ein Strafverteidiger legen Verfassungsbeschwerde gegen die Regelungen des HbgDVPolG über Observation und verdeckte Bildaufzeichnungen ein. Das BVerfG hat die Verfassungsbeschwerde nicht zur Entscheidung angenommen, weil die Beschwerdeführer eine eigene Betroffenheit durch die gesetzliche Regelung als solche nicht darlegen konnten. Der Begriff der „Kontakt- und Begleitpersonen" ist aber nach Ansicht der Kammer des BVerfG eng auszulegen. Er setzt eine Verwicklung in den Hintergrund oder das Umfeld der zu verhütenden Straftaten voraus.[166]

---

[159] SächsVerfGH, SächsVBl. 1996, 160 = JbSächsOVG 4 (1996), S. 50 = LKV 1996, 273 = JZ 1996, 957 m.Anm. *Götz* = DVBl. 1996, 1423 m. Besprechungsaufsatz *Schenke*, DVBl. 1996, 1393; s. auch *Son*, Heimliche polizeiliche Eingriffe in das informationelle Selbstbestimmungsrecht, 2006, S. 259 ff.; *Weber*, Die Sicherung rechtsstaatlicher Standards im modernen Polizeirecht, 2011, S. 190 ff.

[160] Z.B. § 15 Abs. 3, § 15 Abs. 5 Satz 1 und 8; § 16 Abs. 5 Satz 1; § 17 Abs. 4 Satz 1 und Abs. 5 HessSOG.

[161] Z.B. § 15 Abs. 5; § 17 Abs. 4 Satz 2; § 16 Abs. 5 Satz 7 HessSOG.

[162] Z.B. § 23 Abs. 5 PolG BW; § 36 BremPolG; § 15 Abs. 8 HessSOG; § 34 Abs. 7 SOG MV; § 39 Abs. 10 SächsPolG; § 186a LVwG SH.

[163] § 28 Abs. 1 Satz 2 BPolG: „Die Erhebung kann auch durchgeführt werden, wenn Dritte unvermeidbar betroffen werden."

[164] Z.B. § 17 Abs. 1 und 18 Abs. 1 PolG NW.

[165] BVerfG, (1. Kammer des 1. Senats), DVBl. 2001, 1057 = EuGRZ 2001, 255.

[166] Vgl. *Albers*, Straftatenverhütung, S. 291 f.

Wenn die Dritten in einem besonders engen Verhältnis zu dem Betroffenen ste-   **126**
hen, können spezifische Regelungen zum *Schutz besonderer Vertrauensverhält-*
nisse notwendig sein.[167] Die Telekommunikationsüberwachung betrifft auch das
Telefongespräch des Betroffenen mit dem Anwalt, dem Pressevertreter oder dem
Geistlichen. Der medienrechtliche Informantenschutz oder das Beichtgeheimnis
beruhen auf unterschiedlichen Grundrechten, sind aber verfassungsrechtlich besonders abgesichert. Im Zusammenhang strafprozessualer Eingriffe bestehen Privilegien für die Inhaber von Zeugnisverweigerungsrechten nach § 53 StPO.

Nach Ansicht des Bundesverfassungsgerichts sind Journalisten, die Adressaten   **127**
von Abhörmaßnahmen zum Zweck der Strafverfolgung werden, durch Art. 5
Abs. 1 GG nicht über das von Art. 10 GG gewährleistete Maß hinaus geschützt,
allerdings ist auf die Verhältnismäßigkeit hoher Wert zu legen.[168] Die Polizeibehörden müssen auch bei präventiven Maßnahmen den Schutz besonderer Vertrauensverhältnisse gewährleisten und ihr Ermessen dementsprechend unter strik-
ter Beachtung des Grundsatzes der Verhältnismäßigkeit ausüben.[169] Einige Landesgesetze enthalten Sondervorschriften.[170]

Die verdeckten Instrumente der Erhebung von Daten sind Realakte. Es handelt   **128**
sich nicht um auf Duldung gerichtete Verwaltungsakte, denn es fehlt regelmäßig
an der Bekanntgabe. Daran ändert die nachträgliche Unterrichtung des Observier-
ten nichts. Sie versetzt aber den Betroffenen in die Lage, zumindest nachträglich
Rechtsschutz zu suchen und ist grundrechtlich geboten.[171] Ziel des Rechtsschutz-
begehrens ist die Feststellung, dass die Maßnahme rechtswidrig war. Geeignete
Klageart ist die Feststellungsklage (§ 43 VwGO).[172]

4.2. Observation und automatisierte Erfassung von Kfz-Kennzeichen

Eine Observation ist die planmäßige Beobachtung einer Person durch die Polizei   **129**
über einen längeren Zeitraum hinweg.[173] Ein längerer Zeitraum liegt nach den
meisten Polizeigesetzen dann vor, wenn die Observation innerhalb einer Woche

---

[167] *Korge*, Die Beschlagnahme elektronisch gespeicherter Daten bei privaten Trägern von
Berufsgeheimnissen, 2009, S. 27 ff.; *Zühlcke*, Der Schutz von besonderen Vertrauensverhältnissen im Polizeirecht der Länder, 2005.

[168] BVerfGE 107, 299; dazu *Gusy*, NStZ 2003, 399; *Kugelmann*, NJW 2003, 1777.

[169] *Schenke*, POR, Rn. 191.

[170] § 32 Abs. 1 Satz 5 und 6, § 33 Abs. 1 Satz 5, § 34 Abs. 1 Satz 4 BbgPolG; § 33 Abs. 6
SOG MV; § 39 Abs. 2 SächsPolG.

[171] BVerfG, (1. Kammer des 1. Senats), DVBl. 2001, 1057 (1059) = EuGRZ 2001, 255
(257).

[172] *Schenke*, POR, Rn. 192.

[173] § 28 Abs. 2 Nr. 1 BPolG; § 22 Abs. 1 Nr. 1 PolG BW; Art. 33 Abs. 1 Nr. 1 BayPAG;
§ 25 Abs. 1 Nr. 1 ASOG Bln; § 32 BbgPolG; § 32 BremPolG; § 9 HbgDVPolG; § 15
Abs. 1 Nr. 1 HessSOG; § 33 Abs. 1 Nr. 1 SOG MV; § 34 NdsSOG; § 16 PolG NW; § 28
Abs. 2 Nr. 1 POG RP; § 28 Abs. 2 Nr. 1 SaarlPolG; § 36 Abs. 2 Nr. 1 SächsPolG; § 17
Abs. 1 Nr. 1 SOG LSA; § 185 Abs. 1 Nr. 2a LVwG SH; § 34 Abs. 1 Nr. 1 ThürPAG.

länger als 24 Stunden oder über den Zeitraum einer Wochen hinaus stattfindet. Diese Maßnahme kann erheblichen Aufwand beanspruchen und nicht nur den Einsatz von Polizeibeamten, sondern auch den Einsatz technischer Mittel wie z.B. von Peilsendern erfordern und sie kann erheblich in die Grundrechte des Betroffenen eingreifen.[174]

130   Die Zielrichtung der Maßnahme muss innerhalb des polizeilichen Aufgabenbereiches bleiben. Das Erstellen eines Bewegungsbildes durch eine Observation kann im Polizei- und Ordnungsrecht sinnlos sein, wenn kein Bezug zur vorbeugenden Bekämpfung von Straftaten besteht.[175]

131   Die automatisierte Erfassung von Kennzeichen ist eine besondere Befugnis, um Daten in großem Umfang zu erheben. Kfz-Kennzeichen sind personenbezogene Daten. Das Erheben der Daten kann ebenso einen Eingriff in das Recht auf informationelle Selbstbestimmung darstellen wie der Abgleich der Daten mit anderen Datenbeständen. Einige Landesgesetze enthalten spezifische Befugnisse.[176] Im Fall der automatisierten Erfassung werden durch Lesegeräte, die stationär oder mobil sein können, die Kfz-Kennzeichen von Fahrzeugen festgehalten, die das Lesegerät passieren. Die danach erhobenen Daten werden automatisch mit dem Fahndungsbestand abgeglichen. Weitere Verwendungen sind unterschiedlich geregelt.

132   Das Bundesverfassungsgericht hält die automatisierte Kfz-Kennzeichenerfassung für nicht ausgeschlossen, legt aber hohe Anforderungen an, denen die im konkreten Fall geprüften Regelungen nicht entsprachen.[177] Es ist der Auffassung, dass ein Betroffensein erst dann vorhanden ist, wenn sich das behördliche Interesse an den betroffenen Daten verdichtet. Maßgeblich sei die Persönlichkeitsrelevanz. Wenn die Datenerfassung keinen Gefährdungstatbestand begründe, liege kein Eingriff vor. Falls daher der Abgleich der erfassten KfZ-Kennzeichen unverzüglich und automatisiert erfolge und die Daten sogleich wieder gelöscht würden, handele es sich nicht um einen Eingriff. Ein Eingriff liege aber dann vor, wenn das KfZ-Kennzeichen im Speicher festgehalten werde und damit Grundlage weiterer Maßnahmen sein könne.[178]

133   Nach dem Urteil des Bundesverfassungsgerichts kommen für eine verfassungskonforme Regelung über das Erfassen von KfZ-Kennzeichen zwei Modelle in Betracht:[179]

1. Der Gesetzgeber legt enge Voraussetzungen an, also nur Schutz hochwertiger Rechtsgüter und setzt hohe Eingriffsschwellen, dann ist ein weiter Verwendungszweck möglich (§ 36a BbgPolG).

---

[174] *Guckelberger*, VBlBW 2011, 209.

[175] *Gornig/Jahn*, Fall 8.

[176] Z.B. Art. 33 Abs. 2 S. 2 bis 5 BayPAG; § 36a BbgPolG; § 43a SOG MV; § 33 Abs. 7 ThürPAG; vgl. *Glaser*, Jura 2009, 742 (744 f.).

[177] BVerfGE 120, 378.

[178] BVerfGE 120, 378 (404 f.).

[179] BVerfGE 120, 378 (433).

2. Der Gesetzgeber legt weite Voraussetzungen an und setzt niedrige Eingriffsschwellen, dann sind lediglich enge Verwendungszwecke gerechtfertigt, die
wenig eingriffsintensiv sind.

Aufgrund der potenziell hohen Zahl von Personen, die von der Maßnahme erfasst   **134**
werden, bedarf die Zwecksetzung großer Aufmerksamkeit. Zu Recht betont das
Bundesverfassungsgericht die Bestimmtheit der Maßnahme.[180] Eine bestimmte
Regelung, die hohe Voraussetzungen errichtet, ist ein tauglicher Weg, um situativ
das vorübergehende Aufstellen von technischen Vorrichtungen zur Erfassung von
Kfz-Kennzeichen zu ermöglichen.[181] Dagegen ist ein dauerhaftes stationäres Aufstellen und Betreiben unzulässig. Die automatisierte Kfz-Kennzeichenerfassung
muss einen konkreten Anlass haben und darf nicht zur Herstellung eines Bewegungsbildes genutzt werden.[182]

4.3. Der Einsatz technischer Mittel zu Bildaufzeichnungen, insbesondere die Videoüberwachung

Die Gewinnung von Informationen durch die Aufzeichnung von Bildern kann   **135**
verdeckt oder offen erfolgen. Die verdeckte Bildaufzeichnung wiederum kann im
öffentlichen Raum oder in Wohnungen vorgenommen werden. Diese Erscheinungsformen der Bildaufzeichnung unterliegen unterschiedlichen rechtlichen Anforderungen. Die fotografische Aufnahme von Bildern und die Aufzeichnung be-
wegter Bilder durch Videokameras sind parallel zu behandeln.

Offene Bild- und Tonaufzeichnungen, insbesondere im Zusammenhang von öf-   **136**
fentlichen Versammlungen und Ansammlungen, werden von einer Reihe von
Landesgesetzen nicht als besondere Mittel der Datenerhebung bezeichnet, eben
weil sie offen vorgenommen werden.[183] Offene Aufzeichnungen entsprechen der
Vorgabe der allgemeinen Bestimmungen über die Gewinnung von Informationen,
wonach diese offen und beim Betroffenen zu erheben sind. Aufgrund ihrer geringeren Eingriffstiefe sind offene Aufzeichnungen im Verhältnis zu verdeckten
Aufzeichnungen ein milderes Mittel im Sinne des Verhältnismäßigkeitsprinzips.
Da beide Maßnahmen unterschiedliche Zielrichtungen haben können, ist die Notwendigkeit der gleichen Geeignetheit zur Verfolgung des Zwecks zu berücksichtigen.

Die einschlägigen Regelungen der Landesgesetze stehen in enger Verbindung   **137**
mit dem Versammlungsrecht. Die §§ 19a, 12 a Bundesversammlungsgesetz er-

---

[180] BVerfGE 120, 378 (406 f.)
[181] Art. 33 Abs. 2 S. 5 BayPAG; § 33 Abs. 7 ThürPAG: „nicht flächendeckend"; s. auch
Martinez Soria, DÖV 2007, 779.
[182] Ähnlich *Pieroth/Schlink/Kniesel*, POR, § 14 Rn. 18d.
[183] Z.B. § 21 BPolG; § 21 PolG BW; Art. 32 BayPAG; §§ 24, 24a ASOG Bln; §§ 31, 31a
BbgPolG; § 29 BremPolG; § 8 HbgDVPolG; § 14 HessSOG; § 32 SOG MV; § 32 Nds-
SOG; §§ 15, 15a, 15b PolG NW; § 27 POG RP; § 27 SaarlPolG; § 16 SOG LSA; § 184
LVwG SH; § 38 SächsPolG; § 33 ThürPAG.

mächtigen die Polizei, Aufzeichnungen in Bild und Ton von Teilnehmern bei öffentlichen Versammlungen anzufertigen, wenn erhebliche Gefahren drohen. Diese bundesrechtlichen Regelungen bleiben gem. Art. 125a GG gegenüber dem Landesrecht solange anwendbar, bis der infolge der Föderalismusreform nunmehr für das Versammlungsrecht zuständige Landesgesetzgeber eigene versammlungsrechtliche Bestimmungen erlassen hat.[184]

138   Darüber hinaus sehen die Regelungen einiger Landesgesetze vor, dass offene Bildaufzeichnungen an gefährdeten Orten im Sinne der Vorschriften über die Identitätsfeststellung gemacht werden können, wobei aber zusätzliche Anforderungen gestellt werden, weil Tatsachen die Annahme rechtfertigen müssen, dass dort weitere Straftaten begangen werden.[185] Zum Teil ist die Bildaufzeichnung zum Zweck der Eigensicherung der Polizei bei Personen- oder Fahrzeugkontrollen besonders geregelt (§ 31 a BbgPolG; § 15b PolG NW). In Ländern, die im Hinblick auf offene Bildaufzeichnungen keine ausdrückliche gesetzliche Bestimmung vorweisen können, muss auf die allgemeinen Regelungen der Erhebung von Daten zurückgegriffen werden.

139   Der offene Einsatz technischer Mittel zur Bildaufzeichnung betrifft vorrangig die *Videoüberwachung* des öffentlichen Raumes. Die Bilder werden in zunehmendem Umfang digital aufgezeichnet, wodurch ihre Verwertbarkeit vereinfacht wird. Die Videoüberwachung ist verfassungsrechtlich wie rechtspolitisch umstritten.[186] Denn ohne das Vorliegen einer konkreten Gefahr wird eine polizeiliche Maßnahme durchgeführt, die eine unbestimmbare Anzahl von Personen betrifft. Ihr Zweck liegt in der Verhütung von Straftaten durch Abschreckung und der schnellen Aufklärung begangener Straftaten.[187] Trotz der Erfolge bei der Aufklärung von Straftaten, die in einzelnen Fällen mit Hilfe der Bildaufzeichnungen aus Videoüberwachungen erzielt wurden, sind der Videoüberwachung Grenzen gesetzt. Die Verfügbarkeit von immer mehr Informationen über immer mehr Bürger mag die Gefahrenabwehr und die Strafverfolgung erleichtern. Der demokratische Rechtsstaat muss aber seinem eigenen Selbstverständnis hinsichtlich der Bändigung staatlicher Gewalt und der Wahrung der Grundrechte gerecht werden.

140   Bei der Beurteilung der Videoüberwachung ist zwischen der bloßen Aufnahme oder kurzzeitigen Aufzeichnung, also dem Gewinnen der Informationen, und der Speicherung und Verarbeitung der Bilder zu differenzieren. Wenn in einem Lagezentrum die Bilder betrachtet werden, die Videokameras auf einem öffentlichen Platz aufnahmen, ist bereits streitig, ob darin ein Grundrechtseingriff liegt. Werden die Bilder aufgezeichnet und Stunden, Tage oder Wochen gespeichert, können sie im Nachhinein unter Abgleich mit anderen Informationen zu Zwecken der Strafverfolgung benutzt werden. Dieser Grundrechtseingriff bedarf einer eigenen Rechtfertigung.

---

[184] *Schenke*, POR, Rn. 184; *Würtenberger/Heckmann*, PolR BW, Rn. 599.

[185] Z.B. § 21 Abs. 2 PolG BW; § 15a PolG NW.

[186] *Schoch*, POR, Rn. 249 m.w.N.; sozialwissenschaftlich *Frehe*, Der glückliche Konsument in überwachten Räumen, 2010.

[187] *Robrecht*, SächsVBl. 2008, 238.

Beispiel: 141
In der Innenstadt von M installiert die Polizei feste Anlagen zur Videoüberwachung bestimmter öffentlicher Plätze. Überwacht werden der Bahnhofsvorplatz, der Marktplatz und ein weiterer Platz in der Fußgängerzone. Ziel ist es, durch Abschreckung die Begehung von Straftaten wie Taschendiebstählen zu verhüten und insgesamt für „mehr Sicherheit" zu sorgen.

Die Einzelheiten hängen vom Landesrecht ab. Falls die Bilder nicht nur übertragen, sondern aufgezeichnet werden dürfen, ist auch später noch ein Rückgriff auf sie möglich. Wenn ein terroristischer Bombenanschlag begangen wird, können die Betrachtung und Analyse der gespeicherten Videoaufzeichnungen im günstigsten Fall einen Beitrag dazu leisten, die Terroristen zu identifizieren. Dies war nach dem Terroranschlag in London vom 7. Juli 2005 und nach den fehlgeschlagenen Kofferbombenanschlägen am 31. Juli 2006 am Hauptbahnhof Köln der Fall. Auch der gewalttätige Übergriff auf Bahnreisende konnte mittels Rückgriff auf automatisierte Bildaufzeichnungen wiederholt aufgeklärt werden.

Die Gesetzgebungskompetenz für die Videoüberwachung steht den Ländern zu, da   142
sie im Schwerpunkt zu Zwecken der Gefahrenabwehr erfolgt.[188] Die Überwachung des öffentlichen Raumes soll von der Begehung von Straftaten abschrecken und damit Straftaten verhüten. Dies ist Teil der Gefahrenvorsorge. Soweit das gewonnene Bildmaterial zur Aufklärung von Straftaten und der Identifizierung von Tatverdächtigen genutzt wird, handelt es sich um einen sekundären Zweck.

Entsprechend ihren speziellen Aufgaben verfügt die Bundespolizei gem. § 27   143
Satz 1 BPolG über die Befugnis des Einsatzes selbständiger Bildaufnahme- und Bildaufzeichnungsgeräte an der Grenze oder an gefährdeten Objekten wie z.B. Eisenbahnen oder Verkehrsflughäfen. Die Aufzeichnungen müssen vernichtet werden, wenn sie personenbezogene Daten enthalten, die nicht zur Abwehr einer gegenwärtigen Gefahr oder zur Verfolgung einer Straftat oder Ordnungswidrigkeit benötigt werden (§ 27 Satz 3 BPolG).

Die Regelungen der Videoüberwachung greifen in das Recht auf informationel-   144
le Selbstbestimmung nach Art. 1 Abs. 1 i.V.m. Art. 2 Abs. 1 GG ein. Nicht nur die Aufzeichnung von Personen, sondern schon die bloße Beobachtung mittels Bildübertragung ist ein Grundrechtseingriff.[189] Der Beobachter kann die Überwachungssysteme durch Techniken wie Zoom, Standbild oder Dreh- und Schwenkfunktionen der Kameras über die Möglichkeiten des menschlichen Auges hinaus zur Erhebung personenbezogener Informationen nutzen. Infolge der Technik wird die Intensität der Überwachung gesteigert und dadurch das Grundrecht in einer Weise gefährdet, die als Eingriff zu werten ist. Auch Übersichtsaufnahmen begründen einen Grundrechtseingriff.[190] In der Rechtsprechung wird daher eine anlasslose Videoüberwachung einer Versammlung etwa durch einen Kamerawagen der Polizei als Einigriff in Art. 8 Abs. 1 GG bewertet und folglich an § 12a VersG

---

[188] VGH BW, NVwZ 2004, 498 (499); *Schenke*, POR, Rn. 185.
[189] *K. Fischer*, VBlBW 2002, 89 (92); *Waechter*, NdsVBl. 2001, 77 (79) m.w.N.; a.A. *Dolderer*, NVwZ 2001, 130 (131).
[190] BVerfGE 122, 342 (372 f.); s. auch *Schnafel*, NVwZ 2010, 1457.

gemessen, wonach eine Videoüberwachung bei Fehlen von Anhaltspunkten für eine Gefahr rechtswidrig ist.[191]

145   Der VGH BW hat in schulmäßiger und weithin überzeugender Prüfung den Eingriff bei verfassungskonformer Auslegung der Befugnisnorm für verfassungsrechtlich gerechtfertigt gehalten (lesen!).[192] Die Befugnisnorm muss den verfassungsrechtlichen Anforderungen an die Bestimmtheit einer eingreifenden Regelung entsprechen. Da sie nicht an eine konkrete Gefahr, sondern an die erhöhte Wahrscheinlichkeit der Gefährdung von Rechtsgütern an bestimmten öffentlichen Orten anknüpft, ist die Befugnisnorm zur Videoüberwachung einer intensiven Verhältnismäßigkeitsprüfung zu unterwerfen, die zur verfassungskonformen Reduktion führen kann. Eine punktuelle Überwachung von Kriminalitätsbrennpunkten ist damit zulässig.[193]

146   Der *verdeckte Einsatz technischer Mittel der Bildaufzeichnung* hat insbesondere Aufzeichnungen von Personen beim Betreten oder Verlassen von Wohnungen zum Gegenstand.[194] Damit sind die Anforderungen des Art. 13 Abs. 4 GG zu beachten, da die Unverletzlichkeit der Wohnung den Zugang zur Wohnung umfasst. Technische Mittel zur Überwachung von Wohnungen dürfen daher nur zur Abwehr dringender Gefahren für die öffentliche Sicherheit aufgrund einer richterlichen Anordnung angewendet werden.[195] Dies führt zu einer Reihe von organisations- und verfahrensrechtlichen Sicherungen in den polizeirechtlichen Vorschriften. Erleichterte Anforderungen kommen bei verdeckten Bildaufzeichnungen zur Eigensicherung von Polizeibeamten zur Anwendung.

147   Das Installieren einer versteckten Videokamera in der Wohnung einer Person, der sogenannte „Große Videoangriff", wäre verfassungswidrig. Eine auf Langfristigkeit angelegte vollständige Überwachung der Privat- und Intimsphäre verletzte den Menschenwürdekern des Art. 13 GG.[196] Verdeckte Bildaufzeichnungen sind im Einzelfall unter den Vorzeichen des Verhältnismäßigkeitsprinzips zu untersuchen.

---

[191] VG Berlin, NVwZ 2010, 142, dazu *Roggan*, NVwZ 2010, 1402; OVG Münster, DVBl 2011, 175 = NWVBl 2011, 151.

[192] VGH BW, NVwZ 2004, 498 m.w.N.; ähnlich die Vorinstanz VG Karlsruhe, NVwZ 2002, 117; ebenso *Röger/Stephan*, NWVBl. 2001, 201 (205); a.A. *Roggan*, NVwZ 2001, 134 (138); *Vahle*, NVwZ 2001, 165 (166).

[193] *K. Fischer*, VBlBW 2002, 89 (93).

[194] § 27 Abs. 1 Nr. 1 und § 28 Abs. 2 Nr. 2 BPolG; § 22 Abs. 1 Nr. 2 PolG BW; Art. 33 BayPAG; § 25 ASOG Bln; § 33 BbgPolG; § 33 BremPolG; § 8 HbgDVPolG; § 15 HessSOG; § 33 SOG MV; § 35 NdsSOG; § 17 PolG NW; § 28 POG RP; § 28 Saarl-PolG; § 38 SächsPolG; § 17 SOG LSA; § 185 LVwG SH; § 34 ThürPAG.

[195] BVerfGE 109, 279 (357 ff.).

[196] S. BVerfGE 109, 279 (313 f.).

Beispiel:[197]   **148**
Der A ist wegen der Begehung mehrerer Banküberfälle rechtskräftig verurteilt, bei denen er jeweils ein Clownskostüm trug. Kurz nach seiner Entlassung aus der Haft wird
der Polizei von seinem Bruder die Information zugespielt, der A plane erneut einen
Banküberfall. Die Polizei baut eine Videokamera gegenüber dem Hauseingang von A
auf, die jedes Betreten und Verlassen der Wohnung durch A aufzeichnet.
Die verdeckte Bildaufzeichnung ist nur dann auf der Grundlage der landesrechtlichen
Befugnisnorm rechtmäßig, wenn deren Voraussetzungen vorliegen und sie verhältnismäßig ist. Eine gegenwärtige Gefahr für Leib, Leben oder Freiheit einer Person (so § 17
Abs. 1 Nr. 1 i.V.m. Nr. 2 PolG NW) kann darin bestehen, dass A kurz vor einem Banküberfall steht, der zu Verletzungen der körperlichen Integrität der anderen Personen in
der Bank führen könnte. Anzeichen für ein Clownskostüm könnten ihn verraten. Immerhin könnte eine Observation durch Polizeibeamte in Frage kommen, die abhängig
von ihrer Ausgestaltung ein milderes Mittel ist, weil die Informationen nicht aufgezeichnet und nicht aufzeichenbar sind. Es könnte allerdings an der gleichen Geeignetheit mangeln, insbesondere wenn die Aufzeichnung ein unverzichtbares Element des
Polizeikonzepts ist. Dann ist die verdeckte Bildaufzeichnung rechtmäßig.

4.4. Einsatz von V-Personen und VE-Personen

Der Einsatz verdeckt ermittelnder Personen (VE) und von V-Personen (VP) dient   **149**
der heimlichen Aufklärung im Vorfeld einer konkreten Gefahr bzw. bevor eine
Straftat begangen wird. VE und VP werden in der Regel in einschlägigen Milieus
tätig, um Informationen zu sammeln. Dies kann auch zur Strafverfolgung geschehen. Auf der Grundlage der Polizeigesetze zielt ihr Einsatz auf die Abwehr qualifizierter Gefahren oder die Verhütung von Straftaten von erheblicher Bedeutung.
Diese hohen Anforderungen für die Maßnahmen erklären sich aus der Heimlichkeit des Einsatzes, der deshalb den Voraussetzungen für die besonderen Mittel der
Datenerhebung unterliegt.

Der *Einsatz von V-Personen* betrifft Personen, deren Zusammenarbeit mit der   **150**
Polizei Dritten nicht bekannt ist. Ihr Einsatz ist in den meisten, aber nicht in allen
Polizeigesetzen geregelt.[198] Sofern keine gesetzliche Grundlage besteht, ist die
Maßnahme unzulässig.[199] V-Personen gehören nicht der Polizei an, sondern sind
Privatpersonen, die in einem zu beobachtenden Milieu angeworben oder dort ein-
geschleust werden. Sie sind an die Rechtsordnung gebunden. Die Verwendung der
von ihnen gesammelten Informationen ist nur zu dem Zweck zulässig, der dem
Einsatz zu Grunde lag. Eine Zweckänderung muss gesetzlich erlaubt sein.

Unter strafprozessualen Gesichtspunkten ist die Einführung der Informationen,   **151**
die durch V-Leuten gewonnen wurden, in die gerichtliche Hauptverhandlung zulässig. Denn der Grundsatz der Unmittelbarkeit verlangt grundsätzlich das Identi-

---

[197] Nach BGH, DÖV 1991, 849.
[198] § 26 Abs. 1 Nr. 1 ASOG Bln; § 34 BbgPolG; § 34 BremPolG; § 11 HbgDVPolG; § 16
Abs. 1 HessSOG; § 33 Abs. 1 Nr. 3 SOG MV; § 36 NdsSOG; § 19 PolG NW; § 28
Abs. 2 Nr. 4 POG RP; § 28 Abs. 2 Nr. 3 SaarlPolG; § 18 Abs. 1 SOG LSA; § 185
Abs. 1 Nr. 3 LVwG SH; § 34 Abs. 1 Nr. 5 ThürPAG.
[199] *Schenke*, POR, Rn. 201.

fizieren des Zeugen. Allerdings sind strafprozessuale Mechanismen entwickelt worden, um als letztes Mittel die Geheimhaltung der Identität eines Zeugen zu ermöglichen, etwa indem das polizeiliche Vernehmungsprotokoll verlesen wird.[200]

152   Der *Einsatz verdeckter Ermittler* hat das gleiche Ziel und den gleichen Charakter wie der Einsatz von V-Leuten.[201] Verdeckte Ermittler sind Polizeibeamte, die unter Geheimhaltung ihrer wahren Identität polizeiliche Aufgaben wahrnehmen. Sie treten unter einer Legende auf, zu deren Aufbau und Erhalt Urkunden hergestellt oder verändert werden dürfen.[202] Die eingeschleusten Polizisten dürfen kleinere Straftaten zum Schutz ihrer Legende begehen. Andererseits verfügen sie über die polizeilichen Befugnisse.

153   Die Validität der von VE-Personen erhobenen Daten ist grundsätzlich höher einzuschätzen als diejenige der von V-Personen erhobenen Daten. Dennoch sprechen die rechtsstaatlichen Anforderungen an ein faires Verfahren für eine zurückhaltende Anwendung der Maßnahme. Sie ist zudem mit erheblichen persönlichen Risiken für die Polizeibeamten verbunden. Hinsichtlich der Verwertung der Informationen im gerichtlichen Verfahren gelten parallele Grundsätze wie bei den V-Leuten.

154   Die Verwertung von Informationen, die von V-Leuten oder verdeckten Ermittlern stammen, ist in jedem rechtsstaatlichen Verfahren mit dem Problem behaftet, dass die Verlässlichkeit der Informationen kritisch zu bewerten ist. Die V-Personen oder VE-Personen sind in dem Milieu oder der Gruppe selbst aktiv, um nicht aufzufallen, können daher aber auch Taten provozieren, die sonst nicht geschehen wären. Diese Taten sind dem Betroffenen dann nicht zurechenbar, wenn sie intensiv provoziert wurden. Ein Auftreten als „agent provocateur" kann ein Verwertungsverbot zur Folge haben.

155   Jeder Betroffene hat das Recht auf ein faires Verfahren. Dies gilt nicht nur nach dem Grundgesetz.[203] Auch die EMRK kann zu einem Verbot der Verwertung von Informationen führen, die durch V-Leute oder verdeckte Ermittler gewonnen wurden.[204] Soweit die deutsche strafprozessuale Rechtsprechung demgegenüber lediglich einen Strafmilderungsgrund im Fall des Einsatzes von Lockspitzeln annimmt, steht sie mit der EMRK nicht im Einklang und bedarf der Änderung.[205] Eine Entscheidung staatlicher Stellen mit Eingriffscharakter muss auf einer Tatsachengrundlage beruhen, die Gewähr für eine hinreichende Objektivität bietet.

---

[200] Näher *Hellmann*, Strafprozessrecht, IV, Rn. 30 ff. m.w.N.

[201] § 22 Abs. 1 Nr. 3, § 24 PolG BW; Art. 33 Abs. 1 Nr. 3, Art. 35 BayPAG; § 26 Abs. 1 Nr. 2 ASOG Bln; § 35 BbgPolG; § 35 BremPolG; § 12 HbgDVPolG; § 16 Abs. 2 HessSOG; § 33 Abs. 1 Nr. 2 SOG MV; § 36a NdsSOG; § 20 PolG NW; § 28 Abs. 2 Nr. 3 POG RP; § 28 Abs. 2 Nr. 4 SaarlPolG; § 36 Abs. 2 Nr. 3, § 36 SächsPolG; § 18 Abs. 2 SOG LSA; § 34 Abs. 1 Nr. 3 ThürPAG. Nicht enthalten in § 185 LVwG SH.

[202] So ausdrücklich z.B. § 20 Abs. 2 PolG BW; Art. 35 Abs. 1 BayPAG; § 20 Abs. 2 PolG NW; § 36a Abs. 2 NdsSOG.

[203] BVerfGE 38, 105 (111); zu V-Leuten: BVerfGE 57, 250 (274 ff.).

[204] EGMR, Urt.v.9.6.1998, Nr. 44/1997/828/1034 (Teixeira de Castro / Portugal), EuGRZ 1999, 660.

[205] *Hecker*, Europäisches Strafrecht, § 3, Rn. 54 m.w.N.

Beispiel:[206]   **156**
Gegen die NPD wurde von mehreren Verfassungsorganen ein Verfahren nach Art. 21 Abs. 2 GG angestrengt, mit dem Ziel des Parteiverbots. Im Lauf des Verfahrens wurde bekannt, dass die Verfassungsschutzbehörden von Bund und Ländern in der Führungsspitze der NPD mehrere V-Leute platziert hatten. Das Bundesverfassungsgericht hat das Verfahren eingestellt, weil angesichts der zweifelhaften Tatsachengrundlage ein faires Verfahren nicht sichergestellt werden konnte.

4.5. Akustische Wohnraumüberwachung

Das besondere Mittel der Datenerhebung, das verfassungsrechtlich am stärksten   **157**
geprägt ist, ist die akustische Wohnraumüberwachung, die umgangssprachlich als „Großer Lauschangriff" bezeichnet wird. Der Einsatz technischer Mittel zur Datenerhebung aus Wohnungen greift in die Unverletzlichkeit der Wohnung ein und ist daher nur nach Maßgabe des umfangreichen Art. 13 GG zulässig.

Die akustische Wohnraumüberwachung zur Gefahrenabwehr ist in Art. 13   **158**
Abs. 4 GG geregelt. Im Fall eines „Großen Lauschangriffs" werden technische Mittel ohne persönliche Anwesenheit von Beamten in der Wohnung eingesetzt, um personenbezogene Daten zu erheben. Der verdeckte Einsatz von Mikrofonen ohne Wissen des Wohnungsinhabers soll ermöglichen, dass dieser sich unbefangen verhält und z.b. in Gesprächen Informationen preisgibt.

Dagegen sind beim „Kleinen Lauschangriff" die Beamten persönlich in der   **159**
Wohnung anwesend, um die Daten zu erheben. Der Wohnungsinhaber weiß dann, dass jemand da ist und kann sein Verhalten darauf einrichten. Diese Konstellation betrifft Art. 13 Abs. 5 Satz 1 GG, der den Einsatz technischer Mittel zum Schutz von in der Wohnung tätigen Personen ohne Richtervorbehalt zulässt. Primärer Zweck ist die Eigensicherung der Polizeibeamten.

Zweck der akustischen Wohnraumüberwachung ist insbesondere die Bekämp-   **160**
fung der organisierten Kriminalität. Aus diesem Grund wurden in Art. 13 GG im Jahr 1998 die Absätze 3 bis 6 eingefügt.[207] Die Mehrzahl der Überwachungsmaßnahmen erfolgen auf der Grundlage der §§ 100c ff. StPO. Sie dienen der Strafverfolgung, weil ein Anfangsverdacht gegen den Wohnungsinhaber vorliegt. Verfassungsrechtlicher Maßstab ist insoweit Art. 13 Abs. 3 GG.

Die rechtlichen Grundlagen der Zulässigkeit von akustischen Wohnraumüber-   **161**
wachungen hat das *Bundesverfassungsgericht* in einem grundlegenden Urteil festgelegt.[208] Anhand des Art. 13 Abs. 3 GG a.F. hat es die Vereinbarkeit der Rechtsgrundlagen für akustische Wohnraumüberwachungen in der StPO mit dem Grundgesetz untersucht. Die strafprozessualen Regelungen wurden teilweise als verfassungswidrig verworfen. Als Konsequenz des Urteils hat der Gesetzgeber die

---

[206] BVerfGE 107, 339.
[207] Gesetz vom 26. März 1998, BGBl. I, S. 610; dazu *Ruthig*, JuS 1998, 506 (512 f.).
[208] BVerfGE 109, 279; dazu *Gusy*, JuS 2004, 457; *Ruthig*, GA 151 (2004), 587; *Lepsius*, Jura 2005, 433 und 586; die darauf folgende gesetzliche Neuregelung hat BVerfG, NJW 2007, 2753 bestätigt.

§§ 100c bis 100f StPO neu gefasst.[209] Auf die Befugnisnormen der Polizeigesetze sind die Grundsätze dieses Urteils übertragbar, so dass die Verfassungsmäßigkeit einzelner Regelungen in Frage stehen kann.[210] Das Bundesverfassungsgericht hat die Maßstäbe des Art. 13 GG neu justiert und die Anforderungen an die Zulässigkeit einer akustischen Wohnraumüberwachung erhöht.

162   Voraussetzung für die akustische Überwachung gem. Art. 13 Abs. 3 GG ist nach der Rechtsprechung des Bundesverfassungsgerichts eine hinreichend bestimmte gesetzliche Grundlage, in der auch die Ausnahmen etwa zum Schutz besonderer Vertrauensverhältnisse geregelt sind. Der vorherigen richterlichen Genehmigung korrespondiert die Ermöglichung nachträglichen gerichtlichen Rechtsschutzes. Die Beschränkung der weiteren Verwendung von gewonnenen Informationen muss durch die Kennzeichnung der Daten gesichert werden. Zufallsfunde sind nur verwendbar, wenn der hypothetische Ersatzeingriff rechtmäßig wäre.[211] Der Grundrechtseingriff muss organisations- und verfahrensrechtlich abgefedert werden. Der materielle Kern des Urteils liegt im *Schutz des Kernbereichs privater Lebensgestaltung*, der von der Garantie der Menschenwürde des Art. 1 Abs. 1 GG geschützt wird, die über eine kommunikative Dimension verfügt. Diese allgemeinen Anforderungen schlagen sich sehr detailliert in den einzelnen Elementen der Befugnisnormen und in der Handhabung des Einzelfalls nieder.

163   Die Länder haben von der Ermächtigung des Art. 13 Abs. 4 GG in unterschiedlicher Weise Gebrauch gemacht.[212] Einige dieser Bestimmungen verstoßen in Teilen gegen Art. 13 Abs. 4 GG.[213] Sie senken die Eingriffsschwellen zu weit ab und lassen die akustische Wohnraumüberwachung bereits zur Bekämpfung von Gefahren für Rechtsgüter zu, die nicht das in Art. 13 Abs. 4 GG vorgesehene Niveau erreichen.[214] Zudem bedürfen die Befugnisnormen der Nachbesserung, soweit sie nicht den verfahrensrechtlichen Voraussetzungen entsprechen, die das Bundesverfassungsgericht verlangt.

---

[209] Gesetz vom 24. Juni 2005 zur Umsetzung des Urteils des Bundesverfassungsgerichts vom 3. März 2004 (akustische Wohnraumüberwachung), BGBl. I, S. 1841.

[210] Vgl. *Költer*, DÖV 2005, 225.

[211] Dazu BVerfG, 2. Kammer des 2. Senats, NJW 2009, 3225; LVerfG MV, LKV 2000, 345 (357).

[212] § 23 Abs. 1 PolG BW; Art. 34 Abs. 1 BayPAG; § 25 Abs. 4 ASOG Bln; § 33 Abs. 5 BbgPolG; § 32 Abs. 1 Nr. 2 BremPolG; § 10 Abs. 2 ff. HbgDVPolG; § 15 Abs. 4 Hess-SOG; § 33 Abs. 4 SOG MV; § 35 Abs. 2 NdsSOG; § 18 PolG NW; § 29 POG RP; § 28 Abs. 4 SaarlPolG; § 40 SächsPolG; § 17 Abs. 4 SOG LSA; § 185 Abs. 3 LVwG SH; § 35 ThürPAG.

[213] Vgl. *Schenke*, POR, Rn. 195.

[214] So lässt Art. 34 Abs. 1 BayPAG die Gefahr für Sachen, deren Erhaltung im öffentlichen Interesse geboten erscheint ebenso ausreichen wie die Annahme der Tatsache, dass Personen ein Verbrechen oder bestimmte Arten eines Vergeben begehen; nach § 40 Abs. 1 Satz 1 SächsPolG soll die Gefahr für bedeutende fremde Sach- oder Vermögenswerte genügen.

4.6. Überwachung der Telekommunikation und Quellen-TKÜ

Die Überwachung der Telekommunikation knüpft als polizeiliches Handlungsmit-   **164**
tel an das Kommunikationsverhalten polizeirechtlich Verantwortlicher oder Verdächtiger im strafprozessualen Sinne an. Da diese Personen oftmals ihre Verabre-
dungen telefonisch treffen, ist es sinnvoll, den Polizeibehörden grundsätzlich die
Möglichkeit einzuräumen, die über das Festnetz oder über Mobiltelefone erfolgenden Verbindungen zur Erfüllung ihrer Aufgaben zu nutzen. In der Mehrzahl
der Fälle geht es um die Aufklärung von Straftaten und damit um den Zweck der
Strafverfolgung. Rechtsgrundlage sind dann die §§ 100a ff. StPO.[215] Diese Bestimmungen sind mehrfach geändert und ergänzt worden. Politisch werden bereits
weitere Änderungen diskutiert, wobei das Ziel in einem kohärenten Gesamtkon-
zept besteht.

Aufgrund der Mehrzahl der Polizeigesetze kann die Telekommunikation auch   **165**
zu präventiven Zwecken überwacht werden.[216] Dabei ist zwischen den polizeilichen Maßnahmen der Überwachung einerseits, und dem Aufzeichnen von Inhalten
und der Erhebung von Verkehrsdaten andererseits zu unterscheiden. Beide Formen sind im Zusammenhang der besonderen Mittel der Datenerhebung geregelt.[217]
Nur im Fall einer ausdrücklichen gesetzlichen Ermächtigung kann eine verdeckte
Überwachung der Telekommunikation vorgenommen werden. Fehlt eine landes-
gesetzliche Regelung, ist die präventive Telekommunikations-Überwachung
rechtswidrig.[218] Ein Rückgriff auf die Generalklausel scheidet aus, weil der spezifische Eingriff vielfache Verfahrensanforderungen und erhöhte Eingriffsschwellen
erfordert. Eine entsprechende Anwendung der Befugnis zum Einsatz technischer
Mittel zur Datenerhebung in oder aus Wohnungen scheitert an den Unterschieden
der geschützten Grundrechte der Art. 10 und 13 GG.[219] In der Praxis erfolgt die
Telekommunikationsüberwachung oftmals zur Strafverfolgung auf der Grundlage
der StPO.

Maßnahmen der Überwachung von Telekommunikation sind in aller Regel   **166**
Eingriffe in das Post- und Fernmeldegeheimnis des Art. 10 GG. Ebenso wie die
Überwachung von Wohnraum stark von den spezifischen Eingriffsvoraussetzun-
gen des Art. 13 GG geprägt ist, sind die Regelungen zur Überwachung von Telekommunikation vor dem Hintergrund des Art. 10 GG zu sehen, der allerdings
deutlich allgemeiner gehalten ist.[220] Die konkreten Gehalte des grundrechtlichen
Schutzes der Kommunikation hat das Bundesverfassungsgericht in einer Vielzahl

---

[215] Vgl. *Dorsch*, Die Effizienz der Überwachung der Telekommunikation nach den §§ 100a, 100b StPO, 2006.
[216] *Lepsius*, Jura 2006, 929; allgemeine Systematisierung bei *Ebert/Honnacker/Seel,* Thür-PAG, § 34a, Rn. 6 ff.; aus polizeilicher Sicht *Keller*, Telekommunikationsüberwachung und andere verdeckte Ermittlungsmaßnahmen, 2008.
[217] Z.B. § 34a ThürPAG.
[218] *Schenke*, POR, Rn. 197a.
[219] Vgl. *Pieroth/Schlink/Kniesel*, POR, § 14 Rn. 132.
[220] BVerfGE 113, 348.

von Entscheidungen herausgearbeitet.[221] Angesichts immer neuer technischer Rahmenbedingungen und Möglichkeiten ist diese Rechtsprechung von erheblicher Dynamik geprägt.[222] Besonderen Wert legt das Bundesverfassungsgericht auf die Bestimmtheit und Verhältnismäßigkeit der Regelung.[223]

167   Nach ständiger Rechtsprechung des Bundesverfassungsgerichts erstreckt sich der Schutz des Art. 10 GG auf den Kommunikationsinhalt und den Kommunikationsvorgang. Auch die Umstände der Telekommunikation sind erfasst, insbesondere die Fragen des „ob", „wann" und „wie oft" des Telekommunikationsverkehrs.[224] Gegenstand des Schutzes ist die Kommunikation als selbstbestimmte soziale Interaktion und damit die Privatsphäre in ihrer sozialen Dimension. Nach Abschluss des Übertragungsvorgangs fallen gespeicherte Verkehrsdaten, etwa von E-Mails oder Mobiltelefongesprächen, nicht in den Schutzbereich des Art. 10 Abs. 1 GG, sondern werden vom Recht auf informationelle Selbstbestimmung und gegebenenfalls von Art. 13 Abs. 1 GG geschützt.[225] Denn der Schutz des Fernmeldegeheimnisses endet, wenn die Information beim Empfänger angekommen ist und dort gespeichert wird.

168   Der Zweck des Fernmeldegeheimnisses liegt darin, Kommunikationsvorgänge und Kommunikationsinhalte gegen staatliche Zugriffe abzuschirmen. Jede staatliche Einschaltung in den Kommunikationsvorgang, die nicht im Einverständnis mit *beiden* Kommunikationsteilnehmern erfolgt, ist ein Grundrechtseingriff. Damit sollen zugleich die Bedingungen freier Telekommunikation überhaupt aufrechterhalten werden.[226]

169   Eingriffe in Art. 10 GG sind die Erfassung von Daten eines Kommunikationsvorgangs, insbesondere die Aufzeichnung der Verkehrsdaten, das Einrichten von Fangschaltungen oder die Einschaltung in Zählereinrichtungen.[227] Dies gilt unabhängig von der Art der Kommunikation, also für Telefongespräche über Festnetz oder Mobiltelefon ebenso wie für den Verkehr von SMS oder Internet-Verbindungen. Die Verkehrsdaten werden von den Betreibern von Telekommunikationsdiensten, also Providern wie z.B. der Telekom, zu Zwecken der Abrechnung gespeichert. Zeitpunkt und Dauer der Verbindung und die Telefonnummer oder IP-Adresse des Kommunikationspartners stellen ebenso schützenswerte Informationen dar wie im Fall von Mobiltelefonen die Funkzelle, über die eine Verbindung hergestellt wird. Die Digitalisierung der Kommunikation erleichtert Speicherung und Zugänglichkeit einer Vielzahl von Daten.

---

[221] BVerfGE 100, 313; 107, 299; 110, 33.

[222] *Gusy*, NdsVBl. 2006, 65 (68 f.)

[223] BVerfGE 113, 348.

[224] BVerfGE 107, 299 (312 f.); s. *Gusy*, in: v. Mangoldt/Klein/Starck (Hg.), Art. 10, Rn. 43, 45.

[225] BVerfG, NJW 2006, 976.

[226] Grundlegend BVerfGE 100, 313 (358 f.); s. auch BVerfGE 109, 279 (313 f.) zu Art. 13 GG.

[227] BVerfGE 85, 386.

Der Eingriff kann gem. Art. 10 Abs. 2 GG gerechtfertigt sein. Besonderes Ge-   **170**
wicht hat die Bestimmtheit der Befugnisnorm.[228] Aufgrund der Wechselwirkung
von tatbestandlicher Gewährleistung und Beschränkung ist das einschränkende
Gesetz selbst wieder im Lichte des Grundrechts auszulegen.[229] Das Bundesverfassungsgericht unterzieht die Rechtsgrundlagen für die Überwachung der Telekommunikation einer strengen Verhältnismäßigkeitsprüfung.[230]

Die Mehrzahl der Polizeigesetze enthält eine zumeist umfängliche präventiv-   **171**
polizeiliche *Befugnisnorm* zur Überwachung und Aufzeichnung von TK-Inhalten.[231] Voraussetzung ist regelmäßig eine gegenwärtige Gefahr für hochrangige
Rechtsgüter, worunter vor allem die Rechtgüter Leib, Leben oder Freiheit einer
Person sowie z.t. auch der Bestand oder die Sicherheit des Bundes oder eines
Landes zu verstehen sind. Weiter gehende polizeirechtliche Regelungen zur
Überwachung und Aufzeichnung von TK-Inhalten treffen diejenigen Polizeigesetze, die eine Befugnis zur Überwachung und Aufzeichnung von TK-Inhalten auch
dann vorsehen, wenn dies der vorbeugenden Bekämpfung bestimmter schwerwie-
gender Straftaten dient.[232]

Die *Identifizierung und Lokalisierung mobiler Telekommunikationsendgeräte*,   **172**
also die „Handy-Ortung", zählt inzwischen zum Standardinstrumentarium der Polizei.[233] Die Voraussetzungen sind teils niedrigschwellig angesiedelt, weil sie nicht
notwendig eine Gefahr verlangen. Die Datenerhebung zielt regelmäßig auf die
vorbeugende Bekämpfung von Straftaten. Auf eine strenge Verhältnismäßigkeitsprüfung ist Wert zu legen.

Der sog IMSI-Catcher ist ein Gerät, das die auf der Mobilfunk-Karte eines Mo-   **173**
biltelefons gespeicherte International Mobile Subscriber Identity (IMSI) erkennen
kann. Dergestalt kann der Standort eines Mobiltelefons innerhalb einer Funkzelle
eingegrenzt werden. Nicht von dem Schutzbereich des Art. 10 GG erfasst sind
sonstige Umstände der Telekommunikation wie die Feststellung der Geräte und
Kartennummer eines Mobilfunkgeräts sowie die Feststellung von dessen Standort
mit Hilfe des sog. IMSI-Catchers.[234]

Beispiel: **174**
Die Polizei erhält einen Hinweis, wonach der A Mitglied einer terroristischen Vereinigung sei, die einen Anschlag in Thüringen plane. Sie begehrt von dem Betreiber des te-
lefonischen Festnetzanschlusses Auskunft über die Verkehrsdaten (insbesondere Telefonnummern) der von A geführten Gespräche. Dem Hinweis zufolge soll sich A am
Wochenende des 1. Advents mit seinen Komplizen treffen. Darauf begehrt die Polizei

---

[228] Vgl. BVerfGE 110, 33 zur Verfassungswidrigkeit des damaligen § 39 Außenwirtschaftsgesetz über die TK-Überwachung durch die Zollfahndung.
[229] BVerfGE 107, 299 (315).
[230] BVerfGE 113, 348.
[231] Art. 34a BayPAG; § 10a PolDVG HH; §§ 15a, 15b HessSOG; § 34a SOG MV; § 33a
NdsSOG; § 31 POG RP; § 185a LVwG SH.
[232] § 20l BKAG; § 33b BbgPolG; § 28b SächsPolG; § 34a ThürPAG; zu letzterem *Kugel-
mann/Rüden*, ThürVBl. 2009, 169 (171 ff).
[233] Z.B. § 31a POG RP; § 34a Abs. 2 Nr. 3 ThürPAG.
[234] BVerfG, NJW 2007, 351.

Auskunft von dem Betreiber des von A genutzten Mobiltelefons über den Standort des Endgeräts an diesem Wochenende. Die Maßnahmen genügen den Voraussetzungen des § 34a ThürPAG.

175   Eine besondere Form der Telekommunikationsüberwachung ist die sog. Quellen-Telekommunikationsüberwachung (*Quellen-TKÜ*). Bei der Quellen-TKÜ geht es um verschlüsselte Kommunikation, insbesondere um die Internet-Telefonie. Durch den Einsatz technischer Mittel und entsprechender Software wird der Telekommunikationsvorgang vor der Verschlüsselung abgefangen und aufgezeichnet. Die technischen Gegebenheiten sind im Fluss. Es werden die Kommunikationsinhalte bei laufender Telekommunikation erhoben. Damit sind die Befugnisnormen, die einige Polizeigesetze enthalten, an Art. 10 GG zu messen.

176   Eine Normierung der sog. Quellen-TKÜ enthält z.B. § 31 Abs. 3 POG RP. Durch einen Verweis (auf die § 31c Abs. 2 bis 4 POG RP) wird die Verbindung zur dort geregelten Online-Durchsuchung hergestellt. Der Gesetzgeber geht zu Recht von einer erheblichen Eingriffstiefe der Quellen-TKÜ aus, die der Eingriffstiefe der Online-Duchsuchung nahe kommt. Die hohen Voraussetzungen der Online-Duchsuchung gelten in § 31 POG RP bis auf die Gegenwärtigkeit der Gefahr parallel. Betroffener der Quellen-TKÜ kann ein Verantwortlicher oder ein Nachrichtenmittler sein. Nichtverantwortliche dagegen sind auszunehmen. Eine verfassungskonforme Auslegung der Adressatenregelung führt zu einem engen Anwendungsbereich der Quellen-TKÜ, um eine Betroffenheit Nichtverantwortlicher so weit als möglich auszuschließen.

177   Für die Aufgabenerfüllung der Polizei kann es nicht nur erforderlich sein, die Telekommunikation zu überwachen, sondern sie im Gegenteil zu unterbinden. Die *Befugnis zur Unterbrechung oder Verhinderung der Telekommunikation* ist in einigen Ländern ausdrücklich gesetzlich normiert.[235] Sie beinhaltet einen erheblichen Grundrechtseingriff und hat eine erhebliche Streubreite, weil regelmäßig Unbeteiligte erfasst werden. Dementsprechend ist sie nur unter hohen Anforderungen zulässig.

178   **Beispiel:**
Während einer Geiselnahme will die Polizei verhindern, dass der Geiselnehmer mit anderen Personen oder der Presse in Kontakt tritt und dadurch Aufschlüsse über das Vorgehen der Polizei erhalten könnte. Sie unterbindet die Kommunikation, indem die Funkzelle des Mobiltelefons still gelegt wird.

4.7. Vorratsdatenspeicherung

179   Eine besondere Ausprägung des Zugriffs auf Daten der Telekommunikation ist die Vorratsdatenspeicherung. Die Besonderheit liegt darin, dass die Daten der Telekommunikation von den Diensteanbietern für eine bestimmte Zeit gespeichert werden müssen und die staatlichen Stellen aufgrund einer gesetzlichen Norm unter den dort genannten Voraussetzungen der Zugriff auf die Daten gestattet wird.

---

[235] § 23a Abs. 7 PolGBW; § 15a Abs. 4 HessSOG; § 31d POG RP; § 34a Abs. 4 ThürPAG.

In diesem zweistufigen Verfahren werden auf der ersten Stufe die privaten **180** *Diensteanbieter verpflichtet*, alle Verkehrsdaten der von ihnen vermittelten Telekommunikationsverbindungen zu speichern. Dies betrifft die Daten, die für eine Verbindung über Telefon, Mobiltelefon oder Internet wichtig sind: Telefonnummern, IP-Adressen. Nicht gespeichert werden Inhaltsdaten, also der Text der E-Mail oder der Wortlaut des Telefongesprächs. Für die Unternehmen der Telekommunikation bedeutet dies erheblichen Aufwand und nicht unerhebliche Kosten.

Erst auf der zweiten Stufe besteht die *Befugnis staatlicher Stellen*, auf bestimmte der auf Vorrat gespeicherten Daten Zugriff zu nehmen. Wenn und soweit Eingriffsbefugnisse vorhanden sind, können die Daten im Einzelfall erhoben werden, indem auf die bei dem Diensteanbieter gespeicherten Daten zugegriffen wird. **181**

> Klausurtipp: Das Thema der Vorratsdatenspeicherung ist (wie das Thema **182** der Online-Durchsuchung) aktuell, umstritten und damit klausurträchtig in polizeirechtlichen und auch verfassungsrechtlichen Übungsarbeiten. Lesen Sie das Urteil des Bundesverfassungsgerichts nach und beobachten Sie die Literatur!

Das *Bundesverfassungsgericht* hat in einer grundlegenden Entscheidung eine ver- **183** fassungsmäßige Vorratsdatenspeicherung für möglich gehalten, die konkreten Regelungen der §§ 113a und 113b des TKG in der Zusammenschau mit den sicherheitsgesetzlichen Zugriffsnormen aber für verfassungswidrig und nichtig erachtet.[236]. Diese Regelungen enthielten die Verpflichtung der Diensteanbieter, die Verkehrsdaten sechs Monate lang zu speichern und setzten die einschlägige Richtlinie der Europäischen Union um (su. 14. Kap. Rn. 67 ff.). Einem Konflikt mit dem EuGH geht das Bundesverfassungsgericht aus dem Weg, weil es die verfassungsrechtlichen Spielräume bei der Umsetzung nicht ausgeschöpft sieht, weshalb es auf Auslegung und Wirksamkeit des Unionsrechts nicht ankomme.[237]

Das Bundesverfassungsgericht misst die Speicherung von Daten auf Vorrat am **184** Telekommunikationsgeheimnis des Art. 10 Abs. 1 GG. Auf das Recht auf informationelle Selbstbestimmung (Art. 2 Abs. 1 i.V.m. 1 Abs. 1 GG) greift das Bundesverfassungsgericht nicht zurück, weil es Art. 10 GG hinsichtlich der Telekommunikation als spezielle Garantie versteht.[238] Allerdings wendet das Bundesverfassungsgericht eine Reihe von datenschutzrechtlichen Maßgaben, insbesondere zur Datensicherheit, auch im Rahmen des Art. 10 GG an. Dem Staat zurechenbare Eingriffe in das Telekommunikationsgeheimnis sieht das Bundesverfassungsgericht jeweils in der Erhebung, Speicherung und Übermittlung durch die privaten Diensteanbieter, da diese insoweit gesetzlich auferlegte Pflichten er-

---

[236] BVerfG, Urt.v.2.3.2010, NJW 2010, 833 = DVBl. 2010, 503 = JZ 2010, 611 m. Anm. *Ohler* und *Klesczewski*; dazu *Hornung/Schnabel*, DVBl. 2010, 824; *Roßnagel*, NJW 2010, 1238; *Westphal*, EuZW 2010, 494; *Wolff*, NVwZ 2010, 751; s. auch *Möstl*, DVBl. 2010, 808.

[237] Abs.Nr. 185 ff.; zu europarechtlichen Fragen *Bäcker*, EuR 2011, 103; *Ohler*, JZ 2010, 626.

[238] Abs.Nr. 191; s. BVerfGE 100, 313 (358 f.).

füllen und damit für die Aufgabenerfüllung staatlicher Behörden in Anspruch genommen werden.

185   Das Urteil ist zum einen der Ansatz für dogmatische Weiterentwicklungen des Rechts der Informationseingriffe.[239] Zum anderen hat der Bundesgesetzgeber die Konsequenzen zu ziehen. Eine eng gefasste Vorratsdatenspeicherung, die mit hoch angesetzten Zugriffsschwellen für die Befugnisnormen verbunden ist, ist nach den Aussagen des Bundesverfassungsgerichts verfassungsrechtlich nicht ausgeschlossen. In der Diskussion steht auch die gesetzliche Fassung des sog. "Quick-Freeze-Verfahrens", die teils als milderes Mittel befürwortet, teils als nicht gleich geeignet angesehen wird. Dabei wird der Provider bei Vorliegen eines Verdachts oder von relevanten Anhaltspunkten verpflichtet, vorhandene Kommunikationsdaten des betroffenen Nutzers „einzufrieren", also nicht zu löschen, so dass in der Folge ein Zugriff von Polizei- und Strafverfolgungsbehörden ggf. mit richterlicher Genehmigung möglich bleibt. Eine künftige gesetzliche Regelung in der Bundesrepublik Deutschland steht unter dem Vorzeichen, dass die EU die Richtlinie über die Vorratsdatenspeicherung überprüft, und daher Änderungen der europarechtlichen Vorgaben wahrscheinlich sind.

186   Nach wie vor zulässig ist der Zugriff auf die Verkehrsdaten, die der Diensteanbieter gem. § 96 TKG in der Regel zu Abrechnungszwecken speichert. Die strafprozessuale Zugriffsregelung ist § 100g StPO. Den Zugriff zu präventiven Zwecken erlauben einzelne Polizeigesetze.[240] Auch die Funkzellenabfrage nach Polizeirecht beinhaltet die Verpflichtung des Diensteanbieters, Verkehrsdaten i.S.d. § 96 TKG zu übermitteln. Da die Ereichung des Zwecks ohne die Funkzellenabfrage erheblich erschwert sein muss (so ausdrücklich § 31e Abs. 1 POG), ist eine strenge Verhältnismäßigkeitsprüfung vorzunehmen.

187   **Beispiel:**
Die Polizei verfügt über konkrete Anhaltspunkte dafür, dass der X einen umfangreichen Kauf von Betäubungsmitteln vorbereitet. Sie hält es für ertragreich, Kenntnisse über seine Kommunikationsbeziehungen der letzten Wochen zu erhalten. Der Diensteanbieter, bei dem X seinen Mobilfunkvertrag abgeschlossen hat, speichert die Verkehrsdaten etwa 3-4 Wochen. Wenn ein strafprozessualer Anfangsverdacht vorliegt, kann die Staatsanwaltschaft bei Gericht einen entsprechenden Beschluss beantragen.

4.8. Online-Durchsuchung

188   Der umgangssprachliche Begriff der Online-Durchsuchung bezeichnet den heimlichen Zugriff auf ein informationstechnisches System. Dabei geht es nicht um die laufende Telekommunikation, denn Daten über besuchte Internetseiten oder Telefongespräche sind auch bei den Providern vorhanden. Gegenstand des Zugriffs der staatlichen Stelle ist vielmehr der Computer des Betroffenen, insbesondere dessen Festplatte. Auf die darauf vorhandenen Informationen soll zugegriffen werden

---

[239] *Britz*, JA 2011, 81; s. auch *Darnstädt*, DVBl. 2011, 263 zum Gefahrenbegriff.
[240] Z.B. § 23a Abs. 1 PolG BW, § 34a Abs. 1 Nr. 3 ThürPAG.

können, auch wenn der Betroffene selbst gerade keine aktive Kommunikation durchführt.[241] Dabei wird eine besondere Software verwendet, mit der die staatliche Stelle Zugang zum System des Betroffenen erhält und die dann die Informationen übermittelt.

> Klausurtipp: Das Thema der Online-Durchsuchung ist (wie das Thema der Vorratsdatenspeicherung) aktuell, umstritten und damit klausurträchtig in polizeirechtlichen und auch verfassungsrechtlichen Übungsarbeiten. Lesen Sie das Urteil des Bundesverfassungsgerichts nach und beobachten Sie die Literatur!

189

In seinem Urteil zum nordrhein-westfälischen Verfassungsschutzgesetz hat das Bundesverfassungsgericht die Regelung, die eine heimliche Infiltration informationstechnischer Systeme („Online-Durchsuchung") erlaubte, als Eingriff in den grundrechtlich gewährleisteten Schutzbereich des Rechts auf Gewährleistung der Vertraulichkeit und Integrität informationstechnischer Systeme gewertet und sodann als unvereinbar mit dem Gebot der Normenklarheit und Normenbestimmtheit erachtet.[242]

190

Das Bundesverfassungsgerichts hat in dieser Entscheidung als weitere Ausprägung des allgemeinen Persönlichkeitsrechts aus Art. 2 Abs. 1 i.V.m. Art. 1 Abs. 1 GG das *Grundrecht auf Gewährleistung der Vertraulichkeit und Integrität informationstechnischer Systeme* entwickelt.[243] Es sichert im Verbund mit der Telekommunikationsfreiheit des Art. 10 GG und dem Recht auf informationelle Selbstbestimmung umfassend die informatorische Grundrechtsstellung des Bürgers. Konkrete Entfaltungen und Konsequenzen im Zusammenwirken der unterschiedlichen Gewährleistungen müssen anhand der technischen Entwicklungen herausgearbeitet werden.

191

Nach Ansicht des Bundesverfassungsgerichts decken Art. 2 Abs. 1 i.V.m. Art. 1 Abs. 1[244], Art. 10[245] und Art. 13 GG[246] die Herausforderungen nicht ab, die sich die durch die neueren technischen Möglichkeiten zur Ausforschung informationstechnischer Systeme ergeben.[247] Es hält aber eine entsprechende Befugnisnorm nicht für verfassungsrechtlich ausgeschlossen. Die in der Folge erlassenen Befugnisnormen zur präventiven Online-Durchsuchung halten sich in ihrem Wortlaut eng an die Vorgaben des Bundesverfassungsgerichts.[248]

192

---

[241] *Kutscha*, NJW 2007, 1169; monographisch *Gudermann*, Online-Durchsuchung im Lichte des Verfassungsrechts, 2010.

[242] BVerfGE 120, 274 (315 f.).

[243] BVerfGE 120, 274 (314).

[244] BVerfGE 120, 274 (311 ff.).

[245] BVerfGE 120, 274 (306 ff.).

[246] BVerfGE 120, 274 (309 ff.).

[247] BVerfGE 120, 274 (313 f.).

[248] § 20k BKAG; dazu *Roggan*, NJW 2009, 257 (259); Art. 34d BayPAG; dazu *Käß*, BayVBl. 2010, 1; § 39a POG RP; § 15b HessSOG ermächtigt zum Eingriff in ein informationstechnisches System zur Überwachung laufender Telekommunikation.

193   **Beispiel:**
Das Bundeskriminalamt hat Hinweise darauf, dass der A einen terroristischen Anschlag in Deutschland plant. Nach § 20k BKAG kann das BKA den Computer des A infiltrieren. Voraussetzungen sind insbesondere eine Gefahr für überragend wichtige Rechtsgüter und die Wahrung des Kernbereichsschutzes. Die Maßnahme ist nur zur Abwehr von Gefahren des internationalen Terrorismus zulässig und darf nur auf Antrag des Präsidenten des BKA oder seines Vertreters durch das zuständige Gericht angeordnet werden.

194   Ein zentraler Prüfungspunkt für die Verfassungsmäßigkeit gesetzlicher Regelungen über die heimliche Infiltration informationstechnischer Systeme, ist der Schutz des Kernbereiches privater Lebensgestaltung (so. 7. Kap. Rn. 120). Das Bundesverfassungsgericht besteht insoweit auf einem absoluten Schutz. Eine Relativierung durch Abwägung lässt es nicht zu. Wenn und soweit der Kernbereich betroffen ist, ist die Maßnahme verfassungswidrig.

195   Die Datenerhebung durch eine Online-Durchsuchung darf nach den gesetzlichen Regelungen nur angeordnet werden, falls nicht tatsächliche Anhaltspunkte für die Annahme vorliegen, dass *allein* Erkenntnisse aus dem Kernbereich privater Lebensgestaltung gewonnen werden. Dies ist aber kaum jemals anzunehmen, da auf der Festplatte eines Computers regelmäßig eine Vielzahl von Daten unterschiedlicher Persönlichkeitsrelevanz vorhanden sind. Diese Schranke erweist sich als wirkungslos. Damit ist aber der Kernbereichsschutz, der dadurch gewährleistet werden soll, gerade nicht erreicht.

196   Die Online-Durchsuchung ist eine heimliche Maßnahme von erheblicher Eingriffstiefe, deren verfassungsrechtliche Bewertung von dem bereits ergangenen Urteil des Bundesverfassungsgerichts und von einem weiteren Urteil zu Art. 20k BKAG geprägt wird, das im Jahr 2011 zu erwarten ist. Entscheidende Prüfungspunkte sind die Wahrung des Kernbereichsschutzes und die Verhältnismäßigkeit, wobei die Struktur des Grundrechts auf Gewährleistung der Vertraulichkeit und Integrität informationstechnischer Systeme zu berücksichtigen ist.[249] Im Hinblick auf die Erforderlichkeit sind angesichts der Vielzahl von Befugnissen der Telekommunikationsüberwachung hohe Anforderungen zu stellen. Die Reichweite des Privatsphärenschutzes entscheidet sich nicht zuletzt an der Verfassungsmäßigkeit von Ausgestaltungen der Online-Durchsuchung.[250]

4.9. Polizei und Internet

4.9.1. Risiken und Chancen des Internet

197   Aufgrund seiner Eigenarten stellt das Internet eine Herausforderung für das Recht im Allgemeinen dar.[251] Dies gilt auch für das Recht der Gewährleistung von Si-

---

[249] *Glaser*, Jura 2009, 742 (747 f.).
[250] Vgl. *Enders*, in: Merten/Papier (Hg.), Handbuch der Grundrechte, Band IV, § 89.
[251] *Engel*, Berichte der Deutschen Gesellschaft für Völkerrecht (DGVR) 39 (2000), 353; *Kissel*, NJW 2006, 801.

cherheit und spezifisch das Recht der Gefahrenabwehr.[252] Das Internet bietet dem Einzelnen Vorteile, weil es schnelle Kommunikation ermöglicht, die einfach, billig und individualisierbar ist. Als Kehrseite zeichnet es sich durch die Flüchtigkeit der Information und ihre mangelnde Verlässlichkeit aus. Aus der Sicht staatlicher Stellen bereitet die Kontrolle und Nachweisbarkeit von Handlungen Schwierigkeiten. Jedoch ist das Internet kein rechtsfreier Raum.

Das Internet ist Mittel der Begehung von *Kriminalität*, z.b. von Betrug in der   **198** Form des Phishing, Beleidigung (§ 185 StGB) oder der Verbreitung rechtswidriger Inhalte (§§ 86a, 184 StGB). Es bietet durch die Anonymität der Kommunikation Gelegenheit zur Verabredung und Vorbereitung von Straftaten. Spezifische Internet-Kriminalität betrifft z.b. das Ausspähen von Daten (§ 202a StGB).[253]

Adressaten rechtlicher Regelungen können die Nutzer oder die Anbieter von   **199** Inhalten oder von Dienstleistungen sein. Die Nutzer geben ihre Verkehrsdaten, z.b. die IP-Adresse preis, um zu kommunizieren und Inhaltsdaten auszutauschen. Diensteanbieter vermitteln Zugang zu Websites oder stellen Inhalte in das Netz. Diese Ansatzpunkte bieten staatlichen Stellen Möglichkeiten, gesetzliche Regelungen zu treffen oder einzelne Maßnahmen zu ergreifen. Teilweise haben die speziellen Problemlagen zu speziellen Gesetzen geführt. Dies betrifft den innerstaatlichen Bereich, aber auch den internationalen Bereich und insbesondere die EU.

Die unterschiedlichen Adressaten sind als Grundrechtsträger in ihren Tele-   **200** kommunikationsbeziehungen und ihren beruflichen Tätigkeiten betroffen. Polizeiliche Befugnisse zur Überwachung der Telekommunikation mittels Internet treffen auf die Grundrechte etwa der Art. 10, 12, oder auf Art. 2 Abs. 1 i.V.m. Art. 1 Abs. 1 GG einschließlich des Grundrechts auf Gewährleistung der Vertraulichkeit und Integrität informationstechnischer Systeme. Aus Sicht der Nutzer geht es um Rechtspositionen, die sich in Rechten auf Anonymität oder Verschlüsselung bündeln lassen.[254]

4.9.2. Innerstaatliche Regelungen

Die Befugnisse der Polizei bedürfen in Tatbestand und Grenzen der Ausrichtung   **201** an den Gegebenheiten des Internets. Im Fall der Telekommunikationsüberwachung können nach den einschlägigen Bestimmungen auch E-Mails Gegenstand der Überwachung sein.[255] Die Online-Durchsuchung betrifft den Zugriff auf die Festplatte eines Computers (s.o. 7. Kap. Rn. 188). Die Vorratsdatenspeicherung

---

[252] *Germann*, Gefahrenabwehr und Strafverfolgung im Internet, 2000; *Kluth*, Landesrecht S-Anh., § 3 Rn. 118 ff.; *Schenke*, POR, Rn. 385 ff.; *Ruthig*, in: Gounalakis (Hg.), Rechtshandbuch Electronic Business, 2003, § 14 Rn. 18 f.; *Zimmermann*, NJW 1999, 3145 (3147 ff.).

[253] Überblick bei *Popp*, JuS 2011, 385.

[254] *Brunst*, Anonymität im Internet – rechtliche und tatsächliche Rahmenbedingungen, 2009; *Gerhards*, (Grund-)Recht auf Verschlüsselung, 2010.

[255] BVerfG, NJW 2009, 2431; *Hsieh*, E-Mail Überwachung zur Gefahrenabwehr, 2011.

umfasst die Verkehrsdaten über Besuche im Internet, insbesondere die IP-Adressen (s.o. 7. Kap., Rn. 179 ff.). Die Gesetzgeber reagieren auf neue Herausforderungen, indem spezifische Befugnisse für die Polizeibehörden oder Sicherheitsdienste geschaffen werden, die zugleich den grundrechtlichen Grenzen unterliegen.

202   Bundesweite Regelungen treffen das (Bundes-)Telemediengesetz (TMG) und der Rundfunk-Staatsvertrag aller Länder. Telemedien sind grundsätzlich alle elektronischen Informations- und Kommunikationsdienste (§ 1 Abs. 1 S. 1 TMG). Der Datenschutz ist in §§ 11 ff. TMG geregelt. Sonderregeln gelten für Telekommunikationsdienste nach dem TKG und Rundfunk i.S.d. Rundfunkstaatsvertrages. Die weit überwiegende Mehrzahl der Nutzungen des Internet, die insbesondere auf die Individualkommunikation zielen, fällt unter die Inanspruchnahme und Nutzung von Telemedien.

203   Zuständig für die Aufsicht sind die vom Landesrecht bestimmten Behörden. Die Polizei- und Ordnungsbehörden erfüllen die Aufgabe der Gefahrenabwehr auch im Internet.[256] Die Aufsichtsbehörden können bei einem Rechtsverstoß Maßnahmen gegen den Anbieter ergreifen (§ 59 Abs. 3 Rundfunk-Staatsvertrag).[257] Dagegen verfügen die Polizei- oder Ordnungsbehörden über keine spezifische Rechtsgrundlage für Verfügungen zur Sperrung oder Löschung von Telemedienangeboten. Allenfalls zum Zwecke des Jugendschutzes und zur Bekämpfung der Kinderpornographie können Maßnahmen ergriffen werden.[258] Das sog. Zugangserschwerungsgesetz, welches das Sperren von kinderpornographischen Seiten ermöglichen sollte, wurde nie angewendet und 2011 aufgehoben.[259]

204   Aus polizeirechtlicher Sicht sind die Rechtsfragen des Internets in die allgemeinen Kategorien einzuordnen.[260] Das Internet kann als Mittel genutzt werden, um Gefahren für die öffentliche Sicherheit und Ordnung herbeizuführen.[261] Diese Gefahren wehren die Polizei- und Ordnungsbehörden mit den ihnen zur Verfügung stehenden Befugnissen ab. Besondere Zurückhaltung ist gegenüber dem Vorgehen gegen die Verbreitung bestimmter Inhalte angezeigt.[262] Im Rahmen dieser Befugnisse können wiederum die Polizei- und Ordnungsbehörden das Internet als Mittel nutzen.

205   **Beispiele:**
Eine rechtsextremistische Organisation verbreitet Kennzeichen verfassungswidriger Organisationen und rassistische Propaganda über das Internet. Eine linksextremistische Organisation ruft per E-Mail zur Teilnahme an einer verbotenen Versammlung auf, bei der Gewalt angewendet werden soll.[263]

---

[256] *Schenke*, POR, Rn. 387 f.

[257] *Schenke*, POR, Rn. 387.

[258] S. auch *Sieber/Nolde*, Sperrverfügungen im Internet, 2008.

[259] Vgl. *Koreng*, Zensur im Internet, 2010, S. 216 ff.; *Sieber*, JZ 2009, 653

[260] Vgl. *Germann*, Gefahrenabwehr und Strafverfolgung im Internet, 2000; *Schenke*, POR, Rn. 385 ff.; *Zimmermann*, NJW 1999, 3145 (3147 ff.).

[261] Zur polizeilichen Praxis *Gehde*, DuD 2003, 496.

[262] *Greiner*, Die Verhinderung verbotener Internetinhalte im Wege polizeilicher Gefahrenabwehr, 2001.

[263] Zu diesen Fällen *Zimmermann*, NJW 1999, 3145.

Die Polizei beobachtet einschlägige Chatrooms. Dies ist Teil ihrer Aufgabe der Gefahrenabwehr. Im Bundeskriminalamt besteht für derartige Aufgaben die Zentralstelle anlassunabhängige Recherchen in Datennetzen (ZaRD). Ein Polizeibeamter schreibt eine E-Mail unter einem Passwort, das ein Informant besorgt hat, an den Absender des Aufrufes zu der gewalttätigen Demonstration, um den Treffpunkt zu erfahren.

Für die Polizeibehörden und Sicherheitsdienste eröffnet das Internet umfangreiche **206** Möglichkeiten des Sammelns von Informationen. Nach der Rechtsprechung des Bundesverfassungsgerichts ist das Aufrufen einer allgemein zugänglichen Website, auch unter Legende, kein Eingriff in das allgemeine Persönlichkeitsrecht.[264] Die Aufgabenzuweisungsnormen der Polizeigesetze reichen als Grundlage aus. Ein Eingriff liegt aber dann vor, wenn die staatliche Stelle das schutzwürdige Vertrauen des Betroffenen ausnutzt. Erforderlich ist eine Befugnisnorm, insbesondere die in den Polizeigesetzen regelmäßig vorhandene Generalklausel der Datenerhebung.[265]

Als *Verantwortliche* kommen der Nutzer, also der Sender und der Empfänger **207** von Informationen, sowie die regelmäßig kommerziell tätigen Diensteanbieter in Betracht, die eigene Inhalte ins Netz stellen, fremde Inhalte bereithalten oder auch nur den technischen Zugang ermöglichen. Die §§ 7 ff. TMG errichten ein besonderes Haftungsregime, indem die Verantwortung für die Inhalte dem Inhaltsanbieter (Content-Provider) auferlegt wird und der Zugangsanbieter (Access-Provider) grundsätzlich von der Verantwortlichkeit frei gestellt wird.

Verhaltenverantwortlich für Inhalte im Internet ist vorrangig derjenige, der sie **208** zusammen- und einstellt.[266] Diensteanbieter können aber Zustandsstörer sein, wenn sie etwa rechtswidrige Inhalte kennen konnten und eine Sperrung technisch möglich ist.[267] Nicht zu unterschätzen ist die Bedeutung der freiwilligen Sperrung von Webseiten durch die Diensteanbieter, wenn sie von Behörden oder Privaten auf rechtswidrige Inhalte hingewiesen werden.

Da die Informationen im Internet schwer zu orten und festzuhalten sind, haben **209** die Pflichten der Telekommunikationsunternehmen bzw. Diensteanbieter besondere Bedeutung.[268] Inhalt und Tragweite ihrer (auch) polizeirechtlichen Verantwortlichkeit sind von zentraler Wichtigkeit für die Anordnung effektiver behördlicher Maßnahmen. Sie verfügen über die Verkehrsdaten, die sie zu Zwecken der Abrechnung speichern und über Standortdaten (§§ 96 ff. TKG). Den Diensteanbieter treffen Pflichten des Datenschutzes gegenüber den Nutzern (§§ 11 ff. TMG). Diensteanbieter sind auch in der Lage, Inhaltsdaten der Kommunikation zu speichern, also etwa das Telefongespräch aufzuzeichnen.

Durch die Telekommunikationsüberwachung können die Polizeibehörden **210** Zugang zu solchen Informationen erlangen. Dies betrifft die vorhandenen Daten.

---

[264] BVerfGE 120, 274 (345).

[265] Z.B. § 13 HessSOG; § 32 ThürPAG.

[266] *Kluth*, Landesrecht S-Anh, § 3, Rn. 122.

[267] Zum Diensteanbieter als Zustandsstörer nach § 1004 BGB der BGH, AfP 2011, 156; *Schenke*, POR, Rn. 395 ff.

[268] BVerwG, MMR 2004, 114; Urt.v.22.10.2003 zur damaligen Rechtslage.

Die Diensteanbieter speichern Daten aber nur für den Zeitraum, der zur Abrechnung notwendig ist, weil die Speicherung ein Kostenfaktor ist. Die Regelungen zur Vorratsdatenspeicherung, die vom Bundesverfassungsgericht für verfassungswidrig erklärt wurden, schrieben eine Mindestspeicherdauer von 6 Monaten vor. Eine künftige Regelung der Vorratsdatenspeicherung könnten erneut Speicherpflichten der Diensteanbieter einführen (s. zur Vorratsdatenspeicherung 7. Kap. Rn. 179 ff.).

4.9.3. Internationale Regelungen

211   Ein spezifischer Regelungsbedarf besteht insbesondere im Zusammenhang der sich intensivierenden *internationalen Zusammenarbeit* (s.u. 14. und 15. Kap.). Das Internet als grenzüberschreitendes Phänomen ist durch innerstaatliche Regelungen allein nicht hinreichend sachgerecht zu erfassen. Im Rahmen der polizeilichen und justiziellen Zusammenarbeit nach dem EU-Vertrag oder im Europarat beziehen die rechtspolitischen Bemühungen um Rechtsakte und Verträge auf dem Gebiet des Strafrechts und des Sicherheitsrechts auch das Internet ein. Die Zuständigkeiten von Staaten zur Gefahrenabwehr oder Strafverfolgung folgen aus dem Anwendungsbereich der innerstaatlichen Rechtsordnung. Durch völkerrechtlichen Vertrag oder Rechtsakt der EU kann ein Minimalstandard an materiellen Vorschriften aufgestellt werden, den ein Staat einzuhalten hat. Einen Regelungsschwerpunkt der Verträge und Rechtsakte bildet die Kooperation zwischen den Sicherheitsbehörden.

212   Prägnantes Beispiel für einen Sachbereich im Zusammenhang des Internets, in dem strafrechtliche Regelungen auf internationaler Ebene sinnvoll sind, ist die *Verfolgung von Datennetzkriminalität*. Der Europarat hat es sich zum Ziel gesetzt, einen Mindeststandard von Strafvorschriften verbindlich zumachen und die grenzüberschreitende Kooperation zur Verfolgung dieser Straftaten effektiv auszugestalten. Zu diesem Zweck wurde im Rahmen des Europarates das Übereinkommen über Datennetzkriminalität vom 23. November 2001, [269] die sogenannte Cyber Crime-Konvention beschlossen (s.u. 15. Kap. Rn. 24-26).[270]

213   Für alle Mitgliedstaaten der EU und damit auch für die Bundesrepublik Deutschland verbindlich ist der Rahmenbeschlusses 2002/222/JI des Rates vom 24. Februar 2005 über Angriffe auf Informationssysteme.[271] Mit ihm geht die EU über die materiell-rechtlichen Regelungen der Cyber Crime-Konvention hinaus.[272] Ziel ist die Angleichung der einzelstaatlichen Strafrechtsvorschriften über die Strafbarkeit des vorsätzlichen und unbefugten Verschaffens von Zugangs zu einem Informationssystem sowie des rechtswidrigen Systemeingriffs (Hacking). Jeder Mitgliedstaat muss seine Gerichtsbarkeit für die im Rahmenbeschluss genannten Delikte begründen und wirksame Sanktionen vorsehen, wobei bestimmte Mindesthöchststrafen bei Vorliegen bestimmter erschwerender Umstände vorge-

---

[269] Näher *Kugelmann*, Telekommunikations- und Medienrecht (TMR) 2002, 14.
[270] ETS Nr. 185.
[271] ABl. Nr. L 69 vom 16.3.2005, S. 67.
[272] *Hecker*, Europäisches Strafrecht, § 11, Rn. 154 ff.

schrieben sind. Die Kooperation der Polizeibehörden soll gewährleistet sein, wozu ein Netz operativer Kontaktstellen dient. Der Rahmenbeschluss soll durch eine Richtlinie ersetzt werden.

> **Beispiele:**   214
> Art. 2 Rahmenbeschluss: „(1) Jeder Mitgliedstaat trifft die erforderlichen Maßnahmen, um sicherzustellen, dass der vorsätzliche und unbefugte Zugang zu einem Informationssystem als Ganzes oder zu einem Teil eines Informationssystems zumindest dann unter Strafe gestellt wird, wenn kein leichter Fall vorliegt. (2) Jeder Mitgliedstaat kann beschließen, dass Handlungen nach Absatz 1 nur geahndet werden, sofern sie durch eine Verletzung von Sicherheitsmaßnahmen erfolgen."
> Art. 11 Abs. 1 Rahmenbeschluss: „Zum Zwecke des Informationsaustauschs über die in den Artikeln 2, 3, 4 und 5 genannten Straftaten und im Einklang mit den Datenschutzbestimmungen nutzen die Mitgliedstaaten das bestehende Netz der operativen Kontaktstellen, die rund um die Uhr und sieben Tage pro Woche erreichbar sind."

Im Internet ist der *Schutz personenbezogener Daten* angesichts der potenziellen   215
ungehinderten Verfügbarkeit von Informationen schwierig zu gewährleisten.[273] Rechtsgrundlagen für den Datenschutz sind insbesondere Art. 8 EMRK und Art. 8 GR-Ch.[274] Die individuelle Kommunikation mittels des Internets, also etwa durch E-Mail, wird als Teil des Privatlebens von Art. 8 EMRK geschützt.[275] Die Vorschrift gewährleistet auch den Schutz der Telekommunikation vor staatlicher Überwachung.[276] Daraus folgen rechtliche Grenzen für die Regelungen und Maßnahmen auf europäischer Ebene.

Die Übermittlung von personenbezogenen Daten zu Zwecken der Verhütung   216
und Verfolgung von Straftaten über das Bundeskriminalamt als zuständiger innerstaatlicher Kontaktstelle an Behörden anderer Staaten regelt § 14 BKAG.[277] Parallele Regelungen enthalten die Landesgesetze im Zusammenhang der Übermittlung von Daten an öffentliche Stellen anderer Staaten.

5. Verarbeitung erhobener Daten

5.1. Speicherung und Verwendung, insbesondere genetischer Informationen

Die Speicherung und Verwendung personenbezogener Daten ist zulässig, soweit   217
das Polizei- und Ordnungsrecht eine ausdrückliche rechtliche Grundlage enthält. Die Polizeigesetze gestatten die Speicherung, Veränderung und Nutzung von Daten zur Erfüllung der polizeilichen Aufgaben. Einige Gesetze lassen nur die Ver

---

[273] *Arndt*, in: Festschrift für Rudolf, 2001, S. 393.
[274] *Uerpmann-Wittzack/Jankowska-Gilberg*, MMR 2008, 83.
[275] *Kugelmann*, EuGRZ 2003, 16 (22) m.w.N.
[276] So zu Art. 8 EMRK auch BVerfGE 100, 313 (363).
[277] *Ruthig*, in: Festgabe für Hilger, 2003, S. 183 (192 ff.).

arbeitung rechtmäßig erlangter personenbezogener Daten zu.[278] Andere Gesetze enthalten diese Beschränkung nicht.[279] Die Verwertbarkeit rechtswidrig gewonnener Informationen ist damit nicht ausgeschlossen.[280]

218 Allerdings ist die Ermessensausübung der Behörden strengen Anforderungen zu unterwerfen, die aus dem Prinzip der Verhältnismäßigkeit abzuleiten sind.[281] Als Grundregel kann festgehalten werden, dass eine Verwertung rechtswidrig erhobener Daten dann eher in Betracht kommt, wenn eine qualifizierte Gefahr für hochwertige Rechtsgüter besteht. Zur Orientierung können die allgemeinen Vorschriften über die besonderen Mittel der Erhebung von Daten herangezogen werden. Liegen die Voraussetzungen für derart einschneidende Maßnahmen vor, kommt auch eine Verwertbarkeit rechtswidrig gewonnener Informationen eher in Betracht.

219 Die Polizeigesetze regeln in den Vorschriften über die Speicherung und Verwendung von Daten regelmäßig auch die Zweckbindung und die Voraussetzungen der Zweckänderung. Zu Gunsten von Kindern sowie Kontakt- und Begleitpersonen können erhöhte Anforderungen an die Voraussetzungen einer Speicherung vorgesehen werden (§ 24 Abs. 3 und 4 PolG NW). Hinzu treten Regelungen über Speicherfristen, Prüfungstermine und Aufbewahrungsfristen (§ 33 Abs. 3 ff. POG RP). Eine regelmäßige Überprüfung der Notwendigkeit einer weiteren Speicherung ist verfassungsrechtlich geboten. In anonymisierter Form können Daten für die polizeiliche Ausbildung verwendet werden.

220 Die Kennzeichnungspflicht betrifft Daten, die mittels qualifizierter Grundrechtseingriffe erhoben wurden, insbesondere falls die Privatheit in der Nähe des Kernbereichs privater Lebensgestaltung berührt wird. Dies ist nach der Rechtsprechung des Bundesverfassungsgerichts der Fall bei Informationen aus intensiven Eingriffen in Art. 10 und Art. 13 GG.[282] Eine Beschränkung dieser Grundrechte ist aufgrund qualifizierter Gesetzesvorbehalte nur unter hohen Voraussetzungen zulässig. Eine Ausdehnung dieser Kennzeichnungspflicht auf Daten, die aufgrund der Kommunikation in besonderen Vertrauensverhältnissen gewonnen wurden, ist erforderlich. Ziel ist es, die Beschränkungen in der Verwendung dieser Daten sicherzustellen.[283] Die landesrechtlichen Regelungen müssen die verfassungsrechtlich notwendige Kennzeichnungspflicht normieren.[284]

221 Eine tiefgreifenden Eingriff in Grundrechte bildet die Vornahme einer *DNA-Analyse* und die Speicherung und Verwendung der derart gewonnen Daten.[285] Der Begriff des „genetischen Fingerabdrucks" verstellt den Blick darauf, dass aus der

---

[278] § 42 Abs. 1 ASOG Bln; § 39 Abs. 1 BbgPolG; § 38 Abs. 1 Satz NdsSOG; § 24 Abs. 1 PolG NW; § 40 ThürPAG.

[279] Z.B. § 37 Abs. 1 Satz 1 PolG BW; § 33 Abs. 1 POG RP.

[280] Allgemein *Eberle*, Gedächtnisschrift für Martens, 1987, S. 351; *Hufen*, Fehler im Verwaltungsverfahren, 4. Aufl. 2002, Rn. 146 ff.

[281] Ähnlich *Schenke*, POR, Rn. 216 f.; *Würtenberger/Heckmann*, PolR BW, Rn. 655 ff.

[282] BVerfGE 100, 313 (360 f.) zu Art. 10 GG; BVerfGE 109, 279 (374) zu Art. 13 GG.

[283] *Schenke*, POR, Rn. 210.

[284] So z.B. § 22 Abs. 6 HessSOG; § 29 Abs. 5 Satz 1 POG RP.

[285] Allgemein *Ronellenfitsch*, NJW 2006, 321.

DNA eines Menschen eine Vielzahl von Informationen gewonnen werden kann, die über eine bloße Identifikation hinausgeht. Die DNA-Analyse wird überwiegend dazu genutzt, Körperzellen (Blut, Sperma, Speichel, Haut), die am Tatort gefunden werden oder von einem Tatverdächtigen stammen, einer bestimmten Person zuzuordnen.[286]

Die genetischen Informationen über Personen sind unter praktischen Gesichts-   **222** punkten als Mittel der Strafverfolgung geeignet und können auch bei der Gefahrenabwehr hilfreich sein. Als Eingriff in die Grundrechte bedürfen sie einer restriktiven gesetzlichen Regelung, die verhältnismäßig ist und der Notwendigkeit der Zweckbindung Rechnung trägt.[287] Die Gewinnung der Daten muss auf den unabdingbar notwendigen Personenkreis beschränkt bleiben. Nicht nur die Erhebung der Daten (Art. 2 Abs. 2 GG), sondern auch die Speicherung und weitere Verwendung begründen Grundrechtseingriffe (Art. 2 Abs. 1 i.V.m. Art. 1 Abs. 1 GG).[288] Allerdings ist nicht jede Gewinnung der Daten ein Eingriff in die körperliche Integrität.[289] Werden Blutspuren oder Haare nur vorgefunden und dann analysiert, greift dies nicht in Art. 2 Abs. 2 GG ein. Das Nehmen einer Speichelprobe oder das Entfernen eines Haares greift aber in das allgemeine Persönlichkeitsrecht (Art. 2 Abs. 1 i.V.m. Art. 1 Abs. 1 GG) ein.

Die gesetzliche Regelung der Gewinnung und Verwendung genetischer Infor-   **223** mationen knüpft an die Strafverfolgung an. Das DNA-Identitätsfeststellungsgesetz i.V.m. den §§ 81 e ff. StPO genügte angesichts des Fortschreitens der kriminalistischen Entwicklungen den rechtlichen und praktischen Anforderungen nicht mehr.[290] Eine Neuregelung hat die Erhebung und Speicherung von DNA-Identifizierungsmustern durch das Gesetz vom 12. August 2005 erfahren.[291]

Eine Regelung von so genannten „Massengentests" enthält nunmehr § 81h   **224** StPO. Danach können Personen, die bestimmte auf den Täter vermutlich zutreffende Prüfungsmerkmale erfüllen, mit ihrer schriftlichen Einwilligung Körperzellen entnommen werden. Jedoch ist dies nur bei bestimmten Verbrechen zulässig. Diese Daten sind unverzüglich zu löschen, wenn sie zur Aufklärung des Verbrechens nicht mehr erforderlich sind (§ 81h Abs. 3 StPO). Damit wird der Tatsache Rechnung getragen, dass Datensätze völlig Unschuldiger erhoben wurden. Sie dürfen nicht gespeichert werden, um sie in anderen Zusammenhängen zu verwenden. Zweck ist lediglich die Verfolgung einer bestimmten Straftat. Die Polizei kann auf diese Daten nicht zur Gefahrenabwehr zurückgreifen.

Auf der Grundlage des geänderten § 81g StPO dürfen Beschuldigten, die der   **225** Begehung einer Straftat von erheblicher Bedeutung oder einer Straftat gegen die sexuelle Selbstbestimmung verdächtig sind, zur Identitätsfeststellung Körperzellen

---

[286] *Hellmann*, Strafprozessrecht, II, § 4, Rn. 93.
[287] BVerfG (3. Kammer des Zweiten Senats), DVBl. 2001, 454 = EuGRZ 2001, 70; BVerfG (3. Kammer des Zweiten Senats), EuGRZ 2001, 249 (252).
[288] *Härtel*, ZG 2005, 300 (303 ff.) m.w.N.
[289] *DiFabio*, in: Maunz/Dürig, Juli 2001, Art. 2 Abs. 2, Rn. 64.
[290] *Volk*, NStZ 2002, 561.
[291] Geändert durch das Gesetz vom 12. August 2005 zur Novellierung der forensischen DNA-Analyse, BGBl. I, S. 2360.

entnommen und zur Feststellung des DNA-Identifizierungsmusters molekulargenetisch untersucht werden. Voraussetzung ist entweder die Einwilligung des Beschuldigten oder eine Anordnung durch das Gericht bzw. bei Gefahr im Verzug durch die Staatsanwaltschaft (§ 81g Abs. 3 StPO). Die erhobenen Daten dürfen beim BKA gespeichert und nach Maßgabe des BKAG verwendet werden (§ 81g Abs. 5 StPO). Die Daten können für Zwecke eines Strafverfahrens, aber auch der Gefahrenabwehr und der internationalen Rechtshilfe genutzt werden (§ 81g Abs. 5 Satz 2 StPO). Nach § 8 Abs. 6 Nr. 2 i.V.m. § 2 Abs. 4 BKAG ist die Speicherung, Veränderung und Nutzung der Daten zulässig.

226   Die hochsensiblen Daten werden vom BKA verwaltet und vorgehalten, um einen schnellen Zugriff in künftigen Fällen zu ermöglichen, wobei präventive wie repressive Zwecke verfolgt werden dürfen. Solche Eingriffe in das Recht auf informationelle Selbstbestimmung und das Recht auf körperliche Unversehrtheit sind genau auf ihre Verhältnismäßigkeit hin zu untersuchen. Dies ist Aufgabe des Gerichts im Einzelfall.[292]

227   Die Gewinnung genetischer Informationen entspricht nach überzeugender Auffassung nicht den erkennungsdienstlichen Maßnahmen der Polizeigesetze und kann nicht auf dieser Rechtsgrundlage vorgenommen werden. Nur bereits vorgefundene Träger der Information wie Haare oder Blut können ausgewertet werden, weil insoweit kein Grundrechtseingriff vorliegt und die Aufgabenzuweisung als Grundlage ausreicht. Für die Verarbeitung der Daten ist dann wiederum eine Befugnisnorm notwendig, die in der allgemeinen Regelung zur Nutzung von Daten liegt.

228   Aus präventiv-polizeilichem Blickwinkel kommt der Verwendung von genetischen Informationen, die auf strafprozessualer Grundlage gewonnen wurden, besondere Bedeutung zu. Dies erkennt § 81g Abs. 5 Satz 2 StPO an. Voraussetzung für diese Zweckänderung ist eine ausdrückliche Vorschrift des Landespolizeigesetzes, die sie zulässt (s.o. 7. Kap. Rn. 40).

5.2. Übermittlung und Abgleich, insbesondere Rasterfahndung

229   Zur Verarbeitung der gewonnenen Informationen zählen auch die Übermittlung an andere staatliche Stellen oder an Dritte sowie der Abgleich mit bereits vorhandenen Daten. Die Übermittlung personenbezogener Daten ist ein eigenständiger Eingriff in das Recht auf informationelle Selbstbestimmung.[293] Deshalb reichen die allgemeine Vorschriften über die Amtshilfe (Art. 35 GG, §§ 4 ff. VwVfG) als rechtliche Grundlage nicht aus.[294] Die Polizeigesetze enthalten detaillierte Regelungen über die Voraussetzungen und Erscheinungsformen der Übermittlung personenbezogener Daten.[295] Verantwortlich für die Zulässigkeit der Übermittlung ist

---

[292] BVerfG (3. Kammer des Zweiten Senats), EuGRZ 2001, 249 (252).
[293] BVerwG, DVBl. 2005, 1324.
[294] *Schenke*, POR, Rn. 214; s. *Schlink*, Die Amtshilfe, 1982, S. 169 ff.
[295] §§ 32 f. BPolG; § 41 ff. PolG BW; Art. 40 ff. BayPAG; §§ 44 f. ASOG Bln; §§ 41 ff. BbgPolG; §§ 36c f. BremPolG; §§ 18 ff. HbgDVPolG; §§ 21 ff. HessSOG; §§ 39 ff.

die übermittelnde Stelle (§ 26 Abs. 3 Satz 1 PolG NW). Wenn die Übermittlung durch automatisierten Abruf erfolgt, trägt der abrufende Empfänger die Verantwortung für die Rechtmäßigkeit (§ 35 Abs. 1 Satz 4 POG RP). Gibt eine sachlich unzuständige Behörde personenbezogene Daten weiter, liegt auch darin ein Eingriff in das Recht auf informationelle Selbstbestimmung.[296]

Den Rahmen für die Übermittlung stellt die Erfüllung polizeilicher Aufgaben dar. Dies schließt Daten ein, die zur vorbeugenden Bekämpfung von Straftaten gespeichert wurden. Die Landesgesetze enthalten teils Sonderregelungen für bestimmte Daten. Eine Beschränkung kann insoweit bestehen, als nur die Daten von Verantwortlichen sowie Kontakt- und Begleitpersonen übermittelt werden dürfen (§ 43 Abs. 1 Satz 2 PolG BW). Daten über Personen, die zur Vorbereitung der Gefahrenabwehr gewonnen wurden, können von der Übermittlung ausgeschlossen sein (§ 27 Abs. 1 Satz 3 PolG NW). Einer Beschränkung unterliegen auch Daten, die zu kennzeichnen sind, weil sie aufgrund eines spezifischen Grundrechtseingriffs erhoben wurden (§ 21 Abs. 3 Satz 3 HessSOG).   **230**

Die Übermittlung steht in enger Verbindung mit der Erhebung der Daten, die zuvörderst in der fortbestehenden Zweckbindung Ausdruck findet. Daten, die einem Berufs- oder Amtsgeheimnis unterliegen, dürfen nur übermittelt werden, wenn der Empfänger die Daten zur Erfüllung des gleichen Zwecks benötigt, zu dem sie auch erhoben wurden.[297]   **231**

Die Gesetze unterscheiden zwischen der Übermittlung an öffentliche Stellen und der Übermittlung an nicht-öffentliche Stellen. Auch die Übermittlung personenbezogener Daten von einer Polizeibehörde an eine andere ist nur nach den gesetzlichen Maßgaben zulässig (S. § 27 PolG NW). Im Fall der Übermittlung von Daten an andere öffentliche Stellen geht es den Polizei- oder Ordnungsbehörden oftmals darum, selbst Informationen von diesen Behörden zu erhalten.   **232**

Die Übermittlung von personenbezogenen Daten an Private muss zur Erfüllung der polizeilichen Aufgaben geboten sein. Im Rahmen gewerberechtlicher Zuverlässigkeitsprüfungen oder von Sicherheitsprüfungen gefährlicher Werkstoffe werden Informationen an einen Arbeitgeber oder einen Unternehmer geleitet, um den Behörden Informationen für weitere Entscheidungen zu verschaffen. Da damit private Rechtsbeziehungen durch staatliche Stellen informatorisch beeinflusst werden, kann das Recht auf informationelle Selbstbestimmung in seiner Abwehrfunktion, aber auch in objektiv-rechtlichen Funktionen zum Zuge kommen. Staatliche Stellen trifft die Pflicht, für den rechtmäßigen Umgang mit personenbezogenen Daten zu sorgen. Diese Schutzpflicht ist in den Regelungen der Polizeigesetze über die Datenübermittlung an Private nur ansatzweise ausgestaltet.[298] Keine Probleme bereitet demgegenüber die Übermittlung von Daten zur Unterstützung der Gefahrenabwehr durch die Polizeibehörde selbst.   **233**

SOG MV; §§ 40 ff. NdsSOG; §§ 26 ff. PolG NW; §§ 34 ff. POG RP; §§ 32 ff. Saarl-PolG; §§ 44 f. SächsPolG; §§ 26 ff. SOG LSA; §§ 191 ff. LVwG SH; §§ 41 ff.

[296] BVerwG, DVBl. 2005, 1324 (1325).

[297] Z.B. § 41 Abs. 2 PolG BW; § 21 Abs. 2 HessSOG; § 26 Abs. 2 PolG NW.

[298] Vgl. *Gusy*, POR, Rn. 273.

234   **Beispiel:**
Ein V-Mann informiert die Polizei, dass zwei ihr bekannte Personen einen Überfall auf die Bank X planen. Der Filialleiter wird informiert und Fotos der potentiellen Täter werden an die Mitarbeiter der Filiale ausgehändigt.

235   Der *Datenabgleich* ist der gezielte Vergleich von Datenbeständen nach einem zur Zweckerreichung erstellten Katalog von Merkmalen über Personen oder Tatsachen. Da der Abgleich zunächst ohne Wissen der Betroffenen erfolgt, ist er kein Verwaltungsakt.[299]

236   Differenzierungen sind hinsichtlich des betroffenen Personenkreises erforderlich. Die Daten von Verhaltensverantwortlichen oder Zustandsverantwortlichen können Gegenstand des Abgleichs sein, weil diese Personen für eine Gefahr verantwortlich sind. Schon bei Nichtverantwortlichen und erst recht bei Dritten, über deren Daten die Behörden verfügen, müssen Tatsachen die Annahme rechtfertigen, dass der Datenabgleich zur Erfüllung polizeilicher Aufgaben erforderlich ist.[300]

237   Einen besonderen Fall des Datenabgleichs stellt die *Rasterfahndung* dar.[301] Die Rasterfahndung ist dem Grunde nach ein Instrument der Strafverfolgung. Nach den terroristischen Anschlägen des 11. September 2001 ist sie zum ersten Mal überhaupt im präventiv-polizeilichen Bereich angewendet worden.[302] Bei ihr handelt es sich um einen Abgleich von Datensammlungen öffentlicher und privater Stellen nach festgelegten kriminalistischen Merkmalen, dem sog. Raster. Wenn eine Polizeibehörde andere öffentliche oder staatliche Stellen zur Übermittlung von Daten für die Durchführung einer Rasterfahndung ersucht, trifft sie die Verantwortung für die Rechtmäßigkeit der Maßnahme. Die ersuchende Behörde darf nur formale Gesichtspunkte wie die Zuständigkeit prüfen, ist aber nicht selbst berechtigt, eine materielle Prüfung anzustellen und als Ergebnis dieser Prüfung die Übermittlung zu verweigern.[303]

238   **Beispiel:**
Ein verlässlicher Informant gibt der Polizei den Tipp, dass ein Terroranschlag von einer bestimmten Gruppe von Personen geplant sei. Aufgrund bereits vorhandener Informationen kennt die Polizei die Vorgehensweise dieser Gruppe. Da sich diese immer eine kleine Wohnung in einem anonymen Wohnblock mieten, sollen alle neuen Mieter von großen Wohnungsunternehmen und Wohnungsgenossenschaften abgefragt werden.

239   Bei der Rasterfahndung werden auch Daten Unbeteiligter in die Fahndung einbezogen. Darin liegt ein Eingriff in ihr Recht auf informationelle Selbstbestimmung. Der Eingriff erfasst zwangsläufig eine große Zahl polizeirechtlich Nichtverantwortlicher, die davon nichts erfahren. Das Bundesverfassungsgericht hat die Eingriffsintensität neben der großen Streubreite mit der hohen Persönlichkeitsrele-

---

[299] *Schenke*, POR, Rn. 211.
[300] Z.B. § 25 Abs. 1 Satz 2 PolG NW; § 30 Abs. 1 Satz 2 SOG LSA.
[301] Z.B. § 31 PolG NW; s. *Glaser*, Jura 2009, 742 (743 f.).
[302] *Kugelmann*, DÖV 2003, 781 (786) m.w.N.
[303] HessVGH, NVwZ 2003, 755.

vanz der vielfältigen Daten und den unabsehbaren Folgen für die betroffenen Personen begründet.[304] Es hat nicht ausgeschlossen, dass eine präventive Rasterfahndung verfassungsgemäß sein könnte, verlangt aber ein konkrete Gefahr als Voraussetzung und schließt damit die Nutzung der Befugnis zur Vorfeldaufklärung aus.[305]

Die im Einzelnen unterschiedlichen Regelungen der Landespolizeigesetze ver-   **240** langten vor dem Urteil des Bundesverfassungsgerichts für die Anwendung der Rasterfahndung in aller Regel eine gegenwärtige Gefahr.[306] In der Rechtsprechung bestand Uneinigkeit darüber, ob nach den Terroranschlägen des 11. September 2001 eine gegenwärtige Gefahr für die öffentliche Sicherheit vorlag.[307] Das OLG Düsseldorf und das OVG Rheinland-Pfalz waren der Auffassung, die Gegenwärtigkeit ergebe sich aus der andauernden Gefahr terroristischer Anschläge.[308] Dagegen sah das OLG Frankfurt a.M. keine gegenwärtige Gefahr, da konkrete Anhaltspunkte für Terroranschläge in der Bundesrepublik nicht vorlägen.[309]

Mit dem hergebrachten Verständnis des Gefahrenbegriffs ist die erweiternde   **241** Auslegung der Gegenwärtigkeit nicht zu vereinbaren. Eine gegenwärtige Gefahr zeichnet sich durch eine besondere zeitliche Nähe des drohenden Schadenseintritts aus,[310] die im Fall einer permanenten Bedrohungslage gerade nicht gegeben ist.[311] Auch wenn man die Schadenshöhe in die Betrachtung einbezieht, fehlt es an der notwendigen gesteigerten Eintrittswahrscheinlichkeit einer gegenwärtigen Gefahr, wenn im Zeitpunkt der Anordnung der Rasterfahndung keine Anhaltspunkte für unmittelbar bevorstehende Attentate vorliegen.[312] Das Erfordernis einer gegenwärtigen Gefahr macht die Rasterfahndung im Ergebnis unanwendbar, weil die Gegenwärtigkeit nie vorliegt.[313]

> Tipp: Wiederholen Sie an dem Beispiel den Begriff der gegenwärtigen Gefahr.   **242**

Die geänderten Polizeigesetze lassen eine konkrete Gefahr für allerdings hochran-   **243** gige Rechtsgüter genügen.[314] Sie versuchen, den Kreis der Personen einzuengen und den Umfang der Daten zu begrenzen. Soweit die Maßnahme auch zur vorbeu-

---

[304] BVerfGE 115, 320 (347 ff.).

[305] BVerfGE 115, 320 (357 ff.).

[306] Immer noch § 47 Abs. 1 S. 1 ASOG Berlin.

[307] Überblick bei *Bausback*, BayVBl. 2002, 713.

[308] OLG Düsseldorf, NVwZ 2002, 629; OVG RP, DÖV 2002, 743.

[309] OLG Frankfurt a.M., NVwZ 2002, 626.

[310] BVerwGE 45, 51 (58).

[311] *Achelpöhler/Niehaus*, DÖV 2003, 57; *Lisken*, NVwZ 2002, 515.

[312] *Kugelmann*, DÖV 2003, 786.

[313] *Volkmann*, Jura 2007, 132 (135).

[314] Z.B. § 40 PolG BW; § 45a NdsSOG.

genden Bekämpfung von Straftaten vorgesehen ist,[315] widerspricht dies der Rechtsprechung des Bundesverfassungsgerichts.[316]

244   Die Rechtsgrundlagen der Polizeigesetze sind verfassungskonform auszulegen. Im Einzelfall ist die Anordnung der Rasterfahndung auf ihre Verhältnismäßigkeit und dabei auch intensiv auf ihre Geeignetheit zu untersuchen. Angesichts des Zeitaufwandes, den eine Rasterfahndung erfordert, eignet sie sich grundsätzlich nicht für die schnelle Bekämpfung einer Gefahr.[317] Eine präventive Rasterfahndung, die verfassungsrechtlichen Anforderungen genügt, ist kaum realisierbar. Sie scheidet zur Aufklärung im Vorfeld der Gefahr aus und wenn die Gefahr konkret ist, kommt sie zu spät und ist ungeeignet.[318] Die Rasterfahndung kommt allenfalls als Mittel der Strafverfolgung in Betracht.

Kontrollfragen

1. Erläutern Sie die Folgen des Rechts auf informationelle Selbstbestimmung für die Grundstrukturen des Polizei- und Ordnungsrechts. (Rn. 8)
2. Lesen Sie die Vorschrift Ihres Landesrechts über die Erhebung von Daten. Wie unterscheidet sie sich von der Vorschrift über die Befragung? (Rn. 51 ff.)
3. Welchen Sinn hat die datenschutzrechtliche Zweckbindung? (Rn. 37 ff.)
4. Ist die Schleierfahndung mit der Verfassung vereinbar? (Rn. 81 ff.)
5. Wodurch unterscheiden sich verdeckte Ermittler und V-Personen? (Rn. 133 ff.)
6. Warum müssen Daten, die aus einer akustischen Wohnraumüberwachung stammen, gekennzeichnet werden? (Rn. 146).
7. Welche Kompetenzen hat der Landesgesetzgeber zur Regelung der Telekommunikationsüberwachung? (Rn. 149)
8. Worin liegt die verfassungsrechtliche Problematik der Vorratsdatenspeicherung? (Rn. 183 ff.)
9. Stellen Sie Argumente für und gegen die Verfassungsmäßigkeit der Online-Durchsuchung gegenüber. (Rn. 191 ff.)
10. Worin liegt die besondere Problematik der Rasterfahndung? (Rn. 199)

---

[315] § 23 Abs. 1 HbgPolDVG; § 31 Abs. 1 SaarlSOG; § 44 Abs. 1 Nr. 1 ThürPAG.

[316] *Pieroth/Schlink/Kniesel*, POR, § 15 Rn. 55, 56; *Schenke*, POR, Rn. 213a.

[317] *Gusy*, KritV 2002, 489 f.

[318] Ähnlich *Brenneisen/Bock*, DuD 2006, 685 (690); *Bausback*, NJW 2006, 1922 (1923); *Schewe*, NVwZ 2007, 174 (176); *Schoch*, POR, Rn. 257; *Volkmann*, Jura 2007, 132 (137).

8. Kapitel: Verantwortlichkeit

Die Polizeibehörden und die Ordnungs- oder Gefahrenabwehrbehörden richten ih- 1
re Maßnahmen an einen bestimmten Adressaten oder Adressatenkreis. Ein Eingriff in Rechte ist nach dem Grundgesetz nur zulässig, wenn er inhaltlich und per-
sonell hinreichend bestimmt ist. Voraussetzung für die Rechtmäßigkeit der
Maßnahme ist grundsätzlich, dass der Adressat für die Gefahr verantwortlich ist.

Der Verantwortliche wird auch Störer genannt, weil er die öffentliche Sicher- 2
heit stört, indem er eine Gefahr verursacht. Der früher gebräuchliche Begriff der
Haftung sollte in diesem Zusammenhang vermieden werden, weil die polizei- und
ordnungsrechtliche Verantwortlichkeit eigene Regeln aufweist, die sich von den
allgemeinen Haftungsfragen wie sie aus dem Zivilrecht bekannt sind insbesondere
durch die Unabhängigkeit vom Verschulden des Verantwortlichen erheblich unterscheiden.

1. Verantwortlichkeit und Zurechnung

1.1. Funktionen

Die Verantwortlichkeit im Polizei- und Ordnungsrecht kann nur dann angenom- 3
men werden, wenn zwischen dem Anknüpfungspunkt der Verantwortlichkeit und
der Gefahr ein Zurechnungszusammenhang besteht.[1] Verantwortlich für eine Gefahr ist grundsätzlich derjenige, dem die Gefahr zurechenbar ist. Als Anknüpfungspunkt kommt das Verhalten einer Person oder die von einem Tier oder einer
Sache ausgehende Gefahr in Betracht. Nur ausnahmsweise und unter erschwerten
Bedingungen können Maßnahmen gegen einen Nichtverantwortlichen gerichtet
werden. Die Regelungen der Ländergesetze stimmen insoweit weitgehend überein.

Der Einzelne verfügt über eine von der Verfassung und den Gesetzen ausgestal- 4
tete, geschützte Rechtsposition. In diese Rechtsposition des Individuums darf im
Rechtsstaat nur dann eingegriffen werden, wenn legitime Gründe des Gemeinwohls dies rechtfertigen. Die Freiheit des Einzelnen kann von den Polizeibehörden
und den Ordnungs- oder Gefahrenabwehrbehörden nur aufgrund einer gesetzlichen Ermächtigung beschränkt werden. Wenn zwischen dem Betroffenen und der
Gefahrenlage kein hinreichender Zusammenhang besteht, ist ein Eingriff grund-

---

[1] *Schoch*, POR, Rn. 118.

sätzlich nicht gerechtfertigt. Aus dem Schutz individueller Freiheit folgen Grenzen der polizeirechtlichen Verantwortlichkeit.[2]

5   Den Einzelnen trifft die Pflicht, keine Gefahren für die öffentliche Sicherheit zu verursachen. Diese *Polizeipflicht* wird teils für entbehrlich gehalten.[3] Die überwiegende Auffassung sieht in der Polizeipflicht eine allgemeine Nichtstörungspflicht, die durch polizeiliche Verfügungen konkretisiert wird.[4] Bedeutung hat sie für die Rechtsnachfolge. Entgegen der überwiegenden Auffassung ist eine allgemeine materielle Polizeipflicht unabhängig von konkreten Maßnahmen abzulehnen. Die polizeilichen Maßnahmen ergehen auf der Grundlage gesetzlicher Befugnisnormen zur Wahrung der öffentlichen Sicherheit und damit der Unverletzlichkeit der Rechtsordnung. Damit erfährt die Polizeipflicht die notwendige Präzisierung. Über gesetzliche Verpflichtungen hinaus besteht nur die Obliegenheit, Gefahren für die öffentliche Sicherheit zu vermeiden.[5]

6   Sowohl hinsichtlich der Verantwortlichkeit, die aus einem Verhalten resultiert, wie der Verantwortlichkeit für einen bestimmten Zustand stellen die Maßstäbe für die Zurechnung den zentralen Punkt der Entscheidung über die Verantwortlichkeit dar. Diese Maßstäbe sind aber gerade nicht geregelt. Sie müssen aus allgemeinen Grundsätzen abgeleitet werden und sind daher im Einzelnen umstritten.

7   Aus dem Wortlaut der Regelungen ergibt sich, dass der Verantwortliche in Anspruch genommen werden muss. Da die Maßnehmen gegen ihn „zu richten sind", können die Behörden grundsätzlich nicht Dritte heranziehen oder die Störung selbst beseitigen. Dies kommt erst in Betracht, wenn die Maßnahme gegen den Verantwortlichen erfolglos oder unmöglich ist. Nach den Vorschriften des Vollstreckungsrechts über die Ersatzvornahme (z.B. § 10 VwVG; s.u. 11. Kap. Rn. 32 ff.) kann die Polizei- oder Ordnungsbehörde eine vertretbare Handlung von einem Dritten vornehmen lassen, wenn der Verantwortliche die Verpflichtung nicht erfüllt. Er hat aber die Kosten der Ersatzvornahme zu tragen.

8   Die Regelungen über die Verantwortlichkeit entscheiden nicht nur darüber, wer die Maßnahmen der Gefahrenabwehr treffen oder dulden muss, sondern auch darüber, wer deren Kosten trägt.[6] In allen diesen Funktionen sind sie über das Polizeirecht hinaus anwendbar. Falls keine spezielle Bestimmung vorhanden ist, kann auf die allgemeinen Regeln der polizei- und ordnungsrechtlichen Verantwortlichkeit zurückgegriffen werden. Dies ist etwa der Fall im Versammlungsrecht[7] oder im Bauordnungsrecht.[8] Wenn dagegen spezielle Bestimmungen bestehen, gehen diese vor. Spezialgesetzliche Bestimmungen über die Verantwortlichkeit enthalten z.B. die §§ 28 ff. IfSG oder der § 4 BBodSchG.

---

[2] LVerfG MV, DÖV 2000, 71 (72) = DVBl. 2000, 262 (265) unter Verweis auf BVerfGE 17, 306 (313 f.) und 30, 250 (263) über das Verbot unnötiger Eingriffe.

[3] *Pieroth/Schlink/Kniesel*, POR, § 9 Rn. 4.

[4] *Götz*, POR, § 9 Rn. 6; *Martensen*, DVBl. 1996, 286 (287); *Schenke*, POR, Rn. 228; *Schoch*, POR, Rn. 121.

[5] *Selmer*, in: Festschrift für Bull, S. 391 (403).

[6] *Gusy*, POR, Rn. 324, 330.

[7] *Schenke*, POR, Rn. 364.

[8] *Knemeyer*, POR, Rn. 489, 545.

Beispiele: **9**
Es wird festgestellt, dass die A an einer übertragbaren Krankheit erkrankt ist. Sie wird gem. § 29 IfSG der Beobachtung unterworfen. Es bedarf keiner Prüfung einer Verhaltensverantwortlichkeit i.S.d. Polizeirechts.
Während einer Versammlung unter freiem Himmel werden Teilnehmer an der Versammlung mit Steinen auf Schaufensterscheiben. Nach § 18 Abs. 3 VersG können Teilnehmer, welche die Ordnung gröblich stören, von der Versammlung ausgeschlossen werden. Polizeibeamte können nach den Grundsätzen der Verhaltensverantwortlichkeit den Ausschluss nur gegenüber Teilnehmern anordnen, die durch ihr persönliches Verhalten die Störung verursacht, also insbesondere selbst Steine geworfen haben.

1.2. Endsubjekte der Zurechnung

Polizeirechtlich verantwortlich kann jede natürliche Person sein. Auf ihre Handlungs- oder Geschäftsfähigkeit kommt es insoweit nicht an. Auch juristische Personen des Privatrechts können herangezogen werden. Dies umfasst teilrechtsfähige Vereinigungen wie die KG, die OHG und die Gesellschaft des bürgerlichen Rechts.[9] Nicht rechtsfähige Vereinigungen, die in sich strukturiert und organisiert sind, können ebenfalls polizeirechtlich verantwortlich sein.[10] Fehlt es einer Gruppe an innerer Struktur und Organisation, kommen nur die Personen in der Gruppe als Endsubjekt der Zurechnung in Betracht.

Beispiele: **11**
Der nichtrechtsfähige Hühnerzuchtverein bewirtschaftet mehrere Gehege für Zuchthühner. Er ist verantwortlich für Gefahren, die von dem Gehege ausgehen, etwa durch lautes Gackern der Hühner oder nicht weggeräumten Hühnerkot.
Der veranstaltende Fastnachtsverein ist Verantwortlicher für die Abwehr von Gefahren durch den Rosenmontagszug, etwa durch unzureichende Absperrung oder fehlende Aufsicht über die Wägen.
Zehn Personen stehen vor einem Schnellrestaurant und packen Schlagstöcke aus mitgebrachten Rucksäcken aus. Die Polizeibeamten ordnen einen Platzverweis an. Adressaten sind die zehn einzelnen Personen, nicht die Gruppe.

Im Hinblick auf die *Verantwortlichkeit von juristischen Personen des öffentlichen* **12**
Rechts sind zwei Fragen zu unterscheiden.[11] Zum einen geht es darum, ob sie verantwortlich sein können und damit eine Verpflichtung zur Einhaltung des materiellen Rechts einhergeht. Zum anderen ist zu fragen, ob die Polizei- und Ordnungsbehörden ihnen gegenüber materielle Pflichten dadurch durchsetzen können, dass sie belastende Maßnahmen ergreifen. Die Besonderheit besteht darin, dass juristische Personen des öffentlichen Rechts als Hoheitsträger ebenso an Gesetz und Recht gebunden sind wie die Polizei- und Ordnungsbehörden (Art. 20 Abs. 3 GG). Beide sind mit der Erfüllung von Aufgaben betraut, beide sind Behörden i.S.d. § 1 Abs. 4 VwVfG. Wenn der Hoheitsträger Adressat polizeilicher Maßnahmen ist,

---

[9] Zur Teilrechtsfähigkeit der Gesellschaft bürgerlichen Rechts BGHZ 146, 341.
[10] *Schenke*, POR, Rn. 232.
[11] Eingehend *Borowski*, VerwArch 102 (2011), 58.

kommen unterschiedliche staatliche Stellen miteinander in Konflikt. Der Schutz von Rechtsgütern durch die Polizei- und Ordnungsbehörden kann die Aufgabenerfüllung anderer Hoheitsträger berühren.[12]

13   Hoheitsträger kommen als Verantwortliche dem Grunde nach in Betracht.[13] Sie sind aufgrund des Art. 20 Abs. 3 GG an das materielle Polizei- und Ordnungsrecht gebunden. Die Rechtsbindung umfasst auch die Bindung von Einrichtungen des Bundes an einschlägiges Landesrecht. Hoheitsträger können genauso Gefahren verursachen wie Private und sind genauso verantwortlich. Die Pflichten zur Rechtsbefolgung können ausnahmsweise modifiziert sein, wenn dies die Aufgabenerfüllung oder die Erhaltung der Funktionsfähigkeit des Hoheitsträgers zwingend erfordern. Häufig auftretende Fälle sind gesetzlich geregelt.

14   **Beispiel:**
Bei der Verfolgung eines flüchtigen Diebes überschreiten die Polizeibeamten mit ihrem Dienstwagen die zulässige Höchstgeschwindigkeit. Nach § 35 StVO ist die Polizei von den Vorschriften der Straßenverkehrsordnung jedoch befreit, soweit dies zur Erfüllung hoheitlicher Aufgaben dringend geboten ist.

15   Die Kompetenz der Polizei- und Ordnungsbehörden, mit polizeilichen Maßnahmen gegen andere Behörden vorzugehen, besteht nach einhelliger Auffassung im Fall der polizeilichen Eilzuständigkeit in Notfällen (z.B. § 1 Abs. 1 Satz 3 PolG NW).[14] Polizeiliche Anordnungen, die nicht den öffentlich-rechtlichen Wirkungskreis des anderen Hoheitsträgers betreffen, sind ebenso zulässig wie nicht eingreifende polizeiliche oder ordnungsbehördliche Maßnahmen. Anregungen oder Hinweise auf mögliche Gefahren im Wege der Kooperation von Verwaltungen sind unproblematisch. Ein Vorgehen der Polizei- und Ordnungsbehörden kann spezialgesetzlich vorgesehen sein.[15]

16   Darüber hinaus lehnt die noch überwiegende Auffassung ein Eingreifen der Polizeibehörden gegenüber anderen staatlichen Stellen grundsätzlich ab.[16] Polizeiliche Verfügungen gegen Hoheitsträger sind unzulässig. Die Handlungsbefugnis der Polizei- und Ordnungsbehörden reicht nur so weit, bis die Erfüllung hoheitlicher Aufgaben der anderen Behörde erheblich beeinträchtigt würde. Die Anwendung von Zwangsmitteln gegen Behörden und juristische Personen des öffentlichen Rechts scheidet aufgrund der ausdrücklichen gesetzlichen Anordnung aus (§ 17 VwVG). Allerdings kann die Gefahrenabwehrbehörde gegenüber der verantwortlichen Behörde Sekundäransprüche geltend machen, also die Kosten für eine Beseitigung der Gefahr verlangen.[17]

---

[12] *Rudolf*, Polizei gegen Hoheitsträger, 1965.
[13] BVerwGE 29, 52 (56 ff.); *Götz*, POR, 3 9, Rn. 75.
[14] S. *Oldiges*, JuS 1989, 616; *Würtenberger/Heckmann*, PolR BW, Rn. 492.
[15] BVerwG, NVwZ 2003, 346.
[16] *Denninger*, in: Lisken/Denninger, E Rn. 84 ff.; *Drews/Wacke/Vogel/Martens*, Gefahrenabwehr, § 15 3b und § 19 4b; *Knemeyer*, POR, Rn. 352; *Pieroth/Schlink/Kniesel*, POR, § 9 Rn. 8a; *Schenke*, POR, Rn. 234; *Würtenberger*, in: Achterberg/Püttner, § 21, Rn. 218.
[17] BVerwG, NVwZ 1999, 421; OVG SH, NVwZ 2000, 1196.

Die im Vordringen befindliche Gegenauffassung hält das Ergreifen polizei-   **17**
licher Maßnahmen außer Zwangsmaßnahmen für zulässig.[18] Der Fall einer ernst-
lichen Beeinträchtigung der Aufgabenerfüllung sei nur beim Einsatz von
Zwangsmitteln gegeben. Eine materielle Polizeipflicht der verantwortlichen Behörde löse die Befugnis der Polizei zur Durchsetzung von Maßnahmen der Gefahrenabwehr aus. Da die Polizei- oder Ordnungsbehörde für die Gefahrenabwehr
sachlich zuständig sei, kann sie auch Maßnahmen gegenüber anderen Behörden
ergreifen.[19]

Im Kern geht es um die effektive Erfüllung der Aufgaben, die den Polizei- und   **18**
Ordnungsbehörden sowie den anderen Hoheitsträgern obliegen. Infolge der Privatisierung der Wahrnehmung öffentlicher Aufgaben sind eine Reihe von früher relevanten Konstellationen ohnehin nach den allgemeine Regeln zu lösen, da etwa
Bahn oder Post privatrechtlich organisiert sind. Für die verbleibenden Fälle ist die
Wahrung der Funktion entscheidend, die den Behörden gesetzlich zugeschrieben
ist.[20]

Maßnahmen der Polizei- und Ordnungsbehörden gegenüber juristischen Perso-   **19**
nen des öffentlichen Rechts sind nur dann ausgeschlossen, wenn sie deren Funktionsfähigkeit beeinträchtigen. Bei Zwangsmaßnahmen trifft dies regelmäßig zu.
Allerdings sind insbesondere ordnungsbehördliche Maßnahmen gegen staatliche
Stellen zulässig, wenn die Funktionsfähigkeit der staatlichen Stelle nur am Rande
berührt wird. Die Aufgabenwahrnehmung der anderen Behörde wird von dem Tätigwerden einer Gefahrenabwehr- oder Ordnungsbehörde oftmals nicht berührt,
dieses ist dann zulässig. Spezialgesetzliche Regelungen, etwa im Immissions-
schutzrecht, tragen dem Rechnung.[21]

> **Beispiel:**   **20**
> Die Eintragung eines Bundesforstes ins Waldverzeichnis ist kein Eingriff und daher zu-
> lässig.
> Wenn nachts um 3 Uhr in einem Zimmer des Rathauses Schüsse zu hören sind, kann die
> Polizei das Rathaus betreten und Maßnahmen gegen den Schützen ergreifen. Es handelt
> sich um einen Eilfall.
> Von einer Kaserne der Bundeswehr gehen Verunreinigungen des Grundwassers aus.[22]

Die Verantwortlichkeit ist unabhängig von der Staatsangehörigkeit. Wenn der   **21**
Verantwortliche ein Unionsbürger mit Wohnsitz in einem anderen Mitgliedstaat
ist, kann er nur nach Maßgabe des Unionsrechts in Anspruch genommen werden.[23]
Diskriminierungen aufgrund der Staatsangehörigkeit sind daher ausgeschlossen
(Art. 9 EUV). Im Anwendungsbereich der Grundfreiheiten sind Beschränkungen

---

[18] *Britz*, DÖV 2002, 891; *Schoch*, POR, Rn. 125.
[19] *Kluth*, Landesrecht S-Anh., § 3 Rn. 226.
[20] Vgl. *Rudolf*, Polizei gegen Hoheitsträger, 1965, S. 26 ff.
[21] BVerwG, NVwZ 2003, 346; vgl. § 85 SOG MV, wonach der Vollzug durch Rechtsvor-
   schrift ausdrücklich zugelassen sein muss.
[22] Vgl. *Repkewitz*, Bundeswehr und Umweltschutz, 1999.
[23] *Lindner*, JuS 2005, 302 (305).

durch polizeiliche oder ordnungsbehördliche Maßnahmen nur dann gerechtfertigt, wenn sie aufgrund eines legitimen Gesetzes ergehen und verhältnismäßig sind.

22   Adressat einer polizeilichen oder ordnungsbehördlichen Maßnahme kann nur sein, wer an die deutschen Gesetze gebunden ist. Die Polizei muss berechtigt sein, gegen das störende Verhalten einzuschreiten. Gegen Personen, die besondere Vorrechte genießen, darf die Polizei entweder überhaupt keine oder nur bestimmte Maßnahme ergreifen.[24] Die Immunität von Abgeordneten des Bundestages richtet sich nach Art. 46 GG. Privilegien können auch aufgrund des allgemeinen Völkerrechts oder aufgrund besonderer Vereinbarungen bestehen. Über Vorrechte und Befreiungen verfügen insbesondere die Mitglieder diplomatischer Missionen und konsularischer Vertretungen.[25]

23   **Beispiel:**
Der Botschafter des Staates X wird in seinem Kfz an einer polizeilichen Kontrollstelle angehalten. Als er sich als Diplomat zu erkennen gibt, lassen ihn die Polizeibeamten sofort weiterfahren. Falls das Kfz durch eine Plakette mit der Aufschrift „CD" (Corps Diplomatique) schon äußerlich als Fahrzeug der Botschaft gekennzeichnet ist, darf es nicht angehalten werden.

2. Verhaltensverantwortlichkeit

24   Wer eine Gefahr durch sein Handeln oder Unterlassen verursacht, ist für sie verantwortlich.[26] Die Beurteilung der polizeirechtlichen Verantwortlichkeit ist von zivilrechtlichen Schadensersatzansprüchen und strafrechtlichen Sanktionen unabhängig. Auf ein Verschulden kommt es im Polizei- und Ordnungsrecht nicht an. Grundlage der Verhaltensverantwortlichkeit ist die Ursächlichkeit des Verhaltens für eine polizeiliche Gefahr, deren Feststellung eine wertende Betrachtung erfordert. In diese Wertung geht ein, ob der Gefährdende die Schwelle des hinnehmbaren Risikos überschritten hat. Seine Risikosphäre ist von der des Gefährdeten und von der Risikosphäre der Allgemeinheit abzugrenzen.[27] Letztlich kommt es auf die Zurechenbarkeit der Gefahr zu einer Person an.[28]

---

[24] *Drews/Wacke/Vogel/Martens*, Gefahrenabwehr, § 19 4c.

[25] *Fischer*, in: Ipsen (Hrsg.), Völkerrecht, 5. Aufl. 2004, §§ 35 ff.

[26] § 17 BPolG; § 6 PolG BW; Art. 7 BayPAG und Art. 9 Abs. 1 BayLStVG; § 13 ASOG Bln; § 5 BbgPolG und § 16 BbgOBG; § 5 BremPolG; § 8 HbgSOG; § 6 HessSOG; § 69 SOG MV; § 6 NdsSOG; § 4 PolG NW und § 17 OBG NW; § 4 POG RP; § 4 SaarlPolG; § 4 SächsPolG; § 7 SOG LSA; § 218 LVwG SH; § 7 ThürPAG und 10 ThürOBG.

[27] S. *Pietzcker*, DVBl. 1984, 457; *Selmer*, JuS 1992, 97.

[28] Die Ansätze in der Literatur unterscheiden sich in vielen Nuancen, kommen aber zumeist zu identischen Ergebnissen; Übungsfälle bei *Beaucamp*, JA 2009, 279 (282 ff.).

2.1. Zurechnungskriterien

Ein Verhalten ist nicht schon dann zurechenbar, wenn bei Wegdenken des Verhal- **25**
tens der Erfolg entfiele. Zwar muss das Verhalten „conditio sine qua non" sein.[29]
Die Äquivalenztheorie allein greift aber für das Polizeirecht zu kurz.[30] Da nach ihr
alle Bedingungen für den Erfolg zunächst gleichwertig sind, würde der Kreis der
Verantwortlichen zu weit gezogen, da das Korrektiv des Verschuldens im Polizeirecht nicht zur Verfügung steht.[31]

Die von der zivilgerichtlichen Rechtsprechung entwickelte Adäquanztheorie **26**
grenzt untypische Geschehensabläufe und Verhaltensfolgen aus, um eine Zurechnung zu verhindern. Im Polizeirecht sind es aber oftmals gerade atypische Ge-
schehnisse, die zu einer Gefahr führen. Daher ist die Adäquanztheorie ungeeignet.[32]

Die Zurechnung im Polizei- und Ordnungsrecht erfolgt nach der *Theorie der* **27**
unmittelbaren Verursachung, die von der überwiegenden Auffassung vertreten
wird.[33] Eine Person ist für eine Gefahr verantwortlich, wenn ihr Verhalten die
Schwelle zur konkreten Gefahr unmittelbar überschreitet. Lediglich mittelbare
Bedingungen begründen keine Zurechnung.[34] In den allermeisten Fällen bereitet
die Festlegung der unmittelbaren Verursachung keine Schwierigkeiten. Da
Schutzgut die öffentliche Sicherheit und damit die Unverletzlichkeit der Rechtsordnung ist, verursacht derjenige unmittelbar die Gefahr, der das Recht verletzt.[35]

> **Beispiele:** **28**
> Hooligan H randaliert auf der Straße vor dem Fußballstadion. Dieses Verhalten begrün-
> det unmittelbar eine Gefahr. Polizeibeamte nehmen ihn in Gewahrsam. Der Fahrer eines
> PKW fährt Schlangenlinien, Polizeibeamte halten ihn an und stellen seine Identität fest.

Auch die Theorie der unmittelbaren Verursachung beinhaltet Wertungen.[36] Sie **29**
stellt aber einen gefahrspezifischen Rahmen für diese Wertungen zur Verfügung.
Die Verantwortlichkeit knüpft daran an, wer die letzte und wesentliche Ursache
für die Gefahr gesetzt hat.[37] Durch das Verhalten wird die hinreichende Wahrscheinlichkeit eines Schadenseintritts unmittelbar begründet oder erhöht. Zwar

---

[29] OVG Hbg, NJW 2000, 2600 (2601); SächsOVG, NJW 1997, 2253 (2254); *Denninger*,
  in: Lisken/Denninger E Rn. 75; *Würtenberger/Heckmann*, PolR BW, Rn. 441.
[30] A.A. *Muckel*, DÖV 1998, 18.
[31] *Gusy*, POR, Rn. 334; *Knemeyer*, POR, Rn. 323.
[32] *Schenke*, POR, Rn. 241; *Schoch*, POR, Rn. 127.
[33] VGH BW, NVwZ-RR 1996, 387 (388); OVG Hbg, DÖV 1983, 1016 (1017); HessVGH,
  NVwZ-RR 1989, 137; OVG Nds, NVwZ 1988, 638 (639); OVG NW, NJW 1993, 2698;
  OVG RP, DVBl. 1991, 1376 (1377); *Drews/Wacke/Vogel/Martens*, Gefahrenabwehr,
  § 20, Ziff. 3 m.w.N. zur älteren Rechtsprechung.
[34] *Knemeyer*, POR, Rn. 325.
[35] *Schoch*, POR, Rn. 128.
[36] *Gusy*, POR, Rn. 335; *Zeitler*, DÖV 1997, 373.
[37] *Schenke*, POR, Rn. 242

bleibt ein Rest an Unklarheit,[38] dies liegt aber im Charakter als Wertung begründet. Ihre Praktikabilität spricht für die Theorie der unmittelbaren Verursachung.

30   Spezifisch polizeirechtlich ist auch die *Theorie der rechtswidrigen Verursachung*, nach der das zurechenbare Verhalten in der Verletzung einer Rechtsnorm besteht.[39] Ursprünglich wurde sie als eigene Theorie entwickelt, inzwischen haben ihre Elemente der Pflichtwidrigkeit und der Risikozurechnung Aufnahme in die Theorie der unmittelbaren Verursachung gefunden.[40] Von diesem Ausgangspunkt aus lassen sich nahezu alle Fälle lösen. Nur wenn eine Gebots- oder Verbotsnorm fehlt, bedarf es weiterer Zurechnungsgesichtspunkte. Dies ist selten, da die Rechtsordnung ein enges Geflecht von Handlungs- oder Unterlassungspflichten aufstellt, deren Verletzung eine polizeiliche Gefahr darstellt. Wenn man zutreffender Weise die öffentliche Ordnung als polizeiliches Schutzgut ablehnt[41] und damit ungeschriebene Verhaltensnormen nicht als schützenswerte Rechtsgüter ansieht, sind die beiden Theorien weitgehend deckungsgleich.

31   Die *Theorie der sozialinadäquaten Verursachung* stellt darauf ab, ob das Verhalten sozial inadäquat ist.[42] Sie teilt mit der Theorie der rechtswidrigen Verursachung den Ansatz, dass die Verletzung von rechtlichen Handlungs- oder Unterlassungspflichten eine Verantwortlichkeit des Verletzers begründet. Rechtlich ungeregelte Fälle sollen unter dem Gesichtspunkt der Adäquanz bewertet werden, indem die Verletzung einer Sozialnorm nur zur Verantwortlichkeit führt, wenn ein geschütztes Rechtsgut unerlaubt gefährdet wird. Diese Kriterien überzeugen nicht, weil sie mit der Gefährdung ein Element der Zurechnung enthalten, das gerade geklärt werden soll.[43] Der Verweis auf soziale Inadäquanz lenkt von den rechtlichen Kriterien für die Zurechnung ab. Daher ist im Ergebnis die Theorie der unmittelbaren Verursachung vorzuziehen.

32   Die drei polizeilichen Zurechnungstheorien haben in nahezu allen Fällen identische Ergebnisse.[44] Rechtsverletzungen führen grundsätzlich zur Zurechnung, wenn nicht das Verhalten einer anderen Person hinzutritt. Erfolgt das Verhalten in Ausübung eines Rechts, kann es nicht die polizeirechtliche Störereigenschaft zur Folge haben. Wer rechtmäßig handelt, ist nicht Störer.[45] Macht eine Person von einer behördlichen Genehmigung Gebrauch, greift deren Legalisierungswirkung durch und soweit diese reicht, ist das Verhalten erlaubt.[46]

---

[38] Kritisch *Gusy*, POR, Rn. 335 ff.

[39] *Schnur*, DVBl. 1962, 1; *Denninger*, in: Lisken/Denninger E Rn. 81; *Erichsen*, VVDStRL 35 (1977), 171 (205 f.).

[40] *Schoch*, POR, Rn. 129.

[41] Dazu s.o. 5. Kap., Rn. 76 ff.

[42] *Hurst*, AöR 83 (1958), 43 (75 ff.); *Gusy*, POR, Rn. 339.

[43] *Schoch*, POR, Rn. 129.

[44] *Götz*, POR, § 9 Rn. 13; *Schenke*, POR, Rn. 243.

[45] *Götz*, POR, § 9 Rn. 15; *Pieroth/Schlink/Kniesel*, POR, § 9, Rn. 17.

[46] *Schoch*, POR, Rn. 130.

> Klausurtipp: Wenn die Theorien zum gleichen Ergebnis kommen, erübrigt   33
> sich ihre vertiefte Darstellung. Abhängig vom Zeithaushalt in der Übungs-
> arbeit kann ihre kurze Erwähnung Punkte bringen.

Nach der Theorie der unmittelbaren Verursachung sind Konstellationen zu beur-   34
teilen, in denen mehrere Personen als Störer in Betracht kommen. Störer ist, wer
als letzter eine Mitursache gesetzt hat. Können die Ursachen nicht voneinander
unterschieden werden, kann eine Mitursächlichkeit die Verantwortlichkeit begründen.[47]

Beispiel:[48]   35
Wird ein Kfz von drei Seiten zugeparkt, ist derjenige polizeirechtlich verantwortlich,
der als letzter sein Fahrzeug parkte und dadurch unmittelbar die Störung verursacht
hat.[49]

Liegt eine Anscheinsgefahr vor, kann man grundsätzlich vom Anscheinsstörer   36
sprechen.[50] Allerdings ist auf die Eingrenzung der Rechtsfolgen zu achten, die dieser Bewertung entspringen.[51] Dies gilt insbesondere für die Kostenfolge.[52] Ein
Verzicht auf den Begriff wäre ratsam.[53] Vorsicht ist auch vor dem Begriff des
Verdachtsstörers geboten, der den Gefahrenverdacht verursacht.[54] Der bloße Verdacht, dass die Person ursächlich für die Gefahrensituation war, reicht nicht aus.
Die Ursächlichkeit muss aufgrund der Theorie der unmittelbaren Verursachung
festgestellt werden.

Eine *Verhaltensverantwortlichkeit durch Unterlassen* kann entstehen, wenn ei-   37
ne Rechtspflicht zum Handeln bestand. Grundlage für diese Rechtspflicht kann
nach zutreffender Auffassung nur eine Norm des öffentlichen Rechts sein, nicht
aber eine solche des Zivilrechts.[55] Zur Durchsetzung zivilrechtlicher Pflichten, etwa von Verkehrssicherungspflichten, dient das Zivilrecht mit seinen eigenen
Durchsetzungsmechanismen. Erst wenn die Nichtbeachtung zivilrechtlicher Verpflichtungen in die Verletzung öffentlich-rechtlich geschützter Rechtsgüter umzu-
schlagen droht, ist Raum für das Polizei- und Ordnungsrecht.[56]

---

[47] VGH BW, VBlBW 1995, 281; BayVGH, NVwZ-RR 1997, 617; OVG Nds, NJW 1998,
   97.
[48] OVG NW, DÖV 2001, 215.
[49] Zum Zuparken s.o. 5. Kap., Rn. 74 f.
[50] VGH BW, DVBl. 1990, 1047 (1048); BayVGH, NVwZ-RR 1996, 645 (646); OVG NW,
   NVwZ-RR 1994, 386 (387).
[51] Daher die Kritik von *Schenke*, POR, Rn. 264.
[52] *Schoch*, POR, Rn. 132.
[53] *Götz*, POR, § 6 Rn. 39.
[54] Vgl. *Pieroth/Schlink/Kniesel*, POR, § 9, Rn. 24 f.
[55] VGH BW, ZUR 2002, 227; OVG NW, NVwZ-RR 1988, 20 (21); *Götz*, POR, § 9 Rn. 42;
   Schoch, POR, Rn. 133; *Selmer*, JuS 1992, 97; a.A. *Pieroth/Schlink/Kniesel*, POR, § 9,
   Rn. 6 f; *Schenke*, POR, Rn. 239.
[56] Daraus folgen die Lösungen für die von *Pieroth/Schlink/Kniesel*, POR, § 8 Rn. 7 für ihre
   Gegenauffassung angeführten Fälle, wie hier auch *Schoch*, Rn. 133 mit Fn. 692.

38   Die Verhaltensverantwortlichkeit aufgrund eines Unterlassens ist von der Zustandsverantwortlichkeit abzugrenzen. Die Verletzung von Pflichten des Eigentümers oder des Inhabers der Sachherrschaft zur Instandhaltung einer Sache begründet die Eigenschaft als Zustandsstörer. Eine Verhaltenverantwortlichkeit durch Unterlassen kommt insbesondere bei der Nichtbeachtung öffentlich-rechtlicher Verkehrssicherungspflichten in Betracht.

39   **Beispiel:**[57]
Der A hat eine Stützmauer errichtet, diese aber verrotten lassen. Sie droht einzustürzen und auf das Nachbargrundstück zu fallen. Unabhängig von einer Zustandsverantwortlichkeit ist A deshalb polizeilich verantwortlich, weil er es unterlassen hat, für die Standsicherheit der Mauer zu sorgen.

40   In den Vorschriften der Polizeigesetze über die Verhaltensverantwortlichkeit ist die parallele Verantwortlichkeit ausdrücklich geregelt, die zu der Verantwortlichkeit einer anderen Person hinzutritt.[58] Wenn Minderjährige, die ein gewisses Lebensalter – zumeist 14 Jahre – noch nicht überschritten haben, eine Gefahr verursachen, können Maßnahmen auch gegen den Personensorgeberechtigten gerichtet werden. Gleiches gilt im Fall von Personen, für die ein Betreuer bestellt ist, hinsichtlich des Betreuers. Führt der Verrichtungsgehilfe in Ausführung der Verrichtung eine Gefahr herbei, ist auch der Geschäftsherr verantwortlich (vgl. § 831 BGB). Die zivilrechtlich geregelten Voraussetzungen der Eigenschaft als Verrichtungsgehilfe müssen vorliegen.[59]

41   Spezielle Vorschriften zur Verantwortlichkeit enthält insbesondere das Umweltrecht. Hinsichtlich der Verursachung von Immissionen können oftmals Verhaltensverantwortlichkeit und Zustandverantwortlichkeit nebeneinander bestehen. Die Verantwortung für die Beherrschung von Risiken und für die Risikovorsorge geht über den engeren Bereich der Verantwortlichkeit für die Abwehr einer Gefahr hinaus und ist daher Gegenstand einschlägiger Spezialregelungen. Die Pflichten des Betreibers einer Anlage gem. § 5 BImSchG zielen auf die umfassende Vermeidung schädlicher Umwelteinwirkungen durch die Anlage.

42   **Beispiel:**
Zur Umsetzung der Emissionshandel-Richtlinie 2003/87/EG,[60] die auch zu Modifikationen des Vorsorgeprinzips in § 5 BImSchG führt,[61] erging das Treibhausgas-Emis-

---

[57] OVG NW, NVwZ-RR 1988, 20.

[58] Z.B. § 4 Abs. 2 und 3 PolG NW.

[59] *Schoch*, POR, Rn. 142; s. *Schenke*, POR, Rn. 266 zu § 4 Abs. 3 BBodSchG.

[60] Richtlinie 2003/87/EG des Europäischen Parlaments und des Rates vom 13. Oktober 2003 über ein System für den Handel mit Treibhausgasemissionszertifikaten in der Gemeinschaft und zur Änderung der Richtlinie 96/61/EG des Rates, ABl. L 275, S. 32.

[61] *Kotulla*, in: ders. (Hrsg.), Bundes-Immissionsschutzgesetz, Nov. 2004, Kennz.100.5, Rn. 16g.

sionshandelsgesetz.[62] In seinem § 3 Abs. 7 bestimmt es den Begriff des Verantwortlichen.

2.2. Der Zweckveranlasser

Die überwiegende Auffassung bejaht die Zulässigkeit von Maßnahmen gegen den **43**
Zweckveranlasser.[63] Der Zweckveranlasser nimmt eine neutrale Handlung vor, die
Dritte dazu veranlasst, die öffentliche Sicherheit oder Ordnung zu verletzen. Zwischen seinem Verhalten und der Gefahr besteht nach dieser Meinung ein enger
Wertungszusammenhang. Es wird ein praktisches Bedürfnis im Dienste effektiver
Gefahrenabwehr gesehen, die Person polizeilich verantwortlich zu machen, die
selbst nicht stört, aber zur Entstehung der Gefahr durch das Herbeiführen einer bestimmten Situation beigetragen hat.[64]

> **Beispiel:**   **44**
> Ein Omnibusunternehmer transportiert Personen zu einer Demonstration, obwohl er
> weiß, dass diese verboten ist. Der Inhaber eines Geschäfts für Sportgeräte lässt in seinem Schaufenster einen berühmten Popstar auf einem Hometrainer radeln, wodurch auf
> dem Bürgersteig eine Menschenmenge zusammenkommt, die den Verkehr behindert.
> Die Polizei kann nach überwiegender Auffassung Maßnahmen gegen den Omnibusunternehmer oder den Geschäftsinhaber als Zweckveranlasser ergreifen. Nach der Gegenauffassung ist dies unzulässig und die Maßnahmen müssen gegen die potenziellen Versammlungsteilnehmer bzw. die Personen auf dem Bürgersteig gerichtet werden.

Die Konstruktion des Zweckveranlassers wird zu Recht abgelehnt.[65] Sie steht mit   **45**
der Theorie der unmittelbaren Verursachung nicht in Einklang.[66] Die veranlassende Person verhält sich selbst rechtmäßig. Eine polizeirechtswidrige Situation wird
erst durch das eigenverantwortliche Verhalten Dritter geschaffen. Diese sind die
geeigneten Adressaten polizeilicher Maßnahmen. Derjenige, der zur Entstehung
der Gefahrensituation nur beigetragen hat, kann lediglich unter den Voraussetzungen des polizeilichen Notstandes als Nichtstörer in Anspruch genommen werden.

---

[62] Gesetz vom 8. Juli 2004 über den Handel mit Berechtigungen zur Emission von Treibhausgasen, BGBl. I, S. 1578, zuletzt geändert durch das Gesetz zur Änderung der Rechtsgrundlagen zum Emissionshandel im Hinblick auf die Zuteilungsperiode 2008 bis 2012 vom 10. August 2007, BGBl. I, S. 1788.

[63] VGH BW, NVwZ-RR 1995, 663; HessVGH, DÖV 1992, 753 (754); *Götz*, POR, § 9, Rn. 29; *Schenke*, POR, Rn. 244 ff.; *Würtenberger*, in: Achterberg/Püttner, § 21, Rn. 209; *Würtenberger/Heckmann*, PolR BW, Rn. 448.

[64] *Götz*, NVwZ 1998, 679 (687).

[65] *Erbel*, JuS 1985, 257 (261 ff.); *Pieroth/Schlink/Kniesel*, POR, § 9, Rn. 27 ff.; *Rühl*, NVwZ 1988, 577 f.; kritisch auch *Denninger*, in: Lisken/Denninger, E Rn. 75 ff.; von anderem Ausgangspunkt ablehnend *Muckel*, DÖV 1998, 18 ff.

[66] S. insoweit hinsichtlich einiger Konstellationen zustimmend *Drews/Wacke/Vogel/Martens*, Gefahrenabwehr, § 20 3.

46   Selbst soweit die Verantwortlichkeit des Zweckveranlassers bejaht wird, muss verfassungsrechtlichen Grenzen Rechung getragen werden. Während die Rechtsprechung den Anwendungsbereich der Figur des Zweckveranlassers teilweise sehr weit ausdehnt, mahnen Stimmen in der Literatur zur Zurückhaltung.[67] Eingriffe in die Grundrechte müssen verhältnismäßig sein. Tätigkeiten, die durch Art. 12 oder 14 GG geschützt sind, können nicht ohne weiteres als polizeirechtswidrig bewertet werden. Erst recht darf im Versammlungsrecht wegen Art. 8 GG die Figur des Zweckveranlassers nicht angewendet werden.[68]

47   **Beispiele:**
Eine Versammlung von Rechtsextremisten wird gestört, weil eine Gruppe von Linksextremisten gewaltsam vorgeht und Steine wirft. Eine Auflösung der Versammlung wäre rechtswidrig, weil die Rechtsextremisten nicht verantwortlich sind. Sie können nicht als Zweckveranlasser in Anspruch genommen werden. Die polizeilichen Maßnahmen müssen gegen die eigentlichen Störer ergehen, also gegen die Linksextremisten.
Der Veranstalter eines Rockkonzerts übt seinen Beruf aus. Er ist nicht Zweckveranlasser hinsichtlich möglicher Ausschreitungen.[69]

3. Zustandsverantwortlichkeit

3.1. Grund und Voraussetzungen

48   Der Grund der Zustandsverantwortlichkeit liegt in der Einwirkungsmöglichkeit auf die Sache, die in der Sachherrschaft Ausdruck findet.[70] Die Beherrschung der Sache ist Voraussetzung für die Abwehr der von der Sache ausgehenden Gefahr.[71] Eine Beurteilung der Sachherrschaft erfolgt nach polizeirechtlichen Kriterien.[72] Zur Konkretisierung der Sachherrschaft knüpft das Polizei- und Ordnungsrecht an die zivilrechtlichen Kategorien von Eigentum und Besitz an.

49   Die Polizei- oder Ordnungsbehörden können Personen in Anspruch nehmen, die für eine Gefahr verantwortlich sind, welche von einer Sache und deren Zustand oder einem Tier ausgeht.[73] Aus der Situation, in der sich eine Sache im Ver-

---

[67] *Trute*, Die Verwaltung 32 (1999), 73 (81).

[68] *Enders*, Jura 2003, 103 (108); *Laubinger/Repkewitz*, VerwArch 93 (2002), 149 (173 ff.); a.A. *Schoch*, POR, Rn. 141..

[69] So auch *Schenke*, POR, Rn. 246; *Schoch*, POR, Rn. 141.

[70] OVG Hbg, NJW 1992, 1909; OVG NW, NWVBl. 1998, 64 (65); NJW 2000, 2124 (2125); vertiefend *Lepsius*, Besitz und Sachherrschaft im öffentlichen Recht, 2002, S. 224 ff.

[71] *Gusy*, POR, Rn. 350.

[72] *Götz*, NVwZ 1998, 679 (688).

[73] § 18 BPolG; § 7 PolG BW; Art. 8 BayPAG und Art. 9 Abs. 2 BayLStVG; § 14 ASOG Bln; § 6 BbgPolG und § 17 BbgOBG; § 6 BremPolG; § 9 HbgSOG; § 7 HessSOG; § 70 SOG MV; § 7 NdsSOG; § 5 PolG NW und § 18 OBG NW; § 5 POG RP; § 5 SaarlPolG; § 5 SächsPolG; § 8 SOG LSA; § 219 LVwG SH; § 8 ThürPAG und § 11 ThürOBG.

hältnis zu ihrer Umwelt befindet, können Schäden resultieren. Zum Zweck der Gefahrenabwehr muss eine Person in Anspruch genommen werden, die in der Lage ist, den Schadenseintritt zu verhindern. Dies ist zuvörderst der Inhaber der tatsächlichen Sachherrschaft. Ob er die Sachherrschaft rechtmäßig oder unrechtmäßig erworben hat, ist für das Polizei- und Ordnungsrecht nicht von Bedeutung. Als Adressat kommen zudem der Eigentümer oder andere zur Verfügung über die Sache Berechtigte in Betracht, falls nicht der Inhaber der tatsächlichen Gewalt diese ohne den Willen des Eigentümers oder Berechtigten ausübt.

Beispiele: 50
Dem Eigentümer eines Grundstücks wird aufgegeben, den dort stehenden Baum zu beschneiden, weil die Äste auf den Gehweg zu fallen drohen. Gegen den Hundehalter wird ein Leinenzwang angeordnet.
Der K ist Eigentümer eines Felsgeländes. An die Straße unterhalb der Felswand grenzen mit Wohnhäusern bebaute Grundstücke. Da das Gestein porös geworden ist, besteht akute Steinschlaggefahr. Die zuständige Behörde gibt dem K auf, Sicherungsmaßnahmen auf seine Kosten vornehmen zu lassen. Die Verfügung gegen K als Zustandsverantwortlichen ist rechtmäßig.[74]

Voraussetzung für die Zustandsverantwortlichkeit ist, dass die von der Sache ausgehende Gefahr dem Adressaten der polizeilichen Maßnahme zurechenbar ist. Die Zurechnung erfolgt nach der *Theorie der unmittelbaren Verursachung* (s.o. 8. Kap., Rn. 27 ff.).[75] Ausgangspunkt der Gefahr kann die Beschaffenheit der Sache selbst oder ihre Lage im Raum sein.[76] Zurechenbar ist sie dem Inhaber der Sachherrschaft, wenn er die letzte Möglichkeit der Einflussnahme auf die Sache hat. Das Hinzutreten eines Dritten kann die Zurechnung verhindern, weil dann der Dritte als Verantwortlicher in Betracht kommt.   51

Der Rückgriff auf den Zustandsverantwortlichen ist für eine effektive Gefahrenabwehr unabdingbar, weil die Inanspruchnahme des Verhaltensstörers aussichtslos sein kann, wenn dieser nicht bekannt oder nicht erreichbar ist. Große Bedeutung kommt der Zustandsverantwortlichkeit für die Fragen der Kostentragung zu, die durch die Gefahrenabwehr entstehen. Allerdings ist gerade hinsichtlich des Ausmaßes der Kosten ein Maßstab erforderlich, der eine Begrenzung ermöglicht. Evident ist dies, wenn auf Grundstücken Altlasten ruhen. Die umstrittenen Einzelheiten hängen von Grund und Grenzen der Zustandsverantwortlichkeit ab.   52

Beispiel: 53
Die E erwirbt Eigentum an einem Grundstück. Sie wusste nicht, dass auf dem Grundstück vor Jahren eine inzwischen beseitigte chemische Anlage betrieben wurde. Es stellt sich heraus, dass der Boden mit Giftstoffen verseucht ist. Die Kosten für die Sanierung betragen 6 Millionen Euro. Als Eigentümerin ist E die Zustandsverantwortliche. Jedoch erscheit ihre unbegrenzte Heranziehung unzumutbar.
Die Sicherung der Funktionen des Bodens, zu der die Vorsorge gegen nachteilige Einwirkungen und die Sanierung von Altasten zählen, ist Zweck des Bundesbodenschutz-

---

[74] OVG RP, DVBl. 1998, 103 = DÖV 1998, 162.
[75] *Götz*, POR, § 9 Rn. 11; *Schenke*, POR, Rn. 268.
[76] *Schoch*, POR, Rn. 146.

gesetzes vom 17.3.1998,[77] mit dem der Gesetzgeber die Altlastenproblematik regelt und damit dem allgemeinen Polizeirecht weitgehend entzieht.

54   Im Fall der Zustandsverantwortlichkeit aufgrund einer Stellung als Eigentümer gibt die Eigentumsgarantie des Grundgesetzes Maßstäbe vor. Der Eigentümer ist berechtigt, Nutzen aus der Sache zu ziehen. Dem korrespondiert die Verpflichtung, von der Sache ausgehende Gefahren für die Allgemeinheit zu beseitigen.[78] Die Sozialbindung des Eigentums nach Art. 14 Abs. 2 GG schafft einen Ausgleich für die Privatnützigkeit nach Art. 14 Abs. 1 Satz 1 GG. Aus dem Zustand oder Gebrauch der Sache entspringende Risiken müssen zwischen Eigentümer und Allgemeinheit angemessen verteilt werden.[79]

3.2. Grenzen der Zustandsverantwortlichkeit

55   In einer Grundsatzentscheidung hat das Bundesverfassungsgericht die Zustandsverantwortlichkeit als zulässige Ausgestaltung des Eigentums i.S.d. Art. 14 Abs. 1 Satz 2 GG eingeordnet.[80] Da Inhaltsbestimmungen der Eigentumsgarantie nur nach Maßgabe des Prinzips der Verhältnismäßigkeit zulässig sind, können der Zustandsverantwortlichkeit Grenzen gezogen werden. Das Bundesverfassungsgericht hat eine Reihe von Einschränkungen der Zustandsverantwortlichkeit herausgearbeitet, die über die Altlastenproblematik hinaus Bedeutung erlangen.

56   Damit ist das Bundesverfassungsgericht der zuvor überwiegenden Auffassung entgegengetreten, wonach die Zustandsverantwortlichkeit dem Grunde nach unbegrenzt bestehe und nur hinsichtlich ihres Umfangs beschränkt sein könne.[81] Danach sollte der Inhaber der Sachherrschaft oder Eigentümer die Risiken aus der Sache umfassend tragen und erst auf der Ebene der behördlichen Ermessensausübung sollten Begrenzungen vorgenommen werden können.[82] Gegen diese insbesondere vom Bundesverwaltungsgericht vertretene Auffassung wurde lange andauernde Kritik vorgebracht.[83]

57   Dem Bundesverfassungsgericht ist darin zuzustimmen, dass Art. 14 GG eine verfassungskonforme und damit einengende Auslegung der Vorschriften über die Zustandsverantwortlichkeit erfordert.[84] Die Risikosphären des Einzelnen und der Allgemeinheit müssen unter Berücksichtigung einer Reihe von Gesichtspunkten

---

[77] Zuletzt geändert durch Artikel 3 des Gesetzes vom 9.12.2004, BGBl. I, S. 3214.

[78] BVerfGE 102, 1 (17).

[79] *Schoch*, POR, Rn. 144.

[80] BVerfGE 102, 1 (14 f.); dazu *Klüppel*, Jura 2001, 26; *Lepsius*, JZ 2001, 22.

[81] BVerwG, DÖV 1991, 428; NVwZ 1997, 577 (578); *Drews/Wacke/Vogel/Martens*, Gefahrenabwehr, § 21 1b.

[82] S. *Pieroth/Schlink/Kniesel*, POR, § 9, Rn. 70 ff.

[83] *Friauf*, FS Wacke, 1972, 293; *Denninger*, in: Lisken/Denninger E Rn. 118 f.; *Papier*, NWVBl. 1989, 322 (326); s. auch *Frenz*, VerwArch 90 (1999), 208; *Papier*, FS Maurer, 2001, 255.

[84] *Schenke*, POR, Rn. 272 f.

abgegrenzt werden, die aus der Eigentumsgarantie und dem Übermaßverbot folgen. Nach Auffassung des Bundesverfassungsgerichts kann die Zustandsverantwortlichkeit selbst beschränkt sein, nicht erst deren Umfang.[85] Der Verkehrswert des Grundstücks stellt für die Verantwortlichkeit des Eigentümers grundsätzlich die Obergrenze dar. Erwachsen die Umstände, die zu der Gefahr führen, jenseits seines Verantwortungsbereiches, kann ihm nicht ohne weiteres die Verantwortung auferlegt werden.[86] Dies ist der Fall bei Naturereignissen oder der Verursachung durch nicht nutzungsberechtigte Dritte. Dagegen ist die Kostenbelastung dann zumutbar, wenn der Eigentümer das Risiko freiwillig übernommen hat, indem er etwa die bestehenden Altlasten kannte oder das Grundstück im Wissen um die störende Grundstücksnutzung vermietete.

Beispiele (im Einzelnen str.):   **58**
Das Crashkid C stiehlt den ordnungsgemäß gesicherten 10 Jahre alten Kleinwagen des E und verursacht bei einer Amokfahrt durch die Innenstadt erhebliche Schäden in Höhe von 100.000 €. Eigentümer E kann nicht als Zustandsverantwortlicher für die Kosten herangezogen werden. Allerdings besteht die Zustandsverantwortlichkeit des E nach Aufgabe der Sachherrschaft durch den Dieb weiter, weshalb er die Kosten für die Entsorgung des PKW tragen muss.[87]
Auf dem Grundstück des G wird eine Fliegerbombe aus dem zweiten Weltkrieg gefunden. G ist nicht zustandsverantwortlich, wenn ihm nicht erhebliche Sorgfaltsverpflichtungen angelastet werden können.

Die Folgen der neuen Rechtsprechung sind differenzierend nach Sachgebieten zu   **59**
betrachten.[88] Da Anknüpfungspunkt Art. 14 GG ist, greifen die Grundsätze des Bundesverfassungsgerichts unmittelbar nur für den Eigentümer. Zwar betrifft das Urteil einen Altlastenfall, eine Privilegierung des Grundeigentums gegenüber dem Eigentum an beweglichen Sachen findet aber in Art. 14 Abs. 1 GG keinen Anhalt. Eine weitergehende Verantwortlichkeit anderer Inhaber der Sachherrschaft im Verhältnis zu Eigentümern erscheint aber innerhalb der polizeirechtlichen Systematik kaum nachvollziehbar. Spezialgesetzliche Vorschriften über die Zustandsverantwortlichkeit sind ebenfalls verfassungskonform auszulegen. Dies betrifft insbesondere § 4 BBodSchG.[89]

Eine *Änderung der sachenrechtlichen Zuordnung* kann Einfluss auf die Zu-   **60**
standsverantwortlichkeit haben.[90] Die polizeirechtliche Verantwortlichkeit folgt den zivilrechtlichen Rechtsverhältnissen.[91] Enden das Eigentumsverhältnis oder das Besitzverhältnis, dann endet auch die Zustandsverantwortlichkeit für die Sa-

---

[85] BVerfGE 102, 1 (22).
[86] BVerfGE 102, 1 (18 ff.).
[87] Vgl. HessVGH, DÖV 1999, 916.
[88] Zum Umweltrecht *P.M. Huber/Unger*, VerwArch 96 (2005), 139.
[89] *Schenke*, POR, Rn. 274.
[90] *Gusy*, POR, Rn. 361.
[91] VGH BW, NVwZ-RR 1997, 267 (268); SächsOVG, NJW 1997, 2253 (2254); eingehend *Lepsius*, Besitz und Sachherrschaft im öffentlichen Recht, 2002, S. 292 ff.

che. Dies ermöglicht dem Betroffenen durch gezielte Gestaltung der zivilrechtlichen Rechtslage die polizeirechtliche Rechtslage zu beeinflussen.

61   Die Aufgabe des Eigentums durch Vertrag führt regelmäßig zur Begründung neuen Eigentums. Dann ist mit der Übereignung der neue Eigentümer polizeilich verantwortlich. In den meisten Ländern gesetzlich geregelt ist die Beendigung des Eigentums durch Dereliktion, also im Fall der Besitzaufgabe (vgl. § 959 BGB). Wenn von einer herrenlosen Sache eine Gefahr ausgeht, können nach den polizeirechtlichen Vorschriften Maßnahmen demjenigen gegenüber getroffen werden, der das Eigentum an der Sache aufgegeben hat.[92] Ohne gesetzliche Grundlage kann nach zutreffender Auffassung keine Nachwirkung der Zustandsverantwortlichkeit angenommen werden.[93]

62   Die Zustandsverantwortlichkeit des Schuldners in der Insolvenz endet damit, dass der Insolvenzverwalter die Sachherrschaft über die Sache übernimmt, denn die Pflicht zur Gefahrenabwehr ist unabhängig vom Insolvenzrecht.[94] Da die polizeirechtliche Verantwortlichkeit an die aktuelle von der Sache ausgehende Gefahr anknüpft, trifft die Zustandsverantwortlichkeit den Insolvenzverwalter.[95] Dementsprechend sind Kosten für polizeiliche Maßnahmen vom Insolvenzverwalter aus der Masse zu erstatten.[96]

4. Rechtsnachfolge und Verjährung

63   Die im einzelnen äußerst umstrittene Frage der Rechtsnachfolge stellt sich zumeist im Zusammenhang der Zustandsverantwortlichkeit.[97] Eine Rechtsnachfolge in die Zustandsverantwortlichkeit ist dann ausgeschlossen, wenn die Pflichten des Zustandsstörers noch nicht durch einen Verwaltungsakt näher bestimmt sind.[98] Teile der Rechtsprechung tendieren jedoch zur Annahme einer Rechtsnachfolge in die Zustandsverantwortlichkeit, wenn eine die Rechtspflichten konkretisierende Verfügung vorliegt. Dann sei gegenüber dem Rechtsnachfolger kein weiterer Verwaltungsakt erforderlich.[99]

---

[92] Z.B. § 4 Abs. 3 PolG BW.

[93] VGH BW, NVwZ 1996, 1036 (1038); *Schenke*, POR, Rn. 279; *Schoch*, POR, Rn. 153; *Trute*, Die Verwaltung 32 (1999), 73 (80).

[94] OVG MV, NJW 1998, 175 (177) = DVBl. 1998, 98 (101); *Trute*, Die Verwaltung 32 (1999), 73 (83 ff.).

[95] BVerwGE 108, 269 (272).

[96] *Götz*, NVwZ 1998, 679 (688); *Schoch*, POR, Rn. 155; *Trute*, Die Verwaltung 32 (1999), 73 (86).

[97] Umfassend *Dietlein*, Nachfolge im Öffentlichen Recht, 1999; s. auch *Nolte/Niestedt*, JuS 2000, 1071; *Rau*, Jura 2000, 37; *Zacharias*, JA 2001, 720.

[98] *Papier*, DVBl. 1996, 125 (127); a.A. *Stadie*, DVBl. 1990, 501 (504); wohl auch *Knemeyer*, POR, Rn. 335.

[99] BVerwG, NJW 1971, 1624; OVG NW, NVwZ 1997, 507; OVG RP, DÖV 1980, 654; a.A: HessVGH, DVBl. 1977, 255.

Der hiergegen vehement erhobene Widerspruch beruht auf den rechtsstaatli-   **64**
chen Anforderungen an Belastungen des Bürgers und fordert eine gesetzliche
Normierung der Rechtsnachfolge.[100] Bereichspezifische Regelungen finden sich
im Bauordnungsrecht einiger Länder[101] oder auch in § 4 Abs. 3 Satz 1 BBodSchG
für den Gesamtrechtsnachfolger.

Das praktische Bedürfnis nach einem Übergang der Verantwortlichkeit ist of-   **65**
fensichtlich. Dem Erlass eines Verwaltungsaktes geht ein Verwaltungsverfahren
voraus, eventuell musste ein Rechtsstreit langwierig vor Gericht geklärt werden.[102]
Erlangt der Verwaltungsakt Bestandskraft, soll die Gefahr dann auch beseitigt
werden können. Einem Verantwortlichen soll zudem die Möglichkeit versperrt
werden, seiner Verantwortlichkeit durch zivilrechtliches Rechtsgeschäft in unbil-
liger Weise zu entfliehen. Allerdings bereitet die rechtliche Begründung Probleme.

Die Rechtsprechung knüpft für die Zustandsverantwortlichkeit an grundstücks-   **66**
bezogene Pflichten aus dem Eigentum an.[103] Diese können aber nicht automatisch
auf die polizeirechtlichen Pflichten hinsichtlich des Grundstücks übertragen werden. Daher ist eine Rechtsnachfolge aufgrund einer „Dinglichkeit" der Verantwortlichkeit abzulehnen.[104] Adressat der Verfügung ist immer eine Person. Erfolgt
ein Übergang des Eigentums an einer Sache, müssen nicht sämtliche Rechte und
Pflichten des Voreigentümers mit übergehen.

In der Literatur finden sich Differenzierungen, die an der Art der Verantwort-   **67**
lichkeit und an der Art der Rechtsnachfolge ansetzen.[105] Die Frage, ob eine Zu-
stands- oder eine Verhaltensverantwortlichkeit vorliegt, sowie der Unterschied
zwischen Einzelrechtsnachfolge und Gesamtrechtnachfolge spielen bei der Zurechnung aber letztlich keine entscheidende Rolle. Maßgeblich sind ohnehin nicht
zivilrechtliche Erwägungen, sondern polizeirechtliche Kriterien der Effektivität
der Gefahrenabwehr unter Beachtung des Gesetzesvorbehalts.

Ein Rechtnachfolge des Verhaltensverantwortlichen kommt nach allgemeiner   **68**
Auffassung nicht in Betracht, wenn es um eine höchstpersönliche Pflicht geht, die
ein anderer nicht erfüllen kann. Selbst wenn eine durch polizeiliche oder ordnungsbehördliche Verfügung konkretisierte Verpflichtung vorliegt und der Verwaltungsakt dem Rechtsnachfolger bekannt gegeben wird, entsteht keine Rechtsnachfolge.[106] Es fehlt an der gesetzlichen Grundlage für die rechtliche Belastung.
Eine Nachfolge in die Stellung als Verantwortlicher erfordert eine ausdrückliche
gesetzliche Regelung.[107]

---

[100] *Schoch*, POR, Rn. 161 ff. m.w.N.
[101] Z.B. § 89 Abs. 2 Satz 3 NdsBauO; § 81 Satz 3 LBO RP.
[102] S. *Pieroth/Schlink/Kniesel*, POR, § 9. Rn. 53.
[103] BVerwG, NJW 1971, 1624.
[104] *Gusy*, POR, Rn. 362; *Schoch*, POR, Rn. 165.
[105] *Gusy*, POR, Rn. 361 ff.; *Würtenberger/Heckmann*, PolR BW, Rn. 455.
[106] *Dietlein*, Nachfolge im Öffentlichen Recht, 1999, S. 192 ff., 229 ff., 276; a.A. OVG
NW, NVwZ 1987, 427; *Gusy*, POR, Rn. 362; *Pieroth/Schlink/Kniesel*, POR, § 9, Rn. 56.
[107] *Schenke*, POR, Rn. 295; *Schoch*, POR, Rn. 168.

69   **Beispiel:**
Grundstückseigentümer G hat in seinem Garten einen asiatischen Strauch gepflanzt, der giftige Pollen aussendet. Die Ordnungs- oder Gefahrenabwehrbehörde erlässt ihm gegenüber einen Verwaltungsakt, in dem die Beseitigung des Strauchs angeordnet wird. G verkauft und übereignet das Grundstück an E.

70   Die polizeirechtliche Verantwortlichkeit *verjährt grundsätzlich nicht*.[108] Solange das Verhalten andauert, kann der Störer in Anspruch genommen werden. Eine Verjährung scheidet auch hinsichtlich der Zustandsverantwortlichkeit aus.[109] Die verschuldensunabhängige Verantwortlichkeit besteht fort, so lange das polizeiwidrige Verhalten oder der Zustand zurechenbar sind. Ein Ansatzpunkt für eine Verjährung auf der primären Ebene liegt nach überwiegender Auffassung nicht vor.

71   Teils werden die Rechtsfiguren der Verjährung oder auch der Verwirkung herangezogen, um die Zustandsverantwortlichkeit zu begrenzen.[110] Einmal mehr kreisen die Auseinandersetzungen um die Altlastenproblematik. Nach der Rechtsprechung des Bundesverfassungsgerichts zu den Grenzen der Zustandsverantwortlichkeit bedarf es einer Eingrenzung durch Verjährung insbesondere in Altlastenfällen jedoch nicht mehr (s.o. 8. Kap., Rn. 55 ff.). Den aus dem Eigentum folgenden Rechten wird bei der Beurteilung Rechnung getragen, ob eine Zustandsverantwortlichkeit besteht.

72   Auf der sekundären Ebene der Kosten, die aus den primären Pflichten des Verantwortlichen entstehen, kann Verjährung eintreten. Der öffentlich-rechtlich begründete Kostenersatzanspruch der Polizei- oder Ordnungsbehörde gegen den Störer verjährt analog § 195 BGB nach drei Jahren.[111] Eine Analogie zu Gunsten des Bürgers ist ohne ausdrückliche gesetzliche Regelung möglich. Im Zusammenhang der Erstattung für die Kosten polizeilicher Maßnahmen geht es nicht um die primäre Gefahrenabwehr, sondern um öffentlich-rechtlich fundierte Ansprüche der Behörde auf Kostenerstattung. Der Rückgriff auf zivilrechtliche Regelungen ist in diesem Kontext möglich, um Lücken zu füllen (s.u. 9. Kapitel).

5. Mehrheit von Verantwortlichen

73   Polizeiliche oder ordnungsbehördliche Maßnahmen ergehen gegenüber einer bestimmten Person oder einem bestimmten bzw. bestimmbaren Personenkreis. Als Adressat können unterschiedliche Personen in Betracht kommen. Voraussetzung ist, dass jeder mögliche Adressat polizeirechtlich verantwortlich ist. Ein Störer kann sowohl verhaltens- als auch zustandsverantwortlich sein, es können aber auch mehrere Verhaltensverantwortliche oder Zustandsverantwortliche vorhanden

---

[108] VGH BW, NVwZ RR-1996, 387 (389); OVG NW, NWVBl. 197, 175 (180).
[109] S. *Erbguth/Stollmann*, DVBl. 2001, 601 (607).
[110] Vgl. *Trute*, Die Verwaltung 32 (1999), 73 (82 f.).
[111] *Schenke*, POR, Rn. 283; *Würtenberger/Heckmann*, PolR BW, RN. 470.

sein. Sind mehrere Personen für die Gefahr verantwortlich, ist die Frage zu beantworten, an wen die Maßnahme zulässigerweise gerichtet werden darf. Gegebenenfalls ist zu klären, wer auf der dritten Ebene für die Kosten in Anspruch
genommen werden darf und wie das Verhältnis der Verantwortlichen zueinander
ist.

Beispiel: **74**
Die Gefahr durch ein widerrechtlich geparktes Kraftfahrzeug kann dem Fahrer wie dem
Halter des Kfz zugerechnet werden. Gegen wen kann nun die Anordnung des Beseiti-
gens getroffen, wem können die Kosten für ein Abschleppen des Kfz in Rechnung gestellt werden?

Der entscheidende Gesichtspunkt für die Auswahl unter mehreren Verantwortli-   **75**
chen ist die *Effektivität der Gefahrenabwehr*. Bei der Ausübung ihres Auswahlermessens müssen die Polizei- und Ordnungsbehörden denjenigen Verantwortlichen
heranziehen, dessen Auswahl die schnellste und gründlichste Abwehr der Gefahr
verspricht.[112] Die Auswahl ist Teil der Prognose, die in die Ermessensentscheidung eingeht.

Beispiel: **76**
Die Gefahr durch ein widerrechtlich geparktes Kraftfahrzeug ist effektiv zu beseitigen.
Wenn der Fahrer neben dem Kfz steht, ist ihm als Verhaltensstörer aufzugeben, das
Fahrzeug zu entfernen. Ist der Fahrer nicht zu ermitteln, richtet sich die Maßnahme des
Abschleppens gegen den Halter als Zustandsstörer, der dann auch die Kosten trägt.

Die Ausübung des Auswahlermessens wird maßgeblich vom Prinzip der Ver-   **77**
hältnismäßigkeit geleitet. Damit fließen Gesichtspunkte der Zumutbarkeit in den
Prozess der Entscheidung ein. Konsequenz hieraus ist die Beschränkung der Ver-
antwortlichkeit. Dabei ist die Rechtsprechung des Bundesverfassungsgerichts zur
Eingrenzung der Zustandsverantwortlichkeit zu berücksichtigen (s.o. 8. Kap.,
Rn. 55 ff.). Die Normierung einer Ausgleichsregelung in § 24 Abs. 2 BBodSchG
zeigt, dass der Gesetzgeber in Bodenschutz- und Altlastenfällen die Notwendigkeit gesehen hat, die Verantwortlichkeit mehrerer Verantwortlicher zueinander in
Verhältnis zu setzen. Soweit keine Normierungen bestehen, kann das Prinzip der
Verhältnismäßigkeit zu einer Beschränkung in der Höhe der Kostentragung durch
den Verantwortlichen führen.[113]

Die Ermessensausübung erfolgt nach den allgemeinen Grundsätzen (s.u.   **78**
10. Kap.). Faustregeln können allenfalls eine Hilfestellung bieten, sind aber nicht
zu verallgemeinern. Die Leitlinie, wonach der Verhaltensverantwortliche vor
dem Zustandsverantwortlichen in Anspruch zu nehmen sei, stimmt zwar oft mit
der Notwendigkeit effektiver Gefahrenabwehr überein, wenn der Verhaltensverantwortliche schneller erreichbar und damit schneller zur Gefahrenabwehr in
der Lage ist. Sie kann aber in anderen Fallkonstellationen in die Irre füh-

---

[112] *Pieroth/Schlink/Kniesel*, POR, § 9, Rn. 88; *Schoch*, POR, Rn. 171.
[113] *Schenke*, POR, Rn. 284.

ren.[114] Eine gesetzliche Rangfolge besteht nicht.[115] Gebietet es die Effektivität der Gefahrenabwehr, kann ohne weiteres auch der Zustandsstörer vorrangig heranzuziehen sein.

79   Jeder Störer ist voll verantwortlich. Eine nur anteilige Verantwortlichkeit auf der primären Ebene, die gelegentlich vertreten wird,[116] widerspricht dem Grundsatz der effektiven Gefahrenabwehr.[117] Ein allgemeiner Grundsatz der gerechten Lastenverteilung besteht nur, soweit die Maßgaben der Art. 3, 14 GG reichen. Auf der Handlungsebene findet er keine Anwendung.[118] Hier geht es um die Rechtmäßigkeit der Ermessensausübung unter Beachtung der Verhältnismäßigkeit.

80   Auf der Sekundärebene der Kostentragung ist dagegen ein *interner Ausgleich* zwischen den Verantwortlichen möglich.[119] Grundlage ist eine entsprechende Anwendung der Regelungen über die Gesamtschuldnerschaft des § 426 BGB. Allerdings hat der BGH diese Gesamtschuldnerschaft verneint.[120] Sie kommt aber dennoch in Betracht, wobei die Voraussetzungen der Präzisierung bedürfen. Eine allgemeine materielle Polizeipflicht kann nicht zur Verteilung der Verantwortlichkeit beitragen,[121] weil sie nach zutreffender Auffassung der Konkretisierung bedarf. Nur zwischen Verantwortlichen, denen gegenüber eine Konkretisierung durch Verwaltungsakt stattgefunden hat, kann ein Ausgleich vorgenommen werden. Sonderfälle haben eine spezifische gesetzliche Regelung gefunden, insbesondere die Aufteilung von Kosten für Maßnahmen des Bodenschutzes (§ 24 Abs. 2 BBodSchG).

6. Inanspruchnahme von Nichtverantwortlichen

81   Die Bekämpfung oder Beseitigung einer Gefahr kann ausnahmsweise ein Vorgehen gegen Personen erfordern, denen die Gefahr nicht zurechenbar ist.[122] Polizeiliche und ordnungsbehördliche Maßnahmen stehen unter dem Vorzeichen der Effektivität. Eine effektive Maßnahme beseitigt die Gefahr möglichst schnell und endgültig. Dazu kann es erforderlich sein, Nichtverantwortliche in Anspruch zu

---

[114] *Pieroth/Schlink/Kniesel*, POR, § 9, Rn. 92 ff.; *Schenke*, POR, Rn. 286.
[115] *Schoch*, POR, Rn. 173.
[116] *Giesberts*, Die gerechte Lastenverteilung unter mehreren Stören, 1990, S. 79 ff.; *Jochum*, NVwZ 2003, 526 (529 ff.).
[117] *Schenke*, POR, Rn. 284; *Schoch*, POR, Rn. 170.
[118] A.A. *Garbe*, DÖV 1998, 632 (636); *Würtenberger/Heckmann*, PolR BW, Rn. 508 ff.
[119] Insoweit zutreffend *Schenke*, POR, Rn. 289 f.; *Schoch*, POR, Rn. 176.
[120] BGH, DÖV 1981, 843.
[121] S. dagegen die Begründung von *Schenke*, POR, Rn. 288.
[122] Zum Ganzen *Schoch*, Jura 2007, 676.

nehmen.[123] Um den Ausnahmecharakter dieses Vorgehens zu betonen, wird von *„polizeilichem Notstand"* gesprochen.[124]

> **Beispiel:**
> Ein Polizist verfolgt zu Fuß einen Bankräuber. Als dieser in den Fluchtwagen springt   **82**
> und wegfährt, hält der Polizist einen völlig unbeteiligten Autofahrer an, veranlasst ihn
> aus seinem Kraftfahrzeug zu steigen und nimmt in diesem die Verfolgung auf. Die
> Maßnahme ist rechtmäßig, wenn kein anderes, gleich effektives Mittel ersichtlich ist.

Die Inanspruchnahme eines Nichtverantwortlichen unterliegt engen Vorausset-   **83**
zungen, weil es sich um einen Eingriff in Rechte einer Person handelt, die sich
rechtmäßig verhält. Sie ist daher nach Maßgabe der gesetzlichen Vorschriften im
Umfang begrenzt, unterliegt strengen Voraussetzungen und löst eine Entschädigungspflicht der Behörde aus (s.u. 12. Kap., Rn. 11 ff.). Soweit bereits eine Pflicht
zur Hilfeleistung besteht, deren Unterlassung eine Strafbarkeit nach § 323c StGB
auslösen würde, ist die Inanspruchnahme des zur Hilfeleistung Verpflichteten vorrangig gegenüber einem Rückgriff auf die Inanspruchnahme als Nichtverantwort-
lichem.

> **Beispiel:**   **84**
> Nach einem Autounfall um 3 Uhr nachts mit zwei Fahrzeugen sind beide Fahrer schwer
> verletzt und bewusstlos. Die ersten beiden vor Ort ankommenden Polizeibeamten si-
> chern die Unfallstelle und versorgen die Verletzten. Sie halten ein vorbei kommendes
> Fahrzeug an und gebieten dem Fahrer, mit den Scheinwerfern seines Kfz die Unfallstel-
> le zu beleuchten.

Eine Erhöhung der Eingriffsschwelle nehmen die gesetzlichen Vorschriften bereits   **85**
dadurch vor, dass sie das Vorliegen einer qualifizierten Gefahr verlangen. Die Inanspruchnahme von Nichtstörern ist nur zulässig, um gesteigerte Formen der Gefahr, insbesondere eine gegenwärtige (§ 71 Abs. 1 SOG MV) und zusätzlich erhebliche Gefahr abzuwenden (§ 6 Abs. 1 Nr. 1 PolG NW; § 7 Abs. 1 Nr. 1 POG
RP). Durch die größere Nähe des Schadenseintritts und die Bedeutung des gefährdeten Rechtsgutes wird die Dringlichkeit des polizeilichen oder ordnungsbehördlichen Eingreifens verstärkt. Diese gesteigerte Intensität der Gefahr ist dann aber
auch notwendig, um das Heranziehen eines Dritten zu legitimieren.

Die Gesetze normieren die Notwendigkeit, dass Maßnahmen gegen den Verhal-   **86**
tensstörer oder Zustandsstörer nicht oder nicht rechtzeitig möglich sind oder keinen Erfolg versprechen. Bevor Maßnahmen gegen Nichtverantwortliche gerichtet
werden, müssen gleich effektive Maßnahmen gegen Verantwortliche ausschei-

---

[123] § 20 BPolG; § 9 PolG BW; Art. 10 BayPAG und Art. 9 Abs. 3 BayLStVG; § 16 ASOG
Bln; § 7 BbgPolG und § 18 BbgOBG; § 7 BremPolG; § 10 HbgSOG; § 9 HessSOG;
§ 71 SOG MV; § 8 NdsSOG; § 6 PolG NW und § 19 OBG NW; § 7 POG RP; § 6
SaarlPolG; § 7 SächsPolG; § 10 SOG LSA; § 220 LVwG SH; § 10 ThürPAG und § 13
ThürOBG.

[124] *Drews/Wacke/Vogel/Martens*, Gefahrenabwehr, § 22, Ziff. 2.

den.[125] Die Unterscheidung von Störern und Nichtstörern darf im Rechtsstaat nicht eingeebnet werden.[126]

87   **Beispiel:**
Gegen den Baubeginn einer atomaren Endlagerstätte ist eine Großdemonstration geplant, zu der 100.000 Personen erwartet werden. Der Polizei wird bekannt, dass eine kleine Gruppe von etwa 200 Personen gewaltsame Ausschreitungen plant, um die Großdemonstration zu behindern. Verantwortlich für die Gefahr sind die Gegendemonstranten. Die Polizeibehörde darf nicht die Großdemonstration verbieten und insoweit gegen Nichtstörer vorgehen, sondern muss diese schützen und gegen die Gegendemonstranten einschreiten, falls diese gewalttätig werden.[127] Sichernde Vorkehrungen schon bei der Organisation der Versammlung können zur Vermeidung von Gefahrensituationen vorgenommen werden. Derartige Fragen sind im Zusammenhang der Castor Transporte immer wieder zu erörtern.[128]

88   Eigene Maßnahmen der Behörde gehen der Inanspruchnahme des nichtverantwortlichen Dritten vor. Dabei ist auf die Haushaltssituation keine Rücksicht zu nehmen, weil ansonsten der Eingriff in subjektive Rechte nach Lage der öffentlichen Haushalte erlaubt wäre.[129] Die Gewährung von Amtshilfe durch andere Behörden nach §§ 4 ff. VwVfG ist ein Mittel, das dem eigenen Vorgehen der Behörde gleich steht. Dies gilt parallel für den Einsatz von Beauftragten als geeignetes Mittel der Gefahrenabwehr. Der Grundsatz, dass der Verantwortliche selbst den polizeiwidrigen Zustand ausräumen muss, entfaltet keine Wirkung, weil eben dies unmöglich ist. Aber auch die Einschaltung Dritter im Auftrag der zur Gefahrenabwehr zuständigen Behörde muss ausgeschlossen sein, bevor ein Nichtverantwortlicher herangezogen werden kann. Im Einzelnen kann die Beurteilung, welche Mittel der Polizei- oder Ordnungsbehörde zur Verfügung stehen und welchen Aufwand sie selbst zu treiben hat, Schwierigkeiten bereiten.[130]

89   **Beispiel:**
Am Tage des Endspiels der Fußball-Weltmeisterschaft findet in Berlin auch ein internationales Gipfeltreffen statt, gegen das eine Demonstration angekündigt ist. Die Behörden und der Berliner Senat befürchten, dass Ultras und gewaltbereite Extremisten erhebliche Schäden anrichten und erwägen, die Versammlung zu verbieten, um die Kräfte auf das Fußballspiel konzentrieren zu können. Ein Verbot der Demonstration wäre eine Inanspruchnahme von Nichtverantwortlichen, da die Teilnehmer selbst keine Gefahr für

---

[125] *Pieroth/Schlink/Kniesel*, POR, § 9 Rn. 78.

[126] LVerfG MV, DÖV 2000, 71 (72) = DVBl. 2000, 262 (265) unter Verweis auf BVerfGE 17, 306 (313 f.) und 30, 250 (263) über das Verbot unnötiger Eingriffe.

[127] *Gusy*, POR, Rn. 385; *Schenke*, POR, Rn. 319; s. BVerfGE 111, 147 (154 f.); BVerfG (1. Kammer des 1. Senats) NVwZ 2005, 1055; DVBl. 2005, 1262.

[128] NdsOVG, Nds.VBl. 2008, 283 und NdsVBl. 2007, 98.

[129] *Drews/Wacke/Vogel/Martens*, Gefahrenabwehr, § 22, Ziff. 2b; differenzierend *Schoch*, POR, Rn. 183.

[130] *Pieroth/Schlink/Kniesel*, POR, § 9 Rn. 78, 81.

die öffentliche Sicherheit verursachen.[131] Die zuständigen Behörden müssen zunächst selbst die Gefahr bekämpfen. Dazu gehört das Anfordern von zusätzlichen Kräften aus anderen Ländern oder der Bundespolizei im Wege der Amtshilfe.[132] Private Sicherheitsdienste können verstärkt mit Aufgaben im Umfeld des Fußballspiels beauftragt werden.

Letzte Voraussetzung für die Inanspruchnahme eines Nichtverantwortlichen ist, dass dieser ohne erhebliche eigene Gefährdung und ohne Verletzung höherwertiger Pflichten herangezogen werden kann. Die Wahrung der öffentlichen Sicherheit ist ein Interesse des Gemeinwohls. Hier kann von allen Einwohnern auf gesetzlicher Grundlage ein Beitrag verlangt werden. Dieser Beitrag darf aber nicht die Zumutbarkeitsschwelle überschreiten. Daher wird insoweit auch von der „Opfergrenze" gesprochen.[133] **90**

Beispiel: **91**
Ein Brand in einem Krankenhaus bricht aus. Die ersten beiden Polizeibeamten vor Ort wollen die noch im Gebäude befindlichen Personen retten, die nicht bewegungsfähig sind. Die Polizeibeamten halten den mit dem Fahrrad zufällig vorbei kommenden A an. Sie können ihm aber nicht gegen seinen Willen gebieten, unter Gefahr für seine körperliche Unversehrtheit mit in das brennende Gebäude zu eilen, auch wenn zu dritt mehr Hilflose schneller und effektiver gerettet werden könnten.

Die Inanspruchnahme des Nichtverantwortlichen ist nur zulässig, soweit und solange die Gefahrenabwehr nicht anders möglich ist. Dies schreiben nicht nur die Gesetze vor,[134] es ist auch infolge des Prinzips der Verhältnismäßigkeit verfassungsrechtlich geboten. Dementsprechend findet sich in den Polizeigesetzen eine allgemeine Parallelregelung in den Vorschriften über die Verhältnismäßigkeit.[135] Wenn die Voraussetzungen für die Inanspruchnahme entfallen sind, verfügt der Nichtverantwortliche über einen Aufhebungs- bzw. Beseitigungsanspruch.[136] **92**

Beispiel: **93**
Der O ist unfreiwillig obdachlos geworden. Zwar ist die Bekämpfung der Obdachlosigkeit eine Aufgabe der Sozialverwaltung, diese verfügt aber nicht über Wohnraum für den O. Der W ist Eigentümer einer Ein-Zimmer-Wohnung, die leer steht.[137] Die zustän-

---

[131] Zur Verfassungsmäßigkeit des § 130 Abs. 4 StGB als Grundlage von Maßnahmen gegen rechtsextremistische Versammlungen BVerfGE 124, 300 (NJW 2010, 47 = BayVBl. 2010, 234); dazu *Hoffmann-Riem*, in: Merten/Papier (Hg.), Handbuch der Grundrechte IV/1, 2011, § 106 Rn. 120 ff.; *Volkmann*, NJW 2010, 417; zu diesem Thema auch *Enders*, JZ 2009, 1092; *Poscher*, NJW 2005, 1316.

[132] *Schoch*, POR, Rn. 185.

[133] *Gusy*, POR, Rn. 383.

[134] Z.B. § 6 Abs. 2 PolG NW; § 20 Abs. 2 BPolG.

[135] Z.B. § 2 Abs. 3 PolG NW; § 15 Abs. 3 BPolG.

[136] *Gusy*, POR, Rn. 385.

[137] Wird eine Person, der von ihrem Vermieter gekündigt wurde, wieder in die Wohnung eingewiesen, spricht man von Wiedereinweisung; vgl. *Enders*, Die Verwaltung 30 (1997), 29.

dige Behörde ordnet aufgrund des Polizei- und Ordnungsrechts die zwangsweise Einweisung des O in die Wohnung des W an (Fremdeinweisung).[138] Der O ist Störer, weil in der unfreiwilligen (nicht in der freiwilligen) Obdachlosigkeit eine Gefahr für die öffentliche Sicherheit zu sehen ist. Der W ist Nichtstörer. Die Verfügung ihm gegenüber ist nur rechtmäßig, wenn und solange die Voraussetzungen der Vorschrift über die Inanspruchnahme eines Nichtverantwortlichen vorliegen.

Wenn die Einweisung in eine gemeindliche Obdachlosenunterkunft möglich wird, muss die Beschlagnahme des Wohnraums aufgehoben werden.[139] Bleibt der O dennoch in der Wohnung, steht dem W ein Folgenbeseitigungsanspruch gegen die Behörde zu, den O aus der Wohnung zu entfernen.[140] Rechtsgrundlage ist (zumindest bei der Fremdeinweisung) nicht die Generalklausel,[141] sondern der allgemeine Folgenbeseitigungsanspruch (FBA).[142]

Im Fall der Wiedereinweisung wird dagegen zu Recht überwiegend vertreten, dass der Folgenbeseitigungsanspruch nicht greift, weil der Vermieter niemals eine leere Wohnung zur Verfügung hatte, der herzustellende status quo ante also nicht in der Entfernung des Obdachlosen bestehen kann. Aufgrund der Subsidiarität der Generalklausel ist der Vermieter auf die Durchsetzung des zivilrechtlichen Räumungstitels verwiesen.[143]

94   Einige spezielle Befugnisnormen mancher Landesgesetze erlauben Maßnahmen gegen Kontakt- und Begleitpersonen (§ 20 Abs. 3 Nr. 2 PolG BW). Die Person, die einen Verantwortlichen begleitet oder lediglich in Kontakt mit ihm tritt, ist dem Grunde nach Nichtstörerin. Ihre Inanspruchnahme ist zwar unter den Voraussetzungen der speziellen Befugnisnorm zulässig. Allerdings sind an die Rechtmäßigkeit der Ermessensausübung und an die Verhältnismäßigkeit hohe Anforderungen zu stellen, um einen Ausgleich für die Erstreckung polizeilicher Maßnahmen auf diese Personen zu erreichen.

95   Angesichts des verdeckten Charakters und der Streubreite der Maßnahmen zur besonderen Erhebung von Daten kann eine unbestimmte Vielzahl von Personen betroffen sein. Da damit die polizeiliche Maßnahme gegenüber Nichtverantwortlichen Wirkung entfalten kann, enthalten die gesetzlichen Bestimmungen spezifische Regelungen, um diesen Eingriff zu rechtfertigen. Von einer Videoüberwachung oder Telekommunikationsüberwachung kann eine Vielzahl von Personen erfasst werden, die Daten dürfen aufgrund der einschlägigen Regelungen erhoben werden.[144] Ob und inwieweit die Daten verarbeitet und insbesondere gespeichert werden dürfen, ist gesondert auf der Grundlage der diesbezüglichen Vorschriften zu prüfen.

---

[138] Eingehend *Schoch*, POR, Rn. 179, 183 f., 188 ff. m.w.N.

[139] VGH BW, DÖV 1990, 573 (574); OVG NW, DVBl. 1991, 1372.

[140] *Pieroth/Schlink/Kniesel*, POR, § 9, Rn. 84.

[141] So aber VGH BW, VBl.BW 1987, 423.

[142] BGHZ 130, 332 (335 ff.); *Götz*, POR, § 10 Rn. 12 ff.; *Schenke*, POR, Rn. 321 f..

[143] *Roth*, DVBl. 1996, 1401; *Enders*, Die Verwaltung 30 (1997), 29 (36 ff.); *Erichsen/Biermann*, Jura 1998, 371 (379); *Masing*, DÖV 1999, 573 (576 f.); *Schenke*, POR, Rn. 323; a.A. *Schoch*, POR, Rn. 189.

[144] Z.B. § 17 Abs. 1 Satz 2 und 18 Abs. 1 Satz 2 PolG NW.

Kontrollfragen

1. Warum ist die polizeiliche Verantwortlichkeit von freiheitssichernder Wirkung für den Einzelnen? (Rn. 4)
2. Was besagt die Theorie der unmittelbaren Verursachung? (Rn. 27 f.)
3. Worin gründet die Zustandsverantwortlichkeit? (Rn. 48 f.)
4. Gibt es Grenzen der Zustandsverantwortlichkeit? (Rn. 55 ff.)
5. Welches Problem besteht bei der Rechtnachfolge in Polizeipflichten? (Rn. 64 ff.)
6. Unter welchen Voraussetzungen kann ein Nichtverantwortlicher in Anspruch genommen werden? (Rn. 83 ff.)

9. Kapitel: Handlungsinstrumente

Die Flexibilität des Polizei- und Ordnungsrecht erfordert den Rückgriff auf eine **1** Reihe von Handlungsinstrumenten. Soweit allgemein von Maßnahmen gesprochen wird, handelt es sich um den Oberbegriff. Falls die Behörde in Rechte des Bürgers eingreift, bedarf sie aufgrund des Vorbehalts des Gesetzes einer gesetzlich vorgesehenen Ermächtigungsgrundlage. Um die Effektivität der Gefahrenabwehr oder Gefahrenvorsorge zu gewährleisten, stellen die Gesetzgeber Instrumente zur Verfügung, deren rechtmäßiger Gebrauch unterschiedlichen Anforderungen zu genügen hat. Die tatbestandlichen Voraussetzungen müssen erfüllt sein. Darüber hinaus entstammen die Anforderungen dem Allgemeinen Verwaltungsrecht, weisen aber polizei- und ordnungsrechtliche Besonderheiten auf.

1. Einzelmaßnahmen: Verfügung der Polizei- und Ordnungsbehörden (Verwaltungsakte)

Die Polizei- und Ordnungsbehörden wehren eine im Einzelfall bestehende kon- **2** krete Gefahr für die öffentliche Sicherheit ab. Von zentraler Bedeutung für ihre Tätigkeit ist daher der *Verwaltungsakt*, denn er regelt einen bestimmten Einzelfall (§ 35 Satz 1 VwVfG). Im Anschluss an den älteren Sprachgebrauch wird in Literatur und Rechtsprechung für den behördlichen Verwaltungsakt auch der deckungsgleiche Begriff der Verfügung verwendet.[1] Der Verwaltungsakt richtet sich an eine bestimmte Person oder als Allgemeinverfügung an einen bestimmten oder bestimmbaren Personenkreis (§ 35 Satz 2 VwVfG).

> **Beispiele:** **3**
> Die Polizeibeamtin P spricht gegenüber dem A, der die Absicherung einer Unfallstelle stört, einen Platzverweis aus und erlässt damit mündlich einen Verwaltungsakt.
> Zum Erlass einer Allgemeinverfügung berechtigt § 19 GaststättenG, wonach der gewerbsmäßige Ausschank alkoholischer Getränke für bestimmte Zeit und für einen bestimmten örtlichen Bereich ganz oder teilweise verboten werden kann, wenn dies zur Aufrechterhaltung der öffentlichen Sicherheit erforderlich ist. Damit hat die zuständige Behörde eine Handhabe, um etwa im Umfeld von Fußballspielen Gefahren durch alkoholisierte Hooligans zu bekämpfen.

---

[1] *Schenke*, POR, Rn. 482, der zu Recht annimmt, dass die gelegentlich gemachte Unterscheidung zwischen selbständigen und unselbständigen Verfügungen keine rechtliche Bedeutung hat; s. aber *Drews/Wacke/Vogel/Martens*, Gefahrenabwehr, § 25, Ziff. 3.

4   Typische Fälle von Allgemeinverfügungen sind die *Verkehrszeichen*.[2] Ein ordnungsgemäß und sichtbar aufgestelltes Verkehrszeichen entfaltet nach der Rechtsprechung auch dann Rechtswirkungen, wenn es der Betroffene nicht wahrgenommen hat.[3] Die Bekanntgabe eines Verkehrszeichens erfolgt durch dessen
Aufstellen an einem Ort, an dem es ein Ge- oder Verbot zum Ausdruck bringen
soll (§§ 39 Abs.1; 45 Abs. 4 StVO i.V.m. § 41 Abs. 3 VwVfG).

5   Nach den allgemeinen Regeln der Allgemeinverfügung läuft die Rechtsmittel-
frist ab dem Zeitpunkt der *Bekanntgabe*. Für Verkehrszeichen wäre dies der Zeitpunkt des Aufstellen mit der Folge, dass die Wirkung für und gegen jedermann
einträte.[4] Das Bundesverwaltungsgericht hat dagegen in einer neuen Entscheidung
auf den konkreten Zeitpunkt der Kenntnisnahme durch den betroffenen Verkehrsteilnehmer abgestellt.[5] Der Widerspruch bzw. die Klage kann demnach ein Jahr ab
dem Zeitpunkt der ersten Kenntnisnahme des Verkehrszeichens von dem jeweiligen Betroffenen eingelegt werden (§ 70 Abs. 2 i.V.m. § 58 Abs. 2 VwGO). Damit
wird effektiver Rechtsschutz gem. Art. 19 Abs. 4 GG gesichert.[6] Das verwaltungs-
rechtliche Verfahren des Wiederaufgreifens (§ 51 VwVfG) bietet angesichts seiner Komplexität für den besonderen Fall der Bekanntgabe von Verkehrszeichen
keine den Grundrechtsschutz gleich effektiv sichernde Alternative.[7]

6   **Beispiele:**
Die A parkt ihr Kfz in einer Nebenstraße des Bahnhofes und fährt 2 Wochen in Ur-
laub. Nach 3 Tagen wird dort eine Baustelle errichtet und ein Verkehrsschild aufgestellt, das ein absolutes Halteverbot anordnet. Das Kfz der A wird 2 Tage später abge-
schleppt. Der die Regelung treffende Verwaltungsakt liegt in dem Verkehrszeichen.
Diese Anordnung wurde durch das Abschleppen vollstreckt. Nach der Rechtsprechung muss sich der Führer des Kfz regelmäßig über die Halte- und Parkregelungen
informieren. Danach wäre das Abschleppen rechtmäßig, die A müsste die Kosten tragen. Allerdings bestehen Zweifel an der Verhältnismäßigkeit des Abschleppens, die
nach hier vertretener Auffassung dazu führt, dass das Abschleppen im Einzelfall
rechtswidrig sein kann. Dann trifft die A keine Kostenfolge.

7   Der Verwaltungsakt muss formell und materiell rechtmäßig sein. Formelle Voraussetzungen sind Zuständigkeit, Verfahren und Form.[8] Im Rahmen des Verwaltungsverfahrens, in dem der Verwaltungsakt ergeht, bedarf die Notwendigkeit
einer Anhörung des Betroffenen besonderer Beachtung (§ 28 VwVfG). Die materielle Rechtmäßigkeit des Verwaltungsaktes setzt das Vorliegen der tatbestand-

---

[2] BVerfG, NJW 1965, 2395; BVerwGE 27, 181 (183); 59, 221 (224).

[3] BVerwGE 102, 316 (318).

[4] *Ehlers* zu BVerwG JZ 2011, 152 (155 ff); VGH BW, NVwZ-RR 2003, 311; HessVGH,
NJW 1999, 1651.

[5] BVerwG JZ 2011, 152 ff.; s. schon OVG Nds, NJW 2007, 1609; OVG HH, NZV 2003,
351.

[6] In diesem Sinne für Rechtsschutz gegen Verkehrszeichen auch BVerfG, 1. Kammer des
Ersten Senats, Urt.v.10.9.2009, JA 2010, 394 (Muckel).

[7] A.A. *Ehlers*, Anm. zu BVerwG JZ 2011, 152 (156).

[8] S. *Schenke*, POR, Rn. 488 ff.

lichen Voraussetzungen und die Einhaltung des Prinzips der Verhältnismäßigkeit voraus.

Im Gegensatz zum Verwaltungsakt fehlt es dem *Realakt* an der Regelungswir- **8** kung. Er ist auf die Herbeiführung eines tatsächlichen Erfolges gerichtet.[9] Für die Abgrenzung gelten die allgemeinen Regeln. Regelungsarten von Verwaltungsakten sind insbesondere Gebot, Verbot, Erteilung oder Versagung einer Erlaubnis/Leistung sowie die Rechtsgestaltung. Die Unterscheidung hat Bedeutung für das Verfahren, die Vollstreckung und den Rechtsschutz. Geeignete Rechtsschutzform gegen belastende Verwaltungsakte ist die Anfechtungsklage (§ 42 Abs. 1 VwGO) oder nach Erledigung die Fortsetzungsfeststellungsklage (§ 113 Abs. 1 Satz 4 VwGO). Gegen Realakte kann mit der allgemeinen Leistungsklage und der Feststellungsklage (§ 43 VwGO) vorgegangen werden. Rechtsschutzlücken bestehen nicht.

Beispiele für Realakte: **9**
Ein Kontaktbeamter der Polizei führt eine Sprechstunde in einem Ortsteil der Gemeinde durch. Die Ordnungsbehörde oder Gefahrenabwehrbehörde gibt eine Auskunft. Die Polizeibeamtin P ermahnt den Jugendlichen, nicht vor der Schule zu rauchen, weil dies ein schlechtes Vorbild für jüngere Schüler sei.

Eine Reihe von Standardmaßnahmen sollen nach herkömmlicher Auffassung Re- **10** alakte sein.[10] Allerdings ist die Regelungswirkung der Maßnahme jeweils sorgfältig zu untersuchen. Dem faktischen Handeln geht in der Mehrzahl der Fälle eine rechtliche Entscheidung voraus. Dies führt zu der Beurteilung, dass Standardmaßnahmen regelmäßig als Verwaltungsakte zu qualifizieren sind.[11] Informationseingriffe können regelnden Charakter haben, weil sie in das Recht auf informationelle Selbstbestimmung aus Art. 2 Abs. 1 i.V.m. Art. 1 Abs. 1 GG eingreifen.[12]

Beispiele: **11**
Die Platzverweisung enthält unstreitig eine regelnde Anordnung und ist Verwaltungsakt.[13] Aber auch wenn die Polizeibehörde entscheidet, durch eine Durchsuchung einer Sache oder eine Sicherstellung in die Rechtssphäre des Betroffenen einzugreifen, liegt eine Regelung vor, die dann mit der tatsächlichen Durchführung der Anordnung verknüpft ist.[14]

---

[9] *Schoch*, POR, Rn. 268.
[10] *Drews/Wacke/Vogel/Martens*, Gefahrenabwehr, § 12, Ziff. 12c; *Schoch*, POR, Rn. 268.
[11] *Schenke*, POR, Rn. 115.
[12] Andere Tendenz bei *Pieroth/Schlink/Kniesel*, POR, § 12, Rn. 10 f.
[13] *Drews/Wacke/Vogel/Martens*, Gefahrenabwehr, § 12, Ziff. 2b.
[14] *Rachor*, in: Lisken/Denninger, F Rn. 49 f.; *Schenke*, POR, Rn. 115.

2. Generell-abstrakte Regelungen: Polizei- und Gefahrenabwehrverordnungen, insbesondere Alkoholverbote

12   Wenn die Polizei- oder Ordnungsbehörde eine Maßnahme gegenüber einem unbestimmten Adressatenkreis trifft, trägt diese Maßnahme generell-abstrakten Charakter und ergeht als Verordnung. Die Landesgesetze enthalten regelmäßig eine generalklauselartige Verordnungsermächtigung.[15] Unter verfassungsrechtlichen Gesichtspunkten, insbesondere der notwendigen Bestimmtheit, ist dies unbedenklich.[16] Die Bezeichnung der Verordnungen unterscheidet sich.[17] Ihr gemeinsames Ziel ist die Bekämpfung abstrakter Gefahren für die öffentliche Sicherheit.

13   **Beispiele:[18]**
In der städtischen Taubenverordnung wird das Füttern von Tauben im Stadtpark verboten. Die gemeindliche Zeltplatzverordnung regelt die Einzelheiten der Benutzung des Zeltplatzes. Die Gemeinde erklärt für die Zeit vom 1. November bis zum 1. März des Folgejahre einen öffentlichen Weg zum Hauptskiwanderweg. Durch gemeindliche Verordnung wird das Betteln im Gemeindegebiet untersagt.

14   Die Gefahrenabwehrverordnung errichtet Gebote oder Verbote, die für eine unbestimmte Zahl von Fällen an eine unbestimmte Zahl von Personen gerichtet sind.[19] Maßgeblich für einen Einzelfall ist demnach das Anknüpfen an einen oder mehrere von vornherein bestimmte Sachverhalte, während die Verordnung eine nicht eingrenzbare Anzahl von Fällen betrifft. Im Unterschied zum Verwaltungsakt, insbesondere der Allgemeinverfügung, ist zudem der Adressatenkreis einer Verordnung nicht bestimmbar. Im Hinblick auf eine Reihe von Maßnahmen erweist sich die Präzisierung der Sachverhalte und des betroffenen Personenkreises unter zeitlichen und räumlichen Gesichtspunkten als schwierig, weil der Übergang zwischen (noch) bestimmbar und (schon) unbestimmt fließend ist.[20] Dies gilt insbesondere bei adressatenbezogenen Allgemeinverfügungen.[21]

---

[15] § 10 PolG BW; § 55 ASOG Bln; § 25, 26 BbgOBG; § 10 Abs. 1 Satz 2, §§ 48 ff. BremPolG; § 1 HbgSOG; §§ 72-74 HessSOG; § 17 Abs. 1 SOG MV; § 55 NdsSOG; §§ 26, 27 OBG NW; § 43 POG RP; § 59 SaarlPolG; § 9 SächsPolG; § 94 SOG LSA; § 175 Abs. 1 LVwG SH; § 27 ThürOBG. In Bayern stellen die Art. 12 ff. BayLStVG eine Reihe spezieller Ermächtigungen zur Verfügung.

[16] BVerwGE 116, 347 (350).

[17] Vgl. *Schenke*, POR, Rn. 607.

[18] Einen guten Einblick in die Bandbreite der Inhalte von Verordnungen geben die Art. 12 ff. BayLStV, da mangels einer Generalklausel dort die Spezialermächtigungen aufgeführt sind.

[19] So z.B. § 43 Abs. 1 POG RP.

[20] *Schenke*, POR, Rn. 617.

[21] *Laubinger*, in: Festschrift für Rudolf, 2001, S. 305 (317 ff.).

Beispiel (Standardfall):[22]   **15**

Als in der Stadt S Typhus-Erkrankungen auftreten, vermutet die Stadt S, dass die Krankheitserreger durch den Verzehr von Endiviensalat übertragen werden. Die zuständige Behörde ordnet über Rundfunk an, dass in der Stadt S kein Endiviensalat mehr verkauft werden darf.

Das Bundesverwaltungsgericht hat eine Allgemeinverfügung angenommen. Das Verbot betrifft nach dieser Ansicht den Verkauf bestimmter Waren von bestimmten Personen an bestimmten Stellen.[23] Gegen die Annahme eines Verwaltungsaktes spricht, dass der Adressatenkreis nicht bestimmbar war, weil das Verkaufsverbot zwar hinsichtlich eines bestimmten Sachverhalts, aber für einen nicht abgrenzbaren Personenkreis erging, weil die Anzahl der Verkäufer und Käufer von Endiviensalat nicht vorhersehbar war.[24] Angesichts des nicht eingrenzbaren Adressatenkreises überzeugt die Annahme einer Verordnung.

Gefahrenabwehrverordnungen sind ein Instrument der Gefahrenabwehr- oder   **16**
Ordnungsbehörden, da sie allgemeine Regelungen treffen und nicht die Gefahrenabwehr im Einzelfall betreffen. Folglich sind die Polizeibehörden nach den Landesgesetzen regelmäßig nicht zuständig zum Erlass von Verordnungen. Die Zuständigkeit haben in den Flächenländern die Ministerien und Ordnungsbehörden inne, also die kommunalen Selbstverwaltungskörperschaften (Gemeinden, Kreise, kreisfreie Städte) und die Mittelinstanz, falls vorhanden (Regierungspräsidium, Bezirksregierung, Aufsichts- und Dienstleistungsdirektion).[25] Bei Erlass einer Verordnung sind die kommunalrechtlichen Anforderungen zu beachten.[26]

Tipp: Wiederholen Sie den Aufbau der Landesverwaltung nach dem für Sie   **17**
maßgeblichen Landesrecht anhand der Verordnungsermächtigungen des
Ordnungs- bzw. Gefahrenabwehrrechts.

Voraussetzung für den Erlass einer Gefahrenabwehrverordnung ist das Vorliegen   **18**
einer abstrakten Gefahr (s.o. 5. Kap. Rn. 101, 143).[27] Während für einen polizeilichen Verwaltungsakt regelmäßig eine konkrete Gefahr erforderlich ist, zielt die generell-abstrakte Verordnung auf eine unbestimmte Anzahl von Fällen, in denen typischerweise die Gefahr einer Rechtsverletzung besteht.[28] Diese Prognoseentscheidung trifft die Ordnungsbehörde. Eine Gefahrenabwehrverordnung kann daher auch dann ergehen, wenn noch keine tatsächliche Gefährdung eines Rechtsgutes vorgekommen ist.

---

[22] BVerwGE 12, 87.
[23] *Pieroth/Schlink/Kniesel*, POR, § 11, Rn. 8.
[24] Von einem engen Begriff des Einzelfalls ausgehend *Laubinger*, in: Festschrift für Rudolf, 2001, S. 305 (318).
[25] *Pieroth/Schlink/Kniesel*, POR, § 11, Rn. 9.
[26] *Schoch*, POR, Rn. 274.
[27] BVerwGE 116, 347 (351 f.).
[28] *Pieroth/Schlink/Kniesel*, POR, § 11, Rn. 14 ff.

19   **Beispiel:** [29]
Eine Polizeiverordnung verbietet an einer besonders gefährlichen Stelle des Bodensees („Teufelstisch") das Sporttauchen. Diese Beschränkung von Selbstgefährdungen durch Risikosport dient der Bekämpfung einer Gefahr für die öffentliche Sicherheit, weil mit hinreichender Wahrscheinlichkeit Rettungsaktionen zu erwarten sind, bei denen das Leben Dritter, nämlich der Rettungskräfte, gefährdet wird. Die Regelung zielt auf eine unbestimmte Zahl möglicher Gefährdungssituationen für einen nicht eingrenzbaren Personenkreis. Die Gefahr ist abstrakt, weil keine Gefahr im Einzelfall besteht. Die Behörde hat zu Recht das Instrument der Verordnung gewählt.

20   Der Erlass einer Gefahrenabwehrverordnung setzt eine Ermächtigungsgrundlage voraus. Diese kann in speziellen Gesetzen enthalten sein, die dem allgemeinen Ordnungsrecht vorgehen.[30] Als Konsequenz aus der Entpolizeilichung sind in einer Reihe von Rechtsbereichen besondere Verordnungsermächtigungen für die zuständigen Behörden oder Ministerien vorgesehen.

21   **Beispiel:**
Nach § 14 des Geräte- und Produktsicherheitsgesetzes kann die Bundesregierung Verordnungen über das Erfordernis einer Genehmigung von Anlagen erlassen. Zur Durchführung der in der Rechtsverordnung bestimmten Pflichten kann die zuständige Behörde die erforderlichen Maßnahmen im Einzelfall anordnen (§ 15 des Geräte- und Produktsicherheitsgesetzes).

22   Für Verordnungen gelten die allgemeinen Regeln zur materiellen Rechtmäßigkeit. Wenn die tatbestandlichen Voraussetzungen der Ermächtigungsgrundlage erfüllt sind und eine abstrakte Gefahr vorliegt, verfügt die Ordnungsbehörde über ein Ermessen, das sie pflichtgemäß auszuüben hat. Adressaten sind die Personen, die für die abstrakte Gefahr polizeirechtlich verantwortlich sind. Das Prinzip der Verhältnismäßigkeit greift. Aufgrund ihres generell-abstrakten Charakters unterliegt eine Gefahrenabwehrverordnung spezifischen Anforderungen, die in den Gesetzen teilweise normiert sind.[31] Sie muss ihrem Inhalt nach bestimmt sein. Sie darf nicht lediglich den Zweck verfolgen, der Behörde ihre Aufgabenerfüllung zu erleichtern und muss mit höherrangigem Recht vereinbar sein.

23   Ein viel diskutierter Anwendungsfall für Gefahrenabwehrverordnungen ist der Sachbereich der Hundehaltung.[32] Die besonders umstrittenen Kampfhunde-Verordnungen bedürfen der eingehenden Untersuchung auf ihre Vereinbarkeit mit höherrangigem Recht. Für Hundezüchter kommt ein Rückgriff auf Art. 12 und 14 GG, für Hundehalter auf Art. 2 Abs. 1 GG in Betracht. Die Regelung muss zudem Art. 3 Abs. 1 GG entsprechen. Insoweit wird aufgrund der unterschiedlichen Behandlung von Hunderassen Kritik geübt.[33]

---

[29] VGH BW, NJW 1998, 2235 (2236) = VBlBW 1998, 25.
[30] *Gusy*, POR, Rn. 404; *Schoch*, POR, Rn. 273.
[31] Vgl. z.B. §§ 29, 30 OBG NW.
[32] *Gusy*, POR, Rn. 409; *Schenke*, POR, Rn. 611 ff.
[33] *Schoch*, POR, Rn. 276.

Beispiel: 24
Nach § 4 der städtischen Hundeverordnung besteht ein Leinenzwang für alle Hunde „auf allen öffentlichen Wegen".
Das Land Nordrhein-Westfalen erlässt eine „Kampfhunde-Verordnung", in der bestimmte Hunderassen als gefährlich eingestuft werden. Das Halten solcher Hunde wird an Voraussetzungen geknüpft. Der Halter bedarf einer Erlaubnis und muss seine Zuverlässigkeit nachweisen. Der Hund muss durch Tätowierung oder eingepflanzten Mikrochip gekennzeichnet werden.

Bemühungen zur Eindämmung von Gefahren, die von Kampfhunden ausgehen,   25
unternehmen sowohl der Bund wie die Länder und Gemeinden.[34] Die Regelungen haben zu einer Reihe von Entscheidungen der Verwaltungsgerichte und der Landesverfassungsgerichte geführt.[35] Das Bundesverwaltungsgericht hat im Hinblick auf die niedersächsische Gefahrtier-Verordnung entschieden, dass die Annahme, bestimmte Hunderassen seien gefährlich, keine abstrakte Gefahr darstelle und daher ein Vorgehen auf der Grundlage der Generalklausel nicht in Betracht komme.[36] Die Basis für eine Gefahrenprognose sei nicht ausreichend.[37] Wenn ein Schutzbedürfnis bestehe, müsse der Gesetzgeber tätig werden und gegebenenfalls eine Verordnungsermächtigung schaffen.

Dem Bundesverwaltungsgericht ist darin zuzustimmen, dass auch Maßnahmen   26
der Gefahrenvorsorge auf belastungsfähigen tatsächlichen Annahmen basieren müssen. Fehlen konkrete Anhaltspunkte für ein Tätigwerden der Verwaltung, bedarf es einer gesetzlichen Regelung, um ein Tätigwerden zu legitimieren. Insoweit besteht kein Widerspruch zum Bundesverfassungsgericht, das im Zusammenhang von Regelungen über Kampfhunde klargestellt hat, dass Regelungen der Gefahrenabwehr keine fachwissenschaftliche Gewissheit voraussetzen.[38] Auch eine Gefahrenprognose bedarf aber einer faktischen Grundlage an Erfahrungswissen, die über subjektive Ängste hinausgeht.

Ähnlich umstritten wie die Kampfhundeverordnungen sind Rechtsverordnun-   27
gen der Städte und Gemeinden zum *Verbot von Alkoholkonsum im öffentlichen Raum*.[39] Dabei geht es in der Regel um bestimmte Plätze innerhalb des Gemeindegebietes, die als Treffpunkt meist einer bestimmten Szene zum gemeinsamen Aufenthalt und Konsum alkoholischer Getränke bekannt sind. Die Einwohner der Gemeinde fühlen sich durch den Anblick, das Verhalten und ggf. den Lärm solcher Gruppen nicht nur in ihrem ästhetischen Empfinden gestört, sondern oftmals auch verunsichert oder gar in ihrer Sicherheit bedroht. Als Motivation kommt hinzu, dass alkoholisierte Personen eher zu Rechtsverstößen bis hin zur Begehung

---

[34] S. *Caspar*, DVBl. 2000, 1580.
[35] Z.B. VerfGH Bln, NVwZ 2001, 1266; VerfGH RP, NVwZ 2001, 1273.
[36] BVerwGE 116, 347 (349, 351); insoweit ablehnend zu dem Urteil *Schoch*, POR, Rn. 272.
[37] S. NdsOVG, NdsVBl. 2005, 130 = NordÖR 2005, 179, wonach ein Unsicherheitsgefühl noch nicht für die Annahme einer abstrakten Gefahr genügt.
[38] BVerfGE 110, 141 (159 f.); dazu *Möstl*, Jura 2005, 48.
[39] *Faßbender*, NVwZ 2009, 563; *Hebeler/Schäfer*, DVBl. 2009, 1424; *Hecker*, NVwZ 2009, 1016.

von Körperverletzungsdelikten neigen können. Das allein rechtfertigt aber nicht den Erlass einer Gefahrenabwehrverordnung. Es bedarf des Vorliegens einer abstrakten Gefahr.

28   **Beispiel:**[40]
In Freiburg befindet sich ein Bereich in Universitätsnähe, der an den Wochenenden stark von überwiegend jüngeren Besuchern frequentiert wird („Bermuda-Dreieck"). Aufgrund der stetig steigenden Zahl der Gewaltdelikte in der Innenstadt hat die Stadt Freiburg eine Verordnung erlassen, die ein Alkoholverbot an öffentlich zugänglichen Flächen dieses Kneipenviertels der Stadt vorsieht. Das Verbot beschränkt sich auf die Nächte von Freitag bis Montag, jeweils von 22:00 Uhr bis 6:00 Uhr und für die Nacht vor einem gesetzlichen Feiertag.

29   Zulässige Rechtsgrundlage ist das allgemeine Polizei- und Ordnungsrecht. Ein Rückgriff auf das Straßenrecht, indem eine erlaubnispflichtige Sondernutzung angenommen wird,[41] ist angesichts des kommunikativen Charakters des öffentlichen Raumes, der gerade auch das Pflegen von sozialen Kontakten und Geselligkeit umfasst, nicht haltbar. Für die Verhängung eines Alkoholverbotes durch Gefahrenabwehrverordnung auf der Grundlage der jeweiligen landesrechtlichen Vorschrift bedarf es damit einer abstrakten Gefahr für die öffentliche Sicherheit oder Ordnung.

30   Der Erlass einer Gefahrenabwehrverordnung zum Verbot des Alkoholkonsums an bestimmten Orten begegnet allerdings deshalb Bedenken im Hinblick auf die Bejahung der jederzeit gegebenen *abstrakten Gefahrenlage*, weil die Gefährdung der Rechtsgüter nachvollziehbar begründet werden muss.. Die Rechtsprechung verlangt aussagekräftige Anhaltspunkte oder Erfahrungswerte für die Annahme, dass der Konsum von Alkohol in dem betreffenden Raum typischerweise zum Eintritt von Schäden der öffentlichen Sicherheit oder Ordnung, etwa durch Gewaltdelikte, führt.[42] Zwar muss die Gefahr nicht konkret sein, aber die Anhaltspunkte für die Annahme einer abstrakten Gefahr müssen hinreichend konkretisiert werden können.

31   Eine abstrakte Gefahr könnte dann angenommen werden, falls man zwischen Alkoholkonsum und etwaigen Sicherheitsverstößen einen Ursachenzusammenhang annimmt.[43] Für die abstrakte Gefahr müsste es dann ausreichen, wenn die Erkenntnisse der vor Ort tätigen Polizei, aber auch gehäufte Klagen von Anwohnern, den Schluss zulassen, dass der Alkoholkonsum zu Störungen der öffentlichen Sicherheit führe.[44] Selbst bei dieser weiten Konzeption muss aber auch dem Verordnungsgeber ein weiter Beurteilungsspielraum für die Annahme einer abstrakten Gefahr zuerkannt werden, der erst überschritten sein dürfte, wenn die Er-

---

[40] VGH BW, Urt. v. 28.7.2009, NVwZ-RR 2010, 55.
[41] So noch BayVGH, Beschl. v. 27.10.1982, Az: 8 N 82 A 277.
[42] OLG Hamm, NVwZ 2010, 1319.
[43] *Faßbender*, NVwZ 2009, 563 (564).
[44] *Faßbender*, NVwZ 2009, 563 (565).

wägungen so sachfremd sind, dass sie vernünftigerweise keine Grundlage für die streitige Maßnahme abgeben können.[45]

Diese Argumentation überzeugt deshalb nicht, weil so der Erlass einer Verbots-   **32** regelung auf zu unbestimmte Annahmen gestützt werden würde. Bloße Vermutungen können keine Gefahr begründen. Der Verordnungsgeber als Teil der gesetzesgebundenen Verwaltung muss in der Lage sein, positive Gründe anzugeben, die empirisch abgesichert sind. Eine Kontrolle der Verwaltung, die auf eine bloße Evidenzkontrolle reduziert würde, kann auch für abstrakte Regelungen vor Art. 19 Abs. 4 GG keinen Bestand haben.

Dementsprechend hat der VGH Mannheim mit überzeugender Begründung ent-   **33** schieden, dass der öffentliche Verzehr von Alkohol keine Gefahr für die öffentliche Sicherheit und Ordnung begründe, auch wenn es bereits in der Vergangenheit immer wieder zu typisch alkoholbedingte Verstöße gegen die öffentliche Sicherheit (öffentliches Urinieren, Lärmbelästigungen, Verunreinigungen und Gefährdungen des Verkehrs durch Bierflaschen oder Straftaten) gekommen sei.[46] Eine durch ein abstraktes Alkoholverbot getätigte Vorverlagerung der Gefahrenabwehr sei unzulässig, zumal es an hinreichenden Anhaltspunkten, die den Schluss auf den drohenden Eintritt von Schäden rechtfertigen, fehle.[47] Eine generelle Vermutung eines Schadenseintritts aufgrund des Konsums von Alkohol kann gerade nicht angenommen werden, ein Schadenseintritt ist somit nicht typischerweise und regelmäßig zu erwarten.[48] Vielmehr kann gegen die Störer lediglich im Wege der Einzelverfügung vorgegangen werden.

Erste Landesgesetzgeber streben die Verankerung einer gesetzlichen Ermäch-   **34** tigungsgrundlage für Alkoholverbote im Landespolizeigesetz an. Der § 9a Gesetzentwurf zur Änderung des SächsPolG vom 31. März 2011 beinhaltet eine Ermächtigung der Gemeinden zum Erlass örtlich und zeitlich begrenzter Alkoholkonsumverbote. Damit soll der größere Spielraum des Gesetzgebers gegenüber dem exekutiven Verordnungsgeber genutzt werden.

Rechtmäßig kann das *Verbot der Ausgabe von Glasflaschen* oder sonstigen   **35** Glasbehältern sein, wenn es räumlich und örtlich begrenzt ist. In Hamburg wurde ein besonderes Gesetz geschaffen, um die Verwendung von Glasbehältnissen auf der Reeperbahn an Wochenenden zu verbieten. Der Gesetzgeber verfügt über weiter gehende Spielräume als die gesetzesgebundene Verwaltung, die Gefahrenabwehrverordnungen schafft.

Die Stadt Köln hat für den Rosenmontag ein Verbot von Glasbehältnissen ver-   **36** hängt, das von der Rechtsprechung bestätigt wurde.[49] Hier wird unter zeitlicher

---

[45] *Faßbender*, NVwZ 2009, 563 (566).
[46] VGH BW, DVBl. 1999, 340; VGH BW, NVwZ-RR 2010, 55; VG Stuttgart, Beschluss v. 20.12.2002 – 1 K 5431/02 (Referenz 27.4.2011).
[47] *Hebeler/Schäfer*, DVBl. 2009, 1424 (1426); *Hecker*, NVwZ 2009, 1016 (1017).
[48] VGH Mannheim, Urt. v. 28.7.2009, NVwZ-RR 2010, 55; *Hebeler/Schäfer*, DVBl. 2009, 1424 (1426); *Hecker*, NVwZ 2009, 1016 (1017).
[49] VG Köln, Beschluss v. 3.2.2010, JA 2010, 398; OVG Münster, Beschluss v. 10.2.2010, JuS 2010, 1132.

und örtlicher Begrenzung gegen ein typischer Weise bestehendes Risiko von Verletzungen vorgegangen, das empirisch belegt werden kann.

3. Genehmigung, Untersagung, Beseitigung, Warnung

37   Verwaltungsakte treten in unterschiedlichen Erscheinungsformen auf. Der Verwaltungsakt eignet sich zur präventiven Kontrolle, wenn eine ausdrückliche behördliche Entscheidung notwendig ist, mit der ein bestimmtes Verhalten zugelassen wird. Die Konstruktionen des Verbotes mit Erlaubnisvorbehalt oder des Verbotes mit Dispensvorbehalt erlauben eine Prüfung personenbezogener Voraussetzungen wie der Zuverlässigkeit oder sachbezogener Voraussetzungen, bevor dem Einzelnen der zuvor versperrte Handlungsraum eröffnet wird.[50]

38   In den sachbezogenen Spezialgesetzen werden solche Ausgestaltungen zumeist Erlaubnis oder Genehmigung genannt. Die Genehmigung eines Verhaltens hat in ihrer Funktion als Kontrollerlaubnis präventiven Charakter, weil negative Folgen des Verhaltens bis hin zu polizeilichen Gefahren verhindert werden sollen. Allerdings kann die Genehmigung als flexibles Instrument auch weitere Interessenabwägungen auffangen und die Funktion des Interessenausgleichs erfüllen.[51] In diesen Ausgestaltungen der Genehmigung oder Erlaubnis ist der Verwaltungsakt ein typisches Handlungsinstrument der Fachverwaltungen jedoch nur selten ein solches der allgemeinen Polizei- und Ordnungsbehörden.[52]

39   Das Gegenstück zu diesen den Bürger begünstigenden Verwaltungsakten bilden die behördliche *Untersagung* eines bestimmten Handelns und die Verpflichtung zur *Beseitigung* eines bereits geschaffenen Zustandes. Letztere Variante des Verwaltungsakts zeichnet sich durch seine nachträglich wirkende Kontrolle, also seine repressive Natur aus. Der typische Anwendungsbereich sind das Gaststätten- und Gewerberecht für die Untersagung und das öffentliche Baurecht für die Verpflichtung zur Beseitigung einer bereits geschaffenen Rechtslage. Erfüllt ein Antragsteller nicht die Voraussetzungen zum Betrieb einer Gaststätte, fehlt es ihm insbesondre an der nötigen Zuverlässigkeit, ist ihm gem. § 4 Abs. 1 GaststättenG die Erlaubnis zu versagen. Wer ein Bauwerk im Widerspruch zum geltenden Baurecht errichtet, kann unter Umständen zur Beseitigung seiner baulichen Anlage verpflichtet werden. Wegen des damit verbundenen intensiven Eingriffs in die Grundrechte des Betroffenen (Art. 14 GG) ist die Aufgabe der Beseitigung allerdings nur im Einzelfall verhältnismäßig.

40   Im Hinblick auf *Warnungen* der staatlichen Behörden vor Gefahren (durch glykolverseuchte Weine bzw. durch eine Jugendsekte) hat das Bundesverfassungsgericht eine Befugnis der Behörden aus der Aufgabe der Staatsleitung zumindest nicht ausgeschlossen, wobei es jedoch nicht restlos klar die Frage beantwortet, ob

---

[50] *Schenke*, POR, Rn. 583; s. auch *Drews/Wacke/Vogel/Martens*, Gefahrenabwehr, § 23, Ziff. 5a.

[51] Vgl. *Kugelmann*, DVBl. 2002, 1238 (1241).

[52] *Schoch*, POR, Rn. 267.

und worin ein Eingriff in Grundrechte durch die Warnungen vorliegt.[53] Die Unklarheit betrifft die Anforderungen an die Rechtfertigung von faktischen Grundrechtseingriffen.[54]

> **Beispiel:**   **41**
> Der Landesregierung von Baden-Württemberg werden zahlreiche Fälle bekannt, in denen Winzer des Weinbaugebietes W ihrem Wein verbotene Zusatzstoffe beigemischt haben. In einem Aufruf, der in Zeitungen und mittels des Rundfunks verbreitet wird, warnt die Landesregierung vor dem Kauf und Verzehr von Weinen aus diesem Anbaugebiet zu diesem Zeitpunkt. Die Winzer, die auf den Verkauf dieser Weine angewiesen sind, erleiden beträchtliche Umsatzeinbußen.
> In diesem Fall liegt nach überzeugender Auffassung ein Eingriff in Art. 12 Abs. 1 GG vor. Die Warnung bedarf entgegen der Meinung des Bundesverfassungsgerichts einer gesetzlichen Grundlage.[55] Wenn keine besonderen Normen vorliegen, kann auf die ordnungsbehördliche Generalklausel zurückgegriffen werden. Allerdings sind deren begrenzende Voraussetzungen zu beachten.

Für den Regelfall des staatlichen Eingriffs in Grundrechte bleibt es auch im Hinblick auf Eingriffe durch Information bei der Notwendigkeit einer gesetzlichen Ermächtigung.[56] Für das Polizeirecht finden sich diese in den einzelnen Befugnisnormen der Spezialgesetze für einen bestimmten Sachbereich oder in den Landespolizeigesetzen.   **42**

Kontrollfragen

1. Warum ist vor Erlass eines Verwaltungsaktes eine Anhörung erforderlich? (Rn. 7)
2. Wodurch unterscheiden sich Verwaltungsakt und Gefahrenabwehrverordnung? (Rn. 14)
3. Warum ist die Verordnung ein Mittel der Ordnungs- bzw. Gefahrenabwehrbehörden und nicht der Polizeibehörden? (Rn. 16).
4. Kann ein Alkoholverbot durch eine Verordnung der Ordnungs- oder Gefahrenabwehrbehörde durchgesetzt werden? (Rn. 27 ff.)
5. Worin liegt die Problematik ordnungsbehördlicher Warnungen? (Rn. 40 f.)

---

[53] BVerfGE 105, 252; 105, 279.
[54] *Bethge*, Jura 2003, 327 (332 f.); *v.Coelln*, JA 2003, 118; *H.-J. Cremer*, JuS 2003, 747; *Murswiek*, NVwZ 2003, 1 (2); *Schoch*, NVwZ 2011, 193.
[55] *Schoch*, POR, Rn. 270.
[56] *Schenke*, POR, Rn. 41.

10. Kapitel: Anforderungen an behördliche Maßnahmen

Die Aufgabenerfüllung und die Nutzung der Befugnisse muss unter Wahrung der 1
verfassungsrechtlichen Vorgaben und unter Beachtung der gesetzlichen Vorschriften erfolgen. Wie jede andere Stelle der öffentlichen Verwaltung sind die Polizei- und Ordnungsbehörden an Gesetz und Recht (Art. 20 Abs. 3 GG) und insbesondere an die Grundrechte gebunden (Art. 1 Abs. 3 GG).

1. Legalitäts- und Opportunitätsprinzip

Die polizeilichen Aufgaben unterscheiden sich im Ausgangspunkt danach, ob die 2
Behörde repressiv oder präventiv tätig wird. Die Staatsanwaltschaft ist gem. § 152 StPO verpflichtet, wegen aller verfolgbaren Straftaten einzuschreiten, sofern zureichende tatsächliche Anhaltspunkte vorliegen. Bei der Erfüllung repressiver Aufgaben steht dementsprechend auch der Polizeibehörde kein Ermessen zu, sie muss tätig werden (§ 163 StPO). Die gesetzliche Pflicht zum Einschreiten ist das Legalitätsprinzip.[1]

Im Rahmen der Erfüllung präventiver Aufgaben gilt für die Polizei- oder Ord- 3
nungsbehörde das Opportunitätsprinzip.[2] Sie kann tätig werden, muss es aber nicht. Trotz des Vorliegens einer Gefahr, kann die Behörde abwarten und untätig bleiben. Der Grund dafür liegt darin, dass Ziel die Abwehr einer Gefahr ist, nicht das Sanktionieren von Personen. Die Behörden verfügen über Entscheidungsspielräume, um entscheiden zu können, wie sie dieses Ziel am effektivsten erreichen. Dazu kann auch ein Abwarten dienen, um etwa eine Eskalation zu vermeiden. Die Konsequenz aus der Geltung des Opportunitätsprinzips für die präventive Tätigkeit der Polizei- und Ordnungsbehörden ist die Gewährung von Ermessen. Das Opportunitätsprinzip liegt auch dem Ordnungswidrigkeitenrecht zu Grunde (s. § 47 Abs. 1 und § 53 OWiG).

Die der Polizeiarbeit zu Grunde liegenden Prinzipien sind bei der Ausarbeitung 4
von Sicherheitsstrategien zu beachten. In New York wurde unter dem Titel „zero tolerance" in den neunziger Jahren des 20. Jahrhunderts eine Strategie zur Förderung der Sicherheit entwickelt, die ein Einschreiten bei jedem auch noch so unscheinbaren Rechtsverstoß fordert. Sie beruht auf der Erkenntnis aus der Psycho-

---

[1] *Erb*, Legalität und Opportunität, 1999.
[2] *Waechter*, VerwArch 88 (1997), 298.

logie, dass sichtbare Schäden, so genannte „broken windows", die nicht sofort erneuert werden, einen Anreiz für weitere Rechtsverletzungen darstellen.[3] Die Strategie zielt gerade auf ein Einschreiten gegen Bagatell-Delikte.

5   Polizei- und Ordnungsbehörden sollen in Zusammenarbeit mit der aktiven Bür-
gerschaft Sicherheit im weitesten Sinne erhöhen. Soweit es darum geht, soziale
Brennpunkte durch Stadtteilarbeit zu entschärfen oder ein lebenswerteres Umfeld
für die Bürger zu schaffen, ist die aktive Partizipation von Einwohnern an den öffentlichen Angelegenheiten förderungswürdig. Das Modell der kommunalen kri-
minalpräventiven Räte, in denen unterschiedliche gesellschaftliche Gruppen ver-
tretne sind ist ein Beispiel für einen kooperativen Ansatz. Die in einer Reihe
deutscher Städte praktizierten Sicherheitskonzepte, die sich in abnehmendem Umfang an Ansätzen wie „zero tolerance" orientieren, sind demgegenüber differenzierend zu beurteilen und auf ihre Vereinbarkeit mit den allgemeinen Grundsätzen
des Polizei- und Ordnungsrechts zu untersuchen.

6   Das Polizei- und Ordnungsrecht setzt Grenzen für die Tätigkeiten der Behörden
im Rahmen von städtischen Sicherheitsstrategien und auch für die Einbeziehung
Privater in die Wahrung der öffentlichen Sicherheit. Die Aufgabenzuweisung
muss eingehalten werden. Die Herstellung einer öffentlichen Ordnung als Sozialgestaltung jenseits konkretisierter gesetzlicher Vorgaben ist nicht Aufgabe der
Polizei.[4] Bei der Ausübung vorhandener Befugnisse muss das Prinzip der Verhältnismäßigkeit beachtet werden. Die Steigerung des Sicherheitsgefühls der Bevölkerung ist nicht deckungsgleich mit der Steigerung der Sicherheit, verstanden als
Abwehr von Rechtsverletzungen. Eine reine „zero tolerance" Strategie wäre ein
Verstoß gegen das Opportunitätsprinzip.[5] Einzelne Folgen solcher Strategien
schlagen sich in Auslegung und Anwendung von Befugnisnormen nieder, etwa im
Hinblick auf die Videoüberwachung öffentlicher Plätze (s.o. 7. Kap. Rn. 135 ff.).

2. Das Ermessen und der Anspruch auf polizeiliches Einschreiten

7   Alle Befugnisnormen der Polizei und Ordnungsbehördengesetze sind Kann-
Vorschriften. Sie räumen den Behörden ein Ermessen ein. Die Gesetze in Bund
und Ländern enthalten daher eine ausdrückliche Vorschrift, wonach die Polizei ihre Entscheidungen nach pflichtgemäßem Ermessen trifft und die auch die Auswahl
zwischen mehreren in Betracht kommenden Mitteln regelt.[6] Das Opportunitäts-

---

[3] Dazu *Volkmann*, NVwZ 1999, 225.
[4] Vgl. *Dolderer*, NVwZ 2001, 130.
[5] *Erbel*, DVBl. 2001, 1714 (1722 f.); *Schenke*, POR, Rn. 99.
[6] § 16 BPolG; § 3 PolG BW; Art. 5 BayPAG und Art. 7 BayLStVG; § 12 ASOG Bln; § 4
     BbgPolG und § 15 BbgOBG; § 4 BremPolG; § 3 HbgSOG; § 5 HessSOG; § 14 SOG
     MV; § 5 NdsSOG; § 3 PolG NW und § 16 OBG NW; § 3 POG RP; § 3 SaarlPolG; § 3
     SächsPolG; § 6 SOG LSA; § 174 LVwG SH; § 5 ThürPAG und § 7 ThürOBG.

prinzip erfasst sowohl das in dieser Regelung zum Ausdruck kommende Auswahlermessen wie das Entschließungsermessen.[7]

Das Entschließungsermessen betrifft das „Ob" des Handelns. Die Polizei- oder   **8**
Ordnungsbehörde kann auch untätig bleiben, wenn sie der Auffassung ist, dass
dies für die Aufgabenerfüllung sinnvoll ist. Sie muss aber prüfen, ob sie einschreiten soll.

> **Beispiel:**   **9**
> Zwei rivalisierende Straßenbanden stehen sich in einer Einkaufspassage drohend ge-
> genüber. Einige der Bandenmitglieder haben Stöcke und Steine in der Hand. Die An-
> führer der beiden Banden feinden sich verbal an. Zwar drohen Sachbeschädigungen
> und Körperverletzungen. Dennoch können die beobachtenden Polizeibeamten zu-
> nächst abwarten, weil das Wortgefecht der Bandenführer auch in einem gewaltlosen
> Verlassen der Einkaufspassage enden könnte und ein polizeiliches Einschreiten zu ei-
> ner Eskalation führen könnte.

Das Auswahlermessen betrifft das „Wie" des Handelns. Die Behörde kann zwi-   **10**
schen mehreren Mitteln wählen, falls diese gleich effektiv sind. Dem Betroffenen
steht nach den Vorschriften der Polizei- und Ordnungsgesetzen das Recht zu, ein
anderes als das von der Behörde angeordnete Mittel anzuwenden, wenn es ebenso
wirksam ist. Teil der Ermessensausübung ist die Auswahl des Verantwortlichen,
an den die Verfügung gerichtet wird.

11

Klausurtipp: Prüfen Sie die Auswahl zwischen mehreren Verantwortlichen
auf der Stufe der Verantwortlichkeit. Zwar ist eine Prüfung beim Auswahlermessen nicht falsch, beeinträchtigt aber zumeist die Klarheit der Prüfungsabfolge.

Die Spielräume, die das Ermessen den Behörden bei der Entscheidung einräumt,   **12**
sind bei der Kontrolle der Entscheidungen zu beachten. Ein Gericht darf sich nicht
an die Stelle der Polizeibehörde setzen und allgemeine Erwägungen zur Sinnhaf-
tigkeit bestimmter Maßnahmen machen. Die gerichtliche Kontrolle betrifft nicht
die Zweckmäßigkeit, sondern nur die Rechtmäßigkeit.[8] Die Prüfung der Rechtmäßigkeit umfasst jedoch die Beurteilung, ob ein milderes Mittel in Betracht gekommen wäre. Die Ausübung des Ermessens ist nach den allgemeinen Grundsätzen justiziabel, kann also auf Fehler untersucht werden (§ 114 VwGO).

Maßstab für die pflichtgemäße Ermessensausübung ist § 40 VwVfG. Ermes-   **13**
sensfehler sind die Ermessensüberschreitung, der Ermessensnichtgebrauch und der
Ermessensfehlgebrauch.[9] Die Entscheidungen auf dem Gebiet des Polizei- und

---

[7] Kritik an dieser Konzeption bei *Knemeyer*, POR, Rn. 129 f.

[8] *Schenke*, POR, Rn. 94; *Schoch*, POR, Rn. 103.

[9] *Pieroth/Schlink/Kniesel*, POR, § 10, Rn. 36 ff.; *Schenke*, POR, Rn. 95 ff., *Wehr*, ExRep
PolR, Rn. 429 ff.

Ordnungsrechts sind – auch in studentischen Übungsarbeiten - ein wichtiges Anwendungsfeld für die Ermessensfehlerlehre des Allgemeinen Verwaltungsrechts.[10]

14   Dies gilt insbesondere auch für die *Ermessensreduzierung auf Null*. Sie ist eine
Ausnahme vom Opportunitätsprinzip.[11] Wenn das Ermessen der Behörde auf Null
reduziert ist, muss sie einschreiten. Ob dies der Fall ist, ergibt eine Abwägung der
Interessen im Einzelfall unter Beachtung des Verhältnismäßigkeitsprinzips. Ausgangspunkt ist der Zweck der Regelung, die Ermessen einräumt. Im Polizei- und
Ordnungsrecht dienen die behördlichen Tätigkeiten dem Ziel der Gefahrenabwehr
und damit dem Rechtsgüterschutz. Grundrechtliche Anforderungen an Verwaltungshandeln, insbesondere aus Art. 3 Abs. 1 GG, entfalten Wirkung.[12] In der
Abwägung spielen die Wertigkeit der gefährdeten Rechtsgüter und die Intensität
der Gefahr ebenso eine Rolle wie die Risiken und Konsequenzen eines Vorgehens.[13] Nach der Rechtsprechung ist das Ermessen dann auf Null reduziert, wenn
wesentlichen Rechtsgütern erhebliche Gefahren drohen und andere polizeiliche
Aufgaben nicht vorrangig sind.[14]

15   **Beispiel:**
Bei einem Streifengang im Stadtpark beobachten zwei Polizeibeamte, wie eine Frau
von einem mit einer Schusswaffe bewaffneten Mann eindeutig bedroht und angegriffen wird. Zum Schutz der Rechtsgüter Leben und körperliche Unversehrtheit müssen
die Beamten eingreifen.

16   Die Wertigkeit der Schutzgüter allein gibt nicht den Ausschlag für die Schrump-
fung des Ermessens. Sie ist Teil des Abwägungsprozesses. Eine Rechtspflicht
kann auch zum Schutz geringwertiger Rechtsgüter bestehen.[15] Dies entspricht dem
Charakter des Ermessens. Allerdings darf dieser Umstand nicht dazu führen, dass
die Verpflichtungen zum Einschreiten erheblich erweitert werden und im Ergebnis
in der Mehrzahl der Fälle eine Ermessenreduktion angenommen wird.[16] In der
Abwägung sind auch die Interessen Dritter zu berücksichtigen, die von polizeilichen oder ordnungsbehördlichen Maßnahmen betroffen sind. Die gesetzliche
Vorgabe der Kann-Regelung darf nicht mittels Auslegung in eine Soll-Regelung
umgedeutet werden.[17]

17   Die Polizei- und Ordnungsbehörden können ihre Aufgaben gewichten und diese Gewichtung in die Interessenabwägung einstellen. Demzufolge finden auch der
Verwaltungsaufwand und die anderweitig zu erfüllenden Aufgaben Berücksichtigung. Wenn die Maßnahme erhebliche Kräfte bindet, die an anderer Stelle fehlen,
kann dies gegen eine Ermessensreduktion sprechen.

---

[10] *Maurer*, Allgemeines Verwaltungsrecht, § 7, Rn. 19 ff. m.w.N.
[11] *Götz*, POR, § 11, Rn. 6.
[12] *Schoch*, POR, Rn. 112.
[13] *Schenke*, POR, Rn. 100.
[14] BVerwGE 11, 95 (97).
[15] *Rachor*, in: Lisken/Denninger, F, Rn. 131 f.
[16] So die Tendenz bei *Götz*, POR, § 11 Rn. 5 ff.
[17] *Schenke*, POR, Rn. 101.

Die Rechtspflicht zum Einschreiten beinhaltet nicht notwendig eine Pflicht zur **18** Durchführung einer bestimmten Maßnahme. Sie kann die Reduktion des Entschließungsermessens oder des Auswahlermessen oder beider betreffen. In den meisten Fällen geht es um das Entschließungsermessen. Falls dieses auf Null reduziert ist, steht der Polizei- oder Ordnungsbehörde noch die Auswahl zwischen unterschiedlichen Mitteln offen.[18] Sind unterschiedliche Maßnahmen möglich, verfügt der Betroffene über einen Anspruch auf fehlerfreie Ermessensausübung.

Beispiel: **19**
Eine Gruppe Obdachloser besetzt ein Haus des Eigentümers E. Zum Schutz seiner Vermögensrechte stehen dem Hauseigentümer die Mittel des Zivilrechts zur Verfügung. Falls diese ausgeschöpft oder aussichtslos sind, kann eine Rechtspflicht der Polizeibehörde zur Räumung des besetzten Hauses in Frage kommen. Selbst wenn man die Reduzierung des Entschließungsermessens bejaht, kann die Behörde noch frei über Zeitpunkt und Umstände der Räumung entscheiden.[19]

Eine Rechtspflicht innerstaatlicher Behörden zum Einschreiten kann aus dem **20** Unionsrecht folgen (s.u. 14. Kap. Rn. 51).[20] Zu Gunsten von Rechtsgütern des Unionsrechts kann das Ermessen auf Null reduziert sein.[21] Die Durchführung des Unionsrechts obliegt den Mitgliedstaaten (vgl. Art. 4 Abs. 3 EUV und Art. 2 Abs. 1, 197 Abs. 1 AEUV). Die Behörden der Mitgliedstaaten haben die Pflicht, Rechtsgüter der Union angemessen zu schützen,[22] denn nur die Mitgliedstaaten verfügen über allgemeine Polizei- und Ordnungsbehörden, die dazu in der Lage sind.

Beispiel: **21**
Zur Sicherung des freien Warenverkehrs nach Art. 34, 36 AEUV können die innerstaatlichen Behörden verpflichtet sein, gegen Straßenblockaden vorzugehen, wenn diese grenzüberschreitende Transporte verhindern.[23]

Wenn sowohl das Entschließungsermessen wie das Auswahlermessen auf Null reduziert sind, kann die Konsequenz ein *Anspruch des Betroffenen auf polizeiliches* **22** *Einschreiten* sein.[24] Die subjektiv-rechtliche Wendung der objektiv-rechtlichen Rechtspflicht der Behörde führt zur individuellen Durchsetzbarkeit, denn dem Betroffenen steht dann ein einklagbares subjektives Recht zu. Nach der Verfassungsordnung des Grundgesetzes ist der Bürger nicht nur Adressat staatlichen Handelns, sondern er verfügt als Rechtsträger über subjektive Rechte gegen den Staat.
Der Anspruch auf Einschreiten besteht dann, wenn eine Schutznorm verletzt **23** ist. Nach der Schutznormtheorie muss die Vorschrift zumindest auch bezwecken,

---

[18] *Pieroth/Schlink/Kniesel*, POR, § 10, Rn. 42.
[19] *Schlink*, NVwZ 1982, 529 (532); anders *Martens*, DÖV 1982, 89 (97).
[20] *Schenke*, POR, Rn. 101.
[21] *Lindner*, JuS 2005, 302 (305).
[22] *Schoch*, POR, Rn. 113.
[23] EuGH, Rs. C-265/95 (Kommission/Frankreich), Slg. 1997, I-6959.
[24] *Gusy*, PolR, Rn. 394 f.

dem Einzelnen Rechte zu verleihen. Grundlage für das subjektive Recht auf ein Vorgehen der Behörde im Polizei- und Ordnungsrecht sind die konkreten Aufgaben- und Befugnisnormen in Verbindung mit den Regelungen, die das Rechtsgut dem Einzelnen zuschreiben. Zu Gunsten des Einzelnen folgt daraus der drittschützende Charakter.[25]

24   **Beispiel:**
Der Eigentümer E des besetzten Hauses hat einen Anspruch auf Räumung, falls das Entschließungs- und Auswahlermessen der Behörde auf Null reduziert ist, keine anderweitige (zivilrechtliche) Schutzmöglichkeit besteht und er über ein subjektiv-öffentliches Recht verfügt. Dieses subjektive Recht folgt aus polizeilichen Aufgabennorm und der Generalklausel bzw. den einschlägigen Befugnisnormen (Identitätsfeststellung, Platzverweis) in Verbindung mit den Vorschriften über das Eigentum, letztlich also Art. 14 Abs. 1 und 2 GG. Weigert sich die zuständige Behörde tätig zu werden, kann E gerichtlich erzwingen, dass die Polizei das Haus räumt.

3. Grundrechte

25   Die Grundrechte prägen die gesamte verfassungsrechtliche Ordnung. Damit steht der Schutz der Rechte des Einzelnen im Vordergrund. Die Grundrechte binden jegliche staatliche Gewalt (Art. 1 Abs. 3 GG). Ihre vielfältigen Wirkungen durchziehen und prägen das gesamte Verwaltungsrecht.[26] Dies kommt zuvörderst darin zum Ausdruck, dass jedes Handeln der Verwaltung am Grundsatz der Verhältnismäßigkeit zu prüfen ist.[27]

26   Die spezifischen Wirkungen der Grundrechte im Polizei- und Ordnungsrecht werden im Zusammenhang der einzelnen Befugnisse behandelt (s.o. 6. und 7. Kapitel). Einige Grundrechte schlagen sich besonders stark schon in der Ausgestaltung der Polizeigesetze nieder. Ein klassisches Sachgebiet, dessen gesetzliche Ausgestaltung grundrechtsgeleitet ist, stellt aufgrund des Art. 8 GG das Versammlungsrecht dar.[28] Da Art. 13 GG sehr detaillierte Voraussetzungen für die Zulässigkeit von Eingriffen in die Unverletzlichkeit der Wohnung enthält, sind die Regelungen der Polizeigesetze über die Durchsuchung von Wohnungen und die akustische Wohnraumüberwachung stark grundrechtsgeprägt. Aufgrund der technischen Entwicklungen wächst die Bedeutung von Art. 10 GG im Polizeirecht, insbesondere im Zusammenhang der Telekommunikationsüberwachung.[29] Die Erhebung und Verarbeitung von Daten durch die Polizeibehörden allgemein führt zu

---

[25] *Gusy*, PolR, Rn. 396., *Wehr*, ExRep PolR, Rn. 453 ff.

[26] *Drews/Wacke/Vogel/Martens*, Gefahrenabwehr, § 18, Ziff. 1.

[27] *Pieroth/Schlink/Kniesel*, POR, § 10, Rn. 2.

[28] *Messmann*, JuS 2007, 524; *Papier*, BayVBl. 2010, 225; *Pieroth/Schlink/Kniesel*, POR, §§ 20 bis 23;

[29] *Schoch*, Jura 2010, 22; näher *Möstl*, Polizeiliche Maßnahmen im Dickicht der Freiheit der Telekommunikation und des grundrechtlichen Schutzes der Wohnung, in: Kugelmann (Hrsg.), Polizei unter dem Grundgesetz, 2010, S. 27.

vielfältigen Rechtsfragen.[30] Das Recht auf informationelle Selbstbestimmung spielt daher eine große Rolle.[31]

Grundrechte ohne Gesetzesvorbehalte sind zum Schutz anderer Grundrechte   **27** oder Verfassungsgüter einschränkbar. Maßnahmen der Polizei- und Ordnungsbehörden können gerechtfertige Beschränkungen der Grundrechte sein, wenn sie verfassungsrechtlich festgelegte Rechtsgüter schützen und verhältnismäßig sind. Auf die öffentliche Ordnung kann in keinem Fall eine Einschränkung vorbehaltslos gewährleisteter Grundrechte gestützt werden.[32] Auch Grundrechtsbeschränkungen zu Gunsten gesetzlich konkretisierter Verfassungsgüter sind nur ausnahmsweise zulässig.[33]

Beispiel: [34]   **28**
Die Aufführung des Rock-Comicals „Das Maria-Syndrom" wird aufgrund der Generalklausel des § 9 POG RP verboten. Die Behörde sah die Voraussetzungen des § 166 StGB (Beschimpfung religiöser Bekenntnisse) als erfüllt an, weshalb das Schutzgut der öffentlichen Sicherheit beeinträchtigt sei. Dieses Verbot greift in die vorbehaltlos gewährte Kunstfreiheit des Art. 5 Abs. 3 Satz 1 GG ein. Geschützt werden soll mit dem Verbot eher das religiöse Empfinden, als die Religionsausübung. Entgegen der Auffassung des OVG ist das Verbot rechtswidrig, weil hier die Kunstfreiheit gegenüber der Religionsfreiheit überwiegt.

Das Polizei- und Ordnungsrecht ist weit überwiegend Eingriffsverwaltung. Die   **29** Exekutive ist an Gesetz und Recht gebunden (Art. 20 Abs. 3 GG). Aufgrund des Verfassungsrechts bedürfen Eingriffe einer hinreichend klaren und bestimmten gesetzlichen Grundlage.[35] Der Bestimmtheitsgrundsatz spielt eine wichtige Rolle in der Prüfung polizeirechtlicher Normen.

Bedeutung im Hinblick auf polizeirechtliche Normen kann das Zitiergebot des   **30** Art. 19 Abs. 1 GG erlangen. Es findet Anwendung auf Grundrechte, die aufgrund ausdrücklicher Ermächtigung vom Gesetzgeber eingeschränkt werden dürfen, also unter Gesetzesvorbehalt stehen.[36] Das Bundesverfassungsgericht hat eine Vorschrift des niedersächsischen SOG über die präventive Telekommunikationsüberwachung eingehend auch am Zitiergebot gemessen.[37] Danach muss auch ein grundrechtsbeschränkendes Änderungsgesetz das Zitiergebot beachten. Es genügte nicht, dass das SOG den Art. 10 GG als einschränkbares Grundrecht nennt,

---

[30] Vgl. *Weber*, Die Sicherung rechtsstaatlicher Standards im modernen Polizeirecht, 2011, S. 40 ff.

[31] *Durner*, JuS 2006, 213..

[32] *Drews/Wacke/Vogel/Martens*, Gefahrenabwehr, § 18, Ziff. 3b; *Schenke*, POR, Rn. 345; sieht man wie hier in der öffentlichen Ordnung schon kein Schutzgut des Polizeirechts, ist dies ohnehin ausgeschlossen, s.o. 5. Kap., Rn. 76 ff.

[33] Noch enger unter Abstellen auf die Gehalte des Art. 79 Abs. 3 GG *Pieroth/Schlink/Kniesel*, POR, § 10, Rn. 10.

[34] OVG Koblenz, NJW 1997, 1174.

[35] BverfGE 56, 1 (12).

[36] BVerfGE 64, 72 (79 f.).

[37] BVerfGE 113, 348 (366, 367).

auch das Änderungsgesetz zum SOG, mit dem die Regelung über die Überwachung der Telekommunikation eingeführt wurde, hätte die Beschränkung des Art. 10 GG benennen müssen, um der Warn- und Besinnungsfunktion des Zitiergebots gerecht zu werden.[38]

31   **Beispiel:**
Eine Befugnis zu Aufenthaltsverboten ist verfassungswidrig wegen Verstoßes gegen das Zitiergebot, wenn das Polizeigesetz Art. 11 GG nicht zitiert.[39] Eine Befugnis zur präventiven Telekommunikationsüberwachung ist nur verfassungsgemäß, wenn das Polizeigesetz Art. 10 GG als einschränkbares Grundrecht zitiert.[40]

4. Das Prinzip der Verhältnismäßigkeit

32   Jedes Handeln der Polizei- und Ordnungsbehörden muss verhältnismäßig sein. Dies gilt im Verwaltungsrecht allgemein für behördliche Handlungen.[41] Das Prinzip der Verhältnismäßigkeit greift nicht nur dann, wenn Grundrechte beschränkt werden, sondern bei jeder Maßnahme. Die allermeisten Polizeigesetze enthalten eine eigene Bestimmung über die polizeiliche Ausprägung des Verhältnismäßigkeitsprinzips.[42] Wo die Verhältnismäßigkeit nicht ausdrücklich genannt ist, sind doch ihre wesentlichen Inhalte festgelegt.[43] Diese polizeirechtlichen Bestimmungen konkretisieren das verfassungsrechtlich gewährleistete Prinzip der Verhältnismäßigkeit.

33

> Tipp: Jede Maßnahme der Polizei- und Ordnungsbehörden ist auf ihre Verhältnismäßigkeit zu untersuchen. Dabei spielt es keine Rolle, ob die Ermächtigungsgrundlage eine spezialgesetzliche Vorschrift oder eine allgemeine polizeirechtliche Befugnisnorm ist. Achten Sie aber auf die Gewichtung! Die Verhältnismäßigkeitsprüfung muss ebenso nachvollziehbar strukturiert und problemorientiert sein wie die gesamte Übungsarbeit.

34   Die gesetzlichen Vorschriften stellen einen Zusammenhang zwischen Ermessensausübung und Verhältnismäßigkeit her, die in unterschiedlichen Paragraphen

---

[38] Das Bundesverfassungsgericht will aus Gründen der Rechtssicherheit die Nichtigkeitsfolge erst auf Änderungsgesetze anwenden, die nach der Verkündung seiner Entscheidung beschlossen werden.
[39] *Pieroth/Schlink/Kniesel*, POR, § 10, Rn. 7.
[40] *Schenke*, POR, Rn. 343.
[41] *Ossenbühl*, Jura 1997, 617.
[42] § 15 BPolG; Art. 4 BayPAG und Art. 8 BayLStVG; § 11 ASOG Bln; § 3 BbgPolG und § 14 BbgOBG; § 3 BremPolG; § 4 HbgSOG; § 4 HessSOG; § 15 SOG MV; § 4 Nds-SOG; § 2 PolG NW und § 15 OBG NW; § 2 POG RP; § 2 SaarlPolG; § 3 SächsPolG; § 5 SOG LSA; § 4 ThürPAG und § 6 ThürOBG.
[43] § 5 PolG BW; § 176 LVwG SH („erforderlich").

oder Absätzen desselben Paragraphen behandelt werden. Dabei darf nicht übersehen werden, dass schon in der Ermessensentscheidung selbst das Prinzip der
Verhältnismäßigkeit zu beachten ist.[44] Die Polizei- oder Ordnungsbehörde trifft
keine freie, sondern eine verfassungsrechtlich angeleitete Ermessensentscheidung.

Das Prinzip der Verhältnismäßigkeit erfordert, dass die Maßnahme einen legi-   **35**
timen Zweck verfolgt sowie geeignet, erforderlich und angemessen (= verhältnismäßig i.e.S.) ist. Der legitime Zweck polizei- und ordnungsbehördlicher Maßnahmen besteht regelmäßig in der Gefahrenabwehr. Im Zusammenhang der
vorbeugenden Bekämpfung von Straftaten ist die Steuerungsfunktion des Verhält-
nismäßigkeitsgrundsatzes deutlich schwächer.[45] Es fehlt an der konkreten Gefahr
und damit am Maßstab der gegenläufigen Interessen des Betroffenen im Einzelfall.[46] Datensammlungen zur Gefahrenvorsorge oder andere Vorkehrungen der
Verhütung von Straftaten bedürfen daher möglichst konkreter gesetzlicher Grundlagen. Der Gesetzgeber hat das Prinzip der Verhältnismäßigkeit bei der Ausgestaltung der Rechtsgrundlagen zu berücksichtigen. Dies kann verfahrensrechtliche
Kompensationen für das Fehlen präziser Tatbestandsvoraussetzungen erfordern.[47]

Die Maßnahme muss *geeignet* sein, um das Ziel zu erreichen. Das vollständige   **36**
Erreichen des Ziels muss nicht sicher sein. Eine Förderung der Zielerreichung
oder eine Verminderung der Gefahr reichen aus.[48] Den Behörden stehen Handlungsspielräume zur Verfügung, die sich auf die Beurteilung erstrecken, ob eine
Vorgehensweise oder Handlung geeignet ist. Die Geeignetheit ist aus der ex ante
Sicht der Behörden zu beurteilen. Dem hat eine nachträgliche gerichtliche Kontrolle Rechnung zu tragen.

Im Polizei- und Ordnungsrecht spielt die tatsächliche und rechtliche Möglich-   **37**
keit der Zielerreichung eine besonders große Rolle.[49] Eine unmögliche Maßnahme
ist nicht geeignet. Wenn die zivilrechtlichen Verhältnisse auf Adressatenseite
kompliziert sind, handelt es sich nicht zwingend um rechtliche Unmöglichkeit.
Anordnungen müssen aber gegenüber denjenigen ergehen, der berechtigt ist, sie in
die Tat umzusetzen. Die Möglichkeit, das Ziel der Maßnahme zu erreichen, kann
bei der Vollstreckung polizeilicher Verfügungen Schwierigkeiten bereiten (s.u.
11. Kap.). Eine rechtmäßige Grundverfügung auf der Anordnungsebene kann dann
auf der Vollstreckungsebene nicht vollziehbar sein, wenn zunächst noch eine Verfügung gegenüber einem Dritten ergehen muss.[50]

---

[44] *Pieroth/Schlink/Kniesel*, POR, § 10, Rn. 2.
[45] *Schenke*, POR, Rn. 10, Rn. 340.
[46] *Schulze-Fielitz*, in: Festschrift für Schmitt Glaeser, 2003, S. 407 (423).
[47] *Kugelmann*, DÖV 2003, 781 (787 ff.); *Schoch*, Der Staat 2004, 347 (367 f.).
[48] *Kluth*, JA 1999, 606 (609); *Rachor*, in: Lisken/Denninger, F, Rn. 222.
[49] *Drews/Wacke/Vogel/Martens*, Gefahrenabwehr, § 25, Ziff. 5b, *Wehr*, ExRep PolR,
Rn. 441.
[50] *Schoch*, POR, Rn. 106.

38   **Beispiele:**
Ein Verbot an den falschen Adressaten ist ungeeignet und damit unverhältnismäßig und rechtswidrig.[51] Die Verfügung an den Obdachlosen, sich innerhalb von 2 Tagen eine Wohnung zu beschaffen, ist auf ein tatsächlich unmögliches Tun gerichtet und ungeeignet zur Abwehr der Gefahr.[52]

39   Die *Erforderlichkeit* ist in den Vorschriften der Polizeigesetze dahin ausformuliert, dass von mehreren möglichen und geeigneten Maßnahmen diejenige zu treffen ist, die den einzelnen und die Allgemeinheit voraussichtlich am wenigsten beeinträchtigt.[53] Zudem stellen die Gesetze klar, das eine Maßnahme nur solange zulässig ist, bis ihr Zweck erreicht ist oder sich zeigt, dass er nicht erreicht werden kann.[54] Ein milderes Mittel muss gleich geeignet sein.[55]

40   Einige Befugnisnormen enthalten spezielle Formulierungen der Erforderlichkeit. Der Einsatz von besonderen Mitteln der Datenerhebung ist nach einigen Gesetzen nur dann zulässig, wenn die Aufgabenerfüllung anders nicht oder nur mit unverhältnismäßig hohem Aufwand möglich ist oder aber wenn die Aufgabenerfüllung ansonsten aussichtslos wäre.[56] Eine ähnliche Zielrichtung verfolgt die Formulierung, wonach die Maßnahme unerlässlich sein muss.[57] Diese Formulierungen führen zur Notwendigkeit einer intensiven Prüfung der Erforderlichkeit und steigern damit die Anforderungen.[58] Die Abstriche können die Bewertung der gleichen Geeignetheit anderer Maßnahmen betreffen.

41   Die in den Vorschriften über das Ermessen der Polizeigesetze enthaltene Regelung über das Angebot eines *Austauschmittels* ist inhaltlich eine Ausprägung der Erforderlichkeit. Da der Verantwortliche die Gefahr beseitigen muss, konkretisiert die polizeiliche Verfügung seine diesbezügliche Verpflichtung. Dem Betroffenen ist deshalb auf Antrag zu gestatten, ein anderes ebenso wirksames Mittel anzuwenden. Bedeutung erlangt die Regelung, wenn das Mittel nicht objektiv, aber subjektiv aus der Sicht des Betroffenen milder ist.[59] Das Austauschmittel kann bis zum Eintritt der Bestandskraft des Verwaltungsakts angeboten werden.[60]

---

[51] BVerwGE 42, 161 (165).
[52] PrOVG 95, 121 (123).
[53] Z.B. § 2 Abs. 1 PolG NW; § 15 Abs. 1 BPolG; s. insoweit auch § 5 Abs. 1 PolG BW.
[54] Z.B. § 2 Abs. 3 PolG NW; § 15 Abs. 3 BPolG.
[55] *Drews/Wacke/Vogel/Martens*, Gefahrenabwehr, § 25, Ziff. 5d.
[56] Z.B. § 2 Abs. 2 Satz 2 Nr. 1 und Abs. 3 Satz 3 HbgDVPolG.
[57] Z.B. für den Gewahrsam § 35 Abs. 1 Nr. 2 PolG NW; § 13 Abs. 1 Nr. 2 SaarlPOG.
[58] BVerfGE 83, 24 (35); *Albers*, Straftatenverhütung, S. 305 ff.; a.A. *Pieroth/Schlink/Kniesel*, POR, § 10, Rn. 27.
[59] *Pieroth/Schlink/Kniesel*, POR, § 10, Rn. 28; *Schoch*, POR, Rn. 107.
[60] *Gusy*, PolR, Rn. 400; *Schenke*, POR, Rn. 337; a.A. *Pieroth/Schlink/Kniesel*, POR, § 10, Rn. 28: noch bis zur zwangsweisen Durchsetzung der polizeilichen Maßnahme,

Beispiele: 42

Ein Benutzungsverbot ist milder als ein Beseitigungsgebot.[61] Im Fall eines verkehrswidrig geparkten, störenden PKW ist das Versetzen des PKW eine weniger eingreifende Maßnahme als das Abschleppen an einen weiter entfernten Ort.[62] Während der Fußball-Europameisterschaft in einem Nachbarstaat ist die Verhängung einer Meldeauflage zusätzlich zu Passbeschränkungen erforderlich, um eine Ausreise des betroffenen deutschen Hooligans zu verhindern.[63] Nach der Rechtsprechung ist das Verbot des Tragens von Springerstiefeln mit Stahlkappen gegenüber einem gewaltbereiten Jugendlichen erforderlich, weil ein Eingreifen erst im Fall einer erneuten Bedrohung nicht gleich geeignet sei.[64]

Eine Güterabwägung ist zur Bewertung der *Angemessenheit* (Verhältnismäßigkeit 43 i.e.S., Zumutbarkeit) einer Maßnahme vorzunehmen. Nach den Vorgaben der Polizeigesetze darf die Maßnahme nicht zu einem Nachteil führen, der zu dem erstrebten Erfolg erkennbar außer Verhältnis steht.[65] Für die Güterabwägung ist auf den Zeitpunkt der behördlichen Entscheidung abzustellen. Der Anwendungsbereich dieser Stufe der Verhältnismäßigkeitsprüfung ist im Polizei- und Ordnungsrecht klein, weil die meisten Fälle auf der Stufe der Erforderlichkeit zu lösen sind.[66]

Beispiel: 44

Das Abschleppen eines KfZ kann dann unangemessen sein, wenn es zwar unter Verstoß gegen straßenverkehrsrechtliche Vorschriften abgestellt wurde, aber niemanden behindert.[67] Die Gegenauffassung begründet die Angemessenheit des Abschleppens mit der negativen Vorbildfunktion.[68] Diese generalpräventive Argumentation erweitert den Zweck der straßenverkehrsrechtlichen Vorschriften auf die Verkehrserziehung. Ziel des Abschleppens ist aber die Abwehr einer konkreten Gefahr.

Kontrollfragen

1. Was ist der Unterschied zwischen Legalitäts- und Opportunitätsprinzip? (Rn. 2 f.)
2. Was verstehen Sie unter Entschließungsermessen? (Rn. 8)
3. Unter welchen Voraussetzungen besteht ein Anspruch auf polizeiliches Einschreiten? (Rn. 23)

---

[61] *Gusy*, PolR, Rn. 398.
[62] *Schenke*, POR, Rn. 335, Rn. 720.
[63] VGH BW, DVBl. 2000, 1630 (1633).
[64] SächsOVG, SächsVBl. 2000, 170 (174).
[65] Z.B. § 2 Abs. 2 PolG NW; § 15 Abs. 2 BPolG; s. insoweit auch § 5 Abs. 2 PolG BW.
[66] *Gusy*, PolR, Rn. 399.
[67] BVerwGE 90, 189 (193); OVG Hbg, NJW 2001, 168 (169) und NJW 2001, 3647 (3649); *Pieroth/Schlink/Kniesel*, POR, § 10, Rn. 30a.
[68] So noch BVerwG, NJW 1990, 931; BayVGH, NJW 1996, 1979 (1980); OVG NW, NJW 1999, 1275, OVG RP, NVwZ 1988, 658 (659); *Schoch*, POR, Rn. 108.

4.   Welche Ausprägung der Geeignetheit im Rahmen der Verhältnismäßig-
      keitsprüfung spielt im Polizei- und Ordnungsrecht eine besonders große
      Rolle? (Rn. 37)

11. Kapitel: Vollstreckungs- und Kostenrecht

Die Maßnahmen der Polizei- und Ordnungsbehörden müssen zunächst gegenüber   1
dem Verantwortlichen oder Nichtverantwortlichen getroffen werden. Diese erste
Ebene wird vom Polizei- und Ordnungsrecht geregelt. Ein weiterer Schritt ist auf
der zweiten Ebene die Vollstreckung der Maßnahmen im Sinne ihrer tatsächlichen
Durchsetzung. Auf der dritten Ebene geht es um die Beitreibung der durch die
Maßnahmen entstandenen Kosten beim Betroffenen. Auf der zweiten und dritten
Ebene treten zu den polizei- und ordnungsrechtlichen Bestimmungen solche des
allgemeinen Vollstreckungsrechts und Gebührenrechts hinzu.[1]

1. Überblick über den Verwaltungszwang

Rechtsgrundlage für die Vollstreckung behördlicher Verwaltungsakte sind grund-   2
sätzlich die Verwaltungsvollstreckungsgesetze des Bundes und der Länder. Im
Fall von Maßnahmen der Polizei- und Ordnungsbehörden kommen vielfach Sonderregeln zur Anwendung. Diese Regeln des Polizei- und Ordnungsrechts tragen
dem Umstand Rechnung, dass die Vollstreckung polizei- und ordnungsrechtlicher
Maßnahmen besonders stark in die Rechtsstellung des Bürgers eingreifen kann
und zudem oftmals unter Zeitdruck steht. Wenn die Durchsetzung gegen den Willen des Betroffenen erfolgen muss, kann die Anwendung von Zwangsmitteln notwendig werden. Die Landesgesetze sprechen daher im Hinblick auf die Mechanismen der Durchsetzung von Verwaltungszwang oder Polizeizwang.[2]

Die landesrechtlichen Regelungen des Polizei- und Ordnungsrechts über die   3
Vollstreckung sind teils Vollregelungen, teils ordnen sie die Anwendung des allgemeinen Verwaltungsvollstreckungsrechts ganz oder teilweise an.[3] Auf Bundesebene gelten das VwVG und hinsichtlich der besonderen Zwangsmittel das
UZwG, auf deren Vorschriften im Folgenden Bezug genommen wird. Die Grundzüge des Vollstreckungsrechts gleichen sich weitgehend. Zwangsmittel sind die

---

[1] *Braun*, Die Finanzierung polizeilicher Aufgabenwahrnehmung im Lichte eines gewandelten Polizeiverständnisses, 2009; *Habermann*, Gebühren für Gefahrenabwehr, 2011.
[2] §§ 49 f. PolG BW; Art. 53 ff. BayPAG; §§ 53 ff. BbgPolG; §§ 40 ff., 86 BremPolG;
§§ 17 ff. HbgSOG; §§ 44 ff. HessSOG; §§ 79 ff. SOG MV; §§ 64 ff. NdsSOG; §§ 55 ff.
PolG NW; §§ 57 ff. POG RP; §§ 44 ff. SaarlPolG; §§ 30 ff. SächsPolG; §§ 53 ff. SOG
LSA; §§ 51 ff. ThürPAG.
[3] *Schoch*, POR, Rn. 278.

Ersatzvornahme, das Zwangsgeld und der unmittelbare Zwang. Aufgrund der einschneidenden Wirkungen dieser Maßnahmen kommt der Einhaltung des Verfahrens eine erhebliche rechtssichernde Funktion zu.

4   Das Polizei- und Ordnungsrecht geht von der Beseitigung des polizeiwidrigen Zustandes durch den Verantwortlichen aus. Daher ergeht der gebietende oder verbietende Verwaltungsakt ihm gegenüber. Wenn der Adressat der Maßnahme die Anordnung nicht befolgen will oder kann, muss der polizeiwidrige Zustand dennoch beseitigt werden. Diese Situation betrifft die Vollstreckung des erlassenen Verwaltungsakts. Sie dient nicht der Sanktionierung, sondern teilt die präventive Funktion der zu Grunde liegenden Verfügung.[4] Die Vollstreckung des Verwaltungsaktes, der Grundverfügung, erfolgt dann im gestreckten Verfahren. Das Verfahren wird deshalb als gestreckt bezeichnet, weil einige Verfahrensschritte beachtet werden müssen, ohne dass eine Verkürzung möglich wäre, die für Maßnahmen des Polizeivollzugsdienstes typisch ist.[5] Die Missachtung einer Verfahrensanforderung macht den Vollstreckungsakt formell rechtswidrig.

1.1. Voraussetzungen

5   Die Voraussetzungen für den Verwaltungszwang sind in der jeweils ersten Vorschrift der einschlägigen Gesetze aufgeführt.[6] Nur ein Verwaltungsakt mit vollstreckbarem Inhalt kann auch zwangsweise durchgesetzt werden. Vollstreckbar ist ein Verwaltungsakt, der auf die Herausgabe einer Sache, auf die Vornahme einer Handlung oder auf Duldung oder Unterlassung gerichtet ist.

6   Der Verwaltungsakt muss wirksam sein (§ 43 VwVfG). Mit diesem Inhalt wird er vollstreckbar. Darin findet die Titelfunktion des Verwaltungsakts ihren Ausdruck, er ist Vollstreckungstitel.[7] Unanfechtbar ist der Verwaltungsakt, wenn er nicht mehr angefochten werden kann, weil Widerspruchs- und Klagefristen abgelaufen sind. Eine Vollstreckung kann auch dann vorgenommen werden, wenn ein Rechtsmittel keine aufschiebende Wirkung hat. Die aufschiebende Wirkung entfällt in den Fällen des § 80 Abs. 2 VwGO. Nach § 80 Abs. 2 Nr. 2 VwGO sind unaufschiebbare Anordnungen und Maßnahmen von Polizeivollzugsbeamten sofort vollziehbar.

7   **Beispiel:**
Die Polizeibeamtin P hält den A an, um seine Identität festzustellen. Der A kann nicht durch Widerspruch oder Klage gegen den Verwaltungsakt die Vollziehung verhindern.

8   Der Grundverwaltungsakt und der Verwaltungsakt der Vollstreckung sind grundsätzlich unabhängig voneinander. Eine umstrittene Frage ist, ob der zu voll-

---

[4] *Gusy*, POR, Rn. 437.
[5] *Pieroth/Schlink/Kniesel*, POR, § 24, Rn. 5 ff.
[6] Z.B. § 6 VwVG; § 50 PolG NW.
[7] Dazu ausführlich *Enders*, NVwZ 2009, 958 ff.

streckende Grundverwaltungsakt rechtmäßig sein muss oder ob auch rechtswidrige Grundverwaltungsakte vollstreckt werden können. Wenn die Grundverfügung bestandskräftig ist, kommt es nach allgemeiner Auffassung auf ihre Rechtmäßigkeit nicht mehr an.[8] Falls der Betroffene nicht rechtzeitig gegen den rechtswidrigen Grundverwaltungsakt vorgeht, ist er mit seinen Einwendungen gegen den Grundverwaltungsakt im Vollstreckungsverfahren ausgeschlossen. Sonst würde das Institut der formellen Bestandskraft von Verwaltungsakten ausgehöhlt. Ist der Grundverwaltungsakt jedoch noch anfechtbar, könnte ein Rechtswidrigkeitszusammenhang zum Vollstreckungsakt bestehen.

Eine Trennung von Grundverfügung und Vollstreckungsakt besteht im Ordnungsrecht, da wegen der Schriftlichkeit und regelmäßig fehlenden Eilbedürftigkeit die allgemeinen Regeln für die Verwaltungsvollstreckung Anwendung finden. Für die Vollstreckung im Recht des Polizeivollzuges wird aufgrund einer wertenden Betrachtung eine Konnexität zwischen beiden Verwaltungsakten vertreten, die dann zu einem Durchschlagen der Rechtswidrigkeit führt.[9] **9**

In eine ähnliche Richtung geht die Auffassung, wonach im Fall der Vollstreckung eines noch nicht bestandskräftigen, sofort vollziehbaren Verwaltungsaktes dessen Rechtswidrigkeit im Rahmen der Anfechtung von Vollstreckungsakten geltend gemacht werden kann. Die Rechtmäßigkeit ist danach nicht Vollstreckungsvoraussetzung, aber Rechtmäßigkeitvoraussetzung für den Vollstreckungsakt.[10] Aufgrund des Rechtswidrigkeitszusammenhangs sei die Vollstreckungsmaßnahme rechtswidrig, wenn die Grundverfügung rechtswidrig ist.[11] Dies betreffe dann insbesondere auch die Rechtmäßigkeit des Kostenbescheids.[12] **10**

Nach überwiegender Auffassung sind dagegen Rechtsfehler des Grundverwaltungsaktes auf der Vollstreckungsebene unbeachtltlich.[13] Dafür spricht der Wortlaut der Gesetze, der hinsichtlich der Rechtmäßigkeit nicht differenziert, sondern auf die Vollziehbarkeit abstellt. Diese Auffassung entspricht dem Charakter und der Systematik des gestreckten Verfahrens.[14] Die Rechtmäßigkeit des Grundverwaltungsaktes ist nicht Voraussetzung der Rechtmäßigkeit des Vollstreckungsaktes. Darin liegt keine verfassungswidrige Verkürzung des Rechtsschutzes.[15] Denn der Betroffene kann die Grundverfügung angreifen und einen Antrag auf (Wieder-) Herstellung der aufschiebenden Wirkung stellen (§ 80 Abs. 5 VwGO). Hat er Erfolg, mangelt es an der Vollziehbarkeit des Grundverwaltungsaktes und die Vollstreckung ist gehemmt. **11**

Die Gesetze zählen die Zwangsmittel abschließend auf.[16] Ersatzvornahme, Zwangsgeld und unmittelbarer Zwang unterliegen jeweils spezifischen weiteren **12**

---

[8] *Pieroth/Schlink/Kniesel*, POR, § 24, Rn. 32; *BVerwG*, NVwZ 2009, 122.

[9] *Knemeyer*, POR, Rn. 358; ähnlich *Geier* BayVBl 2004, 389.

[10] *Götz*, POR, Rn. 382; ähnlich *Heckmann* VBlBW 1993, 41; *Schoch* JuS 1995, 309.

[11] *Schenke*, POR, Rn. 285; *Würtenberger*, in: Achterberg/Püttner, § 21, Rn. 328.

[12] *Würtenberger/Heckmann*, PolR BW, Rn. 757, 913.

[13] *Schenke*, POR, Rn. 540 ff. m.w.N.

[14] *Pieroth/Schlink/Kniesel*, POR, § 24, Rn. 32.

[15] Vgl. BVerfG, NVwZ 1999, 992.

[16] Z.B. § 9 VwVG; § 51 PolG NW.

Anforderungen. Bei der Auswahl des Mittels handelt die Behörde nach pflichtgemäßem Ermessen. Das Prinzip der Verhältnismäßigkeit führt zu einer Rangfolge der Zwangsmittel, da das mildere Mittel Vorrang genießt. Der unmittelbare Zwang ist daher ultima ratio.[17] Die Ersatzvornahme kann zur Durchsetzung vertretbarer Handlungen im Verhältnis zum Zwangsgeld in vielen Fällen der weniger einschneidende Eingriff sein.[18]

13   Die rechtliche und tatsächliche Möglichkeit, das Ziel der Maßnahme zu erreichen, kann bei der Vollstreckung polizeilicher Verfügungen Schwierigkeiten bereiten. Eine rechtmäßige Grundverfügung auf der Anordnungsebene kann dann auf der Vollstreckungsebene nicht vollziehbar sein, wenn zunächst noch eine Verfügung gegenüber einem Dritten ergehen muss.[19] Es besteht ein Vollstreckungshindernis.[20]

1.2. Verfahren

14   Das gestreckte Verfahren dient dem Schutz des Betroffenen unter gleichzeitiger Wahrung der Gemeinwohlinteressen. Grundlage des Verfahrens ist die Grundverfügung, also der anordnende Verwaltungsakt. Wenn die Behörde das taugliche und verhältnismäßige Zwangsmittel ausgewählt hat, hat sie dessen Anwendung anzudrohen. Erst wenn die Androhung keinen Erfolg hat, setzt die Behörde das Zwangsmittel fest und wendet es schließlich an.[21]

15   Die Androhung des Zwangsmittels ist der Angelpunkt des Verfahrens und ein Verwaltungsakt.[22] Sie kann bereits mit dem Grundverwaltungsakt verbunden werden. Die Androhung erfolgt möglichst schriftlich und enthält eine Fristsetzung.[23] Sie muss hohen formellen Anforderungen, insbesondere an ihre Bestimmtheit, gerecht werden.[24] Das ins Auge gefasste Zwangsmittel muss ebenso angegeben werden wie die voraussichtlichen Kosten des Zwangsmittels oder die Höhe des Zwangsgeldes. Dies bereitet in der Praxis gelegentlich Schwierigkeiten, wenn etwa die Kosten nicht vorhersehbar sind. Von der Androhung kann nur dann abgesehen werden, wenn die Eilbedürftigkeit der Gefahrenabwehr dies erfordert. In der Androhung wird der weitere Ablauf des Vollstreckungsverfahrens bereits vorgezeichnet.

16   Wird die Verpflichtung nicht innerhalb der in der Androhung bestimmten Frist erfüllt, setzt die Vollzugsbehörde das Zwangsmittel fest (§ 14 VwVG). Nur angedrohte Zwangsmittel dürfen auch festgesetzt werden.[25] Der Festsetzung wirdüber-

---

[17] *Knemeyer*, POR, Rn. 361.
[18] *Schoch*, POR, Rn. 283.
[19] BVerwGE 40, 101 (103); *Schoch*, POR, Rn. 106.
[20] *Schoch*, POR, Rn. 285.
[21] *Gusy*, POR, Rn. 452.
[22] BVerwG, DVBl. 1989, 362.
[23] Z.B. § 13 VwVG, § 56 PolG NW.
[24] *Pieroth/Schlink/Kniesel*, POR, § 24, Rn. 24.
[25] *Gusy*, POR, Rn. 452.

wiegend Außenwirkung zuerkannt, damit ist sie ein Verwaltungsakt.[26] Die Festsetzung stellt ein letztes Warnsignal für den Betroffenen dar, dem Gelegenheit gegeben werden soll, die Verpflichtung doch noch zu erfüllen. Daher muss zwischen der Festsetzung und der Anwendung ein angemessener Zeitraum liegen.[27]

Das Zwangsmittel wird gemäß der Festsetzung angewendet (§ 15 VwVG). **17** Wenn der Zweck der Maßnahme erreicht ist, muss der Vollzug eingestellt werden. Die einzelnen Voraussetzungen für die Rechtmäßigkeit der Anwendung hängen vom eingesetzten Zwangsmittel ab.

2. Unmittelbarer Zwang und gezielter Todesschuss

Unmittelbarer Zwang ist die Einwirkung auf Personen oder Sachen durch körper- **18** liche Gewalt, ihre Hilfsmittel und durch Waffen (§ 2 Abs. 1 UZwG). Die Anwendung unmittelbaren Zwangs ist die ultima ratio des Vollstreckungsrechts.[28]

> **Beispiele:** **19**
> Die Polizei löst eine verbotene Versammlung unter Einsatz von Wasserwerfern auf, um die Platzverweisung durchzusetzen. Personen, die sich an den Schienen festgekettet haben, um einen Transport abgebrannter Kernbrennstäbe mit der Bahn zu behindern, werden losgeschweißt und weggetragen. Zwei Polizeibeamte hören verzweifelte Hilfeschreie aus einer verschlossenen Wohnung und treten die Wohnungstür ein.

Der unmittelbare Zwang kann zur Durchsetzung vertretbarer oder unvertretbarer **20** Handlungen, Duldungen oder Unterlassungen eingesetzt werden.[29] Im Hinblick auf vertretbare Handlungen geht die Ersatzvornahme vor. Während bei der Ersatzvornahme die Polizei anstelle des Verantwortlichen handelt, wird durch den Einsatz unmittelbaren Zwangs die Erfüllung der Verpflichtung durch den Verantwortlichen erzwungen.[30]

Die Landesgesetze enthalten weitere Differenzierungen der in Frage kommen- **21** den Mittel und ihrer Voraussetzungen. Solche Mittel sind insbesondere das Fesseln, der Schusswaffengebrauch sowie der Einsatz besonderer Waffen und Sprengmittel (z.B. §§ 62, 63 ff. PolG NW).

Polizeibeamte sind verpflichtet, unmittelbaren Zwang anzuwenden, der von ei- **22** nem Weisungsberechtigten angeordnet wird. Darin findet die hierarchische Struktur der Verwaltung ihren Ausdruck. Diese Verpflichtung des Beamten greift dann nicht, wenn die Anordnung gegen die Menschenwürde verstößt oder nicht zu dienstlichen Zwecken erteilt worden ist. Eine Anordnung darf nicht befolgt werden, wenn dadurch eine Straftat begangen würde.[31]

---

[26] HessVGH, NVwZ-RR 1998, 154 (155).
[27] BVerwG, DÖV 1996, 1046 (1047).
[28] *Knemeyer*, POR, Rn. 361.
[29] *Schoch*, POR, Rn. 282.
[30] *Gusy*, POR, Rn. 445; *Pieroth/Schlink/Kniesel*, POR, § 24, Rn. 14.
[31] Z.B. § 7 UZwG; § 59 PolG NW; § 59 POG RP.

23   Gegen die Menschenwürde verstößt der Einsatz von *Folter* als Form des unmittelbaren Zwangs.[32] Unmittelbarer Zwang darf aufgrund der ausdrücklichen gesetzlichen Anordnung generell nicht zur Erzwingung einer Aussage eingesetzt werden.[33] Folter ist verfassungsrechtlich verboten (Art. 104 Abs. 1 Satz 2 GG) und widerspricht dem Verbot unmenschlicher oder erniedrigender Behandlung des Art. 3 EMRK. Einer Abwägung ist dieses absolute Verbot nicht zugänglich.[34]

24   Seit Jahrzehnten wird im Zusammenhang der Anwendung unmittelbaren Zwangs die Frage des *gezielten Todesschusses* diskutiert.[35] Es geht um die Zulässigkeit der Tötung eines Menschen durch die staatliche Gewalt als ultima ratio. Da der Zweck der polizeilichen Tätigkeit nicht die Beseitigung des Störers ist, sondern die Abwehr der Gefahr, muss sich der Schuss zunächst auf die Herbeiführung der Handlungsunfähigkeit richten. Der Tod des Verantwortlichen kann konzeptionell nur die unerwünschte Nebenfolge, nicht aber der Haupteffekt des Schusswaffeneinsatzes sein.[36]

25   **Beispiel:**
Der A hat in einer Bank eine Geisel genommen. Als er mit seiner Geisel die Bank verlässt, um in das bereit gestellte Fluchtauto zu steigen, gibt der Polizeibeamte P auf Anordnung des Einsatzleiters einen gezielten Schuss aus seiner Dienstwaffe auf den A ab und tötet ihn. Zweck ist die Rettung der Geisel. Zur Erreichung dieses Zwecks soll der Geiselnehmer handlungsunfähig gemacht werden.

26   Der gezielte Todesschuss ist infolge der Diskussionen um die Mittel zur Bekämpfung des Terrorismus wieder auf die Tagesordnung gelangt.[37] Auswirkungen auf die Beurteilung der Zulässigkeit des gezielten Todesschusses kann das Urteil des Bundesverfassungsgerichts zum Luftsicherheitsgesetz haben.[38] Es hat die Vorschrift des § 14 Abs. 3 LuftSiG für nichtig erklärt, die eine unmittelbare Einwirkung mit Waffengewalt gegen ein Luftfahrzeug zuließ, das gegen das Leben von Menschen eingesetzt werden soll. Ziel des vorsätzlichen Abschusses wären völlig unbeteiligte Personen gewesen, deren Leben mit dem Leben der Personen abgewogen werden sollte, die bei einem Absturz des Luftfahrzeuges in Lebensgefahr gewesen wären. Deshalb verstößt § 14 Abs. 3 LuftSiG gegen das Recht auf Leben nach Art. 2 Abs. 2 Satz 1 GG i.V.m. der Menschenwürdegarantie des Art. 1 Abs. 1 GG.[39] Im Unterschied dazu betrifft der gezielte Todesschuss nach Polizeirecht den Verantwortlichen. Die Tötung des für die Gefahr Verantwortlichen ist verfassungsrechtlich nicht ausgeschlossen.

---

[32] *Haurand/Vahle*, NVwZ 2003, 513 (518); *Merten*, JR 2003, 404; *Schenke*, POR, Rn. 558a.

[33] Z.B. § 35 Abs. 1 PolG BW; § 55 Abs. 2 PolG NW.

[34] A.A. *Brugger*, JZ 2000, 165 (167 ff.).

[35] *Gusy*, POR, Rn. 450; *Schenke*, POR, Rn. 560 ff.

[36] *Gusy*, POR, Rn. 450.

[37] *Bausback*, NVwZ 2005, 418; *Jakobs*, DVBl. 2006, 83.

[38] BVerfGE 115, 118 (LS 3).

[39] BVerfGE 115, 118 (LS 3); ebenso schon *E. Klein*, ZG 2005, 289 (294 f.).

Maßstab für die Verfassungsmäßigkeit der Bestimmungen zum gezielten To- **27** desschuss ist zuvörderst das Recht auf Leben nach Art. 2 Abs. 2 Satz 1 GG, in das jedoch aufgrund eines Gesetzes eingegriffen werden darf.[40] Auch anderen Regelungen des Grundgesetzes ist kein absolutes Verbot der Tötung eines Menschen durch staatliche Stellen zu entnehmen.[41] Nach Art. 2 Abs. 2 lit. a EMRK kommt die Tötung eines Menschen zur Verteidigung eines anderen Menschen gegen rechtswidrige Gewaltanwendung in Betracht, wenn kein milderes Mittel vorhanden ist. Das Recht auf Leben kann auch nach der EMRK im Ausnahmefall eingeschränkt werden.

Die Vorschriften der Landesgesetze erlauben den Einsatz von Schusswaffen **28** gegen Personen, um diese angriffs- oder fluchtunfähig zu machen.[42] Ein großer Teil der Landesgesetze geht darüber hinaus und enthält eine ausdrückliche Vorschrift über den gezielten Todesschuss.[43] Dieser ist danach zulässig, wenn er das einzige Mittel ist, um eine gegenwärtige Lebensgefahr oder eine schwerwiegende Verletzung der körperlichen Unversehrtheit abzuwehren. Diese Regelungen sind nach überwiegender Auffassung zulässig und verfassungsgemäß.[44]

Soweit das Landesrecht keine ausdrückliche Regelung enthält,[45] ist der gezielte **29** Todesschuss nach zutreffender Auffassung unzulässig.[46] Auf die Vorschrift, wonach Personen mittels Schusswaffen angriffs- und fluchtunfähig gemacht werden können, kann er nicht gestützt werden.[47] Diesen mangelt es an Bestimmtheit, um einen derart schwer wiegenden Eingriff zu rechtfertigen,[48] zumal nach der Wesentlichkeitslehre des Bundesverfassungsgerichts eine Regelung durch den Gesetzgeber als zwingend erscheint.[49]

---

[40] Vgl. *Mußgnug*, Das Recht des polizeilichen Schusswaffengebrauchs, 2001, S. 194 ff.

[41] *Jakobs*, DVBl. 2006, 83 (84 ff.).

[42] Z.B. § 63 Abs. 2 PolG NW; § 258 Abs. 1 LVwG SH.

[43] § 54 Abs. 2 PolG BW; Art. 66 Abs. 2 Satz 2 BayPAG; §§ 66 Abs. 2 Satz 2 BbgPolG; § 46 Abs. 2 BremPolG; § 25 Abs. 2 Satz 1 HbgSOG; § 60 Abs. 2 Satz 2 HessSOG; § 76 Abs. 2 Satz 2 NdsSOG; § 63 Abs. 2 Satz 2 PolG NRW; § 63 Abs. 2 Satz 2 POG RP; § 57 Abs. 1 Satz 2 SaarlPolG; § 34 Abs. 2 SächsPolG; § 65 Abs. 2 Satz 2 SOG LSA; § 64 Abs. 2 Satz 2 ThürPAG.

[44] *Knemeyer*, POR, Rn. 374; *Schenke*, POR, Rn. 560.

[45] Berlin, Mecklenburg-Vorpommern, Schleswig-Holstein. Auch der Bund hat den gezielten Todesschuss für den Bereich seiner Polizeien (Bundespolizei, Bundeskriminalamt und Polizei des Deutschen Bundestages) im Gegensatz zur überwiegenden Mehrzahl der Länder nicht ausdrücklich geregelt, so dass der gezielte Todesschuss auch insoweit unzulässig ist, vgl. Drewes/Malmberg/*Walter*, BPolG, § 10 UZwG, Rn. 62 a.E.

[46] *Schenke*, POR, Rn. 561; *Pieroth/Schlink/Kniesel*, POR, Rn. 20; *Rachor*, in: Lisken/Denninger, F Rn. 557; *Arzt*, DÖV 2007, 230; *Buschmann/Schiller*, NWVBl. 2007, 249 (253).

[47] A.A. *Drews/Wacke/Vogel/Martens*, Gefahrenabwehr, § 28, Ziff. 8b; *Götz*, POR, Rn. 411 f.; *Lerche*, in: Festschrift für v.d.Heydte, 1977, S. 1033; *Gintzel*, Die Polizei 2009, 114.

[48] Vgl. *Merten*, in: Festschrift für Doehring, 1989, S. 579.

[49] *Denninger*, PolR Hessen, S. 347 f.; *Pieroth/Schlink/Kniesel*, POR, § 24, Rn. 20; *Rachor*, in: Lisken/Denninger, F Rn. 889; *Schenke*, POR, Rn. 561.

30   Die zivil- und strafrechtlichen Vorschriften über Notwehr und Notstand begründen kein Recht auf Schusswaffengebrauch durch die Polizei. Sie betreffen lediglich die persönliche Verantwortung der handelnden Polizeibeamten.[50] Diese sind zudem selbst dann, wenn das anwendbare Landespolizeirecht den finalen Todesschuss zulässt, nicht zu seiner Abgabe gezwungen.[51]

31   Nach überwiegender und zutreffender Auffassung ist der unmittelbare Zwang kein Verwaltungsakt, sondern Realakt.[52] Ein Verwaltungsakt liegt in der Androhung und auch in der Festsetzung. Dieses angedrohte und dann festgesetzte Zwangsmittel wird im Weg unmittelbaren Zwanges faktisch angewendet. Die vom Bundesverwaltungsgericht vertretene Ansicht, der unmittelbare Zwang stelle einen Verwaltungsakt auf Duldung dar,[53] überzeugt nicht. Sie ist angesichts des prozessualen Instrumentes der Feststellungsklage nach § 43 VwGO auch nicht aus Rechtsschutzgesichtspunkten notwendig.

3. Ersatzvornahme und Zwangsgeld

32   Die *Ersatzvornahme* ist die Durchführung einer vertretbaren Handlung durch die Polizei oder einen Dritten anstelle des zur Vornahme der Handlung Verpflichteten. Vertretbar ist die Handlung, wenn ihre Vornahme durch einen anderen möglich ist (§ 10 VwVG). Ein vertretbares Handeln ist immer ein Tun. Ein Dulden oder ein Unterlassen sind immer unvertretbar, weil diese Pflichten nur vom Betroffenen persönlich erfüllt werden können. Im Zusammenhang der Standardmaßnahmen sind die Pflichten des Verantwortlichen unvertretbar, die Durchsetzung erfolgt mittels unmittelbaren Zwanges.[54]

33   **Beispiele:**
Standardfall der Ersatzvornahme ist das Abschleppen eines verkehrswidrig geparkten PKW, soweit die Konstellation eines gestreckten Verfahrens vorliegt (s.u. 11. Kap. Rn. 51 ff.).
Dagegen kann die Herausgabe einer Sache nur durch den Verantwortlichen selbst erfolgen, weil die Besitzaufgabe unvertretbar ist. Der Platzverweis kann nur gegen den Störer selbst ausgesprochen und durchgesetzt werden.

34   Die Ersatzvornahme kann in der Form der Selbstvornahme durch die Polizei- oder Ordnungsbehörde oder aber als Fremdvornahme durch einen Beauftragten durchgeführt werden. Das Verhältnis zwischen der Polizeibehörde und dem Dritten regelt sich nach den konkreten zivilrechtlichen Grundsätzen. Es kann sich etwa um

---

[50] *Schenke*, POR, Rn. 562; *Pewestorf*, JA 2009, 43. Vgl. auch § 9 Abs. 4 UZwG Bln.

[51] *Weßlau/Kutscha*, ZRP 1990, 169; a.A. *Sundermann*, NJW 1988, 3192 (3193).

[52] *Götz*, POR, Rn. 422, *Schenke*, POR, Rn. 558.

[53] BVerwGE 26, 161 (164) zu einem Schlagstockeinsatz bei den so genannten „Schwabinger Krawallen".

[54] *Knemeyer*, POR, Rn. 366.

einen Werkvertrag handeln. Rechtsbeziehungen zwischen dem privaten Dritten und dem polizeirechtlich Verantwortlichen bestehen grundsätzlich nicht.[55]

Die entscheidende Rechtsfolge der Ersatzvornahme liegt in der Pflicht des Be-   35
troffenen, die Kosten zu tragen. In diese Pflicht schlägt seine vor der Ersatzvornahme bestehende Pflicht, den polizeiwidrigen Zustand zu beseitigen, um. Falls es
sich um eine Fremdvornahme handelt, treibt dennoch die Polizeibehörde die Kosten beim Betroffenen ein.

Im Gegensatz zur Ersatzvornahme ist das *Zwangsgeld* ein Mittel, den Betroffe-   36
ne zu Erfüllung seiner Pflichten anzuhalten (§ 11 VwVG). Die Verpflichtung des
Betroffenen zur Befolgung der Grundverfügung wird nicht durch die Polizei oder
Dritte verwirklicht, sondern sein Widerstand gegen die Verwirklichung soll ge-
brochen werden.[56]

Die Verhängung eines Zwangsgeldes kommt sowohl bei vertretbaren wie un-   37
vertretbaren Handlungen in Betracht. Im Fall vertretbarer Handlungen ist jedoch
die Ersatzvornahme in aller Regel das geeignetere Mittel. Das Zwangsgeld ist
zentrales Durchsetzungsmittel für unvertretbares Verhalten, insbesondere für Duldungen oder Unterlassungen.[57] Es trägt nicht den Charakter einer Sanktion und ist
verschuldensunabhängig.[58] Mindest- und Höchstgrenzen sind in den einzelnen Gesetzen festgelegt.[59]

Beispiel: 38
Die Ordnungsbehörde hat den A vorgeladen. Er ist nicht erschienen. Nunmehr droht
die Ordnungsbehörde ein Zwangsgeld an, um den A zum Erscheinen zu bewegen.

Ist das Zwangsgeld uneinbringlich, kann die Ersatzzwangshaft verhängt werden   39
(§ 54 PolG NW). Eine Ersatzzwangshaft kann nur der gesetzliche Richter anordnen. Sie kommt ausschließlich bei unvertretbaren Handlungen in Betracht, denn
bei vertretbaren Handlungen wäre die Ersatzvornahme das Mildere Mittel. Zudem
gerät ihr Verhältnis zum unmittelbaren Zwang in den Blick, der oftmals als das
im Vergleich zur Zwangshaft mildere Mittel anzuwenden ist. In den meisten Ländern ist die Zwangshaft nicht als eigenes Zwangsmittel ausgestaltet, sondern tritt
als Beugehaft an die Stelle des vorher zwingend zu verhängenden Zwangsgelds.[60]

4. Unmittelbare Ausführung und Sofortvollzug

Das gestreckte Verfahren der Verwaltungsvollstreckung ist vorrangig ein Hand-   40
lungsinstrument der Ordnungs- oder Gefahrenabwehrbehörden, weil seine Durch-

[55] *Gusy*, POR, Rn. 443; *Knemeyer*, POR, Rn. 367.
[56] *Pieroth/Schlink/Kniesel*, POR, § 24, Rn. 11.
[57] *Schoch*, POR, Rn. 280.
[58] *Gusy*, POR, Rn. 444.
[59] Nach § 11 Abs. 3 VwVG beträgt die Höhe des Zwangsgeldes mindestens 1,53 € und
    höchstens 1533,88 €
[60] Anders z.B. § 14 hambVwVfG; *Pieroth/Schlink/Kniesel*, POR, § 24 Rn. 13.

führung einen gewissen Zeitraum in Anspruch nimmt. Auch die schnelle Bekämpfung oder Beseitigung einer Gefahr insbesondere durch die Polizei(vollzugs)behörden kann aber Maßnahmen mit Vollstreckungscharakter erfordern. Die Gesetze stellen daher die Rechtsinstrumente der unmittelbaren Ausführung und des Sofortvollzuges zur Verfügung. Der Sofortvollzug wird auch als sofortige Anwendung oder sofortiger Vollzug bezeichnet und darf nicht mit der sofortigen Vollziehung des § 80 Abs. 2 Nr. 4 VwGO verwechselt werden. Manche Gesetz regeln nur den Sofortvollzug,[61] manche nur die unmittelbare Ausführung,[62] manche enthalten beide Handlungsinstrumente.[63] Die beiden Handlungsinstrumente gleichen sich in ihrer Funktion, weisen aber unterschiedliche systematische Merkmale auf.[64]

41   Die *unmittelbare Ausführung* ist eine Maßnahme des Rechts der Gefahrenabwehr und steht im systematischen Zusammenhang der Regelungen zur Verantwortlichkeit.[65] Sie erlaubt der Polizei, eine rechtmäßige Maßnahme selbst oder durch einen Beauftragten zu treffen, wenn der Zweck der Maßnahme nicht durch die Inanspruchnahme eines Verantwortlichen erreicht werden kann. Der Verantwortliche hat die Kosten der Maßnahme zu tragen, weil er selbst zu der Maßnahme verpflichtet war.[66] Die unmittelbare Ausführung ist Realakt.[67]

42   Auf die unmittelbare Ausführung kann zurückgegriffen werden, wenn eine Gefahr beseitigt werden muss, ohne dass ein Adressat für eine Verfügung der Polizei anwesend ist. Es kann an der Bekanntgabe nach § 43 VwVfG fehlen, die erst den Verwaltungsakt wirksam macht. Maßnahmen ohne vorhandenen Adressaten werden ermöglicht, um Gefahrenabwehr effektiv gewährleisten zu können.

43   **Beispiele**:
Die Polizei betritt eine Wohnung, aus der verdächtige Geräusche zu hören sind, in Abwesenheit des Inhabers. Sie fängt einen Hund ein, der einen Passanten angefallen hat, ohne dass der Halter des Hundes ersichtlich ist.[68] Bei einem Unfall tritt Öl aus, und die Polizei lässt sofort verunreinigtes Erdreich abtragen, ohne sich an einen Störer zu wenden.

44   Der *Sofortvollzug* gehört zum allgemeinen Verwaltungsvollstreckungsrecht und ermöglicht die Anwendung des Verwaltungszwangs ohne vorherigen Erlass eines Grundverwaltungsakts.[69] Er ist die Ausnahme von der Regel, dass für die Voll-

---

[61] Z.B. § 50 Abs. 2 PolG NW.

[62] Z.B. § 19 BPolG; § 8 PolG BW.

[63] Z.B. §§ 9, 53 Abs. 2 SOG LSA.

[64] *Schoch*, POR, Rn. 287; näher *Kugelmann*, DÖV 1997, 153.

[65] § 19 BPolG; § 8 PolG BW; Art. 9 BayPAG; § 53 Abs. 2 BbgPolG; § 71 HbgSOG; § 8 HessSOG; § 70a SOG MV; § 6 POG RP; § 9 SOG LSA; § 9 ThürPAG und § 12 ThürOBG; vgl. *Schmitt-Kammler*, NWVBl. 1989, 389 (391).

[66] *Götz*, POR, Rn. 418.

[67] *Drews/Wacke/Vogel/Martens*, Gefahrenabwehr, § 25, Ziff. 7b; *Götz*, POR, Rn. 422; *Maurer* Allgemeines Verwaltungsrecht, § 20, Rn. 26.

[68] HessVGH, DVBl. 1995, 370.

[69] *Götz*, POR, Rn. 419; *Schoch*, POR, Rn. 287.

streckung eine vollziehbare Grundverfügung vorliegen muss. Die Polizei kann von einem Verfahren zum anderen übergehen, also vom gestreckten Verfahren zum Sofortvollzug und umgekehrt.[70] Der sofortige Vollzug einer Maßnahme ist dann notwendig, wenn andere Maßnahmen nicht oder nicht rechtzeitig möglich sind oder keinen Erfolg versprechen. Dies betrifft insbesondere die Situation, dass der Erlass einer vollstreckbaren Verfügung oder die Herbeiführung der Vollstreckbarkeit mit einem Zeitverlust verbunden wäre, der den Zweck gefährden würde.[71]

Nur rechtmäßige Maßnahmen können sofort vollzogen werden. Voraussetzungen für den Sofortvollzug der Maßnahmen sind regelmäßig eine gegenwärtige Gefahr und das Vorliegen der Rechtmäßigkeitsvoraussetzungen für die Maßnahme. Die Rechtmäßigkeit ist daher nur in dringlichen Fällen gegeben, in denen eine Inanspruchnahme des Verantwortlichen rechtlich möglich wäre.[72] Der Konstruktion einer hypothetischen Grundverfügung bedarf es insoweit nicht, als ausreichender Rechtsschutz auch dann gewährleistet ist, wenn kein Verwaltungsakt fingiert wird.[73] Die Voraussetzungen der Befugnisnorm müssen aber vorliegen, so dass auf die Rechtsgrundlage für die Maßnahme selbst abzustellen ist und doch die Grundverfügung zu prüfen ist, die gerade nicht ergangen ist. In diesem Sinne geht es um die Rechtmäßigkeit der hypothetischen Grundverfügung.[74]   **45**

Enthält das Landesrecht nur die unmittelbare Ausführung oder den Sofortvollzug, ist der jeweilige Begriff weit zu verstehen, um im Dienste effektiver Gefahrenabwehr die einschlägigen Fallkonstellationen erfassen zu können.[75] Wenn das Landesrecht beide Rechtsinstrumente vorsieht, stellt sich die Frage ihrer Abgrenzung. Diese komplexe Fragestellung ist dem Grunde nach dahin zu lösen, dass der unmittelbaren Ausführung als spezifisch gefahrenabwehrrechtlichem Instrument der Vorrang vor dem Sofortvollzug als Instrument des allgemeinen Vollstreckungsrechts zukommt.[76]   **46**

Demgegenüber wird vertreten, die Abgrenzung erfolge nach dem Merkmal der Willensbeugung. Die unmittelbare Ausführung betreffe Maßnahme ohne den Willen des Verantwortlichen, beim Sofortvollzug werde die Maßnahme gegen den (vermuteten) Willen des Betroffenen durchgeführt.[77] Der zu vermutende Wille einer abwesenden Person taugt als Abgrenzungsmerkmal jedoch nicht und ist gesetzlich auch nicht als Kriterium vorgesehen. Vielmehr spricht der Wortlaut der Vorschriften über die unmittelbare Ausführung für ihren Vorrang.   **47**

---

[70] *Gusy*, POR, Rn. 441.

[71] *Knemeyer*, POR, Rn. 359.

[72] *Götz*, POR, Rn. 421.

[73] *Schenke*, POR, Rn. 567; *Schoch*, POR, Rn. 290.

[74] *Gusy*, POR, Rn. 441; *Pieroth/Schlink/Kniesel*, POR, § 24, Rn. 38.

[75] *Schenke*, POR, Rn. 564.

[76] *Kugelmann*, DÖV 1997, 153 (156); *Schoch*, POR, Rn. 288; *VGH Kassel*, DVBl. 1995, 370.

[77] *Denninger*, in: Lisken/Denninger, E Rn. 145; *Knemeyer*, POR, Rn. 359; *Schenke*, POR, Rn. 564; dagegen *Götz*, POR, Rn. 420; *Pieroth/Schlink/Kniesel*, POR, § 24, Rn. 42; *Schoch*, POR, Rn. 288.

48   Denn nach ihrem Wortlaut verfügt die unmittelbare Ausführung über einen engeren Anwendungsbereich als der Sofortvollzug, weil nur vertretbare Handlungen des Verantwortlichen durch die unmittelbare Ausführung ersetzt werden können. Nach zutreffender Auffassung ist infolge der systematischen Stellung der unmittelbaren Ausführung bei den Vorschriften über die Verantwortlichkeit ihre Anwendung gegenüber Nichtverantwortlichen unzulässig.[78] Dagegen ist der Sofortvollzug gegenüber Nichtverantwortlichen zulässig. Soweit Maßnahmen unmittelbaren Zwangs in Betracht kommen, ist nur der Sofortvollzug anwendbar, z.B. bei einer Sicherstellung.[79]

49   Eine wesentliche Rechtsfolge der unmittelbaren Ausführung ist die Pflicht des Betroffenen, die Kosten der Maßnahme zu tragen.[80] Da nach der hier vertretenen Konzeption die unmittelbare Ausführung einer Maßnahme gegen den Nichtverantwortlichen unzulässig ist, kann von ihm auch kein Kostenersatz verlangt werden. Nicht zuletzt diese Konsequenz führt in der Praxis dazu, auf einengende Voraussetzungen zu verzichten. Wortlaut und Zweck der Vorschriften über die unmittelbare Ausführung gehen aber Praktikabilitätserwägungen vor. Ziel ist die Abwehr der Gefahr, nicht das Schonen der Staatskasse. Im Zusammenhang des Sofortvollzuges gelten die allgemeinen Grundsätze des gestreckten Verfahrens, die zu einer Kostentragungspflicht insbesondere bei der Ersatzvornahme führen, während unmittelbarer Zwang gegen Personen nicht ersatzfähig ist.

5. Das Abschleppen von Kraftfahrzeugen

50   Der alltägliche Fall des Abschleppens eines Kraftfahrzeuges bietet rechtlich eine Reihe von Problemen.[81] Dies liegt nicht zuletzt an den feinen Unterschieden in den Fallkonstellationen, die bei den rechtlichen Einordnungen und Entscheidungen zu beachten sind. Die Grundzüge der „Abschleppfälle" lassen sich anhand von folgenden Grundfragen darstellen:[82] der Rechtsgrundlage für das Abschleppen und die Verwahrung, der Tragung der Abschleppkosten sowie der Haftung für Schäden im Zusammenhang mit der Abschleppmaßnahme. Im einzelnen werden in Literatur und Rechtsprechung vielfältige Konzeptionen vertreten.

---

[78] *Kugelmann*, DÖV 1997, 153 (157 f.); a.A. *Enders*, Jura 1998, 365 (368); *Schoch*, POR, Rn. 569.

[79] *Kugelmann*, DÖV 1997, 153 (158); a.A. *Schenke*, POR, Rn. 568.

[80] Für die unmittelbare Ausführung z.B. § 19 Abs. 2 BPolG; § 8 Abs. 2 PolG BW; § 6 Abs. 2 POG RP.

[81] *K. Fischer*, JuS 2002, 446; monographisch *Schieferdecker*, Die Entfernung von Kraftfahrzeugen als Maßnahme staatlicher Gefahrenabwehr, 1998.

[82] *Schenke*, POR, Rn. 712 ff.; *Würtenberger/Heckmann*, PolR BW, Rn. 816 ff.

5.1. Rechtsgrundlage

Das Abschleppen kann als Sicherstellung, als unmittelbare Ausführung des auf der   **51**
Generalklausel beruhenden Wegfahrgebotes oder als Ersatzvornahme durchgeführt werden. Die Standardmaßnahme der Sicherstellung hat besondere Voraussetzungen, die erfüllt sein müssen. Der unmittelbaren Ausführung liegt die fehlende Erreichbarkeit des Verantwortlichen zu Grunde und sie bringt die Kostenfolge
mit sich. Voraussetzungen sind eine gegenwärtige Gefahr und die Rechtmäßigkeit
der auszuführenden Maßnahme. Auch die Ersatzvornahme erfordert die Rechtmäßigkeit der Grundverfügung und führt zur Kostentragung des Betroffenen. Sofern
das Landesrecht die unmittelbare Ausführung nicht kennt, werden die einschlägigen Konstellationen durch die Ersatzvornahme miterfasst.

Adressat der Maßnahme kann der Fahrer ebenso sein wie der aktuelle Halter.[83]   **52**
Da es um das Beseitigen des PKW geht, ist die Heranziehung des Fahrers auf der
primären Ebene oft die effektivere Maßnahme und daher vorzugswürdig. Auf der
sekundären Ebene der Kosten kann dies umgekehrt sein. Ein früherer Eigentümer
des KfZ kann nicht in Anspruch genommen werden.[84]

Das verbotswidrige Abstellen eines Kfz begründet regelmäßig eine Ordnungs-   **53**
widrigkeit. Zur Unterbindung dieser Ordnungswidrigkeit ist zunächst an ein bloßes „Versetzen" oder „Umsetzen" auf einen Parkplatz in unmittelbarer Nähe zu
denken. Dieses ist noch keine Sicherstellung[85] (so ausdrücklich § 22 Abs. 2 ThürOBG). Ziel der auf der Generalklausel beruhenden Maßnahme der Versetzung ist
lediglich, die unmittelbar von dem verkehrswidrig abgestellten Kfz ausgehende
Gefahr zu beseitigen. Sie erfolgt im Wege der unmittelbaren Ausführung oder des
Sofortvollzuges.[86]

Wenn das abgestellte Kraftfahrzeug eine polizeiliche Gefahr darstellt, kann die   **54**
Behörde eine Sicherstellung vornehmen.[87] Sie wird durch den Abtransport des
PKW auf einen amtlichen Verwahrplatz verwirklicht.[88] Wenn das Kraftfahrzeug
sichergestellt worden ist, liegt darin die Grundlage für das Verwahrungsverhältnis.
Ein Versetzen ist wegen der geringeren Kosten das mildere Mittel gegenüber der
Sicherstellung. Gegen die Annahme einer Sicherstellung wird vorgebracht, es
werde keine alleinige hoheitliche Sachherrschaft begründet.[89] Da aber die tatsäch-
liche Herrschaft überwiegend bei der Behörde liegt, genügt nach dem hier vertretenen Ansatz das Verbringen der Sache auf einen von der Behörde beherrschten
Ort den Voraussetzungen der Sicherstellung (so auch § 22 Abs. 2 ThürOBG).[90]

---

[83] *Gusy*, POR, Rn. 292.
[84] SächsOVG NJW 1997, 2253 (2254); a.A. VGH BW, DÖV 1996, 1055.
[85] *Gusy*, POR, Rn. 290 a.E.
[86] *Schenke*, POR, Rn. 717.
[87] *Gusy*, POR, Rn. 290.
[88] *Schoch*, POR, Rn. 240.
[89] *Schenke*, POR, Rn. 715.
[90] *Götz*, POR, Rn. 313; *Pieroth/Schlink/Kniesel*, POR, § 19, Rn. 4; *Schoch*, POR, Rn. 240;
Würtenberger, in: Achterberg/Püttner, § 21, Rn. 177.

Die Sicherstellung kommt als Rechtsgrundlage für das Abschleppen dann in Betracht, wenn kein Verwaltungsakt vorausgegangen ist.

55   **Beispiele:**
Der PKW ist auf dem Bürgersteig geparkt, ohne dass ein Verkehrsschild aufgestellt ist; das Verbot folgt aus den allgemeinen Verkehrsvorschriften, § 1 Abs. 2 StVO. Das Halteverbotsschild wurde von Dritten rechtswidrig überklebt, weshalb der Verwaltungsakt nicht bekannt gegeben ist.[91]

56   Liegt dagegen ein Verwaltungsakt vor, weil insbesondere ein Verkehrszeichen oder eine Verkehrseinrichtung das Abstellen verbietet, erfolgt das Abschleppen auf der Grundlage der unmittelbaren Ausführung oder des Sofortvollzuges.[92] Falls das Landesrecht unmittelbare Ausführung und Sofortvollzug bereithält, geht die unmittelbare Ausführung vor. Das Abschleppen eines verbotswidrig abgestellten KfZ ist die unmittelbare Ausführung des Wegfahrgebotes, das der nicht anwesende Verantwortliche nicht befolgen kann. Grundlage des Wegfahrgebotes ist die Generalklausel, die eine Handhabe zur Beseitigung einer Verletzung der Rechtsordnung, nämlich des Straßenverkehrsrechts, bietet. Die unmittelbare Ausführung deckt nach dieser Konzeption die Mehrzahl der Abschleppfälle ab.[93]

57   Entscheidend für die Wahl der zutreffenden Rechtsgrundlage ist insbesondere auch nach der Rechtsprechung, ob dem Abschleppen ein Verwaltungsakt vorausgeht oder nicht. Wenn das Parkverbot durch ein Verkehrszeichen oder eine Verkehrseinrichtung angeordnet wird, liegt ein Verwaltungsakt in Form einer Allgemeinverfügung vor.[94] Auch die Parkuhr als Verkehrseinrichtung (§ 43 Abs. 1 StVO) begründet ein modifiziertes Halteverbot, wonach nur zum Be- und Entladen und während der Laufzeit der Uhr gehalten werden darf. In dieser Allgemeinverfügung ist nach Ansicht der Rechtsprechung das Gebot enthalten, das KfZ wegzufahren, wenn die Voraussetzungen entfallen sind.[95]

Beispiele:
Die C stellt ihr Kraftfahrzeug in einem Bereich ab, der durch ein Schild als Zone absoluten Halteverbotes ausgewiesen ist. Der D parkt auf einer öffentlichen Parkfläche, ohne den notwendigen Parkschein zu lösen. Die E hat für eine Stunde Geld in die Parkuhr geworfen, lässt ihren PKW 3 Stunden stehen. Die Ordnungsbehörde lässt die PKWs abschleppen.

58   Falls das Landesrecht wie etwa in Nordrhein-Westfalen keine Regelung der unmittelbaren Ausführung enthält, sind die Abschleppfälle mittels der Ersatzvornahme zu lösen, wenn nicht ein Fall der Sicherstellung vorliegt. Die Grundverfü-

---

[91] Vgl. VGH BW, VBlBW 1991, 434.
[92] *Schenke*, POR, Rn. 715; teils wird auch insoweit die Sicherstellung befürwortet, so *Gusy*, POR, Rn. 290.
[93] *Schoch*, POR, Rn. 289; mit anderem Ansatz zur Sicherstellung im Ergebnis auch *Knemeyer*, POR, Rn. 252.
[94] BVerwGE 27, 181; 59, 221.
[95] Zur Parkuhr BVerwG, NVwZ 1988, 623.

gung besteht in dem vollziehbaren Wegfahrgebot. Der Anspruch auf den Ersatz der Kosten folgt aus dem Vollstreckungsrecht.

Unabhängig von der Rechtsgrundlage gilt das Prinzip der Verhältnismäßigkeit. **59** Nach der Rechtsprechung erfolgt jedoch keine Prüfung der konkreten Behinderung oder Gefährdung anderer Verkehrsteilnehmer.[96] Ausreichend soll die Funktionsbeeinträchtigung einer Verkehrseinrichtung sein. Das Abschleppen eines KfZ kann aber dann unangemessen sein, wenn es zwar unter Verstoß gegen straßenverkehrsrechtliche Vorschriften abgestellt wurde, aber niemanden behindert.[97] Die Gegenauffassung begründet die Angemessenheit des Abschleppens mit der negativen Vorbildfunktion.[98] Diese generalpräventive Argumentation erweitert den Zweck der straßenverkehrsrechtlichen Vorschriften auf die Verkehrserziehung. Ziel des Abschleppens ist aber die Abwehr einer konkreten Gefahr.

Beispiele: **60**
Die A parkt ihr KfZ im eingeschränkten Halteverbot und besucht ihre in der Innenstadt wohnende Mutter. Sie lässt einen Zettel mit der Telefonnummer ihres Mobiltelefons gut sichtbar hinter der Windschutzscheibe liegen. Die Ordnungsbehörde ruft nicht an, sondern schleppt ab. Dies ist allenfalls nach einer gewissen Wartezeit rechtmäßig.[99] Da Ziel die Herstellung des rechtmäßigen Zustandes ist, muss im Regelfall zunächst versucht werden, den Verantwortlichen zu erreichen. Ein kurzfristiges Wegfahren des KfZ durch den Verantwortlichen (Fahrer oder Halter) geht dem Beauftragen eines Abschleppunternehmens vor.
Der P parkt sein KfZ in einer Nebenstraße des Bahnhofes und fährt für 6 Tage auf Geschäftsreise. Einen Tag später stellt die Ordnungsbehörde ein Halteverbotsschild auf, weil am Folgetag in der Straße Bauarbeiten beginnen. 4 Tage nach Aufstellen des Halteverbotszeichens lässt die Ordnungsbehörde den KfZ des P abschleppen und erlegt ihm die Kosten auf. Dies ist nach der Rechtsprechung verhältnismäßig.[100] Dabei ist allerdings zu fordern, dass ein angemessener Zeitraum zwischen dem Aufstellen der Schilder und dem Abschleppen liegt.[101] Dieser ist in der Ferienzeit länger zu veranschlagen.[102] Differenzierungen schlagen auf die Kostenfolge durch. Dem P dürfen die Kosten nicht auferlegt werden, wenn ihm keine sorgfaltswidrige Verletzung der Nachschaupflicht angelastet werden kann.

---

[96] *Gusy*, POR, Rn. 292 m.w.N.
[97] BVerwGE 90, 189 (193); OVG Hbg, NJW 2001, 168 (169) und NJW 2001, 3647 (3649); *Pieroth/Schlink/Kniesel*, POR, § 10, Rn. 30a.
[98] So noch BVerwG, NJW 1990, 931; BayVGH, NJW 1996, 1979 (1980); OVG NW, NJW 1999, 1275, OVG RP, NVwZ 1988, 658 (659); *Schoch*, POR, Rn. 108.
[99] Vgl. BVerwG, DVBl. 2002, 1560.
[100] BVerwGE 102, 316, 320.
[101] OVG NW NWVBl. 1995, 475; *Bertrams*, NWVBl. 2003, 289 (291). Welcher Zeitraum genau angemessen ist, ist in der Rechtsprechung umstritten: 48 Stunden (so OVG NW, NVwZ-RR 1996, 59), 3 Tage (so BVerwG 102, 316, 319; VGH Mannheim, NJW 2007, 2058, 2059; NJW 1991, 1698, 1699; VGH Kassel, NJW 1997, 1023, 1024); 3 Werktage und zusätzlich ein Sonn- oder Feiertag jedenfalls in Ballungsgebieten (so OVG Hamburg, DÖV 1995, 783, 784).
[102] *Schenke*, POR, Rn. 716.

5.2. Abschleppkosten

61   Die Kosten der Polizei und damit auch die Auslagen an ein beauftragtes privates Abschleppunternehmen sind erstattungsfähig. Kostenschuldner sind der Fahrer als Handlungsstörer und der Halter als Zustandsstörer. Beide können als Gesamtschuldner haften, wenn dies ausdrücklich geregelt ist.

62   Die Rechtsgrundlage für die Kosten hängt von der Rechtsgrundlage für das Abschleppen selbst ab. Eine Sicherstellung begründet ein Verwahrungsverhältnis. Die Kosten der Sicherstellung und Verwahrung fallen den Verantwortlichen zur Last (z.B. § 46 Abs. 3 PolG NW).[103] Liegt lediglich eine Versetzung vor, kommt diese Regelung nicht zur Anwendung.

63   Wenn das Abschleppen als unmittelbare Ausführung erfolgt, bildet Absatz 2 der Vorschrift über die unmittelbare Ausführung selbst die Grundlage für den Kostenanspruch (z.B. § 6 Abs. 2 POG RP). Im Fall einer Ersatzvornahme ist Anspruchsgrundlage die Bestimmung zur Ersatzvornahme.

64   Die Herausgabe des KfZ kann von der vorherigen Bezahlung der Kosten abhängig gemacht werden, wenn die Vorschriften über die Herausgabe sichergestellter Sachen einschlägig sind. Dann verfolgt die Polizei- oder Ordnungsbehörde über ein Zurückbehaltungsrecht. Die gilt aber dann nicht, wenn es nicht ausdrücklich geregelt ist.[104] Daher besteht entgegen einer vielfach vertretenen Auffassung kein Zurückbehaltungsrecht analog § 273 BGB im Fall der unmittelbaren Ausführung oder des Sofortvollzuges.

65   Zur Durchsetzung des Kostenanspruches dient ein Leistungsbescheid.[105] Auf der Grundlage dieses Verwaltungsaktes ist die Verwaltungsvollstreckung zulässig. Im Fall der Einschaltung Dritter, also insbesondere eines privaten Abschleppunternehmens, bestehen die Rechtsbeziehungen grundsätzlich nur zwischen der Behörde und dem Verantwortlichen einerseits sowie zwischen der Behörde und dem Unternehmer andererseits.

5.3. Haftung für Schäden

66   Falls das Kraftfahrzeug während des Abschleppvorgangs beschädigt wird, stehen dem Berechtigten bzw. Eigentümer Schadensersatzansprüche zu. Hat die Behörde selbst gehandelt, ist sie Schuldnerin des Anspruches. Anspruchsgrundlage ist der Amtshaftungsanspruch (Art. 34 GG i.V.m. § 839 BGB). Werden Schäden an der Sache im Rahmen des Verwahrungsverhältnisses verursacht, tritt als Konsequenz des öffentlich-rechtlichen Schuldverhältnisses ein Anspruch aufgrund der Verletzung von quasi-vertraglichen Pflichten analog § 280 Abs. 1 BGB hinzu.[106]

67   Die Beauftragung eines privaten Abschleppunternehmers begründet ein Vertragsverhältnis zwischen ihm und der Polizei- oder Ordnungsbehörde. Verursacht

---

[103] *Gusy*, POR, Rn. 289.
[104] *Schenke*, POR, Rn. 726 m.w.N.
[105] *Schenke*, POR, Rn. 725.
[106] *Schenke*, POR, Rn. 727; s. *Drews/Wacke/Vogel/Martens*, Gefahrenabwehr, § 32, Ziff. 5.

der Unternehmer einen Schaden an dem KfZ, kann der Eigentümer deliktische Ansprüche gegen den Abschleppunternehmer geltend machen. Parallel dazu verfügt der Eigentümer über die Ersatzansprüche gegen den Träger der Polizei- und Ordnungsbehörde, also das Land. Dem Eigentümer ist nicht zumutbar, das Insolvenzrisiko des Abschleppunternehmers zu tragen. Ihm muss mit dem Land ein solventer Schuldner zur Verfügung stehen, dem analog § 278 BGB das Verschulden seine Erfüllungsgehilfen zuzurechen ist.[107] Die Einzelheiten sind allerdings umstritten.

6. Ersatz und Erstattung von Kosten

Maßnahmen der Polizei- und Ordnungsbehörden können Kosten verursachen, die sie zunächst selbst tragen. Wenn die Behörden diese Kosten vollständig und auf Dauer tragen müssten, würden sie auf die Allgemeinheit abgewälzt. Da aber der Verantwortliche die Verpflichtung hat, den rechtmäßigen Zustand herzustellen, soll er auch die Kosten für die Herstellung dieses Zustandes tragen.[108] In Zweifelsfällen ist zu beachten, dass es um einen Ausgleich zwischen der Risikosphäre des Betroffenen und der Risikosphäre der Allgemeinheit geht.[109]   **68**

Auf der primären Ebene der Gefahrenabwehr muss bereits die Verantwortlichkeit geklärt werden. An diese Verantwortlichkeit können Kostenersatzansprüche auf der sekundären Ebene anknüpfen. Da ihr Gegenstand aber nicht die Gefahrenabwehr ist, bedarf es für den staatlichen Anspruch auf Kostenerstattung einer eigenen gesetzlichen Grundlage.[110] Denn wenn der Bürger Kosten bezahlen muss, ist die Entscheidung darüber ein Eingriff in seine Rechtsposition und unterliegt dem Gesetzesvorbehalt.[111] Dem tragen die landesrechtlichen Bestimmungen Rechnung, die den Ersatz von Kosten teils in den Polizei- und Ordnungsbehördengesetzen, teils aber auch in anderen Gesetzen regeln.[112]   **69**

Gefahrenabwehr ist Aufgabe der Polizei- und Ordnungsbehörden. Auch wenn Einsätze sehr aufwändig sind, können ohne eine gesetzliche Grundlage die Kosten nicht von Privaten zurückgefordert werden. Die Aufgabenerfüllung ist nicht unter kommerziellen Gesichtspunkten zu betrachten. Vor diesem Hintergrund wird teils versucht, die Rechtsfigur des Zweckveranlassers anzuwenden, um diesen als Störer für die Kosten heranziehen zu können. Diese Rechtsfigur ist jedoch abzulehnen (8. Kap. Rn. 43 ff.). Einzelne Kosten, die im Zusammenhang kommerzieller Ver-   **70**

---

[107] *H.J. Cremer*, VBlBW 1996, 241 (244 ff.); *Götz*, POR, Rn. 425.

[108] *Gusy*, DVBl. 1996, 722; *Pieroth/Schlink/Kniesel*, POR, § 25, Rn. 1.

[109] Zu weit gehend *Braun*, Die Finanzierung polizeilicher Aufgabenwahrnehmung im Lichte eines gewandelten Polizeiverständnisses, 2009, passim, zu Gunsten einer verstärkt gebührenrechtlichen Vorteilsabschöpfung.

[110] *Gusy*, POR, Rn. 458.

[111] BVerwG, NJW 1992, 2243; *Schoch*, POR, Rn. 293.

[112] Z.B. § 77 VwVG NW i.V.m. der Kostenordnung; zu den einzelnen Regelungen *Gusy*, PolR, Rn. 458 mit Fn. 97; *Schoch*, POR, Rn. 294 mit Fn. 1502.

anstaltungen entstehen, können jedoch aufgrund des Gebührenrechts verlangt werden.[113]

71

> **Beispiele:**
> Zur Gewährleistung der Sicherheit während eines Fußballspiels setzt die Polizei hunderte von Beamten und eine umfangreiche technische Ausrüstung ein. Die Kosten können von dem Veranstalter des Fußballspiels nicht verlangt werden. Sie werden grundsätzlich von der Allgemeinheit getragen.[114]
> Gleiches gilt für andere Großveranstaltungen wie Open-Air Konzerte, Großdemonstrationen oder Transporte von Kernbrennstäben zu Endlagerstätten.

72   Kosten können als Auslagen oder Gebühren erscheinen.[115] Auslagen sind Leistungen, welche die Polizei im Zusammenhang mit einer Maßnahme an Dritte gezahlt hat, etwa für die Durchführung einer Ersatzvornahme. Demgegenüber sind Gebühren Geldleistungen im Zusammenhang mit individuell zurechenbaren Handlungen der Verwaltung. Die Gebührengesetze regeln Einzelheiten in Verbindung mit den Gebührenverzeichnissen.

73   Voraussetzung für den Ersatzanspruch ist, dass die Maßnahme rechtmäßig war.[116] Rechtswidriges Verwaltungshandeln kann keine Ansprüche gegen einen Bürger begründen. Die Polizei- oder Ordnungsbehörde kann ihren Anspruch auf Kostenersatzanspruch durch einen Leistungsbescheid geltend machen.[117]

74   Kostenschuldner ist der Verantwortliche. Jeder Störer ist voll verantwortlich. Eine nur anteilige Verantwortlichkeit, die gelegentlich vertreten wird,[118] widerspricht dem Grundsatz der effektiven Gefahrenabwehr.[119] Auf der Sekundärebene der Kostentragung wird teils ein interner Ausgleich zwischen den Verantwortlichen befürwortet.[120] Grundlage soll eine entsprechende Anwendung der Regelungen über die Gesamtschuldnerschaft des § 426 BGB sein.[121] Allerdings hat der BGH diese Gesamtschuldnerschaft verneint.[122] Eine allgemeine materielle Polizeipflicht kann nicht zur Verteilung der Verantwortlichkeit beitragen, weil sie nach zutreffender Auffassung der Konkretisierung bedarf. Eine eventuelle Aufteilung

---

[113] *Pieroth/Schlink/Kniesel*, POR, § 25, Rn. 21 f.; *Sailer*, in: Lisken/Denninger, M Rn. 67. Die Schaffung eines Tatbestands, der die Veranstalter von Großveranstaltungen wie z.B. Fußballspielen zur Tragung der Polizeikosten verpflichtet, wird angesichts des mitunter großen Gewinns finanzieller oder ideeller Art, der bei derartigen Veranstaltungen zu erzielen ist, *rechtspolitisch* diskutiert, vgl. *Schmidt*, ZRP 2007, 120 (122 f.). Konkrete Gesetzgebungsvorhaben gibt es bislang jedoch nicht.

[114] Besonderheiten können sich aus dem Gebührenrecht einiger Länder ergeben.

[115] *Pieroth/Schlink/Kniesel*, POR, § 25, Rn. 5 f.

[116] *Schenke*, POR, Rn. 699; *Schoch*, POR, Rn. 295.

[117] *Pieroth/Schlink/Kniesel*, POR, § 25, Rn. 24.

[118] *Giesberts*, Die gerechte Lastenverteilung unter mehreren Störern, 1990, S. 79 ff.; *Jochum*, NVwZ 2003, 526 (529 ff.).

[119] *Schenke*, POR, Rn. 284; *Schoch*, POR, Rn. 170.

[120] *Schenke*, POR, Rn. 289 f.

[121] Vgl. *Pieroth/Schlink/Kniesel*, POR, § 25, Rn. 18.

[122] BGH, DÖV 1981, 843.

der Kosten ist daher nach den allgemeinen zivilrechtlichen Haftungsgrundsätzen möglich, nicht aber nach polizeirechtlichen Grundsätzen.[123]

Der Nichtverantwortliche trägt keine Kosten. Vielmehr hat der Verantwortliche **75** auch den Vermögensschaden eines Nichtverantwortlichen zu ersetzen, weil dieser seine geldwerten Einbußen gegenüber der Behörde geltend machen kann.[124] Das Landesrecht regelt die Einzelheiten.[125] Die Polizei- oder Ordnungsbehörde leistet dann an den Nichtverantwortlichen. Wenn der Nichtverantwortliche einer rechtmäßigen polizeilichen Anordnung nicht Folge leistet, können Mittel des Verwaltungszwanges angewendet werden. Die Kosten der Verwaltungsvollstreckung können vom Nichtverantwortlichen verlangt werden.[126]

Einige Landesgesetze erkennen ausdrücklich an, dass im Fall der unmittelbaren **76** Ausführung einer Maßnahme die Situation eines Gesamtschuldverhältnisses vorliegt und ordnen an, dass mehrere Verantwortliche für die Kosten dieser Maßnahmen als Gesamtschuldner haften.

Die Vorschriften über die Ersatzvornahme sehen ausdrücklich vor, dass die Po- **77** lizei auf Kosten des Betroffenen die Handlung ausführt oder ausführen lässt.[127] Soweit das Abschleppen von Kraftfahrzeugen auf der Grundlage der Ersatzvornahme vorgenommen wird, kommt dieser Kostenregelung eine große praktische Bedeutung zu (s.u. 11. Kap. Rn. 50 ff.).[128]

Der unmittelbare Zwang löst in aller Regel keine Kostenerstattung aus.[129] Ein- **78** zelne Vorschriften des Landesrechts sehen ausnahmsweise die Erhebung von Gebühren und Auslagen für besondere Fälle wie das Räumen einer Wohnung oder das Wegtragen von Sitzblockierern vor.[130] Sie sind verfassungsmäßig und damit einschränkend anzuwenden, soweit die Ausübung von Grundrechten betroffen ist (Art. 8 GG!). Es darf kein unberechenbares Kostenrisiko entstehen, das von der Wahrnehmung der Grundrechte abschrecken könnte.[131] Sofern die Anwendung unmittelbaren Zwangs der Strafverfolgung dient, geht das strafprozessuale Bundesrecht vor und Kosten können nicht nach Landesrecht erhoben werden.[132]

---

[123] In sonderordnungsrechtlichen Gesetzen finden sich teilweise Vorschriften über einen Kostenausgleich zwischen mehreren Störern, vgl. z.B. § 24 Abs. 2 BBodSchG. Dies sind spezielle Vorschriften, die nur in dem Bereich des besonderen Gesetzes gelten. Sie lassen sich nicht verallgemeinern. Sie zeigen zudem, dass dem Gesetzgeber jedenfalls die Problematik bekannt ist, so dass man davon ausgehen kann, dass er entsprechende Regelungen im allgemeinen Polizei- und Ordnungsrecht nicht treffen wollte. Es fehlt mithin an einer planwidrigen Regelungslücke, die Voraussetzung für eine analoge Anwendung dieser Vorschriften oder des § 426 BGB wäre.

[124] *Pieroth/Schlink/Kniesel*, POR, § 25, Rn. 17.

[125] *Schenke*, POR, Rn. 707 m.N.

[126] *Schenke*, POR, Rn. 698.

[127] Z.B. § 52 Abs. 1 PolG NW.

[128] Vgl. OVG NW, DÖV 2000, 211 und 647.

[129] *Pieroth/Schlink/Kniesel*, POR, § 25, Rn. 11.

[130] Z.B. §§ 7 f. BWVollstrO; für Verfassungsmäßigkeit *Schenke*, POR, Rn. 702 m.w.N

[131] *Pieroth/Schlink/Kniesel*, POR, § 25, Rn. 12; BVerfGE 69, 315, 344 f.

[132] Vgl. BayVGH, BayVBl. 1986, 338; *Würtenberger/Heckmann*, PolR BW, Rn. 923.

79   Auf der sekundären Ebene der Kosten, die aus den primären Pflichten des Verantwortlichen entstehen, kann Verjährung eintreten. Der öffentlich-rechtliche begründete Kostenersatzanspruch der Polizei- oder Ordnungsbehörde gegen den Störer verjährt analog § 195 BGB nach drei Jahren.[133] Eine Analogie zu Gunsten des Bürgers ist ohne ausdrückliche gesetzliche Regelung zulässig. Im Zusammenhang der Erstattung für die Kosten polizeilicher Maßnahmen geht es nicht um die primäre Gefahrenabwehr, sondern um öffentlich-rechtlich fundierte Ansprüche der Behörde auf Kostenerstattung. Der Rückgriff auf zivilrechtliche Regelungen ist in diesem Kontext möglich, um Lücken zu füllen.

Kontrollfragen

1. Nennen Sie die Mittel der Verwaltungsvollstreckung. (Rn. 3)
2. Ist der gezielte Todesschuss verfassungsrechtlich zulässig? (Rn. 24 ff.)
3. Warum ist die Ersatzvornahme nur bei vertretbaren Handlungen zulässig? (Rn. 32)
4. Welche Rechtsgrundlagen kommen für das Abschleppen eines Kraftfahrzeuges in Betracht? (Rn. 51)
5. Warum muss der Verantwortliche die Kosten für die Maßnahme der Polizei tragen? (Rn. 68).

---

[133] *Schenke*, POR, Rn. 283; *Würtenberger/Heckmann*, PolR BW, RN. 470.

12. Kapitel: Entschädigungsansprüche des Bürgers

Wenn staatliche Stellen durch rechtswidriges Handeln einen Schaden verursachen, **1** ist der Staat zum Ersatz des Schadens verpflichtet. Im Fall einer rechtmäßigen Maßnahme staatlicher Stellen, bedarf es besonderer Voraussetzungen, um eine Entschädigungspflicht zu Gunsten des Einzelnen entstehen zu lassen. Die Ansprüche des Bürgers gegen Polizei- oder Ordnungsbehörden sind ein speziell geregelter Teilbereich des Rechts der staatlichen Ersatzleistungen.[1]

1. Ansprüche bei rechtswidrigen polizeilichen Maßnahmen

Wenn ein Betroffener durch eine rechtswidrige polizeiliche Maßnahme einen **2** Schaden erleidet, muss der Träger der Polizei- oder Ordnungsbehörde den Schaden ausgleichen. Dies entspricht den allgemeinen Regeln für die Rechtmäßigkeit des Handelns staatlicher Stellen und für die Folgen rechtswidrigen staatlichen Handelns. Der Anspruch ist in den meisten Polizei- und Ordnungsbehördengesetzen ausdrücklich geregelt.[2]

Die wesentliche Voraussetzung des Anspruchs ist die Rechtswidrigkeit der **3** Maßnahme, die kausal zu dem Schaden geführt haben muss. Auf ein Verschulden des oder der handelnden Beamten kommt es nach den polizeirechtlichen Vorschriften nicht an.[3]

---

[1] *Pieroth/Schlink/Kniesel*, POR, § 26, Rn. 2.

[2] § 59 Abs. 2 ASOG Bln; § 70 BbgPolG und § 38 Abs. 1 lit. b BbgOBG; § 56 Abs. 1 BremPolG; § 64 Abs. 1 Satz 2 HessSOG; § 80 Abs. 1 Satz 2 NdsSOG; § 67 PolG NW i.V.m. §§ 39 Abs. 1 lit. b OBG NW; § 68 Abs. 1 Satz 2 POG RP; § 68 Abs. 1 Satz 2 SaarlPolG; § 69 Abs. 1 Satz 2 SOG LSA; § 68 Abs. 1 Satz 2 ThürPAG und § 52 ThürOBG.

[3] *Pieroth/Schlink/Kniesel*, POR, § 26, Rn. 20.

4

> Tipp: Der Anspruch des Bürgers auf Entschädigung bietet einen Aufhänger für eine vollständige studentische Übungsarbeit, da die Rechtmäßigkeit der Maßnahme zu prüfen ist.

5 Anspruchsberechtigt sind grundsätzlich alle Personen, die einen Schaden infolge des rechtswidrigen Handelns erlitten haben. Dies können Verantwortliche oder Nichtverantwortliche sein. Unbeteiligten Dritten steht der Anspruch erst recht zu.[4]

6 Jede behördliche Maßnahme kann das Entstehen eines Entschädigungsanspruches auslösen. Die Handlungsform spielt keine Rolle. Die Vornahme oder das Unterlassen eines Verwaltungsaktes ist ebenso geeignet, zu einem Schaden zu führen, wie die Vornahme oder Unterlassung eines Realaktes.[5] Bei der Tätigkeit von Polizeivollzugsbeamten vor Ort können ebenso Schäden entstehen wie als Folge eines schriftlichen Verwaltungsakts der Ordnungs- oder Gefahrenabwehrbehörde. Auch die Erhebung oder die Verarbeitung von Informationen können einen Einzelnen in seinem Vermögen oder seinem Persönlichkeitsrecht schädigen und im Fall ihrer Rechtswidrigkeit einen Ausgleichsanspruch begründen (so ausdrücklich § 76 SOG MV).[6]

7 Falls das Landesrecht keine ausdrückliche Anspruchsgrundlage enthält, kommen die allgemeinen Regeln des Staatshaftungsrechts zur Anwendung. Rechtsgrundlage ist dann der allgemeine Aufopferungsanspruch, der einen Ausgleich für Sonderopfer gewährt.[7] Ein Verschulden erfordert er nicht. Für die teilweise vertretene analoge Anwendung der polizeirechtlichen Vorschriften über die Entschädigungsansprüche von Nichtstörern besteht kein Bedarf.[8]

8 Daneben kommt der Amtshaftungsanspruch in Betracht, der ein Verschulden voraussetzt (Art. 34 GG i.V.m. § 839 BGB).[9] Zwar sind die tatbestandlichen Voraussetzungen enger, dafür gewährt der Amtshaftungsanspruch auf der Rechtsfolgenseite den vollen Schadensersatz im Sinne des § 249 Satz 1 BGB.[10]

9 Der polizei- und ordnungsrechtliche Entschädigungsanspruch bezweckt einen angemessenen Ausgleich des Schadens. Daher sind grundsätzlich nur Vermögensschäden zu ersetzen, nicht aber entgangener Gewinn oder immaterielle Schäden.[11] Im Hinblick auf den entgangenen Gewinn enthalten einige Gesetze eine Härteklausel. Für körperliche Schäden ist eine angemessene Entschädigung zu gewähren. Ein Mitverschulden des Geschädigten ist bei der Höhe der Entschädigung zu berücksichtigen (z.B. § 40 Abs. 4 OBG NW).[12]

---

[4] *Pieroth/Schlink/Kniesel*, POR, § 26, Rn. 21.

[5] *Gusy*, POR, Rn. 477.

[6] *Pieroth/Schlink/Kniesel*, POR, § 26, Rn. 24.

[7] *Schenke*, POR, Rn. 683; s. auch *Rachor*, in: Lisken/Denninger, L, Rn. 69.

[8] S. aber *Ossenbühl*, Staatshaftungsrecht, 5. Aufl. 1998, S. 405.

[9] Dies stellen viele Polizeigesetze klar, z.B. § 59 Abs. 4 ASOG Bln; § 40 Abs. 5 OBG NW; § 68 Abs. 3 POG RP; § 69 Abs. 4 SaarlSOG.

[10] *Pieroth/Schlink/Kniesel*, POR, § 26, Rn. 4; *Rachor*, in: Lisken/Denninger, L, Rn. 78 ff.

[11] *Schenke*, POR, Rn. 689.

[12] *Gusy*, POR, Rn. 479.

Schuldner ist die Körperschaft, deren Beamte gehandelt haben bzw. der Träger **10**
der Kosten.[13] Nach dem Rechtsträgerprinzip ist dies für Handlungen der Polizei-
oder Ordnungsbehörden regelmäßig das Land. Der Bürger kann seinen Entschädigungsanspruch vor den ordentlichen Gerichten durchsetzen. Dies halten eine Reihe von Landesgesetzen deklaratorisch fest (z.B. § 43 Abs. 1 OBG NW). Der Anspruch verjährt in aller Regel nach drei Jahren ab Kenntnis des Betroffenen vom
Schaden.[14]

2. Ansprüche bei rechtmäßigen polizeilichen Maßnahmen

Rechtmäßiges Handeln der Polizei- und Ordnungsbehörden führt im Verhältnis zu **11**
dem oder den Verantwortlichen nicht zu Entschädigungsansprüchen.[15] Erleidet
dagegen der Nichtverantwortliche einen Schaden durch eine rechtmäßige Inanspruchnahme, steht ihm ein Ausgleichsanspruch zu. Er hat zu Gunsten der Allgemeinheit ein Sonderopfer erbracht, für das er zu entschädigen ist.[16] Diese Ausprägung des Aufopferungsgedankens ist im Polizei- und Ordnungsrecht ausdrücklich
normiert.[17] Soweit der Ausgleich von Sonderopfern durch spezialgesetzliche Vorschriften geregelt ist, gehen diese vor (z.B. § 21 Abs. 4 BImSchG, § 56 IfSG).
Diese Sonderregelungen können aus wirtschafts- oder sozialpolitischen Gründen
festlegen, dass ausnahmsweise auch der Verantwortliche zur Entschädigung berechtigt ist.[18]

 Beispiel: **12**
Zur vorsorglichen Bekämpfung der Vogelgrippe ordnet die zuständige Behörde an,
dass die Tiere des Bauern B getötet werden. Dem B steht ein Entschädigungsanspruch
nach §§ 66 ff. TierSG zu.[19]

Der Anspruch des Geschädigten setzt lediglich voraus, dass er nach der Vorschrift **13**
über die Heranziehung Nichtverantwortlicher in Anspruch genommen wurde und
ihm dadurch kausal ein Schaden entstanden ist. Dies kann durch Verwaltungsakt
oder Realakt geschehen sein.[20] Der Begriff des Nichtverantwortlichen ist auf der

---

[13] Z.B. § 42 Abs. 1 OBG NW; § 72 Abs. 1 POG RP.
[14] Z.B. § 41 OBG NW; § 71 POG RP.
[15] Vgl. *Bockwoldt*, Rechtmäßigkeit und Kostentragungspflicht polizeilichen Handelns,
2003.
[16] *Schoch*, POR, Rn. 298.
[17] § 59 Abs. 2 ASOG Bln; § 70 BbgPolG und § 38 Abs. 1 lit. b BbgOBG; § 56 Abs. 1
BremPolG; § 64 Abs. 1 Satz 2 HessSOG; § 80 Abs. 1 Satz 2 NdsSOG; § 67 PolG NW
i.V.m. §§ 39 Abs. 1 lit. b OBG NW; § 68 Abs. 1 Satz 2 POG RP; § 68 Abs. 1 Satz 2
SaarlPolG; § 69 Abs. 1 Satz 2 SOG LSA; § 68 Abs. 1 Satz 2 ThürPAG und § 52
ThürOBG.
[18] *Pieroth/Schlink/Kniesel*, POR, § 26, Rn. 13.
[19] BGHZ 136, 172.
[20] *Schenke*, POR, Rn. 684.

sekundären Ebene der Entschädigung ebenso zu interpretieren wie auf der primären Ebene der Verantwortlichkeit für eine polizeiliche Gefahr.

14   **Beispiel:**[21]
A führt seinen 3 Monate alten Löwen an der Leine spazieren, den er als Haustier hält. Die Polizei wird telefonisch über einen freilaufenden Löwen informiert. Der Großeinsatz wird erst beendet, als A die Behörde telefonisch davon unterrichtet, das der Löwe völlig ungefährlich ist. Die Polizei verlangt von A die Kosten des Einsatzes.
Im Zeitpunkt der Entscheidung über den Großeinsatz war die Gefahrenprognose zutreffend. Es bestand eine Anscheinsgefahr. Jedoch war der A schon nicht verantwortlich, da er den Löwen an der Leine führte und weitere Umstände vorlagen, die dagegen sprechen, ihm den Anschein zuzurechnen. A war Nichtverantwortlicher.

15   Einige Gesetze normieren die Anspruchsberechtigung von dritten Personen, die im Rahmen der behördlichen Aufgabenerfüllung freiwillig mitgewirkt oder Sachen zur Verfügung gestellt haben (z.B. § 68 Abs. 2 POG RP). Sie sollen für ihren freiwilligen Einsatz nicht schlechter als der Nichtstörer gestellt werden, dessen Inanspruchnahme durch eine behördliche Verfügung erreicht wurde.[22]

16   Entschädigungsansprüche im Fall rechtmäßigen Handelns kommen auch bei Vorliegen einer Anscheinsgefahr in Betracht.[23] Eine Anscheinsgefahr ist eine Situation, welche bei objektiver Betrachtung ex ante als Gefahr erscheinen musste, ohne aus der Sicht ex post wirklich gefährlich gewesen zu sein (s.o. 4. Kap. Rn. 122). Das Handeln der Polizei- oder Ordnungsbehörde aufgrund der Anscheinsgefahr ist rechtmäßig, auch wenn es Schäden verursacht. Ein Amtshaftungsanspruch scheidet daher aus.

17   Wenn der Anscheinsstörer ein Opfer gebracht hat, das dem eines Nichtstörers gleichkommt, soll ihm jedoch eine Entschädigung zustehen können.[24] Auf der Handlungsebene ist Ziel die Gefahrenabwehr, wodurch die ex ante Sichtweise begründet wird. Im Hinblick auf die Entschädigung geht es dagegen um die Abgrenzung der Risikosphären von Individuum und Allgemeinheit. Der Zeitdruck für effektives behördliches Handeln besteht nicht mehr. Dies erlaubt es, einen ex post Maßstab anzulegen, und Gesichtspunkte der Zurechnung einfließen zu lassen. Stellt sich demnach ex post heraus, dass die Gefahr nicht bestand, und hat der Betroffene die den Anschein begründenden Umstände nicht zu vertreten, kann er nach der Rechtsprechung eine Entschädigung für erlittene Schäden beanspruchen.[25]

18   Die normative Verankerung des Entschädigungsanspruches eines Anscheinsstörers beruht auf der analogen Anwendung der Vorschrift, die dem Nichtverantwortlichen einen Entschädigungsanspruch zuspricht.[26] Zu Gunsten des Bürgers

---

[21] OVG Hamburg, NJW 1986, 2005.

[22] *Pieroth/Schlink/Kniesel*, POR, § 26, Rn. 8.

[23] Vgl. *Erichsen/Wernsmann*, Jura 1995, 221.

[24] *Rachor*, in: Lisken/Denninger, L, Rn. 42 ff.; *Würtenberger/Heckmann*, PolR BW, Rn. 866 ff.; von anderem Ansatz aus auch *Schenke*, POR, Rn. 685 ff.

[25] BGHZ 117, 103; 126, 279; BGH, DVBl. 1996, 1312.

[26] *Pieroth/Schlink/Kniesel*, POR, § 26, Rn. 16; *Schoch*, POR, Rn. 302.

wird die Regelung der Polizei- oder Ordnungsgesetze entsprechend angewendet, die im Fall rechtmäßigen behördlichen Handelns dem geschädigten Bürger einen Ersatzanspruch gewährt, weil er ein Sonderopfer für die Allgemeinheit erbringt. Wenn der Anscheinsstörer den Anschein verursacht hat, kann sich die Notwendigkeit eines Ausgleichs vermindern oder ganz entfallen. Insoweit kommt die Vorschrift der Polizeigesetze zum Zug, nach der ein Mitverschulden des Betroffenen zu berücksichtigen ist (z.B. § 40 Abs. 4 OBG NW).

Beispiel (Standardfall: Zeitschaltuhr):[27]   **19**
Während seines Urlaubs hat der A zu hause eine Zeitschaltuhr mit dem Fernsehgerät und der Wohnzimmerbeleuchtung gekoppelt, die jeden Abend für 3 Stunden angeschaltet werden. Die Nachbarn, die von der Zeitschaltuhr nichts wissen, nehmen in der Wohnung des A verdächtige Vorgänge und Geräusche wahr und verständigen die Polizei. Diese bricht die Tür auf. Wegen der dadurch entstandenen Schäden verlangt A Entschädigung.
Der A konnte als Handlungsverantwortlicher für die Maßnahme in Anspruch genommen werden. Es lag eine Anscheinsgefahr vor. Ein Entschädigungsanspruch entfällt aber ganz oder teilweise, weil der A seine Nachbarn nicht informierte und dadurch das Einschlagen der Tür mitverursacht hat. Die Einzelheiten hängen von den konkreten Umständen des Einzelfalls ab.

Parallel zur Anscheinsgefahr wird von der Rechtsprechung die Konstellation des   **20**
Gefahrenverdachts behandelt (dazu s.o. 5. Kap. Rn. 125). Da Anhaltspunkte für eine Gefahr ersichtlich sind, der Behörde aber die Unsicherheiten in der Bewertung bewusst sind, kommt es für die weitere Gefahrenprognose auf das Ergebnis des Gefahrerforschungseingriffs an. Lag tatsächlich eine Gefahr vor, kommt eine Entschädigung nicht in Betracht. Bestätigt sich der Gefahrenverdacht dagegen nicht, hat der Betroffene ein Sonderopfer zu tragen. Die Interessenlage entspricht derjenigen bei der Anscheinsgefahr. Ist infolge des Gefahrenverdachts und des Gefahrerforschungseingriffs ein Schaden entstanden, kommt die Regelung über die Entschädigung von Nichtverantwortlichen analog zur Anwendung. Allerdings ist sehr sorgfältig zu prüfen, ob nicht ohnehin der Betroffene lediglich als Nichtverantwortlicher herangezogen werden konnte.[28]

Beispiel:[29]   **21**
Die Stadt S stellt Grundwasserverunreinigungen fest. Ein Gutachter vermutet das Grundstück des C als deren Ursprung. Darauf fordert die Stadt den C durch Verwaltungsakt zur Durchführung kostspieliger Probebohrungen auf. Diese ergeben, dass die Verunreinigungen auf dem Grundstück des C nicht zur Schädigung des Grundwassers geführt haben können. Wenn C nach den konkreten Umständen des Einzelfalls nicht bereits Nichtstörer ist, so hat er doch in keiner Weise zu dem Verdacht beigetragen. Ihm steht ein Entschädigungsanspruch in Höhe der ihm durch die Probebohrungen entstandenen Kosten zu.

---

[27] OLG Köln, DÖV 1996, 86; s. mit Variationen *Gusy*, POR, Anhang, 2. Fall; *Schenke*, POR, Rn. 677.
[28] *Gusy*, POR, Rn. 470.
[29] VGH BW, DVBl. 1990, 1047 = DÖV 1991, 165.

22   Der Anspruch ist nicht auf vollen Schadensersatz gerichtet, sondern soll einen Ausgleich für das Sonderopfer bewirken. Daher sind Körperschäden und Vermögensschäden zu ersetzen, nicht aber entgangener Gewinn oder immaterielle Schäden (s. § 40 Abs. 1 OBG NW).[30] Die Landesgesetze weichen in Einzelheiten voneinander ab.[31] Im Hinblick auf den entgangenen Gewinn enthalten einige Gesetze eine Härteklausel (z.B. § 69 Abs. 1 POG RP). Liegt ein Mitverschulden des Nichtverantwortlichen vor, das zu dem Schaden beigetragen hat, ist dies bei der Bemessung des Ausgleichs zu berücksichtigen. Weitergehende Amtshaftungsansprüche bleiben unbenommen.

23   **Beispiel:**[32]
Den Mietern, einer Familie mit 5 Kindern, wird gekündigt. Die Behörde beschlagnahmt die Wohnung zur befristeten Wiedereinweisung der Familie. Nach Fristablauf lässt der Vermieter die Wohnung durch den Gerichtsvollzieher räumen und verlangt Entschädigung für die Zeit der Beschlagnahme.
Das OLG hat der Klage teils stattgegeben. Dem Vermieter, der als Nichtstörer in Anspruch genommen worden war, sind alle Nachteile zu ersetzen, die als zurechenbare Folge seiner Inanspruchnahme entstehen. Das betrifft nicht die Kosten der Räumung, denn es fehlt insoweit an dem Kausalzusammenhang zur Beschlagnahme. Er erhält aber Nutzungsentschädigung.

24   Schuldner des Ausgleichsanspruches ist der Rechtsträger der Polizei- oder Ordnungsbehörde.[33] Dabei handelt es sich regelmäßig um das Land. Der Rechtsweg für die Verwirklichung des Entschädigungsanspruches ist zu den ordentlichen Gerichten gegeben. Dies halten eine Reihe von Landesgesetzen deklaratorisch fest (z.B. § 43 Abs. 1 OBG NW; § 74 POG RP). Der Anspruch verjährt regelmäßig in drei Jahren ab Kenntnis des Betroffenen vom Schaden.[34]

Kontrollfragen

1.   Kann auch ein rechtswidriger Realakt einen Entschädigungsanspruch des Bürgers begründen? (Rn. 6)
2.   Welches allgemeine Prinzip liegt dem Entschädigungsanspruch des Nichtstörers zu Grunde? (Rn. 11 ff.)
3.   Warum soll auch im Fall der Anscheinsgefahr ein Entschädigungsanspruch in Betracht kommen? Welche Anspruchsgrundlage wird herangezogen? (Rn. 15, 17 f.)

---

[30] *Schenke*, POR, Rn. 689.
[31] *Pieroth/Schlink/Kniesel*, POR, § 26, Rn. 26 ff.
[32] Nach OLG Köln, NJW 1994, 1012.
[33] Z.B. § 42 Abs. 1 OBG NW; § 72 Abs. 1 POG RP.
[34] Z.B. § 41 OBG NW; § 71 POG RP.

13. Kapitel: Rechtsschutz gegen polizeiliche und ordnungsbehördliche Maßnahmen

Maßnahmen der Polizei- und Ordnungsbehörden können den Einzelnen in seinen Rechten verletzen. Aufgrund des Art. 19 Abs. 4 GG muss gegen jede rechtswidrige staatliche Maßnahme ein Rechtsweg offen stehen.[1] Der *Rechtsschutz des Einzelnen* ist ein zentrales Element der Gewährleistung subjektiver Rechte, insbesondere der Grundrechte. Die Grundrechte beinhalten auch die Gewährleistung, dass ihre Gehalte effektiv durchgesetzt werden. Entsprechende Gehalte lassen sich ebenso aus den einzelnen grundrechtlichen Gewährleistungen ableiten wie der Grundrechtsschutz durch Organisation und Verfahren.[2] Die Ausgestaltung des Rechtsschutzes gegen polizeiliche und ordnungsbehördliche Maßnahme dient dem Schutz der individuellen Rechtspositionen des Einzelnen. Dem haben Konstruktionen und Interpretationen der prozessualen Mechanismen Rechnung zu tragen.

1

Im Hinblick auf *Maßnahmen der Ordnungsbehörden* gelten die allgemeinen Regeln des Prozessrechts, ohne dass in den meisten Fällen die Strukturen des Rechts der Gefahrenabwehr zu Besonderheiten führen. Da die Ordnungsbehörden regelmäßig auf dem Gebiet der Eingriffsverwaltung tätig werden, kommen typischerweise Anfechtungsklagen gegen ihre Maßnahmen in Betracht (§ 42 Abs. 2 VwGO).

2

Maßnahmen der Polizeibehörden werfen sehr viel eher spezifische Fragen des Rechtsschutzes auf.[3] Diese Fragen betreffen zuvörderst den Rechtsweg und die taugliche Rechtsschutzform. Die Besonderheiten im Zusammenhang des Polizei- und Ordnungsrechts sind nicht speziell geregelt. Vielmehr sollen die allgemeinen Regelungen des Verwaltungsprozessrechts daraufhin untersucht werden, an welchen Punkten sie herausgehobene Wichtigkeit für das Polizeirecht erlangen. Einzelheiten ergeben sich dann aus dem Verwaltungsprozessrecht und dem Allgemeinen Verwaltungsrecht.

3

---

[1] Ausführlich: *Ehlers/Schoch* (Hg.), Rechtsschutz im öffentlichen Recht, 2009.

[2] *Schmidt-Aßmann*, in: Merten/Papier (Hg.), Handbuch der Grundrechte II, 2006, § 45.

[3] Zum Rechtsschutz gegen polizeiliche Maßnahmen *Schoch*, Jura 2001, 628; zum Rechtsschutz gegen strafprozessuale Maßnahmen *Kracht*, Jura 2001, 737.

1. Der Rechtsweg

1.1. Sonderzuweisungen

4   Einige Vorschriften der Polizeigesetze enthalten Sonderzuweisungen für die Entscheidung über die Zulässigkeit bestimmter Maßnahmen. Die nach dem Richtervorbehalt zuständigen Gerichte können dann auch für die Rechtskontrolle zuständig sein, wobei Einzelheiten streitig sind.[4] Dies betrifft insbesondere den Anwendungsbereich freiheitsentziehender Maßnahmen, für den die Rechtsgarantien des Art. 104 GG zum Tragen kommen.

5   **Beispiel:**
Wird eine Person in Gewahrsam genommen, ist unverzüglich eine richterliche Entscheidung über Zulässigkeit und Fortdauer der Freiheitsentziehung herbeizuführen. Die Landesgesetze bestimmen das zuständige Gericht, in der Regel das Amtsgericht (z.B. § 36 PolG NW). Dieses ist nach zutreffender Auffassung auch für den nachträglichen Rechtschutz zuständig.

1.2. Abgrenzung zwischen § 23 EGGVG und § 40 VwGO

6   Die wichtigste spezifische Rechtswegfrage stellt sich im Zusammenhang der Abgrenzung zwischen repressivem und präventivem Handeln der Polizei (s.o. 1. Kap., Rn. 40 ff.). Für Justizverwaltungsakte i.S.d. § 23 EGGVG steht der Rechtsweg zu den ordentlichen Gerichten, speziell zum OLG (§ 25 EGGVG), offen. Die Befugnisse der Polizei zur Strafverfolgung entstammen der Strafprozessordnung. Trägt die Maßnahme der Polizeibehörde repressiven Charakter, geht sie nach der Systematik der StPO vor und die Staatsanwaltschaft spielt eine entscheidende Rolle. Dagegen ist bei präventivem Handeln der Verwaltungsrechtsweg gem. § 40 VwGO eröffnet. Die Rechtsgrundlagen für präventives Handeln sind im Polizei- und Ordnungsrecht festgelegt.

7   Maßnahmen können sowohl präventiven wie repressiven Zwecken dienen, dies sind *doppelfunktionelle Maßnahmen* (s.o. 1. Kap., Rn. 54 ff.). Bei genauer Betrachtung lassen sich die Maßnahmen in vielen Fällen voneinander abschichten. Im Fall echter doppelfunktioneller Maßnahmen müssen die Voraussetzungen der Ermächtigungsgrundlagen aus StPO und Polizeigesetz kumulativ erfüllt sein. Wird die Rechtswidrigkeit nur eines Handlungsstranges behauptet, ist der jeweils einschlägige Rechtsweg eröffnet. Wird gegen das gesamte Maßnahmenbündel oder eine bestimmte doppelfunktionelle Maßnahme gerichtlich vorgegangen, richtet sich der zu beschreitende Rechtsweg nach dem Schwerpunkt der Maßnahme. Überwiegen Gesichtspunkte der Strafverfolgung, sind die ordentlichen Gerichte zuständig, überwiegen solche der Gefahrenabwehr die Verwaltungsgerichte.

---

[4] *Gusy*, POR, Rn. 481.

Zu dieser Abgrenzung hat sich eine reiche und kaum mehr überschaubare Ka- **8**
suistik herausgebildet. Die Verwaltungsgerichte legen § 23 EGGVG tendenziell
eng aus und beschränken seinen Anwendungsbereich auf Fälle, in denen die Polizei erkennbar eine spezifische Aufgabe der Strafrechtspflege wahrnimmt. Dies ist
jedenfalls dann der Fall, wenn die Polizei eine gerichtliche oder staatsanwalt-
schaftliche Anordnung ausführt. In allen anderen Fällen sehen die Verwaltungsgerichte im Zweifel den Verwaltungsrechtsweg nach § 40 VwGO eröffnet.[5]

Weder § 23 EGGVG noch § 40 VwGO sind anwendbar für solche polizeilichen **9**
Maßnahmen, für die Sonderzuweisungen nach der StPO bestehen, wie z.b. der
Antrag auf richterliche Entscheidung gemäß § 98 Abs. 2 S. 2 StPO, die Beschwer-
de gemäß § 304 ff. StPO oder die sofortige Beschwerde gemäß § 311 StPO.

In verwaltungsrechtlichen Klausuren wird von wenigen Ausnahmen abgesehen, **10**
der Verwaltungsrechtsweg eröffnet sein. Insbesondere bei doppelfunktionalen
Maßnahmen sollten aber § 23 EGGVG und die Vorschriften der StPO als mögliche abdrängende Sonderzuweisungen angesprochen und diskutiert werden.

2. Die geeignete Rechtsschutzform

Die Frage danach, welche Rechtsschutzform in konkreten Fall geeignet ist, beant- **11**
wortet sich nach dem Begehren des Rechtsschutzsuchenden und der prozessualen
Situation. Eine wichtige Rolle spielt das von der Behörde gewählte Handlungsinstrument. Damit gerät die Unterscheidung zwischen Verwaltungsakt und Realakt in den Blick.

Im Gegensatz zum Verwaltungsakt fehlt es dem Realakt an der Regelungswir- **12**
kung, er ist auf die Herbeiführung eines tatsächlichen Erfolges gerichtet.[6] Für die
Abgrenzung gelten die allgemeinen Regeln. Sowohl die Standardmaßnahmen[7] als
auch die auf die Generalklausel gestützten Maßnahmen haben dabei zumeist Dop-
pelcharakter:[8] Sie sind zum einen Verwaltungsakte, da sie dem Betroffenen etwas
gebieten, verbieten oder zu dulden verpflichten (Regelungswirkung), in ihrer
Durchführung liegt aber zum anderen ein tatsächliches (Vollzugs-)Element. Dieses tatsächliche Element macht sie aber nicht zum Realakt und darf auch nicht mit
der Verwaltungsvollstreckung verwechselt werden. Die Durchsuchung hat z.B.
Regelungswirkung insofern, als sie den Betroffenen verpflichtet, die konkreten
Durchsuchungsmaßnahmen, also die Durchführung der Durchsuchung, zu dulden.
Die Durchführung der Durchsuchung ist zugleich ein reales Element. Das regeln-
de und das reale Element solcher Maßnahmen bilden eine Einheit. Aufgrund der

---

[5] Vgl. zum Ganzen und auch zu alternativen Vorschlägen zur Abgrenzung zwischen § 23
EGGVG und § 40 VwGO *Gusy*, POR, Rn. 482 ff.

[6] *Schoch*, POR, Rn. 268.

[7] Eine Ausnahme bildet die Vorladung, die als „reiner" Verwaltungsakt kein tatsächliches
(Vollzugs-)Element enthält, sondern sich auf die Anordnung einer Handlungspflicht beschränkt.

[8] *Schmidt*, Besonderes Verwaltungsrecht II, Rn. 119 ff.; *Schenke*, POR, Rn. 115.

Regelungswirkung sind sie Verwaltungsakte, so dass gegen sie die Anfechtungs-klage statthaft ist. Will der Kläger ein polizeiliches Einschreiten gegen einen Drit-ten erstreiten und hat dieses Einschreiten Verwaltungsaktqualität, ist dementspre-chend die Verpflichtungsklage statthaft.

13   Einige Standardmaßnahmen, die gerade keine Regelungswirkung haben, sind Realakte. Dies gilt für die Videoüberwachung und alle heimlichen Überwa-chungsmaßnahmen, die dem Betroffenen keine Duldungspflicht auferlegen, son-dern ihm typischerweise verborgen bleiben.[9] Gegen diese Realakte kommt die all-gemeine Leistungsklage in Betracht.

14   Im Polizeirecht von besonderer Bedeutung ist die *Fortsetzungsfeststellungs-klage* nach § 113 Abs. 1 Satz 4 VwGO.[10] Sie gelangt zur Anwendung, wenn der Verwaltungsakt erledigt ist, sein Regelungshalt also bereits entfiel. Die Regelung des § 113 Abs. 1 Satz 4 VwGO betrifft die Erledigung nach Klageerhebung, sie ist analog anwendbar auf die Erledigung vor Klageerhebung.[11] Aufgrund des schnel-len und oftmals eilbedürftigen Handelns der Polizeibehörden tritt in vielen Fällen Erledigung ein.[12]

15   **Beispiele:**
Die Platzverweisung ist erledigt, wenn der Adressat die Anordnung befolgt. Damit ist der Verwaltungsakt erledigt, weil er nunmehr keinen Regelungsgehalt mehr äußert. Will der Adressat die Platzverweisung gerichtlich angreifen, muss er Fortsetzungs-feststellungsklage erheben.
Die Versammlung ist aufgelöst. Die Sache ist durchsucht. Die Telekommunikations-überwachung ist beendet. Die Datei mit den personenbezogenen Daten des Betroffe-nen ist gelöscht.[13]

16   Bei fortdauernden Beeinträchtigungen aufgrund des Vollzuges eines Verwal-tungsaktes eröffnet § 113 Abs. 1 Satz 2 VwGO die Möglichkeit, die Vollziehung rückgängig zu machen. Nach überwiegender Auffassung setzt die Vorschrift den allgemeinen Folgenbeseitigungsanspruch voraus.[14]

17   Im Polizei- und Ordnungsrecht spielt in der (Klausur-)Praxis zudem der einst-weilige Rechtsschutz in Form des Antrags auf Anordnung bzw. Wiederherstellung der aufschiebenden Wirkung gem. § 80 Abs. 5 VwGO eine große Rolle.[15] Wider-spruch und Anfechtungsklage haben nämlich in diesem Bereich oftmals keine auf-schiebende Wirkung, sei es, dass diese kraft Gesetzes entfällt (z.B. § 80 Abs. 2 S. 1 Nr. 2 VwGO bei unaufschiebbaren Anordnungen und Maßnahmen von Poli-

---

[9] *Schmidt,* Besonderes Verwaltungsrecht II, Rn. 120, dort Fn. 74.

[10] *Schenke,* POR, Rn. 522 ff.

[11] *Hufen,* Verwaltungsprozessrecht, § 18, Rn. 36 ff.; *Schenke,* Verwaltungsprozessrecht, § 7.

[12] *Gusy,* POR, Rn. 489.

[13] Vgl. zum Streit über die richtige Klageart bei vorangegangenen tatsächlichen Verwal-tungshandlungen *Hufen,* Verwaltungsprozessrecht, § 18, Rn. 7.

[14] Zum Folgenbeseitigungsanspruch *Maurer,* Allgemeines Verwaltungsrecht, § 30.

[15] *Schenke,* POR, Rn. 519 ff.

zeivollzugsbeamten[16]), sei es dass die Behörde, die einen Verwaltungsakt erlässt, die sofortige Vollziehung im öffentlichen Interesse anordnet (§ 80 Abs. 2 S. 1 Nr. 4 VwGO). In diesen Fällen wird der Betroffene die gerichtliche Anordnung bzw. Wiederherstellung der aufschiebenden Wirkung anstreben, um das ihm von der Polizei bzw. Ordnungsbehörde untersagte Verhalten bis zu einer Entscheidung über sein Rechtsmittel fortsetzen zu können.

Der *Rechtsschutz gegen Verordnungen* erfolgt gem. § 47 Abs. 1 Nr. 2 VwGO, **18** da die meisten Länder eine einschlägige Bestimmung getroffen haben.[17] Soweit das nicht der Fall ist, wird dennoch Rechtsschutz gewährleistet. Angefochten wird ein Vollzugsakt, der auf der Verordnung beruht. Im Rahmen dieser Anfechtungsklage wird die Gültigkeit der Verordnung geprüft. Falls die Verordnung den Bürger unmittelbar belastet, ohne dass ein Verwaltungsakt ergeht, kommt eine Feststellungsklage gem. § 43 VwGO in Betracht. Sie ist dann auf die Feststellung gerichtet, dass die Gefahrenabwehrverordnung rechtswidrig und nichtig ist.[18]

Kontrollfragen

1. Welcher Rechtsweg ist gegen präventive Maßnahmen der Polizeibehörde eröffnet? (Rn. 5 f.)
2. Wie vollzieht sich der Rechtsschutz bei doppelfunktionellen Maßnahmen? (Rn. 6)
3. Warum ist die Fortsetzungsfeststellungsklage im Polizeirecht von großer Bedeutung? (Rn. 12 f.)

---

[16] Gilt analog auch für Verkehrsampeln und Verkehrszeichen, vgl. *Brühl,* JuS 1994, 57; *BVerwG,* NJW 1978, 656; DÖV 1988, 694. Zum Rechtsschutz gegen Verkehrszeichen s.o. 9. Kap. Rn. 4 ff.

[17] Z.B. Art. 5 BayAGVwGO; § 4 AGVwGO RP; § 4 ThürAGVwGO; bisher nicht in Berlin, Hamburg und Nordrhein-Westfalen.

[18] Zum Ganzen *Schenke,* POR, Rn. 630 ff.

14. Kapitel: Europäisches Polizei- und Sicherheitsrecht (Vertiefung)

1. Die Gewährleistung von Sicherheit in und durch die EU – Europäische Justiz- und Innenpolitik

Die Gewährleistung von Sicherheit gilt als Aufgabe des Staates, der das Gewalt- **1** monopol besitzt, und damit als Angelegenheit souveräner Nationalstaaten. Jedoch befindet sich die innerstaatliche Rechtsordnung in einem sich beschleunigenden und intensivierenden Prozess der Europäisierung und Internationalisierung.[1]

Die *Europäische Justiz- und Innenpolitik* wächst deshalb schnell, weil sie lange **2** Zeit aufgrund beschränkter Kompetenzen der EU nur wenige bedeutende Rechtsakte hervorbrachte. Seit dem Vertrag von Lissabon, der am 1. Dezember 2009 in Kraft trat, verfügt die Europäische Union über eine tragfähige rechtliche Struktur auf dem Gebiet der Justiz- und Innenpolitik, die das Erarbeiten von bindenden Rechtsakten auf vielen Gebieten zulässt (Art. 82 ff., 87 f. AEUV). Nach wie vor kann die EU aber aufgrund des Prinzips der begrenzten Einzelermächtigung (Art. 5 EUV) Maßnahmen nur im Rahmen der ihr zustehenden Kompetenzen ergreifen. Inzwischen schälen sich die Strukturen einer Europäischen Justiz- und Innenpolitik heraus, die einen eigenständigen Charakter aufweist und sich dynamisch weiter entwickelt.[2]

Die Europäische Union legt auf die Gewährleistung der *Freizügigkeit*, insbe- **3** sondere auch der Reisefreiheit aller Bürgerinnen und Bürger besonderes Gewicht. Dies gilt seit den Römischen Verträgen des Jahres 1957 und erst recht seit der Einführung einer Unionsbürgerschaft mit Gründung der Europäischen Union 1992/1993. Fragen der Gewährleistung von Sicherheit wurden daher lange Zeit aus der Perspektive des Ausgleichs für den Abbau innerstaatlicher Sicherungsmechanismen behandelt. Hinzu trat die Chance, zunehmende grenzüberschreitende Kriminalität auch durch grenzüberschreitende Kooperation besser zu bekämpfen.[3]

Der Vertrag von Amsterdam brachte 1998/1999 neue Regelungen und Kompe- **4** tenzen und etablierte die polizeiliche und justizielle Zusammenarbeit als Rechtsgebiet der EU. An die Seite der seit langem bestehenden, weltweiten internationalen polizeilichen Zusammenarbeit etwa im Rahmen von Interpol traten innerhalb

---

[1] *Kokott*, VVDStRL 63 (2004), 7 ff. m.w.N.
[2] Überblick bei *Kugelmann*, in: ders. (Hg.), Polizei unter dem Grundgesetz, 2010, S. 97 ff.; eingehend *Schöndorf-Haubold*, Sicherheitsverwaltungsrecht.
[3] Zu den punktuellen Ansätzen *A.v.Arnauld*, JA 2008, 327; *Lindner*, JuS 2005, 302.

der Europäischen Union verstärkte Ansätze zur Zusammenarbeit auf dem Gebiet der Strafverfolgung und der Gefahrenabwehr.[4]

5   Die faktischen Antriebskräfte für das europäische Polizei- und Sicherheitsrecht sind insbesondere die Bekämpfung der grenzüberschreitenden organisierten Kriminalität und des internationalen Terrorismus.[5] Die Chancen liegen in der großräumigeren, besser vernetzten und damit effektiveren Bekämpfung von Ursachen der Unsicherheit. Die Risiken liegen in der einseitig von der Unsicherheit her gedachten Gestaltung und Zielrichtung des Handelns. Denn die Weiterentwicklung der europäischen Grundrechte und des Rechtsschutzes im Zusammenhang der Justiz- und Innenpolitik der EU muss Schritt halten mit der Weiterentwicklung der europäischen Institutionen und der Rechtsgrundlagen für die Polizeibehörden der Mitgliedstaaten. Dies beinhaltet Fortentwicklungen auf dem Gebiet der Justiz, etwa die beabsichtigte Schaffung einer Europäischen Staatsanwaltschaft oder den Ausbau von Eurojust.

6   Die *Abgrenzung zwischen Gefahrenabwehr und Strafverfolgung* wird auf internationaler und europäischer Ebene nicht in dieser Deutlichkeit vorgenommen.[6] Anknüpfungspunkt sind bestimmte sachbezogene Zwecke, die mit einem Rechtsinstrument erreicht werden sollen. Dies erschwert die Unterscheidung zwischen Gefahrenabwehr und Strafverfolgung, die andere Rechtsordnungen oftmals nicht im Sinne des deutschen Verständnisses kennen und die erst bei der Inkorporation der rechtlichen Instrumente in die deutsche Rechtsordnung nachgeholt werden kann. An vielen Punkten erweist sich die Unterscheidung aber als brüchig. Sie lässt sich schon aufgrund der Entwicklungen des deutschen Rechts nicht mehr konsequent durchhalten und gerät durch die Umsetzung europäischer Rechtsakte erst recht unter Druck. Die einschlägige Rechtsmasse auf europäischer Ebene wird vorliegend unter dem Begriff des Polizei- und Sicherheitsrechts zusammengefasst.

7   Das *Europäische Strafrecht* als dynamisch sich entwickelndes Rechtsgebiet, das noch nicht ausgeformt ist, weist in der Konsequenz eine Reihe von Überschneidungen mit dem europäischen Polizei- und Sicherheitsrecht auf.[7] Unter den Begriff können nicht nur Sanktionsvorschriften des Unionsrechts, sondern auch materielle und verfahrensrechtliche Vorschriften des innerstaatlichen Rechts gefasst werden, die vom Unionsrecht beeinflusst werden.[8]

8   Die grundrechtlichen Anforderungen von EMRK und Grundrechte-Charta sowie die europäischen Institutionen der Rechtsdurchsetzung betreffen Polizeirecht ebenso wie Strafrecht. Europäische Regelungen, die in der bundesdeutschen Rechtsordnung präventiven und repressiven Charakter tragen, sind Ansatzpunkte für übergeifende Bewertungen. Wenn Normen der Polizeigesetze und solche der Strafprozessordnung den Zugriff auf Daten zulassen, die infolge der Richtlinie über die Vorratsdatenspeicherung vorhanden sind, ist die Rechtmäßigkeit der

---

[4] *Baldus*, Transnationales Polizeirecht; *Götz*, Festschrift für Rauschning, 2001, 185; *Möstl*, Garantie, S. 507 ff.; *Pitschas*, NVwZ 2002, 519.

[5] *Gusy*, Golddammer´s Archiv für Strafrecht 152 (2005), 215 m.w.N.

[6] So für Europol auch *Schenke*, POR, Rn. 467.

[7] S. *Nelles/Tinkl/Lauchstädt,* in: Schulze/Zuleeg/Kadelbach, Europarecht, § 42.

[8] *Satzger*, Strafrecht, § 7 Rn. 3.

Konstruktion sowohl aus polizeirechtlicher wie aus strafrechtlicher Perspektive zu bewerten.

2. Der Rahmen des europäischen Polizei- und Sicherheitsrechts

Die Europäische Union verfügt Rechtspersönlichkeit und über eine einheitliche   9
Struktur, die auch das Polizei- und Sicherheitsrecht umfasst. Es gelten grundsätzlich in allen Rechtsbereichen die gleichen Regeln für die Entscheidungsfindung. Im Gegensatz zur Rechtslage vor 2009 bestehen für die polizeiliche und justizielle Zusammenarbeit keine konzeptionellen Besonderheiten mehr. Dies äußert sich etwa in der Abschaffung der Rechtsaktform der Rahmenbeschlüsse.

Die geänderte Gestalt der EU beruht auf den Änderungen durch den *Vertrag*   10
von Lissabon, der am 13. Dezember 2007 unterzeichnet wurde und am 01. Dezember 2009 in Kraft trat. Er beseitigt die Säulenstruktur, in der zuvor die polizeiliche und justizielle Zusammenarbeit als 3. Säule eine Reihe von Eigenheiten aufwies. Der Vertrag zur Gründung der Europäischen Gemeinschaft wird in den Vertrag über die Arbeitsweise der Europäischen Union umgewandelt, der Vertrag über die Europäische Union bleibt bestehen, wird aber inhaltlich grundlegend geändert. Die EU erhält Rechtspersönlichkeit und ist Rechtsnachfolgerin der EG.

Durch die Aufhebung der Säulenstruktur wurde die polizeiliche und justizielle   11
Zusammenarbeit mit der Asyl- und Einwanderungspolitik, dem Grenzschutz und der zivilrechtlichen Zusammenarbeit in einen Titel zusammen geführt. Sie bilden den Titel V „Der Raum der Freiheit, der Sicherheit und des Rechts" des Vertrages über die Arbeitsweise der Europäischen Union (AEUV). Die justizielle Zusammenarbeit ist in Kapitel 4 (Art. 82 ff. AEUV), die polizeiliche in Kapitel 5 (Art. 87 ff. AEUV) geregelt. Sie unterliegt der parlamentarischen Kontrolle durch das Europäische Parlament. Hinzu tritt die aufgewertete Rolle der nationalen Parlamente (Art. 12 EUV).

Gesetzgebungsakte im Titel V des AEUV werden in der Regel im Wege des   12
ordentlichen Gesetzgebungsverfahrens erlassen. Ausnahmeregelungen finden sich nur in bestimmen Bereichen der polizeilichen- und justiziellen Zusammenarbeit. Im Rahmen der polizeilichen Zusammenarbeit in Strafsachen können das Europäische Parlament und der Rat gemäß dem ordentlichen Gesetzgebungsverfahren nur Maßnahmen erlassen, welche zum Einholen, Speichern, Verarbeiten, Analysieren und zum Austausch sachdienlicher Informationen sowie zur Unterstützung der Aus- und Weiterbildung von Personal, der Zusammenarbeit in Bezug auf den Austausch von Personal, Ausrüstungsgegenständen und kriminaltechnischer Forschung aber auch für gemeinsame Ermittlungstechniken zur Aufdeckung schwerwiegender Formen der organisierten Kriminalität, dienen (Art. 87 AEUV).

Eine Besonderheit der Polizeilichen und Justiziellen Zusammenarbeit stellt die   13
ausnahmsweise mögliche Gesetzgebungsinitiative durch die Mitgliedstaaten dar. Nach der Regelung des Art. 76 AEUV können ein Gesetzgebungsakt oder Maßnahmen der Verwaltungszusammenarbeit nach Art. 74 AEUV nicht nur auf Vor-

schlag der Kommission, sondern auch auf Initiative eines Viertels der Mitgliedstaaten erlassen werden.

14   Der EuGH verfügt für die Polizeiliche und Justizielle Zusammenarbeit über die allgemeinen Befugnisse und übt damit eine *umfassende Rechtskontrolle* aus. Beschränkungen des Rechtsschutzes sind durch den Vertrag von Lissabon beseitigt worden.[9] Allerdings beruht die Mehrzahl der Maßnahmen, die in Rechtspositionen der Bürger eingreifen, auf dem nationalen Recht und muss daher vor den innerstaatlichen Gerichten angegriffen werden. Nach Art. 276 AEUV ist demgemäß der EuGH nicht zuständig für die Überprüfung der Gültigkeit oder Verhältnismäßigkeit von Maßnahmen der Polizei oder anderer Strafverfolgungsbehörden eines Mitgliedstaats oder der Wahrnehmung der Zuständigkeiten der Mitgliedstaaten für die Aufrechterhaltung der öffentlichen Ordnung und den Schutz der inneren Sicherheit. Ausstrahlungswirkungen seiner Entscheidungen sind aber nicht ausgeschlossen, weil die europarechtliche Bewertung von Normen oder Maßnahmen auf die innerstaatliche Bewertung Einfluss nimmt.

15   Staaten wie die Schweiz, Island oder Norwegen, die nicht Mitglied der Europäischen Union sind, haben die Möglichkeit, sich freiwillig an Maßnahmen der Europäischen Union zu beteiligen und entsprechende Verträge mit ihr abzuschließen. Potenzielle Beitrittskandidaten wie Kroatien oder Mazedonien vollziehen das EU-Recht oftmals bereits nach, um für den anstehenden Beitritt gerüstet zu sein. Mit einer Vielzahl anderer Staaten hat die Europäische Union Verträge geschlossen, die allerdings regelmäßig die Verbesserung der wirtschaftlichen Beziehungen betreffen und sicherheitsrechtliche Themen allenfalls am Rande berühren.

16   Die Rechtsordnung der Europäischen Union stellt den rechtlichen Rahmen für die Entwicklung des europäischen Polizei- und Sicherheitsrechts zur Verfügung. Politische Initiativen finden in diesem vorgegebenen Rahmen statt und ihre Erfolgschancen hängen von den politischen Gegebenheiten in der Europäischen Union ab. Damit greifen die Grundrechte auf europäischer Ebene ebenso wie die Kompetenznormen des EU-Rechts. Schwerpunkte der Tätigkeiten, welche die Europäische Union zur Wahrung der Sicherheit entfaltet, liegen auf dem Gebiet von Einwanderung und Asyl einschließlich des Wegfalls der Binnengrenzen, auf der Kooperation zur Bekämpfung grenzüberschreitender Gefahren[10] und Kriminalität sowie auf der Angleichung von innerstaatlichen Regelungen des Strafrechts und Strafprozessrechts der Mitgliedstaaten.[11]

17   Einrichtungen wie Europol, die künftig angestrebte Europäische Staatsanwaltschaft oder die Europäische Agentur für die operative Zusammenarbeit an den Außengrenzen (FRONTEX) sind das institutionelle Ergebnis dieser Bestrebungen. Im Rahmen der Gewährleistung von Sicherheit spielen aber auch einschlägig tätige Expertengremien oder Arbeitsgruppen des Rates eine wichtige Rolle. Die organisatorischen Abläufe folgen den allgemeinen Regeln der EU. Für die Justiz- und Innenpolitik greifen die Mechanismen der auf Konsens und Kompromiss angelegten politischen Strukturen der Union.

---

[9] *Thiele*, EuR 2010, 30; s. *Kugelmann*, in: Schulze/Zuleeg/Kadelbach, § 41 Rn. 231 ff.

[10] *Hecker*, EuR 2001, 826.

[11] Zum materiellen Strafrecht *Dannecker*, Jura 2006, 95 und 173.

Im Zusammenhang der sich entwickelnden Europäischen Justiz- und Innen-   **18**
politik ist die *Wahrung demokratischer und rechtsstaatlicher Standards* sicherzustellen. Dies betrifft etwa die parlamentarische und gerichtliche Kontrolle der
einschlägigen Maßnahmen sowie deren Transparenz.[12] Dem tragen die Reform-
anstrengungen der Union Rechnung. Durch den Vertrag von Lissabon wurde die
Grundrechte-Charta verbindlich, der Rechtsschutz durch die europäische Gerichtsbarkeit wurde ausgebaut und und die parlamentarische Kontrolle durch die
Einbindung der nationalen Parlamente erweitert. Damit sind nicht alle Streitfragen
gelöst, aber die Strukturen und Instrumente zur Ausbalancierung von Freiheit und
Sicherheit auf europäischer Ebene sind deutlich verbessert.

Die Europäische Union legitimiert sich durch die Mitgliedstaaten und die Uni-   **19**
onsbürger. Die Stärkung der Rechtspositionen des Einzelnen ist gerade auch für
die Europäische Justiz- und Innenpolitik ein zentrales Element. Das Unionsrecht
bietet dazu die Rechtsgewährleistungen der Unionsbürgerschaft, der Grundfreiheiten und insbesondere die in der Grundrechte-Charta verbürgten Grundrechte.

3. Grundrechte und Unionsbürgerschaft

3.1. Grundzüge des europäischen Grundrechtsgeflechts

Das europäische Polizei- und Sicherheitsrecht muss mit den europäischen Grund-   **20**
rechten vereinbar sein. Die Europäische Menschenrechtskonvention (EMRK), die
innerstaatlichen Grundrechtsgewährleistungen und die Grundrechte des Unionsrechts in Form der Grundrechte-Charta (GRCh) wirken in einem *europäischen
Grundrechtsgeflecht* zusammen.[13] Durch den Vertrag von Lissabon ist die Grundrechte-Charta in das Unionsrecht inkorporiert worde und entfaltet bindende Wirkung (Art. 6 Abs. 1 EUV).[14] Die Gleichstellung der Europäischen Grundrechte-
Charta mit den Primärverträgen ist für eine Rechtsgemeinschaft von demokratischen Mitgliedstaaten, welche auf den Grundrechten aufgebaut sein sollte, von
zentraler Bedeutung. Dies bestätigt für die Mitwirkung der Bundesrepublik
Deutschland Art. 23 Abs. 1 Satz 1 GG. Die ungeschriebenen Unionsgrundrechte
gelten daneben als allgemeine Rechtsgrundsätze des Unionrechts fort (Art. 6
Abs. 3 EUV). Ergänzt wird dieser europäische Grundrechtsschutz durch die Regelung des Art. 6 Abs. 2 EUV, wonach die Europäische Union, die als Nachfolgerin
der EG nun Rechtspersönlichkeit erlangt hat, der Europäischen Konvention zum
Schutz der Menschenrechte und Grundfreiheiten (EMRK) vom 4. November 1950
beitritt.

21

---

[12] *Gusy*, POR, Rn. 28 m.w.N.
[13] Überblick bei *Kühling*, in: v.Bogdandy (Hg.), Europäisches Verfassungsrecht, 2009,
S. 657 ff. m.w.N. S. auch *Ehlers* (Hg.), Europäische Grundrechte und Grundfreiheiten,
3. Aufl. 2009; *Jarass*, Die EU-Grundrechte, 2. Aufl. 2007.
[14] *Calliess*, JZ 2009, 113; *Pache/Rösch*, EuZW 2008, S. 519.

Die *Grundrechtsbindung* der Organe und Einrichtungen der Union besteht bei Schaffung und Anwendung des Unionsrechts auf der Grundlage des AEU-Vertrages. Dies betrifft etwa das Einwanderungs- und Asylrecht der Art. 77 ff. AEUV. Auch bei Maßnahmen im Rahmen der polizeilichen und justiziellen Zusammenarbeit in Strafsachen, insbesondere nach Art. 77 ff. und 82 ff. AEUV, ist der Rat an die Grundrechte gebunden.

22   Während die Bindung der Organe der Union an die Unionsgrundrechte außer Zweifel steht, birgt eine *Bindung der Mitgliedstaaten* Konfliktpotenzial, weil dann eine Kollision mit innerstaatlichen Grundrechten in Betracht kommt und eine Ausweitung der Kompetenzen der Union nicht auszuschließen ist.[15] Das geltende Unionsrecht, das auf der Rechtsprechung des EuGH beruht, kennt jedoch bereits derartige Bindungen.[16] Eine umfassende Bindung der Mitgliedstaaten besteht bei der Anwendung unionsrechtlich geregelten Verwaltungsrechts, wenn also die vollziehende innerstaatliche Verwaltungsbehörde nicht über eigene Handlungsspielräume verfügt.[17] Der EuGH hat dies insbesondere für das europäische Agrarrecht festgestellt.[18] Eine Bindung der Mitgliedstaaten besteht aber auch bei der Durchführung europäisierten innerstaatlichen Rechts, wobei deren Reichweite allerdings der Konkretisierung bedarf.[19]

23   Nach Art. 51 Abs. 1 GR-Ch gilt die Charta für die Organe und Einrichtungen der Union, aber auch für die Mitgliedstaaten bei der Durchführung des Rechts der Union. In der Verwendung des Begriffs der Durchführung liegt kein engeres Verständnis der mitgliedstaatlichen Verpflichtungen im Hinblick auf die Unionsgrundrechte.[20] Nach zutreffender Ansicht und in Fortführung der Rechtsprechung des EuGH[21] sind die Mitgliedstaaten bei innerstaatlichen Regelungen, deren Rechtfertigung als Beschränkung von Grundfreiheiten zu prüfen ist, an die Unionsgrundrechte gebunden.[22]

24   Die Durchsetzung der Grundrechte hängt von der Effektivität gerichtlichen Rechtsschutzes ab. Das *Verhältnis des Bundesverfassungsgerichts, des EuGH und des EGMR zueinander* ist folgerichtig ein vieldiskutierter Themenkomplex, da es

---

[15] *Brosius-Gersdorf*, JA 2007, 873.

[16] S. schon *Kugelmann*, Grundrechte in Europa, 1997, S. 22 ff.; *Ruffert*, EuGRZ 2004, 466 (467); *Scheuing*, EuR 2005, 162 m.w.N.

[17] *Kühling*, in: v.Bogdandy (Hg.), Europäisches Verfassungsrecht, 2009, S. 682; *Ruffert*, EuGRZ 1995, 518 (527 f.).

[18] EuGH, Rs. 5/88 (Wachauf), Slg. 1989, S. 2609, Rn. 19; EuGH, verb. Rs. 201 u. 202/85 (Klensch), Slg. 1986, S. 3477, Rn. 8.

[19] *Ehlers*, in: ders. (Hg.), Grundrechte, § 14, Rn. 29 ff.

[20] *Grabenwarter*, EuGRZ 2004, 563 (564); a.A. *Borowsky*, in: Meyer (Hg.), Art. 51 GR-Ch, Rn. 5 – 9.

[21] EuGH, Rs. C-260/89 (ERT), Slg. 1991, I-2925, Rn. 43 ff.

[22] *Bieber/Epiney/Haag*, EU, § 2, Rn. 19; kritisch *W. Cremer*, NVwZ 2004, 668 (669 mit Fn. 1) und *ders.*, NVwZ 2003, 1452 (1453); *Kingreen*, EuGRZ 2004, 570 (576) und *ders.*, JuS 2000, 857 (865).

um nichts weniger als die Sicherung der Grundrechte in Europa geht.[23] Im Verhältnis zum Europäischen Gerichtshof für Menschenrechte neigt das Bundesverfassungsgericht, das die Geltung und Wirkung der EMRK in der deutschen Rechtsordnung deutlich betont,[24] zu einem inhaltlichen Gleichklang in der Auslegung der Grundrechte.[25] Die EMRK soll als Auslegungshilfe der Grundrechte des GG dienen, eine vollständige Parallelisierung verbindet das Bundesverafssungsgericht damit nicht. [26] Allerdings hat der EGMR in der Caroline-Entscheidung das Spannungsverhältnis zwischen der Pressefreiheit und dem allgemeinen Persönlichkeitsrecht im Hinblick auf den Abdruck von Fotografien Prominenter in Presseerzeugnissen in anderer Weise aufgelöst als das Bundesverfassungsgericht.[27]

Nach der *Rechtsprechung des Bundesverfassungsgerichts* zum Grundrechts-   **25** schutz im Kontext der Europäischen Union ist zunächst der EuGH (bzw. das EuG) mit der Grundrechtskontrolle der Durchführung des Unionsrechts befasst.[28] Solange die Gerichtsbarkeit der Europäischen Union einen angemessenen Grundrechtsstandard im Unionsrecht gewährleistet, nimmt das Bundesverfassungsgericht seine Jurisdiktionsgewalt hinsichtlich der Grundrechte des GG, die es sich allerdings vorbehält, nicht in Anspruch.[29] Dem Grundsatz nach soll zunächst das sachnähere Gericht entscheiden. Wenn ein allgemeiner Standard gesichert ist, hält sich das Bundesverfassungsgericht auch dann zurück, wenn es einen Einzelfall anders beurteilen würde. Diese Solange-Rechtsprechung des Bundesverfassungsgerichts rückt die Wahrung der Grundrechte auf europäischer Ebene durch den EuGH in den Mittelpunkt. Der EuGH baut seine Rechtsprechung zu den Grundrechten seit der rechtlichen Verbindlichkeit der Grundrechte-Charta weiter aus.

In dem Urteil zum Vertrag von Lissabon hat das Bundesverfassungsgericht   **26** eingehend zu Grund und Grenzen der europäischen Integration Stellung bezogen.[30] Die inhaltlichen Grenzziehungen beinhalten auch Aspekte des Sozialrechts, des Strafrechts oder der auswärtigen Beziehungen. Die Folgerungen für die Euro-

---

[23] *Schilling*, Deutscher Grundrechtschutz zwischen staatlicher Souveränität und menschenrechtlicher Europäisierung, 2009; *Wiethoff*, Das konzeptionelle Verhältnis von EuGH und EGMR, 2008.

[24] BVerfGE 111, 307; vgl. *Grupp/Stelkens*, DVBl. 2005, 133.

[25] BVerfGE 74, 358 (370); *Broß*, EuGRZ 2004, 1 (14).

[26] BVerfG, Urt.v.4.5.2011, 2 BvR 2365/09 u.a. (Sicherungsverwahrung), LS 2 und Abs.Nr. 88 f. (www.bundesverfassungsgericht.de).

[27] EGMR, Urt.v.24.6.2004, Beschwerde Nr. 59320/00 (Caroline von Monaco), EuGRZ 2004, 404 = NJW 2004, 2647 = DVBl. 2004, 1091 = JuS 2005, 160 (*Dörr*); dazu *Heldrich*, NJW 2004, 2634. Eine erneutes Verfahren ist vor dem EGMR anhängig. Allgemein *Calliess*, JZ 2009, 113.

[28] *Classen*, in: v.Mangoldt/Klein/Starck (Hg.), GG, Art. 23, Rn. 48 ff.; *Streinz*, in: Sachs (Hg.), GG, Art. 23, Rn. 41 ff.

[29] BVerfGE 73, 339 (Solange II) in Umkehrung von E 37, 271 (Solange I); nach skeptischen Anmerkungen in E 89, 155 (Maastricht) grundsätzlich bestätigt in E 102, 147 (Bananenbeschluss).

[30] BVerfGE 123, 267. *Franzius*, DÖV 2008, 933.

päisierung der Justiz- und Innenpolitik sind noch nicht im Einzelnen geklärt. Das Urteil akzentuiert die Ausprägungen staatlicher Souveränität und die Rolle der Bundesrepublik Deutschland in der EU in einer Weise, die europarechtlichen Mechanismen und insbesondere der Rolle des Europäischen Parlaments keinen angemessenen Raum einräumt.[31] Als Folge stellte sich die Frage, ob und inwieweit die Kompetenzausübung der EU vom Bundesverfassungsgericht geprüft wird. Das Bundesverfassungsgericht hat in einer weiteren Entscheidung seine skeptische Haltung relativiert, indem es klargestellt hat, dass es seine Gerichtsbarkeit nicht offensiv ausüben wird.[32]

27   Im *Verhältnis des EuGH in Luxemburg zum EGMR in Straßburg* gelten ähnliche Grundsätze. In der Leitentscheidung Bosphorus hat der EGMR der Rechtsprechungshoheit des EuGH einen grundsätzlichen Vorrang eingeräumt, solange ein vergleichbarer Grundrechtsschutz gewährleistet ist.[33] Wenn ein in diesem Sinne gleichwertiger Grundrechtsschutz bestehe, gelte eine Vermutung, dass ein Staat sich durch die Mitwirkung in der Union nicht seinen Verpflichtungen aus der EMRK entziehe.[34] Das Rechtssystem der Union stelle einen vergleichbaren Grundrechtschutz sicher, der in Kooperation zwischen EuGH und innerstaatlichen Gerichten prozessual durchsetzbar sei.[35] Der Europäische Gerichtshof für Menschenrechte lässt die generelle Vergleichbarkeit genügen, wenn nicht der Grundrechtschutz offensichtlich mangelhaft ist. Daran knüpft die Kritik an, die eine erhebliche Erschwerung individuellen Rechtsschutzes beklagt, da ein Beschwerdeführer kaum einmal eine offensichtliche Mangelhaftigkeit begründen könne.[36] Der individuelle Rechtsschutz wird aber auf der Eben des Unionsrechts gewährleistet, weshalb die Konstruktion einer Notankerfunktion des EGMR insoweit ausreicht.

28   Maßnahmen der Union im Zusammenhang des Polizei- und Sicherheitsrechts unterliegen damit vorrangig der *Kontrolle durch den EuGH* und das EuG. Die Gerichte der Union haben zu prüfen, ob ein Rechtsakt mit den Grundrechten des Unionsrechts vereinbar ist oder ob eine Maßnahme der Durchführung gegen Grundrechte verstößt.[37] Eine Abgrenzung zur Rechtsprechungshoheit des Bundesverfassungsgerichts und des Europäischen Gerichtshofes für Menschenrechte knüpft an die Rechtsordnung an, nicht an das Territorium, auf dem die rechtlichen

---

[31] Aus der Diskussion *Classen*, JZ 2009, 881; *Gärditz/Hillgruber*, JZ 2009, 872; *Pache*, EuGRZ 2009, 285; *Ruffert*, DVBl. 2009, 1197; *Schorkopf*, EuZW 2009, 718; *Terhechte*, Lissabon, EuZW 2009, 724.

[32] BVerfG, Urt.v.6.7.2010, EuGRZ 2010, 497 = EuZW 2010, 828 = NJW 2010, 3422, dazu *Karpenstein/Johann*, NJW 2010, 3405; *Proelß*, EuR 2011, 241.

[33] EGMR, Urt.v.30.6.2005, Beschwerde Nr. 45036/98 (Bosphorus Hava Yollari Turizm ve Ticaret Anonim Şirketi / Irland), NJW 2006, 197, Ziff. 155; dazu *Haratsch*, ZaöRV 66 (2006), 927; *Heer-Reißmann*, NJW 2006, 191; s. auch *Schohe*, EuZW 2006, 33. In gleicher Sache EuGH, Rs. C-84/95 (Bosphorus Hava Yollari Turizm ve Ticaret Anonim Şirketi / Irland), Slg. 1996, I-3953.

[34] Ebd. Ziff. 156.

[35] Ebd. Ziff. 164.

[36] *Heer-Reißmann*, NJW 2006, 191 (194); *Schohe*, EuZW 2006, 33.

[37] *Schöndorf-Haubold*, Sicherheitsverwaltungsrecht, Rn. 156 ff.

Wirkungen eintreten und auch nicht an die Behörden, die gehandelt haben. In der Auslegung der Unionsgrundrechte orientieren sich EuGH und EuG an der Rechtsprechung des Europäischen Gerichtshofes für Menschenrechte. Die Gehalte der Grund- und Menschenrechte werden zu großen Teilen parallel verstanden. Dennoch gibt es einzelne Fälle, in denen Unterschiede sichtbar werden. Dann spielen das anwendbare Recht und die gerichtliche Zuständigkeit eine umso größere Rolle.

Im Falle des Unionsrechts folgt die Zuständigkeit für die Grundrechtskontrolle   **29** regelmäßig den allgemeinen Grundsätzen für das Verhältnis des Unionsrecht zum innerstaatlichen Recht. Wenn eine Richtlinie oder das Altinstrument des Rahmenbeschluss umgesetzt ist, liegt ein innerstaatliches Gesetz vor. Dann ist dieses innerstaatliche, z.b. deutsche Gesetz an den innerstaatlichen Grundrechten zu messen. Dies war der Fall bei dem Urteil des Bundesverfassungsgerichts zum Europäischen Haftbefehl, in dem das deutsche Gesetz, das den Rahmenbeschluss der Europäischen Union umsetzte, für nichtig erklärt wurde.[38] Trifft eine deutsche Behörde eine Entscheidung im Einzelfall, etwa indem sie einen Verwaltungsakt erlässt, kommt es auf die Rechtsgrundlage für die Entscheidung an. In aller Regel wird es sich um eine Rechtsgrundlage des innerstaatlichen Rechts handeln, für die das Grundgesetz den Maßstab bildet. Wenn allerdings die Entscheidung in den Anwendungsbereich des Unionsrechts fällt, kann sie anhand der Rechtsordnung der Union zu beurteilen sein.

3.2. Das Recht auf Freiheit und Sicherheit nach Art. 6 GR-Ch

Die Grundrechte-Charta hat durch den Vertrag von Lissabon rechtsverbindlichen   **30** Charakter erlangt (Art. 6 Abs. 1 GR-Ch).[39] Die Freiheitsrechte der Grundrechte-Charta sind zu großen Teilen nach dem Vorbild der in der EMRK enthaltenen Rechte gestaltet. Soweit die Rechte der Grundrechte-Charta denen der EMRK entsprechen, sollen sie nach Art. 52 Abs. 3 Satz 1 GR-Ch die gleiche Bedeutung und Tragweite haben. Eine Einschränkung der Rechte der EMRK darf die Grundrechte-Charta nicht bewirken (Art. 53 GR-Ch). Diese Regelungen der Geltung und Anwendbarkeit der Grundrechte-Charta sind im Einzelnen umstritten.

Die Vorschrift des Art. 6 GR-Ch entspricht Art. 5 Abs. 1 Satz 1 EMRK.[40] Sie   **31** gewährleistet die *körperliche Bewegungsfreiheit als habeas corpus-Recht* gegenüber den staatlichen Stellen. Der Schutzbereich des Art. 5 EMRK umfasst das Verbot der willkürlichen Festnahme und Freiheitsentziehung[41] sowie die Garantie der richterlichen Kontrolle des Freiheitsentzuges. Das Recht auf Sicherheit hat in

---

[38] BVerfGE 113, 273; dazu *Tomuschat*, EuGRZ 2005, 453; *J. Vogel*, JZ 2005, 801; vgl. das Urteil des polnischen Verfassungsgerichts vom 27.4.2005, Az. P 1/05, EuR 2005, 494, in dem das polnische Umsetzungsgesetz für teilweise verfassungswidrig erklärt wurde.

[39] BVerfGE 123, 267, Rn. 35.

[40] *Jarass*, EU-Grundrechte, § 11, Rn. 1 f.

[41] EGMR, Urt.v.25.6.1996 (Amuur), EuGRZ 1996, 577, Ziff. 42.

der Rechtsprechung des EGMR keine eigene Bedeutung erlangt.[42] Allerdings trifft Art. 5 EMRK detailliertere Regelungen als Art. 6 GR-Ch. Die Bedingungen, unter denen die Freiheit rechtmäßig entzogen werden darf, umschreibt Art. 5 Abs. 1 Satz 2 EMRK und Art. 5 Abs. 2 bis 5 EMRK schreibt Verfahrensgarantien im Kontext von Freiheitsentziehungen fest. Einige dieser Aspekte greifen die Art. 47 ff. GR-Ch auf, die allgemeiner justizielle Rechte gewährleisten. Da die Grundrechte-Charta nicht hinter der EMRK zurückbleiben darf (Art. 53 GR-Ch) sind die in den Art. 47 ff. GR-Ch nicht erwähnten Rechte dem Art. 6 GR-Ch zu entnehmen.

32   Die Vorschrift des Art. 6 GR-Ch gewährleistet die Freiheit und Sicherheit vor unrechtmäßigen Eingriffen von Polizei und Justiz. Sie knüpft nicht nur an Art. 5 EMRK an, sondern gleicht auch den Garantien der Art. 9 bis 11 des Internationalen Paktes über bürgerliche und politische Rechte,[43] der als völkerrechtliches Menschenrechtsinstrument für die Staaten gilt, die ihn in Kraft gesetzt haben. Dazu zählen alle Mitgliedstaaten der Europäischen Union. Im Kontext der Sicherung individueller Freiheiten des Bürgers zielt der Pakt auf die Gewährleistung von habeas corpus-Rechten, die als Schutzrechte des Einzelnen gegen staatliche Willkür entstanden sind. Der Schutzbereich von Art. 6 GR-Ch umfasst zumindest diese justiziellen Garantien.

33   Ein Recht auf ungestörte Freiheitsausübung enthält Art. 6 GR-Ch dagegen ebenso wenig wie ein subjektives Recht gegen staatliche Stellen auf Herstellung von Sicherheit.[44] Ein Recht auf allgemeine Handlungsfreiheit wurde in die Grundrechte-Charta bewusst nicht aufgenommen.[45] Damit folgt sie der EMRK. Allerdings versteht der EGMR den Schutz des Privatlebens in Art. 8 EMRK sehr weit,[46] wodurch der Vorschrift Auffangfunktion zukommt.[47] Die Achtung des Privat- und Familienlebens stellt aber Art. 7 GR-Ch sicher, so dass eine vergleichbare Auffangfunktion eher dort zu verorten ist.

34   Das Recht auf Sicherheit hat in der Rechtsprechung des EGMR neben dem überaus wichtigen Recht der persönlichen Freiheit kaum Bedeutung erlangt. Immerhin hat der EGMR dem Recht auf Sicherheit die Notwendigkeit entnommen, einer Person Schutz vor staatlichen Maßnahmen außerhalb des Hoheitsgebietes eines Mitgliedstaates zu gewähren.[48]

35   Die Sicherung von Freiheit und Sicherheit bedarf organisations- und verfahrensrechtlicher Vorkehrungen.[49] Unmittelbar wirkt Art. 6 GR-Ch auf die Ausgestaltung von staatlichen Verfahren der Freiheitsentziehung. Darüber hinaus müs-

---

[42] *Grabenwarter*, in: Ehlers (Hg.), § 6, Rn. 6.

[43] Internationaler Pakt über bürgerliche und politische Rechte vom 19. Dezember 1966, BGBl. 1973 II, S. 1534.

[44] *Grabenwarter*, EMRK, § 21, Rn. 2.

[45] *Borowsky*, in: Meyer (Hg.), Art. 1 GR-Ch, Rn. 34

[46] *Kugelmann*, EuGRZ 2003, 16 (25).

[47] *Uerpmann-Wittzack*, in: Ehlers (Hg.), Grundrechte, § 3, Rn. 3.

[48] *Grabenwarter*, EMRK, § 21, Rn. 3.

[49] *Bernsdorff*, in; Meyer (Hg.), Art. 6 GR-Ch, Rn. 14; *Jarass*, EU-Grundrechte, § 11, Rn. 19 ff.

sen Rechtsakte der Europäischen Union ausreichende und angemessene Vorkehrungen enthalten, um die Freiheit des Bürgers zu gewährleisten. Dies betrifft insbesondere solche Rechtsakte, welche in die Rechte des Bürgers besonders tief eingreifen wie der Rahmenbeschluss über den Europäischen Haftbefehl.

Die grundrechtliche Dimension der Schutzpflichten spielt für Art. 6 GR-Ch   **36**
keine Rolle. Die Adressaten der Grundrechte-Charta trifft die Pflicht, die Freiheit des Einzelnen zu sichern.[50] Allerdings hat die EU bisher keine Normsetzungskompetenzen, um Rechtsakte mit Bezug zu den habeas-corpus Rechten zu schaffen.

3.3. Datenschutz nach Art. 8 EMRK und Art. 8 GR-Ch

Ein wesentliches Element der europäischen Bemühungen auf dem Gebiet des Po-   **37**
lizei- und Sicherheitsrecht liegt in der Verbesserung der Kommunikation zwischen den Behörden der Mitgliedstaaten und damit in der Sammlung und Übermittlung von Informationen. Dem Datenschutz kommt daher eine erhebliche Bedeutung für die Ausgestaltung und den Ablauf der Kommunikationsbeziehungen zu. Der Bestand an datenschutzrechtlichen Regelungen für die Polizeiliche und Justizielle Zusammenarbeit ist unübersichtlich und verbesserungsbedürftig.[51] Politische Anstrengungen für eine Systematisierung und Vereinheitlichung sind rechtlich nachhaltig zu begrüßen.

Der europäische Datenschutz hat bereits einen fortgeschrittenen Entwicklungs-   **38**
stand im Vergleich zu anderen Grundrechtsmaterien, weil die Union einschlägige sachbezogene Rechtsakte erlassen hat. Der sekundärrechtliche Bestand bietet vielfältige Ansatzpunkte und Intertpretationshilfen auch für den Grundrechtsschutz. Die dogmatische Ausgestaltung des Datenschutzes ist dagegen noch im Fluss.[52] Die Maßstäbe und Eckpunkte des Datenschutzes in der EU insgesamt bedürfen der weiteren Ausarbeitung und der Effektivierung ihrer Wirksamkeit.[53] Dabei spielen Art. 8 EMRK und Art. 8 GR-Ch zusammen. Die Rechtsprechung des EuGH könnte gerade am Datenschutz ansetzen, um grundlegende Fragen des Gesetzesvorbehalts in der EU zu klären.[54]

Das Recht auf informationelle Selbstbestimmung ist durch Art. 8 EMRK ge-   **39**
währleistet.[55] Die Regelung des Art. 8 Abs. 1 EMRK betrifft nicht nur die Intimsphäre, sondern zudem die Sphäre privater Kommunikation.[56] Dies schließt Kommunikation mittels Internet ein.[57] In ihrer Auffangfunktion umfasst sie den gesamten Schutz des Privatlebens, worin der Kontakt zur Außenwelt eingeschlos-

---

[50] *Jarass*, EU-Grundrechte, § 11, Rn. 24.
[51] Überblick bei *Boehm*, JA 2009, 435.
[52] *Britz*, EuGRZ 2009, 1; *Kotzur*, EuGRZ 2011, 105.
[53] Vgl. *Braum*, KritV 2008, 82.
[54] *Spiecker, gen. Döhmann/Eisenbarth*, JZ 2011, 169.
[55] *Grabenwarter*, EMRK, § 22, Rn. 26, 35.
[56] *Kugelmann*, EuGRZ 2003, 16 (21).
[57] *Uerpmann-Wittzack/Jankowska-Gilberg*, MMR 2008, 83.

sen ist.[58] Die individuelle Kommunikation wird unabhängig der zu ihrer Verwirklichung genutzten technischen Mittel als Teil des Privatlebens von Art. 8 EMRK geschützt.[59] Die Vorschrift gewährleistet auch den Schutz der Telekommunikation vor staatlicher Überwachung.[60] Das Privatleben verdient auch insofern Achtung, als der Einzelne frei darin ist, nach seinem Belieben Beziehungen zu anderen Menschen anzuknüpfen und fortzuentwickeln.[61]

40   Der *Europäische Gerichtshof für Menschenrechte* hat den Schutz personenbezogener Daten zum Schutz des Privatlebens und der Intimsphäre gezählt.[62] Gerade die Erhebung von Daten durch Sicherheitsdienste hat er im Zusammenhang der Überwachung des Telefonverkehrs als Eingriff in Art. 8 Abs. 1 EMRK beurteilt.[63]

41   Eine ausdrückliche Regelung des Schutzes personenbezogener Daten trifft Art. 8 GR-Ch. Da Art. 8 EMRK dieses Menschenrecht nicht ausdrücklich enthält, können als weitere Rechtserkenntnisquellen das Datenschutz-Übereinkommen des Europarates[64] sowie auf Unionsebene der Art. 16 AEUV und die Datenschutz-Richtlinie herangezogen werden.[65]

42   Als Teil des Schutzes des Privatlebens ist das Recht auf informationelle Selbstbestimmung auch in der *Rechtsprechung des EuGH* anerkannt, der den Schutz auf alle Personen erstreckt, die eine bestimmte oder bestimmbare natürliche Person betreffen.[66] Der EuGH wägt den Datenschutz mit anderen Rechtsgütern ab und hat etwa im Verhältnis zur Pressefreiheit ein Gleichgewicht im Sinne praktischer Konkordanz angestrebt.[67]

43   Eingriffe sind nach den allgemeine Grundsätzen zu rechtfertigen, bedürfen also einer gesetzlichen Grundlage, die legitimen Gemeinwohlzielen dient und verhältnismäßig ist. Die Wahrung der öffentlichen Sicherheit oder Ordnung ist ein legitimes Ziel des Gemeinwohls. Die Bestimmung des Art. 8 Abs. 2 Satz 1 GR-Ch betont, dass Daten nach Treu und Glauben verarbeitet werden dürfen und stellt damit eine zusätzliche Voraussetzung auf. In ihrer Allgemeinheit deutet sie darauf hin,

---

[58] *Stern*, in: Festschrift für Ress, 2005, S. 1259 (1272).

[59] *Kugelmann*, EuGRZ 2003, 16 (22) m.w.N.

[60] So zu Art. 8 EMRK auch BVerfGE 100, 313 (363).

[61] EGMR, Urt.v.16.12.1992 (Niemietz), EuGRZ 1993, S. 65 = NJW 1993, S. 718, Ziff. 29; EGMR, Urt.v.16.2.2000 (Amann), HRLJ 21 (2001), S. 221, Ziff. 65; EGMR, Urt.v.4.5.2000 (Rotaru), HRLJ 21 (2000), S. 231, Ziff. 43.

[62] EGMR, Urt.v.25.2.1997, Beschwerde Nr. 9/1996/627/811 (Z./Finland), Ziff. 95, auffindbar auf der Homepage des EGMR (www.coe.int); Urt.v.16.2.2000 (Amann), HRLJ 21 (2001), S. 221, Ziff. 65; vgl. *Uerpmann-Wittzack*, in: Ehlers (Hg.), Grundrechte, § 3, Rn. 3.

[63] EGMR, Urt.v.29.9.2001, Beschwerde Nr. 44787/98 (P.G. and J.H. / United Kingdom), Slg. 2001-IX, Ziff. 57.

[64] Vom 28.12.1981, BGBl. 1985 II, S. 539.

[65] *Jarass*, EU-Grundrechte, § 13, Rn. 1.

[66] EuGH, Rs. C-92/09 und C-95/09 (Volker und Markus Schecke GbR und Hartmut Eifert / Land Hessen), Rn. 52, EuGRZ 2010, 707 = EuZW 2010, 939 = JZ 2011, 201 m.Anm. *Brink /H.A. Wolff*; dazu *Guckelberger*, EuZW 2011, 126.

[67] EuGH, Rs. C- 73/07 (Tietosuojavaltuutettu/Satakunnan Markikinapörssi Oy u.a.), EuZW 2009, 108, Rn. 56, zur Datenschutz-Richtlinie.

dass ein strenger Maßstab anzulegen ist. Innerstaatliche Vorschriften, die Einschränkungen des Datenschutzes bewirken, müssen hohen Anforderungen an ihre Geeignetheit und Erforderlichkeit genügen.

Das Niveau des Datenschutzes zwischen den Mitgliedstaaten und Drittstaaten **44** kann erheblich differieren. Eine Weiterleitung von Informationen zur Gefahrenabwehr oder Strafverfolgung ist daher grundsätzlich nur zulässig, wenn eine besondere Vereinbarung mit dem Drittstaat vorliegt, die den Datenschutz sichert. Falls kein Vertrag besteht, ist danach eine Übermittlung von Daten im Einzelfall nur dann erlaubt, wenn der Drittstaat angemessene Datenschutzstandards gewährleistet.

4. Sicherheit und Binnenmarkt

Der Binnenmarkt umfasst einen Raum ohne Binnengrenzen, in dem der freie Ver- **45** kehr von Waren, Personen, Dienstleistungen und Kapital gewährleistet ist (Art. 26 AEUV).[68] Die einzelnen Freiheiten des AEU-Vertrages konkretisieren und sichern den Binnenmarkt mit spezifischen Regelungen ab. Aus der Sicht des innerstaatlichen Polizei- und Ordnungsrechts richtet sich der Blick vorrangig auf die rechtliche Gestaltung der Beschränkungen dieser Freiheiten. Allerdings können binnenmarktbezogene Regelungen auch das Polizei- und Ordnungsrecht betreffen, indem die Gewährleistung von Sicherheit wie im Falle der Vorratsdatenspeicherung punktuell berührt wird. Im Kern geht es beim Binnenmarkt jedoch um die Sicherung von Freiheit in der Europäischen Union, die ein unabdingbarer Bestandteil der Zukunft der Union und ihrer Bürger ist. Die Grundfreiheiten setzen der innerstaatlichen Gefahrenabwehr und Straftatenverhütung, aber auch der Strafverfolgung unionsrechtliche Grenzen.

4.1. Die Grundfreiheiten

Die Grundfreiheiten stehen unter dem Vorbehalt der öffentlichen Sicherheit oder **46** Ordnung der Mitgliedstaaten (Art. 36, 45 Abs. 3, Art. 52 Abs. 1, Art. 65 Abs. 1 lit. b AEUV). Jeweils kann die Wahrung der öffentlichen Sicherheit oder Ordnung oder der Schutz weiterer Rechtsgüter Beschränkungen der Freiheiten rechtfertigen. Da die Aufzählungen im AEU-Vertrag nicht erschöpfend sind, hat der EuGH in seiner Rechtsprechung jedes zwingende Erfordernis des Allgemeininteresses für geeignet erachtet, den Grundfreiheiten Schranken zu setzen.[69]

Sowohl die vertraglich aufgeführten wie die richterrechtlich zugelassenen Be- **47** schränkungen müssen aber hohe Anforderungen erfüllen, um mit dem Unionsrecht vereinbar zu sein. Die innerstaatliche Maßnahme darf nicht diskriminieren, sie muss aus zwingenden Gründen des Allgemeininteresses gerechtfertigt und ver-

---

[68] *Hatje*, in: Schwarze (Hg.), EGV/EUV, Art. 14 , Rn. 1 ff.
[69] *Bieber/Epiney/Haag*, EU, § 11, Rn. 52 ff.

hältnismäßig, also geeignet und erforderlich sein.[70] Dies gilt für alle Grundfreiheiten.[71] Der Mitgliedstaat wendet dann innerstaatliches Recht in einer Weise an, die zwar die Freiheit des Unionsrechts verletzt, aber durch überzeugende Gründe gerechtfertigt ist und dem Prinzip der Verhältnismäßigkeit entspricht.

48   **Beispiele:**
Die Warenverkehrsfreiheit des Art. 34 AEUV kann beschränkt werden, wenn der Mitgliedstaat aus Gründen des Umweltschutzes ein bestimmtes System der Rücknahme von Pfandflaschen errichtet hat[72] oder den Verkauf von Alkohol reglementiert.[73]
Die Freizügigkeit der Arbeitnehmer nach Art. 45 AEUV kann dadurch beschränkt werden, dass ein Angestellter, der kündigt, um in einem anderen Mitgliedstaat zu arbeiten, wegen der von ihm ausgehenden Kündigung den Anspruch auf seine Kündigungsabfindung verliert.[74]
Der freie Dienstleistungsverkehr des Art. 56 AEUV kann durch das Verbot der grenzüberschreitenden Werbung für Lotterien beschränkt werden, da ein Staat gegen die sozialschädlichen Folgen von Lotterien vorgeht.[75]
Der freie Kapital- und Zahlungsverkehr nach Art. 63 AEUV kann zur Bekämpfung der Geldwäsche oder des Terrorismus beschränkt werden.[76]

49   Eine Beschränkung der Grundfreiheiten liegt nicht vor, wenn die Maßnahme des Rechtsgüterschutzes, also auch die Wahrung der Sicherheit oder Ordnung auf einer unionsrechtlichen Grundlage erfolgt. Der EuGH untersucht im Fall einer behaupteten Verletzung der Grundfreiheiten zunächst, ob eine sekundärrechtliche Regelung besteht, also ein Rechtsakt existiert, der auf dem Primärrecht des AEU-Vertrages beruht.[77] Dieser ist *lex specialis* gegenüber den allgemeinen Grundfreiheiten. Richtlinien oder Verordnungen aufgrund des Art. 288 AEUV enthalten europarechtliche Voraussetzungen, unter denen die Grundfreiheiten ausgeübt werden dürfen. Diese Regelungen haben regelmäßig bereichsspezifischen Charakter, um den besonderen Gegebenheiten des jeweiligen Sachbereiches Rechnung zu tragen.

50   **Beispiel:**
In den Niederlanden sind Anbau, Besitz, Vertrieb und Ausfuhr von Cannabis gesetzlich verboten, der Verkauf wird aber unter bestimmten Voraussetzungen toleriert. Die Gemeinde Maastricht hat zur Einschränkung des Drogentourismus einen Beschluss erlassen, der es Besitzern von Coffeeshops untersagt, nicht in den Niederlanden ansässigen Personen den Zutritt zu gestatten. Der J betreibt den Coffeeshop „Easy Going". Weil er wiederholt nicht in den Niederlanden wohnenden Personen den Zutritt gestattet hat, erklärt der Bürgermeister von Maastricht die vorübergehende Schließung. J erhebt

---

[70] EuGH, Rs. C-55/94 (Gebhard), Slg. 1994, I-4165, Rn. 37.

[71] *Haratsch/Koenig/Pechstein*, Europarecht, Rn. 777 f.

[72] EuGH, Rs. 302/86 (Kommission/Dänemark), Slg. 1988, S. 4607.

[73] EuGH, Rs. C-189/95 (Franzén), Slg. 1997, I-5909.

[74] EuGH, Rs. C-190/98 (Graf), Slg. 2000, I-493.

[75] EuGH, Rs. 275/92 (Schindler), Slg. 1994, I-1039.

[76] EuGH, verb. Rs. C-358/93 und C-416/93 (Bordessa), Slg. 1995, I-361.

[77] So schon der Standardfall zum freien Warenverkehr EuGH, Rs. 120/78 (Cassis de Dijon), Slg. 1979, S. 649, Rn. 8.

Klage vor dem zuständigen Bezirksgericht, das dem EuGH Fragen danach vorlegt, ob der Beschluss des Bürgermeisters den freien Waren- bzw. Dienstleistungsverkehr oder das Verbot der Diskriminierung aufgrund der Staatsangehörigkeit berührt. Der EuGH hat festgestellt, dass Betäubungsmittel wie Cannabis aufgrund ihrer anerkannten Schädlichkeit nicht unter die Regeln des Binnenmarktes fallen. Dagegen verletzt das Verbot die Dienstleistungsfreiheit (Art. 56 AEUV), soweit es alkoholfreie Getränke und Esswaren betrifft. Die Beschränkung kann aber gerechtfertigt sein, da die Bekämpfung des Drogentourismus und der damit einher gehenden Belästigungen ein legitimes Ziel ist. Da er das Verbot auch für verhältnismäßig hält, steht nach Ansicht des EuGH die Dienstleistungsfreiheit nicht dem Ratsbeschluss entgegen.

Die Grundfreiheiten enthalten eine schutzrechtliche Dimension. Konsequenz aus **51** dieser Wirkdimension kann eine Pflicht der Behörden eines Mitgliedstaates sein, zum Schutz der Grundfreiheiten einzuschreiten.[78] Das Ermessen der innerstaatlichen Behörde kann deshalb auf Null reduziert sein, weil die Verwirklichung des Unionsrechts dies erfordert. Die Rechtspflicht zum Einschreiten ist dann unionsrechtlich begründet.[79]

Beispiel: **52**
Zur Sicherung des freien Warenverkehrs nach Art. 34, 36 AEUV können die innerstaatlichen Behörden verpflichtet sein, gegen Straßenblockaden vorzugehen, wenn diese grenzüberschreitende Transporte verhindern.[80]

Diese Konsequenz liegt in den allgemeinen Funktionsbedingungen des Unions-   **53** rechts, weil dessen Durchführung grundsätzlich den Mitgliedstaaten obliegt (vgl. im Wesentlichen Art. 4 Abs. 3 EUV). Die Behörden der Mitgliedstaaten haben die Pflicht, gemeinschaftliche Rechtsgüter angemessen zu schützen. Nur die Mitgliedstaaten verfügen über allgemeine Polizei- und Ordnungsbehörden, die zur Verwirklichung dieses Schutzes in der Lage und ausgestattet sind. Wirkungen entfalten die unmittelbar anwendbaren Grundfreiheiten auch an die effektive Umsetzung von Richtlinien nach Art. 288 AEUV. Im Einzelfall können Regelungen der Verwaltungsorganisation in den Mitgliedstaaten Beschränkungen der Marktfreiheiten darstellen.

Beispiel: **54**
Die Bundesrepublik Deutschland hatte in den achtziger Jahren des 20. Jahrhunderts Geflügelfleischimporte aus anderen Mitgliedstaaten systematischen Kontrollen auf gesundheitliche Unbedenklichkeit unterzogen. Dies hatte der EuGH für unzulässig erklärt, erlaubt seien nur Verwaltungsformalitäten.[81] Daraufhin übertrug Deutschland die Abwicklung der Verwaltungsformalitäten auf Tierärzte. Diese organisatorische Maßnahme verstieß nach Ansicht des EuGH gegen die Warenverkehrsfreiheit der Art. 34,

---

[78] Vgl. *Lindner*, JuS 2005, 302 (305 ff.)
[79] *Schenke*, POR, Rn. 101.
[80] EuGH, Rs. C-265/95 (Kommission/Frankreich), Slg. 1997, I-6959.
[81] EuGH, Rs. 190/87 (Oberkreisdirektor des Kreises Borken/Moormann), Slg. 1988, S. 4689.

36 AEUV, weil aufgrund der begrenzten Zahl der zur Verfügung stehenden Tierärzte eine Voranmeldung der Importe angeordnet wurde.[82]

55   Die Grundfreiheiten des Unionsrechts können mit Grundrechten kollidieren.[83] Die Lösung des Konflikts ist mittels Abwägung zu erzielen.[84] Einen automatischen Vorrang innerstaatlicher Grundrechte nimmt der EuGH nicht an.

56   **Beispiel:[85]**

Eine österreichische Bürgerinitiative wendet sich gegen die übermäßige Nutzung des Brenners als Transitstrecke und die damit verbundenen Umweltbelastungen. Sie zeigte eine Versammlung auf der Brennerautobahn an. Die 30 Stunden dauernde Blockade legt den Verkehr lahm. Ein in Deutschland ansässiger Spediteur klagt vor dem zuständigen österreichischen Gericht auf Ersatz des Schadens, der ihm durch die Blockade entstanden ist. Das OLG Innsbruck legt dem EuGH die Frage zur Vorabentscheidung nach Art. 234 EGV (nunmehr Art. 267 AEUV) vor, ob die Warenverkehrsfreiheit des Art. 28 EGV (nunmehr Art. 34 AEUV) der Genehmigung bzw. der Nichtverhinderung einer solchen Versammlung entgegenstehe.

Der EuGH nimmt eine Einschränkung der Warenverkehrsfreiheit an (Art. 34 AEUV i.V.m. Art. 4 Abs. 3 EUV). Das Verhalten der privaten Dritten, das zu der Einschränkung führt, sie aber seinerseits durch die Versammlungsfreiheit geschützt. Der grundrechtliche Schutz überwiege im konkreten Fall die Gewährleistung der Grundfreiheit. Das Vorgehen der zuständigen österreichischen Behörde, die zunächst die Versammlung zuließ und sie dann auch nicht auflöste, war mit dem Unionsrecht vereinbar.

4.2. Öffentliche Sicherheit und Ordnung nach Unionsrecht

57   Der Schutz von Rechtsgütern, die das Unionsrecht gewährleistet, ist Teil der Gefahrenabwehr. Zur öffentlichen Sicherheit nach deutschem Verständnis gehört die Unverletzlichkeit der Rechtsordnung der Union.[86] Dagegen ist im Hinblick auf den Begriff der öffentlichen Ordnung zu unterscheiden. Er wird im Unionsrecht und der EMRK in einem anderen Sinne gebraucht als im deutschen Polizei- und Ordnungsrecht.

58   Der Begriff der öffentlichen Ordnung in den Rechtfertigungsgründen für Eingriffe in Menschenrechte der EMRK[87] beschreibt Anforderungen an das innerstaatliches Recht, der Eingriff muss aber gesetzlich vorgesehen sein, setzt also gerade geschriebenes Recht voraus. In Art. 52 der Grundrechte-Charta, der die

---

[82] EuGH, Rs. C-186/88 (Kommission/Bundesrepublik Deutschland), Slg. 1989, S. 3997, Rn. 16; s. auch den ähnlichen Fall EuGH, Rs. C-128/89 (Kommission/Italien), Slg. 1990, S. 3239, Rn. 24.

[83] *Skouris*, DÖV 2006, 89.

[84] Vgl. *Lindner*, JuS 2005, 302 (307).

[85] EuGH, Rs. C-112/00 (Schmidberger), Slg. 2003, I-5659; dazu *Kadelbach/Petersen*, EuGRZ 2003, 693.

[86] *Lindner*, JuS 2005, 302 (305).

[87] Jeweiliger Absatz 2 der Art. 8 – 11 EMRK.

Tragweite der Grundrechte und die Möglichkeiten ihrer Beschränkung regelt, kommt der Begriff der öffentlichen Ordnung nicht vor.

Im AEU-Vertrag wird der Begriff der öffentlichen Ordnung im Hinblick auf die **59** Rechtfertigung von Beschränkungen der Grundfreiheiten gebraucht. Auch hier müssen aber innerstaatliche Rechtsnormen die Beschränkung bewirken, also geschriebene Regeln, die legitime Rechtsgüter schützen. In Art. 36 AEUV wird neben der öffentlichen Ordnung auch die öffentliche Sittlichkeit genannt, zwischen beiden Schutzgütern bestehen also Unterschiede. Dementsprechend versteht der EuGH unter der öffentlichen Ordnung, die er als Ausnahmeregel restriktiv auslegt,[88] hoheitlich festgelegte Grundregeln, die wesentliche Interessen des Staates berühren.[89] Die öffentliche Ordnung im AEUV ist auf die innerstaatliche Rechtsordnung zurückzuführen und hat ihren Ursprung stärker in ordre public-Vorbehalten des internationalen Privatrechts oder des Völkerrechts als in polizeirechtlichen Vorstellungen.

Die Rechtsprechung des EuGH zur öffentlichen Ordnung betrifft insbesondere **60** die Rechtmäßigkeit ausländerrechtlicher Maßnahmen der Mitgliedstaaten gegenüber Unionsbürgern.[90] Der EuGH wendet in seiner Rechtsprechung die Art. 27 ff. der Freizügigkeits-Richtlinie 2004/38/EG an.

Danach können die Rechtsgüter der öffentlichen Ordnung, Sicherheit oder Ge- **61** sundheit aufenthaltsrechtliche Maßnahmen rechtfertigen.[91] Ein Mitgliedstaat kann auch gegenüber einem Unionsbürger ordnungsrechtliche Maßnahmen treffen. Die französischen Behörden konnten eine räumliche Beschränkung des Aufenthaltsrechts eines spanischen Staatsangehörigen vornehmen, der wegen der Begehung von Straftaten als Mitglied der baskischen Terrororganisation ETA verurteilt worden war.[92]

Notwendig ist aber eine individuelle Prüfung. Erforderlich für einen Verstoß **62** gegen die öffentliche Ordnung ist ein persönliches Verhalten des Betroffenen, das eine gegenwärtige Gefährdung der öffentlichen Ordnung darstellt.[93] Abstrakte oder generalpräventive und wirtschaftliche Erwägungen dürfen keine Rolle spielen. Im Hinblick auf Unionsbürger sind die Begriffe der öffentlichen Ordnung und Sicherheit als Ausnahmen von der Freizügigkeit eng auszulegen. Dies wirkt auch zu Gunsten der Familienangehörigen.

Beispiel: **63**
Der EuGH hinsichtlich der Ausweisung von Unionsbürgern das deutsche System von Ist-Ausweisung und Regel-Ausweisung nach einer strafrechtlichen Verurteilung an den unionsrechtlichen Vorgaben gemessen und für teilweise unvereinbar mit diesen Vorga-

---

[88] EuGH, Rs. 113/80 (Kommission/Irland), Slg. 1981, 1625, Rn. 7 f.
[89] EuGH, Rs. 7/78 (Thompson), Slg. 1978, 2247, Rn. 32/34.
[90] EuGH, Rs. C-215/03 (Oulane), Rn. 20, EuGRZ 2005, 135 = NJW 2005, 1033 = DVBl. 2005, 495.
[91] Dazu *Alber/Schneider*, DÖV 2004, 314.
[92] EuGH, Rs. C-100/01 (Oteiza Olazabal), Slg. 2002, I-10981, Rn. 38 ff.
[93] EuGH, Rs. C-348/96 (Calfa), Slg. 1999, I-11, Rn. 22–24.

ben erklärt.[94] Der EuGH folgert aus dem Verhältnismäßigkeitsgrundsatz, dass Aspekte wie die Art und Schwere der Straftat, die Dauer des Aufenthalts und insbesondere die familiäre Situation berücksichtigt werden müssen.[95]

Das Bundesverwaltungsgericht hat daraufhin seine Rechtsprechung ausdrücklich geändert.[96] Zwingende Ausweisungsgrüne oder Gründe für eine Regelausweisung können nicht zur Anwendung kommen, es ist lediglich eine Ermessensausweisung zulässig.[97] Für die Beurteilung der Rechtmäßigkeit einer Ausweisungsverfügung ist gegenüber einem Unionsbürger nicht mehr der Zeitpunkt der letzten Behördenentscheidung, sondern der Zeitpunkt der letzten mündlichen Verhandlung des Gerichts maßgebend.[98] Im Hinblick auf Drittstaatsangehörige führt dagegen das Bundesverwaltungsgericht dem Grunde nach seine bisherige Rechtsprechungslinie weiter.[99]

64   Diese allgemeinen Grundsätze über die öffentliche Sicherheit und Ordnung im Europarecht müssen dann mit dem Begriffsverständnis des deutschen Polizeirechts abgeglichen werden, wenn die Rechtsanwendung nach allgemeinem Polizei- und Ordnungsrecht im Anwendungsbereich des Unionsrechts stattfindet. Deutsches Ordnungsrecht und europäisches Unionsrecht können insbesondere in wirtschaftsrechtlichen Konstellationen miteinander in Berührung kommen.

65   **Beispiel:**

In einem Laserdrome treten zwei Mannschaften gegeneinander an, die mit Lasergewehren auf Punkte zielen, die sich an der Kleidung der gegnerischen Mitspieler befinden. Die Spieler durchlaufen einen Erlebnisparcours und versuchen, die Spieler der gegnerischen Mannschaft zu treffen. Ein Laserdrome in Bonn wird auf der Grundlage eines Franchise-Vertrages mit einem Unternehmen betrieben, das seinen Sitz im Vereinigten Königreich hat. Die zuständige Ordnungsbehörde verhängt ein Verbot, das aufgrund der Generalklausel des § 14 OBG NW ausgesprochen wird, weil die Veranstaltung des Laserdrome gegen die Menschenwürde verstoße. Die Betreiberin des Laserdromes greift die Verbotsverfügung u.a. mit der Begründung an, sie widerspreche der Dienstleistungsfreiheit des Art. 49 EGV (nunmehr Art. 56 AEUV). Das BVerwG ist der Auffassung, die Verfügung sei rechtmäßig, legt aber den Fall dem EuGH zur Vorabentscheidung vor (Art. 234 EGV / Art. 267 AEUV).[100]

Der EuGH hat entschieden,[101] dass das Verbot zwar eine Beschränkung des freien Dienstleistungsverkehrs darstellt, aber nach Art. 55 i.V.m. 46 EGV (nunmehr Art. 62 i.V.m. 52 AEUV) aufgrund des Schutzes der öffentlichen Ordnung gerechtfertigt ist. Zur öffentlichen Ordnung zähle auch die Gewährleistung der Menschenwürde. Den mitgliedstaatlichen Stellen obliege die Bestimmung der öffentlichen Ordnung, die sich

---

[94] EuGH, Rs. C-482/01 und 493/01 (Orfanopoulos und Oliveri), Slg. 2004, I-5257, Rn. 70 und 93 f.

[95] EuGH, Rs. C-482/01 und 493/01 (Orfanopoulos und Oliveri), Slg. 2004, I-5257, Rn. 97 bis 99.

[96] BVerwG, NVwZ 2005, 220 = DVBl. 2005, 122.

[97] Die §§ 53 ff. AufenthG halten an dieser Systematik fest, dazu *Huber*, NVwZ 2005, 5.

[98] BVerwG, NVwZ 2005, 220 = DVBl. 2005, 122.

[99] BVerwG, DVBl. 2005, 128.

[100] BVerwGE 115, 189.

[101] EuGH, Rs. C-36/02 (OMEGA/Bonn), Slg. 2004, I-9609. Dazu *Frenz*, NVwZ 2005, 48; s. auch *Beaucamp*, DVBl. 2005, 1174; *Lindner*, JuS 2005, 302 (307).

vom Verständnis in anderen Mitgliedstaaten unterscheiden könne. Das Verbot sei eine verhältnismäßige Maßnahme gewesen.

Die öffentliche Ordnung des Unionsrechts und der EMRK umfasst den Schutz der   **66**
Rechtsordnung. Ihre Schutzgüter entsprechen dem polizeirechtlichen Begriff der öffentlichen Sicherheit nach deutschem Recht. Es geht nicht um ungeschriebene Normen, sondern um die Integrität des geschriebenen Rechts. Funktion der öffentlichen Ordnung im Europarecht ist nicht die Durchsetzung einer europäischen Moral, sondern die Wahrung der Rechtsordnung.

4.3. Richtlinie zur Vorratsspeicherung von Daten

Die Europäische Union hat die Richtlinie über die Vorratsspeicherung von Daten   **67**
beschlossen,[102] die Auslöser für die Schaffung der vom Bundesverfassungsbericht für nichtig erachteten Vorschriften des deutschen Rechts war (zum innerstaatlichen Recht s.o. 7. Kap. Rn. 179 ff.[103] Rechtspolitisch handelt es sich um eines der umstrittensten und weit reichendsten Projekte des europäischen Rechts mit Bezug zur Sicherheit. Ziel der Richtlinie ist die Harmonisierung der Pflichten, die Diensteanbieter und Betreiber auf dem Gebiet der Telekommunikation treffen. Sie ist daher auf die Kompetenz zur Förderung des Binnenmarktes gestützt (Art. 114 AEUV).
Die Förderung des Binnenmarktes ist ein Querschnittsziel. Dadurch können   **68**
Regelungen über den Binnenmarkt eine Vielzahl von Sachbereichen berühren. Auch der Sachbereich des Polizei- und Ordnungsrechts ist davon nicht ausgeschlossen. Ausnahmsweise kann ein unionsrechtlicher Rechtsakt beinhalten, dass zur Förderung des Binnenmarktes Freiheiten beschränkt werden. Dieser Rechtsakt ist an den europäischen Grundrechten zu messen. Die Richtlinie betrifft im Schwerpunkt nicht die polizeiliche Kooperation, sondern die Angleichung der Rechtsvorschriften der Mitgliedstaaten. Damit wird die Rechtsstellung der Diensteanbieter und Netzbetreiber berührt. Dieser wirtschaftliche Anknüpfungspunkt führt zu einem starken Bezug zum Binnenmarkt. Die Anwendung der einschlägigen Kompetenzvorschrift des Art. 114 AEUV hat zur Folge, dass das Gesetzgebungsverfahren des Art. 294 AEUV durchgeführt wurde, in dem das Europäische Parlament über weitgehende Mitentscheidungsbefugnisse verfügt.
Der *Europäische Gerichtshof* hat in Bezug auf die Normsetzungskompetenz   **69**
entschieden, dass die Richtlinie über die Vorratsdatenspeicherung auf der zutreffenden Rechtsgrundlage des Art. 95 EGV (nunmehr Art. 114 AEUV) und damit

---

[102] Richtlinie 2006/24/EG des Europäischen Parlaments und des Rates vom 15. März 2006 über die Vorratsspeicherung von Daten, die bei der Bereitstellung öffentlich zugänglicher elektronischer Kommunikationsdienste oder öffentlicher Kommunikationsnetze erzeugt oder verarbeitet werden, und zur Änderung der Richtlinie 2002/58/EG, ABl. L 105 vom 13.4.2006, S. 54.

[103] BVerfG, Urt.v.2.3.2010, NJW 2010, 833 = DVBl. 2010, 503 = JZ 2010, 611.

kompetenzgemäß erlassen wurde.[104] Im Schwerpunkt regele sie Anforderungen an die Diensteanbieter, denen ihr grenzüberschreitendes wirtschaftliches Tätigwerden erleichtert werde. Zur Vereinbarkeit der Richtlinie mit den Grundrechten hat der EuGH bisher nicht Stellung genommen, ihm liegt aber eine Vorlage des irischen High Court mit diesen Streitgegenstand vor.

70   Aufgrund der Richtlinie müssen die Mitgliedstaaten gesetzlich regeln, dass Verbindungsdaten von den Diensteanbietern gespeichert werden (Art. 2). Gegenstand der Richtlinie und damit der Vorratsspeicherung sind nicht Inhaltsdaten (Art. 1 Ziff. 2). Die zu speichernden Datenkategorien umfassen u.a. die Nummer des Anschlusses, Name und Anschrift des Benutzers oder auch die Benutzerkennung des Internet-Nutzers (Art. 5). Auch Daten im Zusammenhang mit erfolglosen Anrufversuchen müssen gespeichert werden, soweit sie bei den Diensteanbietern anfallen (Art. 3 Ziff. 2).

71   Die Speicherfristen regelt die Richtlinie dahin, dass die Daten für einen Zeitraum von mindestens 6 Monate und nicht mehr als 2 Jahren ab dem Zeitpunkt der Kommunikation auf Vorrat gespeichert werden können.[105]

72   Den weiteren Streitpunkt der Entschädigung der Diensteanbieter lässt die Richtlinie offen. Die Vorratsspeicherung verursacht den Diensteanbietern und Betreibern Kosten. Darin liegt der Grund, dass die privaten Unternehmen Pflichten zur Datenspeicherung ablehnen. Falls ihnen solche Pflichten auferlegt werden, versuchen sie den Aufwand zu deren Erfüllung so weit als möglich zu minimieren. Die verbleibenden Kosten sollen nach Ansicht der Diensteanbieter die staatlichen Stellen tragen, die Daten nachfragen. Dem wird entgegen gehalten, dass es sich um eine Verpflichtung zur Wahrung der öffentlichen Sicherheit handele, die als allgemeine Pflicht gegenüber dem Staat vom Bürger auf seine Kosten zu erfüllen sei. Diese Auffassung überzeugt nicht. Wenn der Staat dem Bürger spezifische Pflichten auferlegt, die Kosten verursachen, muss er grundsätzlich eine Entschädigung zahlen. Im deutschen Recht ist eine Entschädigungsregelung getroffen worden.

73   Die Richtlinie steht vor ihrer *Revision*. Allerdings ist zunächst die geltende Richtlinie umzusetzen, weshalb der EuGH noch im Jahr 2010 Österreich wegen der Nichtumsetzung gerügt hat.[106] Jedoch haben mehrere europäische Verfassungsgerichte mit unterschiedlichen Ansätzen Bedenken gegen die nationalen Umsetzungen geäußert oder gar das innerstaatliche Gesetz für verfassungswidrig erklärt.[107]

---

[104] EuGH, Urt.v.10.2.2009, Rs. C-301/06 (Irland/Rat und Parlament), Slg. 2009, I-593; dazu *Terhechte*, EuZW 2009, 199; *Simitis*, NJW 2009, 1782.

[105] Art. 6 der Richtlinie.

[106] EuGH, Urt.v. 29.7.2010, Rs. C-189/09, CR 2010, 587.

[107] Die Verfassungsgerichte in Rumänien, der Tschechischen Republik und Zypern haben in unterschiedlich weit reichender Weise zur Umsetzung der Richtlinie und zu deren Verfassungsmäßigkeit Stellung genommen. Der irische High Court hat dem EuGH ein Vorabentscheidungsersuchen vorgelegt.

4.4. Freizügigkeit und Unionsbürgerschaft

Die Grundfreiheiten des Binnenmarktes umfassen die Freiheit der Unionsbürger, **74** sich grenzüberschreitend wirtschaftlich zu betätigen. Die individuellen Rechte auf wirtschaftliche Mobilität und damit zusammen hängenden Anschlussrechte stehen im übergreifenden Kontest der Unionsbürgerschaft (Art. 20 AEUV).[108] Jeder Unionsbürger hat das Recht, sich im Hoheitsgebiet der Mitgliedstaaten frei zu bewegen und aufzuhalten (Art. 21 AEUV). Den grundrechtlichen Charakter dieser Gewährleistung bestäigt die Gewährleistung in Art. 45 Grundrechte-Charta. Beschränkungen der Freizügigkeit können auf die Wahrung der öfentlichen Sicherheit und Ordnung i.S.d. Unionsrechts gestützt werden. Dies entfaltet Bedeutung für die Flüchtlings- und Aslypolitik der Union oder für die Grenzschutzpolitik und damit gerade auch für die Europäische Innenpolitik.

Maßnahmen auf den Gebieten des Polizei- und Ordnungsrechts orientieren sich **75** am Vorliegen einer Gefahr, nicht an der Staatsangehörigkeit des Verantwortlichen. Diskriminierungen aufgrund der Staatsangehörigkeit sind verboten (Art. 18 AEUV). An die Staatsangehörigkeit knüpfen aber Maßnahmen des Ausländerrechts nach dem Aufenthaltsgesetz an.[109] Beim Erlass solcher Maßnahmen ist zwischen den Angehörigen dritter Staaten und Bürgern der Europäischen Union zu unterscheiden. Die Unionsbürgerschaft gewährt den Berechtigten eine bevorzugte Rechtsstellung.[110] Nach Art. 45 GR-Ch genießen Unionsbürger die Freizügigkeit vorbehaltlos, Drittstaatsangehörige dagegen nach Maßgabe der Verträge.[111]

Unionsbürger ist, wer die Staatsangehörigkeit eines Mitgliedstaates besitzt **76** (Art. 20 Abs. 1 Satz 2 AEUV). Für die Unionsbürger mit Wohnsitz in Deutschland gilt das Gesetz über die allgemeine Freizügigkeit von Unionsbürgern (FreizügG/EU).[112]

Der Europäische Gerichtshof hat in einer Reihe von Entscheidungen die Uni- **77** onsbürgerschaft aufgewertet und ihren Anwendungsbereich weit verstanden.[113] Die Rechte der Unionsbürger erstreckt der Gerchtshof auf einzelne soziale Rechte und er bezieht Familienangehörige des Unionsbürgers, die Staatsangehörige eines Drittstaates sind, in die Gewährleistung mit ein.[114] Es bleibt anzuwarten, wie der EuGH Art. 45 GR-Ch in diese Rechtsprechung einbezieht, weil mit Art. 34 und 35 GR-Ch insoweit ausdrücklihe Gewährleistungen sozialer Rechte eine Rolle spielen können.

---

[108] *Giegerich*, in: Schulze/Zuleeg/Kadelbach, Europarecht, § 9; *Kadelbach*, in: v. Bogdandy (Hg.), Europäisches Verfassungsrecht, 2. Aufl. 2009, S. 539; monographisch *Schönberger*, Unionsbürger, 2005.

[109] Gesetz zur Steuerung und Begrenzung der Zuwanderung und zur Regelung des Aufenthalts und der Integration von Unionsbürgern und Ausländern vom 30. Juli 2004, BGBl. 2004 I, S. 1950. Dazu *Huber*, NVwZ 2005, 1; *Renner*, ZAR 2004, 266, 266.

[110] *Kugelmann*, in: Schulze/Zuleeg/Kadelbach, Europarecht, § 41 Rn. 65 ff.

[111] *Bieber/Epiney*/Haag, EU § 2, Rn. 23.

[112] BGBl. I 2004, S. 1950; *Huber*, NVwZ 2005, 9.

[113] Vgl. *Hailbronner*, JZ 2010, 398.

[114] Z.B. EuGH, Rs. C-1/05 (Jia), Slg, 2007, I-1.

78   Die Unionsbürgerschaft gewährleistet einen Status der Aktivbürgerschaft, aus dem subjektive Rechte der Unionsbürger folgen.[115] Die Regelung des Art. 21 AEUV ist unmittelbar anwendbar.[116] Die mit der Unionsbürgerschaft verknüpften Rechte äußern beträchtliche Folgen für das innerstaatliche Ausländerrecht. Eine Ausweisung von Unionsbürgern aus Gründen der öffentlichen Sicherheit oder Ordnung kann mit den Gewährleistungen des Unionsrechts kollidieren. Eine Reihe von Wertungen des deutschen Ausländerrechts muss und müssen überdacht werden.[117] Der EuGH hat die deutschen Regelungen zu Ausweisungen in den *Rechtssachen Orfanopoulos und Oliveri* teilweise an den Grundfreiheiten gemessen, teilweise aber auch an den Rechten aus der Unionsbürgerschaft nach Art. 21 AEUV.[118]

79   In seinen Entscheidungen nimmt der EuGH Rücksicht auf die Bestimmungen der Freizügigkeits-Richtlinie 2004/38/EG.[119] Dementsprechend stellt der EuGH einen Zusammenhang her zwischen dem Recht auf Aufenthalt aus der Unionsbürgerschaft und dem Vorhandensein einer Krankenversicherung sowie ausreichender Existenzmittel.[120] Der Gerichtshof nutzt Art. 21 AEUV als Ansatzpunkt für die Einräumung einer subjektiven Rechtsposition und stellt für deren Gehalte maßgeblich auf die Bestimmungen des Sekundärrechts ab.

80   **Beispiel:**
Die chinesische Staatsangehörige Chen war von Großbritannien nach Irland gereist, um dort ihr Kind zur Welt zu bringen, weil das Kind damit die irische Staatsangehörigkeit erwarb. Sie beantragte nach ihrer Rückkehr eine dauerhafte Aufenthaltserlaubnis im Vereinigten Königreich für sich und ihre Tochter Catherine. Da die Unionsbürgerin als Baby selbstverständlich keine Freizügigkeitsrechte aus selbständiger oder unselbständiger Erwerbstätigkeit geltend machen konnte, kam als Grundlage des Aufenthaltsrechts die Unionsbürgerschaft i.V.m. Art. 1 Abs. 1 der Richtlinie 90/364/EWG in Betracht.[121]
Nach Ansicht des Gerichtshofes steht der Unionsbürgerin Catherine aufgrund Art. 18 EG ein Aufenthaltsrecht im Vereinigten Königreich zu, da sie die Voraussetzungen des Sekundärrechts erfüllt und sowohl die ausreichende Existenzsicherung wie den Krankenversicherungsschutz nachweisen kann. Ein missbräuchlicher Erwerb der Unionsbürgerschaft könne dem deswegen nicht entgegenstehen, weil der Erwerb der Staatsangehörigkeit eines Mitgliedstaates vom innerstaatlichen Recht geregelt werde. Wenn dieses mit dem Unionsrecht vereinbar sei, könne seine Inanspruchnahme nicht die

---

[115] EuGH, Rs. C-413/99 (U. Baumbast und R), Slg. 2002, I-7091, Rn. 82.

[116] EuGH, Rs. C-200/02 (Zhu und Chen), Slg. 2004, I-9925, Rn. 26; zum Meinungsstreit *Kadelbach*, in: v.Bogdandy (Hg.), Europäisches Verfassungsrecht, 2009, S. 625.

[117] *Alber/Schneider*, DÖV 2004, 313, 317 f.

[118] EuGH, Rs. C-482/01 und 493/01 (Orfanopoulos und Oliveri), Slg. 2004, I-5257.

[119] Richtlinie 2004/38/EG vom 29. April 2004 des Parlaments und des Rates über das Recht der Unionsbürger und ihrer Familienangehörigen, sich im Hoheitsgebiet der Mitgliedstaaten frei zu bewegen und aufzuhalten, ABl. L 158 vom 30.4.2004, S. 77.

[120] EuGH, Rs. C-200/02 (Zhu und Chen), Slg. 2004, I-9925, Rn. 27.

[121] Die Richtlinie 90/364/EWG vom 28. Juni 1990 über das Aufenthaltsrecht (ABl. L 180, S. 26) wird durch Art. 38 Abs. 2 der Freizügigkeits-Richtlinie 2004/38/EG aufgehoben.

Wahrnehmung unionrechtlicher Rechte verhindern. Frau Chen steht ein Aufenthaltsrecht auf der gleichen Rechtsgrundlage zu, weil sie die tatsächlich für Catherine sor-
gende Person ist und eine Verweigerung ihres Aufenthaltsrechts dem Aufenthaltsrecht
der Unionsbürgerin die praktische Wirksamkeit nehmen würde.[122]

Die Unionsbürgerschaft der Art. 20 ff. AEUV gewährleistet einen aktiven per- **81**
sonalen Status, der Maßnahmen auf der Grundlage des Polizei- und Ordnungsrechts entgegenstehen kann. Dieser Status ist grundrechtlich abgesichert (Art. 45
GR-Ch). Angesichts der dynamischen Rechtsprechung des EuGH, die auf eine
Ausweitung des Anwendungsbereichs der Unionsbürgerschaft angelegt ist, sind
innerstaatliche Regeln, die Einfluss auf die Mobilität von Unionsbürgern haben
können, verstärkt und sorgfältig am Maßstab des Unionsrechts zu messen.

5. Der Raum der Freiheit, der Sicherheit und des Rechts außer der Europäischen Polizeilichen Zusammenarbeit

Anknüpfungspunkt für Rechtsakte und sonstige Maßnahmen der Union, die das **82**
Polizei- und Ordnungsrecht betreffen, ist insbesondere die Schaffung eines Raumes der Freiheit, der Sicherheit und des Rechts (Art. 67 ff. AEUV). Hier besteht
ein Ansatz für Aspekte einer europäischen Innenpolitik.[123] Der Schwerpunkt der
Maßnahmen lag vor dem Vertrag von Lissabon im Einwanderungs- und Asylrecht.[124]

Der Raum der Freiheit, der Sicherheit und des Rechts wurde durch den Vertrag **83**
von Lissabon in Bezug auf seinen Regelungsgehalt erweitert. Die polizeiliche-
und justizielle Zusammenarbeit in Strafsachen wurde in den AEU-Vertrag und
somit in das supranationale Unionsrecht überführt. Die zuvor in der dritten Säule
enthaltenen Regelungen wurden so Bestandteil des Titel V AEUV. Systematisch
befinden sie sich im Zusammenhang der Regelungen zur Grenzkontrolle, zur
Asyl- und Einwanderungspolitik sowie zur justiziellen Zusammenarbeit in Zivil-
sachen.

Regelungsgenstände sind die rechtlichen Grundlagen der Erhebung und Verar- **84**
beitung von Informationen, die Kooperation der Mitgliedstaaten. Die Ausübung
polizeirechtlicher Befugnisse kann auf Informationen beruhen, die Behörden anderer Mitgliedstaaten gesammelt haben. Daher müssen Grundsätze des Datenschutzes und der Grundrechte insgesamt beachtet werden.[125]

---

[122] EuGH, Rs. C-200/02 (Zhu und Chen), Slg. 2004, I-9925, Rn. 45.

[123] Von einem Auftrag für eine europäische Innenpolitik spricht *Pitschas*, DÖV 2004, 231 (233).

[124] Dazu *Kugelmann*, in: Schulze/Zuleeg/Kadelbach, Europarecht, § 41; s. auch *Kluth*, ZAR 2006, 1.

[125] *Brummund*, Kohärenter Grundrechtsschutz im Raum der Freiheit, der Sicherheit und des Rechts, 2010.

85   Politische Grundlage für die Aktivitäten der Europäischen Union sind die politischen Handlungsanleitungen der Programme für die Justiz- und Innenpolitik. Auf das Programm von Tampere (1999) folgte das Haager Programm (2004).[126] Abgelöst wurde das Haager Programm durch das Stockholmer Programm.[127] Dieser Fünf-Jahresplan der EU für den Bereich Justiz und Inneres nennt als künftige Herausforderungen vor allem den Terrorismus, die Cyberkriminalität, die Einwanderungs- und Asylpolitik, aber auch Fragen des Zivilrechts. Die Ziele der Justiz- und Innenpolitik sind insbesondere die Förderung der Unionsrechte und Grundrechte sowie der Datenschutz aber auch die Erleichterung des Zugangs zur Justiz und die Anerkennung mitgliedstaatlicher Urkunden.[128]

5.1. Sicherheitsrechtliche Aspekte des Einwanderungs- und Asylrechts

86   Zum schrittweisen Aufbau eines Raumes der Freiheit, der Sicherheit und des Rechts erlässt der Rat Maßnahmen hinsichtlich der Kontrolle an den Außengrenzen, Asyl und Einwanderung im Zusammenhang mit dem Überschreiten der Außengrenzen und der Reisefreiheit (Art. 67 Abs. 2 AEUV). Sie werden als flankierend verstanden, sollen also den freien Personenverkehr in der Union gewährleisten und ergänzen. Beim Überschreiten der Binnengrenzen sollen nach Art. 77 Abs. 1 lit. a AEUV weder Unionsbürger noch Drittstaatsangehörige kontrolliert werden. Sonstige weitergehende Maßnahmen in den Bereichen Asyl, Einwanderung und Schutz der Rechte von Drittstaatsangehörigen sind vorgesehen.

87   Im Zusammenhang der Reisefreiheit und Freizügigkeit ist stets das Verbot von Diskriminierungen aufgrund der Staatsangehörigkeit zu berücksichtigen, das eine Gleichbehandlung aller Unionsbürger gewährleistet. Weiter gehen die Rechtsfolgen des Instituts der Unionsbürgerschaft nach Art. 20 ff. AEUV selbst, die auch auf Drittstaatsangehörige ausstrahlen können. Am konkretesten wird der Raum der Freiheit, der Sicherheit und des Rechts durch die Bestimmungen über den Grenzübertritt an den Binnengrenzen. Sie enthalten Regelungen über die Kooperation der Polizeibehörden und formen den Kern einer Europäisierung polizei- und ordnungsrechtlicher Aufgaben und Befugnisse.

5.2. Justizielle Zusammenarbeit

88   Die justizielle Zusammenarbeit in Strafsachen ist Regelungsgehalt der Art. 82 bis 86 AEUV, die polizeiliche Zusammenarbeit findet sich in Art. 87 bis 89 AEUV. Ein wichtiger Gegenstand der Zusammenarbeit in Strafsachen ist die Verbesse-

---

[126] Schlussfolgerungen des Vorsitzes des Europäischen Rates vom 4. und 5. November 2004 in Brüssel, s. Bulletin der Europäischen Union 11/2004, S. 9.

[127] Stockholmer Programm: „Ein offenes und sicheres Europa im Dienste und zum Schutz der Bürger", Europäischer Rat von Stockholm vom 10./11. Dezember 2009 (17024/09).

[128] Stockholmer Programm vom 10./11. Dezember 2009 (17024/09) S. 3-5.

rung der Rechtshilfe und der Vollstreckungshilfe (Art. 82, 83 und 85 AEUV). Als Instrumente dienen teilweise unionsrechtliche Maßnahmen. Die Mitgliedstaaten schließen teilweise aber auch spezielle Verträge.[129]

Das geeignete Instrument für die Zusammenarbeit der Mitgliedstaaten ist das **89** *Prinzip der gegenseitigen Anerkennung von Entscheidungen,* das nunmehr im Primärrecht verankert ist (Art. 67 Abs. 3 und 82 Abs. 1 AEUV). Diese Methode der Integration ist aus dem Recht des Binnenmarktes bekannt, in dem etwa gewerberechtliche oder produktbezogene Entscheidungen anderer Mitgliedstaaten anerkannt werden, um die Verkehrsfähigkeit von Produkten oder Dienstleistungen zu gewährleisten. Die gegenseitige Anerkennung justizieller Entscheidungen soll nach den Vorstellungen der Mitgliedstaaten und der Organe der EU das grundlegende Strukturelement der justiziellen Zusammenarbeit in Strafsachen bilden.[130] Daneben ist aber auch die *Angleichung von Rechtsvorschriften* der Mitgliedstaaten (Art. 82 Abs. 1 AEUV) in den in Art. 82 Abs. 2 und 83 AEUV genannten Bereichen eine grundlegende Voraussetzung für die justizielle Zusammenarbeit.

Beispiel: **90**
Der Rahmenbeschluss über den Europäischen Haftbefehl[131] regelt insbesondere den Wegfall der Prüfung beiderseitiger Strafbarkeit in 32 Kriminalitätsbereichen, die grundsätzliche Überstellung auch eigener Staatsangehöriger, eine einheitliche Formularpraxis und eine Beschleunigung des Verfahrens.[132] Die Entscheidung der Behörden eines Mitgliedstaates über die Zulässigkeit eines Haftbefehls soll in den bezeichneten Fällen von den Behörden anderer Mitgliedstaaten anerkannt werde, so dass der Betroffene ausgeliefert werden kann.
Das Bundesverfassungsgericht hat das deutsche Gesetz zur Umsetzung des Rahmenbeschlusses für verfassungswidrig erachtet, weil es über den Mindeststandard des Rahmenbeschlusses hinausgehe und die Auslieferungsfreiheit des Art. 16 Abs. 2 GG verletze.[133] Es hat aber das Prinzip der gegenseitigen Anerkennung als schonenden Weg zur Wahrung nationaler Staatlichkeit im europäischen Rechtsraum hervorgehoben.[134]
Das polnische Verfassungsgericht hat die parallele polnische Regelung zur Umsetzung des Rahmenbeschlusses über den Europäischen Haftbefehl teils verworfen.[135]

Das Europäische Parlament und der Rat verfügen auch für den Bereich der Angleichung des Strafverfahrensrechts eine Ermächtigung zum Erlass von Richtlinien über Mindestvorschriften (Art. 82 Abs. 2 AEUV).

---

[129] *Satzger,* in: Streinz (Hg.), Art. 82 AEUV, Rn. 4 ff.

[130] *Hecker,* Europäisches Strafrecht, § 12 Rn. 48.

[131] Rahmenbeschluss des Rates vom 13. Juni 2002 über den Europäischen Haftbefehl und die Überstellungsverfahren zwischen den Mitgliedstaaten, ABl. L 190 vom 18. Juli 2002, S. 1.

[132] *J. Vogel,* JZ 2005, 801 (802) m.w.N. zur umfangreichen Diskussion. Einzelheiten zum Inhalt bei *Hecker,* Europäisches Strafrecht, § 12, Rn. 52 ff.

[133] BVerfGE 113, 273; dazu *Tomuschat,* EuGRZ 2005, 453; *J. Vogel,* JZ 2005, 801.

[134] Ebd. LS 2.

[135] Urteil vom 27.4.2005, Az. P 1/05, EuR 2005, 494.

5.3. Eurojust

91   Die justizielle Zusammenarbeit bei der Strafverfolgung in der Europäischen Union koordiniert Eurojust (Art. 85 AEUV).[136] Rechtsgrundlage ist ein Beschluss. Die rechtlichen Grundlagen bezüglich des Aufbaus, der Arbeitsweise, des Tätigkeits- und Aufgabenbereiches von Eurojust werden durch das Europäische Parlament und den Rat künftig durch eine Verordnung im Wege des ordentlichen Gesetzgebungsverfahrens festgelegt (Art. 85 Abs. 1 UAbs. 2 AEUV). Eurojust nimmt Aufgaben der Strafverfolgung wahr, wobei die Vornahme förmlicher Prozesshandlungen gemäß Art. 85 Abs. 2 AEUV den nationalen Justizbehörden obliegt. Mit Aufgaben der Gefahrenabwehr ist Eurojust nicht befasst.

92   Die mit Rechtspersönlichkeit ausgestattete Einrichtung mit Sitz in Den Haag ist mit Personen besetzt, die selbst nach Maßgabe ihres nationalen Rechts strafprozessuale Befugnisse ausüben können. Es handelt sich um Richter, Staatsanwälte oder Polizeibeamte. Daher ist Eurojust nicht nur zu schnellen Rechtsauskünften in der Lage, sondern auch zur Koordinierung von Ermittlungs- und Strafverfolgungsmaßnahmen.[137] Die Zuständigkeit von Eurojust entspricht derjenigen von Europol und betrifft schwere und organisierte Kriminalität mit grenzüberschreitendem Charakter. Zudem unterstützt Eurojust die nationalen Behörden bei der Rechtshilfe.

93   Eurojust ist als Auskunfts-, Dokumentations- und Clearingstelle das justizielle Gegenüber der polizeilichen Kooperation in Europol.[138] Eine Ausweitung der exekutivischen Befugnisse von Europol könnte durch die Zuweisung von justiziellen Kontrollbefugnissen an Eurojust begleitet werden.

5.4. Europäische Staatsanwaltschaft

94   Das Projekt der Schaffung einer Europäischen Staatsanwaltschaft, das Aufnahme in den AEUV gefunden hat, betrifft vorrangig Straftaten zu Lasten der finanziellen Interessen der Union, kann aber darüber hinaus zur Keimzelle eines spezifischen europäischen Strafprozessrechts werden.[139] Die Europäische Staatsanwaltschaft soll zur Verfolgung von Straftaten zum Nachteil der finanziellen Interessen der Union ermächtigt werden (Art. 86 Abs. 1 AEUV). Der Rat kann sie gemäß einem besonderen Gesetzgebungsverfahren durch Verordnung einsetzten (Art. 86 Abs. 1 AEUV). Erforderlich ist eine Zustimmung des Europäischen Parlaments und Einstimmigkeit im Rat (Art. 86 Abs. 1 S. 2 AEUV).

95   Eine Ausdehnung der Befugnisse sieht die Vorschrift des Art. 86 Abs. 4 AEUV vor. Demnach können die Befugnisse der Europäischen Staatsanwaltschaft auf die Bekämpfung der schweren Kriminalität mit grenzüberschreitenden Dimensionen

---

[136] *Esser/Herbold*, NJW 2004, 2421.
[137] *Satzger*, Strafrecht, § 10 Rn. 13.
[138] *Hecker*, Europäisches Strafrecht, § 5 Rn. 73.
[139] *Satzger*, Strafrecht, § 10 Rn. 22.

ausgeweitete werden. Der Europäische Rat beschließt einstimmig nach Zustimmung des Europäischen Parlaments und Anhörung der Kommission.

6. Europäische Polizeiliche Zusammenarbeit

6.1. Gesetzgeberische Grundzüge

Die polizeiliche Zusammenarbeit ist in Art. 87 bis 89 AEUV geregelt. Rechtsakte   **96** ergehen grundsätzlich im ordentlichen Gesetzgebungsverfahren, also nach dem Mehrheitsprinzip. Allerdings bleibt die operative Zusammenarbeit inforgle eines besonderen Gesetzgebungsverfahrens in der alleinigen Zuständigkeit des Rates (Art. 87 Abs. 3 AEUV). Er beschließt insoweit einstimmig. Dem Europäischen Parlament kommen keine Mitentscheidungsbefugnis zu, es wird lediglich angehört. Eine verstärkte Zusammenarbeit von mindestens neun Mitgliedstaaten in ist möglich.

Maßnahmen der Union in der Polizeilichen Zusammenarbeit sollen zur Verhü-   **97** tung und Bekämpfung von Kriminalität sowie von Rassismus und Fremdenfeindlichkeit, zur Koordinierung und Zusammenarbeit von Polizeibehörden und Organen der Strafrechtspflege und den anderen zuständigen Behörden sowie durch die gegenseitige Anerkennung strafrechtlicher Entscheidungen und erforderlichenfalls durch die Angleichung der strafrechtlichen Rechtsvorschriften führen (Art. 67 Abs. 3 AEUV). Ziel der Regelungen ist die Gewährleistung eines hohen Maßes an Sicherheit für die Union und die Bürger.

Maßnahmen in den Bereichen der Art. 82 und 83 AEUV für die justizielle und   **98** 87 Abs. 2 AUEV für die polizeiliche Zusammenarbeit werden in den allgemeinen intrumentellen Formen des Unionsrechts erlassen. Neu ist in diesem Zusammenhang folglich Verabschiedung unmittelbar geltenden Rechts im Bereich der polizeilichen- und justiziellen Zusammenarbeit.

Durch den Vertrag von Lissabon wurde die Rechstaktsform des *Rahmenbe-*   **99** *schlusses abgeschafft.* Die bereits existierenden Rahmenbeschlüsse gelten jedoch weiter. Es davon auszugehen, dass für die Union wichtige Regelungen in Form von Richtlinien neu erlassen werden, wodurch eine stärkere Bindung der Mitgliedstaaten begründet wird. Ziel von Rahmenbeschlüssen war oftmals die Angleichung innerstaatlicher Bestimmungen des Strafrechts und Strafprozessrechts. Der Rahmenbeschluss formulierte z.B. einen Mindeststandard an Delikten, die in allen Mitgliedstaaten unter Strafe gestellt werden müssen. Konsequenz ist die Anpassung der innerstaatlichen Vorschriften. Das umsetzende innerstaatliche Gesetz begründet die rechtlichen Verpflichtungen, zumal ein Rahmenbeschluss im Unterschied zu einer Richtlinie keine unmittelbare Wirksamkeit erlangen kann (Art. 34 Abs. 2 lit. b Satz 2 EUV a. F.). Der EuGH nahm eine Pflicht zur rahmenbeschlusskonformen Auslegung des innerstaatlichen Rechts an,[140] die der Pflicht zu richtlinienkonformen Auslegung entspricht.

---

[140] EuGH, Rs. C-105/03 (Pupino), Slg. 2005, I-5285.

100 **Beispiele:**
Der Rahmenbeschluss 2002/222/JI des Rates vom 24. Februar 2005 über Angriffe auf Informationssysteme bezweckt unter anderem eine Angleichung der innerstaatlichen Regelungen über die Strafbarkeit des unbefugten sich Verschaffens von Zugang zu Computersystemen und des rechtswidrigen Systemeingriffs (Hacking).[141] Er soll durch eine Richtlinie ersetzt werden.
Der Rahmenbeschluss zur Terrorismusbekämpfung vom 13. Juni 2002[142] hat zu einer Neufassung des § 129a StGB über die Bildung terroristischer Vereinigungen geführt.[143]

6.2. Der Schengen Besitzstand

6.2.1. Entwicklung

101 Die rechtlichen Grundlagen für den ungehinderten Grenzübertritt innerhalb der Europäischen Union haben sich zunächst außerhalb des unionsrechtlichen Rahmens entwickelt. Die Abschaffung der Personenkontrollen bedingt die Europäisierung der polizeirechtlichen Rechtsgrundlagen für Eingriffe im Zusammenhang eines Grenzübertritts. Da sich die Mitgliedstaaten im Rahmen der Union nicht auf Regelungen über die Grenzkontrollen und die Zuständigkeit für Asylanträge einigen konnten, gelangten die wenigen einigungswilligen Staaten zu Vereinbarungen auf völkerrechtlicher Ebene neben dem damaligen EG-Recht. Erst am Ende der Entwicklung stand die Eingliederung der Regelungen in das Unionsrecht. [144]

102 Den normativen Ursprung bildet *das Schengen-Übereinkommen* vom 14. Juni 1985 (SÜ).[145] Es wurde zunächst von Belgien, Deutschland, Frankreich, den Niederlanden und Luxemburg abgeschlossen. Nach und nach traten weiter Staaten bei. Kern des Schengen-Übereinkommens war der Abbau der Kontrollen an den Binnengrenzen bei gleichzeitiger Zusammenarbeit der teilnehmenden Staaten hinsichtlich der Kontrolle an den gemeinsamen Außengrenzen.[146] Im Regelfall sollte für den Personenverkehr eine einfache Sichtkontrolle der Personenkraftfahrzeuge genügen, ohne diese anzuhalten (Art. 2 SÜ). Im Hinblick auf den Straßengüterverkehr wurde ein Beschränkung auf Stichprobenkontrollen vereinbart (Art. 11, 12 SÜ). Der Kampf gegen Kriminalität sollte insbesondere durch den Austausch

---

[141] ABl. Nr. L 69 vom 16.3.2005, S. 67; die Umsetzungsfrist endet am 16.3.2007.

[142] Rahmenbeschluss 2002/475/JI des Rates vom 13. Juni 2002 zur Terrorismusbekämpfung, ABl. L 164, S. 3.

[143] *Hecker*, Europäisches Strafrecht, § 11, Rn. 66.

[144] Aus der Sicht der politischen Praxis *Elsen*, in: Müller-Graff (Hg.), Der Raum der Freiheit, der Sicherheit und des Rechts, 2005, S. 43 ff.

[145] Übereinkommen von Schengen vom 14. Juni 1985 zwischen den Regierungen der Staaten der Benelux-Wirtschaftsunion, der Bundesrepublik Deutschland und der Französischen Republik betreffend den schrittweisen Abbau der Kontrollen an den gemeinsamen Grenzen, Text in GMBl. 1986, S. 79 (Nr. 5).

[146] Zum Ganzen *Achermann/Bieber/Epiney/Wehner*, Schengen und die Folgen, 1995; *deLobkowicz*, in: Busek/Hummer (Hg.), Etappen auf dem Weg zu einer europäischen Verfassung, 2004, S. 131.

von Informationen verstärkt werden (Art. 9 SÜ). Die Abschaffung der Grenzkontrollen wurde von vornherein mit dem Ergreifen von Ausgleichmaßnahmen verbunden.

Handhabbar wurden die Regelungen des Schengen-Übereinkommens durch das **103** *Schengen-Durchführungsübereinkommen* vom 19. Juni 1990 (SDÜ).[147] Mit ihm werden die Personenkontrollen an den Binnengrenzen abgeschafft (Art. 2 Abs. 1), die befristete Einführung im Einzelfall ist zu notifizieren.[148] Das SDÜ enthält neben Regelungen zu einem einheitlichen Sichtvermerk und zum Asylrecht auch Bestimmungen über die *polizeiliche Zusammenarbeit*. Die Vertragsstaaten verpflichten sich zu gegenseitiger Hilfe (Art. 39). Grenzüberschreitende Observationen können aufgrund der Zustimmung des anderen Vertragsstaates zu einem Rechtshilfeersuchen oder in dringlichen Fällen nach Meldung und Nachreichen eines Rechtshilfeersuchens durchgeführt werden. Die Nacheile, also die Verfolgung von Personen, die auf frischer Tat ertappt werden, über die Grenzen hinweg, ist unter Einhaltung einer Reihe von Modalitäten zulässig (Art. 41). Allgemeine Regelungen über die Rechtshilfe in Strafsachen und die Auslieferung runden die Kapitel des SDÜ zur justiziellen Zusammenarbeit ab (Art. 48 ff.). Damit ist es zulässig, dass fremde Hoheitsgewalt auf dem Gebiet des Gefahrenabwehrrechts ausgeübt wird.[149] Dies erkennen innerstaatliche Regelungen in Landespolizeigesetzen an, die insoweit auf vertragliche Vereinbarungen verweisen (z.B. § 78 Abs. 4 PolG BW, § 79 Abs. 1 Satz 2 PolG BW).

Einer der wesentlichen Bestandteile des SDÜ ist die Einrichtung eines gemein- **104** samen Informationssystems der Vertragsstaaten. Durch das *Schengener Informationssystem (SIS)* werden Ausschreibungen, die der Suche nach Personen oder Sachen dienen, zum Abruf im automatisierten Verfahren bereit gehalten (Art. 92 Abs. 1). Für die Staatsanwaltschaften in Deutschland gibt es „Richtlinien über die internationale Fahndung nach Personen, einschließlich der Fahndung nach Personen im Schengener Informationssystem".[150] Mittels der zentralen Unterstützungseinheit in Straßburg werden die Informationen verwaltet und sind für jede angeschlossene Stelle der nationalen Behörden zugänglich. Falls etwa ein Drittausländer zur Einreiseverweigerung ausgeschrieben ist (Art. 96) oder eine Sache zur Sicherstellung (Art. 100), hat jede berechtigte Stelle vor Ort unmittelbaren Zugriff auf diese Information. Zugriffsberechtigt sind die Stellen, die für Grenzkontrollen zuständig sind und hinsichtlich der Einreiseverweigerung auch be-

---

[147] Gesetz vom 23.7.1993 zum Übereinkommen vom 19. Juni 1990 zur Durchführung des Übereinkommens von Schengen vom 14. Juni 1985 zwischen den Regierungen der Staaten der Benelux-Wirtschaftsunion, der Bundesrepublik Deutschland und der Französischen Republik betreffend den schrittweisen Abbau der Kontrollen an den gemeinsamen Grenzen, BGBl. II, S. 1010.

[148] *Groenendijk*, ELJ 10 (2004), 158 ff. zählt von 2000-2003 33 Fälle, zumeist vor Gipfeln des Europäischen Rates oder ähnlichen Treffen von Staats- und Regierungschefs etwa im Rahmen der G8.

[149] *Schoch*, POR, Rn. 47.

[150] RiStBV Anlage F, abgedruckt bei *Meyer-Goßner*, StPO, 54. Aufl. 2011, A 15; zu grenzüberschreitenden Maßnahmen ebd. § 163, Rn. 8a f.

stimmte Ausländerbehörden (Art. 101). In dem weiten Kreis der unmittelbar und ohne Zeitverzögerung Zugriffsberechtigten liegt der Vorteil des SIS.

105   Das Erheben, Verarbeiten und Speichern von personenbezogenen Daten durch ein staatlich verantwortetes Informationssystem macht Regelungen zu Datenschutz und Datensicherung zwingend notwendig.[151] Die Vertragsstaaten haben sich auf einen gemeinsamen Mindeststandard an Datenschutz verpflichtet (Art. 126 SDÜ), der sich aus den Maßstäben des Datenschutzübereinkommens des Europarates ergibt.[152]

106   Das Schengener Informationssystem soll ausgebaut und erneuert werden (SIS II).[153] Jedoch ist es noch nicht in Betrieb. Ziele sind es, die Kooperation der Behörden zu verbessern sowie die polizeiliche Zusammenarbeit zu fördern. Im Vordergrund stehen technologische Verbesserungen, während die rechtlichen Grundstrukturen erhalten bleiben.[154] Allerdings kann aus der Aktualisierung der Informationstechnologie eine qualitative Intensivierung von Eingriffen in Rechte folgen. Aus diesem Grund und wegen des Verhältnisses von Kosten und Nutzen ist das Projekt politisch umstritten.[155]

6.2.2. Der aktuelle Bestand

107   Teil des Vertrages von Amsterdam von 1998 war die Einbeziehung des Schengen-Besitzstandes in das Recht der Europäischen Union.[156] Dies erfolgt durch ein Protokoll.[157] Solche Protokolle tragen gemäß Art. 51 EUV primärrechtlichen Charakter. Der Schengen-Besitzstand ist die Bezeichnung für eine verstärkte Zusammenarbeit nach Art. 326-334 AEUV, Art. 20 EUV, also eine sachliche Kooperation, an der nicht alle Mitgliedstaaten teilnehmen. Sonderregeln gelten für Dänemark, das Vereinigte Königreich und Irland haben sich vorbehalten, im Einzelfall über ihre Beteiligung an einem Rechtsakt zu entscheiden (opt-in).[158] Aufgrund vertraglicher Vereinbarungen haben Norwegen, Island und die Schweiz den Schengen-

---

[151] Vgl. *Epiney*, in: Busek/Hummer (Hg.), Etappen auf dem Weg zu einer europäischen Verfassung, 2004, S. 125 f.

[152] Übereinkommen des Europarates über den Schutz des Menschen bei der automatischen Verarbeitung personenbezogener Daten vom 28. Januar 1981, ETS no. 108.

[153] Verordnung (EG) Nr. 1104/2008 des Rates vom 24. Oktober 2008 über die Migration vom Schengener Informationssystem (SIS 1+) zum Schengener Informationssystem der zweiten Generation (SIS II), ABl. L 299 vom 8. November 2008, S. 1.

[154] *Gusy/Schewe*, in: Weidenfeld/Wessels (Hg.), Jahrbuch der Europäischen Integration 2003/2004, 2004, S. 179.

[155] *Kugelmann*, in: Schulze/Zuleeg/Kadelbach, Europarecht, § 41 Rn. 116.

[156] *Elsen*, Die Übernahme des „Schengen-acquis" in den Rahmen der EU, in: Hummer (Hg.), Rechtsfragen in der Anwendung des Amsterdamer Vertrages, 2001, S. 39; *Epiney*, Die Übernahme des „Schengen-Besitzstandes" in die EU, in: Hummer (Hg.), Die EU nach dem Vertrag von Amsterdam, 1998, S. 103.

[157] Protokoll Nr. 2 zur Einbeziehung des Schengen-Besitzstandes in den Rahmen der Europäischen Union.

[158] *Kugelmann*, in: Schulze/Zuleeg/Kadelbach, Europarecht, § 41 Rn. 60.

Besitzstand für sich in Kraft gesetzt. [159] Lichtenstein ist dem Abkommen der EU mit der Schweiz über die Assoziierung der Schweiz bei der Umsetzung, Anwendung und Entwicklung des Schengen-Besitzstands beigetreten.[160]

Der Schengen-Besitzstand besteht aus den im Anhang des Protokolls aufge-   **108**
führten Bestandteilen.[161] Die Grundlage bilden das Schengener Übereinkommen, das Schengener Durchführungsübereinkommen sowie die Beitrittsprotokolle und Beitrittsübereinkommen zu diesen beiden Abkommen. Hinzu treten die Beschlüsse und Erklärungen des Exekutivausschusses nach dem SDÜ. Durch Beschlüsse des Rates vom 20. Mai 1999 erfolgte eine Zuordnung des Großteils dieser Rechtsmasse zu den Vorschriften der Art. 67 ff. AEUV.[162] Der EuGH verfügt nach Unionsrecht in der Fassung des Vertrages von Lissabon über umfassende Zuständigkeiten nach den allgemeinen Regeln.[163]

6.3. Das Prüm-Konzept

Am 27. Mai 2005 haben Belgien, Deutschland, Frankreich, Luxemburg, die Nie-   **109**
derlande, Österreich und Spanien einen Vertrag über die Vertiefung der grenzüberschreitenden Zusammenarbeit, insbesondere zur Bekämpfung des Terrorismus, der grenzüberschreitenden Kriminalität und der illegalen Migration abgeschlossen.[164] Der namensgebende Ort der Unterzeichung war Prüm in Rheinland-Pfalz. Es schreibt die Gehalte des Schengen-Übereinkommens und des Schengen-Durchführungsübereinkommens inhaltlich fort und steht - ebenso wie diese zum Zeitpunkt ihres Abschlusses - außerhalb des Rechts der Europäischen Union.

Die sieben Vertragsstaaten wollten eine Vorreiterrolle spielen, denn die Rege-   **110**
lungen sollten in den Rechtsrahmen der Europäischen Union überführt werden. Spätestens drei Jahre nach Inkrafttreten des Übereinkommens sollte eine entsprechende Initiative unternommen werden (Art. 1 Abs. 4).

---

[159] Übereinkommen vom 18. Mai 1999 zwischen dem Rat der EU sowie der Republik Island und dem Königreich Norwegen über die Assoziierung der beiden letztgenannten Staaten bei der Umsetzung, Anwendung und Entwicklung des Schengen-Besitzstandes, ABl. L 176 vom 10. Juli 1999, S. 31; Beschluss 2008/903/EG des Rates vom 27. November 2008 über die vollständige Anwendung der Bestimmungen des Schengen-Besitzstands in der Schweizerischen Eidgenossenschaft, ABl. L 327 vom 5. Dezember 2008, S. 15.

[160] Der Rat der EU hat dem am 7.3.2011 zugestimmt.

[161] S. *Hailbronner* (Hg.), Ausländerrecht, D 6.

[162] Beschlüsse des Rates 1999/435/EG und 1999/436/EG vom 20. Mai 1999, ABl. L 176 vom 10. Juli 1999, S. 1 und 17.

[163] *Thiele*, EuR 2010, 30.

[164] Dem Vertrag sind eine Anlage zu Art. 17 über den Inhalt der Anmeldung eines Flugsicherheitsbegleitung, eine Anlage zu Art. 28 über die zugelassenen Dienstwaffen bei einem Einsatz auf dem Hoheitsgebiet eines anderen Vertragsstaates sowie eine Gemeinsame Erklärung angefügt.

111   Wie im Fall des Schengen-Übereinkommens wurde der Vertrag von Prüm durch einen Beschluss des Rates in den Rechtsrahmen der EU überführt,[165] der für alle Mitgliedstaaten gilt. Der *Prüm-Beschluss* hat vorrangig den Austausch von Informationen zum Gegenstand. Für die Bundesrepublik Deutschland ist das Bundeskriminalamt die nationale Kontaktstelle, im Hinblick auf die KfZ-Daten ist das Kraftfahrtbundesamt zuständig. Weitere Regelungen betreffen die Zusammenarbeit bei Großveranstaltungen, wie Fußball-Europameisterschaften, oder gemeinsame Streifen im Grenzgebiet.[166]

112   Der Prüm-Beschluss wurde auf Bundesebene 2009 umgesetzt.[167] Eine ausdrückliche Inkorporation findet sich demgemäß in § 64 BPolG. Dagegen ist die Umsetzung in den Landespolizeigesetzen unterschiedlich. Eine klare Umsetzungsregelung hat Mecklenburg-Vorpommern vorgenommen (§ 10 Abs. 1 S. 2 SOG MV). Andere Landespolizeigesetze beziehen die Kooperation auf der Grundlage des Prüm-Beschlusses in die allgemeinen Regeln der Kooperation mit anderen Staaten ein.[168] Wenn und soweit sich diese Regelungen auf die Zusammenarbeit aufgrund Vertrages beschränken, erfüllen sie nicht die Anforderungen an eine klare Umsetzung europäischer Vorgaben.[169]

113   Im Mittelpunkt des Prüm-Beschlusses steht der *Austausch von Informationen* zwischen den Vertragsstaaten. Ziel des Prüm-Konzeptes ist insbesondere die Vereinfachung der internationalen polizeilichen Kooperation durch die Verbesserung des grenzüberschreitenden Datenaustauschs zwischen den Polizeibehörden der Mitgliedstaaten. Hierbei sollen die Polizeibehörden eines Mitgliedstaates Zugriff auf einschlägige Informationen haben, die bei den Behörden anderer Mitgliedstaaten vorhanden sind. Die Vernetzung der nationalen Datenbänke führt zu einer Erleichterung des Rechtshilfeverkehrs zwischen den Mitgliedstaaten, da dieser erst beschritten werden muss, wenn bereits feststeht, dass relevante Informationen in einem anderen Land vorhanden sind.

114   Jeder Mitgliedstaat verpflichtet sich, DNA-Analyse-Dateien einzurichten und den nationalen Kontaktstellen der anderen Vertragsstaaten zum automatisierten Abruf zugänglich zu machen (Art. 2 ff.). Gleiches gilt für daktyloskopische Daten, also Fingerabdrücke (Art. 8 ff.). Der Zugriff auf diese Daten erfolgt im Wege eines automatisierten Verfahrens über das Internet. Die Daten sind hierbei anonym eingestellt und mit einer Kennung versehen, so dass der Abruf durch einen Mitgliedstaat gerade nicht zur Übermittlung von personenbezogenen Daten führt. Der

---

[165] Beschluss des Rates vom 23. Juni 2008 zur grenzüberschreitenden Zusammenarbeit, insbesondere zur Bekämpfung des Terrorismus und der grenzüberschreitenden Kriminalität, ABl. L 210 vom 6. 8. 2008, S. 1.

[166] Dazu *Kugelmann*, in: ders. (Hg.), Polizei unter dem Grundgesetz, 2010, S. 93.

[167] Gesetz zur Umsetzung des Beschlusses des Rates 2008/615/JI vom 23. Juni 2008 zur Vertiefung der grenzüberschreitenden Zusammenarbeit, insbesondere zur Bekämpfung des Terrorismus und der grenzüberschreitenden Kriminalität vom 31. Juli 2009 (BGBl I, S. 2506).

[168] Z.B. §§ 79, 78 PolG BW; Art. 10, 11 BayPAG; §§ 103, 102 HessSOG; §§ 92, 91 Abs. 3 SOG LSA.

[169] §§ 7, 8 ASO Bln; § 9 Abs. 4 POG NW.

abrufende Staat erhält lediglich eine Rückmeldung nach dem sog. hit/no hit-System. Der abrufende Staat wird folglich lediglich im Rahmen des automatisierten Verfahrens darüber informiert, ob zu dem eingegebenen Datensatz ein Treffer erzielt wurde oder nicht. Im Fall einer positiven Rückmeldung können personenbezogene Daten lediglich im Rahmen eines Rechtshilfeverfahrens zwischen dem abrufende und dem die Datei führenden Staat übermittelt werden. Dieses System kommt sowohl für die DNA-Daten als auch für die Fingerabdrucksysteme zur Anwendung. Den nationalen Kontaktstellen der anderen Vertragsstaaten wird weiter die Befugnis eingeräumt, Daten aus den Fahrzeugregistern abzurufen (Art. 12).

Die Abfrage von Kfz-Registerdaten unterliegt nicht so strengen Restriktionen **115** wie der Abruf von DNA-Daten und daktyloskopischen Daten, was auf die Sensibilität der abrufenden Daten zurückzuführen ist. Hier steht allen Mitgliedstaaten der unmittelbar und volle Online-Lesezugriff zur Verfügung. Im Fall von Großveranstaltungen ist die Übermittlung auch personenbezogener Daten zulässig, etwa die Personalien von gewaltbereiten Ultras bei einer Fußball-Europameisterschaft (Art. 13 ff.).

Maßnahmen zur Bekämpfung terroristischer Straftaten werden in Art. 16 gere- **116** gelt. Gemeinsame Streifen und andere grenzüberschreitende Einsatzformen sollen eingerichtet, die Nacheile und grenzüberschreitende Hilfe etwa in Katastrophenfällen sollen erleichtert werden (Art. 17 ff.). Ein diesbezüglicher Einsatz von Dienstwaffen, Munition und Ausrüstungsgegenstanden in einem anderen Mitgliedstaat ist Regelungsgehalt des Art. 19.

Regelungsgegenstände, welche aufgrund der fehlenden Kompetenz nicht durch **117** die Union geregelt werden konnten, bleiben weiterhin Gegenstand des Prüm-Vertrages. Dieser wurde durch den Prüm-Beschluss nicht aufgehoben, sondern bleibt weiterhin anwendbar (Art. 35). Die Mitgliedstaaten arbeiten hier auf völkerrechtlicher Ebene zusammen. Dies betritt den Einsatz von bewaffneten Flugsicherheitsbegleitern, so genannten Sky-Marshals (Art. 17 f. Prüm-Vertrag)[170] und den Einsatz von Dokumentenberatern in (Art. 20 ff. Prüm-Vertrag).

Der Prüm-Vertrag wie auch der Prüm-Beschluss knüpfen an bestehende Ko- **118** operationen und vorhandene Rechtsakte der Union an. Sie enthalten tiefgehende Grundrechtseingriffe.[171] Die datenschutzrechtlichen Vorschriften des Übereinkommens und des Beschlusses verweisen teilweise auf das Datenschutzübereinkommen des Europarates oder das innerstaatliche Recht, etwa hinsichtlich der Kontrolle durch die unabhängigen Stellen des Datenschutzes (Art. 25 Prüm-Beschluss). Die datenschutzrechtliche Zweckbindung wird angeordnet (Art. 26 Prüm-Beschluss) und die Betroffenen verfügen über die Rechte auf Auskunft, Berichtigung oder Löschung sowie auf Schadensersatz (Art. 31 Prüm-Beschluss).

---

[170] Vgl. die Fortgeschrittenenhausarbeit von *Ronellenfitsch/Glemser*, JuS 2008, 888.

[171] *Schöndorf-Haubold*, Sicherheitsverwaltungsrecht, Rn. 69; allgemein *Brummund*, Kohärenter Grundrechtsschutz im Raum der Freiheit, der Sicherheit und des Rechts, 2010, S. 101 ff.

6.4. Kooperationen durch Information und Kommunikation

119   Ein weiteres Dokument zur Konkretisierung der polizeilichen Zusammenarbeit auf europäischer Ebene, stellt der Rahmenbeschluss des Rates vom 18. Dezember 2006 *„Schwedische Initiative"* dar.[172] Der Rahmenbeschluss regelt die unmittelbare Zusammenarbeit der normalen mitgliedstaatlichen Polizeibehörden. Er ist aber bisher nur von wenigen Mitgliedstaaten in das innerstaatliche Recht inkorporiert und wird nur von zwei Staaten angewandt. Auch in der Bundesrepublik Deutschland ist keine Umsetzung erfolgt. Teils wird die wenig überzeugende Ansicht vertreten, die geltenden Regeln der Polizeigesetze über die internationale Übermittlung von Daten reichten aus.

120   Da das Instrument des Rahmenbeschlusses abgeschafft ist, dürften entsprechende Regelungen durch eine Richtlinie im Rahmen der Verwirklichung einer *Agenda für den Informationsaustausch* erfolgen, die nach dem Stockholmer Programm abgearbeitet werden soll. Teil dieser Agenda soll neben der Schwedischen Initiative der Prümer Beschluss und die Behandlung von Passagierdaten sein. Vor diesem Hintergrund soll die Schwedische Initiative dargestellt werden, auch wenn der Rahmenbeschluss elbst nur wenig Aussicht auf Umsetzung in allen Mitgliedstaaten hat.

121   Ziel des Rahmenbeschlusses ist die Vereinfachung des Austausches von Informationen und Erkenntnissen zwischen den Strafverfolgungsbehörden der Mitgliedstaaten und die Beschleunigung des Verfahrens. Der Informationsaustausch soll hier im Gegensatz zum Prüm-Beschluss nicht über eine nationale Zentralstelle sondern direkt zwischen den zuständigen Polizeibehörden der Mitgliedstaaten erfolgen. Hierzu bedarf es der Schaffung gemeinsamer Regeln, die insbesondere der Anpassung der in den Mitgliedstaaten vorhandenen unterschiedlichen Verfahrensvoraussetzungen dienen, um dadurch eine effektive Strafverfolgung im grenzüberschreitenden Bereich zu erzielen. Die Regelung des Art. 3 Rahmenbeschluss 2006/960/JI sieht einen diskriminierungsfreien Austausch vor, indem die ersuchte Polizeibehörde auf eine Anfrage einer Behörde aus einem anderen Mitgliedstaat genauso unkompliziert antworten können soll, wie auf ein Ersuchen einer innerstaatlichen Behörde.

122   **Beispiel:**
Die Polizeibehörde aus Maastricht stellt ein dringendes Ersuchen an die Polizeibehörde in Aachen hinsichtlich der Daten über den Wohnsitz des A, der in Maastricht aufgefallen ist. Bisher besteht keine Verfahrensregelung. Durch die Umsetzung der Schwedischen Initiative würde eine Pflicht zur Antwort innerhalb von 8 Stunden begründet.

123   Austauschfähige Informationen sind hierbei nur solche, die in den Mitgliedstaaten bereits vorhanden sind oder solche, die die nationalen Strafverfolgungsbehörden oder privaten Stellen beschaffen können. Zur Beschleunigung des Verfahrens ist

---

[172] Rahmenbeschluss 2006/960/JI des Rates über die Vereinfachung des Austauschs von Informationen und Erkenntnissen zwischen den Strafverfolgungsbehörden der Mitgliedstaaten der Europäischen Union, ABl. L 386 v.29.12.2008, S. 89.

die Bearbeitung der Ersuchen an Fristen geknüpft. Die Länge der Frist richtet sich nach der Art des Ersuchens. Die Übermittlung der Informationen kann auf allen den Behörden zur Verfügung stehenden Kommunikationswegen erfolgen, die für die internationale Zusammenarbeit im Bereich der Strafverfolgung zur Verfügung stehen. Die Bestimmungen des jeweils genutzten Kanals gelten für den Datentransfer und den Datenschutz. Die Vorschrift des Art. 8 Nr. 3 Rahmenbeschluss regelt, dass die Behörden die Daten regelmäßig nur zu den Zwecken nutzen, zu denen sie ihnen zuvor übermittelt worden sind. Eine andere Verwendung ist an die vorherige Genehmigung des übermittelnden Mitgliedstaates geknüpft.

Bankdaten sind Gegenstand des sog. *SWIFT-Abkommens*. Dabei geht es darum, **124** dass die Sicherheitsbehörden der Vereinigten Staaten von Amerika Zugriff auf grenzüberschreitende Kontenbewegungen nehmen wollen. Diese werden über ein in Belgien ansässiges Unternehmen abgewickelt. Das Abkommen war bereits zwischen der Kommission, dem Rat und den Vereinigten Staaten ausverhandelt. Dann trat der Vertrag von Lissabon in Kraft, nach dem der Abschluss internationaler Verträge vollständig unter die allgemeinen Regeln fällt, wonach das Europäische Parlament über ein Mitwirkungsrecht verfügt. Das Parlament machte von diesem Recht Gebrauch und koppelte seine Zustimmung an eine Stärkung des Datenschutzes. Entsprechende Ersuchen der Vereinigten Staaten werden von Europol auf die Wahrung des Datenschutzes geprüft. In dieser Gestalt wurde das Abkommen abgeschlossen.[173]

Dieses Beispiel zeigt die Wichtigkeit demokratischer Kontrolle für die Siche- **125** rung der Grundrechte. Ob Europol die geeignete Behörde ist, um den Datenschutz zu gewährleisten, erscheint zumindest fraglich. Immerhin besteht ein Verfahren, um Mindeststandards zu sichern.

Besondere Daten, deren Übermittlung Gegenstand der polzilichen Zusammen- **126** arbeit ist, sind die *Daten der Passagiere von Luftfahrzeugen (Passenger Name Records – PNR)*.[174] Innerhalb der Europäischen Union wurden Pässe mit Sicherheitsmerkmalen eingeführt werden, die biometrische Daten einschließen.[175] Diese Regelung steht in Zusammenhang mit dem Abkommen der ehemaligen EG mit den USA zur Übermittlung der Daten von Fluggästen.[176] Die USA verlangen detaillierte Informationen über die Fluggäste, die von einem Flughafen in der EU zu einem Flughafen in den Vereinigten Staaten von Amerika reisen. Die Übermittlung personenbezogener Daten an einen Drittstaat ist aber nur unter Einhaltung datenschutzrechtlicher Vorgaben zulässig, die auch der Datenschutz-Richtlinie zu Grunde liegen. Zur Kontrolle der Personen bei der Einreise fordern die USA zudem, dass in den Reisepässen biometrische Merkmale vorhanden sein müssen. Die Verwirklichung dieser Forderung musste aber mehrmals verschoben werden, weil

---

[173] *Tamm*, VuR 2010, 215.

[174] *Tamm*, VuR 2010, 215.

[175] Verordnung (EG) Nr. 2252/2004 des Rates vom 13. Dezember 2004 über Normen für Sicherheitsmerkmale und biometrische Daten in von den Mitgliedstaaten ausgestellten Pässen und Reisedokumenten, ABl. L 385 vom 29. Dezember 2004, S. 1.

[176] BGBl. 2007 II, S. 1978; s. *Gusy*, Goltdammer's Archiv für Strafrecht 152 (2005), 216 (224).

die Einführung entsprechender Dokumente in den Mitgliedstaaten der EU nicht so schnell realisiert werden konnte. Während innerhalb der EU die Reisefreiheit gefördert wird, führen die teils übertriebenen Besorgnisse in den USA zu Erschwerungen des transatlantischen Reiseverkehrs.

127   Gegenstand der rechtspolitischen Diskussion in der EU ist die Frage, ob das Konzept der Übermittlung von PNR auf Flüge von der EU in Drittstaaten und umgekehrt ausgedehnt werden soll. Ziel ist, auch den Strafverfolgungsbehörden in der EU die Passagierdaten zur Verfügung zu stellen. Dieses Vorhaben triff allerdings auf erhebliche datenschutzrechtliche Bedenken.[177]

6.5. Datenschutz in der EU-Innenpolitik

128   Den unionsweit geltenden generellen Standard an Datenschutz bestimmt die Datenschutz-Richtlinie.[178] Sie ist in den Datenschutzgesetzen von Bund und Ländern umgesetzt. Dabei ist die völlige Unabhängigkeit der Datenschutzaufsicht gemäß Art. 28 Abs. 1 UAbs. 2 der Richtlinie zu gewährleisten. Sie dürfen keiner staatlichen Aufsicht unterstellt werden, da diese mittel- oder unmittelbar auf die Entscheidung der Kontrollstelle Einfluss nehmen könnten.[179] Hinzu tritt als Sonderregelung die Datenschutz-Richtlinie für die elektronische Kommunikation.[180] Diese Regelungen geben Anhaltspunkte für die grundrechtlichen Einordnungen und Abwägungen.[181]

129   Der Rahmenbeschluss über den Schutz personenbezogener Daten, die im *Rahmen der polizeilichen und justiziellen Zusammenarbeit* in Strafsachen verarbeitet werden, ist am 28. Dezember 2008 verabschiedet worden.[182] Dabei geht es um den Datenaustausch zum Zweck der Verhütung, Ermittlung, Feststellung oder Verfolgung von Straftaten oder der Vollstreckung strafrechtlicher Sanktionen (Art. 2). Erfasst wird somit der Datenaustausch sowohl zur Vornahme präventiver als auch repressiver Maßnahmen. Er umfasst jedoch nicht den gesamten Datenaustausch der jeweiligen Mitgliedstaaten, sondern beschränkt sich auf den Datenaustausch

---

[177] Auch unter praktischen Aspekten der Durchführung sind eingehende Prüfungen erforderlich.

[178] Richtlinie 95/46/EG vom 24.10.1995 zum Schutz natürlicher Personen bei der Verarbeitung personenbezogener Daten und zum freien Datenverkehr, ABl. L 281 vom 23.11.1995, S. 31; kommentiert von *Brühann*, in: Grabitz/Hilf (Hg.), EUV, Loseblatt, A 30 (Mai 1999).

[179] EuGH, Urt.v.9.3.2010, Rs. C- 518/07 (Europäische Kommission/Bundesrepublik Deutschland), Rn. 30, 32, 37, EuGRZ 2010, 58 = K&R 2010, 326 m.Anm. *Taeger* = EuZW 2010, 296 m.Anm. *Roßnagel*; JZ 2010, 784 m. Anm. *Spiecker*; dazu *Bull,* EuZW 2010, 488.

[180] Richtlinie 2002/58/EG vom 12.7.2002 über die Verarbeitung personenbezogener Daten und den Schutz der Privatsphäre in der elektronischen Kommunikation, ABl. L 201, S. 37.

[181] *Jarass*, EU-Grundrechte, § 13, Rn. 9.

[182] Rahmenbeschluss 2008/977/JI v. 28.12.2008, ABl. L 350 v. 30.12.2008, S. 60.

zwischen den Mitgliedstaaten (Art. 2 a), den Mitgliedstaaten oder deren Behörden und Behörden oder Informationssystemen des Titel VI EUV (Art. 2 b) und solchen, die aufgrund des Vertrags über die Europäische Union oder des Vertrags zur Gründung der Europäischen Gemeinschaft errichtet worden sind (Art. 2 c).

Ein verbesserter Datenschutz soll durch die Einführung von Mindeststandards   **130** bzw. der Festlegung von Zweck, Art und Weise des Datenaustausches erreicht werden. Der Rahmenbeschluss regelt ferner die Weiterleitung von Daten an Drittstaaten oder internationale Einrichtungen (Art. 13 ff.). Zuständig für die Überprüfung der Rechtmäßigkeit ist eine zuständige unabhängige Kontrollstelle (Art.10 Abs. 2, Art. 25). Als Kontrollstelle sollen vorliegend dieselben Stellen, die bereits nach der Richtlinie 95/46/EG in den Mitgliedstaaten agieren, auftreten. Schließlich werden die Rechte der vom Datenaustausch betroffenen Person geregelt. So müssen diese grundsätzlich vom jeweiligen Mitgliedstaat über die Erhebung oder Verarbeitung personenbezogener Daten informiert werden (Art. 16 Abs. 1). Zudem stehen ihnen ein Auskunftsrecht (Art. 17) und ein Recht auf Berichtigung, Löschung oder Sperrung zu (Art. 18), sofern die Voraussetzungen vorliegen

Spezifische Regelungen über den Datenschutz enthalten die einzelnen Rechts-   **131** akte, etwa der Europol-Beschluss oder auch das Schengen-Durchführungsübereinkommen hinsichtlich des Schengen-Informationssystems.[183] Das Verhältnis der Regelungen zueinander, ihr Zusammenspiel und die Konsequenzen für die Rechtspositionen der Bürger und den Rechtsschutz sind intransparent. Die Effektivität des Grundrechtsschutzes erscheint nicht gesichert. Die Maßstäbe und Eckpunkte des Datenschutzes in der EU insgesamt bedürfen der weiteren Ausarbeitung und der Effektivierung ihrer Wirksamkeit.[184]

7. Institutionen der polizeilichen Zusammenarbeit

7.1. Europol

Im Rahmen der polizeilichen Zusammenarbeit in Strafsachen haben die Mit-   **132** gliedstaaten das Europäische Polizeiamt geschaffen: Europol.[185] Dessen Grundlagen werden in Art. 88 AEUV geregelt. Dabei sollen wie auch bei Eurojust der Aufbau, die Arbeitsweise der Tätigkeitsbereich und die Aufgaben von Europol künftig in einer Verordnung geregelt werden, die durch das Europäische Parlament und den Rat im Wege des ordentlichen Gesetzgebungsverfahrens verabschiedet wird (Art. 88 Abs. 2 AEUV). Inhalt der Verordnung sollen auch die Regelung der Kontrollmöglichkeiten durch das Europäische Parlament und die Beteiligung der nationalen Parlamente sein (Art. 88 Abs. 2 UAbs. 2 AEUV).

---

[183] *Boehm*, JA 2009, 435 (437).

[184] *Kotzur*, EuGRZ 2011, 105; vgl. *Braum*, KritV 2008, 82.

[185] *Kröger*, Europol, 2004; *Korrell*, Europol, 2005; *Mokros*, in: Lisken/Denninger, O Rn. 209 ff.; *Schöndorf-Haubold*, Sicherheitsverwaltungsrecht, Rn. 41 ff.

7.1.1. Entstehung, Entwicklung und Aufbau

133   Europol mit Sitz in Den Haag ist das Produkt der Erkenntnis, dass grenzüberschreitende Kriminalität auch grenzüberschreitend bekämpft werden muss. Im Vordergrund der Zielsetzungen stehen die Erscheinungsformen der internationalen organisierten Kriminalität auf Felden wie der Bekämpfung des Drogenhandels oder des Menschenhandels.

134   Politisch waren seit 1991 Bestrebungen zur Errichtung eines Europäischen Polizeiamtes im Gange. Bereits ab Januar 1994 arbeitete die Europol-Drogeneinheit (European Drugs Unit - EDU) auf der Grundlage einer Vereinbarung der Mitgliedstaaten.[186] Die Mitgliedstaaten beschlossen 1995 aufgrund des EU-Vertrages eine eigene Drogenstelle zu errichten und überführten damit die Drogeneinheit in den Rahmen des Unionsrechts.[187] Sie bestand aus nationalen Verbindungsbeamten, die Zugriff auf den nationalen drogenbezogenen Datenbestand hatten. Ihre Aufgaben wurden mehrfach erweitert und etwa auf die Bekämpfung des Menschenhandels ausgedehnt.[188]

135   Parallel war 1995 bereits das *Europol-Übereinkommen* geschlossen worden,[189] welches nicht zum Unionsrecht zählte. Es handelte sich um einen völkerrechtlichen Vertrag, der auf den politischen Zielsetzungen des Art. 30 EUV a.F. beruhte. Als völkerrechtlicher Vertrag bedurfte es der Ratifikation in allen Mitgliedstaaten, die sich verzögerte. Das Übereinkommen trat am 1. Oktober 1998 in Kraft, Europol konnte am 1. Juli 1999 seine Arbeit aufnehmen.[190] Europol war bereits zum damaligen Zeitpunkt institutionell und verfahrenstechnisch an die Europäische Union angebunden.

136   Da es sich bei dem Übereinkommen um einen völkerrechtlichen Vertrag handelte, bedurfte jede Änderung des Übereinkommens einer Ratifizierung in den jeweiligen Mitgliedstaaten. Dieser Nachteil wurde durch den Europäischen Rat am 6. April 2009[191] durch den Europol-Beschluss beseitigt. Der Beschluss stellt die neue Rechtsgrundlage für Europol dar und löste das Europol-Übereinkommen zum 1. Januar 2010 ab. Europol wurde zu einer Einrichtung der Europäischen Union. Nach Art. 2 Abs. 1 des Europol-Beschlusses besitzt Europol Rechtspersönlichkeit.

137   Die Finanzierung erfolgt über den Haushalt der Europäischen Union (Art. 42 Europol-Beschluss). Die Organe von Europol sind gem. Art. 36 des Europol-Beschlusses der Verwaltungsrat und der Direktor. Die Leitung der Organisation obliegt dem Direktor, der unter anderem die laufende Verwaltung und Personal-

---

[186] *Hecker*, Europäisches Strafrecht, § 5, Rn. 59; *Soria*, VerwArch 89 (1998), S. 416 ff..

[187] Gemeinsame Maßnahme vom 10. März 1995, ABl. L 62 vom 20.3.1995, S. 1.

[188] Gemeinsame Maßnahme vom 16. Dezember 1996 zur Ausdehnung des Mandats, ABl. L 342 vom 31.12.1996, S. 1.

[189] Vgl. Rechtsakt des Rates vom 26. Juli 1995 über die Fertigstellung des Europol-Übereinkommens nach Art. K.3 EUV, ABl. C 316, S. 1.

[190] *Hecker*, Europäisches Strafrecht, § 5, Rn. 61.

[191] Beschluss des Rates vom 6. April 2009 zur Errichtung eines Europäischen Polizeiamtes (Europol), ABl. L 121, S. 37.

verwaltung wahrnimmt, die Durchführung der vom Verwaltungsrat gefassten Beschlüsse und die Ausführung des Haushaltsplans verantwortet (Art. 38 Abs. 4 Europol-Beschluss). Er ist der gesetzliche Vertreter von Europol (Art. 38 Abs. 6 Europol-Beschluss) und dem Verwaltungsrat über seine Amtsführung rechenschaftspflichtig (Art. 38 Abs. 5 Europol-Beschluss). Aufgabe des Verwaltungsrates ist es, grundlegende Fragen zu entscheiden und die Aufsicht über die Organisation zu führen (Art. 37 Abs. 9 Europol-Beschluss). Der Verwaltungsrat setzt sich aus einem Vertreter je Mitgliedstaat und einem Vertreter der Kommission zusammen (Art. 37 Abs. 1 Europol-Beschluss). Der Direktor kann an den Sitzungen des Verwaltungsrates ohne Stimmrecht teilnehmen (Art. 37 Abs. 5 Europol-Beschluss).

7.1.2. Aufgaben und Befugnisse

Im Mittelpunkt der Arbeit von Europol steht die Sammlung und Verarbeitung von Informationen (Art. 5 Europol-Beschluss).[192] Die Erhebung und Verarbeitung der Daten erfolgt zu bestimmten Zwecken, insbesondere der Bekämpfung des Terrorismus und schwerwiegender Formen der internationalen Kriminalität (Art. 3, 4 Europol-Beschluss). Eine Trennung nach deutschem Verständnis zwischen Zwecken der Gefahrenabwehr und der Strafverfolgung wird nicht vorgenommen.[193]

138

Für die Kooperation mit Europol hat jeder Mitgliedstaat eine innerstaatlich zuständige Stelle zu errichten oder zu bezeichnen (Art. 1 Abs. 3, 8 Europol-Beschluss). Sie stellt die einzige *Verbindungsstelle* zwischen Europol und den nationalen Behörden dar (Art. 8 Abs. 2 Europol-Beschluss). Dies hat in der Bundesrepublik zur Zuweisung der Aufgaben an das Bundeskriminalamt geführt (§ 1 EuropolG[194] und § 3 Abs. 2 und § 14 BKAG).

139

Aufgaben von Europol sind die Gewinnung und Übermittlung von Informationen (Art. 5 Europol-Beschluss), die Teilnahme an gemeinsamen Ermittlungsgruppen (Art. 6 Europol-Beschluss) aber auch das Ersuchen an die Mitgliedstaaten um Einleitung, Durchführung oder Koordinierung von Ermittlungen in bestimmten Fällen (Art. 7 Europol-Beschluss). Zur Erfüllung der Aufgaben bedarf es eines harmonisierten organisatorischen Aufbaus von Kontaktstellen in den Mitgliedstaaten. Zwischen den Behörden der Mitgliedstaaten und Europol vollzieht sich eine institutionelle Kooperation.[195] Funktionierende Kommunikation benötigt eine entsprechend ausgestaltete Verwaltungsorganisation.

140

---

[192] S. die Beiträge in: Wolter/Amelung (Hg.), Alternativentwurf Europol und europäischer Datenschutz, 2008.

[193] *Schenke*, POR, Rn. 467.

[194] Gesetz vom 16. Dezember 1997 zu dem Übereinkommen vom 26. Juli 1995 auf Grund von Artikel 31 des Vertrages über die Europäische Union über die Errichtung eines Europäischen Polizeiamtes, BGBl. 1997 II, S. 2150.

[195] *Mehde*, JZ 2005, 815 (821).

141   Die grenzüberschreitende Kooperation im Rahmen von Europol hat den Anforderungen des *Datenschutzes* zu genügen.[196] Dem tragen die Art. 27 ff. des Europol-Beschlusses Rechnung. Sie regeln nicht nur die Erhebung und Verarbeitung von Daten durch Europol, sondern stellen auch schon Anforderungen an die Erhebung der Daten im Mitgliedstaat (Art. 14 ff. Europol-Übereinkommen). Verbesserungswürdig sind die Regelungen zur Zweckbindung. Informationen, über die Europol verfügt, können für die Erfüllung seiner Aufgaben benutzt werden. Die Prinzipien der Zweckbindung und der Verhältnismäßigkeit bedürfen aber der Ausweitung und Ausdifferenzierung.

142   Die datenschutzrechtlichen Vorschriften spiegeln wider, dass die Aufgaben von Europol weit überwiegend die Erhebung und Verarbeitung von Informationen betreffen. Darüber hinaus kann Europol die Mitgliedstaaten unterstützen, indem Fortbildung angeboten wird oder Beiträge zur Verbesserung von Methoden der Ermittlung oder Straftatenverhütung geleistet werden (Art. 5 Abs. 4 Europol-Beschluss). Infolge dieser Ausstattung mit Aufgaben liegen die Tätigkeiten von Europol aus der Sicht des deutschen Polizeirechts in der Straftatenverhütung und der Verfolgungsvorsorge und damit genau an der Schnittstelle zwischen Gefahrenabwehr und Strafverfolgung.

143   Das Europol-Informationssystem gewährleistet nationalen Stellen unmittelbaren Zugriff (Art. 11 Abs. 3, Art. 13 Europol-Beschluss). Eingabe- und Abrufberechtigt sind die nationalen Stellen, die Verbindungsbeamten, der Direktor und die stellvertretenden Direktoren sowie die dazu ermächtigten Europol-Bediensteten (Art. 13 Abs. 1 Europol-Beschluss). Diese Informationen sollen polizeiliche Recherche ermöglichen.[197] Unmittelbaren Zugriff auf das Informationssystem hat in der Bundesrepublik Deutschland das Bundeskriminalamt.

144   Vorgesehene Änderungen, die noch nicht in Kraft sind, betreffen die Erweiterung des Kreises der Stellen, die von den Mitgliedstaaten benannt werden und das *Europol-Informationssystem* abfragen können. Der innerstaatlichen Behörde soll von Europol aber lediglich mitgeteilt werden, ob zu einem angefragten Sachverhalt Informationen im Europol-Informationssystem enthalten sind. Weitere Informationen können nur durch die Einschaltung des Bundeskriminalamtes als nationaler Stelle gewonnen werden. Dieses dient gerade als Verbindungsstelle zwischen Europol und anderen zuständigen nationalen Behörden (Art. 8 Abs. 2 Europol-Beschluss)

145   Der Europol-Beschluss enthält Vorschriften über *Arbeitsdateien zu Analysezwecken* (Art. 14 ff.), die durch Durchführungsrichtlinien präzisiert werden. Analysedateien werden fallweise für bestimmte Analyseprojekte eingerichtet. Dazu bedarf es einer Errichtungsanordnung (Art. 16). Sensible Daten, die etwa die Religionszugehörigkeit oder das Sexualleben betreffen, dürfen nur unter Einhaltung besonderer verfahrensrechtlicher Voraussetzungen verwendet werden (Art. 14 Abs. 1 UAbs. 2).

---

[196] S. die Beiträge in: Wolter/Amelung (Hg.), Alternativentwurf Europol und europäischer Datenschutz, 2008.

[197] *Hecker*, Europäisches Strafrecht, § 5, Rn. 64.

Das Europol-Übereinkommen enthält Vorschriften über den Datenschutz   **146**
(Art. 27 ff.). Damit trägt es der Tatsache Rechnung, dass Europol fast ausschließlich mit der Erhebung und Verarbeitung von Daten beschäftigt ist. Zur Sicherung
der Datenschutzstandards ist die Gemeinsame Kontrollinstanz eingesetzt worden
(Art. 34).

7.1.3. Parlamentarische Kontrolle und Rechtsschutz

Durch die Eingliederung von Europol in den Rahmen der Europäischen Union und   **147**
durch die Regelungen des Vertrages von Lissabon hat das *Europäische Parlament*
in diesem Bereich einen erheblichen Zuwachs an Kompetenzen zu verzeichnen.
Das normativ festgelegte Ziel ist es, die Tätigkeit von Europol künftig durch Verordnung zu regeln (Art. 88 Abs. 2 AEUV). Regelungsgehalt der Verordnung soll
dann auch die Kontrolle von Europol durch das Europäische Parlament unter Beteiligung der nationalen Parlamente sein (Art. 88 Abs. 2 UAbs. 2 AEUV). Das Europäische Parlament hat bereits nach Art. 40 des Europol-Beschlusses das Recht,
ein Ersuchen an den Vorsitzenden des Rates, den Vorsitzenden des Verwaltungsrates oder den Direktor richten, die zur Erörterung Europol betreffender Angelegenheiten vor das Parlament zu treten haben. Dieses Zitationsrecht ist ein Ansatz
für die parlamentarische Kontrolle von Europol.

Neben der parlamentarischen Kontrolle kontrolliert sich Europol selbst. Jeder   **148**
Mitgliedstaat bezeichnet eine nationale Kontrollinstanz, die auf der Grundlage des
nationalen Rechts die Übermittlung personenbezogener Daten an Europol überwacht (Art. 33 Europol-Beschluss). Die *Gemeinsame Kontrollinstanz*, die aus Ver-
tretern der nationalen Kontrollinstanzen zusammengesetzt ist, überprüft die Erhebung und Verarbeitung von Informationen durch Europol darauf, ob individuelle
Rechte verletzt werden (Art. 34 Europol-Beschluss). Die gemeinsame Kontrollinstanz ist weisungsunabhängig. Sie verfügt über das Recht, von Europol Auskünfte zu verlangen und Akteneinsicht zu nehmen. Stellt die gemeinsame Kontrollinstanz Verstöße fest, fordert sie den Direktor zur Behebung der Mängel auf.

Organisation und Befugnisse dieser Kontrollinstanzen sind für eine effektive   **149**
interne Kontrolle zufrieden stellend. Dennoch bleibt der Umstand, dass es sich um
eine Kontrolle innerhalb des Systems von Europol handelt, die innersystemaren
Gegebenheiten übermäßig Rechnung tragen könnte. Sie untersteht nicht dem Gebot der Unparteilichkeit.[198] Eine solche Kontrolle ist als erste Stufe sinnvoll, wenn
auf einer zweiten Stufe eine externe Kontrolle durch ein mit Distanz ausgestatte-
tes, unabhängiges Gericht erfolgt. Eine solche Kontrolle war bis zum Vertrag von
Lissabon nicht vorgesehen.

Nach den Art. 30 ff. des Europol-Beschluss stehen jeder Person gegenüber Eu-   **150**
ropol die *Rechte des Datenschutzes* zu. Der Einzelne verfügt über das Rechte auf
Auskunft (Art. 30). Allerdings wird die Ausübung dieses Rechts dadurch erschwert, dass der Einzelne von der Erhebung oder Verarbeitung seiner Daten
durch Europol nichts erfährt. Allgemeine datenschutzrechtlichen Grundsätzen ent-

---

[198] *Schenke*, POR, Rn. 467.

spricht, dass die Recht auf Berichtigung und Löschung von Daten gewährleistet sind (Art. 31).

151   Lehnt Europol ein einschlägiges Ersuchen ab, kann sich der Betroffene zur Rechtsdurchsetzung zunächst an die innersystemaren Instanzen wenden. Jede Person hat das Recht, die nationale Kontrollinstanz oder die Gemeinsame Kontrollinstanz zu ersuchen, die Zulässigkeit und Richtigkeit der Speicherung, Erhebung, Verarbeitung und Nutzung von sie betreffenden Daten zu überprüfen (Art. 32, 33 Abs. 2, 34 Europol-Beschluss). Die in diesem Rahmen getroffenen Entscheidungen der gemeinsamen Kontrollinstanz wirken gegenüber allen betroffenen Parteien (Art. 34 Abs. 8 Satz 4 Europol-Beschluss). Im Gegensatz zur alten Fassung, die noch den Begriff „rechtsverbindlich" wählte, sind die innerstaatliche Gerichte, die mit einer solchen Konstellation befasst werden, nicht mehr an die Entscheidungen der gemeinsamen Kontrollinstanz gebunden.[199] Das Rechtsschutzdefizit wurde beseitigt.

152   Die zentrale rechtliche Problematik im Zusammenhang der Tätigkeit von Europol war die hinreichende *Gewährleistung von Rechtsschutz*.[200] In einer Rechtsgemeinschaft muss gegen rechtswidrige Maßnahmen einer Einrichtung, die in die Rechte Einzelner eingreifen, effektiver Rechtsschutz gewährleistet sein. Dieses Problem begleitet Europol seit seiner Gründung. Schon damals wollte die Bundesrepublik Deutschland dem EuGH eine Kontrollzuständigkeit einräumen, scheiterte aber am Widerstand insbesondere Großbritanniens.[201]

153   Durch den Vertrag von Lissabon ist der Rechtsschutz verbessert worden. Nach der Neuregelung der Nichtigkeitsklage gem. Art. 263 Abs. 1 S. 2 iVm Abs. 4 AEUV kann nunmehr jede natürliche oder juristische Person vor dem EuGH die Rechtswidrigkeit von Handlungen der „Einrichtungen und sonstigen Stellen der Union" geltend machen.[202] Nach Art. 263 Abs. 5 AEUV kann in den Rechtsakten zur Gründung von Einrichtungen eine detaillierter Rechtsschutz zu Gunsten der Betroffenen vorgesehen werden. Die künftige Verordnung über Europol sollte daher entsprechende Klagerechte und Verfahren regeln.

154   Die innerstaatlichen Gerichte verfügen nicht über umfassende Zuständigkeiten zur Kontrolle von Europol. Zu Gunsten der Mitglieder der Organe und des Personals von Europol wirkt das Protokoll über Vorrechte und Befreiungen,[203] nach dem diese Personen insoweit keiner Gerichtsbarkeit unterstehen, als sie in Ausübung ihres Amtes handeln (Art. 51 Europol-Beschluss i.V.m. Art. 11 des Protokolls).

---

[199] *Frowein/Krisch*, JZ 1998, 589 (592 ff.).

[200] Zum Rechtsschutz gegen Maßnahmen von Europol nach alter Rechtslage *Gleß/Grote/Heine* (Hg.), Justizielle Einbindung und Kontrolle von Europol, 2001.

[201] Kritisch *Ostendorf*, NJW 1997, 3418.

[202] *Cremer*, DÖV 2010, 58.

[203] BGBl. 1965 II, S. 1482 in der Fassung des Vertrags von Nizza vom 26.2.2001, BGBl. 2001 II, S. 1667, geändert durch Protokoll vom 13.12.2007, ABl. C 306, S. 163.

7.2. Die Europäische Grenzschutzagentur – FRONTEX

Die Europäische Union ist kein Staat, sie hat aber Außengrenzen. Die Binnen-   **155**
grenzen zwischen den Mitgliedstaaten dagegen sind weitgehend entfallen. Als
Konsequenz daraus wird die Aufgabe des Schutzes der Außengrenzen als Aufgabe
der Union betrachtet, die von den zuständigen innerstaatlichen Behörden wahrgenommen wird. Dies bringt die Notwendigkeit der Kooperation mit sich. Daher haben die Mitgliedstaaten eine Agentur gegründet, um die Aktivitäten in diesem
Sachbereich zu koordinieren und sich gegenseitig zu unterstützen. Diese Gründung ist eine institutionelle sicherheitsrechtliche Folge des Unionsrechts.

Die Europäische Agentur für die operative Zusammenarbeit an den Außengren-   **156**
zen ist durch Verordnung errichtet worden.[204] Als Rechtsgrundlage dienten die
damaligen Art. 62 Abs. 2 lit. a und Art. 66 EG-Vertrag. Die Agentur nahm ihre
Arbeit am 1. Mai 2005 auf. Sie ist als spezielle Fachinstanz eine Einrichtung der
Union und besitzt Rechtspersönlichkeit (Art. 15 Abs. 1). Der Teilnehmerkreis umfasst 22 Mitgliedstaaten ohne Einschränkungen. Dänemark, Irland und das Vereinigte Königreich nehmen nicht teil. Sitz der Agentur ist Warschau. Der Unionsge-
setzgeber hat zur Verwirklichung des Raumes der Freiheit, der Sicherheit und des
Rechts eine spezifische Organisationseinheit auf der Ebene der Unionsverwaltung
geschaffen.[205]

Die Tätigkeit von FRONTEX dient der verstärkten Koordinierung der operati-   **157**
ven Zusammenarbeit zwischen den Mitgliedstaaten, denen die Verantwortung für
die Kontrolle und Überwachung der Außengrenzen obliegt (Art. 1). Ziel ist ein in-
tegrierter Grenzschutz als Ergänzung des freien Personenverkehrs und wesentliches Element des Raumes der Freiheit, der Sicherheit und des Rechts.[206] Die
Agentur trägt zur Ausbildung von Grenzschutzbeamten bei, führt Risikoanalysen
durch, verfolgt die einschlägige Forschung, unterstützt aber auch Mitgliedstaaten
in Situationen, die verstärkte Aktivitäten erfordern und hilft bei der Organisation
gemeinsamer Rückführungsaktionen (Art. 2 ff.).

Durch eine besondere Verordnung werden die Errichtung von Grenzinspek-   **158**
tionsteams und die Hinzuziehung von Beamten aus Nichtmitgliedstaaten geregelt.[207] Auf der Grundlage dieser sog. RABIT-Verordnung kann FRONTEX zu
grenzschutzbezogenen Maßnahmen beitragen und auch Rückführungsaktionen unterstützen. FRONTEX fordert Polizeibeamtinnen und Polizeibeamte aus den Mitgliedstaaten an, die in einem anderen Mitgliedstaat am Schutz einer Außengrenze
beteiligt sind. Es werden schnelle Eingreif-Teams (RABITS) gebildet. Der Ein-

---

[204] Verordnung (EG) Nr. 2007/2004 des Rates vom 26. Oktober 2004 zur Errichtung einer
   Europäischen Agentur für die operative Zusammenarbeit an den Außengrenzen der Mitgliedstaaten der Europäischen Union, ABl. L 349 vom 25.11.2004, S. 1.
[205] *Mrozek*, DÖV 2010, 886.
[206] Erwägungsgründe 1 bis 4 der Verordnung (EG) 2007/2004.
[207] Verordnung 863/2007, ABl. L 199 vom 11. Juli 2007, S. 30.

satzmitgliedstaat, auf dessen Territorium die Einsätze stattfinden und dessen Recht Anwendung findet, übt die Leitung des Einsatzes aus.[208]

159   **Beispiele:**
Beamte der Bundespolizei unterstützen die griechischen Grenzschutzbehörden an der griechisch-türkischen Grenze. Es wird das griechische Ausländerrecht angewendet. Zu beachten ist die Bindung an die Grundrechte, deren Inhalte an der Schnittgrenze der Rechtsordnung Griechenlands, der Bundesrpublik Deutschland und der EU nicht restlos geklärt sind.

Schiffe der Bundespolizei und der französischen Grenzschutzbehörden patrouillieren im Mittelmeer, um ungesteuerter Zuwanderung von Nordafrika aus nach Malta oder zu der italienischen Insel Lampedusa entgegen zu wirken.

160   Das Hinwirken auf ein wirksames, hohes und einheitliches Niveau der Personenkontrollen und der Überwachung der Außengrenzen der Union im Sinne des Art. 1 Abs. 2 Satz 2 der FRONTEX-Verordnung hat eine Zusammenarbeit zur besseren Abwehr unkontrollierter und unrechtmäßiger Grenzübertritte zur Folge und zielt auf die Bekämpfung von Kriminalität. Rückwirkungen der Maßnahmen zur Verbesserung des integrierten Grenzschutzes auf Migrationsbewegungen sollten allerdings politisch mitbedacht werden, um insbesondere Asylsuchenden bzw. Flüchtlingen Zugang zu den Anerkennungsverfahren zu gewährleisten, deren Mindeststandards durch die einschlägigen Richtlinien festgelegt sind.

161   FRONTEX teilt mit Europol im Ansatz das Problem des Rechtsschutzes.[209] In einer Rechtsgemeinschaft muss gegen rechtswidrige Maßnahmen einer Einrichtung, die in die Rechte Einzelner eingreifen kann, effektiver Rechtsschutz gewährleistet sein. Die vertragliche und außervertragliche Haftung der Agentur wird zwar gewährleistet.[210] Auf sie findet aber das Protokoll über Vorrechte und Befreiungen der Europäischen Union Anwendung.[211] Die Beamten der Agentur sind damit von der innerstaatlichen Gerichtsbarkeit im Hinblick auf die in amtlicher Eigenschaft vorgenommenen Handlungen befreit.[212]

162   Maßnahmen der Agentur dürften überwiegend nicht in subjektive Rechte eingreifen, dies kann aber im Einzelfall möglich sein, etwa bei der Unterstützung von Rückführungsaktionen.[213] Durch den Vertrag von Lissabon kommt es auch für diese Einzelfälle zu einer erweiterten Gewährleistung des *Rechtsschutzes*. Nach der Neuregelung der Nichtigkeitsklage gem. Art. 263 Abs. 1 S. 2 i.V.m. Abs. 4

---

[208] *Mrozek*, DÖV 2010, 886 (889 f.); *Thym*, in: Grabitz/Hilf/Nettesheim (Hg.), EUV/ AEUV, 43. Aufl. 2011, Art. 77 AEUV, Rn. 36; s. *Schöndorf-Haubold*, Sicherheitsverwaltungsrecht, Rn. 113, die von einer doppelten Zurechenbarkeit ausgeht.

[209] Die Agentur kann mit Europol Arbeitsvereinbarungen schließen, Art. 13 der Verordnung (EG) 2007/2004.

[210] Art. 19 der Verordnung (EG) 2007/2004.

[211] BGBl. 1965 II, S. 1482 in der Fassung des Vertrags von Nizza vom 26.2.2001, BGBl. 2001 II, S. 1667, geändert durch Protokoll vom 13.12.2007, ABl. C 306, S. 163.

[212] Art. 11 lit. a des Protokolls über Vorrechte und Befreiungen.

[213] Daher spricht *Groß*, EuR 2005, 54 (67), von einer neuen Qualität der Zusammenarbeit durch die Errichtung der Grenzschutzagentur.

AEUV kann jede natürliche oder juristische Person vor dem EuGH die Rechtswidrigkeit von Handlungen der „Einrichtungen und sonstigen Stellen der Union"
geltend machen.[214] Gegenstand der Klagen können neben der Verweigerung des
Zugangs zu Dokumenten durch FRONTEX abhängig von der konkreten Ausgestaltung auch die Verletzung von Datenschutzinteressen durch Handlungen der
Agentur oder die Weisungen von FRONTEX an Teilnahmestaaten über die Art
und Weise von durchzuführenden Kontrollmaßnahmen sein. Im Regelfall wird der
Rechtschutz vor innerstaatlichen Gerichten gewahrt.[215] Dabei kommt die Erweiterung des Vorabentscheidungsverfahrens nach Art. 267 Abs. 1 lit. b AEUV auf
Handlungen „sonstiger Stellen" zum Tragen. Hinzu tritt die Möglichkeit der Beschwerde beim Bürgerbeauftragten nach Art. 28 der FRONTEX-VO i.V.m.
Art. 228 AEUV.

Beispiel: **163**
Der Flüchtling F wird bei dem Versuch ohne gültige Reisedokumente von der Türkei
aus nach Griechenland zu gelangen von zwei Beamten der Bundespolizei festgehalten,
die an einer Unterstützungsaktion von FRONTEX für die griechische Regierung beteiligt sind. Wenn F gegen seine Zurückweisung in die Türkei oder gegen angeblich
rechtswidrige Begleitumstände des Festhaltens gerichtlich vorgehen will, muss er sich
grundsätzlich an das örtlich und sachlich zuständige griechische Gericht wenden.

Die Zuweisung von Aufgaben an FRONTEX verdeutlicht und präzisiert die Kon-   **164**
trolle der Außengrenzen als Aufgabe der Union. Die zu Grunde liegenden Rechtsakte sind sekundärrechtliche Regelungen mit polizeirechtlichem Charakter. Die
Kompetenz der Mitgliedstaaten für den Grenzschutz als Teil des Polizei- und Sicherheitsrechts wird ausgefüllt. Im Wege der Koordinierung nimmt FRONTEX
Einfluss auf die Sacharbeit und trägt zur Durchsetzung von Interessen des Grenzschutzes bei.

7.3. Europäisches Amt für Betrugsbekämpfung (OLAF)

Die Union hat ein Interesse am Schutz ihrer finanziellen Interessen. Daher be-   **165**
kämpfen Union und Mitgliedstaaten Betrügereien und sonstige gegen die finanziellen Interessen der Union gerichtete Handlungen (Art. 325 AEUV).[216] Die Organe
der Union und die Behörden der Mitgliedstaaten müssen dabei zusammenarbeiten,
um das Schutzinteresse effektiv zu verfolgen. So ist die Verwaltung der Unions-
fonds eine Aufgabe der Kommission,[217] die Auszahlung des Geldes obliegt den
Behörden der Mitgliedstaaten. Fälle von Subventionsbetrug können oftmals nur in
Kooperation aufgeklärt werden.

---

[214] *Cremer*, DÖV 2010, 58.

[215] *Tohidipur/Fischer-Lescano,* in: Möllers/van Ooyen (Hg.), Europäisierung und Internationalisierung der Polizei, 2006, Bd. 1, S. 287; weiter gehend *Tohidipur,* in: Freiheit-
Sicherheit-Öffentlichkeit, 2008, S. 242 (258 f.) mit Verweis auf die Bootsflüchtlinge.

[216] Zu den Begriffen *Satzger*, in: Streinz (Hg.), Art. 325 AEUV, Rn. 6.

[217] *Kugelmann*, in: Streinz (Hg.), Art. 17 EUV, Rn. 47.

166   Zur Bekämpfung von Betrügereien wurde das Europäische Amt für Betrugsbekämpfung gegründet (Office de la Lutte Anti-Fraude, OLAF). Es nahm am 1. Juni 1999 seine Tätigkeit auf. OLAF ist zwar eine Dienststelle der Kommission, genießt aber vollständige Unabhängigkeit. Der Direktor von OLAF ist gegenüber dem Parlament, dem Rat und dem Rechnungshof berichtspflichtig.

167   Die Aufgaben von OLAF betreffen die administrative Aufklärung interner Betrügereien ebenso wie die Aufklärung von Betrügereien in den Mitgliedstaaten. Sie betreffen damit überwiegend die Strafverfolgung. Objekt der internen Ermittlungen ist zuvörderst die Kommission. Seine Befugnisse beruhen insbesondere auf der Verordnung (EG) Nr. 1073/99.[218] OLAF stehen umfangreiche interne Untersuchungsbefugnisse zur Verfügung, z.b. der Zugang zu allen Informationen und Räumlichkeiten, die Sichtung und Sicherstellung von Dokumenten und die Rechnungsprüfung.[219] Im Verhältnis zu den Behörden der Mitgliedstaaten werden OLAF Informationen zugeleitet, die dort ausgewertet werden. Einschlägige Informationspflichten enthalten die Rechtsakte des Sekundärrechts.

168   Falls betrugsrelevante Sachverhalte ermittelt werden, werden sie an die innerstaatlichen Strafverfolgungsbehörden weitergegeben. Die Übermittlung von Informationen durch OLAF an innerstaatliche Behörden trägt keinen beschwerenden Charakter, so dass Rechtsschutz des Einzelnen gegen die Maßnahmen der nationalen Behörden gegeben ist.[220] Die Strafverfolgung und Anklageerhebung erfolgt im zuständigen Mitgliedstaat.

169   **Beispiel:**
Die Mitarbeiter von OLAF entdecken einen Fall von Korruption in der Generaldirektion Wettbewerb der Kommission. Der Bedienstete B der Kommission steht aufgrund stichhaltiger Tatsachen im Verdacht, Geldzahlungen von einem Unternehmen erhalten zu haben, um ein Verfahren gegen dieses Unternehmen in eine diesem genehme Richtung zu lenken. OLAF gibt die Unterlagen an die zuständigen belgischen Behörden weiter, die ein Strafverfahren nach belgischem Recht gegen B einleiten.

7.4. CEPOL

170   Die Europäische Polizeiakademie CEPOL wurde 2005 durch einen Ratsbeschluss gegründet.[221] Zum 1. Januar 2006 wurde CEPOL in eine EU-Agentur umgewandelt, wobei die ursprünglichen Ziele und Aufgaben beibehalten wurden. Die Finanzierung von CEPOL erfolgt seitdem durch den Haushalt der Europäischen Union. Das Sekretariat von CEPOL hat seinen Sitz in Bramshill (Großbritannien).

---

[218] Verordnung (EG) Nr. 1073/99 des Europäischen Parlaments und des Rates vom 25. Mai 1999 über die Untersuchungen des Europäischen Amtes für Betrugsbekämpfung (OLAF), ABl. L 136 vom 31.5.1999, S. 1.

[219] *Satzger*, Strafrecht, § 10, Rn. 19.

[220] EuGH (Präsident), Rs. C-521/04 (Tillack/Kommission), NJW 2006, 279, Rn. 32.

[221] Beschluss des Rates 2005/681/JI vom 20. September 2005 zur Errichtung der Europäischen Polizeiakademie und zur Aufhebung des Beschlusses 2000/820/JI, ABl L 256 v. 1.10.2005, S. 63.

Der Zweck der Polizeiakademie liegt gemäß Art. 5 des Beschlusses 2005/ **171**
681/JI in der Optimierung der Zusammenarbeit zwischen den CEPOL angehören-
den Ausbildungseinrichtungen um so an der Schulung hochrangiger Führungskräfte der Polizeidienste der Mitgliedstaaten mitwirken zu können. Ziel ist nach Art. 6
des Beschlusses unter anderem die Vertiefung der Kenntnisse über die in den jeweiligen Mitgliedstaaten gegebenen Polizeisysteme und- strukturen sowie die
Verbesserung der Kenntnisse über internationale und unionsinterne Regelungen.

Die Führungskräfte der Polizeien in der EU, aber auch anderen Staaten, die **172**
nicht Mitgliedstaaten der EU sind, sollen mit den Möglichkeiten der polizeilichen
und justiziellen Zusammenarbeit im Rahmen der grenzüberschreitenden Verbrechensbekämpfung vertraut gemacht werden. Dieses Ziel soll mit unter durch die
Durchführung von Ausbildungs- und Fachausbildungsveranstaltungen, die Beteiligung an der Erarbeitung gemeinsamer Lehrpläne und durch die Verbreitung der
vorbildlichen Verfahren und der Forschungsergebnisse verfolgt werden (Art. 7 des
Beschlusses 2005/681/JI). Zudem steht es der Europäischen Polizeiakademie neben der Zusammenarbeit mit den Polizeistellen der Mitgliedstaaten auch frei mit
anderen Einrichtungen, wie solchen der EU im Rahmen der Strafverfolgung oder
mit nationalen Ausbildungseinrichtungen von Nichtmitgliedstaaten der EU zusammenzuarbeiten. Dergestalt beteiligt sich Europol an den Ausbildungsaktivi-
täten.

Die Planung sowie Durchführung der Aktivitäten findet nicht durch bzw. bei **173**
CEPOL selbst statt. Vielmehr handelt es sich bei CEPOL um ein Netzwerk der nationalen Aus- und Fortbildungseinrichtungen, in denen die Seminare eigenständig
geplant und durchgeführt werden. Nationale Einrichtung in Deutschland ist die
Deutsche Hochschule der Polizei (DHPol) in Münster.

8. Europäische Sicherheits- und Verteidigungspolitik

Die Europäische Sicherheits- und Verteidigungspolitik (ESVP) ist Teil der Ge- **174**
meinsamen Außen- und Sicherheitspolitik (GASP) und damit der europäischen
Außenpolitik (Art. 21 EUV).[222] Die ESVP hat seit den neunziger Jahren des
20. Jahrhunderts ständig an Dynamik gewonnen. Ziel ist der Aufbau und Einsatz
ziviler und militärischer Fähigkeiten zur internationalen Krisenverhütung und Kri-
senbewältigung. Die Europäische Union übernimmt Verantwortung auf allen Gebieten des internationalen Krisenmanagements.[223]

8.1. Krisenreaktion und Krisenmanagement

Zu den nicht militärischen Aspekten der ESVP zählen eine Reihe von grenzüber- **175**
schreitenden Aufgaben der Gewährleistung von Sicherheit. Dazu gehören die

---

[222] *Regelsberger/Kugelmann*, in: Streinz (Hg.), Art. 21 EUV, Rn. 1 ff; 23, Rn. 2.
[223] *Graf von Kielmannsegg*, Die Verteidigungspolitik der Europäischen Union, 2005, S. 99.

Wahrung von Rechtsstaatlichkeit oder der Katastrophenschutz, aber auch der Bereich der Polizei. Ziel ist es, Fazilitäten zur gemeinsamen Bewältigung von Krisen vorzuhalten, die kurzfristig eingesetzt werden können. Die von der Europäischen Union übernommenen Operationen waren von vornherein nicht immer rein militärische Operationen, sondern trugen auch Züge von Polizeioperationen.[224] Allerdings wurden typische Polizeiaufgaben teilweise von Militäreinheiten wahrgenommen. Eine stärkere Trennung der militärischen von den Polizeioperationen wird angestrebt. Planziel ist die Aufstellung europäischer Polizeikräfte. Die Polizeieinheiten der Europäischen Union sollen zwei Aufgaben wahrnehmen. Zum einen geht es um die Stärkung und Unterstützung lokaler Polizeikräfte vor Ort. Zum anderen sollen aber auch Polizeieinheiten der Europäischen Union mit exekutiven Befugnissen ausgestattet werden, um in Kooperation oder anstelle lokaler Einheiten die öffentliche Sicherheit und Ordnung zu wahren.[225]

176   Im Kontext des Ausbaus der Fähigkeiten zu schnellen Kriseneinsätzen steht die Konstituierung einer europäischen Polizeitruppe mit militärischem Statut. Am 17.9.2004 haben die Verteidigungsminister von Frankreich, Italien, den Niederlanden, Portugal und Spanien vereinbart, eine *Europäische Gendarmerietruppe* einzurichten. Am 19. Januar 2006 nahm sie ihre Tätigkeit auf. Das Kommandozentrum befindet sich in Vicenza. Ihre Aufgabe liegt in der Wahrnehmung von Kriseneinsätzen zur Aufrechterhaltung der öffentlichen Sicherheit. Als sechstes Mitglied ist Rumänien am 17. Dezember 2008 der Gendarmerietruppe beigetreten. Weitere Mitgliedstaaten und Nichtmitgliedstaaten beteiligen sich.

177   Die Polizeimissionen sind inzwischen einer der Schwerpunkte der GASP. Die Europäische Union profiliert sich als sicherheitspolitischer Akteur auf militärischem Gebiet und als Friedensmacht durch den Einsatz von Polizeikräften. Diese üben entweder gegenüber den lokalen Polizeibehörden beratende und unterstützende Funktionen aus oder sie werden operativ tätig und nehmen die Funktion als Vollzugspolizei wahr, zu deren Ausübung lokale Polizeikräfte nicht oder noch nicht in der Lage sind.

178   Der Balkan bildet schon wegen seiner räumlichen Nähe einen Tätigkeitsschwerpunkt der GASP. Nach den dortigen Kriegen sollen die Krisenherde befriedet werden, um die Stabilität der Region zu erreichen und zu erhalten. Dabei spielt die Heranführung der Staaten an die Europäische Union bis hin zur Beitrittsoption eine tragende Rolle.

179   **Beispiel:**
Am 1. Januar 2003 startete eine Polizeioperation in Bosnien-Herzegowina (EUPM).[226] Den Einheiten wurden keine exekutivischen Funktionen übertragen. Ziel ist, durch Überwachung und Beratung den Aufbau der örtlichen Polizeieinheiten zu unterstützen. In Bosnien-Herzegowina gründet die internationale Verwaltung auf dem Abkommen von Dayton. Darin wurde eine neue Verfassung für Bosnien-Herzegowina vereinbart, die zugleich als völkerrechtliches Experiment zu sehen ist.[227] Der multi-ethnische Staat

---

[224] S. *Kugelmann*, EuR 2004, 322 (328 ff.).
[225] Dies soll aber der seltenere Fall sein.
[226] Gemeinsame Aktion 2002/210/GASP vom 11.3.2002, ABl. L 70, S. 1.
[227] *Sarcevic*, in: Gedächtnisschrift für Burmeister, 2005, S. 359 (361 f.)

und die internationale Präsenz stehen nebeneinander.[228] Tragpfeiler ist die Behörde des Hohen Repräsentanten, die fast siebenhundert Bedienstete hat.[229] Sie stellt eine Übergangsverwaltung mit administrativen, humanitären und militärischen Komponenten dar.[230] Der Hohe Repräsentant ist seit 2002 personengleich mit dem Sonderbeauftragten der Europäischen Union. Mit geänderten Strukturen wird die Mission fortgeführt.

Die Europäische Union ist einer von mehreren Akteuren auf dem Feld der Bewältigung von Krisen. Im Rahmen der GASP und der ESVP werden Operationen durchgeführt, die durch Resolutionen des Sicherheitsrates der Vereinten Nationen legitimiert sind. Die EU übernimmt inzwischen auch Aufgaben, die zuvor der NATO oblagen, die also ein starkes Element der Schaffung und Gewährleistung von Sicherheit mit Zwangsmitteln beinhalten.   **180**

Beispiel: **181**
Die Operation der Europäischen Union in Bosnien-Herzgowina (EUFOR Althea) hat am 2. Dezember 2004 die von der NATO seit 1996 geführte Stabilisation Force (SFOR) abgelöst. Die Sicherung des Friedens in einem ganzen komplizierten multi-ethnischen Staatsgebilde mit Einsatzkräften von 7000 Personen aus 22 Mitgliedstaaten der Europäischen Union und 11 Drittstaaten ist eine komplexe Herkulesaufgabe. Die NATO bleibt mit einem Hauptquartier in Sarajevo präsent, zumal die Europäische Union auf Mittel der NATO zurückgreift. Im Kern geht es um die Wahrung der öffentlichen Sicherheit in einem Staat, der dazu selbst nicht in der Lage ist. Eine der zentralsten Staatsaufgaben liegt in der Hand der Europäischen Union. Sie trug von Anfang an den Großteil der zivilen Umsetzung des Friedensabkommens von Dayton.[231] Die Mission wurde den geänderten politischen Bedingungen angepasst und dauert an.

Krisenmanagement betont die Prävention. Zur Vermeidung von Unsicherheit, die durch Gefährdungen demokratischer Strukturen ausgelöst wird, versucht die Europäische Union demokratische und rechtsstaatliche Strukturen zu stärken. Aus polizeilicher Sicht geht es um die Ausbildung und Fortbildung der lokalen Polizei. Menschenrechtsarbeit und die Schulung in rechtlicher, aber auch tatsächlicher Hinsicht tragen zur Deeskalation bei.   **182**

Beispiele: **183**
Missionen zur Unterstützung von Rechtsstaatlichkeit mit unterschiedlichen Akzenten führte die Europäische Union in Georgien (EUJUST THEMIS)[232] (inzwischen abgeschlossen und im Irak (EUJUST LEX)[233] durch. EUJUST THEMIS nahm eher strategische Hilfen bei der Sicherung rechtsstaatlicher Strukturen vor. Mit der laufenden Mission EUJUST LEX sind darüber hinaus auch Weiterbildungsmaßnahmen für irakische Führungskräfte aus den Bereichen Justiz, Polizei und Strafvollzug verbunden.

---

[228] *Marauhn*, AVR 40 (2002), 480 (487).
[229] *Graf Vitzthum*, in: Festschrift für Eitel, 2003, S. 823 (830 f.)
[230] Grundlage war insoweit die Resolution 1272 (1999), VN 1999, 219.
[231] *Graf Vitzthum*, in: Festschrift für Eitel, 2003, S. 823 (835).
[232] Gemeinsame Aktion 2004/523/GASP, ABl. L 228 vom 29. Juni 2004, S. 21.
[233] Gemeinsame Aktion 2005/190/GASP, ABl. L 62 vom 9. März 2005, S. 37.

Eine inzwischen beendete Polizeimission betrieb die Europäische Union in der Demokratischen Republik Kongo (EUPOL Kinshasa).[234] Seit dem 30.4.2005 beriet die Mission eine dortige Integrierte Polizeieinheit. Parallel begann am 8.6.2005 eine Beratungs- und Unterstützungsmission der Europäischen Union für die Reform des Sicherheitssektors im Kongo (EUSEC RD Congo).[235] Sie zielt auf die Integration der Armee in einen Sicherheitssektor, der den Menschenrechten und den Prinzipien der Demokratie und des Guten Regierens entspricht und wird fortgeführt.

184   Die Förderung rechtsstaatlicher Strukturen ist dabei nicht auf die Wahrnehmung von Aufgaben der Gefahrenabwehr im engeren Sinne begrenzt, sondern umfasst die Aufgaben der Sicherheitsbehörden in einem weiten Sinne. Dazu gehört auch der Grenzschutz einschließlich der Abwicklung von Grenzkontrollen.

185   **Beispiel:**
Ende Dezember 2005 hat die Europäische Union eine Mission in Palästina eingerichtet. Die EU BAM Rafah soll die Palästinensische Autonomiebehörde am Grenzübergang Rafah bei der Abwicklung des Grenzschutzes unterstützen.[236] Die Mission begann am 25. November 2005 und war zunächst auf 12 Monate befristet. Am 1. Januar 2006 startete die auf drei Jahre angelegte Polizeimission EUPOL COPPS in Palästina.[237] Sie richtet sich auf die Beratung und Unterstützung der palästinensischen Polizei.

8.2. Die Rechtsstellung der Angehörigen internationaler Missionen

186   Die handelnden Angehörigen internationaler Missionen haben drei Rechtsordnungen zu beachten. Ausgangspunkt ist das spezifische Regime des Völkerrechts oder Unionsrechts, auf dem der Einsatz beruht. Nach Maßgabe der vorrangigen internationalen Vorschriften kommen darüber hinaus innerstaatliche Rechtsvorschriften zum Zuge. Die nationale Rechtsordnung des Einsatzstaates gilt grundsätzlich auch für die Bediensteten der internationalen Mission. Hinzu tritt die Bindung an die Rechtsordnung ihres Heimatstaates, die allerdings ebenfalls von den Vorgaben der internationalen Rechtsordnung überlagert sein kann.

187   Berater oder Ausbilder werden mit der Zustimmung der betroffenen Regierungen vor Ort tätig. Sie üben keine Eingriffsbefugnisse aus. Es gilt in vollem Umfang das Recht ihres Heimatstaates. Die beamtenrechtlichen Rechte und Pflichten ebenso wie die disziplinarrechtlichen Befugnisse obliegen den Behörden des Heimatstaates. Dies stellen die Rechtsgrundlagen etwa für EUPOL Kinshasa oder EUJUST LEX und EUJUST THEMIS klar. Für deutsche Beamte greift das deutsche Recht, insbesondere das Bundesbeamtengesetz, das Bundespolizeibeamtengesetz und das Bundesdisziplinargesetz.

188   Die operationellen Weisungsbefugnisse nimmt die Einsatzleitung der jeweiligen Mission wahr. Mitglieder der Beratungs- und Unterweisungsmissionen verfü-

---

[234] Gemeinsame Aktion 2004/847/GASP, ABl. L 367 vom 14. Dezember 2004, S. 30.

[235] Gemeinsame Aktion 2005/355/GASP, ABl. L 112 vom 3. Mai 2005, S. 20.

[236] Gemeinsame Aktion 2005/889/GASP, ABl. L 327 vom 14. Dezember 2005, S. 28.

[237] Gemeinsame Aktion 2005/797/CFSP, ABl. L 300 vom 17. November 2005, S. 65.

gen über Privilegien und Immunitäten. Die Einzelheiten werden in jedem Fall durch eine Vereinbarung mit dem Empfangsstaat geregelt. Diese Vereinbarung erfolgt nach den Verfahrensregeln des Art. 24 EUV. Sie ist ein völkerrechtlicher Vertrag. Bestimmungen über die operationellen Befugnisse und den Status des Personals enthalten die auf dem EU-Vertrag basierenden Rechtsgrundlagen, bei denen es sich um Gemeinsame Aktionen nach Art. 14 EUV handelt. Beispiele sind Art. 6 der Gemeinsamen Aktion 2005/190/GASP über EUJUST LEX oder Art. 7 und 8 der Gemeinsamen Aktion 2005/889/GASP über EU BAM Rafah. Damit tragen die Rechtsakte, auf denen die Missionen fußen, dem Territorialprinzip Rechnung, nach dem die Ausübung von Befugnissen von Polizeibeamten auf fremdem Territorium grundsätzlich der Zustimmung der Stellen des Staates bedarf, der die Hoheitsgewalt inne hat.

8.3. Die Finanzierung der Missionen

Maßnahmen mit militärischen oder verteidigungspolitischen Bezügen gehen nach   **189**
dem Bruttosozialprodukt-Schlüssel zu Lasten der Mitgliedstaaten der Union (Art. 41 Abs. 2 UAbs. 2 EUV). In der Praxis kommt es auch weiterhin zur Anwendung des ATHENA-Mechanismus, der auf einem Beschluss des Rates beruht. Die Gemeinkosten (Kosten die nicht einem Mitgliedstaat zugeordnet werden können z.B. Hauptquartier) werden nach dem ATHENA-Mechanismus, getragen.[238] Diese Finanzierung betrifft zuvörderst die militärischen Krisenreaktionskräfte. Der mit Rechtspersönlichkeit ausgestattete ATHENA-Mechanimus zielt auf die reibungslose administrative Abwicklung der Finanzierung.

Die Mittel selbst kommen nur dann nicht aus dem Haushalt der Union wenn es   **190**
sich um Maßnahmen mit militärischen oder verteidigungspolitischen Bezügen handelt, deren Kosten zu Lasten der Mitgliedstaaten gehen (Art. 28 Abs. 3 UAbs. 2 EUV). Diese Bezüge sind eng zu verstehen, da gerade Spielraum für die Sicherheitspolitik gelassen werden sollte.[239] Aktionen und Maßnahmen des zivilen Bereichs der ESVP fallen dagegen unter die allgemeinen Kosten für die GASP und werden aus dem Haushalt der Union getragen, wenn nicht eine Sonderregelung getroffen wird.

8.4. Beispiel: EUPOL Afghanistan

Nach den Terroranschlägen des 11. September 2001 in den USA begann auf   **191**
Grundlage der Resolution 1368 (2001) des Sicherheitsrates der Vereinten Nationen vom 12. September 2001 im Oktober 2001 die Operation „Enduring Free-

---

[238] Beschluss 2004/197/GASP vom 23. Februar 2004 über einen Mechanismus zur Verwaltung der Finanzierung der gemeinsamen Kosten der Operationen der Europäischen Union mit militärischen oder verteidigungspolitischen Bezügen, ABl. L 63 vom 28. Februar 2004, S. 68.

[239] *Regelsberger/Kugelmann*, in: Streinz (Hg.), Art. 28 EUV, Rn. 9.

dom". Afghanistan galt als Zentrum des Terrorismus, auf dessen Territorium es zahlreiche terroristische Ausbildungslager gegeben habe und welches zudem den von den USA meist gesuchten Mann, Osama bin Laden, Asyl gewährte.[240] Dieser bzw. die von ihm geführte Terrororganisation al-Qaida wurde seitens der USA für die Terroranschläge verantwortlich gemacht.[241]

192   Bei der Operation „Enduring Freedom" wirkten die Streitkräfte verschiedener Mitgliedstaaten der EU mit den USA und anderen Partnerstaaten im Rahmen des Art. 51 UN-Charta bei der militärischen Bekämpfung des internationalen Terrorismus zusammen. Die Handlungen der EU im Bereich der GASP sind von diesen militärischen Handlungen zu unterscheiden. Es handelt sich gerade um keine militärischen Aktionen sondern Ziel ist die Stabilisierung des Wiederaufbaus Afghanistans.

193   Die Grundlage für das Engagement der internationalen Gemeinschaft in Afghanistan bilden die sog. Afghanistan-Konferenzen. Zunächst fand die erste Afghanistan-Konferenz zur Schaffung von Grundlagen für den Wiederaufbau Afghanistans auf dem Petersberg bei Bonn (27.11-5.12.2001) statt. Es folgten weitere Konferenzen in London (31.1.-1.2.2006), Paris (12.6.2008) und die letzte am 28.1.2010 in London.

194   In der Schlusserklärung des Europäischen Rates von Laeken vom 15. Dezember 2001 hat er sich verpflichtet, sich an den Bemühungen der internationalen Gemeinschaft zu beteiligen, welche darauf abzielen die Stabilität in Afghanistan auf der Grundlage der Ergebnisse der Petersberger Konferenz und der einschlägigen Resolution des Sicherheitsrates der VN wiederherzustellen.[242] Hierbei soll unter anderem ein Beitrag zur Ausbildung der afghanischen Sicherheits- und Streitkräfte geleistet werden.[243].

195   Die Ausbildung der afghanischen Polizei lag jedoch nicht von Anfang an in der Zuständigkeit der EU. Zunächst einmal nahm Deutschland die Führungsrolle hierin ein. Der Beginn des Wiederaufbauprozesses war der 2. April 2002 in Kabul.[244] Vor dem Hintergrund, dass Deutschland alleine nur eine geringe Zahl von Polizeibeamten ausbilden konnte, sollte dies durch die EU fortgeführt werden. Mit der Verabschiedung der ESVP-Mission 2007/369/GASP am 30. Mai 2007 erfolgten erste Schritte zur Umsetzung der Unionsposition durch die Errichtung der Polizeimission EUPOL Afghanistan. Die Gemeinsame Aktion 2007/369/GASP wurde durch verschiedene Ratsbeschlüsse geändert.[245] Bei der Polizeimission EUPOL Afghanistan handelt es sich um eine solche ohne Exekutivbefugnisse, die die ihr

---

[240] *Fröhlich*, Krisenherd Afghanistan, 2005, S. 271 f.

[241] *Fröhlich*, Krisenherd Afghanistan, 2005, S. 272.

[242] Schlussfolgerungen des Vorsitzes Europäischer Rat, 14./15. Dezember 2001 Nr.14.

[243] Schlussfolgerungen des Vorsitzes Europäischer Rat, 14./15. Dezember 2001 Nr.14.

[244] *Möller/v.Ooyen/Vogel*, Wiederaufbauhilfe für Afghanistans Polizei, 2010, S. 259.

[245] Gemeinsame Aktion 2007/733/GASP, ABl. L 295 vom 14.11.2007, S. 31; Gemeinsame Aktion 2008/229/GASP, ABl. L 75 vom 18.3.2008, S. 80; Gemeinsame Aktion 2008/643/GASP, ABl. L 207 vom 5.8.2008, S. 43; Gemeinsame Aktion 2009/842/GASP, ABl. L 303 vom 18.11.2009, S. 71.

obliegenden Aufgaben unter anderem durch Beobachtung, Anleitung, Beratung und Ausbildung erfüllt (Art. 4 2007/369/GASP).

Das Hauptquartier für die Mission EUPOL Afghanistan ist die Hauptstadt Kabul (Art. 5 2007/369/GASP). Es umfasst sowohl die Operationsleitung (HoM, zentraler Beraterstab einschließlich eines hochrangigen Sicherheitsberaters) der Mission als auch den Verwaltungsapparat. Missionsgebiet von EUPOL Afghanistan ist jedoch nicht auf die Hauptstadt beschränkt, sondern umfasst das gesamte afghanische Staatsgebiet, wobei die Mission in allen fünf Regionalkommandos Kabul, Mazar-i-Sharif, Kundus, Faizabad und Herat sowie in den 14 oder 15 Provincial Reconstruction Teams (PRTs) vertreten ist.[246] Neben 19 EU-Mitgliedstaaten nehmen auch vier Nicht-EU-Staaten an der Mission teil. Die Teilnahme von Drittstaaten ist nach Art. 12 der Gemeinsamen Aktion 2007/369/GASP möglich. Es wurden bilaterale Abkommen[247] zwischen der Union und den Staaten Kanada, Norwegen, Kroatien und Neuseeland abgeschlossen. **196**

Missionsziel ist die Ausbildung einer effizienten und vertrauenswürdigen Polizei, welche die Menschenrechte achtet; Mentoring und Beratung der afghanischen Polizeiführung und der Entscheidungsträger in der Hauptstadt, den regionalen Polizeizentralen sowie in den Provinzen; Unterstützung beim Aufbau eines Rechtsstaatlichen Systems sowie Koordination der Beiträge der verschiedenen internationalen Akteure. **197**

9. Die Bekämpfung des internationalen Terrorismus in der und durch die EU

Der Politikbereich Justiz und Inneres wird stark von Aktivitäten zur Bekämpfung des Terrorismus geprägt.[248] Als Gegenstand unionaler Kooperation ist die Bekämpfung des Terrorismus in Art. 83 AEUV ausdrücklich genannt. Danach schließt das gemeinsame Vorgehen die Annahme von Maßnahmen der Anglei- **198**

---

[246] BT-Drs. 16/6703, S. 4.

[247] Z.B. Beschluss 2007/665/GASP des Rates über den Abschluss eines Abkommens zwischen der Europäischen Union und der Republik Kroatien über die Beteiligung der Republik Kroatien an der Polizeimission der Europäischen Union in Afghanistan, ABl. L 270 vom 13.10.2007, S. 27; Abkommen zwischen der Europäischen Union und der Republik Kroatien über die Beteiligung der Republik Kroatien an der Polizeimission der Europäischen Union in Afghanistan, ABl. L 270 vom 13.10.2007, S. 28; Beschluss 2007/670/GASP des Rates über den Abschluss des Abkommens zwischen der Europäischen Union und Neuseeland über die Beteiligung Neuseelands an der Polizeimission der Europäischen Union in Afghanistan, ABl. L 274 vom 18.10.2007, S. 17; Abkommen zwischen der Europäischen Union und Neuseeland über die Beteiligung Neuseelands an der Polizeimission der Europäischen Union in Afghanistan, ABl. L 274 vom 18.10.2007, S. 18.

[248] *Gusy*, Goltdammer's Archiv für Strafrecht 152 (2005), 216; *Kugelmann*, Polizei-heute 1/2011, S. 17 und 2/2011, S. 17.

chung von Strafen ein. Damit verfügt die Europäische Union über eine Kompetenz, um durch Maßnahmen nach Art. 75, 83 AEUV die Verfolgung terroristischer Straftaten zu verbessern.

199   Unmittelbar nach dem 11. September 2001 beschloss die Europäische Union einen Aktionsplan, der eine Vielzahl von Maßnahmen zur Verhütung, Verfolgung und Bestrafung terroristischer Akte enthielt. Bereits am 27. Dezember 2001 wurden konkrete Maßnahmen einschließlich verbindlicher Rechtsakte verabschiedet. Der Rat nahm einen allgemeinen[249] und einen spezielleren[250] Gemeinsamen Standpunkt zur Bekämpfung des Terrorismus an.

200   Dem Ziel, gegen die Finanzierung des Terrorismus vorzugehen, dient die Änderung der Geldwäsche-Richtlinie.[251] Das Austrocknen der finanziellen Grundlagen des Terrorismus bezweckt auch die Verordnung (EG) Nr. 2580/2001, die insbesondere das Einfrieren von Geldern betrifft.[252] Betroffen sind Personen, die in eine Liste Aufnahme gefunden haben. Diese Liste terrorverdächtiger Personen und Organisationen wird ständig durch Beschlüsse des Rates aktualisiert,[253] die nicht unmittelbar gerichtlich überprüfbar sind.[254]

201   Eine Angleichung der mitgliedstaatlichen Bestimmungen über terroristische Straftaten beinhaltet der Rahmenbeschluss zur Terrorismusbekämpfung vom 13. Juni 2002,[255] der etwa zu einer Neufassung des § 129a StGB geführt hat. Der Rahmenbeschluss zielt auf die Herstellung eines unionsweiten strafrechtlichen Besitzstandes zur Bekämpfung des Terrorismus.[256]

202   Die Bekämpfung des Terrorismus ist zwingend mit Maßnahmen verbunden, die in die Rechte Einzelner eingreifen. Wenn die eingreifenden Maßnahmen auf Rechtsgrundlagen des europäischen Rechts oder des universellen Völkerrechts beruhen, können sich komplexe rechtliche Gemengelagen ergeben. Verschränkungen der Rechtsordnungen sind unvermeidlich. Dabei ist zu beachten, dass die Rechtsstellung des Einzelnen im Ergebnis nicht unverhältnismäßig eingeschränkt wird.[257] Den Schutz individueller Rechte gewährleistet das Unionsrecht ebenso wie das innerstaatliche Recht. Dem Betroffenen stehen Grundrechte aus unterschiedlichen Rechtsquellen zu und er muss seine Rechte effektiv durchsetzen und gerichtlich verteidigen können.

---

[249] Gemeinsamer Standpunkt 2001/930/GASP des Rates über die Bekämpfung des Terrorismus, ABl. L 344 vom 28.12.2001, S. 90.

[250] Gemeinsamer Standpunkt 2001/931/GASP über die Anwendung besonderer Maßnahmen zur Bekämpfung des Terrorismus, ABl. L 344 vom 28.12.2001, S. 93.

[251] Richtlinie 2001/97/EG, ABl. 2001 L 344 vom 28.12.2001, S. 76.

[252] Verordnung (EG) Nr. 2580/2001 des Rates über spezifische, gegen bestimmte Personen und Organisationen gerichtete restriktive Maßnahmen zur Bekämpfung des Terrorismus, ABl. L 344 vom 28.12.2001, S. 70.

[253] S. z.B. den Beschluss des Rates 2004/306/EG vom 24.4.2004, ABl. L 99, S. 28.

[254] Insoweit kritisch *Gusy*, Golddammer's Archiv für Strafrecht 152 (2005), 216 (226).

[255] Rahmenbeschluss 2002/475/JI des Rates zur Terrorismusbekämpfung, ABl. L 164, S. 3.

[256] *Hecker*, Europäisches Strafrecht, § 11, Rn. 53 ff.

[257] *Gusy*, Goldammer's Archiv für Strafrecht 152 (2005), 216 (223 ff.)

Beispiel:[258]   **203**

Der A ist verdächtig, einem internationalen Netzwerk von Terroristen anzugehören oder diese zumindest zu unterstützen. Der Sicherheitsrat der Vereinten Nationen beschließt, den A auf die Liste der Terrorverdächtigen zu setzen. Die Europäische Union erlässt eine Verordnung, um Finanzsanktionen gegen Terrorverdächtige verhängen zu können. Daraufhin wird das Vermögen des A von der zuständigen innerstaatlichen Behörde eingefroren. Gegen die Verordnung wendet sich A mit einer Nichtigkeitsklage. Der EuGH hat dem Prinzip effektiven Rechtsschutzes Vorrang eingeräumt und die Verordnung für nichtig erklärt.[259] Im Einzelnen s.u. 15. Kap. Rn. 57 ff.

Übungsfall

Ruthig, Europa ohne Grenzen, ZJS 2011, 63. (Examensniveau)

Kontrollfragen

1. Nennen sie Konsequenzen aus der Unionsbürgerschaft für die Anwendung des innerstaatlichen Rechts. (Rn. 38 ff.)
2. Wie beeinflusst die Warenverkehrsfreiheit des AEU-Vertrages das Verständnis des polizeilichen Begriffs der öffentlichen Sicherheit? (Rn. 53 f.)
3. Welche Spielräume haben die deutschen Ordnungsbehörden nach dem Laserdrome-Urteil des EuGH für Verbote von gewerblichen Tätigkeiten aufgrund einer Verletzung der Menschenwürde? (Rn. 63 ff.)
4. Was sind die wesentlichen Inhalte der Richtlinie der EG über die Vorratsspeicherung von Daten? (Rn. 68 f.)
5. Welche personenbezogenen Daten können zwischen den Polizeibehörden der EU-Staaten ausgetauscht werden? (Rn. 113 ff.)
6. Erläutern Sie Rechtsgrundlagen und Probleme des Datenschutzes im Rahmen der Europäischen Polizeilichen Zusammenarbeit. (Rn. 37 ff.)
7. Welche Aufgaben hat Europol? (Rn. 112)
8. Auf welcher Grundlage und mit welchen Zielen führt die Europäische Union Polizeimissionen in Afghanistan oder Palästina durch? (Rn. 146 ff.)

---

[258] EuG, Rs. T-206/01 und T-315/01 (Ahmed Ali Yusuf und Al Barakaat Foundation sowie Yassin Abdullah Kadi / Rat und Kommission), Slg. II-3469.

[259] EuGH, Rs. C-402/05 P, Slg. 2008, I-6351.

15. Kapitel: Völkerrechtliche Einflüsse und Vorgaben (Vertiefung)

In der juristischen Ausbildung spielt die Verknüpfung von Sicherheit und Völkerrecht eher eine Rolle in den Schwerpunktbereichen des internationalen Rechts. Auf völkerrechtlicher Ebene findet sich aber eine Reihe von rechtlichen Ansätzen, die das innerstaatliche Polizei- und Ordnungsrecht beeinflussen. Sicherlich handelt es sich nicht um ein geschlossenes Rechtsgebiet, sondern um sehr unterschiedlich zu gewichtende Einzelaspekte. Sicherheit ist aus unterschiedlichen Blickwinkeln ein völkerrechtlicher Begriff.[1]

1

Das Völkerrecht liefert nicht nur Vorgaben für die Kooperation der Staaten, sondern enthält auch Ansätze im *Vertragsrecht*, die auf verpflichtende Maßgaben für das innerstaatliche Polizei- und Sicherheitsrecht hindeuten oder solche festschreiben. In diesem Rahmen gehen die Völkerrechtssubjekte, also insbesondere Staaten und Internationale Organisationen, zumeist problemorientiert vor und schließen etwa einen Vertrag zur Verhinderung von Geldwäsche oder zum Schutz der Zivilluftfahrt gegen Flugzeugentführungen, in dem sich die Vertragsparteien zu bestimmten Maßnahmen verpflichten. Da sich zwei oder mehrere Staaten auf eine bestimmte Maßnahme, z.B. einen Vertrag, einigen müssen, trägt die Einigung immer den Charakter eines Kompromisses. Kein Staat kann seine Rechtstradition und das in seinem Recht herrschende Begriffsverständnis vollständig auf internationaler Ebene durchsetzen.

2

Aus der Sicht der bundesdeutschen Rechtsordnung betreffen diese Ansätze die Gefahrenabwehr und Strafverfolgung, ohne dass diese Abgrenzung auf internationaler Ebene ausdrücklich nachvollzogen würde. Die Einordnung der völkerrechtlichen Regeln und Normen erfolgt nach den allgemeinen Regeln der Art. 24, 25, 59 GG.[2]

3

1. Globalisierung von Sicherheit

Im Rahmen der Vereinten Nationen ist eines der hochaktuellen Themen die Stärkung und Festigung der globalen Sicherheit. Sicherheit bedeutet im Verständnis der UNO zuvörderst die Abwesenheit von bewaffneten Auseinandersetzungen und von Gefahren für Leib, Leben, Freiheit und Eigentum der Menschen. Da das fun-

4

---

[1] *Kugelmann*, in: FS Bothe, 2008, S. 175.
[2] *Schweitzer*, Staatsrecht III, 10. Aufl. 2010, Rn. 441 ff.

damentale Ziel der Vereinten Nationen in der Sicherung des Friedens besteht (Art. 1 Ziff 1 UN-Charta), setzt ihr Verständnis von Sicherheit an einem weiten Friedensbegriff an. Die Gewährleistung der Sicherheit steht in engem Zusammenhang mit der Sicherung von Freiheit und Menschenrechten. Der Generalsekretär der Vereinten Nationen hat am 21. März 2005 seinen Bericht „In größerer Freiheit: Auf dem Weg zu Entwicklung, Sicherheit und Menschenrechten für alle" vorgelegt.[3] Er knüpft darin hinsichtlich der globalen Sicherheit an den Bericht an, den die Experten der so genannten „Hochrangigen Gruppe" erstellt und ihm am 2. Dezember 2004 übergeben haben.[4]

5   In beiden Berichten werden die grenzüberschreitenden Bedrohungen, die Gefährdungen der Sicherheit bewirken, als gleichrangig und miteinander verwoben erachtet. Armut und Hunger stellten ebenso Gefahren für die Sicherheit dar wie Terrorismus und Massenvernichtungswaffen. Sicherheit sei nur durch kollektives Handeln und ganzheitliche Lösungen zu erreichen. Ziel müsse ein globaler Sicherheitskonsens sein, der die Voraussetzungen für strukturelle Sicherheit anerkenne, die auch die Sicherung der existenziellen Bedürfnisse der Entwicklungsländer und zu entwickelnden Staaten der Welt beinhalte.

6   Allerdings finden diese Zusammenhänge bisher im Handeln der Mitgliedstaaten der Vereinten Nationen noch keinen nachhaltigen Niederschlag.[5] Auf die Staaten kommt es zur Verbesserung der internationalen Sicherheit aber an. Sie sind zusammen mit den Internationalen Organisationen die Subjekte des Völkerrechts, die Recht schaffen und insbesondere Verträge abschließen können.[6]

7   Falls Völkerrechtssubjekte, also insbesondere Staaten, Internationale Organisationen gründen oder sich ihnen anschließen, erkennen sie Bindungen an, die aus dem Gründungsvertrag folgen. Die Charta oder Satzung der Vereinten Nationen ist der wichtigste derartige Vertrag. Aufgrund der UN-Charta kann der Sicherheitsrat der Vereinten Nationen Resolutionen verabschieden, die für alle Mitglieder der Vereinten Nationen bindend sind.[7] Solche Resolutionen sind auf den Gebieten der Gefahrenabwehr und Strafverfolgung insbesondere nach den terroristischen Anschlägen des 11. September 2001 auf New York und Washington ergangen.

8   Im Regelfall entfalten die Resolutionen des Sicherheitsrates Wirkung gegenüber den Staaten, die nach Art. 25 UN-Charta an die Resolutionen gebunden sind. In einigen Fällen hat der Sicherheitsrat allerdings auf Gruppen unterhalb der staatlichen Ebene durchgegriffen.[8] Er hat im Rahmen der bewaffneten Auseinanderset-

---

[3] UN-Dok. A/59/2005 vom 21. März 2005, auffindbar unter www.un.org und www.dgvn.de/pdf/Publikationen/a-59-2005-ger_neu.pdf.

[4] A More Secure World: Our Shared responsibility. Report of the High-level Panel on Threats, Challenges and Change, UN Doc. A/59/565 vom 2. Dezember 2004, auffindbar unter www.un.org/depts/german/gs_sonst/a-59-565.pdf.

[5] *Fues*, VN 4 (2005), 122 (125).

[6] *Epping*, in: Ipsen (Hg.), Völkerrecht, 5. Aufl. 2004, §§ 4 ff.

[7] Vgl. *Uerpmann*, AVR 33 (1995), S. 107.

[8] *Fues*, VN 4 (2005), 122 (124).

zungen auf dem Balkan Regelungen über die bosnischen Serben getroffen.[9] Andere Resolutionen betrafen bestimmte bewaffnete Banden in Somalia[10] oder Bürgerkriegsbewegungen wie die Unita in Angola.[11] Er kann bindend die Mitgliedstaaten der Vereinten Nationen zu Handlungen verpflichten. Die Verpflichtungen aus der Charta gehen Verpflichtungen aus anderen Verträgen vor (Art. 103 UN-Charta).

Der Sicherheitsrat handelt nach Kapitel VII der UN-Charta, um einer Bedrohung oder dem Bruch des Friedens entgegenzuwirken. Die Voraussetzungen für Eingriffe nach dem Kapitel VII zur Wahrung des Friedens unterliegen einem dynamischen Verständnis.[12] Inhaltlich verfügt der Sicherheitsrat über weite Spielräume bei Resolutionen. Sie können feststellen, Besorgnis ausdrücken, anprangern, ermächtigen oder konkrete Handlungs- oder Unterlassungspflichten begründen. Die normativen Grenzen und insbesondere die fehlende rechtliche Kontrolle von Resolutionen sind Gegenstand der wissenschaftlichen Diskussion.[13]   **9**

2. Missionen mit präventiver Zielrichtung auf völkerrechtlicher Grundlage

Auf völkerrechtlicher Ebene ist eine Entwicklung von der Repression zur Prävention zu beobachten. Die Systeme kollektiver Sicherheit im Sinne des Art. 24 GG versuchen verstärkt, nicht nur Sicherheit wiederherzustellen, sondern den Verlust von Sicherheit zu verhindern. Von Fall zu Fall wird ein internationaler Sicherheitsverbund konstruiert, dem Zuständigkeiten übertragen werden. Die Wahrung der Sicherheit im Kosovo wird dementsprechend in anderer Weise und von anderen Beteiligten gewährleistet als die Sicherheit in Afghanistan oder in der sudanesischen Unruheprovinz Darfur.   **10**

Der Ankerpunkt für die Prävention auf völkerrechtlicher Ebene sind die Missionen der Vereinten Nationen auf der Grundlage von Resolutionen des Sicherheitsrates. Der Sicherheitsrat trägt im System der Vereinten Nationen die „Hauptverantwortung für die Wahrung des Weltfriedens und der internationalen Sicherheit" (Art. 24 Abs. 1 UN-Charta). Friedensmissionen der Vereinten Nationen dienten in den Zeiten des Ost-West-Gegensatzes im 20. Jahrhundert überwiegend der Sicherung des Friedens nach vorangegangener bewaffneter Gewalt. Seit den neunziger Jahren haben Missionen zugenommen, die in vielfältiger Weise und unter Einsatz unterschiedlicher Instrumente Frieden in einem weiten Sinne gewährleisten sollen. Die Aufgabe der Aufrechterhaltung von Sicherheit und Ordnung, die von Einsatzkräften im Auftrag der Vereinten Nationen wahrgenommen wird, trägt polizeirechtliche Züge.   **11**

---

[9] Res. 942 (1994), VN 1994, 225.

[10] Res. 837 (1993), VN 1993, 221.

[11] Res. 1127 (1997), VN 1998, 64.

[12] *Herdegen*, Völkerrecht, 9. Aufl. 2010, § 41, Rn. 10 ff.

[13] *E. Klein/S. Schmahl*, in: Graf Vitzthum (Hg.), Völkerrecht, 5. Aufl. 2010, 4. Abschn., Rn. 152 m.w.N.

12   Innerhalb dieses Systems der kollektiven Sicherheit werden von unterschiedlichen Staaten oder Staatengruppen sehr unterschiedliche Missionen durchgeführt, die der Herstellung und Wahrung des Friedens und der öffentlichen Sicherheit dienen. Militärische Missionen mit friedensschaffendem oder friedenserhaltendem Charakter zielen auf die Sicherung eines Waffenstillstandes, die Beendigung gewaltsamer Auseinandersetzungen in Bürgerkriegssituationen oder die Aufrechterhaltung der Sicherheit in einem zerfallenden oder zerfallenen Staat (failing bzw. failed state).

13   Daneben stehen Missionen, die ihrem Auftrag und ihrem Inhalt nach eher als Polizeimissionen bezeichnet werden können, weil es um die Gewährleistung der öffentlichen Sicherheit nach innen geht und keine breit angelegten bewaffneten Auseinandersetzungen geführt werden. Solche Polizeimissionen können mit der Sicherung der Durchführung freier Wahlen verbunden oder Teil einer von den Vereinten Nationen durchgeführten Übergangsverwaltung sein. Die Grenzen zwischen Friedenserhaltung und Gewährleistung von Sicherheit sind fließend, jede Mission trägt einen eigenständigen Charakter.

14   **Beispiel:**

Beruhend auf der Resolution 1401 des UN-Sicherheitsrates vom 28.3.2002 wurde die „United Nations Assistance Mission in Afghanistan" (UNAMA) beschlossen und durch die Resolutionen 1746, 1806 und 1917 bis zum 23.03.2011 verlängert. Neben dem Hauptquartier der Mission, das sich in Kabul befindet, gibt es noch acht regionale Büros sowie mehrere Unter- und Verbindungsbüros. Die Aufgaben der Mission sind vielschichtig, bewegen sich aber allesamt im Bereich der präventiven Friedenssicherung. So wurden in Zusammenarbeit mit der afghanischen Regierung Regeln für die Wahl zur ersten Loja Jirga, die den afghanischen Präsidenten wählte festgelegt und die Präsidentschaftswahlen am 9.10.2004 sowie die Wahl des Parlaments am 18.09.2005 wurden durch die UNAMA begleitet.

Deutschland koordinierte vom 2.4 2002 bis 15.6.2007 die internationalen Anstrengungen zum Aufbau der Polizei in Afghanistan. Mit der Gemeinsamen Aktion 2007/369/GASP vom 30.Mai 2007 übernahm die EU die Ausbildung der Afghanischen Polizei. Die GSVP Mission EUPOL Afghanistan verfolgt dabei folgende Ziele:

• Ausbildung einer effizienten und vertrauenswürdigen Polizei, welche die Menschenrechte achtet;

• Mentoring und Beratung der afghanischen Polizeiführung und der Entscheidungsträger in der Hauptstadt, den regionalen Polizeizentralen sowie in den Provinzen;

• Unterstützung beim Aufbau eines Rechtsstaatlichen Systems

• Koordination der Beiträge der verschiedenen internationalen Akteure.

Neben der Beteiligung an der GSVP Mission ist Deutschland auch weiterhin noch im Rahmen des German Police Project Teams (GPPT) in Afghanistan tätig.

15   Die Vereinten Nationen üben in spezifischen Situationen Hoheitsgewalt auf dem Territorium eines Staates aus.[14] Dies kann neben oder ausnahmsweise anstelle der innerstaatlichen Ausübung von Hoheitsgewalt geschehen. In Form einer Über-

---

[14] *Herdegen*, Völkerrecht, 9. Aufl. 2010, § 41, Rn. 28.

gangsverwaltung tragen die Vereinten Nationen die Verantwortung für Rechtsetzung, Verwaltung und Rechtsprechung in den betroffenen Gebieten. Es geht oftmals um die Lenkung innerstaatlicher politischer Transformationsprozesse hin zu demokratischen Regierungssystemen. Befriedung soll durch die Entfaltung supranationaler Hoheitsgewalt vorbereitet und erreicht werden. Im Kern handelt es sich um de facto- Protektorate, die auf der Grundlage von Resolutionen des Sicherheitsrates gebildet werden. Man könnte sie auch verfestigte Schutzzonen nennen.[15]

Beispiele: [16]   **16**
Das von Indonesien sich abspaltende Gebiet Ost-Timor wurde zunächst von den Vereinten Nationen mittels einer Übergangsverwaltung in die Unabhängigkeit begleitet, die Wahlen wurden vorbereitet und durchgeführt und der neue Staat Timor-Leste in die Unabhängigkeit entlassen.
Im besonders komplizierten Fall des Kosovo hatte der Sicherheitsrat 1999 beschlossen, dass eine Übergangsverwaltung eingerichtet wird.[17] Zu Beginn der Mission nahmen die Streitkräfte dort Aufgaben der Aufrechterhaltung von Sicherheit und Ordnung wahr und üben Befugnisse der Strafverfolgung aus.[18] Die Verwaltungskompetenz der Vereinten Nationen wurde durch „regulations" wahrgenommen, die funktional Gesetzen entsprechen.[19] Inzwischen hat sich der Kosovo als Staat für unabhängig erklärt und wird von einer Reihe von Staaten, darunter auch die Bundesrepublik Deutschland, anerkannt.

Die Vereinten Nationen sind auf die Bereitschaft der Staaten angewiesen, Truppen   **17**
für die Missionen abzustellen. Diese Bereitschaft hängt von den drohenden Risiken, von finanziellen Erwägungen und von weiteren politischen Erwägungen im Einzelfall ab. Nicht zuletzt weil eigene Streitkräfte fehlten, hat der Sicherheitsrat in einigen Krisensituationen einzelne Staaten oder Staatengruppen zum Eingreifen autorisiert.[20] Letzthin war dies der Fall in *Libyen*.[21] Als Reaktion auf die Nichteinhaltung der Resolution 1970 des Sicherheitsrates vom 26. Februar 2011 durch die libyschen Behörden verabschiedete der Sicherheitsrat am 17. März 2011 die Resolution 1973. Diese sieht die Möglichkeit der Errichtung einer Flugverbotszone über Libyen vor sowie die Ergreifung aller „notwendigen Maßnahmen" zum Schutze der Bevölkerung, wobei jegliche Besatzung libyschen Territoriums durch eine ausländische Macht ausgeschlossen wird.

Kontingente für Friedenstruppen werden von Mitgliedstaaten aufgrund einer   **18**
Vereinbarung mit den Vereinten Nationen, die vom Generalsekretär vertreten werden, gestellt. Da keine Sonderabkommen nach Art. 42 UN-Charta abgeschlos-

---

[15] *Frowein*, in: Festschrift für Rudolf, 2001, S. 43.
[16] *Bothe/Marauhn*, in: Tomuschat (Hg.), Kosovo and the International Community, 2001, S. 217; *Ruffert*, ICLQ 50 (2002), 613; *Stahn*, ZaöRV 61 (2001), S. 107.
[17] S/RES/1244 (1999) vom 10.6.1999 (= VN 1999, S. 116).
[18] *Dreist*, NZWehrR 2002, 45.
[19] Vgl. *Hobe/Griebel*, in: Festschrift für Ress, 2005, S. 141.
[20] Z.B. IFOR/SFOR-Aktion zur Durchsetzung des Dayton-Abkommens, S/Res. 1031 vom 15.12.1995
[21] Resolutionen 1970 und 1973 (2011) des Sicherheitsrates.

sen wurden, streben die Vereinten Nationen seit Mitte der 90er Jahre verstärkt den Abschluss von „Stand by Arrangements" an. Deutschland hat seine Bereitschaft erklärt, Truppenkontingente für den schnellen Einsatz zur Verfügung zu stellen. Solche Arrangements haben bisher über 60 Staaten abgeschlossen.

19   Der Status der Truppen der Vereinten Nationen wird durch einen Aufenthaltsvertrag mit dem Empfangsstaat geregelt. Dazu hat die Generalversammlung der Vereinten Nationen einen Modellvertrag verabschiedet.[22] Die in diesem Zusammenhang beschlossene Konvention über den Schutz von Peace-keeping- und Hilfspersonal,[23] ist in Kraft getreten.[24]

3. Völkerrechtliche Verträge mit sicherheitsrechtlichen Gehalten

20   Auf völkerrechtlicher Ebene bestehen vertragliche Vereinbarungen mit sicherheitsrechtlichen Aspekten. Völkerrechtliche Vereinbarungen, die im Schwerpunkt die Wahrung der öffentlichen Sicherheit im polizei- oder ordnungsrechtlichen Sinne zum Inhalt haben, sind selten, da die Verwirklichung dieser Aufgabe auf innerstaatlicher Ebene erfolgt. Mit der Internationalisierung von Kriminalität hat sich insbesondere das Bedürfnis nach internationaler Kooperation bei der Bekämpfung von Kriminalität verstärkt. Dies betrifft zum einen bilaterale Verträge, die zwischen zwei Vertragsstaaten geschlossenen werden, zum anderen multilaterale Verträge zwischen mehreren Vertragsparteien. Wichtige bilaterale Verträge mit sicherheitsrechtlichen Gehalten sind Verträge zum grenzüberschreitenden Katastrophenschutz und die Polizeiverträge zwischen Nachbarstaaten.

21   **Beispiele:**
Der deutsch-schweizerische Polizeivertrag,[25] der am 1.3.2002 in Kraft getreten ist, regelt neben allgemeinen Formen der Zusammenarbeit unter Einschluss des Datenaustausches auch die besonderen Kooperationsformen der Nacheile, der verdeckten Ermittlung und der kontrollierten Lieferung.[26]

22   Die Polizeiverträge mit den Nachbarstaaten unterscheiden sich in Inhalt und Reichweite:

* Belgien, Abkommen vom 27. März 2000 (BGBl. 2002 II S. 1532),
* Dänemark, Abkommen vom 21. März 2001 (BGBl. 2002 II S. 1536),
* Frankreich, Abkommen vom 9. Oktober 1997 (BGBl. 1998 II S. 2479),

---

[22] GA/Res. 45/594.
[23] GA/Res. 49/59.
[24] *Bothe*, in: Vitzthum (Hg.), Völkerrecht, 5. Aufl. 2010, 8. Abschn., Rn. 38.
[25] Vertrag vom 27. April 1999 zwischen der Bundesrepublik Deutschland und der Schweizerischen Eidgenossenschaft über die polizeiliche und justizielle Zusammenarbeit, BGBl. 2001 II, S. 946.
[26] *H.-J. Cremer*, ZaöRV 60 (2000), 103; *Hecker*, Europäisches Strafrecht, § 5, Rn. 79 ff.

- Luxemburg, Abkommen vom 24. Oktober 1995 (BGBl. 1996 II S. 1203),
- Niederlande, Abkommen vom 2. März 2005 (BGBl. 2006 II S. 194),
- Österreich, Abkommen vom 10. November und 19. Dezember 2003 (BGBl. 2005 II S. 1307),
- Polen, Abkommen vom 18. Februar 2002 (BGBl. 2003 II S. 218),
- Schweiz, Abkommen vom 27. April 1999 (BGBl. 2001 II S. 945),
- Tschechische Republik, Abkommen vom 19. September 2000 (BGBl. 2002 II S. 790).

Regelungen über die Wahrung der öffentlichen Sicherheit finden sich auch in multilateralen Verträgen. Wenn zwei oder mehr Staaten Vereinbarungen mit sicherheitsrechtlichen Bezügen treffen, dann betrifft dies zumeist spezifische Regelungsgegenstände, über die eine Einigung möglich war. In Frage kommen insbesondere der Bereich der Rechtshilfe oder Regelungen über die Bekämpfung besonderer Formen der Kriminalität.   **23**

Beispiele: **24**
Die Bekämpfung der Korruption wird von einem Übereinkommen erfasst, das im Rahmen der Organisation für wirtschaftliche Zusammenarbeit und Entwicklung (OECD) entstand.[27]
Die Gründung der Internationalen Kriminalpolizeilichen Organisation (IKPO – Interpol) im Jahr 1956[28] bezweckt die Kooperation der nationalen Polizeibehörden.[29] Nationales Verbindungsbüro ist in Deutschland das Bundeskriminalamt (§ 3 BKAG). Die Polizeibehörden können unmittelbar miteinander in Kontakt treten. Der wichtigste Anwendungsfall ist die internationale Fahndung.[30]

Im Zusammenhang der zunehmenden internationalen Kriminalität können besondere Erscheinungsformen der Begehung von Straftaten zu Tage treten, deren Verfolgung vereinfacht wird, wenn Staaten zusammenarbeiten. Grundlage der Kooperation ist ein Vertrag, in dem die Voraussetzungen und Regeln der Zusammenarbeit umschrieben werden. Da der Vertrag vom innerstaatlichen Parlament gebilligt werden muss, ist die parlamentarische Kontrolle der vertraglich vorgesehenen Eingriffe gewährleistet.   **25**

Beispiel: **26**
Zur Bekämpfung der Computerkriminalität wurde im Rahmen des Europarates das Übereinkommen über Datennetzkriminalität vom 23. November 2001,[31] die sogenannte Cyber Crime-Konvention beschlossen.[32] Das Übereinkommen ist am 1. Juli

---

[27] Übereinkommen vom 17. Dezember 1997 über die Bekämpfung der Bestechung ausländischer Amtsträger im internationalen Geschäftsverkehr, BGBl. 1998 II, S. 2327; am 15.2.1998 in Kraft getreten.
[28] Auf der Grundlage der Internationalen Kriminalpolizeilichen Kommission von 1923.
[29] *Hecker*, Europäisches Strafrecht, § 5, Rn. 3.
[30] *Mokros*, in: Lisken/Denninger, O Rn. 81 ff.; *Schenke*, POR, Rn. 463.
[31] Näher *Kugelmann*, Telekommunikations- und Medienrecht (TMR) 2002, 14.
[32] SEV Nr. 185.

2004 in Kraft getreten und inzwischen von 46 Staaten umgesetzt gesetzt worden. In der Bundesrepublik Deutschland trat die Cyber Crime-Konvention zum 1.7.2009 in Kraft.[33] Zu den Mitgliedstaaten zählen als Nichtmitglieder des Europarates Israel, Kanada, Südafrika und die USA, denn das Übereinkommen steht allen Staaten zum Beitritt offen.

Die Cyber Crime-Konvention ist ein multilateraler Vertrag zur Festlegung gemeinsamer Kriterien für die Strafverfolgung bestimmter Delikte. Sie enthält einen Katalog an Straftaten, die in den Vertragsstaaten verfolgt werden müssen, um eine grenzüberschreitende Kooperation zu ermöglichen. Einzige materielle Vorschrift ist eine Regelung zur Strafbarkeit von Kinderpornographie. Der Schwerpunkt des Übereinkommens liegt in der Regelung der internationalen Zusammenarbeit.

27   Im Zusammenhang der Begehung von Datennetzkriminalität haben einige Staaten ein Bedürfnis gesehen, über die Verbesserung der Kooperation hinaus weitere materielle Vorschriften zu vereinbaren. Mittel dazu ist ein völkerrechtlicher Vertrag. Im konkreten Fall kann die Berechtigung des Beitritts an die Zugehörigkeit zu dem Grundvertrag geknüpft werden.

28   **Beispiele:**
Die Mitgliedstaaten der Cyber Crime-Konvention können einem Zusatzprotokoll beitreten. Das Zusatzprotokoll betreffend die Kriminalisierung mittels Computersystemen begangener Handlungen rassistischer und fremdenfeindlicher Art vom 28.1.2003 hat Deutschland lediglich unterzeichnet.[34] Es ist für 34 Vertragsstaaten in Kraft getreten. Die Vertragsstaaten verpflichten sich, die Verbreitung bestimmter Inhalte mittels Computersystemen unter Strafe zu stellen.
Im Rahmen der justitiellen Zusammenarbeit in Strafsachen hat die Europäische Union das Thema aufgegriffen. Für alle Mitgliedstaaten der Europäischen Union und damit auch für die Bundesrepublik Deutschland verbindlich ist der Rahmenbeschluss 2002/222/JI des Rates vom 24. Februar 2005 über Angriffe auf Informationssysteme.[35] Er bezweckt eine Angleichung der einschlägigen innerstaatlichen Vorschriften des Strafrechts. Dies sind insbesondere die Regelungen über die Strafbarkeit des unbefugten sich Verschaffens von Zugang zu Computersystemen und des rechtswidrigen Systemeingriffs (Hacking). Da das Instrument des Rahmenbeschlusses abgeschafft wurde, soll eine Cyber Crime- Richtlinie erlassen werden.

4. Völkerstrafrecht

29   Zunehmende Bedeutung erlangt das Völkerstrafrecht.[36] Es ist vom internationalen Strafrecht zu unterscheiden, das die Ausdehnung des Strafanspruchs der innerstaatlichen Rechtsordnung betrifft. Dagegen ist Völkerstrafrecht materielles Straf-

---

[33] Übereinkommen des Europarates über Computerkriminalität vom 23. November 2001, BGBl. 2008 II S.1242, in Deutschland in Kraft seit 1. Juli 2009, BGBl. 2010 II S. 218.
[34] SEV Nr. 187.
[35] ABl. Nr. L 69 vom 16.3.2005, S. 67; die Umsetzungsfrist endet am 16.3.2007.
[36] *Werle*, Völkerstrafrecht, 2.Aufl. 2007, A Rn. 73 ff.

recht. Es geht um völkerrechtliche Normen, die eine materielle Strafbarkeit von Personen begründen.

Traditionell war *das internationale Strafrecht* zentraler Ansatzpunkt für völker- **30** rechtliche Regelungen. Es ist Ausdruck der Gebietshoheit der Staaten, welche die Gebietsbezogenheit des materiellen Strafrechts beinhaltet. Als Folge der Souveränität unterliegt die Regelung des internationalen Strafrechts innerstaatlicher Regelungsgewalt.

Die Anknüpfungspunkte für den Strafanspruch nach internationalem Strafrecht **31** sind für die Bundesrepublik Deutschland im Strafgesetzbuch festgelegt (§§ 3 ff. StGB). Es geht um die Bestimmung der Sachverhalte, auf die das StGB Anwendung findet. Das Territorialitätsprinzip gilt für Inlandstaten (§ 3 StGB). Das aktive Personalitätsprinzip betrifft die Strafbarkeit von Auslandstaten eigener Staatsangehöriger (§ 7 Abs. 2 Nr. 1 StGB) und das passives Personalitätsprinzip hebt auf Taten gegen eigene Staatsangehörige ab (§ 7 Abs. 1 StGB). Eine Strafbarkeit aufgrund des Schutzprinzips ist dann begründet, wenn das Rechtsgut eng mit der Staatlichkeit des pönalisierenden Staates verknüpft ist (§ 5 StGB). Nach dem Prinzip der stellvertretenden Strafrechtspflege werden Ausländer für im Ausland begangene Taten wegen der Nichtahndung am Begehungsort bestraft (§ 7 Abs. 2 Nr. 2 StGB).[37]

Während das internationale Strafrecht den herkömmlichen Gegebenheiten sou- **32** veräner Staatlichkeit entspricht, begründet *das Völkerstrafrecht* eine Strafbarkeit für Delikte unabhängig vom innerstaatlichen Recht. Dieser Entwicklungssprung stellt einen der wichtigsten Fortschritte des Völkerrechts der letzten Jahre dar. Er geht einher mit der Entwicklung vom Kooperations- zum Koordinationsvölkerrecht, in dem die Rolle der Individuen und der Internationalen Organisationen zunimmt, die als Akteure und Rechtsträger immer stärker zu den Staaten hinzutreten.[38]

Gegenstand des Völkerstrafrechts sind schwere Verstöße gegen das friedliche **33** Zusammenleben der Völker, etwa Verbrechen gegen die Menschlichkeit oder Völkermord.[39] Die Bundesrepublik Deutschland hat ein besonderes Völkerstrafgesetzbuch (VStGB) geschaffen, um das Völkerstrafrecht anwendbar zu machen.[40] In ihm sind die völkerstrafrechtlichen Delikte aufgeführt, die der deutschen Strafgerichtsbarkeit unterliegen.[41] Das Völkerstrafgesetzbuch regelt die Konzentration der Zuständigkeit für die Verfolgung der Straftatbestände beim Generalbundesanwalt und für ihre Aburteilung der Delikte bei den Oberlandesgerichten (§ 120 Abs. 1 Nr. 8 GVG).

Die deutschen Staatsanwaltschaften und die Gerichtsbarkeit sind mit Ermitt- **34** lungen und entsprechenden Verfahren konkret beschäftigt. Ein Verfahren vor dem OLG Stuttgart wurde gegen einen Beschuldigten eröffnet, dem vorgeworfen wird, von Mannheim aus telefonisch und per Internet die Verbrechen gegen die

---

[37] Zum Ganzen *Hecker*, Europäisches Strafrecht, § 2, Rn. 2 ff.
[38] Allgemein *Hobe*, AVR 37 (1999), S. 253; *Nettesheim*, JZ 2002, 569.
[39] *Schröder*, in: Graf Vitzthum (Hg.), Völkerrecht, 5. Aufl. 2010, 7. Abschn., Rn. 44.
[40] Gesetz vom 26.6.2002, BGBl. I, S. 2254.
[41] *A. Zimmermann*, ZRP 2002, 97.

Menschlichkeit (Mord, Massenvergewaltigung usw.) einer bestimmten Gruppe in Ruanda befohlen und angeleitet zu haben.

35   Die Entwicklung des materiellen Völkerstrafrechts wurde auf völkerrechtlicher Ebene von der Schaffung gerichtlicher Durchsetzungsmechanismen begleitet.[42] In Anknüpfung an den Internationalen Militärgerichtshof von Nürnberg und Tokio, der nach Ende des zweiten Weltkrieges die Verfolgung und Bestrafung der Hauptkriegsverbrecher übernahm, wurden seit den 90er Jahren des 20. Jahrhunderts spezielle Gerichte zur Verfolgung von Straftaten in bestimmten historischen Situationen errichtet. Die Rechtsgrundlagen für diese Ad-hoc-Strafgerichtshöfe sind Resolutionen des Sicherheitsrates.

36   Das Tribunal für Ruanda ist mit Straftaten des Völkermordes in Ruanda befasst.[43] Das Jugoslawien-Tribunal mit Sitz in Den Haag verfolgt und bestraft schwere Kriegsverbrechen währen der Balkankriege.[44] Das Jugoslawien-Tribunal selbst hat im Fall *Tadic* Stellung zu den Rechtsgrundlagen und seinen Befugnissen genommen und aufgrund des weiten Ermessensspielraumes des Sicherheitsrates die Rechtmäßigkeit der Resolutionen betont.[45]

37   Eine bedeutende Errungenschaft des Völkerrechts ist der Internationale Strafgerichtshof (IStGH). Durch die Schaffung des Internationalen Strafgerichtshofes[46] werden individuelle Pflichten der Beachtung von Menschenrechten betont.[47] Deutschland war sehr aktiv am Zustandekommen des Gerichtshofes beteiligt. Der auf der Grundlage des Vertrages von Rom geschaffene Gerichtshof hat seinen Sitz in Den Haag. Im Jahr 2004 hat er seine Arbeit aufgenommen. Der IStGH hat inzwischen eine Reihe von Verfahren eröffnet.[48]

38   Die Zuständigkeiten des Internationalen Strafgerichtshofes betreffen nach seinem Statut das Verbrechen des Völkermordes, Verbrechen gegen die Menschlichkeit, Kriegsverbrechen und das Verbrechen der Aggression. Seine Zuständigkeiten übt der IStGH subsidiär aus, wenn keine effektiven nationalen Strafverfahren eingeleitet werden.[49] Er kann internationale Haftbefehle ausgeben, die über Interpol vollstreckt und damit letztlich von den innerstaatlichen Polizeibehörden gegenüber konkreten Personen durchgeführt werden.[50]

---

[42] *Herdegen*, Völkerrecht, 9. Aufl. 2010, § 61.

[43] S/Res. 955 von 1994.

[44] S/Res. 808 vom 22.2.1993, Errichtung des Tribunals; S/Res. 827 vom 25.5.1993, Statut des Tribunals.

[45] HRLJ 1995, 437; dazu *Kreß*, EuGRZ 1996, 638.

[46] Für die Bundesrepublik Deutschland in Kraft durch das Gesetz vom 4.12.2000 zum Römischen Statut des Internationalen Strafgerichtshofs vom 17.7.1998, BGBl. II S. 1393.

[47] Vgl. *Ambos*, NJW 1998, 3743; *Blanke/Molitor*, AVR 39 (2001), 142; zum innerstaatlichen Recht *Werle*, JZ 2001, 885.

[48] Vgl. die Webseite des IStGH www.icc-cpi.int.

[49] *Tomuschat*, EuGRZ 1998, 1.

[50] *Ambos*, Internationales Strafrecht, 2. Aufl. 2008 § 12 Rn. 56 ff.; *Hecker* Europäisches Strafrecht, § 2, Rn. 86 ff.

5. Die völkerrechtliche Bekämpfung des internationalen Terrorismus

Die Vorgehensweisen und Maßnahmen auf völkerrechtlicher Ebene zur Bekämp-   **39**
fung des Terrorismus verdeutlichen die Funktionsweise der internationalen Bemühungen um die Gewährleistung von Sicherheit als Mischung von repressiven und
präventiven Elementen. Rechtsgrundlagen für bindende Verpflichtungen sind auch
hier vertragliche Vereinbarungen oder Resolutionen des Sicherheitsrates der Vereinten Nationen.

5.1. Terrorismus als Gegenstand des Völkerrechts

Der Terrorismus gilt als Geißel der Menschheit.[51] Auch auf völkerrechtlicher Ebe-   **40**
ne war dies dem Grunde nach immer anerkannt. Jedoch verhinderten unterschiedliche Betrachtungsweisen unterschiedlicher Staaten und Staatengruppen auf die
Erscheinungsformen des Terrorismus tatsächliche Einigungen in der Sache und
das Ergreifen effektiver Maßnahmen.[52]
Lange Zeit war in den Vereinten Nationen der Begriff des Terrorismus äußerst   **41**
umstritten.[53] Die Gründe lagen in der Blockpolitik des kalten Krieges bis 1989 und
in der Dekolonialisierung seit den 60er Jahren des 20. Jahrhunderts, die zu Auseinandersetzungen zwischen Kolonialstaaten und Unabhängigkeitsbewegungen und
letztlich zur Bildung einer Reihe von neuen Staaten führte. Was für den einen
Staat Terrorismus war, war für den anderen Freiheitskampf. Nach dem Ende des
kalten Krieges durch das Entfallen des Staatssozialismus kam es in den Vereinten
Nationen zu einer Annäherung der Positionen. Kompromisse und Einigungen
wurden leichter möglich. Dies betrifft Entscheidungen innerhalb der Vereinten
Nationen ebenso wie den Abschluss völkerrechtlicher Verträge zur Bekämpfung
von Erscheinungsformen des Terrorismus.
Aktivitäten gegen den Terrorismus entfaltet die Generalversammlung der Ver-   **42**
einten Nationen. Ihre Resolutionen sind zwar für die Mitgliedstaaten der Vereinten
ten Nationen nicht bindend, haben aber politisches Gewicht. Allerdings ist auf die
Zusammensetzung der Mehrheiten zu achten, weil diese Hinweise über das politische Zustandekommen des Dokumentes geben. Die Generalversammlung hat eine
Reihe von Entschließungen über die Bekämpfung des Internationalen Terrorismus
verabschiedet.[54]

---

[51] Zum Ganzen *Christian Walter u.a.*, Terrorism as a Challenge for National and International Law: Security versus Liberty?, 2004.
[52] Zu den Grundlagen *Delbrück*, in: FS Bothe 2008, S. 41.
[53] *Tomuschat*, EuGRZ 2001, 535.
[54] S. z.B. A/RES/49/60 vom 9. Dezember 1994 (veröffentlicht unter dem 17. Februar
1995); A/RES/51/210 vom 17. Dezember 1996 (veröffentlicht unter dem 16. Januar
1997).

43   Bindende Wirkungen äußern vertragliche Vereinbarungen für diejenigen Staaten, die den Vertrag für sich in Kraft setzen. Eine Reihe von Verträgen mit speziellem Anwendungsbereich haben zum Ziel, terroristische Akte in speziellen Zusammenhängen zu bekämpfen. Einigungen der Staaten kamen deshalb hinsichtlich begrenzter Materien zu Stande, weil die Staaten die Abgrenzbarkeit des Anwendungsbereiches gewährleistet sahen.

44   Konventionen zum Schutz des Luftverkehrs sind die Folge einer großen Zahl von Flugzeugentführungen in den 70er Jahren des 20. Jahrhunderts. Den Schutz der Zivilluftfahrt gegen Flugzeugentführungen und die Verfolgung von Straftaten an Bord von Zivilluftfahrzeugen betreffen mehrere Übereinkommen, die den Mitgliedstaaten des jeweiligen Vertrages bestimmte Pflichten auferlegen.[55] Die Vorschriften der Montreal-Konvention[56] schreiben die Strafverfolgung von Taten vor, die an Bord eines Flugzeuges begangen werden. Der für die Strafverfolgung zuständige Staat muss die im Vertrag aufgeführten Taten mit schweren Strafen bedrohen.

45   Parallele Schutzmechanismen enthalten Abkommen zum Schutz der freien Schifffahrt, die sich insbesondere gegen Seeräuberei wenden.[57] Der Kampf gegen die Piraterie hat seinen Niederschlag insbesondere in Art. 15 der Genfer Konvention über die Hohe See und in Art. 100 ff. der UN-Seerechtskonvention gefunden. Die Bestimmungen verpflichten die Staaten zur Kooperation in der Verfolgung des Ziels, die Piraterie zu bekämpfen.

46   Übergreifende völkerrechtliche Regelungen zur Bekämpfung des Terrorismus, die nicht lediglich einen spezifischen Sachbereich regeln, haben bis zum Jahr 2001 keine weite Verbreitung gefunden.[58] Darin spiegelt sich das unterschiedliche Begriffsverständnis der Staaten von Terrorismus wider. Kein Staat geht vertragliche Verpflichtungen ein, wenn die Befürchtung besteht, gegen aus der Sicht dieses Staates billigenswerte Aktivitäten einschreiten zu müssen.

47   Im Rahmen der Vereinten Nationen entstand die Internationale Konvention zur Bekämpfung der Finanzierung des Terrorismus vom 9. Dezember 1999.[59] Die Konvention zählt 173 Mitgliedstaaten. Sie enthält Regelungen über die Notwendigkeit strafrechtlicher Verfolgung bestimmter Handlungen (Art. 7) oder über das Einfrieren von Finanzmitteln (Art. 8). Strafrechtlichen Inhalt hat die Internationale Konvention zur Bekämpfung terroristischer Bombenattentate vom 15. Dezember 1997.[60] Die Konvention hat 164 Mitgliedstaaten. Beide Übereinkommen sind erst nach dem 11. September 2001 in Kraft getreten, weil erst dann die Staaten den Konventionen in großer Zahl beitraten.

---

[55] *Fischer*, in: Ipsen (Hg.), Völkerrecht, 5. Aufl. 2004, § 55, Rn. 51 ff.

[56] Übereinkommen zur Bekämpfung widerrechtlicher Handlungen gegen die Sicherheit der Zivilluftfahrt vom. 23.9.1971, BGBl. 1977 II, S. 1230.

[57] *Fischer*, in: Ipsen (Hg.), Völkerrecht, 5. Aufl. 2004, § 54, Rn. 16 – 18; *Schröder*, in: Graf Vitzthum (Hg.), Völkerrecht, 5. Aufl. 2010, 7. Abschn., Rn. 43.

[58] Überblick bei *Finke/Wandscher*, VN 5 (2001), 168.

[59] Text: VN 1/2001, S. 21; eingehend *Lavalle*, ZaöRV 60 (2000), 491.

[60] Fundstellen auf der Anti-Terrorismus Homepage der UN: www.un.org/terorrism.

Vertragliche Vereinbarungen im Hinblick auf terroristische Taten werden nicht **48** nur auf universeller, sondern auch auf regionaler Ebene getroffen. Im Rahmen des Europarates ist das Europäische Übereinkommen zur Bekämpfung des Terrorismus vom 27.1.1977 entstanden.[61] Die Vertragsstaaten müssen die Auslieferung im Fall der vertraglich definierten Straftaten ermöglichen. Diese dürfen nicht als politisch verstanden werden. Genannt werden etwa Straftaten gegen die Sicherheit des Luftverkehrs nach dem Montrealer Abkommen, schwere Straftaten gegen Diplomaten, Geiselnahme oder Sprengstoffdelikte. Das Übereinkommen legt das Prinzip dedere aut iudicare fest. Die Mitgliedstaaten sind also verpflichtet, eine eigene Gerichtsbarkeit begründen, wenn sie den Verdächtigen nicht ausliefern wollen. Die Vertragsparteien gewähren einander Rechtshilfe, wobei das innerstaatliche Recht über die Rechtshilfe anwendbar ist.

5.2. Die Bekämpfung des Terrorismus seit 2001

Das Schlüsseldatum für die Aktivitäten zur Bekämpfung des Terrorismus ist der **49** 11. September 2001. Am 11. September 2001 entführten Terroristen vier große Zivilflugzeuge. Sie stürzten drei der Flugzeuge gezielt in die beiden Türme des World Trade Center in New York und auf das Pentagon in Washington. Der Anschlag kostete Tausende von Menschen das Leben und verursachte gewaltige materielle Schäden. Die völkerrechtlichen Instrumentarien zur Bekämpfung des Terrorismus erhielten einen gewaltigen Schub durch den Willen einer Mehrzahl der Staaten, auf die Attentate des 11. September zu reagieren.[62]

Bereits am 12. September verurteilte der Sicherheitsrat der Vereinten Nationen **50** durch die Resolution 1368 (2001) die Terroranschläge und in der Resolution 1373 (2001) vom 28. September beschloss der Sicherheitsrat konkrete Maßnahmen gegen den Terrorismus.[63]

Die NATO rief am 2. Oktober 2001 zum ersten Mal in ihrer Geschichte den **51** Bündnisfall gemäß Art. 5 des NATO-Vertrages aus mit der Konsequenz, dass die USA den Beistand der NATO-Mitgliedstaaten beanspruchen konnten.[64] Für die Bundesrepublik Deutschland beschloss der Deutsche Bundestag in einer Sondersitzung am 22.12.2001 die Bereitstellung von 3.900 Soldaten der Bundeswehr zur Bekämpfung des Terrorismus.[65] Einen wesentlichen Bestandteil des Einsatzes deutscher Streitkräfte bildet die Entsendung eines Marineverbandes an das Horn von Afrika.[66]

---

[61] SEV Nr. 90; BGBl. 1978 II, S. 321.
[62] Zu den völkerrechtlichen Rechtsfragen *Kugelmann*, Jura 2003, 376 m.w.N.
[63] *Aston*, ZaöRV 62 (2002), 257.
[64] Presseerklärung vom 2. Oktober 2001: „Invocation of Article 5 confirmed". Vgl. die Presseerklärung des Generalsekretärs der NATO, Lord *Robertson*, vom 4. Oktober 2001. Dazu die Website der NATO betreffend „NATO and the Scourge of Terrorism".
[65] Mit 538 Ja-Stimmen, 35 Nein-Stimmen und 8 Enthaltungen, s. BT-Prot. 14/210.
[66] *Heintschel von Heinegg/Gries*, AVR 40 (2002), 145.

5.3. Die Rolle der Vereinten Nationen

52   Die Vereinten Nationen entfalten vielfältige politische und rechtliche Aktivitäten zur Bekämpfung des Terrorismus. Sie zielen vorrangig auf Maßnahmen der Staaten, die durch Vorgehen gegen Geldwäsche oder Verfolgung von Straftätern terroristische Aktionen verhindern sollen. Der rechtliche Weg sind völkerrechtliche Verträge, in denen die Mitgliedstaaten entsprechende Verpflichtungen eingehen.

53   Der Sicherheitsrat hat eine Vielzahl von Resolutionen verabschiedet, in denen er terroristische Attentate verurteilt oder Stellung zu Vorfällen im Zusammenhang des Terrorismus nimmt. Er hat darüber hinaus auch selbst Zwangsmaßnahmen verhängt. Zwangsmaßnahmen nach Kapitel VII kann der Sicherheitsrat ergreifen, wenn die Voraussetzungen des Art. 39 UN-Charta erfüllt sind.[67] Es muss eine der Alternativen des Art. 39 UN-Charta vorliegen, also eine Bedrohung des Friedens oder ein Bruch des Friedens oder eine Angriffshandlung, wobei dem Sicherheitsrat in der Beurteilung ein weiter Entscheidungsspielraum zusteht.[68] Die Angriffshandlung und der Friedensbruch betreffen nach herkömmlichem Begriffsverständnis grundsätzlich bewaffnete zwischenstaatliche Aggressionen und kommen unter diesen Vorzeichen im Fall terroristischer Anschläge nicht in Betracht.

54   Terroristische Gewalttaten können eine Bedrohung des Friedens darstellen. Dies ist in der Praxis der Vereinten Nationen seit längerer Zeit anerkannt.[69] Die Generalversammlung hat bereits in der Friendly Relations Deklaration erklärt, dass jeder Staat die Pflicht hat, die aktive Unterstützung von terroristischen Handlungen ebenso zu unterlassen wie die stillschweigende Duldung von Vorbereitungshandlungen auf seinem Staatsgebiet.[70] Der Sicherheitsrat hat den Charakter von Terrorakten als Friedensbedrohung wiederholt bekräftigt.[71] Schon in einem einschlägigen Entwurf der International Law Commission von 1954 war diese Beurteilung enthalten.[72]

---

[67] Eingehend *Frowein*, in: Simma (ed.), The Charter of the United Nations – A Commentary, 2002, Art. 39, Rn. 5 ff.; *Österdahl*, Threat to Peace?, 1998.

[68] *Fink*, Kollektive Friedenssicherung Teil 2, 1999, S. 873; *Herdegen*, Völkerrecht, 9. Aufl. 2010, § 41, Rn. 3 und 18.

[69] *Bothe*, in: Graf Vitzthum (Hg.), Völkerrecht, 5. Aufl. 2010, 8. Abschn., Rn. 43. Vgl. zu älteren Ereignissen und der Haltung der USA *H. Weber*, Gewalt, Gegengewalt, Gewaltverbot, VN 2/1987, S. 50.

[70] Friendly Relations Declaration, A/RES/2625 (XXV) vom 24.10.1970, deutsche Übersetzung in VN 1978, S. 138; auch abgedruckt in: *Schweitzer/Rudolf*, Friedensvölkerrecht, 3. Aufl. 1985, Nr. 49 und in: Sartorius II, Internationale Verträge – Europarecht, Nr. 4.

[71] Z.B. Resolutionen 731 (1992) und 748 (1992), VN 1992, S. 67 und 68 betreffend Zwangsmaßnahmen gegen Libyen nach der Nichtauslieferung der mutmaßlichen Attentäter von Lockerbie. S/RES/1070 (1996) betreffend die Verurteilung des Internationalen Terrorismus nach den Terrorattentaten im Sudan.

[72] Vgl. Art. 1 i.V.m. Art. 2 Abs. 4 des ILC- Entwurfs „Code of offences against the Peace and Security of Mankind" von 1954, YILC (Yearbook of the International Law Commission) 1954, Vol. II, S. 149.

Der Sicherheitsrat stellt in der einstimmig angenommenen Resolution 1368 **55** klar, dass *jeder* Akt des internationalen Terrorismus eine Friedensbedrohung darstelle. Wenn jeder Akt des internationalen Terrorismus geeignet ist, die Voraussetzungen des Art. 39 UN-Charta zu erfüllen, dann kann der Sicherheitsrat in jedem Fall dieser Art Zwangsmaßnahmen aufgrund des Kapitels VII ergreifen. Damit eröffnet sich der Sicherheitsrat breit angelegte Handlungsoptionen.

Zwar können nur Akte des internationalen Terrorismus den internationalen **56** Frieden i.S.d. Art. 39 UN-Charta bedrohen.[73] Ein terroristischer Anschlag, der in einem Staat begangen wird und dessen Verdächtige wie Opfer Angehörige dieses Staates sind, weist keinen internationalen Bezug auf.[74] Angesichts der vielfachen Vernetzungen und Querverbindungen des internationalen Terrorismus dürfte allerdings ein Großteil der terroristischen Anschläge grenzüberschreitenden Charakter tragen und damit als Bedrohungen des Friedens zu qualifizieren sein. Einem tatkräftigen und mehrheitsfähigen Sicherheitsrat stehen weite Handlungsspielräume offen. Durch die entschlossene Nutzung dieser Optionen nach dem 11. September hat der Sicherheitsrat seine Fähigkeit unter Beweis gestellt, effektive Maßnahmen zur Bekämpfung des internationalen Terrorismus zu ergreifen.

Der Sicherheitsrat hat mit der Resolution 1373 auf der Grundlage des Kapitels **57** VII der UN-Charta ein umfangreiches Programm zur Bekämpfung des internationalen Terrorismus beschlossen. Er knüpft damit an eine Reihe von Aktivitäten der Vereinten Nationen der letzten Jahre an.[75] Im Einzelnen sollen die finanziellen Quellen des Terrorismus ausgetrocknet werden (Ziff. 1), etwa durch Einfrieren von Konten. Die Staaten dürfen terroristische Aktivitäten nicht unterstützen, Terroristen keine Zuflucht gewähren und müssen die strafrechtliche Verfolgung von mutmaßlichen Terroristen gewährleisten (Ziff. 2). Zur Durchsetzung des Zieles der Terrorismusbekämpfung sollen die Staaten verstärkt kooperieren (Ziff. 3). Um die Implementation der Resolution zu überwachen, wurde ein Anti-Terrorismus-Komitee beim Sicherheitsrat eingerichtet (Ziff. 6).

Durch die Resolution 1373 werden teilweise Elemente aus internationalen Ab- **58** kommen zur Bekämpfung des Terrorismus, die zuvor nur von wenigen Staaten für sich in Kraft gesetzt wurden, in eine bindende Resolution des Sicherheitsrates übernommen. So haben einige Bestimmungen des Internationalen Übereinkommens zur Bekämpfung der Finanzierung des Terrorismus von 1999 Aufnahme in die Resolution gefunden und sind dadurch für jeden Mitgliedstaat der Vereinten Nationen verbindlich, auch wenn einer unter ihnen dem Vertrag nicht beigetreten ist. Dadurch wird den einzelnen Staaten der Entscheidungsspielraum genommen, diese Regelungen für sich anzuerkennen. Der Sicherheitsrat wird als normsetzende Instanz tätig und betreibt mit dieser Resolution Weltinnenpolitik.

Die verbindlichen Resolutionen des Sicherheitsrates zur Bekämpfung des Ter- **59** rorismus enthalten Regelungen, die unmittelbar gegenüber Privatpersonen Wirkung entfalten. Die Staaten werden zu eingreifenden Maßnahmen gegenüber be-

---

[73] *Heintschel von Heinegg/Gries,* AVR 40 (2002), S. 149.

[74] Vgl. Art. 3 der Internationalen Konvention zur Bekämpfung terroristischer Bombenattentate, A/RES/52/164 vom 15.12.1997.

[75] Näher *Finke/Wandscher,* VN 5/2001, S. 168 ff.

stimmten Personen verpflichtet, denen gegenüber Finanzsanktionen wie das Einfrieren von Geldern verhängt wurden.[76] Der Sicherheitsrat setzt Recht, das für einen Einzelnen eine Sanktion beinhaltet, so genannte smart oder targeted sanctions.[77] Dies wirft Rechtsschutzprobleme auf.[78]

60   **Beispiel:**
Nachdem in Afghanistan das Regime der Taliban zusammengebrochen war, richteten sich die Sanktionen unmittelbar gegen das Terrornetzwerk von *Osama Bin Laden* und die ihm zugerechneten Personen. Auf der Grundlage des vom Sicherheitsrat geschaffenen Sanktionenregimes[79] dürfen Personen und Gruppen, die auf der im Anhang einer der Resolutionen befindlichen Liste aufgeführt sind, keine wirtschaftlichen Ressourcen zur Verfügung gestellt werden.[80] Alle Staaten, die Mitglieder der Vereinten Nationen sind, müssen die Gelder und sonstigen finanziellen Vermögenswerte einfrieren.
Folge solcher vom Sicherheitsrat geschaffenen Sanktionsmechanismen sind in den Mitgliedstaaten des Sicherheitsrates geschaffene konkrete Regelungen. Die EU hat die VO Nr. 881/2002 erlassen, die Personen und Organisationen erfasst, die mit Osama bin Laden, dem Al-Qaida-Netzwerk und den Taliban in Verbindung stehen sowie die VO Nr. 2580/2001, die (sonstige) Terroristen erfasst. Rechtsgrundlage für den Erlass dieser Verordnungen bildeten Art. 60, 301 und 308 EGV (nunmehr Art. 75, 215, 352 AEUV). Im Fall „Kadi" erhob der aus Saudi Arabien stammende Yassin Abdullah Kadi, der im Oktober 2001 in die Liste der EU aufgenommen wurde, nachdem er schon auf der UN-Liste stand, hiergegen Klage vor dem Europäischen Gericht erster Instanz, da er sich durch die Aufnahme in die Liste und das Einfrieren seiner Gelder in seinen Rechten verletzt sah. Das Gericht erster Instanz wies die Klage zurück, der Europäische Gerichtshof hob die Urteile des Gerichts erster Instanz gegen Yassin Abdullah Kadi und die Al Barakaat International Foundation auf und erklärte die beiden Verordnungen, soweit diese Herrn Kadi und die Al Barakaat International Foundation betreffen, für nichtig.[81]

61   Im Zusammenspiel unterschiedlicher Rechtsregeln besteht die Gefahr, dass individuelle Rechte beeinträchtigt werden, ohne dass angemessener Rechtschutz gesichert werden kann. Selbst wenn jede Rechtsordnung für sich Sicherungsmechanismen enthält, kann doch deren begrenzter Anwendungsbereich für den Betroffenen eine Beschneidung seiner Rechtsstellung bedeuten. Wenn die Vorrangigkeit einer der sich überschneidenden Rechtsordnungen begründet werden

---

[76] *Görg*, „Geldwäschebezogene Terrorismusbekämpfung", 2010

[77] Dazu *Rosand*, American Journal of International Law 98 (2004), p. 745.

[78] *E. Klein/S. Schmahl*, in: Graf Vitzthum (Hg.), Völkerrecht, 5. Aufl. 2010, 4. Abschn., Rn. 152 mit Fn. 458.

[79] S/Res. 1267 (1999), S/Res. 1333 (2000) und S/Res. 1390 (2002).

[80] Liste des so genannten 1267-Ausschusses des Sicherheitsrates der Vereinten Nationen; auffindbar unter www.un.org/Docs/sc/committees/1267; zu den Kriterien der Liste *Dahme*, Terrorismusbekämpfung durch Wirtschaftssanktionen, 2007, S. 34 – 42.

[81] EuGH, Rs. C-402/05 und C-415/05, Slg. 2008, I-6351; dazu *Rackow*, Strafverteidiger 2009. 721; *Schmalenbach*, JZ 2009, 35; *Schulte*, Der Schutz individueller Rechte gegen Terroristen, 2010.

soll, bedarf es einer Kollisionsregel. Im Kern muss die Wahrung der individuellen Rechtspositionen des Einzelnen gesichert werden.

Die *Rechtsprechung des EuGH* betont vor diesem Hintergrund zu Recht die Ef-   **62** fektivität des Rechtsschutzes. In der Rechtssache C-550/09[82] entschied der EuGH, dass die Aufnahme in eine Terrorliste unter Verstoß gegen elementare Verfahrensgarantien, wie der fehlenden Begründung zur Aufnahme in die Liste, ungültig ist. Dies sei unabhängig davon, ob die gelistete Vereinigung gerichtlich gegen die Aufnahme vorgegangen ist oder nicht. Im selben Urteil entschied er zudem, dass eine Zurverfügungstellung finanzieller Vermögenswerte oder sonstiger wirtschaftlicher Ressourcen, die durch die Mitglieder dieser Vereinigung bei Außenstehenden gesammelt oder von ihnen erlangt wurden, und an die gelistete Vereinigung oder Körperschaft übergeben wurde, von Art. 2 Abs. 1 Buchstabe b) der VO Nr. 2580/2001 erfasst wird. Verstöße gegen die VO sind nach innerstaatlichem Recht durch die Vorschrift des § 34 Abs. 4 AWG mit Strafe bedroht.

Kontrollfragen

1. Erläutern Sie das Funktionieren von Friedensmissionen der Vereinten Nationen. (Rn. 11 ff.)
2. Nennen Sie ein Instrument der völkerrechtlichen Bekämpfung des Terrorismus. (Rn. 40 ff.)
3. Welche Grundrechtsprobleme stellen sich im Zusammenhang der Listen von Terrorverdächtigen der Vereinten Nationen und der EU? (Rn. 62)

---

[82] EuGH Rs. C-550/09, Urteil vom 26.6.2010, NJW 2010, 2413.

Stichwortverzeichnis

The manufacturer's authorised representative in the EU is Springer
Nature Customer Service Centre GmbH, Europaplatz 3, 69115 Heidelberg,
Germany. If you have any concerns regarding our products, please
contact ProductSafety@springernature.com

Printed and bound by CPI Group (UK) Ltd, Croydon, CR0 4YY
27/04/2026
02097646-0005